民國論叢｜總序

呂芳上
民國歷史文化學社社長

1902 年，梁啟超「新史學」的提出，揭開了中國現代史學發展的序幕。

以近現代史研究而言，迄今百多年來學界關注幾個問題：首先，近代史能否列入史學主流研究的範疇？後朝人修前朝史固無疑義，但當代人修當代史，便成爭議。不過，近半世紀以來，「近代史」已被學界公認是史學研究的一個分支，民國史研究自然包含其中。與此相關的是官修史學的適當性，排除意識形態之爭，《清史稿》出版爭議、「新清史工程」的進行，不免引發諸多討論，但無論官修、私修均有助於歷史的呈現，只要不偏不倚。史家陳寅恪在《金明館叢書二編》的〈順宗實錄與續玄怪錄〉中說，私家撰者易誣妄，官修之書多諱飾，「考史事之本末者，苟能於官書及私著等量齊觀，詳辨而慎取之，則庶幾得其真相，而無誣諱之失矣」。可見官、私修史均有互稽作用。

其次,西方史學理論的引入,大大影響近代歷史的書寫與詮釋。德國蘭克史學較早影響中國學者,後來政治學、社會學、經濟學等社會科學應用於歷史學,於 1950 年後,海峽兩岸尤為顯著。臺灣受美國影響,現代化理論大行其道;中國大陸則奉馬列主義唯物史觀為圭臬。直到 1980 年代意識形態退燒之後,接著而來的西方思潮──新文化史、全球史研究,風靡兩岸,近代史也不能例外。這些流行研究當然有助於新議題的開發,如何以中國或以臺灣為主體的近代史研究,則成為學者當今苦心思考的議題。

1912 年,民國建立之後,走過 1920 年代中西、新舊、革命與反革命之爭,1930 年代經濟大蕭條、1940 年代戰爭歲月,1950 年代大變局之後冷戰,繼之以白色恐怖、黨國體制、爭民權運動諸歷程,到了 1980 年代之後,走到物資豐饒、科技進步而心靈空虛的時代。百多年來的民國歷史發展,實接續十九世紀末葉以來求變、求新、挫折、突破與創新的過程,涉及傳統與現代、境內與域外方方面面的交涉、混融,有斷裂、有移植,也有更多的延續,在「變局」中,你中有我,我中有你,為史家提供極多可資商榷的議題。1949 年,獲得諾貝爾文學獎美國作家福克納(William Faulkner)說:「過去並未死亡,甚至沒有過去。」(The past is never dead. Its not even past.)更具體的說,今天海峽兩岸的現況、流行文化,甚至政治核心議題,仍有諸多「民國元素」,歷史學家對民國歷史的回眸、凝視、觀察、細究、具機鋒的看法,均會增加人們對現狀的理

解、認識和判斷力。這正是民國史家重大任務、大有可為之處。

民國史與我們最是親近，有人仍生活在民國中，也有人追逐著「民國熱」。無庸諱言，民國歷史有資料閎富、角度多元、思潮新穎之利，但也有官方資料不願公開、人物忌諱多、品評史事不易之弊。但，訓練有素的史家，一定懂得歷史的詮釋、剪裁與呈現，要力求公允；一定知道歷史的傳承有如父母子女，父母給子女生命，子女要回饋的是生命的意義。

1950 年代後帶著法統來到臺灣的民國，的確有過一段受戰爭威脅、政治「失去左眼的歲月」，也有一段絕地求生、奮力圖強，使經濟成為亞洲四小龍之一的醒目時日。如今雙目俱全、體質還算健康、前行道路不無崎嶇的環境下，史學界對超越地域、黨派成見又客觀的民國史研究，實寄予樂觀和厚望。

基於此，「民國歷史文化學社」將積極支持、鼓勵民國史有創意的研究和論作。對於研究成果，我們開闢論著系列叢書，我們秉持這樣的出版原則：對民國史不是多餘的書、不是可有可無的書，而是擲地有聲的新書、好書。

目錄

民國論叢｜總序 I

前　言 1

第一章　上海學界的分合協作 59
　一、前言 69
　二、五四事件的初始反響 75
　三、學生集體意識的形成 93
　四、省教育會調整策略 140
　五、南京學界分裂 166
　六、五二六罷課 174
　七、華洋警廳和法律問題 190
　八、總罷課的反響 204
　九、小結 229

第二章　上海紳商和公團政治 233
　一、前言 243
　二、旅滬粵商的實力地位 251
　三、寧紹兩幫的革新運動 270
　四、新興工商團體的成立 312
　五、商業公團的人事組織 339
　六、小結 370

第三章 商學聯合的集體行動 375
  一、前言 387
  二、南市紳商協同行動 390
  三、學商聯合計劃 421
  四、學界意見整合 431
  五、五三一行動 464
  六、商學聯合頓挫 487
  七、峰迴路轉 520
  八、津電到滬 526
  九、同盟罷市 556
  十、小結 568

結　論 573

附錄一：中華民國臨時約法 581
附錄二：戒嚴法 583
附錄三：治安警察條例 587
附錄四：上海商業公團聯合會評議員姓名錄 593
附錄五：旅滬同鄉學生會成立概況 599
附錄六：上海各機關地址及名人住址 601

徵引文獻 605

索　引 625

圖表目錄

示意圖一：上海學界關係變化圖 65
示意圖二：上海地方公團關係圖 240
示意圖三：上海罷課罷市演進圖 384

地圖一：上海學校分佈 66
地圖二：五二六遊行路線 67
地圖三：上海行政機關、商會及會館公所 241
地圖四：五三一遊行路線 385
地圖五：六五罷市延燒 386

表一：江蘇省及上海縣教育機構負責人 78
表二：上海出版國恥書籍 86
表三：上海學校五九國恥紀念舉隅 87
表四：江蘇省教育會與上海學生聯合會致北京政府電 90
表五：上海四明公所及公義聯合會董事會 280
表六：寧波旅滬同鄉會正副會長、坐辦 282
表七：旅滬紹興七邑同鄉會議長及總董 296
表八：紹興同鄉會第一次徵求會員成績 307
表九：中華國貨維持會主要職員 323
表十：中華國貨維持會和中華工商研究會主要職員 331
表十一：上海中國人口分佈 391
表十二：上海總商會董事籍貫 392
表十三：上海縣商會董事籍貫 393
表十四：上海縣商會董事資料 393
表十五：上海自治機構董事會及議事會職員 408

表十六：旅滬同鄉會關於罷市電文 557
表十七：上海同業公會停業決議或通告 563
表十八：上海各團體致北京政府電文主旨 565

「知幾其神乎？……幾者，動之微，吉之先見者也。
　君子見幾而作，不俟終日。……
　君子知微知彰，知柔知剛，萬夫之望。」

～《易》之〈繫辭下〉

「惟通儒能因事制宜……，順乎天而應乎人之常道。」

～1965 年，趙叔雍致沈燕謀函[1]

1　朱少璋主編，《沈燕謀日記節鈔及其他》（香港：中華書局，2020），頁 495。

前言

「要明白中華民國最初二十年的歷史，
　……我們更須注意這個時代的教育界。」

～1926 年，陶孟和，〈現代教育的特色〉[1]

(1) 無冠之王

從五四到五卅，中國學生運動風起雲湧。社會學家陶孟和（履恭，浙江紹興人，生於天津）認為，五四以來學生運動，實由教育家幕後主持。[2] 他撰〈現代教育的特色〉，以神秘口吻敘述：

這是要到 2025 年才可以發表——假使當時的狀況允許——的一部著作裏的幾節。[3]

陶孟和以半遮半露筆法，用「＊＊＊」指代「民國最初二十年的教育界裏所發現的幾椿大事件」，卻斷言啟動時代變化的「樞紐」，正是 1919 年五四運動。[4]

陶孟和的敘事手法，欲使知情者會心一笑，卻考驗後來者的識力。他提醒後世讀者，千萬注意「五四運動的起源」，絕非人

1　陶孟和，〈現代教育界的特色〉，《現代評論第一周年紀念增刊》（1926），頁 31。
2　五四前後陶孟和與江蘇省教育會的關係，可參考：林輝鋒、孫思琪，〈錢玄同筆下的 1920 年北高師校長風潮——兼論五四後至北伐前夕的校長風潮〉，《北京大學教育評論》，第 16 卷第 3 期（2018.7），頁 152-156。
3　〈現代教育界的特色〉，頁 31
4　〈現代教育界的特色〉，頁 33。

們所說的理由：

> 社會上的變動永遠是有許多的複雜糾紛的原因的，雖然我們常可以在其中指出一種最主要的或最後的原因。無論白話文或鼓吹民治主義都不能成「五四」的主要的或最後的原因。這種學生群眾運動的蘊釀最早在前清時代即已發現，然而假使政治上不給他機會，政治或其他方面不給他袒助，他絕不會鬧得如「五四」那樣的驚天動地。……我的記載或者多少要褻瀆這個大運動的神聖，但是我既不是阿附取容的著作者，又不是誇大無稽的歷史家，我為什麼不忠於我所信以為實的，而偏忠於我所不信為真的呢？況且「五四」也自有他的重要，當時的複雜情形也不會太貶損他的價值。[5]

本系列「東南集團與五四研究」，便是想發掘那些隱沒的歷史，追述時人嘖嘖傳言「江蘇教育會派」的作用。[6]

至於陶孟和那篇故作神秘的文章雖僅述「概括的原則」，故意略過「具體的事實」，卻仍提醒百年後讀者（恰好就是本書讀者），教育界佔據了民初歷史中心位置：

> 要明白中華民國最初二十年的歷史，讀者固然……應該從政治、外交、財政、經濟諸方面觀察，或者從這些方面的人物，即政客、外交團與外交官、軍閥、財政官與中外的銀行團，及所謂工商業家各方面觀察。但是要為澈底的了解這個時代的歷史，追溯他的嬗變的關係，並且研究他及於後代的

---

5 〈現代教育界的特色〉，頁34。

6 毛澤東對黃炎培轉交袁希洛希望參加國慶典禮的批語，稱「此人是江蘇省教育會派要人之一，似可考慮給以某種名義。」毛澤東，〈同意袁希洛來京參加國慶觀禮的批語〉（1955.8.17），中共中央文獻研究室編，《建國以來毛澤東文稿》，第5冊（北京：中央文獻出版社，1991），頁306。

影響，我們更須注意這個時代的教育界。[7]

陶孟和筆下的「教育界」，主要指教育家、大學校長、大學教授、大學生。而其中，尤以「教育家」為最重要。他說，五四後他們享有赫赫地位，大有「無冠之王」的威勢。[8]

在陶孟和看來，在袁世凱（慰廷，河南項城人）時代，教育家蟄伏數年。五四運動，是他們活力大爆發的分水嶺，也是教育界變動的大關鍵：

> 在五四以前，除了所謂教育會或全國教育會聯合會稍微在社會上有些空幻的勢力以外，教育界完全是可忽略的分量。當時的教育界裏完全是一群教書匠與一群天真爛熳的青年。等到五四以後，小學教育裏的人，雖然除了為索薪運動或受人利用而有所活動的以外，依舊過他們可憐的、絕望的生活；可是中學教育界，特別是高等教育界，卻大改其面目。教育變成了一種勢力，一種不可侮的勢力。誰有敢同他抗衡的沒有不顛仆的。政府要寬容他，軍閥要逢迎他，政客要聯絡他，就是眼光最短的商人也何嘗敢得罪他。所以從此以後，教育界由可忽略的分量一躍而為政治、外交、軍事、財政、政黨，總之，一切活動的重要樞紐。[9]

此處陶文所說的「教育界」，主要指各省教育會及各校教職員。不過，他對五四以前「教育會和全國教育會」，以「空幻的勢力」形容，並不十分貼切，毋寧說那是他們韜光養晦的時期。至於中等以上教育界在五四後「大改其面目」，成了「一種不可侮的勢力」，成為「一切活動的重要樞紐」，則因他們成為本系列

7　〈現代教育界的特色〉，頁31。
8　〈現代教育界的特色〉，頁34。
9　〈現代教育界的特色〉，頁33。

所說東南精英集團的先鋒隊。

若以黃炎培（任之，江蘇川沙，即今浦東人）為江蘇省教育會及東南集團代表，成為五四前後活躍非凡的「社會活動家」，想當為人們所普遍同意。1924年鄧中夏在《中國青年》刊出〈北游雜記〉，對上海「黃炎培一派」列舉一份名單及機構，認為這班人實力可畏，懷抱政治野心：

> 這一派是新興的實力派。他們的中堅人物，大概是前清末年江蘇諮議局的議員，所以亦有稱之為「諮議派」的。他們在民國初元程德全為江蘇都督的時候，是很得勢的。那時黃炎培為教育司長，沈信卿為內務司長，史量才為滬海關官產清理處處長。他們的眼光頗不低，野心頗不小。他們知道要造成實力，非拉攏有勢力的人不可，於是大官僚如張謇，大資本家如聶雲台、穆藕初。美國派教育家如郭秉文、陶知行都給他們聯成一氣。他們有報紙，便是《申報》；有銀行，便是中南銀行（其餘投資的銀行還不少。）；有教育機關，便是江蘇省教育會東南大學，南京高等師範（其餘職業及中小學校還不少。）和全國的中華教育改進社。上海商會、銀行公會，亦幾乎完全在他們支配之中。[10]

鄧中夏所說尚未涵蓋此系所有要角，但大致勾勒出第二代核心人物及相關機構。他所未能掌握的是其中成員的密切互動，更未詳悉他們的長遠佈局和全盤規劃。他以黃炎培、沈恩孚（信卿，江蘇吳縣人）、史量才（家修，江蘇江寧人）為中心人物，或不免簡化此派為「教育會派」或「黃炎培一派」，卻不知東南集團既

---

10 （鄧）中夏，〈北游雜記——新興的實力派〉，《中國青年》，第18期（1924.2.16），頁14-15。

不以教育界為限,黃炎培雖具智略更善於奔走協商,但聶雲台（其杰,湖南衡山人）、穆藕初（湘玥,江蘇上海人）也絕非被動加入,而是扮演了積極突出的角色。

1944年,惲逸群（江蘇武進人）的〈黃炎培論〉,是對黃炎培作出歷史探討的精采之作。他認為「『教育會派』是帶有全國性的組織,其勢力不限於江蘇省,也不僅在教育界」。[11] 至於黃炎培其人,則代表「中國新興民族資本家」。他明確指出:

> 說到當代的教育家,人們必數到黃炎培;說到中國的職業教育,人們必然第一個想到黃炎培。誰是代表以上海為中心的中國新興民族資本家從事政治活動的?那不是張公權,也不是陳光甫,而是史量才和黃炎培。史量才死後,黃炎培是碩果僅存的巨擘了。[12]

惲逸群作為中共地下黨人,1930至1940年代活動於上海新聞界,接觸《申報》經理馬蔭良等人,故能道出局中內幕。[13]

1949年,黃炎培在歷史轉折點上,撰寫一篇回顧性和總結性文字,列舉中華職業教育社一系列人物:「沈信卿先生恩孚、袁觀瀾先生希濤、姚子讓先生文枏、楊月如先生保恆、賈季英先生豐臻、顧述之先生倬、黃伯樵先生異、俞抗瀾先生泰臨、劉湛恩先生、鄒韜奮先生、季寒筠先生」等,也提到各方樂於捐款職

---

11 惲逸群,〈宋子文和孔祥熙〉（原題:蔣黨真相）,政協上海市委員會文史資料工作委員會編,《上海文史資料選輯》,第30輯（上海:上海人民出版社,1980）,頁109。

12 惲逸群,〈黃炎培論〉,江蘇省社科院《惲逸群文集》編選組,《惲逸群文集》（南京:江蘇人民出版社,1986）,頁200。

13 〈惲逸群年表〉,《惲逸群文集》,頁425-440。馬蔭良是史量才心腹,深悉其社會網絡及政治活動。參考馬蔭良,〈堅持抗日,反對內戰——史量才在一九三二年〉,政協上海市委員會文史資料工作委員會編,《上海文史資料選輯》,第47輯（上海:上海人民出版社,1984）,頁76-89。

教社的企業家,其中捐金最多且持續供給者,有「聶雲台、徐靜仁、穆恕再藕初兄弟、劉柏生等等,都是當時新興的紡織界巨子。」[14] 此時,他開始用新語彙界定他們的階級屬性:

> 三十年前,中國在半殖民地的環境中,殘餘的封建勢力還存在著,廣大的民眾,還沒有站起來。他們幹教育工作,所根據是人道主義,是國家、民族觀念。從階級方面說,他們還是從資產階級的立場出發的,教育工作者本身當然不是資產階級,但由於工作的聯繫,他們不可能不依存資產階級的支持。同時在無形中他們也就支持了資產階級。[15]

這是黃炎培迎向新時代之際自我批判的開端。若屏除這一套新語彙,他不啻承認中華職教社及其相關團體江蘇省教育會,與聶雲台等新興紡織界巨子,存在相互支持的依存關係。細心的讀者也不難察覺,此時他已不再提及若干關係密切的要角,包括銀行家張公權(江蘇寶山人)、陳光甫(江蘇丹徒人)、錢新之(永銘,浙江吳興人),新聞家史量才、戈公振(江蘇東台人)、張東蓀(浙江杭州人)、俞頌華(江蘇太倉人),政治界張君勱(江蘇寶山人)、王正廷(儒堂,浙江奉化人)等,甚至職教社的蔣夢麟(浙江餘姚人)、趙正平(厚生)、郭秉文(鴻聲,江蘇江浦人)等人,也因種種原因而消失踪影。

近半個世紀後,呂芳上〈學閥乎?黨化乎?——一九二五年的東南大學學潮〉,依據北伐前中共黨人及青年黨人對「東南學閥」的撻伐文字,勾勒描劃出時人所謂「江蘇省教育會派」

---

14 黃炎培,〈中華職業教育社奮鬥三十二年發見的新生命〉,田正平、李笑賢編,《黃炎培教育論著選》(北京:人民教育出版社,2018),頁 408-411。

15 〈中華職業教育社奮鬥三十二年發見的新生命〉,頁 414-415。

網絡,可惜此文流傳未廣。[16] 近年學界對北伐前後的學潮,以及江蘇省教育會的原有勢力,都有不少新的研究成果,[17] 惜仍未對「江蘇省教育會派」作出全面探討。而呂芳上嘗引用柳詒徵(翼謀,江蘇丹徒人)〈東南大學留長拒長之真諦〉(1925年3月發表),描述江蘇教育會對全省的控制力:「十數年來,江蘇教育之策源地何在?其由江蘇而影響於全國者若何?特患無意識者不之察耳。苟屬有心人,默察江蘇之政局、財政、軍事、實業以及各學校、各官廳相互之關繫,當無不知其為一系一會所主持。」他們「以教育家名義,覬干政之機,操入閣之券,脅省政府使受其牢籠」,復「宰制省立學校,使各校長悉仰其鼻息」。[18] 最近靳帥對「蘇社」的研究,揭示江蘇耆紳在北伐前仍有廣泛政治影響力,說明東南集團題下猶多待發之覆。[19]

就我所見,過去對東南集團的研究中,以張朋園《立憲派與辛亥革命》(1969年完稿)一書,對張謇等為首的江浙立憲派,以「似無形而有形的團體」形容之,造語最為貼切而傳神,似隱約領會彼等政治運作之精髓。此即他們以士紳名流地位,依託特定機關和團體活動,有固定的集議地點,時常交流及凝聚政治能

---

16 呂芳上,〈學閥乎?黨化乎?——一九二五年的東南大學學潮〉,「國父建黨革命一百周年學術討論會」(臺北,1994年11月19日-23日),呂芳上,《民國史論》,中冊(臺北:臺灣商務印書館,2013),頁840-887。

17 許小青,《政局與學府——從東南大學到中央大學(1919－1937)》(北京:中國社會科學出版社2009)。丁乙,〈1927年政權鼎革之際蘇滬教育界的革命實踐——以「打倒學閥」為中心的考察〉,《史林》,2019年第2期,頁147-150。靳帥,〈「打倒軍閥」:北伐前後蘇滬學界的權勢嬗邊〉,《史林》,2019年第3期,頁143-155。

18 柳詒徵,〈東南大學留長拒長之真諦〉,《民國日報》,1925年3月21日,版7。

19 靳帥,《耆紳政治——蘇社集團與江蘇省治運動(1920-1927)》(上海:上海古籍出版社,2024)

量。[20] 本系列聚焦東南集團與五四運動的關係，擬集中討論以上海為活動舞台的事件，尚未能全面勾勒此一「似有形而無形」之集團，在不同歷史時期的政治目標及運作策略，也無意蹈入敵對陣營對此派人物的攻擊，更無意充當「江蘇省教育會派」辯護士。正如我在首部曲所說，還原歷史為本系列研究目的。[21] 然而，在敘述上海學界在五四運動中的角色前，卻不能不指出北伐前後的政治宣傳，對五四敘事帶來的深刻影響。此派人物在北伐後失勢退場，使其早年事蹟長年隱沒於歷史深處。

(2)「學閥」自辯

歷史的反諷是：五四以後，聲勢煊赫一時的江蘇省教育會；及至北伐時期，被視為聲名狼藉的「東南學閥」。1927 年 5 月 4 日，在五四運動週年紀念會上，上海學生聯合會等團體列舉「學閥」名單，市黨部隨即呈請中央通緝十五人：「章炳麟、黃炎培、沈恩孚、張君勱、蔣維喬、郭任遠、朱炎、胡敦復、殷芝齡、袁希濤、張東蓀、阮尚介、劉海粟、沈嗣良、凌鴻勳」，罪名為「依附軍閥及帝國主義者，把持全國教育及文化事業，操縱江蘇政治」。[22] 張東蓀十多年後序黃炎培《民主化的機關管理》，憤然表示「國民黨北伐至長江，任之先生與余皆被目為學閥，加以通緝者，不止一次。彼時所謂學閥，即指反對一黨專政

---

20 張朋園，《立憲派與辛亥革命》（臺北：中央研究院近代史研究所，2005），頁 185。

21 陳以愛，《動員的力量：上海學潮的起源》（臺北：民國歷史文化學社，2021），頁 10-13。

22 〈五四學生運動紀念大會紀〉，《申報》，1927 年 5 月 5 日，版 13。〈市黨部呈請通緝學閥〉，《申報》，1927 年 6 月 17 日，版 15。

之民主思想者而言。」[23] 1927年稍後數月,「學閥」名單縮減為黃炎培、郭秉文、袁希濤、沈恩孚、蔣維喬五人。[24] 1927和1949年的歷史鉅變,使五四敘事受到兩次剝離性處理及塗抹性重述。1927年前後的新敘事,把學生群體推向歷史舞台中心,其間還隱然存在「北大－復旦」之爭。1949年前後的新敘事,則將早期共產黨人推向敘事中心,使上海學生頓時成為無名無姓的幽靈。由於江蘇省教育會和上海學生聯合會先後失語退場,使後來五四論述無可避免地流於籠統化和空洞化。

江蘇省教育會遭受重大打擊之際,卻用心保存史料和記述歷史。他們先已成立甲子社(1924年7月),再改組為人文社(1931年3月),發行《人文月刊》(1930年2月至1937年12月,復刊1947至1949年),陸續刊佈近代史料。這一系列文化事業,獲江浙及上海紗廠幫及金融家經費贊助。[25] 隨後又創建鴻英圖書館(1933年6月),發行《國訊》(原名《救國通訊》,1931年12月至1937年11月,復刊1938至1948年)。這些機關所保存的史料,以及自撰或為友人所寫傳記,隱然形成另一種近代敘事,

---

23　黃炎培,《民主化的機關管理》之〈張〔東蓀〕序〉(重慶:商務印書館,1943),頁1。對照《民主化的機關管理》與《機關管理一得》,內容大多相同,但加入推崇英美民主政治之說。黃炎培,《機關管理一得》(重慶:商務印書館,1943)。

24　〈第三十八次會議〉,《中國國民黨政治會議紀錄上海分會》(臺北:民國歷史文化學社,2019),頁321。

25　《人文月刊》的資助者名單:馬士杰、張公權、錢新之、周靜涵、穆藕初、徐靜仁、李者卿、蕭衡才、汪幹庭、四知軒主人、賈頌平、王儒堂、王仰先、吳達銓、許仲衡、陳光甫、胡筆江、周作民、江知源、朱處生、榮宗敬、王孟鍾、朱吟江、謝蘅聰、劉鴻生、姬佛陀、周湘舲、王綬珊、葉玉虎、袁芷久、張效良、李升伯、俞裏澄、徐慶雲、黃奕住、嚴裕棠、吳子深、沈惺叔、大生一廠、大生副廠、大生三廠、北票公司、聖瑞堂仁愛會。參考〈本刊發起及贊助人〉,《人文月刊》,第2卷第6期(1931.8),版權頁。黃炎培,〈復刊詞〉;黃炎培,〈一甲記〉;蔣維喬,〈續一甲記〉;均載《人文月刊》,復刊第1卷第1期(1947.4),頁1-2、20-26、27-33。

與主流論述相互抗衡。私人收藏的文稿、函電、日記，則構成另一批重要史料，也漸漸披露於公眾眼前，涉及人物包括張謇、趙鳳昌及趙叔雍父子、張一麐、王清穆、沈恩孚、黃炎培、蔣維喬，及其南北盟友梁啟超、熊希齡、唐紹儀，乃至流亡海外的張公權、陳光甫、沈燕謀。它們揭示了歷史演進的隱性層面，也考驗著後世讀者的研究功力。今後若能對人物活動作系統性考察，必可漸次還原東南集團的具體作用。

本系列研究聚焦五四時期，這時「江蘇省教育會派」及其重要盟友分佈如下：北京，袁希濤（觀瀾，教育部次長，代理總長）、蔣維喬（竹莊，教育部參事）、沈彭年（商耆，教育部僉事）、蔡元培（子民，北京大學校長）、胡適（適之，北京大學教授）。上海，黃炎培（江蘇省教育會副會長）、沈恩孚（信卿，江蘇省教育會駐會幹事）、蔣夢麟（中華職業教育社總幹事）、賈豐臻（季英，省立第二師範學校校長，上海縣教育會會長）。南京，陶知行（南京高等師範教育科主任）、趙厚生（暨南大學校長）等。他們互通聲息，南北策應。1940年代黃炎培自述出處原則：

> 一個國族的復興，須有人從最高層用力，還須無數人從中層、下層用力。而彼此所用之力，須相應的。我呢？很願意在中下層用力。因為願站在高層者多，而高層需要人數反少，中下層需要反多。[26]

「相應」兩字，值得注意。就袁希濤、沈恩孚、黃炎培而言，袁在北京教育部主持，沈、黃在上海響應及聯絡各省，成就江蘇省

---

26 黃炎培，〈二十年來服務職業教育的回想〉，原載《中華職業教育社二十周年紀念特刊》，《黃炎培教育論著選》，頁329。

教育會的特殊地位。在此擬舉袁希濤、沈恩孚、蔣維喬、黃炎培、賈豐臻傳記，特別勾勒其中涉及五四部分，使讀者先獲一綜括印象。各文內容虛實是非，留待後文再予考辨。

1930年8月，袁希濤病逝上海。胞弟袁希洛增輯並補注〈袁觀瀾先生手編年譜〉（1946年發表），其辭較長。[27] 茲引蔣維喬所撰〈紀念袁觀瀾先生〉（1945年）：

> 先生名希濤，號觀瀾，江蘇寶山人。……肄業上海龍門書院，……丁酉秋闈，中式舉人，任廣方言館教授，益攻究天文地理歷代政治，諸生翕然宗之。其間疊遭戊戌庚子之變，居常扼腕。……張先生一麐、范先生源廉，及傅先生增湘，先後長教育，並引先生任次長，前後在部凡七年，代理部務三次。雖身膺要職，而淡於政治，歷次政變，拒不參加，惟以教育為生命。[28]

又汪懋祖、黃炎培、沈恩孚合撰〈袁觀瀾先生事略〉，在袁希濤追悼會上由賈季英宣讀，追及他在五四運動之角色：[29]

> 初，北京大學風潮時起，校長虛位。先生白於政府，近蔡先生長校，遂佐蔡先生，提倡文化事業，國內風氣為之一變。……五四運動事起，蔡、傅二先生卒然相繼出都，先生力任艱巨，周旋維護，終以力瘁辭職。[30]

追悼會上各人悼詞，刊《申報》、《新聞報》、《時事新報》及

27　袁希洛增輯並補注，〈袁觀瀾先生手編年譜〉，《新中華》，復刊第4卷第9-11期（1946.5.1、1946.5.15、1946.6.1），頁54-56、53-56、55-57。
28　蔣竹莊，〈紀念袁觀瀾先生〉，《大眾》，第28期（1945.2），頁81。
29　〈袁觀瀾先生不死〉，《時事新報》，1930年9月29日、30日，第2張版4、第2張版2。
30　汪懋祖、黃炎培、沈恩孚，〈袁觀瀾先生事略〉，《中華教育界》，第18期第8期（1930.8.15），頁120-121。袁希濤病歿於1930年9月，此期必是衍期。及

《中華教育界》等報刊。

袁希濤早年執教廣方言館的學生嚴獨鶴（楨，浙江桐鄉人），時任《新聞報》主筆，所贈輓聯隱指五四學潮事：「為學子培元氣；為邦家扶正氣」。[31] 蔡元培（浙江紹興人）〈袁觀瀾追悼會開會詞〉：

> 予與袁先生有同寅之雅，論交可稱莫逆。猶憶囊年供職教部時，深資臂助。五四學潮陡起，大有風雨滿城之勢，教部適當其衝，頗難應付，幸賴袁公周旋其間，奔走各方，不辭勞瘁，學潮卒以平復。[32]

北大學生狄君武（膺，福鼎，江蘇太倉人）致詞，自稱：「我為袁先生之學生的兒子，對於先生之去世有無限之悲感。……最後述五四運動時先生應付之困難及保全學生代表之經過」，可惜報刊未紀其詞。[33]

1940年，隱退滬上的沈恩孚自署「若嬰」發表〈無成人傳〉，刊《江浙同鄉會兩週紀念刊》。編者孫籌成（福基，浙江嘉興人），與沈恩孚締交甚早。[34] 是文收入《沈信卿先生文集》，[35] 有沈有珪、有琪跋文，稱「先嚴勤毅公自為傳也，……民國十六

---

31 （嚴）獨鶴，〈輓袁觀瀾師〉、〈追悼袁觀瀾先生〉，《新聞報》，1930年9月28日，第5張版17。
32 才良，〈袁觀瀾先生追悼會誌記〉，《申報》，1930年10月1日，版17。
33 〈袁觀瀾先生追悼會志詳〉，《新聞報》，1930年9月29日，版8。
34 1920年代，孫籌成先後出任國是會議幹事、全國商教聯合會幹事、上海總商會秘書等職務。孫籌成生平及所撰文稿，參考嘉善縣史志辦公室編，王天松、尤裕森校注，《孫籌成文存》（北京，中國文史出版社，2014）。抗戰時期，負責江浙同鄉會事務，發行刊物保存史料。1940年，借公共租界青年會集宴，使留滬諸老稍得團聚之樂。孫福基，〈二週紀念瑣記〉；孫籌成，〈浙江同鄉團拜記〉；《江浙同鄉會兩週紀念刊》（1940），頁1-3。
35 沈恩孚，〈無成人傳〉，沈恩孚著、薛冰整理，《沈信卿先生文集》（南京：鳳凰出版社，2015），頁593-595。

年乃號若嬰,即為此傳時也。時有阻陀,興慨無言,故以無成人自隱其事」。[36] 茲錄〈無成人傳〉:

> 無成人某君,佚其姓名。太翁吳人也,⋯⋯入龍門書院肄業,以詩受知於浙江孫渠田先生鏘鳴,錄為住院生,與上海姚子讓君文楠、張子方君堅、寶山邵心炯君曾鑑、元和陳季藩君世垣等為莫逆交,日相與討論經世之學⋯⋯。三十一〔歲〕甲午始舉於鄉,⋯⋯適值甲午中日之戰,應禮闈試,意志隳喪。⋯⋯戊戌入都參與公車上書,益關心時事。遂清德宗銳意革新興學,詔下任寶山縣學堂總教習,兼校士館長。二年中所造人材多適於實用,今頗有居要衝者矣。龍門書院改道立師範學校,袁海觀觀察樹勳派赴日本考察教育,同行者寶山袁觀瀾君希濤、上海葉醴雯君景澐、嘉定夏琅雲君曰璈,歸任監督。南通張季直先生謇聞其辦學成績,躬造訪之,強之兼任圖書公司編輯事。君以兼職非宜,辭監督職校事,由袁觀瀾君繼任。任監督時發起蘇府同鄉會,被選為會長;發起江蘇學務總會,被選為評議員;發起蘇路公司,被選為董事。其任職圖書公司,所延編輯員皆篤學知名士,其書風行,後以費絀辭。
>
> 學務總會已遵部章改教育總會,適駐會辦事沈友卿君同芳受粵督之聘,君繼其職,又被選為上海城自治公所議事會議長,又發起全國教育聯合會,被推為主席。蘇撫程雲陽以愛民著,求通一省情素,徵意見於張南通,以南通之介,受撫署顧問聘。
>
> 辛亥革命事起,君自中央教育會南旋,悲清廷之無望,同盟

---

36 沈有珪、沈有琪,〈跋〉,《沈信卿先生文集》,頁603。

會江寧章木良君梓詣會，諄諄以維持地方秩序見屬，君感其誠而贊助之。時全國民意集中於滬，惟滬之輿論是瞻，左右之者，武進趙惜陰先生鳳昌也。有主採英國虛君制者，謂共和不適國情，君默察世界趨勢，共和國日多，不願再以一姓興亡重苦斯民，力持共和之議，議遂定。程雲陽既樹光復幟，君與松江雷繼興君奮通電，召集各省都督府代表會議於滬，國事粗有端緒矣。嗣任都督府民政司副長，駐蘇同署辦公，以廉潔為僚屬倡，養成一時風氣。雲陽攻寧，代政務廳長。寧蘇既合，移駐寧署。軍民分治，改任省公署首席秘書。省長應永康親之如兄弟。以是樂為贊助，一切省單行法皆君手擬也。

二次革命起，雲陽度力不敵袁，與永康棄官隱於滬，乃仍任教育會駐會事。自二次革命敗，而籌安會鼓吹帝制，自袁以帝制敗，而中國幾無寧歲。方黎黃陂任總統，各省初設教育廳，被簡為湖南教育廳長，力辭不就，其詞云：國家患求官之人多，社會患服務之人少；并上書教育部長，密陳政潮未定，教育前途可危，甫得代。而時論頗以是推重之，國立大學之在蘇省者，先後均推為校董。

新紀元之五年，偕黃任之君炎培等發起中華職業教育社，次年即創設中華職業學校，以養成職業人才。又於十三年發起人文社，籌設人文圖書館，蒐輯近代史料，以供治學者之參考，即改稱鴻英圖書館者是也。東南大學易長，君以部定校董會章，校長由校董會推選，未改章而自廢之，非法治也，爭之力，不料以是開罪於某某。國民軍之抵滬，某勢方盛，聲言學閥把持教育，將得而甘心。以某鉅公主公道，未如其意。君聞而笑曰，我參與教育，為國耳，成功不必在我，我

其退乎。因辭去省教育會及國立各校董職,自號無成人。
論曰:橫覽五洲,縱觀二十五史,有成功不死之人乎?成與不成,天也,非盡人事也。日抱雄心,必功成自我而始快,天下自此多事矣。事無大小,權集一身,非福也。若無成人者,自甘無成,其或知道乎!今國難未靖,海內顒顒望復興,而歐西兵禍又亟矣。君嘗謂:世運果躋大同,必先調和各宗教,統一全球幣制,破除關稅壁壘,各以所有易所無,而後戰爭之禍根絕。嗚呼!豈易言哉!豈易言哉![37]

以上所說「開罪於某某」,指楊杏佛(銓,趙鳳昌女婿,江西清江人);所謂「某鉅公主公道」,指蔡元培。沈恩孚最親近的賈豐臻,認為〈無成人傳〉撰於1940年,可能指定稿之期。[38] 文末「論曰」「今國難未靖」以後數語,也反映此文定稿較晚。[39]

沈恩孚病歿前,1943年5月25日《申報》曾有〈沈信卿先生八十大壽特輯〉,登蔣維喬序,潘仰堯及白蕉文,陸規亮及賈豐臻詩。陸規亮詩云:「甲午創痛赴公車,慷慨曾陳伏闕書」,深悉其思想淵源,可謂知己。[40] 白蕉解說「若嬰」之號,說沈恩孚古稀後頭上無一莖白髮,取自《老子》「若嬰兒之未孩」,還刻了方印。[41] 戲謔之語,實含無限傷感。「若嬰兒之未孩」,似出《道德經》第二十章:

眾人熙熙,如享太牢,如登春臺。我獨怕〔或作泊〕兮其未

---

37 若嬰(沈恩孚),〈無成人傳〉,《江浙同鄉會兩週紀念刊》,頁19-21。
38 賈豐臻,〈追念信老〉,《申報》,1944年5月21日,第1張版4。
39 〈無成人傳〉,頁21。
40 陸規亮,〈信老長余五年,五六十年來文字交也,八旬大誕,為賦長歌,並祈郢政〉,《申報》,1943年5月25日,第2張版5。
41 白蕉,〈我所知道的沈信卿先生〉,《申報》,1943年5月25日,版5。

兆，若嬰兒之未孩。[42]

又《道德經》第二十八章：

> 常德不離，復歸於嬰兒。[43]

沈有珪、有琪說，「若嬰」之號，取自1927年，可見與時局息息相關。又《道德經》第十章：

> 載營魄，抱一，能無離乎？專氣致柔，能如嬰兒乎？滌除玄覽，能無疵乎？愛民治國，能無為乎？[44]

其時黃炎培外號「抱一」，而沈恩孚取號「若嬰」，似皆表示不改其志之意。

另沈有珪、有琪〈跋〉，稱沈恩孚「別有致鈕惕生諸先生書，見文集第三卷」，[45]指〈搴梧軒文存〉卷三〈致蔡子民、吳稚暉、鈕惕生書〉（1927年），內容自辯之外，述及五四舊事：

> 恩孚前此對於教育事業勉盡綿力，正如蚊負丘山，不足齒數。所云把持、操縱，非惟萬無此心，亦並萬無此力。至對於壓迫我蘇之北洋軍人，壓迫我華之帝國主義，早認為根本錯誤，不適於民氣勃興之時代，苟非喪心病狂，何至依附。回溯十餘年來，追隨海內賢達，抗帝制，斥賄選，「五四」運動扶植青年之正氣，「五卅」慘案指陳外交之要點，且主張廢督裁兵，戒齊氏為戎首，諷孫氏以緩衝，阻奉、魯軍之南下，往事昭然，無一不可覆按。[46]

1927年7月13日至16日，黃炎培也撰有〈上中央政治會議聲辨

---

42 丁福保，《老子道德經箋注》（無錫丁氏鉛印本，1926），頁15上。
43 《老子道德經箋注》，頁20上。
44 《老子道德經箋注》，頁6下至8上。
45 沈有珪、沈有琪，〈跋〉，頁603。
46 沈恩孚，〈致蔡子民、吳稚暉、鈕惕生書〉，《沈信卿先生文集》，頁370-371。

書〉,[47] 推測沈恩孚書略寫於同時。惟沈恩孚所說「『五四』運動扶植青年之正氣」事,顯然已為革命青年忘卻,更為一般學子否認。

《沈信卿先生文集》之〈奉梧軒文存〉卷三,尚有〈敬告全國同胞書〉(1928年7月30日),駁斥「學閥」乃至「學棍」之號。下筆時,惟以「國民」自居:

> 恩孚素未隸國民黨籍之國民也。嘗參與教育車〔事〕業數十年,不自度德,冀救正一部分青年之誤入共產歧途,力有未能,徒坐視其陷於刑戮,蓋無日不在引咎自責中。
>
> 溯當遜清之季,即憤慨偽立憲之萬萬不可恃,以為惟民主政治合於世界之公道,欣逢辛亥武昌舉義,爰與雷君繼興發起各省代表會議,以促成共和,自問固非不革命、反革命者。不圖南北甫經統一,袁氏遽謀竊國,自是追隨鄉邦賢達,反對帝制,反對賣國條約,反對賄選,不自知其開罪幾何人矣。然此固國民應盡之天職。區區私願,衹期稍存是非於社會,以此叢怨,心所甘也。復不圖革命軍奠定東南之前,勿有加以學閥之名者,近且易為學棍矣。夫閥為有功之門第,既愧不敢當,而棍為無賴之代名詞,竊維平生硜硜自守,又頗訝其不類。
>
> ……恩孚以止謗莫如不辯,緘默者久矣。今則破壞已終,建設方始,……但念是非淆亂,則勃興之新國,又伏危機,為良心所驅使,不敢不一言以自白,非為個人辯,希望新國前途之日進於光明而已,惟同胞垂察之。[48]

---

47 黃炎培著、中國社會科學院近代史研究所整理,《黃炎培日記》,第2卷(北京:華文出版社,2008),頁320。

48 〈沈恩孚敬告全國同胞書〉,《申報》,1928年7月30日,版16。

《沈信卿先生文集》收入此文，於「誤入共產歧途」一句，以□□代替「共產」二字，[49]可見政治禁忌無時不有。沈恩孚身處黨國時代，其名不顯於後世，又何足怪哉！

又《沈信卿先生文集》收錄黃炎培〈沈信卿先生傳〉，寫於1944年5月1日，先後刊載《國訊》及《人文月刊》，追憶四十年老友生平，亦為不可忽略之重要文字。其中述及沈恩孚與淞滬警長徐國樑衝撞，正發生於五四時期上海罷市高潮中，卻被誤置於袁世凱時期，茲錄此傳：

> 四十年來，江蘇新教育為各省先，蕃衍孳生，影響及於全省每一角落，飲水探源，龍門其最高峰，而先生則卓立於峰巔，疾揮而高唱者也。……蘇人士就上海創江蘇學務總會，網羅全省新人物，而南通張季直騫、吳縣王勝之同愈、太倉唐蔚芝文治諸老輩，迭被選為會長。對全省新教育，保障其生存，平亭其糾結，同時利用上海地綰中外海陸交通，恣吸世界新思潮，以為全國紹介：如為推行普及教育而提倡小學單級教授法，設所傳習；為建立民憲基礎而集會研究地方自治，改組上海總工程局為市議會權輿，而先生被選為議長；為反對鐵路借款而倡立江蘇鐵路公司，今滬杭甬江蘇段，出蘇人自建，而先生被選為董事。類此者殆不勝舉。凡所以革新文化，伸張民權，無不以江蘇學務總會為中心。時當清季，國政日窳，人心日激，咸認惟興學、惟地方自治可以救國，有毀家立學而拒絕清廷獎敘者。以地方政權掩護紳權，以紳權孕育民權，以迄於武漢革命起義，江蘇獨立之前夕，凡此先生實為出全力終始之者之一人。江蘇既獨立，巡撫程德全被擁戴為江蘇都督，組織都督

---

49 沈恩孚，〈敬告全國同胞書〉，《沈信卿先生文集》，頁379-380。

府，先生與永康應季中德閎、吳縣楊翼之廷棟、松江雷繼興奮輩入參戎幕。張仲仁一麐長民政司，先生副之，仲仁實未嘗就職也。先生時得大展素抱，一新地方制度，為各省先聲。知各縣事者，什九代以夙負物望而具幹才之本縣或鄰縣人，測繪土地，浚修水利，整頓警察，大革新地方政務。江蘇六十一縣，由後思前，邈若黃農矣。江蘇省公署成立，應德閎為省長，先生為秘書長。此實先生在政治上鞠躬戮力時期。……

癸丑難作，政局突變，先生立謝卻政治生活，退而復理江蘇教育。更廣吸歐美思潮，為全國倡。在斯時政府未遑加意之際，倡體育、倡童子軍，倡新教育一切理法。全國省教育會聯合會歲一舉行，先生代表江蘇出席，未或缺也。先生乃復以嚴氣正性，與惡勢力搏〔搏〕。……上海警察廳長徐國樑，倚世凱橫行，煊赫不可向邇。先生面呵責之，人莫不稱快，顧為先生危。未幾而世凱死，國樑亦為人狙擊死。

民國六年，先生被簡為湖南教育廳廳長，湘人士爭電歡迎，先生洒然謝。其謝政府謂，政府患求官之人多，社會患服務之人少，願以在野之身，盡匹夫之責。蓋先生不復從政之志決矣。由是發起中華職業教育社，籌創南京河海工程專門學校，負責董理東南大學、同濟大學，創辦鴻英圖書館，其間被選為上海市議會議長者，殆逾十年。而先生精力亦稍稍衰矣。

八一三戰爭起，先生以病留滬，仍不絕於吟詠，而氣彌壯，志彌堅，所寄望於後之人無窮。民國三十三年四月四日以疾歿于上海鴻英圖書館館長任，年八十有一。……

余之獲納交於先生四十年，于茲矣，或出或處，或默或語，殆無不與先生偕，其間共晨夕者逾二十年。余所窺見先生論事精核，治事嚴正明條理，從無敢干以私。凡先生所為，人

人共見之而共受之矣。要尚不及先生之所不為，其示範於人人更大。[50]

黃炎培此文不特詳述沈恩孚之政治貢獻，更不啻自述本人數十年來之思想輪廓。所謂「以地方政權掩護紳權，以紳權孕育民權」，最為警切，可概括二人之政治理念和具體實踐，而不以辛亥年為時間斷限。

翻閱《沈信卿先生文集》之〈前言〉及卷首〈唐文治序〉，可知沈恩孚1944年4月4日病逝後，女婿胡厥文及諸女兒先後收集詩存文存等準備付梓，最後延至1951年面世，封面有黃炎培題字，原擬所輯在詩存文存以外，「尚有〈無成人傳〉，年譜，行述并著述目錄暨哀誄祭文等」。惟按《沈信卿先生文集》卷尾，僅〈無成人傳〉及黃炎培〈沈信卿先生傳〉，[51] 所刊落的哀誄祭文等，大抵有1944年5月21日《申報》之〈紀念沈信卿先生特輯〉，有蔣維喬傳，吳邦珍祭文，夏敬觀諡議，賈豐臻悼文。又沈恩孚病歿前，1943年5月25日《申報》特刊〈沈信卿先生八十大壽特輯〉，尚有賈豐臻〈壽信卿姻丈先生八秩大慶〉詩，追述兩人經歷共同事業，亦屬重要文獻。賈豐臻（季英，江蘇上海人）先後任龍門師範學堂監督、省立第二師範學校校長。茲錄其詩，括弧內為賈豐臻自注：

杖履追隨四十年，每懷往昔倍欣然。

公符謂叟熊羆夢，我愧淮王雞犬仙。

---

50 黃炎培，〈沈信卿先生傳〉，原載《國訊》，第369期（1944），《沈信卿先生文集》，頁599-601。全國報刊索引收載《國訊》封面，有「上海市鴻英圖書館」及「黃任之先生捐贈」印章，內含黃炎培題校文字，可知原是其自藏本。

51 沈信卿集編印過程，參見〈前言〉；唐文治，〈吳縣沈信卿先生詩文集序〉；《沈信卿先生文集》，頁1-3、1-2。

> 匡鼎功名因疏抗（丈嘗囑臻勿應部試，勿作官。），曹參事
> 業賴薪傳。（臻主龍門悉遵丈舊規。）
> 平生意氣凌霄漢，一見低頭亦宿緣。
> 林蔭優游歲月更，如蠅附驥感鯫生。
> 政聞參與新中國（民國新造，李通〔敏〕為江蘇民政司長，
> 丈副之。臻曾在為蘇充駐滬秘書。）教義叨陪古北平。（宣
> 統辛亥，臻隨丈赴燕京應學部中央教育會會議。）
> 龍虎風雲嗟勸進，亞歐烽火抗同盟。（反抗洪憲及加入協
> 約，臻所力主，而丈實贊其成。）
> 不思將順思匡救，贏得聲聲學閥名。（學閥之稱，丈與臻均
> 與其列。按英語，學閥即教育家，實不敢當。）[52]

從詩句可知，賈豐臻不但是教育會要角，也是上海地方領袖。「林蔭優游歲月更」一句，指上海西門外林蔭路上江蘇省教育會，即彼等戮力教育乃至政治之基地。

此前沈恩孚和賈豐臻隱居上海，孫籌成主編《江浙同鄉會兩週紀念刊》既錄若嬰〈無成人傳〉，也刊出賈豐臻〈六十自述十六首〉，與前引詩句有密切相關。茲錄第九首，括弧內為賈豐臻自注：

> 服務梓鄉非偶然，一堂議政忝居先。
> 也曾領袖教育會，勸進難遵洪憲年。（曾任上海市議長及縣
> 教育會會長。洪憲之役，官長強余加入勸進會，余責以大義
> 得免，并為雲南起義軍上海別動隊鈕鐵生君籌餉萬金。）[53]

第十二首：

---

52 賈豐臻，〈壽信卿姻丈先生八秩大慶〉，《申報》，1943年5月25日，版5。
53 賈豐臻（季英），〈六十自述十六首〉，《江浙同鄉會兩週紀念刊》，頁49。

> 林蔭追隨十七霜,與聞政事亦非常。只今一覺蓬蓬夢,贏得虛名學閥揚。(余隨張〔謇〕、沈〔恩孚〕、袁〔希濤〕、黃〔炎培〕諸公後,充江蘇省教育會幹事十七年,因得學閥名。閱英語,學閥即教育家,殊不敢當。)[54]

第十三首:

> 自從黨政主中華,倦植公門桃李花。草草勞人逾大衍,依然教述度生涯。(二師解職後,為商務編哲學書,并任正風文學院、滬江商學院、南洋中學、中華職業、中西、智仁勇、務本、愛群、人和各女學校教職。)

抗戰時期,賈豐臻拒絕汪精衛政權出仕之邀,特登報聲明:「自民十擺脫縣教育會會長,民十六擺脫市議會議長及省立師範校長,銷聲匿跡,獨善其身有年,況虛度已七九,浮生若夢,古井不波,恐啟誤會,特行聲明。」人稱道「其晚節堅勁如是」。[55]

《沈信卿先生文集》之〈趣庵詩存〉卷六〈季英六十有贈〉,即答贈之作:

> 澄清懷抱今猶昔,回首龍門已陳跡。澒洞風塵昏九州,空談天下匹夫責。
>
> 六十春秋十六篇,感舊心情詩紀年。一從夢醒華胥後,何處樓台尚有仙。[56]

沈、賈贈答之作,寫於 1940 年。四年後,沈病歿,年八十一。五年後,賈病歿,年六十六。

1945 年 11 月賈豐臻歿後,上海《新聞報》刊出賈小香(賈

---

54 〈六十自述十六首〉,頁 50。
55 盛朗西,〈教育家賈季英先生傳略〉,《教育與文化(上海)》,第 4-5 期(1946.6),頁 31。
56 沈恩孚,〈趣庵詩存〉,《沈信卿先生文集》,頁 154-155。

豐臻侄）及孫壽成悼文，皆甚簡短。[57] 老友死訊傳到重慶，黃炎培作〈輓賈季英君並跋〉，[58] 刊載 12 月 13 日《新聞報》。詩云：

> 十畝滄桑，吾園如夢，直到彌天烽火，猶課潛修。弟子剩三千，想見繞棺齊痛哭。
>
> 八年皮骨，君筆餘花，不圖匝地金鏡，重呼內戰。死生艱一面，便容把袂亦酸辛。[59]

黃炎培跋語也很沉痛：「先生畢生盡瘁教育，自民國初元長上海江蘇省立第二師範學校，先後十有六年。此校由龍門書院、龍門師範學校遞嬗而來，即上海名勝地吾園舊址，今夷為廬舍矣。先生執教不輟，直至「八一三」之戰。日寇陷上海，同人等所創中華職業學校，猶賴先生以身翼蔽，使諸生潛修如故，以迄于凱旋光復。炎培與先生髫年同應童子試，中年共事教育，無役不偕。當時沈信卿（恩孚）、袁觀瀾（希濤）二前輩以及楊月如（保恆）、顧述之（倬）諸先生，皆一志教育救國，炎培與先生參伍其間，今回頭一夢耳。」[60]

1946 年，尚有兩篇追悼賈豐臻的文字，都述及其在五四運動的表現。第一篇為盛朗西〈教育家賈季英先生傳略〉，刊《教育與文化》第 4-5 期；第二篇為倪祝華（光耀）〈記江蘇教育家賈季英先生〉，刊《蘇訊》第 68 期。[61] 兩位作者都是江蘇青浦人，內容也相近。細讀之下，卻知頗有增刪。刪去者，涉及「帝

57　賈小香，〈哭先叔季英〉，《新聞報》，1945 年 11 月 26 日，版 2。孫籌成，〈悼賈季英先生〉，《新聞報》，1945 年 12 月 1 日，版 2。
58　《黃炎培日記》，第 9 卷，頁 101。
59　黃炎培，〈輓賈季英君〉，《新聞報》，1945 年 12 月 13 日，版 2。
60　〈輓賈季英君〉，《新聞報》，1945 年 12 月 13 日，版 2。
61　〈教育家賈季英先生傳略〉，頁 30。倪祝華，〈記江蘇教育家賈季英先生〉，《蘇訊》，第 68 期（1946.6.10），頁 17。

制」運動;增補者,敘及五四祕辛。可見政治忌諱,無時無之。茲錄盛朗西原文,倪祝華改筆,並存二稿。引文□內,為倪祝華所補:

> 時帝制猖獗,某省教育會致電蘇省教育會,要求列名請願,主持者擬[置]不復,公[先生]謂萬一彼作我默認如何,不如[若]引用教育會規程「不得干涉教育以外事」為辭,即決[定議]照覆,後[各省贊成帝制]發表,[獨江]蘇省教育會獨無名[不列入]。又上海縣長沈寶昌,[復慫恿先生]勸公以縣教育會名義,加入帝制請願團,[亦]公力卻之。三十七歲,值政府已改帝制,[丙辰]易用洪憲年號,[凡公於第]二師[範學校]公文牘往返,悉力避[不用]之,所密議者,全係討袁事。適鈕鐵生受雲南蔡、唐委任,在滬組別動隊,以無餉故,商於公,即借撥二師基金萬圓以應之。……四十歲,上海中等以上各校學生響應北京五四運動,全體罷課,到處演講,二師與焉;後曹陸章免職,始復課,而各校之學生會,因之而成立。[己未五四運動起,滬南以二師學生為領導。當局密告先生為幕後主持人,政府下令逮捕,旋以民意不可犯,事遂寢。][62]

上文所說帝制運動中蘇省教育會「主持者」,即指沈信卿;是說依1944年賈豐臻〈追念信老〉而寫,可說有本有據。[63] 而倪祝華補述己未年事,披露賈豐臻的角色,為報紙及其他文獻所未載。所謂「當局」,或指徐國樑或沈寶昌;「政府」,或指盧永祥或何豐林。

倪祝華和盛朗西,都出身江蘇省教育會系統。《沈信卿先生

---

62 〈教育家賈季英先生傳略〉,頁30。倪祝華,〈記江蘇教育家賈季英先生〉,頁17。

63 〈追念信老〉,《申報》,1944年5月21日,第1張版4。

文集》之〈趣庵詩存〉卷六,有〈倪祝華(光耀)同學以二律索詩〉,寄慨深遠:

> 當年桃李幾成陰,蕭瑟江南寄慨深。名下人才都自晦,劫餘鄉夢未堪尋。
>
> 歧途豈愿逢青眼,滄海相期照素襟。此後乾坤須整頓,平生浩氣莫銷沉。[64]

倪祝華為龍門師範學堂第二屆畢業生(1909年1月,時沈恩孚任監督),[65]是後執教江蘇省學校多年。盛朗西年輩較後,也是省立二師校友,更親歷1919-1920年學潮,[66]從東南大學教育科畢業(1926年)後,曾服務於東南大學。總之,二人均是東南嫡系。[67]

為袁希濤及沈信卿撰傳的蔣維喬,也名列「江蘇學閥」,茲錄其退隱後所撰〈因是先生自傳〉:

> 先生姓蔣,名維喬,字竹莊,別號因是子,江蘇武進縣人。……會辛亥革命,南京臨時政府成立,蔡元培任教育總長,邀先生任秘書長,以全部事務托之。……未幾,蔡辭職,范源廉繼之。民元時約法,閣員必須由總統提交參議院,徵求同意。范氏既通過于參議院,自以籍隸共和黨,不易對付同盟會,向袁總統力辭。袁曰:「爾何怯,但覓一革命黨為次長可耳。」范氏乃邀先生密談,請擔任次長。先生曰:「我與蔡君,乃朋友之關係,卻非黨人。」因薦董鴻禕

---

64 沈恩孚,〈趣庵詩存〉,頁170。
65 〈龍門師範學堂畢業名單〉,《申報》,1909年1月11日,版19。
66 (盛)朗西,〈近年來的江蘇省立第二師範(續)〉,《時事新報》附刊〈學燈〉,1920年10月12日,第4張版1。
67 〈青浦縣教育會職員之改選〉,《申報》,1926年8月31日,版7。

> 以自代，仍為參事。後范又辭職，汪大燮繼之。先生與之意見不合，拂袖南歸，仍入商務印書館。民國五年，袁氏帝制失敗，……范源廉復任教育總長，重邀先生進部，先派赴國外考察教育，先生遂與黃炎培、陳寶泉等六人，周游日本及菲律賓。翌年，仍入教育部任參事。……十六年三月，國民軍攻入南京，……自此先生息影滬上，不願多聞世事。……先生為人剛直廉介，疾惡如仇，見善如不及。……先後在上海、北京親手提挈者，不下數百人。有已獲富貴，而不復念及先生者，先生夷然不以為意也。其在教育廳時，責斥議員，議員中之有理智者，亦稱之曰：「無欲則剛。」[68]

上文略去之內容，為蔣維喬詳述江蘇省內教育事，及其與袁希濤、沈恩孚、黃炎培互動之往事。其所擬強調者，為無黨無派之身及廉潔自守原則。

綜合江蘇省教育會派諸人傳記，可歸納出下列共同點：

一、他們多為江蘇上海人，出身上海龍門書院，研習宋儒性理之學；[69]而均受甲午以後戊戌維新的政治啟蒙，由士大夫身分以帶動國民自救。

二、他們多有舉人功名，曾赴東西洋考察，是清末以來新教育的建立者。

三、民元以後，都曾出任省市級乃至中央部會官員，但多半避免參加政黨活動，包括與激進民黨保持距離。

四、他們咸反對袁世凱洪憲帝制，以不仕及不合作態度贏得社會

---

68 蔣維喬，〈因是先生自傳〉，卞孝萱、唐文權編，《民國人物碑傳集》（北京：團結出版社，1995），頁336-343。

69 〈袁觀瀾先生手編年譜〉，頁55。

讚許。[70] 到了後袁世凱時代，則反對袁世凱政治繼承人。他們認定教育事業之價值，以此作為塑造國民之基礎。

五、既多在南方教育界服務，也有任職北京教育部者，以法定團體（教育會）與政府機關（教育部）相互策應，效果良好而影響深遠。

六、他們是江蘇地方自治領袖人物，都有民選議員的資歷經驗。如黃炎培任清末江蘇諮議局及民國江蘇省議會議員，沈恩孚和賈豐臻前後擔任上海地方自治機關議長。

七、他們對五四學生愛國運動，都取支持贊助的態度。惟五四學潮，為其涉身歷史事件之一幕。此與五四學生大異，後者多視此役為人生要事，乃至為某些人投入社會運動之始階。

八、他們所撰詩文傳記，避而不談與實業界及金融界關係，使後人容易忽略他們的後盾，不明其社會影響力之由來。

北伐後，原屬江蘇省教育會盟友蔡元培，成為「江蘇學閥」的政治保護人。考「學閥」一詞，最初即用以形容蔡元培、黃炎培師生。1920年底，吳稚暉直言：「五四運動以後，有人說：反對軍閥，出了學閥。」[71] 而世所稱「某教育會某學閥」，隱指江蘇省教育會和黃炎培。[72] 1922年10月29日《民國日報》摘錄眾議員王恆之論述，題名〈北京學閥之研究〉，便稱學閥有「上海—北京」之「本部—支隊」系統，指向黃炎培和蔡元培

---

70 1917年，黎元洪任總統時期，教育部派沈恩孚為湖南教育廳長，黃炎培為直隸教育廳長，二人也辭謝不就。〈本社基金管理員沈信卿君辭湖南教育廳長電〉，《教育與職業》，第1期（1917.10），頁2。〈本社辦事部主任黃任之辭直隸教育廳長之理由〉，《教育與職業》，第1期，頁1。

71 力山，〈巴黎通信〉，《申報》，1920年9月13日，版6-7。

72 白素，〈北京通信〉，《申報》，1920年12月1日，版6。〈蔣夢麟致陳寶泉書〉，《申報》，1920年12月7日，版6。

二人：

> 學閥形成之後，蒙〔蓋〕由本部而發出支隊，其意趣與財閥之多辦公司，軍閥之擴張地盤，完全相同，蓋猶是封建諸侯之下眾置陪臣家宰也。故得一機會，即攫取官費，送若干人出洋游學。又得一機會，即參予組閣，使其閥內之二三級人才，高據閣席，而其首領乃漸次取得學閥、元老之名。……又如最近之某學閥，民國元年以前，本為一革命黨員，嗣因其個人利害之見過重，乃毅然拋棄其革命事業，而投身教育界，於是由單純生活，而進於複雜生活，得往來於南北之交，徘徊於新舊之際，出入於政學之途。得一機會，而利用學生之運動；又得一機會，而利用京、洛之暗潮；而集學閥、元老資格之大成。歸納其一般心理，不過為其反社會〔、〕超階級〔、〕犧牲他人發展個性之思想之結果，毫無不可解之神秘存乎其間也。[73]

此文發表於江蘇省教育會勢力膨漲之際，以黃炎培為上海本部，而蔡元培為北京支隊。他痛斥之「學閥元老」，似兼指蔡元培、黃炎培師生。[74]《民國日報》轉載此文，也反映蔡、黃師生與孫中山各行其是，雙方道不同不相為謀。

及至國民黨執政後，對學潮態度頓時逆轉。[75] 1940 年蔡元培逝世，黃炎培所撰〈我師蔡孑民先生之生平——蔡孑民先生傳略書後〉，追述蔡元培和五四學生運動之關係，委婉為蔡、黃師

---

[73] 〈北京學閥之研究〉，《民國日報》，1922 年 10 月 29 日，版 3。
[74] 林輝鋒認為此文主要針對蔡元培。林輝鋒，《馬敘倫與民國教育界》（北京：北京師範大學出版社，2010），頁 141-143。
[75] 呂芳上，《從學生運動到運動學生（民國八年至十八年）》（臺北：中央研究院近代史研究所，1994），頁 396-417。

生與北京政府之關係辯解：

> 當滿清季年，國政不綱，外侮洊至。先生生長浙東，凡明清之際黃梨洲、張蒼水、全謝山、諸大儒民族思想，亦即潛接而默識之。至是，感於環境之日益惡化，卓然立此為思想中心。當炎培等受學時，所以朝夕詔示，一以國家民族大義為出發點，乃有「孑民」二字之更名，愛國學者、中華教育會之後先發起。革命先覺中山先生倡義海外，一時才智風雲蔚集，先生以海內大儒，參加振導焉。誠富革命思想者，必尊視公眾意志，先生前此表同情於南洋公學學生之罷學，以及後來對五四運動之態度，皆此思想之所驅使也。……凡革命起於遂行其是否之心，先生於是非之辨，持之最嚴。……其長北京大學，百家騰躍，則無所不容，而肅若秋霜。其外著之風度與內藏之衷曲，知先生者蓋深識之。
>
> 維時北京政府國政之不綱，既猶我夫子崔氏，而外侮之來加烈且迫焉，而五四運動作矣。先生秉其一腔義憤，又尊視群眾心理，不欲摧抑其正義感，始則以投鼠忌器故，不得不周旋於當國武人之間，至百折千回而終於大去。斯時先生用心為最苦，而其貢獻於民族精神之復興實為最大，百世下歷史家當公認之。[76]

細味黃炎培字裡行間，可知下筆頗費斟酌。其文旨在說明，蔡元培任北大校長時，對學生雖表同情，卻仍須與武人周旋。全文強調蔡元培「不得不」之苦衷，表彰其「千折不回」之意志，總括為「用心最苦」。

---

76 黃炎培，〈我師蔡子民先生之生平──蔡子民先生傳略書後〉，欒曉明編，《黃炎培撰傳選》（上海：上海遠東出版社，2022），頁 253-254。

1949年，黃炎培撰寫〈中華職業教育社奮鬥三十二年發見的新生命〉，回顧他們「一系列的人」之生存方式和奮鬥方式。由於他本人即此系人物領袖，此說不啻自我檢討：

（一）他們有理想的，但他們實現理想的方法，卻只有言論和文字，而從來缺乏行動。即有行動，只限于教育性，而缺乏政治性。正確些說來，缺乏革命的政治性。……對日抗戰是例外的，他們有行動了，他們一群人有組織了。

（二）他們也認識群眾，也能聯繫群眾。……「八一三」以前最盛期間，同時有學生一萬多人，但缺乏經常性的組織。

（三）他們每一個人都有特立獨行的風格，每一時期都能不受惡勢力的威脅和利誘。例如擁戴洪憲皇帝，他們所負責的江蘇省教育會首先通電反對，所以袁世凱最痛恨他們，批評他們八個字：「與官不做，遇事生風」。也可見獨裁者對富貴不淫、威武不屈的正義派窮于應付，而又特別畏懼他們能生出風來。——但他們雖反對惡勢力，從來沒有領導推翻惡勢力的計劃和魄力。

（四）說到教育，他們確能吸收最新的教育理論和方法，領導一般教育界，加以咀嚼而咽下去的。[77]

黃炎培所說有虛有實。但稱他們「能生出風來」，為袁世凱所痛恨忌憚，則是實情。1957年國務院總理周恩來批評職教社是「一個知識分子的團體」，富有「愛國熱情」，但和舊社會有千

77　〈中華職業教育社奮鬥三十二年發見的新生命〉，頁413-414。

絲萬縷關係,包括「封建習氣、資產階級思想、士大夫習氣和洋氣」,[78] 頗能蓋括他們的精神氣質和思想特性。

此系人物和袁世凱黨勢不兩立,植根於前清戊戌年事。梁啟超《戊戌政變記》在清末十餘年間印行十二版。[79] 入民國後,似不大受重視。但知識界上中年齡者,多是此書的老讀者。他們深受戊戌精神感召,也受其政治主張影響。劉厚生(垣,江蘇武進人)晚年追憶:「光緒戊戌變法,雖未成功,但鼓起一般青年熱烈愛國的情緒,這在歷史上是空前的。六君子之被殺,有許多青年吞聲飲泣,有許多青年,摩拳擦掌,恨不得生食那拉氏及袁世凱之肉。這種狀況,因時代滄桑,現在知者甚少,我乃親眼目覩,而自身亦深受感動者之一人。」[80] 甲午舉人沈恩孚投身教育,又積極經營地方事業,欲「以地方政權掩護民權,以紳權孕育民權」,依然是維新時期看法。《戊戌政變記(丁酉重刊)》(1957年)諸序強調,戊戌黨人雖死,戊戌精神未敗,並非沒有道理。

(3) 君子儒

黃炎培一生活躍於社會的活動,許漢三《黃炎培年譜》已勾勒其基本線索。黃本人晚年不諱言,他們一群人幾次受到來自南北的嚴重衝擊,第一次來自袁世凱,第二次來自國民政府。[81] 1916-1927年,則為彼等精神最發抒,勢力最擴張時期。[82] 此時,

---

78　許漢三編,《黃炎培年譜》(北京:文史資料出版社,1985),頁274。
79　梁啟超,《戊戌政變記(丁酉重刊)》(臺北:文海出版社,1966)
80　劉厚生,《張謇傳記》(香港:龍門書店,1965),頁156。
81　〈中華職業教育社奮鬥三十二年發見的新生命〉,頁411-414。
82　黃炎培兩度被任為教育總長,皆辭不就。第一次在梁士詒內閣(1921.12.24-1922.1.25)時期,第二次在顏惠慶內閣(1922.4.8-1922.6.11)時期。謝彬,《增

江蘇省教育會佔據道德高地，以啟蒙國民思想者自居。1916 年 6 月，袁世凱死訊傳出，黃炎培發表〈吾教育界之袁世凱觀〉，即以「道德」為主旨，闡述袁敗且死之意義；呼籲一眾教育家，宜定此日為「道德紀念日，各詔其青年，無忘無忽此民國開基大教訓。」[83] 他閱世多年後更感慨無限地寫道：「原來人無不愛惜其人格者；但在現今時候，欲全人格，行動必須非常謹嚴，操守必須非常竣潔。並非備責苛求，當前事實告訴吾人亦已明明白白。人格一經毀損，其人見棄於群眾，那有功名事業可言？」[84] 後袁時代，北洋集團和南方民黨，都不能得眾人之心。惟江蘇省教育會立足上海，在政治道德上未有瑕疵，又享有革新教育的美名，其聲望及能量實溢出教育界外，隱然代表東南民意並引導全國輿論。

上海自治研究會會長李右之（維清，味青，江蘇上海人），是《上海罷市救亡史》（1919 年 7 月出版）校閱者。晚年詩稿有五言排律〈贈黃任之〉一首，追述二人交誼外，並紀黃炎培早歲生涯：

> 鄉情敦故舊，母族繫姻連。論齒遲三歲，搴芹後一年。鶴沙推碩望，澧水訂前緣。秀比冠中玉，妙翻舌底蓮。龍門登籍早，虎榜著鞭先。革命資提倡，危機幸保全。蓮瀛頻考政，星島遠籌捐。執柯宏施教，儲才致志專。朱提如土芥，華袞等雲煙。[85]

　　補訂正民國政黨史》（上海：學術研究會總會，1925），頁 162、164-165。
83　黃炎培，〈《袁世凱與中華民國》序〉，收入許芳編著，《黃炎培序跋選》（上海：上海遠東出版社，2020），頁 113-115。
84　黃炎培，〈中華職業學校成立三十周年告畢業及肄業諸同學〉，收入：中華職業教育社編，《黃炎培教育文選》（上海：上海教育出版社，1985），頁 318。
85　李右之，〈贈黃任之兄〉，收入李右之，《上海李右之著詩文稿百篇》（上

李右之〈贈黃任之〉,更有「議席抒雄辯」,「慎默常緘口」之句,[86] 道出黃炎培主持會議之能力,卻又謹慎寡言之氣質。

近年出版的許芳編著《黃炎培序跋選》(2020年出版)及欒曉明編集《黃炎培撰傳選》(2022年),令後人對黃炎培性情和思想,有更豐富全面的認識。《黃炎培撰傳選》收錄黃炎培所撰各種形式傳記文體,包括:傳、行略、記、謚議、碑、墓銘、哀誄、祭文、像贊、書、壽序、贈序、題跋等,對象既有其至親及師長友朋,且涵蓋學、報、商、工及僑界。他表彰人物性行之餘,既寓有社會教化之旨,也間接留下其自身寫照。最值得注意的是〈悼徐新六先生〉一文,推崇徐新六為「現代化的東方君子人」:

> 東方有所謂君子儒者,其性外柔而內剛,其行外圓而有方,調和于兩極之間,備焉而各盡其致。蓋其所以自立,卓然具有匹夫不可奪志之尊嚴,而又鑒于人品之雜糅,人情之幻變,與夫時勢之推遷演化,非因人因地因事因時以制其宜,不足以盡其用。三千年前,有所謂「九德」,見於《虞書》,皆兩性之調和作用。秉此遺教,無行中制度一種行為標準,所謂「溫而厲」、「智圓而行方」、「內文明而外柔順」,皆此旨也。先生既以此厚植其根基矣。試取〈儒行〉一篇,所謂「上交不諂,下交不瀆」,所謂「忠信以為甲冑,禮義以為干櫓」,所謂「見其利不忘其義,申其志不更其節」,以繩先生,無一不欣合無間。[87]

海:出版社不詳,1949),頁13上。引自哈佛大學圖書館:https://iiif.lib.harvard.edu/manifests/view/drs:46810919$2i(2024.10.30)。

86 李右之,〈贈黃任之兄〉,頁13上下。
87 黃炎培,〈悼徐新六先生〉(1938.9.9),《黃炎培撰傳選》,頁142-144。

按黃炎培引《尚書》之〈虞書〉，紀皋陶「行有九德」，即「寬而栗，柔而立，愿而恭，亂而敬，擾而毅，直而溫，簡而廉，剛而塞，彊而義。彰厥有常，吉哉！」他綜括為調和兩性之作用，即其夫子自道之原則。又其引《禮記》之〈儒行〉：「忠信以為甲冑，禮義以為干櫓」，為歷代儒者遵循之規範，亦黃炎培熟誦的立身之道。「上交不諂，下交不瀆。」出自《易》之〈繫辭下〉：「子曰：知幾其神乎？君子上交不諂，下交不瀆。其知幾乎？幾者，動之微，吉之先見者也。君子見幾而作，不俟終日。……君子知微知彰，知柔知剛，萬夫之望。」[88]此黃炎培不自覺流露立身處世之道，及其所奉為自存救國之術。

《黃炎培撰傳選》收錄黃炎培悼念蔡元培文三篇，皆引用胡元倓（子靖，湖南湘潭人）對蔡元培的評價：「有所不無，無所不容」。他解說：「蓋有所不為者，吾師之律己也。無所不容者，吾師之教人也。有所不為，其正也。無所不容，其他也」。他還用「無所不容，而肅若秋霜」，來稱道蔡元培主持北大「外著之風度與內藏之衷曲」。[89]此種為人之道，也反映其處世原則。黃大能（黃炎培子）記1939年赴英求學前，父親撮其立身處事之道，為題三十二字格言：

> 事閒勿荒，事繁勿慌。有言必信，無欲則剛。和若春風，肅若秋霜。取像於錢，外圓內方。[90]

---

88 王弼注、孔穎達疏，李申、盧光明整理，呂紹綱審定，《周易正義》（北京：北京大學出版社，1999），頁308-309。

89 黃炎培，〈奉悼我師蔡子民先生〉（1940）、〈吾師蔡子民先生哀悼辭〉（1940）、〈我師蔡子民先生之生平——蔡子民先生傳略書後〉（1943），《黃炎培撰傳選》，頁154-158、253-255。

90 黃大能，《傲盡秋霜兩鬢絲——我的八十年》（北京：中國建材工業出版社，2003），頁8。

依黃大能理解,「外圓內方」,「『圓』,絕不是『圓滑』、『老練』,而是做事情要求方式、方法,以求好的效果。在原則問題上必須『肅若秋霜』,絲毫不能遷就馬虎。」[91]

黃炎培序《中國教育史要》,斷言中國教育和政治,以德教和德治為中心,「自來政教合一,是沒有疑義的。」他最推崇兩漢,稱「兩漢政治,是儒道兩家混合主持。兩家都主張德治的。在政治上,教育上,道德空氣的濃厚,吾敢斷言:一部二十四史,無出其右。要闡發兩漢政治和教育的真精神,而不提出德治兩字,做他的骨幹,竟可以說沒有搔著癢處。」[92] 事實上,儒道二家,也是其根本立身之道。《中國教育史要》論魏晉以後風氣,對文中子王通特致敬意。[93] 據說文中子為《贊易》七十篇,[94] 講求「惟變所適」。王通《中說》阮逸序,概括「中」之大義:

> 大哉,中之為義!在《易》為二五,在《春秋》為權衡,在《書》為皇極,在《禮》為中庸。謂乎無形,非中也;謂乎有象,非中也。上不蕩於虛無,下不局於器用,惟變所適,惟義所在,此中之大略也。[95]

《中說》者,為王通門人答問之書,仿《論語》之體例。卷五〈問易篇〉:「子曰:『《易》,聖人之動也,於是乎用以乘時矣。故夫卦者,智之鄉也,動之序也。』阮逸注:『易,變易也。功業見乎變,吉凶生乎動。變動者,聖人適時之用也。無變

---

91 《傲盡秋霜雨鬢絲——我的八十年》,頁 8-9。
92 黃炎培,《中國教育史要》之〈序言〉,(上海:商務印書館,1931),頁 3。
93 《中國教育史要》,頁 48-49。
94 杜淹,〈文中子世家〉,收入王通著、阮逸著、秦躍宇點校,《文中子中說》(南京:鳳凰出版社,2017),頁 1-3。
95 阮逸,〈序〉,《文中子中說》,頁 100-103。

則功不可大,故因貳以濟;無動則吉不先見,故惟幾成務。存時效動,《易》可知焉。爻在卦,如人居鄉,逐位而動,是其次序。」[96] 適時而動,自為黃炎培深究之義。清末科舉改制,癸卯、甲辰二科會試,五經義題都出自《周易》,正反映時代風尚。[97]

十餘年來《黃炎培日記》十六卷本先後面世,內容綿延半世紀以上(1911 至 1965 年),更使後人可瞭解其內心世界及辦事邏輯。從紀事風格看,黃炎培喜歡摘錄格言,習慣賦詩明志。這些詩文,能反映其內心情感及價值取向。1917 年,他四十歲,初次赴南洋考察,是其一生事業里程碑。出發前和返滬後,日記留下〈南游雜感〉三個版本。惟前後三稿,莫不緊扣「憂患」二字。從初稿「人生識字憂患始,將遊自取百煩憂」,首句來自蘇軾〈石蒼舒醉墨堂〉,到定稿「翻因讀《易》多憂患,長羨無涯未有知」,前一句出自《易》之〈繫辭〉下:「作《易》者,其有憂患乎?」[98] 少年讀《易》所獲之憂患意識,顯然是其一生奮鬥的精神底蘊。他日記所載詩句,也往往以《易》為出處。茲舉數例:〈答仰堯病中有贈二首〉(1928.11.11):「六吉爻陳德在謙」。贈穆藕初暨夫人五十壽(1929.11.2):「學《易》試參長壽訣,健行不息道如天。」[99]

1924 年,有人請黃炎培書「進德」語,他題三十六字,自抄入日記本,可視為歷經風浪之座右銘:

96　《文中子中說》,頁 50-51、71-72。
97　韓策,《科舉改制與最後的進士》(北京:社會科學文獻出版社,2017),頁 126-130。
98　《周易正義》,頁 312-313。
99　《黃炎培日記》,第 3 卷,頁 111、188。

物輕者浮，于德亦然。物疏者露，于才亦然。沈沈吾思，硜硜我行。閎深肅括，則可以任重而致遠。[100]

黃炎培以輕浮露才為戒，蓋閱人閱世漸多。就時代而言，亦可謂有感而發，是勉人兼自勉語。

至於黃炎培本人字號，也反映其思想意識。《八十年來》自述辛亥前，他以「韌之」為字，取殺敵之意。辛亥後，改名「任之」；二次革命後，更號「抱一」。[101]「韌之」二字，似出《易》之〈革〉卦，注曰：

在革之始，革道未成。……牛之革，堅韌不可變也。[102]

「任之」之義，他在《機關管理一得》，稱出自《孟子》之〈離婁下〉：

孟子說：「人有不為而後可以有為」，……我從二十七歲起，別號任之，……有兩種意義，在我責任範圍以內的事，我須擔任起來，所以叫「任之」。但責任範圍以外的事，我便放任著，所以也叫「任之」，這也是區區界劃清楚的意思。[103]

這是一種負責任的表現。其《八十年來》說明：「我在職是有計劃地工作，我去職是有計劃地活動。」[104]

至於他未解釋的「抱一」之號，或來自《道德經》第二十二章。他自署此號，在洪憲及北伐時期。《史記》之〈老子韓非列傳〉，稱「老子修道德，其學以自隱無名為務。」又曰「老子，

---

100 《黃炎培日記》，第 2 卷，頁 213。此處標點為我所加，與原書不同。
101 黃炎培，《八十年來》（北京：文史資料出版社，1982），頁 73。
102 《周易正義》，頁 203。
103 《機關管理一得》，頁 9。
104 《八十年來》，頁 71。

隱君子也。」[105] 在當時處境下，他或反覆玩味《道德經》「弱勝強，柔勝剛」之義：

> 曲則全，枉則直，窪則盈，敝則新，少則得，多則惑。是以聖人抱一為天下式。不自見，故明；不自是，故彰；不自伐，故有功；不自矜，故長。夫惟不爭，故天下莫能與之爭。[106]

黃炎培日記1924年4月4日自紀演說，主旨是「老子為而不爭主義」，又是一個明證。又其1926年6月30日記：「讀《道德經》得一結語：為而不爭。讀《金剛經》得一結語：如如不動。」1928年6月12日，摘錄車上閱讀丁福保《箋注道德經》心得：「損之而益，益之而損。」「知者不言，言者不知。」[107] 皆反映其閱世之深和自處之道。

五四運動翌年1月，黃炎培到南通演講，提出「為人之道，不在縱的高而在橫的闊，不在高低之比較而在左右前後之協助。」他不勉勵學生作聖賢，作豪傑，卻勸他們做「人中人」：

> 昔人謂吃的苦中苦，方為人上人，兄弟以為不然。所謂人上人者，譬如兄弟今日登壇演講，居高臨下，然而諸君之視線均集中于兄弟，兄弟一言而謬，則鳴鼓而攻者大有人在。南京高師職員劉伯明先生有言，今之為人，只須做人中人，意謂左右前後皆得人之輔助，無虞人之攻擊也。[108]

黃炎培不經意說出「無虞人之攻擊」一語，其旨近於《道德經》

---

105 司馬遷撰，《史記》卷六十三〈老子韓非列傳〉，第7冊（北京：中華書局，1982），頁2141-2142。
106 朱謙之，《老子校釋》（北京：中華書局，2000），頁91-93。
107 《黃炎培日記》，第2卷，頁195、269，第3卷，頁75。
108 宋和卿筆錄，〈黃任之先生講演錄〉（1920年1月8日在師範校演講），《南通縣教育會匯報》，第8卷（1919），頁20。黃炎培演講原題「五四學潮後之教育觀」，可能因事涉敏感而另改題目。參見〈本會沿革略〉，《南通縣教育會匯報》，1920年第9冊，頁6。

第六十六章:「江海所以能為百谷王,以其善下之,故能為百谷王。是以聖人欲上人,先以言下之;欲先人,必以身後之。……以其不爭,故天下莫與之爭。」[109] 在表面消極中,寓積極之意。

對黃炎培來說,他必定熟悉《史記》末卷引用司馬談論六家之要指,對道德家之綜述:

> 道家無為,又曰無不為。其實易行,其辭難知。其術以虛無為本,以因循為用。無成勢,無常形,故能究萬物之情。不為物先,不為物後,故能為萬物主。有法無法,因時為業;有度無度,因物與合。故曰:聖人不朽,時變是守。[110]

司馬談對道德家精義的概括,張舜徽稱為統治者的南面術,更說,先秦諸子之所「道」、「德」、「一」,皆君主南面之術。[111] 黃炎培自非統治者,卻頗得其旨要義。

錢鍾書(默存,江蘇無錫人)讀司馬遷《史記》之〈老子韓非列傳〉,也注意史遷歸納「老子所貴道,虛無因應,變化於無為。」「按『因應』者,因物而應之也。馬遷〈自序〉載乃翁〈論六家要指〉所謂:『道家無為,又曰無不為。……其術以虛無為本,以因循為用,無成勢,無常形,故能究萬物之情。……有法無法,因時為業;有度無度,因物與合。』」「非道家者流亦每標『因』為要指。因時制宜之說,具詳前論〈秦始皇本紀〉。兵家言如:《孫子・虛實》篇,『因形而錯勝於眾』(曹操註:『因敵形而立勝』);《史記・孫子、吳起列傳》孫臏曰:『善戰者因其勢而利導之。』《呂氏春秋・決勝篇》:『凡兵貴其因也。因也者,因敵之險以為己固,因敵之謀以為己事。能審而

---

109 《老子校釋》,頁 267-269。
110 《史記》卷一百三十〈太史公自序〉,第 10 冊,頁 3288-3292。
111 張舜徽,《周秦道論發微》(北京:中華書局,1982),頁 29-66。

加,勝則不可窮矣。」因之時義大矣哉!《呂氏春秋‧貴因》篇尤觸類而長之:『故因則功,專則拙,因者無敵。』」[112] 東南集團及江蘇省教育會諸人,無疑深懂「因應」之道,故能保存實力於亂世,更在五四時期大顯本事。世人之瞠目結舌,反映此派隱蔽之深,及潛在勢力之鉅。

晚清民初,黃炎培等自必熟讀兵書,探究攻守勝敗之理。楊丙安《十一家注孫子校理》卷上〈形篇〉:「不可勝者,守也;可勝者,攻也。」「善守者,藏於九地之下;善攻者,動於九天之上,故能自保而全勝也。」「杜牧曰:自整軍事,長有待敵之備;閉跡藏形,使敵人不能測度,因伺敵人而有可乘之便,然後出而攻之。」「杜牧曰:守者,韜聲滅跡,幽比鬼神,在於地下,不可得而見之;攻者,勢迅聲烈,疾若雷電,如來天上,不可得而備也。」[113] 卷中〈虛實篇〉:「故兵無常勢,水無常形,能因敵變化而取勝者,謂之神。」[114] 由此可見,善攻者,必先善守。因敵變化,使敵莫測。所謂「故善攻者,敵不知其所守;善守者,敵不知其所攻。微乎微乎,至於無形;神乎神乎,至於無聲」。[115] 五四前,東南集團蟄伏不出。就兵家言,即取守勢,使人莫能勝之。何時轉守為攻,則在其有必勝把握之時。

黃炎培一代人善讀《易》,本來講究因時制宜,因事制宜。江蘇省教育會的組織構造,也予人「變化之物」的感受。他們面對時局,製定進退策略,深合用兵之道。清末魏源〈《孫子集

---

112 錢鍾書,《管錐編》,第 1 冊(北京:中華書局,1986),頁 311-312。
113 孫武撰、曹操等注、楊丙安校理,《十一家注孫子校理》(北京:中華書局,1999),頁 69-72。
114 《十一家注孫子校理》,頁 125。
115 《十一家注孫子校理》,頁 112。

注》序〉，嘗有一段精采論斷：

> 《易》，其言兵之書乎？「亢之為言也，知進而不知退，知存而不知亡，知得而不知喪」，所以動而有悔也，吾於斯見兵之情。《老子》，其言兵之書乎？「天下莫柔弱於水，而攻堅者莫之能先」，吾於斯見兵之形。《孫武》，其言兵之書乎？「百戰百勝，非善之善者也；不戰而屈人之兵，善之善者也。故善用兵者，無智名，無勇功」，吾於斯見兵之精。故夫經之《易》也，子之《老》也，兵家之《孫》也，其道皆冒萬有，其心皆照宇宙，其術皆合天人，綜常變者也。[116]

可惜魏源《孫子集注》今不存，他認為《易》、《老子》、《孫武》皆「言兵」之書，能「見兵之情」，雖不一定人人贊同；但諸書皆「合天人，綜常變」，熟讀是書者於謀略進退之道，自必瞭然胸中。

綜觀上海五四運動始末，以江蘇省教育會為首的上海學界，所領導的因應時局之道，驚人地與《易》乾卦暗合。卦名乾，「健也。言天之體，以健為用」。[117] 此時表面上為學生四出運動，獨領風騷；實則東南集團由靜而動，奮力出擊。茲錄乾卦六爻：

(1) 「初九：潛龍勿用。」「正義：潛者，潛伏之名；龍者，變化之物。」此一時期，「龍德而潛者也。」

(2) 「九二：見龍在田，利見大人。」此一時期，「出潛離隱，故曰『見龍』；處於地上，故曰『在田』。」

(3) 「九三：君子終日乾乾，夕惕若厲，無咎。」此一時期，

---

116 《十一家注孫子校理》，頁359。
117 《周易正義》，頁1。

「居上不驕,在下不憂,因時而惕,不失其幾,雖危而勞,可以『無咎』。」

(4) 「九四:或躍在淵,無咎。」此一時期,「履重剛之險,而無定位所處,斯誠進退無常之時也。」「云『無咎』者,以其遲疑進退,不即果敢以取其尊位,故『無咎』也。若貪利務進,時未可行而行,則物所不與,故有咎也。」以上(3)(4)兩個時期,都屬「君子進德修業」的「自試」期,惟後一時期更「欲及時也」。

(5) 「九五:飛龍在天。」此一時期,「同聲相應,同氣相求。水流濕,火就燥,雲從龍,風從虎。聖人作而萬物睹。」

(6) 「上九:亢龍有悔。」此一時期,「上九亢陽之至,大而極盛,故曰『亢龍』。此自然之象。以人事言之,似聖人有龍德,上居天位,久而亢極,物極則反,故『有悔』也。」[118] 上海學界表現與六爻暗合,似出於精密的政治計算。就教育會領袖的舊學修養言,對政治運作原理本來瞭然於胸。[119] 採用前人智慧和追求民主政治,只覺道理相通而無衝突之感,反倒相得益彰而相輔相成。

本書付梓前,又見 1937 年《人文月刊》登載沈恩孚〈上海龍門書院紀略〉(此文《沈信卿先生文集》失收,或有意不收),以「神龍之變化」形容「龍門」一校,與前段所云若合符節。茲錄其說,以備參照:

居今日而談上海之龍門書院,蓋已成歷史上之名詞矣。然此

---

118 《周易正義》,頁 1-20。
119 黃炎培友人周善培,1930 年代猶撰《周易雜卦證解》以論時政。敘言末署「乙亥三月」,可知 1935 年成書。周善培,《周易雜卦》(上海:上海書店據文通書局 1948 年版影印,1999)

龍門二字，實為海濱文化之導師，於今已七十餘年。關心文獻者，固猶津津樂道之，雖一鱗一爪，不易再窺其全體，詎非一屢經變化之神龍也歟？[120]

沈恩孚追述書院創設之始，「其治學以理學為宗，經世之學為輔，旁及詩古文詞。」是後改立「蘇松太道立龍門師範學校，此殆如神龍之一變化也。」辛亥光復，則「改道立師範學校為江蘇省立第二師範學校，此又如神龍之一變化也。」「洎國民軍至上海，改為上海中學，……舊校舍出售，改建民居，幾如神龍之見首不見尾矣。」[121] 其結語云：

> 夫龍門書院，一變而為龍門師範學校，固依然存龍門之名也。至再變而為江蘇第二師範學校，三變而為上海中學，則其名全變矣。然文化機關之性質無改，則其名變而其實未變，或指為此即龍子龍孫也。此龍子龍孫，仍當有為雨為霖，潤澤萬物之特性，使我國之文化前途，益由此以發揚光大，則龍門之為歷史名詞何損哉！[122]

翻閱沈恩孚晚年《詩存》，時以《易》入詩，如云：「談《易》偶逢君五十，乾坤消息問遺經」（〈贈史量才（家修）〉，1930年），「乾坤不息基於《易》」（〈張公權（嘉璈）同學五十有贈〉，1938年）；「猛進從來悔亢龍」，「《易》窮未濟變斯通」（〈江浙同鄉萍聚海上一年矣，以歌志感〉，1939年），「群龍無首吉，早於《易》象窺。學《易》可假年，由耄而期頤」（〈三十二年元旦述懷〉，1943年）。其中年《文存》，則有

---

120 沈恩孚，〈上海龍門書院紀略〉，《人文月刊》，第8卷第9-10期（1937.12.15），頁1。
121 沈恩孚，〈上海龍門書院紀略〉，頁1-2。
122 沈恩孚，〈上海龍門書院紀略〉，頁3-4。

〈《周易本義》跋〉（1922年8月）及〈《易解》敘〉（1933年）。[123] 其津津樂道於「神龍」之變化，與其喜讀《易》不無關係。他稱「龍門」七十餘年來「其名變而其實未變」，為「海濱文化之導師」。然則後世讀龍門諸君子之史者，當知由「一鱗半爪」進「窺其全體」，而後此「屢經變化之神龍」乃能現形眼前。

(4) 事件史

今天回顧五四史研究歷程，不能不鄭重指出，五四研究遲遲未上軌道，是因存在著幾重障礙。首先，是簡化版革命史敘事的陷阱，內含帝國主義侵華敘事，框限了研究者的視野和理解。此說延伸到商業史和社會史，強調買辦階級和資產階級之異，批評兩者都有軟弱性。革命史敘事及帝國主義侵華史敘事結合，還重編改寫了親歷者的記憶，將個人歷史納入一套固定模式。所有人事物的重現，莫不經過一道政治濾網。凡不合革命敘事和帝國主義敘事者，都很難走到後人眼前。今人縱使回望過去，也很難從網眼看清前人意圖和行動，甚至覺得其隱約言行萬分可疑。這道敘事之網落下於後五四時期，迄今仍時時發揮重大作用。故此，當辛亥革命七十週年紀念之際，東南紳商精英被寫得饒富活力；在歷次五四紀念研討會論文中，同一群人卻彷彿呆若木雞般略無作為。

五四研究另一道障礙，是現代化敘事的流行，使不與此一論述直接相關之人事物，很容易被誤視為無足輕重。現代化理論也有變化，從最開始的黑白二分，到認為傳統和現代並存交融，但仍使人容易忽略富傳統色彩之人事物。例如舊家族制度和舊思

---

123 沈恩孚著、薛冰整理，《沈信卿先生文集》，頁71、151、154、220、333-334、342。

想的維護者，就殊難獲研究者重視，更不用說想像他們作為中堅力量，可以發揮推動歷史的作用。惟經本書考察，五四運動同情者及參與者，不乏舊觀念及舊制度的擁護者，更多的是新舊思想並存的凡人。就邏輯上說，政治上的革新運動，與文化上的保守分子，兩者不必然衝突。晚清中國的抵制外貨運動，就未經歷過政治革命或文化革命。因此，認為五四運動只能由新知識階層推動，是毫無道理的偏見。事實上，上海各個團體的蛻變更新進程，頗有不循激進方式推動者。從旅滬鉅紳名商的眼光看來，家族制度和地緣同鄉關係，就不必然是富國強兵的阻礙；反之，它們可以成為振興國家的基礎，甚至是由修身到平天下必經之路。

五四研究的又一道障礙，是北大新思潮和新文學視野的侷限，使人把非北大新文化或反新文化者排除在外。更有人倒果為因地解釋五四運動的起源，必欲將新思潮視為五四起因而後快。近年季劍青、徐佳貴的研究卻已表明，山東和浙江的五四運動參與者，不必然贊同北京大學新思潮，也毋須經歷過新文學洗禮。[124] 北大學生許德珩早就說過，五四前北大內部《新潮》和《國民》之爭，兩陣營對新舊文學態度迥異。五四爆發後，《新潮》和《國民》在領導權力及行動策略上，也存在競爭關係。如果說《國民》社員，在五四中角色吃重；其在政治上的激進性，較《新潮》社員猶有過之。那麼考察南北各處愛國運動，就不應以新文學派為限。反而，上海方面基督教青年會員的積極參與，青年會學校部及童子部會員的活躍，引起日本方面的密切注意，

---

[124] 季劍青，〈地方精英、學生與新文化的再生產——以「五四」前後的山東為例〉，《現代中國文化與文學》，2009年第2期，頁33-56。徐佳貴，〈「五四」與「新文化」如何地方化——以民初溫州地方知識人及刊物為視角〉，《近代史研究》，2018年第6期，頁43-58。

甚至認為美國人通過青年會煽動反日風潮。

五四研究還有一道障礙，就是對宏大敘事的崇拜，使人輕視歷史細節和運作策略。宏大敘事與宏大理論相關，植根於不同版本的決定論。在接受歷史決定論的前提下，個人只是歷史意志的執行者，其獨特性情、才幹、智愚等因素，都被壓縮到彷彿無足輕重的地步。研究者讓人們機械式地說出特定語彙，似乎就已承擔了歷史學者的任務。這類著作千篇一律，即便提供一些細節，也絕不會令讀者驚奇。在缺乏想像力的敘事中，歷史人物彷彿預知後來劇情，絕不會受任何意外驚擾，更不用說對前途感到茫然，甚至為之恐懼戰慄。然而，現實世界中的處境，卻總比紙上紀錄複雜許多，真偽是非也非明白可判。人們接觸的訊息總是有限，又易受到謠言誤導混淆。人人為生存空間掙扎，又或被個人慾望驅動，要找到共識可謂難乎其難。而不論是團體內部或面對盟友，都有可能陷入分歧和爭吵。正是在這些複雜萬變的場景中，人們且戰且走地調整策略。風雲過後，有人受到重挫就此消聲匿跡，有人偃旗息鼓等待東山再起，更多人在混沌中隨波逐流。

黃炎培作為許多歷史事件的親歷者，感嘆辛亥以來，他「大都親歷其境，身為幕中人物或臺下觀眾之一員」。[125] 他視歷史為人們努力的結果。在總結其一生經驗的《民主化的機關管理》，自述其人生觀：一、「世界活動者的中心是人。」二、「人類活動的總目的是生。」[126] 1928 年，他為李長傅《南洋華

---

125 黃炎培，〈轉變中之中國的檢討〉，《空江集》（上海：生活書店，1937），頁 197。

126 《民主化的機關管理》，頁 3-4。

《僑史》撰序,則表達「惟史傳人,惟人造史」的歷史觀。[127] 更綜論人和歷史的關係:

> 蓋夫人群組織,成於群眾自覺者少,成於魁桀強制者多。即今能自覺之民族,其始莫不由強制來也。……苟取人類大史而析觀之,亦惟千萬無名人之奮鬥,十百有名人之倡導,與一二大有名人之發縱〔蹤〕指示而已。三者相須以為功,而讀史者往往注目少數而忽群眾。雖然,一群魁桀,亦何可少也?[128]

黃炎培把歷史參與者分為三種人,分別是「無名人」、「有名人」、「大有名人」,稱他們各有任務地工作,與五四歷史若合符節。借用黃炎培的話,廣大群眾的奮鬥應該書寫,「一群魁桀」的「發縱指示」也不可忽略。本書即依循此一線索,考察上海五四運動中的人物作用,探究「千萬無名人之奮鬥」、「十百有名人之倡導」、「一二大有名人之發蹤指示」,尤致力揭示「三者相須為功」的關鍵作用。

司馬遷為中國史家所定標竿,是「究天人之際,通古今之變。」《史記》列傳安排,以人敘事。人物刻劃,尤具識力。[129] 西風東漸後,宏大史觀盛行。錢鍾書感嘆「輕視或無視個人在歷史上作用的理論(transpersonl or impersonal theories of history)已成今天的主流,史學家都只探找歷史演變的『規律』、『模式』(pattern)、『韻節』(rhythm)了。」[130] 人物研究從歷史著作退

---

127 黃炎培,〈《南洋華僑史》序〉(1928.9.21),《黃炎培序跋選》,頁 74。
128 〈《南洋華僑史》序〉,頁 74。
129 〈導言:抑鬱與超越〉,逯耀東,《抑鬱與超越——司馬遷與漢武帝時代》(臺北:東大圖書公司,2007),頁 4。
130 錢鍾書,〈一節歷史掌故、一個宗教寓言、一篇小說〉,《七綴集(修訂本)》(上海:上海古籍出版社,1985),頁 169。

場,或顯然已高度邊緣化。取而代之,是無個性的時代洪流。歷史階級論及社會經濟史論流行,人物姓名似乎只餘下符號作用,提供某種典型性意義,作為歷史模型的標本。這樣一種歷史書寫,在重大事件史中尤為普遍。以五四運動之波瀾壯闊,僅有少數人獲得史家青睞,其他人物率皆面貌模糊,黑白二分地無聊無趣。這種歷史書寫的潛在原因,是假定人物的個性才智,不足以左右事態發展,不必深究其個人特點。反過來說,對具體人物的瞭解不足,也就容易以理論代論證,以假定為事實。

反觀歐美,近年政治學家格雷厄姆・艾利森(Graham Allison)提出「修昔底德陷阱」(Thucydides's Trap),呼籲繼承古希臘修昔底德的人文主義歷史觀。他認為人是歷史的主宰者,尤寄希望於深沉老練的國家領導人。[131] 格雷厄姆・艾利森和菲利普・澤利科(Philip Zelikow)合著的《決策的本質——還原古巴導彈危機的真相》,致力還原古巴危機決策過程及其關鍵時刻,更逐日紀事交代情節,探討決策圈內各個人物的作用。[132] 他們認為人物史和事件史是歷史研究的基礎,斷不會在新時代中失去魅力及作用。反之,沒有具體時地事和人物的歷史,無法向我們解釋太多事情。真正要把握住歷史進程,既需要對長時段社會經濟等結構性因素有所理解,也必須能進入歷史人物和事件的隱晦細節。一方面對主要人物的思考和行動盡可能瞭解,另一方面也不排除偶然因素的作用。

對於五四運動歷史的專門研究,前有陳曾燾《五四運動在上

---

[131] 格雷厄姆・艾利森(Graham Allison)、包淳亮譯,《注定一戰?中美能否避免修昔底德陷阱》(臺北:八旗文化,2018),293-302。

[132] 格雷厄姆・艾利森(Graham Allison)、菲利普・澤利科(Philip Zelikow)著,王偉光、王雲萍譯,《決策的本質——還原古巴導彈危機的真相》(北京:商務印書館,2020),頁 7-16。

海》,以逐日紀事方式,記述探討 5 月 4 日至 7 月初的演變。[133]後有日本學者齋藤道彥《五四運動の虛像と實像》(1992 年出版),以一日為單位,考辨 1919 年 5 月 4 日北京史事。[134] 兩位作者的研究表明,這場以京滬為中心的運動,尚有許多值得注意的細節,絕非後世流傳的簡單版本。本書探討上海五四運動高潮——上海三罷始末——將結合整體圖象和微觀細節,致力還原及勾勒主要力量及側面力量的互動,包括華洋上下各個層面的交相作用。唯有細緻考察各種力量的交互關係,不放過任何公私文獻所含細節,才能洞察是哪些力量以何種方式參與了這場運動?也才能明白在社會上奔走呼號的人們背後,尚有哪些隱蔽力量在發揮作用?處理這段歷史所須面對的挑戰和困難,不止於要辨析龐雜訊息的真偽虛實,還須要從信息匱乏及當事人自隱之處,推敲各方參與者的複雜動機和具體行動。

  本系列深描細寫上海三罷過程,將用兩本書展開闡述。第一部題為《行動的策略:上海三罷始末(前篇)》,闡述 5 月 7 日至 6 月 4 日國民大會到全面罷市的突變過程。第二部題為《協商的藝術:上海三罷始末(後篇)》,聚焦 6 月 5 日至 6 月 12 日罷市七日的情節。全書的寫作旨趣,在考察東南集團對應時局之道,著重分析他們的謀略及手段。我關注的問題是「如何?」即探究東南集團如何連結盟友及因勢利導,把握時機來推動這場涉及政治、經濟、教育的變革,並在歷史上留下深刻印記。本書作上海三罷始末前篇,將分三章描述下列問題:第一章,上海學界的分合協作,側重江蘇省教育會派對上海學生聯合會的合作指

---

[133] Joseph T. Chen(陳曾燾), *The May Fourth Movement in Shanghai: The Making of a Social Movement in Modern China* (Leiden: E. J. Brill), 1971.

[134] 齋藤道彥,《五・四運動の虛像と実像》(東京:中央大學出版部,1992)。

引。第二章，上海紳商和公團政治，將勾勒上海商界勢力的社會網絡，乃至官紳商之間的隱密互動。第三章，上海學商團體的集體行動，將揭示上海罷市的動員過程。本書核心觀點是：1919年5月至6月上海由罷課而罷市，原非東南集團所計劃的方案，卻成為他們深度介入的事件。江蘇省教育會位於官民之間的樞紐地位，尤使該會成員成為維繫全社會的關鍵組織。他們巧妙地引導了這次政治危機，成功扮演調停者的角色，不僅大大提高自身的社會聲望，也在公團政治成為新時代的運作方式。

就學潮演進而言，從1919年5月初到7月初，大致可分為四個階段，以幾個事件為里程碑。第一階段（5月7日至26日），由上海國民大會為開端，由江蘇省教育會出面領導，隨後協助組建上海學生聯合會。上海學生聯合會及各校分會成立後，在江蘇省教育會及各校師長指導下，發起文明抵制日貨運動。此時期中心任務，為整合內部意見，製定抗爭訴求和運作策略。這一時期，教育家和學生會之間，為罷課與否往覆辯論，引起全社會關注。第二階段（5月26日至6月4日），以上海罷課為起點。這時期工作重心，一方面連絡各埠新成立之學生聯合會，一方面學界協調及確定政治目標和行動方略，以推動上海罷市為抗爭手段。第三階段（6月5日至12日），全力策動上海及鄰近各埠罷市，中央要求罷免曹汝霖等三人。此一時期，上海成立工商學報聯合會統籌全局，成為罷市期間的指揮中心。第四階段（6月13日至7月4日），以北京學生主導的全國學生聯合會成立為界（6月16日），在滬學生團體與孫洪伊派結合，以發動拒簽運動為旗幟，意圖發動一場革命而流產。在上述四個階段中，教育會無不起著或隱或顯的作用。由於學生表現在明處，教育會引導在暗處。前者顯見，後者隱晦。故本書在描述現象之外，尤注

意勾勒幕後運作之跡。

　　就寫作原則來說，本書為呈現歷史演進細節，探索各派運作及應對之策略，將不時摘錄時人公私論述，以呈現歷史進程的隱微變化。上海從醞釀罷課到推動罷市，報刊所載演講和報導文字，頗能左右公眾輿論，改變思考及行動方向。托庇於公共租界的公共論述，頗有民主政治（時稱：平民政治）之特性。相較而言，北京和內地格於軍警嚴格控制，所設學校也不如上海之眾，公眾論述遠少於上海，也難以發動全民響應。不過，格於〈治安警察條例〉的限制，滬人口頭及文字表述仍有禁忌，不能不迂迴地表情達意。這些特定時代的修辭策略，乃至報館的版面安排，往往隱約暗示傳達點，而達到心領神會的作用。這是上海五四歷史的重要構成，需要隨時予以揭示和分析。至少數人的密室集議，雖不見於報紙版面，對局面卻有關鍵作用，須靠私人記述略悉一二，加以推敲及合理推斷。某些看似妥協之舉，或為緩兵之計，甚至是苦肉計，為的是激起廣泛同情，將行動推往新高潮，猶須要仔細分辨。總之，本書期望兼顧密室和廣場，言詞和行動，以期描繪一幅遠近明暗兼備的歷史圖像於讀者眼前。

　　此一時期上海學潮的活動主體，可以三個團體為主要代表。

一、江蘇省教育會。此會作為法定團體，又是新學界代表，具有龐大組織系統及外圍盟友，是上海最富聲望的勢力集團，其大本營在華界滬西。他們用心輔導上海學聯的行動，也是政府和學生之間的樞紐。

二、上海學生聯合會和全國學生聯合會。兩會雖不是法定團體，寄託公共租界寰球中國學生會內，但前者代表本埠兩萬多學生代表，後者更代表全國中等以上學校五十萬名學生，是一股新銳的重要勢力。

三、國民大會上海幹事部,也是新成立的團體,位於法租界地段。他們作為民黨激進派領袖孫洪伊贊助的外圍組織,與北洋直系軍人結盟,想極力爭取學生與之合作,以留日學生救國團為輔翼。

這三股勢力的分合互動,構成上海五四運動各階段的不同面貌。每一階段,都有短程目標及行動策略,形成變動性的不穩定聯盟。總體而言,教育會在社會上潛力最為深厚,代表上層精英尤其上海紗廠幫的想法。學生會的活動力最為旺盛,但內部有不同意見,對外也需仰仗教育會以應對軍警壓力,並須要獲得公共租界工部局庇護諒解。至於民黨激進派在滬上本有潛勢力,特別容易吸引社會上游離分子,則極切渴望贏得學生支持,計劃發起更大規模的政治運動。對於這三股力量的交互關係之描述勾勒,以及他們協作分合所引發的社會風潮,是本書設定的任務。

* * * *

本書作為「東南集團和五四系列」出版,由衷感謝多位師長同道督促期勉。2021年首部曲《動員的力量:上海學潮的起源》面世後,正值疫情流行。然而2022年復旦大學歷史系、中國社會科學院思想史研究中心、復旦大學中華文明國際中心,俱各安排了線上討論會,使我獲得多位教授及友人賜教,包括:王奇生、王東杰、孫慧敏、鄒小站、彭姍姍、戴海斌、張仲民、周月峰、袁一丹、徐佳貴、趙帥、王啟元、楊琥、紀贇、金光耀、李天綱、錢益民。[135] 唐啟華、王震邦、柯惠鈴諸位教授,也給

---

[135] 王東杰將觀點提煉為書評,尤具啟發性。〈王東杰評《動員的力量》——上

予可貴回饋及啟迪。2023年疫情緩和，復承浙江大學人文高等研究院、清華大學歷史研究所、復旦大學歷史學系安排講座，感謝賀照田、王東杰、戴海斌幾位教授主持，以及與會同道的提問交流。2023年7月至12月，感謝巫仁恕教授支持我再赴中央研究院近代史研究所訪問，有助書稿的後期修訂工作。復蒙楊琥、徐佳貴、彭姍姍惠賜意見，訂正文稿，特表謝忱。此外，又承下列友人多次寄贈材料，他們是：趙帥、靳帥、陳瑩、萬新、朱順麒、鄭歆嚴、顏嘉瑋、林佳妤。子葳代為校訂文稿，嘉瑋協助製作地圖，尤為感謝。近年在東海大學歷史所開授課程：「近代中國政治史專題研究」、「近代中國商業史專題研究」、「五四史專題研究」，各班同學的提問及討論，都有助釐清思路和深化觀點。更要感謝民國歷史文化學社全體同仁的鼎力支持，尤其是編輯林育薇和美編溫心忻付出的心力。社長呂芳上老師對我一直以來的教誨及理解，則是五四研究得以持續推進的最大原因。至於外子李廣健的舊學修養，對本書撰寫尤有幫助；沒有他長年收集的豐富藏書，以及深富啟迪的睿智提點，本書不可能以目前面目呈現。

2023年6月至7月杭京滬之行，對本書寫作也有特殊影響，不能不在此說明。先是重訪浙江大學人文高等研究院期間，復旦大學博士生趙帥遠道來會。趙帥研究北京學潮，而我以上海為重心，不啻「南北會師」。我們在錢塘江畔浙大之江校區民國建築內，對坐查核五四學生南來北往蹤跡。本書涉及「六三事件」部分，即這次「南北會師」的結果。完稿前，我們還相互

海與五四，再到近代中國〉，《上海書評》，2023年1月18日，澎湃新聞，https://www.thepaper.cn/newsDetail_forward_21570651（2024.1.4）。

閱讀對方文稿，再次確認京滬學生互動種種細節。到滬後，承萬新、朱順麒兩弟以文化古蹟和建築專業，駕車過黃浦江入滬南抵蘇州河北，途中繞行早已拆卸的舊城牆一圈，走訪救火鐘樓、毛家弄、方斜路、十六舖遺址。循原法租界經公共租界北上時，驚訝於大世界、新世界遊樂場之接近。由蘇州河北天后宮步行至總商會舊址登樓參觀，感受議會廳之堂皇氣派和滬商會之雄厚財力。夜宿蘇州河南山東路公寓，翌晨漫步至《申報》館舊址改造成的咖啡館，寫意享用牛角包早餐後，復偕趙帥登上永安百貨公司頂層倚雲閣前留影，兼把對街先施百貨公司頂樓摩星塔收攬入目。歸途經漢口路和西藏中路口轉角處，更意外地發現右側就是慕爾堂（Moore Memorial Church，現稱沐恩堂）。[136] 我對慕爾堂留有印象，是因黃炎培在公私紀錄裡，多次提到前慕爾堂總牧師步惠廉（William Blount Burke），對其救命之恩表示終身不忘。[137]

回臺後，我找出《黃炎培日記》細讀，又購得《步惠廉傳》中譯本，不禁觸動新的理解。《步惠廉傳》提及 1933 年步惠廉七十大壽，黃炎培書題《道德經》「上德不德」為壽。[138] 隨後，我與譯者黃後樂先生（黃炎培之孫）聯繫，承其寄示唐維〈「上德不德」——黃炎培給步惠廉的一份手稿〉，頁面影印 1928 年黃炎培書贈步惠廉先生幾行字：

上德不德。

---

136 上海慕爾堂的監理會背景及其營建史，參考上海通社編輯，《上海研究資料》，《民國叢書》，第四編第 80 冊（上海：上海書店影印，1992），頁 238-241。
137 《黃炎培日記》，第 10 卷，頁 38-40、52-53、227。黃炎培撰有悼文〈光明偉大的同情與自由——紀念步惠廉先生〉，頁 177-179。
138 詹姆斯·伯克（James Burke）著、黃後樂譯，《步惠廉傳——一位傳教士在華 56 年的傳奇》（臺北：漢世紀數位文化，2021），頁 302。

癸卯六月,出我於獄。公無德色,浩然歸國。惟公行善,不一而足。種福在人,己亦蒙福。山海悠邈,風雲反覆。策杖重來,東西大陸。中華民國十七年,西曆一千九百二十八年四月。步惠廉先生惠存,黃炎培。[139]

「癸卯」為光緒二十九年,即西曆 1903 年。是年步惠廉營救黃炎培等四位青年出獄,使他們終身不忘這位「有德」而「無德色」的恩人。繼閱在上海新購得《黃炎培撰傳選》,內有〈題沈肖韻姑丈遺像〉,首句及第三句:「上德故不德」,「至譽故無譽」。[140] 默念其對最敬愛的兩位長輩,均引《道德經》「上德不德」之句,[141] 想必亦以此自勉。

再讀《黃炎培撰傳選》收錄為友人同道所撰多篇傳記,也經常表彰「勞而不伐,有功而不德」之美,其中不乏五四時期活躍社會之名人。例如〈戈公振先生紀念碑〉(1935 年),稱其濟鄉人之窮,而「無德色」。[142]〈余日章君紀念碑〉(1936 年),推崇「君數度拒絕作官,然協助政府解決國際間不少困難。二十年來,我與歐、美立約及其他交涉,無不與君直接間接有關,而君不自名也。」[143]〈聶雲台悼詞〉(1953 年),則稱「雲台先生品性純厚,踐履堅實,……從 1915 年至 1930 年間,發揮高度愛國熱誠,做了不少有益於國家、於人民的工作,而不盡為人知

---

139 唐維,〈「上德不德」——黃炎培給步惠廉的一份手稿〉,政協松江縣委員會文史資料工作委員會編,《松江文史》,第 12 輯(松江:政協松江縣委員會文史資料工作委員會,1981),頁 78。並見《黃炎培日記》,第 3 卷,頁 65。
140 《黃炎培撰傳選》,頁 235。《黃炎培日記》,第 3 卷,頁 129-130。
141 《老子校釋》,頁 150。
142 《黃炎培撰傳選》,頁 97-98。
143 《黃炎培撰傳選》,頁 99-101。

道」。[144]〈追憶穆藕初先生〉（1943年），表彰老友功業，包括「我國嘗兩度公推國民代表赴歐美：其一華盛頓會議，又其一則為庚子賠款退還運動，而皆有所成就以歸。此類事先生每樂助其成，斥巨資非所惜也。又嘗斥巨資選送北京大學高材生出國留學，今學生以歸，負重望於朝野者若干人，先生從不暴其事于人前，而人亦不盡知水源之所自，真所謂『公子有德于人，願公子忘之矣。』」[145]黃炎培自言：「我與藕初先生從二十歲左右訂交，迄今四十餘年，先生或出或處一切事功，我幾乎無一不參與」。[146]悼詩之一：「瑣尾相攜忍息肩，一生一死兩蒼顛。將身自致青雲遠，有德能忘濁世賢。」[147]是傷老友，亦復自況。

又黃炎培追憶穆藕初文，引《史記‧魏公子列傳》，還涉及一段往事。司馬遷記魏公子（信陵君）卻秦存趙，意驕矜而有自功之色：

> 客有說公子曰：「物有不可忘，或有不可不忘。夫人有德於公子，公子不可忘也；公子有德於人，願公子忘之也。……」
> 於是公子立自責，似若無所容者。[148]

再查黃炎培日記1929年11月2日條，紀穆夫人五十壽辰，穆藕初語黃炎培：廿五年前夫人售釵助其留學，「不可忘也，請為詩以記。」黃炎培賦詩一律，其第五、六句云：

> 公子有德宜自忘，有德公子宜心藏。[149]

---

144 《黃炎培撰傳選》，頁182
145 黃炎培，〈追憶穆藕初先生〉，《黃炎培撰傳選》，頁167-169。
146 〈追憶穆藕初先生〉，頁167。
147 〈追憶穆藕初先生〉，頁168。
148 《史記》卷七十七〈魏公子列傳〉，第7冊，頁2382。
149 《黃炎培日記》，第3卷，頁188。

前句勉勵穆藕初宜自忘其有德於人之處，後句頌美穆夫人之德而勉其不能忘。若如是，後人想瞭解老輩在歷史中的作用，只能盡其所能地發覆鉤沉。

　　研究中國近現代史的好處之一，是較有可能接近歷史遺蹟，追溯逝去者的行踪，但談何容易。早年囿於積習，以細讀文獻為已足；經鄭振滿教授提醒，決定力改前非。2016 和 2023 年，兩次赴滬尋找遺蹟，也盡力搜求各種史料。雖然如此，仍時時感到理解和判斷之難，不敢自信能避免各種大小錯誤。低首自念：今人所接觸到的每一片材料，都不過雪泥鴻爪，有時帶來亮光，有時引入歧途。偶見《繁花》作者金宇澄感嘆：文學「是非常欺騙人的，它有種種的禁忌……，不過就是記錄了一個時代的某一種面，讓你知道。」[150] 反思歷史又何獨不然？每一個時代，每一處環境，每一個群體或個人，都有其獨特禁忌和難言之隱。後人僅僅拾取片言隻語，唯有盡可能反覆推敲，又何敢自以為揭開了一切秘密、洞察一切隱情？

陳以愛
臺中，有涯齋
2024 年 5 月燈下，五四百年又五載

---

150 「十三邀」，第 4 季第 10 輯：許知遠對話金宇澄。

第一章　上海學界的分合協作

（1919 年 5 月 7 日至 26 日）

圖一之一：江蘇省教育會副會長黃炎培。

圖片來源：*Who's Who in China* (Shanghai: Millard's Review 1925), p.392.

圖一之二：北京政府教育部次長袁希濤。

圖片來源：*Who's Who in China (Shanghai Millard's Review 1918-1919)*, p.76.

圖一之三：江蘇省立第二師範學校前監督沈恩孚。

圖一之四：江蘇省立第二師範學校校長，賈豐臻。

圖片來源：《江蘇省立第二師範學校十周紀念錄》（上海：江蘇省立第二師範學校，1915），卷首。

圖一之五：1919 年 5 月杜威夫婦參觀上海《申報》館合影，前排（從左到右）：史量才、杜威夫人、杜威。後排（從左到右）：胡適、蔣夢麟、陶知行、張作（竹）平。

杜 威 博 士 及 夫 人 參 觀 上 海 申 報 館 攝 影

胡 適　　　蔣夢麟　　　陶知行　　　張作平
　　史量才　　　杜威夫人　　　杜威

圖片來源：《新教育》之〈杜威號〉，第 1 卷第 3 期（1919），卷首。

第一章 上海學界的分合協作 | 61

圖一之六：上海交通部工業專門學校（南洋公學）歷任總理、監督、校長：汪鳳藻、劉樹屏、張譲三、王清穆、唐文治。

前總理汪鳳藻先生　　前總理劉樹屏先生　　前提調兼任總理張譲三先生

前代監督王清穆先生　　前校長唐文治先生

圖片來源：《交大年刊》，1931年，頁28。

圖一之七：聖約翰大學校長卜舫濟（F. L. Hawks Pott），聖約翰中學校長那敦（J. R. Norton）。

F. L. HAWKS POTT, D.D., *President.*　　J. R. NORTON, M.A., *Headmaster.*

圖片來源："Officers of Administration", *The Johannean*, p.12.

圖一之八：1919年5月22日，黃炎培、蔣夢麟（含沈恩孚眉批）致胡適密函，分析五四學潮善後問題。

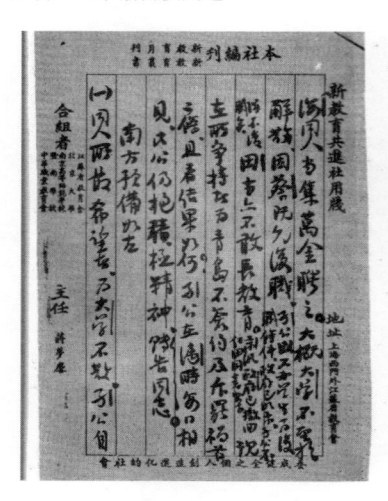

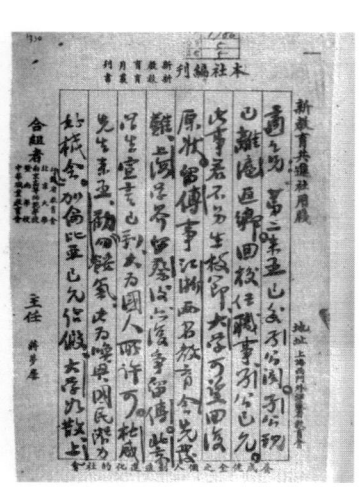

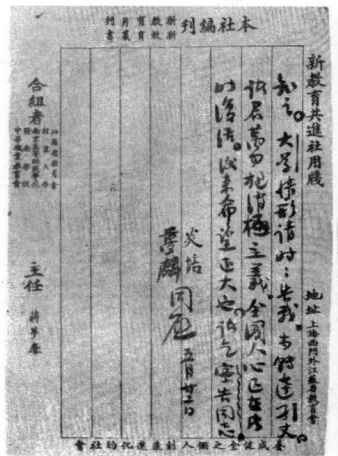

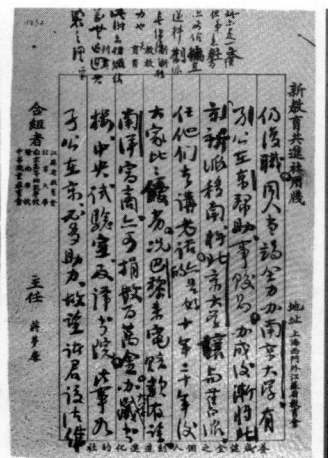

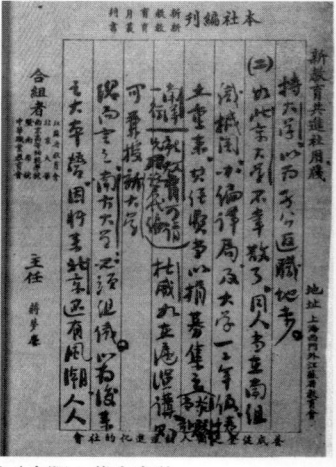

圖片來源：耿雲志主編，《胡適遺稿及秘藏書信》，第37冊（合肥：黃山書社，1994），頁29-33。

第一章 上海學界的分合協作 63

圖一之九：上海縣童子軍聯合會出版、沈恩孚題籤《童子軍月刊》封面，有上海鴻英圖書館藏書章。

圖片來源：《童子軍月刊》第1卷第3期（1919:3）

圖一之十：江蘇省立第二師範學校十週紀念錄，由沈恩孚題籤。

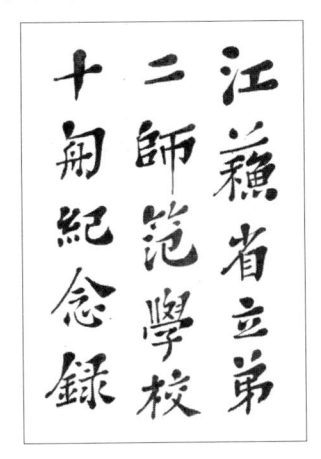

圖片來源：省立第二師範學校十周紀念錄》（上海：江蘇省立第二師範學校，1915），卷首。

圖一之十一：1919 年夏上海學生集會高唱之國歌（〈卿雲歌〉）歌詞。

圖片來源：《中華童子軍》，第 1 卷第 8 號（1919），頁 1。

第一章　上海學界的分合協作 | 65

示意圖一：上海學界關係變化圖（1919.5.4 - 1919.6.5）

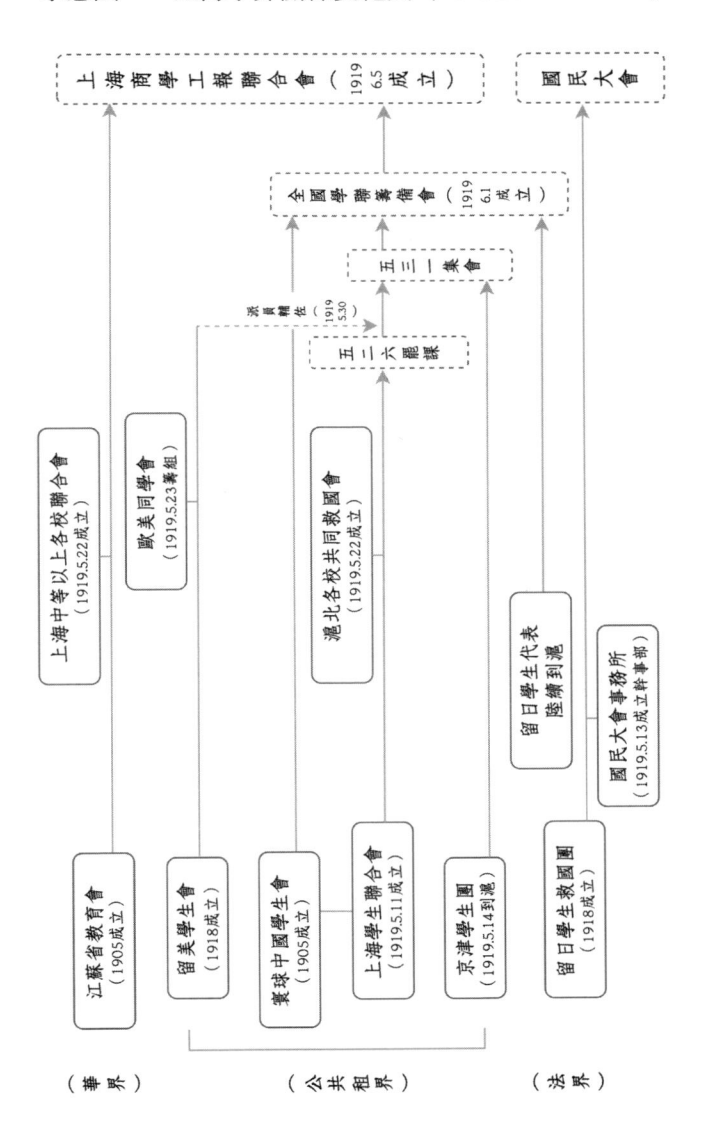

```
                                                              ┌─────────┐
                                      ┌──────────────────┐    │ 國      │
                              ┌──────→│ 上海商學工報聯合會 │    │ 民      │
                              │       │ （1919.6.5成立）  │    │ 大      │
                              │       └──────────────────┘    │ 會      │
                              │              ↑                └─────────┘
                              │       ┌──────────────┐              ↑
                              │       │ 全國學聯籌備會 │              │
                              │   ┌──→│（1919.6.1成立）│              │
                              │   │   └──────────────┘              │
                              │   │         ↑                        │
                              │   │   ┌──────────┐                   │
                              │   │   │ 五三二集會 │                   │
                              │   │   └──────────┘                   │
                              │   │         ↑                        │
                              │   │ 派員輔佐                          │
                              │   │ (1919.5.30)                      │
                              │   │   ┌──────────┐                   │
                              │   │   │ 五二六罷課 │                   │
                              │   │   └──────────┘                   │
                              │   │         ↑                        │
   ┌──────────┐  ┌──────────┐ │   │  ┌──────────────┐                │
   │上海中等以上│  │歐美同學會 │ │   │  │滬北各校共同救國會│              │
   │各校聯合會  │  │(1919.5.23│ │   │  │（1919.5.22成立）│              │
   │(1919.5.22 │  │籌組)     │ │   │  └──────────────┘                │
   │成立)      │  └──────────┘ │   │         ↑                        │
   └──────────┘        ↑      │   │         │                        │
         ↑             │      │   │         │         ┌──────────┐    │
         │             │      │   │         │         │留日學生代表│    │
         │             │      │   │         │         │陸續到滬   │    │
         │             │      │   │         │         └──────────┘    │
         │             │      │   │         │              ↑         │
         │             │      │   │         │         ┌──────────────┐│
         │             │      │   │         │         │國民大會事務所││
         │             │      │   │         │         │(1919.5.13成立│
         │             │      │   │         │         │幹事部)      ││
         │             │      │   │         │         └──────────────┘
   ┌──────────┐  ┌──────────┐┌──────────┐┌──────────┐┌──────────┐┌──────────┐
   │江蘇省教育會│  │留美學生會 ││寰球中國  ││上海學聯  ││京津學生團││留日學生救│
   │(1905成立) │  │(1918成立)││學生會    ││合會      ││(1919.5.14││國團     │
   └──────────┘  └──────────┘│(1905成立)││(1919.5.11││到滬)     ││(1918成立)│
                              │          ││成立)     │└──────────┘└──────────┘
                              └──────────┘└──────────┘
      （華                  （公共                    （法
       界）                  租界）                    界）
```

地圖一：上海學校分佈

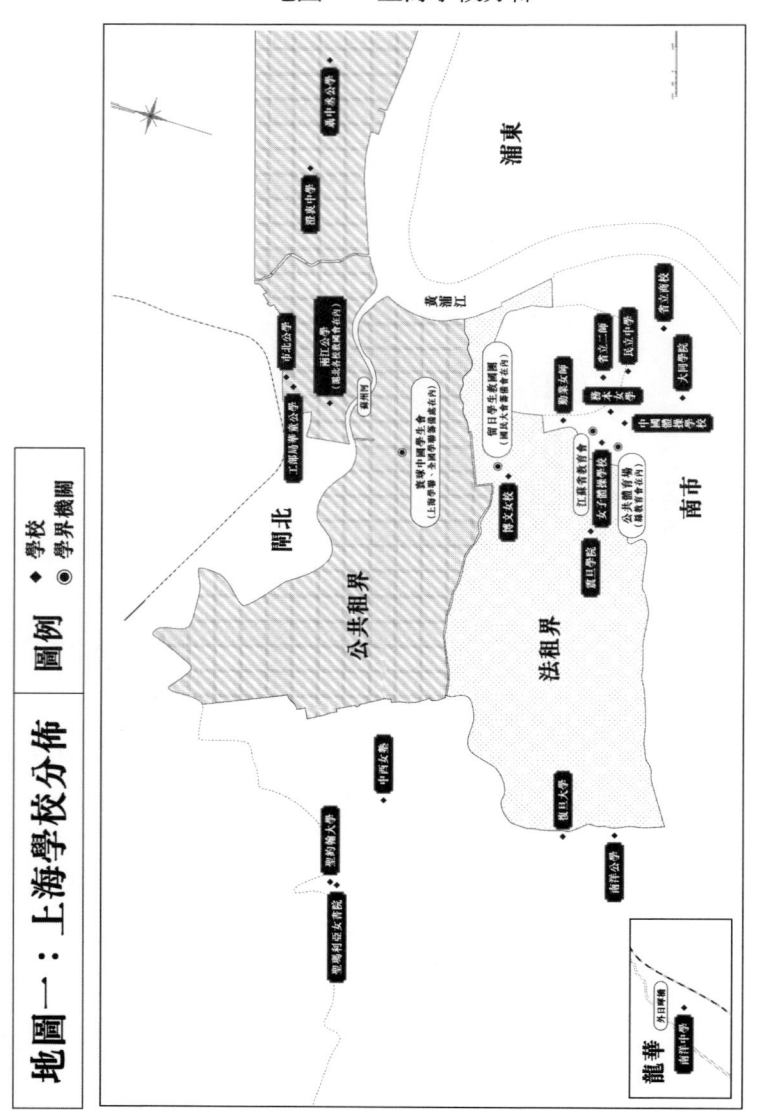

第一章　上海學界的分合協作　│　67

地圖二：五二六遊行路線

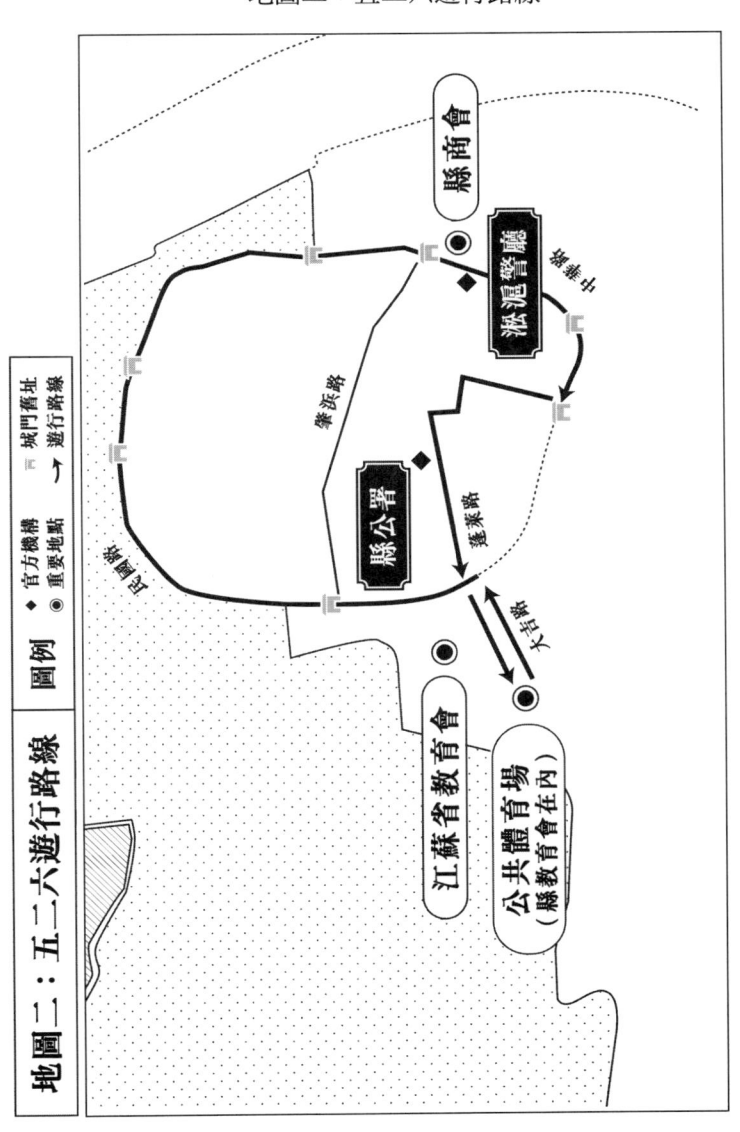

地圖二：五二六遊行路線

圖例
◆ 官方機構　▭ 城門舊址
● 重要地點　→ 遊行路線

縣商會
淞滬警廳
縣公署
江蘇省教育會
公共體育場
（縣教育會在內）

一、前言

「共和國家,以人民為主體。
　國家之事,人民當負其責。」
　　　　　　　～1919 年 5 月 26 日,上海學生聯合會第三次宣言書[1]

「戰端既開,惟有揚旗鳴鼓,勇往直前而已。」
　　　　　　　～1919 年 5 月,蔣夢麟,《新教育》之〈教育新精神之利用〉[2]

　　本章依時序勾勒北京五四事件發生後,上海方面的始初反響。從 5 月 7 日至 26 日,上海學界致力整合意見及應對挑戰。彼時「學界」一詞,與後人理解頗有落差。五四風潮後,李鼎年（玉階,江蘇武進人）說,上海「學界分二部分,一部分係教職員,一部分係學生。」[3] 這是比較粗略的說法。從時人用語來看,「學界」可用來指涉下列人物:

一、富有學識者,包括傳統功名出身,或接受新教育者,以及東、西洋歸國的留學生,包括寰球中國學生會及歐美同學會成員。
二、教育界人士,包括省縣教育會職員、各校教職員。
三、學生界,為各級學校學生,更包括新成立的學生聯合會,例如:上海學生聯合會、各埠學生聯合會、全國學生聯合會。

1　〈學生聯合會議決實行罷課〉,《申報》,1919 年 5 月 26 日,版 11。
2　蔣夢麟,〈教育新精神之利用〉,《新教育》,第 1 卷第 4 期（1919.5）,頁 346。這期注明 1919 年 5 月出版,但查滬報廣告可知實則 8 月發行。
3　例如 1919 年 9 月,李鼎年（上海學聯總務科長）質疑「商學實業促進會」之名義,即言「學界分二部分,一部分係教職員,一部分係學生。」〈上海學生聯合會消息〉,《申報》,1919 年 9 月 5 日,版 10。

然而，就以上海學生聯合會來說，其成員也不純是學生，而包含一些教職員，擔任評議員及執行部職員。更不用說，正式列席參與上海學聯生公開會議，或私下參加密議圈子的上海教職員，可以從公私文獻中見到不少例子。此種情形，略如「教育界」一詞，在 1925 年之時，大致如楊杏佛（銓，趙鳳昌女婿，江西清江人）所說，包括三種人物：一、省教育會。二、教職員。三、學生。[4] 過去研究者閱讀五四前後文獻，因未細辨詞彙的具體指涉，對史事有所誤判，或低估教職員及其他團體成員的作用，與此不無關係。

　　就五四前後「學界」系統而言，上海大致存在三個系統，以不同人物為重心。第一系統，復分為華洋兩界。華界，以江蘇省教育會（黃炎培、沈恩孚）為首，[5] 相關機構有中華職業教育社（蔣夢麟）、上海縣教育會暨童子軍聯合會（吳馨、賈豐臻）、上海中等以上學校聯合會（唐文治）。租界，有華東基督教大學聯合會（卜舫濟）、中華童子軍協會上海支會（唐露園）。租界內與教育會相關之組織，則有寰球中國學生會（李登輝、朱少屏、錢新之）、歐美同學會（曹雲祥）。第二系統，為新成立的上海學生聯合會（何葆仁、狄侃），以及分離出去的滬北各校共同救國會（李鴻儒）。第二系統由第一系統派生而來，附設於寰球中國學生會內，託庇於租界外人（英人為主）保護。第三系統，為外地學生旅滬團體，先是 1918 年成立的留日學生救國團

4　楊杏佛，〈「五卅」慘案中之南北教育界〉（1925.6.24），楊杏佛，《楊杏佛文存》（上海，平凡書局，1929）。引自林慶彰主編，《民國文集叢刊》，第 1 編（臺北：文听閣圖書有限公司，2008），頁 233。

5　五四前後黃炎培和沈恩孚作為江蘇省教育會的實際辦事人，參考徐佳貴，〈組織演變與文教革新──晚清與五四之間的江蘇省教育會〉，《史林》，2021 年第 3 期，頁 131-146。

（王兆榮），結合 1919 年新近歸國的留日學生團（廖方新等），更有 5 月中旬到滬的京津學生團（前後兩批南下，第一批為方豪等，第二批為段錫朋、許德珩等），與激進的國民大會上海幹事部較有聯繫，都棲身法租界。以上三個系統的親疏遠近關係不同，抗爭目標和行動策略也不盡一致。即使同一系統內部，也有溫和、激進之別。大體而言，第二系統由第一系統派生而出，較能相互遷就及彼此制約，對外維持團結形象及共同步調。第三系統獨立本埠學界外，政治主張多半激進，與本埠經常不能同調。及至 5 月底，外埠陸續到滬的全國學生代表籌組聯合會，復形成新的全國性學生同盟組織，使局面變得更為複雜。就實力來說，第二系統的上海學聯包含全埠中等以上學校學生，達到二萬多人。因此，為第一系統及第三系統拉攏的對象。就第二系統而言，則依違於第一系統及第三系統之間。就教育會而言，如何整合這三大系統的意見，避免消耗力量於內訌中，是 5 月的最大考驗和挑戰。

　　上海及各埠「學界」內涵既如此複雜，各團體俱有其歷史淵源及人事關係，則五四時期「學界」的社會運動，在針對內政外交之議題上，也不免產生「學界」內部的糾葛。這涉及至少三個層面：

一、上海本埠學界內部的領導權競爭，包括江蘇省教育會系統與上海學生聯合會的競合關係。

二、本埠學界與外來新舊團體的競合關係，例如留日學生救國團及京津學生代表團、乃至全國學生聯合會（由北大學生掌控）到滬以後，與本埠學界的遠近關係。

三、就上海華洋雜處的特點而言，更有教會學校（天主教與基督新教）與省縣公私學校的分治狀態。

從 5 月至 7 月，如何能達到一致行動的共識，絕非空談口喊那般容易。而法租界及公共租界分割開的閘北和南市，也各以地域觀念而不易形成統一行動。

就具體發展來說，從 5 月 11 日上海學生聯合會成立以來，到 5 月 26 日上海終於實行總罷課，呼應北京學生的要求，與全國各埠共同行動。江蘇省教育會和上海學生聯合會的關係，發生了微妙的聯動互通。兩會之間，從最初默契充分的唱雙簧，演變到對總罷課意見分歧，甚至學生內部也有分裂之虞，滬北各校甚至自行成立團體，而教會學校也問題叢生。簡言之，上海學生追求與京津學生合流的同時，本埠師生卻發生衝突而陷入分裂危機。當時報紙上頻頻登載的校園紛擾，顯示各校師生內部對立，也引起社會各界不安，甚至擔心進而衍生華洋衝突。學界內部及華洋各界所殷切需要者，是具有協商能力化解衝突的人物。就具體議題而言，在學界內部協調者所面對的問題，主要集中於兩大爭議：

一、學生應否涉入政治抗爭行動，會否衍生不良的負面效應，反而失去教育的空間？救國適足以誤國？

二、抗爭以何種手段能見效？罷課是否最佳方案？後盾是甚麼？停損點在哪裡？

從北京五四事件發生後，上海社會洋溢同情之聲。學界方面，除了力圖營救北京學生之外，也主張外爭國權內除國賊。上海學生的積極響應，江蘇省教育會助力多矣。可是如何才算有效的策略？應由何種團體主持領導？內部意見如何整合？都殊非易事。5 月初，京津學生代表南下，力求統一抗爭訴求及行動策略，主張建立學生為主體的組織。這在全國教育界重心的上海，馬上衍生出重大問題。對江蘇省教育會來說，他們需要面對若干

挑戰：
一、省教育會在全國的長期佈局，是否將受挑戰乃至全盤傾覆？
二、1919年巴黎和會召開，南北和談之際，各種黨派勢力雲集上海，租界商民又復存在之際，如何避免華洋糾紛及社會動盪，也必須預設機制防控，以免衍生出其他問題，原欲救國而終於誤國。
三、教育會歷年灌輸學生愛國意識，大力推行軍國民教育，然則如何維持學生的愛國情操，卻不讓他們直接捲入政治漩渦，以免妨礙或偏離實業建設之路，也考驗其引導和說服能力。
四、就體制上說，教育會對學生負監督之責，是政府與學校之間的協調團體。

因此，政府和家長對之都有責望。如何引導學生評估現實，輔導他們製定行動方案，避免成為脫韁之馬，乃至被黨派利用，無疑是教育會的一大考驗。綜觀整個5月，上海學界花費許多時間於意見整合。五二六總罷課作為全局分水嶺，到底是如何發生，又衍生了甚麼反響？教育會和學生會的關係，在五二六前後有何變化？師生是合作還是對立？都有待加以釐清。從新聞報導來看，五二六前，教育會持反對態度，再三勸說而不果。五二六後，幾次大型集會的主持者，已由教育會改為學生會領袖。華洋警局的報告，稱五七國民大會由黃炎培主持，五二六集會由何葆仁主持。可是，五二六罷課誓師，或許不表示教育會退場，對學生運動袖手不管，而是教育會的作用，由顯性改為隱性，由台前轉為幕後。學生方面，從跟隨教職員行動，改為發揮自動自治能力。

　　回顧過去相關課題的研究成果，先是谷秀青《清末民初江蘇省教育會研究》（2009年）第五章〈江蘇省教育會的政治參與〉

第一節專論〈五四運動與江蘇省教育會〉。[6] 近年更有徐佳貴一系列相關研究，尤以〈五四運動時期師長輩的組織行動與師生關係變遷〉（2020年）一文，與本書主題密切相關。谷秀青熟於江蘇省教育組織，可惜對五四史料運用較少，既未明確界定五四運動斷限，復把1920年事崁入1919年學潮。徐佳貴文在史料上搜羅頗富，指出教師的社會資源優於學生，頗能控制五四運動的節奏起伏，可惜未關注教育界與實業界的聯繫，故僅能解釋學界內部問題。[7] 惟徐佳貴對蔣夢麟、經亨頤（子淵，浙江上虞人）的研究，[8] 林輝鋒對馬敘倫（夷初，浙江仁和人）的研究，[9] 都有助揭示相關人物活動，也釐清了一些歷史謎霧。我則從2008年以來，由閱讀《胡適遺稿與秘藏書信》收錄的黃炎培及蔣夢麟來函，開始搜集江蘇省教育會相關史料，從教育界延伸到實業界、銀行界、新聞界、政治界，深感必須對東南精英人事關係、組織演變、政治目標，進行系統性考察，始能深度把握上海五四運動的演進動向。從2009年起，陸續發表〈「五四」前後的蔡元培與南北學界〉（2009年）、〈五四運動初期江蘇省教育會的南北策略〉（2015年）、〈五四時期東南集團「商戰」輿論和抵制運

---

6 谷秀青，《清末民初江蘇省教育會研究》（桂林：廣西師範大學出版社，2009），頁212-227。

7 徐佳貴，〈五四運動時期師長輩的組織行動與師生關係變遷〉，《民國研究》，2020年秋季號，頁249-280。

8 徐佳貴，〈東南與國都之間——蔣夢麟與新文化運動的初興〉，《華東師範大學學報（哲學社會科學版）》，2022年第2期，頁69-78、175。徐佳貴，〈湖畔風雲——經亨頤與浙江五四新文化運動（上）〉，《杭州師範大學學報（社會科學版）》，2019年第2期，頁33-53。徐佳貴，〈湖畔風雲——經亨頤與浙江五四新文化運動（下）〉，《杭州師範大學學報（社會科學版）》，2019年第3期，頁33-55。

9 林輝鋒，〈「五四」運動中的「留蔡助蔣」再探〉，《學術研究》，2007年第11期，頁103-109。

動〉（2019年）諸文，[10] 隨後出版「東南集團與五四研究系列」首部曲《動員的力量：上海學潮的起源》（2021年），提出考察清民末民初及五四史事，必須瞭解以上海為舞台的精英集團的幕後作用。本書寫作，仍秉持這一觀點。

二、五四事件的初始反響

「教育人員負指導國民之責」

～1918年，江蘇省教育會，
〈致國務院外交部教育部請宣布中日協商條件電〉[11]

袁世凱時代結束後，黃炎培復遊美考察教育返國，積極改組舊有團體，推動教育界和實業界聯合。1918年4月，他偕蔣夢麟北上途中，和趙厚生和郭秉文等，談論中國人的國民性，認定「思想改革之必要，優良分子結合之必要」。此時他們對留日學生深感失望，寄希望於留美學生及美式教育。[12] 東南教育界以上海及江蘇為大本營，一面向南洋積極連結商人，一面規劃拓展勢力達到北京。由南洋僑商資金捐助，得以建立職業教育；倚政府教育部門為內援，積極開拓新基地於北京。由教育聯絡實業，由內政關注外交。在五四運動中，帶動全國輿論的方向，發揮引導

---

10 陳以愛，〈「五四」前後的蔡元培與南北學界〉，呂芳上主編，《論民國時期領導精英》（香港：商務印書館，2009），頁336-361。陳以愛，〈五四運動初期江蘇省教育會的南北策略〉，《國史館館刊》，第43期（2015），頁1-52。陳以愛，〈五四時期東南集團「商戰」輿論和抵制運動〉，《中山大學學報（社會科學版）》，2019年第5期，頁37-56。

11 〈致國務院外交部教育部請宣布中日協商條件電〉，《江蘇省教育會月報》（1918.5），頁7。

12 《黃炎培日記》，第2卷，頁12。

學生的作用。論實力之大,聲望之高,幾無人敢攖其鋒。五四後,世人多謂,五四運動標誌學生界的興起。其實毋寧說,教育界借此機會走上抬面,成為政治上一股可畏勢力。與其說教育界成為全局樞紐,不如說東南集團借教育會為先鋒,登上社會革新及政治革新的領導地位。此時黃炎培正值壯年,遂成為此局中心人物。

(1) 國民大會和國恥紀念

1912年9月6日,政府教育部訂定〈教育會規程〉第七條規定「教育會不得干涉教育行政及教育以外之事。」[13] 但誠如林輝鋒指出,這種規定「對江蘇省教育會而言並沒有多大的約束力,民國初年該會在教育界的勢力有增無減,日益膨脹。」[14] 1918年5月,江蘇省教育會為中日軍事協定交涉致國務院電,宣稱「教育人員負指導國民之責」[15],可見黃炎培、沈恩孚等人的自我定位,以及對日本行動的嚴重關切,他們認為教育界有必要指導國民,以認識及應對外來嚴峻挑戰。1919年五四事件發生後,五七國民大會及五九國恥紀念,可視為上海五四運動的開端。江蘇省教育會作為學界領袖,自始居於領導地位。

就5月7日和9日的活動來看,使用公共體育場和遊行街市,必須向警廳申報,並獲軍署同意始可。在上海,具有最廣泛的教育資源,最適合出任擔保秩序者,唯有江蘇省教育會。本系列首部曲指出,五七國民大會的發起,最早由留日學生救國團(以下簡稱:救國團)出面號召,隨即由江蘇省教育會接手主

---

13 〈訂定「教育會規程」十三條〉,《政府公報》,第131期(1912.9),頁79-80。
14 《馬敘倫與民國教育界》,頁94-95。
15 〈致國務院外交部教育部請宣布中日協商條件電〉,頁7。

導。[16] 留日學生救國團從 1918 年歸國後，設總部於上海，總幹事王兆榮（宏實，四川秀山人），[17] 發行《救國日報》。他們揭起反段祺瑞（芝泉，安徽六安人）旗幟，獲孫洪伊（伯蘭，直隸天津人）財力支持。江浙教育會及名流士紳，卻對彼等廢學歸國不以為然。[18] 1919 年 5 月 7 日，救國團響應北京國民外交協會呼籲，具名發函各團體響應，欲在西門外公共體育場集會，未獲松滬護軍使盧永祥（子嘉，山東濟陽人）允可。[19] 不得已，只好改由江蘇省教育會接手，推黃炎培為大會主席。

三天前（5 月 4 日）黃炎培才從南洋「歸舟抵上海」。[20] 6 日下午，馬上召集「各學校校長，齊集省教育會籌議……，專門學校各校校長及中小學校校長到者甚眾。」以決定翌日各校參加集會的程序，通過要求「出發以前，應由職員向學生行臨時訓話，說明本日國恥事件；至各國民學校，則定於 9 日游行街市，由勸學所另定辦法。」[21] 報上所謂國民學校，即國民小學。負責單位是勸學所，會長吳馨（畹九，懷疚，江蘇上海人），總書記楊

16　《動員的力量：上海學潮的起源》，頁 427-448。

17　1918 年留日學生退學風潮中，旅日各省同鄉會起了重要作用，包括川籍學生王宏實、曾慕韓（琦）、朱伯為數人。1919 年 5 月朱伯為被推為新成立的旅滬四川同鄉會會長。參見沈雲龍輯，《曾慕韓（琦）先生日記選》（臺北：文海出版社，1966），頁 21-38。

18　江浙兩省教育會雖同情留日歸國學生，卻對彼等活動「贊而不助」。經亨頤，《經亨頤日記》，張彬等編，《經亨頤集》（杭州：浙江大學出版社，2011），頁 467-469。

19　王兆榮，〈關於一九一八年我國留日學生反帝救國的留日學生救國團的回憶〉，政協四川省秀山土家族苗族自治縣委員會文史資料委員會，《秀山文史資料》，第 3 輯（出版地不詳：政協四川省秀山土家族苗族自治縣委員會文史資料委員會，1986），頁 55-63。

20　黃炎培，〈我之最近感想〉，《教育與職業》，第 14 期（1919.8），轉引自《黃炎培教育論著選》，頁 146。

21　〈國民大會籌備紀事〉，《申報》，1919 年 5 月 7 日，版 10。

聘漁（嘉椿，江蘇上海人），都是江蘇省教育會派要角。由此可知，當日所訂各校參加五七集會及五九國恥紀念活動，無不由教育會主導和統籌規劃。

表一：江蘇省及上海縣教育機構負責人（1919年5月至6月）[22]

江蘇省教育會	上海縣教育會	上海縣童子軍聯合會	上海勸學所
會　長：張　謇 副會長：黃炎培 庶　務：沈恩孚	會　長：賈豐臻 副會長：丁熙咸	會　長：吳　馨 副會長：賈豐臻	會　長：吳　馨 總書記：楊聘漁

注：1919年5月11日，吳馨病歿。勸學所由總書記楊聘漁（省立第二師範附屬小學教務主任）暫代。6月1日，江蘇省教育廳派李頌唐（原上海縣教育科長，曾任上海縣教育會會長）繼任。[23]

　　至於五七國民大會所在的公共體育場，也是1919年5月至7月多場集會的場所，座落在上海西門外斜橋東首大吉路，落成於1917年3月落成。上海公共體育場之建立，是江蘇省教育會行政會議議決後，由上海縣沈知事委託上海縣教育會長吳馨籌備募資。1917年3月公佈〈公共體育場章程〉第一條：「本場由上海縣教育會受上海縣公署之委託設立。」[24] 此條後被改為「本場由上海縣地方公立」，無疑更符合實情。[25] 落成後，上海縣教育會遷至體育場為會址，縣教育會長吳馨兼體育場主任。[26] 翌

22　上海縣教育會、勸學所及小學教育會的組織關係，參考姚文枬等纂，《民國上海縣志》卷七〈教育：教育行政〉（臺北：成文出版社，1975），第2冊，頁533-534、542-544。

23　〈勸學所書記代理所長〉，《申報》，1919年5月18日，版11。〈吳懷疚作古〉，《申報》，1919年5月13日，版11。〈上海勸學所所長之繼任者〉，《時事新報》，1919年5月22日，第3張版1。

24　〈公共體育場章程之披露〉，《申報》，1917年3月29日，版11。

25　王鵬、王紹文，〈上海公共體育場之情形〉附〈公共體育場章程〉，《體育月報》，第1期（1924.4），頁39。

26　江蘇省教育會及上海縣教育會與公共體育場的關係，以及公共體育場管理辦法，參見〈公共體育場章程之披露〉，《申報》，1917年3月29日，版11。〈公共體育場開幕紀事〉，《申報》，1917年3月31日，版10。〈縣教育會選舉大會紀事〉，《申報》，1917年6月18日，版10。

年，江蘇省教育會推動成立江蘇上海縣童子軍聯合會（簡稱：上海童子軍），會址也設於公共體育場，[27] 以吳馨為正會長。[28] 省立第二師範校長賈豐臻任上海縣教育會副會長及上海童子軍副會長，是第二號人物。[29] 1919 年 5 月 11 日吳馨逝世，賈豐臻即承接其所遺職務。1920 年 1 月 18 日，「吳懷疚先生紀念銅碑」揭幕於體育場，賈豐臻以童子軍聯合會會長身分報告，沈信卿和黃炎培演說推崇吳懷疚建立童子軍之功，黃炎培還特別提起「邇來愛國運動，多以體育場為集合所，於是上海公共體育場之名，乃時騰於通都之報章，深印於閱者之腦海，飲水思源，詎非吳先生苦心經營之功。」[30] 此番「飲水思源」之意，是欲強調愛國運動莫不導源於教育會領袖。

　　5 月 7 日參加國民大會的學校共二十八隊，三分之一設有童子軍團。當日因其著童子軍服參加者，頗引起記者注意。[31] 會後遊行隊伍，也以學校居多，其中「男校衣童子軍服裝者最占多數。」[32]

27　姚文枬主纂，《民國上海縣志》卷七〈教育：教育行政〉，第 2 冊，頁 548。

28　吳馨生平事蹟，參考吳貴菻等輯，〈吳懷久哀告〉，1919 年石印本；吳貴菻輯，〈吳公懷久哀挽錄〉，1920 年鉛印本；上海圖書館編，《上海圖書館藏赴聞成》，第 46 冊（南京：鳳凰出版社，2018），頁 347-423。

29　《民國上海縣志》卷七〈教育：教育行政〉，第 2 冊，頁 544；卷十五〈人物上〉，第 3 冊（臺北：成文出版社，1975），頁 988-990。丁熙咸也經理修纂《上海縣續志》（1918 年刊行）款項總支應。〈續修上海縣志題名〉，收入吳馨等修、姚文枬總纂，《上海縣續志》，第 1 冊（臺北：成文出版有限公司，1970）頁 15。

30　〈吳懷疚先生紀念銅碑開幕誌盛〉，《童子軍月刊》，第 1 卷第 9 期（1919.12），頁 29-30。此期所載有 1920 年 1 月事，顯然衍期至翌年初發行。其生平事蹟，見《民國上海縣志》卷十五〈人物上〉。《民國上海縣志》卷十五〈人物上〉，第 3 冊，頁 997-999。

31　精武體育會員在公共體育場入口處拍攝照片，恰好拍下有幾位穿童子軍服者。簡偉卿，〈體育場之平民大會〉，收入陳鐵生編，《精武本紀》（上海：精武體育會，1919），頁 148。

32　〈五月七日之國民大會〉，《申報》，1919 年 5 月 8 日，版 10。

茲列各隊名單，校名帶＊號者設童子軍團：

第一隊南洋公學，二人執行秩序持白布旗一面（500人）＊。

第二隊中國體操學校（128人）。

第三隊南洋路礦學校（100人）。

第四隊東吳學校（30人）。

第五隊潮惠學校（60人）＊。

第六隊中華工業專門學校（80人）。

第七隊神州醫學專門學校（26人）。

第八隊滬西尚德學校（50人）。

第九隊同德醫學專門學校（20人）。

第十隊復旦大學（200人）＊。

第十一隊上海公學（100人）＊。

第十二隊大同學院（230人）。

第十三隊南洋商業專門學校（150人）。

第十四隊震旦學校（300人）。

第十五隊華僑聯合會（16人）。

第十六隊華僑和平期成會（30人）。

第十七隊惠中學校（60人）。

第十八隊銀樓業學校（50人）。

第十九隊同濟醫工專門學校（300人）。

第二十隊浦東中學（300人）。

第二十一隊浦東附屬高等小學校童子軍（100人）＊。

第二十二隊中國女子體操學校（30人）。

第二十三隊梅溪高等小學校（120人）＊。

第二十四隊上海縣立第一高等小學校（371人）＊。

第二十五隊澄衷學校（230人）。

第二十六隊清心真〔實〕學（50 人）。

第二十七隊紹興旅滬學校（60 人）。

第二十八隊青年會〔中學〕（200 人）*。

第二十九隊滬江大學（220 人）。

第三十隊聖約翰大學（220 人）*。

第三十一隊山東同鄉會（50 人）。

第三十二隊安徽協會（16 人）。

第三十三隊世界和平共進會（20 人）。

第三十四隊神州學會（20 人）。

第三十五隊湖北善後公會（30 人）。

第三十六隊中華策進永久和平會（40 人）。

第三十七隊全浙旅滬同鄉會（100 人）。

第三十八隊留日學生救國團（30 人）[33]。

三十八隊遊行，共計 4,547 人。[34] 若把非學校團體（352 人）排除在外，則學校佔二十八隊，計 4,195 人。其中，有童子軍團者佔三分之一。

據《童子軍規律》（Policy, Organization and Rules of Boy Scouts），童子軍誓詞第一條：「對於國家，應盡己之責」，在五四運動中被引為依據。[35] 童子軍升國旗，唱國歌，行軍禮，都有定式。[36]

---

33 〈五月七日之國民大會〉，《申報》，1919 年 5 月 8 日，版 10。〈中華童子軍上海支會報告（民國八年）〉，《中華童子軍》，第 1 卷幼童號，頁 31-32。

34 有二十餘團隊未參加遊行。〈五月七日之國民大會〉，《申報》，1919 年 5 月 8 日，版 10。

35 中華全國童子軍協會編，《童子軍規律》（上海：商務印書館，1925），頁 13-14。此書原稱《上海童子軍支會規律》，1917 年出英文版，1918 年出中譯增補本，通用全國。〈上海童子軍支會規律之修正〉，《中華童子軍》，第 1 卷第 8 號，頁 36。

36 《童子軍規律》，頁 13、35-38。

童子軍向國旗三呼「萬歲」，也嚴格規定喊法：「中華民國萬歲，中華民國萬萬歲，中華民國萬歲萬歲萬萬歲。」「聲須洪亮而莊重，一字一頓。（例如：中－華－民－國－萬－歲。）。[37] 童子軍所舉五色國旗，為辛亥起事後，各省代表在西門外江蘇教育總會決定，沈恩孚在場參與議定，[38] 經臨時參議院議決。[39] 五色寓五族友好，以建民國之義，是惜陰堂諸老主張。[40] 但惟孫中山至為不懨，欲改用青天白日旗而不果。[41] 國歌〈卿雲歌〉，詞曰：「卿雲爛兮，糺縵縵兮……日月光華，旦復旦兮。時哉，夫天下非一人之天下也。」[42] 租界系統的中華童子軍書記朱少屏（葆康，江蘇上海人），在春季大會前已印製歌詞三千張，要求各團隊長先行教唱，提醒團員：「國家之無國歌，猶國家之無國旗。國旗者，國家之標識，國民之代表也。」[43]

此時華界各校童子軍團教練，多體操教練出身。未設童子軍之學校，也可能由體操教師率領到場。江蘇全省各校普遍重視體操、兵操，與江蘇省教育會極有關係。[44] 上海有私立中國體操學校及其女子部（中國女子體操學校），黃炎培及蔣維喬都曾

37　〈表演順序〉，《童子軍月刊》，第 1 卷第 3 號，頁 4-7。
38　黃炎培，〈我親身經歷的辛亥革命事實〉，政協全國委員會文史資料研究委員會編，《辛亥革命回憶錄》，第 1 集（北京：文史資料出版社，1981），頁 66。
39　居正回憶，〈梅川日記〉（1950 年），收入陳三井、居蜜合編，《居正先生全集（上）》（臺北：中央研究院近代史研究所，1998），頁 185-186。
40　臧卓原著、蔡登山主編，《臧卓回憶錄：藏書與讀史》（臺北：獨立作家，2016），頁 282。
41　沈雲龍，〈民初國會之淵源及其演進〉，收入沈雲龍，《民國史事與人物》（北京：中國大百科全書出版社，2013），頁 49-50。
42　〈中華民國歌（卿雲歌）〉，《中華童子軍》，第 1 卷第 8 號，頁 1。
43　〈春季大會消息〉，《中華童子軍》，第 1 卷第 6 號，頁 31-32。
44　《江蘇省教育會二十年概況》（出版資料不詳：1915），頁 20-21。

給予支持。[45] 中國體操學校創始人徐一冰校長（益彬，浙江吳興人）、徐傅霖（築巖，江蘇吳縣人）等，也都曾任省立第二師範教員。[46] 徐傅霖（卓呆，李阿毛）和湯劍我夫婦，早年留日專學體育，參與創辦中國體操學校和中國女子體操學校，編有體操教科書數種行世，門生千餘人。[47] 五四前後，徐傅霖還熱心創作社會新劇，[48] 用筆名「半梣」發表國恥短劇。其中〈祖產〉一劇，鼓吹抵制日貨。劇中兄弟三人：老大是學董，老二是商人，老三是中學生。學董家道中落，祖產遭人強佔。他知書識理，極能忍辱負重，善於排難解紛。他是抵制運動的倡議者，而言語溫和文雅，宣稱公理必將勝利，要弟弟把抵制堅持到底。其弟也願意犧牲家庭，不達目的不止休。[49] 劇中學董的正面形象及協調能力，似以黃炎培為原型。

1919 年 5 月 9 日國恥紀念日，上海縣公私立各校一律停課。[50] 這時全埠公立小學三百五十二所（學生約 35,000 人），私立小學約五十所，[51] 各校依從勸學所給公私立高小、國民小學各校長

---

45 〈省長補助本校臨時經費〉，《體育雜誌》，第 1 期（1914），頁 2。蔣維喬、黃炎培，〈體育界匯刊敘言〉，《體育界匯刊》（上海：中國體操學校校友會，1917），頁 1-2。
46 〈本校職員任期久暫表〉，《江蘇省立第二師範學校十週紀念錄》（上海：江蘇省立第二師範學校，1915），頁 4、8。
47 錢化佛口述、鄭逸梅筆錄，《拈花微笑錄》（又名：三十年來之上海），鄭逸梅，《鄭逸梅選集》，第 3 卷（哈爾濱：黑龍江人民出版社，2001），頁 643、702-703。趙苔狂，〈徐卓呆傳〉，芮和師等編，《鴛鴦蝴蝶派文學資料》，上冊（福州：福建人民出版社，1984），頁 383。徐傅霖編，《中華高等小學體操教授書》（上海：中華書局，1913）。徐傅霖，《（預科用）師範學校新教科書體操》（上海：商務印書館，1914）。
48 鄭逸梅，〈笑匠徐卓呆〉，《鄭逸梅選集》，第 4 卷，頁 799-807。
49 半梣（徐卓呆），〈祖產〉，《國恥短劇》（上海：中國書局，1921），頁 1-24。
50 惟公共租界工部局四公學：華童、育才、格致、轟中丞四公學，照常授課。〈商學界之國恥紀念〉，《新聞報》，1919 年 5 月 10 日，第 3 張版 1。
51 徐雪筠等譯編、張仲禮校訂，《上海近代社會經濟發展概況（1882-1931）

指示：

> 國恥紀念，對於小學兒童應有相當之訓練，提起愛國之精神。邇來交還青島，廢除密約問題交涉上，頗現危象，尤宜擇要講明，俾知目前之大勢。在本埠各高等小學校，已於七日下午在公共體育場參與國民大會，並由江蘇省教育會規定，各校出發以前由職員向學生行臨時訓話，說明平日國恥事件。惟在國民學校，尚無辦法。茲再約定如下，至希察照：（一）國民學校應於五月九日在本校行國恥紀念會，時間由各校自行酌定。（二）紀念會儀式由各校自定，各級在教室分別施行訓話亦可。（三）開國恥紀念後，或出校游行，或在本校行相當之游戲，由各校自行定之。[52]

10日報紙上也登載各小學校紀念國恥方式：

> 本埠各小學校自得勸學所通知舉行國恥紀念，昨日〔一〕概停一天。各校門首大書「國恥紀念」四字。上午九時，經各該校長領全體學生齊集講堂，詳說日本不還青島情形。詞畢，由各校長擇年歲稍長者，分令執旗從校出發，於城廂內外繞行一週，回校分散。[53]

由上兩則報導可知，江蘇省教育會對高等小學及國民小學之國恥教育，居於指導地位。至於上海縣教育會附設小學教育研究會，每月召集各小學校長及教員討論教材等事宜，[54] 也借上海縣勸學所（公共體育場一部房屋）集議，[55] 則上海公共體育場可謂國恥

　　——《海關十年報告》譯編》（上海：上海社會科學出版社，1985），頁221。
52 〈商學界紀念國恥併紀〉，《申報》，1919年5月9日，版10。
53 〈昨日男女學校之紀念國恥〉，《申報》，1919年5月10日，版10。
54 〈小學教育研究會開會紀〉，《申報》，1919年5月12日，版11。〈小學教育研究會開會紀〉，《申報》，1919年5月26日，版12。
55 上海縣教育會、勸學所及小學教育會的組織關係，可參考：姚文枏等纂，《民

教育培訓基地。

　　當時各校進行國恥教育的教材,可取自坊間通行之書冊。查1915至1919年,上海流通之國恥書冊,大抵為各校採納使用。這些書冊的撰寫,配合學校教育政策,獲得政府暗中鼓勵。[56] 茲見北京政府〈收國務院交抄參謀部報告〉(1919年7月25日),為陸軍參謀部查得日本各報批評「中國小學教科書記載日本侵略事蹟」,不滿「中國教育部之不為取締」,督促日本政府向中國政府交涉。中國參謀部建議對日方不予理會,建議日方「倘有言及此事者,固當毅然駁斥之也。」[57] 由此可見,國恥教育不止是民間行為,也不僅受教育系統鼓勵,也受陸軍部門支持。

　　國上海縣志》卷七〈教育:教育行政〉,第2冊,頁540-542。

56　葛凱(Karl Gerth)注意到教科書對學生思想的影響,並強調中華國貨維持會的宣導作用。其實參與宣傳國恥思想者,尚有教育會系統及留日學生救國團。參考葛凱著、黃振萍譯,《製造中國:消費文化與民族國家的創建》(北京:北京大學出版社,2007),頁147-148。

57　〈收國務院交抄參謀部報告〉(1919.7.25),林明德主編,《中日關係史料:巴黎和會與山東問題(中華民國七年至八年)》(臺北:中央研究院近代史研究所,2000),頁273-274。

表二：上海出版國恥書籍（1915-1919）[58]

書名	編輯者	出版者	出版印行
增訂國恥小史初編	吳江沈文濬編輯，青浦沈彭年、武進許國英校訂	中國圖書公司和記（原稱：中國圖書公司，被上海商務印書館收購。）	1910年初版 1919年7月7版
國恥小史續編	丹徒趙玉森編輯	中國和記圖書公司	1915年6月初版
五月九號國恥史	不詳	不詳	1915年
國恥（上下冊）	知恥社編 戈朋雲序	不詳	1915年6月
國恥小志	青浦郁慕俠編輯 常熟畢公天校閱 吉門題署 畢公天序	上海格言叢集社發行 上海著易堂書局印行	1915年初版 1919年國恥紀念日 1915-1919年，銷去十萬餘冊，再版十次
（繪圖官話）國恥演說	江蘇川沙沈亮棨戟儀	總發行所：國民教育實進會 印刷：上海著易堂書局	不詳
救國團叢刊 第一集：《中日合辦事業之害》 第二集：《獨吞中國論》 第三集：《亡國初痛》 第四集：《闢中日同盟說》	留日學生救國團	總發行所：上海留日學生救國團本部 代派處：救國日報社 分發所：留日學生救國團各省支部	不詳

　　各校教職員在五九國恥紀念日對學生的政治啟蒙，亦局部發表於滬報，似由各校自行撰寫，因而詳略各異。茲舉5月9日至12日《申報》所載為例：

---

58 抗戰數據平台：https://www.modernhistory.org.cn/#/（2023.11.17）。〈救國團叢刊〉，《救國日報》，1919年5月4日，版1。

表三：上海學校五九國恥紀念舉隅（1919年5月9日）[59]

學校	地點	校長	活動
澄衷中學	公共租界	曹慕管	校長曹慕管率領學生八百餘名舉行國恥紀念會，除地理教員項遠材演說外，曹慕管、張亦飛、錢錦江、葛錫祺、李紹先、韓葆初等亦有演說。
市北公學	公共租界	唐伯耆	下午二時開國恥紀念會，全體學生三百七十人均衣制服，首由校長唐伯耆演說，繼則商科主任潘公展及高小級任包祖香、程景岳諸君宣講。唐伯耆發電校董王正廷請勿簽字。
兩江公學	公共租界	李碩林（鴻儒）	上午開國恥紀念會，首由校長李碩林述開會主旨，次由職員吳企彭、董東蘇、朱貞白、范麗孫等演說。又學生趙大鴻、胡翼天、李秀峰相繼演說。下午由教員沈仲寅、吳企彭率領學生八人參與復旦公學學生大會。並致電到京，請極力爭取山東問題。
滬北公學、民福學校	公共租界	馮明權（滬北）翁國勛（民福）	兩校聯合於上午開會紀念，由教員作簡明演說。
東吳第二中學	公共租界	平客樓	由去年成立之學生平和會長柴君召集會員，於下午四時開會演說，由職員錢君述說該會歷史，再由范子美、救國團代表李君、來賓沈作勛，教員俞紫峰等相繼演說。會員再分四隊出發至浦東、閘北、城內、北火車站等處演講。
青年會中學	公共租界	朱樹翹	午後一時，分五隊出外至閘北、江灣、小東門、邑廟等處演說。
神州女學	公共租界	舒蕙楨	午後一時開國恥紀念大會，來賓張繼、丁象謙、吳竹師、石蘊山、李傑、及學監舒惠楨女士相繼演說。
民生女學	法租界	胡韞吟	午後二時舉行國恥紀念，學生及來賓到者百餘人，由校董任矜蘋主席，發表開會宗旨。即請救國團蕭柏年演說。旋由少年宣講團汪龍超、程繼屏相繼演說。散會後，派代表參加復旦大學之學生聯合會。
務本女校	華界南市	曾　鈞	學生自治會開國恥紀念大會，請新自日本歸國之韓彥長演說，繼會員二十餘人皆登台演說。
城東女學	華界南市	楊白民	開國恥演講會，校長報告，繼由葉楚傖、蔣夢麟、邵仲輝演說。

[59] 資料來源：〈商學界紀念國恥併紀〉，《申報》，1919年5月9日，版10。〈昨日男女學校之紀念國恥〉，《申報》，1919年5月10日，版10。〈再紀各學校之紀念國恥〉，《申報》，1919年5月11日，版10。〈三紀各學校之紀念國恥〉，《申報》，1919年5月12日，版10。上海《新聞報》所載，與《申報》幾乎全同，當係校方提供文稿。

由上表可知，各校紀念國恥有幾個特點：
一、公私立學校舉辦之紀念活動，多由教職員主持及演說。
二、國民小學在集會演說外，也有教職員帶領學生出校遊行，沿街分發傳單。
三、凡學生出校演說者，多有青年會背景，如東吳第二中學、青年會中學，皆訓練有素。[60]
四、有些學校所邀來賓有政治背景，且多為民黨人士，如張繼（前參議院議長）、丁象謙（前議員）、葉楚傖和邵仲輝（《民國日報》社長和經理）。
五、一些學校邀請救國團的蕭柏年等人演說。此外，寧波旅滬同鄉會和廣肇公設立的學校，連續三天刊佈紀念國恥停課廣告，以示不忘。[61]

(2) 唱雙簧

5月11日，上海學生聯合會正式成立，借公共租界寰球中國學生會為辦事處。最先加入的學校，有四十四所，後陸續增至六十多所。惟該會一開始就有若干現象：
一、入會學校不限中等以上，也有國民小學和高等小學參加。例

---

60 〈商學界紀念國恥併紀〉，《申報》，1919年5月9日，版10。〈昨日男女學校之紀念國恥〉，《申報》，1919年5月10日，版10。〈再紀各學校之紀念國恥〉，《申報》，1919年5月11日，版10。〈三紀各學校之紀念國恥〉，《申報》，1919年5月12日，版10。上海《新聞報》所載各校消息，與《申報》幾乎全同，可見係各校提供文稿。

61 〈五月九日寧波旅滬同鄉會小學校停課一天〉，《申報》，1919年5月7-9日，頭版；〈五月九日寧波旅滬同鄉會小學校停課一天〉，《新聞報》，1919年5月7-9日，第1張版1；《時事新報》，1919年5月6-9日，廣告版面；《中華新報》，1919年5月7-9日，第1張版1。〈五月九日廣肇義學八校及附屬夜學一律停課特此通告〉，《申報》，1919年5月7-9日，頭版；《時事新報》，1919年5月7-9日，廣告版面；《中華新報》，1919年5月7-9日，第1張版1。

如：聶中丞華童公學、民生女學、寰球中國學生會日校、博文女學、市北公學、兩江公學、滬北公學等，都設有兩等小學班級。

二、簽名加入分會的決定，有純由教職員主導者；分會代表即由教職員出任，而非學生自行選舉產生。務本學生後來追述，她們直至5月26日總罷課前夕，才從報上得悉學校為上海學聯成員，指校長曾鈞對校內封鎖消息，便是一例。[62]

三、兩等小學及女校，頗多以教職員為代表，參加學聯執行部或評議部，這包括：寰球中國學生會（費公俠、裴國雄、周正煇）、市北公學（潘公展）、民生女學（任矜蘋、錢吉人）、博文女校（李果、程孝福）、神州女學（舒蕙楨）、勤業女學（張維楨）、滬北公學（翁國勛）、東吳二中（顧肯夫）等校，都是如此。[63]

大量教職員參加學生聯合會，雖能帶來更豐富的資源；但在若干爭議問題上，也增加意見整合的困難。惟從江蘇省教育會及上海學聯所發通電來看，二會仍然有相當默契，彼此支持呼應。

茲統整1919年5月11-21日江蘇省教育會與上海學生聯合會致北京政府電文，可見兩會之微妙互動及潛在連繫，在主張上及行動上均高度呼應，予人「唱雙簧」之感。

62　〈務本女學學生王婉淑致各界書〉，《申報》，1919年6月27日，版11。〈李樞來函〉，《申報》，1919年6月29日，版11。各界始知此前報上刊出的「務本女中學生分會」巨幅廣告，純是校方所為。〈務本女中學生分會勸告各界書〉，《申報》，1919年6月2日，版11。曾公冶後來暫時離職，可能是迫於輿論壓力，或由黃炎培善意勸退。

63　小野信爾最早指出上海學聯評議部和交際部不少學校教職員。但他推測中學和女校多半以教職員為代表，卻不盡然。小野信爾，〈五四運動與上海的知識分子──以周劍雲等人中心〉，收入郝斌、歐陽哲生主編，《五四運動與二十世紀的中國》，下冊（北京：社會科學文獻出版社，2001），頁1077-1096。

表四：江蘇省教育會與上海學生聯合會致北京政府電
（1919 年 5 月 11-21 日）[64]

日期	江蘇省教育會	上海學生學聯合會
5.6	主旨：維持北京大學，釋放被捕學生	主旨：維持北京大學，釋放被捕學生
5.12	主旨：挽留蔡元培	主旨：挽留蔡元培
5.15	主旨：挽留蔡元培	主旨：挽留蔡元培
5.18	主旨：挽留傅增湘	
5.20		主旨：挽留傅增湘
5.21	主旨：挽留傅增湘	

　　從總體上說，5 月 11-21 日，兩會在教育問題上，盡可能做到步調一致。5 月 13 日《時事新報》刊出「狄山」（狄侃）〈挽救大學之辦法〉，一週多後的 5 月 21 日、23 日刊出潘公展〈敬告上海學生聯合會〉及〈組織東南大學〉，都透露上海學界為北大師生安排退路，江蘇省教育會與上海學聯評議會互通聲息。這從狄侃（江蘇溧陽人，上海學聯評議長）提出：「由全國教育界在南方共同組織一完全大學，即請蔡先生主持其事」；或潘公展（浙江吳興人，上海學聯評議員）指出：「考北京學生罷課之後，尚有『自行解散』之法。解散之後，尚有『南遷重組』之法」，都間接反映教育會的角色。又學聯評議員討論遷校經費時，說明將「由各省教育界公攤」，復「經學生聯合會評議部公決實行，一俟有相當之時機，即出面請願於教育界及各界熱心公益之團體」，也都可證兩會關係良好。潘公展還曾直接引用「黃任之先生」之言，說他「此番自南洋回滬，已稍有頭緒可尋，總當盡其力之所能至以維持教育一線之新機。」[65]

64　〈籲請慎處學生維持大學電〉，《申報》，1919 年 5 月 7 日，版 10。〈挽留北京大學校長電〉，《申報》，1919 年 5 月 13 日，版 10。〈學生聯合會開會紀事〉，《申報》，1919 年 5 月 20 日，版 11。〈罷課聲中之省教育會電〉，《申報》，1919 年 5 月 22 日，版 11。

65　狄山（狄侃），〈挽救大學之辦法〉，《時事新報》，1919 年 5 月 13 日，第 3 張版 3。（潘）公展，〈敬告上海學生聯合會〉，《時事新報》，1919 年 5 月 21 日，第 3 張版 3。（潘）公展，〈組織東南大學〉，《時事新報》，

江蘇省教育會與上海學聯的密切互動，從杜威（John Dewey）夫婦家書筆下，也可一見端倪。5月13日（星期二），杜威夫婦從上海給家人寫信，適值上海學聯成立後兩日：

〔上海〕學生聯合會昨天〔應指11日上海學聯成立〕碰頭了，以投票的方式決定用電報告知政府，如果他們的四項——或者說五項——著名主張得不到實現，他們在下個星期一〔5月19日〕將要舉行罷課。這些主張包括拒絕在《巴黎和約》上簽字，懲罰因為受賄而與日本簽訂秘密協議的賣國賊，等等。但是在我看來，學生聯合會比起學生來保守多了，有小道消息說今天上午就會開始罷課。他們尤為憤怒，因為警察阻止他們在戶外進行集會——這也是現在主張中的一項——……。有一部份教師，據我的判斷，很同情這些孩子們，不只同情他們的目的，而且同情他們的方法。有一些人認為，採取一些經過深思熟慮的行動，盡可能地使學生們更有組織性，更成系統，是自己的道德責任。[66]

杜威夫婦認為上海學聯較一般學生保守，是極為有趣而重要的觀察。家書透露上海學聯甫一成立，就擬提出廣泛的政治要求，且希望立即發動罷課。可是，他們連警察不許戶外集會一事，都難以突破其禁令。學生由此十分清楚，倘無教育會支持，連公開集會都是個難題。杜威所說部分教職員同情學生，認為應協助其強化組織系統，促使彼等採取更加「深思熟慮的行動」，大抵反映學生蔣夢麟等人觀點。[67]

1919年5月23日，第3張版3。
66 約翰・杜威、愛麗斯・C・杜威著，伊凡琳・杜威編，劉幸譯，《杜威家書》（北京：北京師範大學出版社，2016），頁172。
67 蔣夢麟陪同杜威訪華的行程，參考《經亨頤日記》，頁524-525。

此時杜威對學潮的積極態度，對一眾教育家頗有影響。1919年 6 月號《教育雜誌》（商務印書館出版）刊出賈豐臻〈少年中華〉，就轉述杜威意見。賈文置於該期卷首，開篇肯定五四學生運動，並贊成學生組織團體：

> 五月四日，北京學生發起一種愛國事業。美國教育大家杜威博士謂蔣夢麟君曰：「此足以徵中華之士氣。昔瑪志尼創立一會，名曰少年意大利，舉國響應，光復舊物，予敢望中華學生組織少年中華，其精神其事業當不讓瑪志尼之專美於前也。」斯言也，蔣君為予道之。予往來胸次，不能自已。[68]

賈豐臻這篇〈少年中華〉，似為祝賀上海學聯成立而寫。這篇文章說明兩事：一，杜威來華，恰逢五四事件發生後，他正面肯定了學生舉動，鼓勵應效瑪志尼（Giuseppe Mazzini）往事。二，蔣夢麟傳達杜威言，使教育會賈豐臻等受到鼓舞，公開勉勵學生組織「少年中華」，即成立學生聯合會。此文最後呼籲「少年乎！少年乎！諸君而欲為中華之少年，與夫少年之中華也，則請步武瑪志尼之少年意大利。」[69]

再閱上海學聯發出的各通電文，可見其要求及措辭日趨激憤。其中尤以 15 日為界，當日發出之通電，已屬最後通牒性質。至轉折之點，似以京津學生 14 日到滬，強烈呼籲一致行動後。從京津學生抵滬始，上海學界的主流意識，即為聲援北京學生，心情迫不及待。就江蘇省教育會言，京津學生代表團南下，帶來更為激進的政治主張，確使他們面對的局勢較前困難。一旦上海學生和京津學生團結合，又與更加激進的救國團連絡，則不

---

[68] 賈豐臻，〈少年中華〉，《教育雜誌》，第 11 卷第 6 號（1919.6），頁 85。
[69] 賈豐臻，〈少年中華〉，頁 86。

但在教育會外另立中心，且可能會牽動教育大局。省教育會不欲使學生成為脫韁之馬，即需加強維繫與本埠及京津學生之關係，也須要在面對政府時拿捏分寸。翌年5月沈恩孚參加省立第二師範成立十五週年紀念會，有感而發地表示「人生治事須有誠、易兩字。誠則懇摯，易則靈變。二者缺一不可。」[70] 此時如何以誠懇態度來獲得學生信任，又能用靈活方式應對時局變化，是教育會領袖面對的挑戰和考驗。

三、學生集體意識的形成

「以北京學生態度為斷」。

～1919年5月20日，〈〔上海〕學生聯合會決議罷課〉[71]

據彭明《五四運動史》觀察：「京、津等地學生代表的到來，使北京等地五四運動的發展情況及經驗，在上海學生中得到了交流，因而進一步推動了上海運動的發展。」[72] 此說大致不誤，實情如何需要細考。查京津學生南下，前後似有三次。第一次，在五四後幾天，為的是敦促各埠成立學生聯合會。第二次，在5月14日，表面上為挽留蔡元培校長，實際上卻要促成罷課。第三次，在5月底，目標是要促成全國罷市。第一次是秘密性質，各報均未記載。[73] 第二及第三次是公開活動，惟各報也未紀全部實情。茲綜合各種材料，說明5月中旬京津學生到滬情形，

---

70 〈第二師範十五週紀念會再誌〉，《申報》，1920年5月29日，版10。
71 〈學生聯合會決議罷課〉，《民國日報》，1919年5月20日，版10。
72 彭明，《五四運動史（修訂本）》（北京：人民出版社，2019），頁259-260。
73 《動員的力量：上海學潮的起源》，頁471-472。

及其與上海學界的互動狀況。並指出京津學生南來,不但點燃了上海及各埠學生的熱情;教育會領袖的忠告,也反過來影響了北京學生的策略。

(1) 京津學生抵滬（5月14日）

京津學生代表團到滬,是5月14日早上,而行程滿滿。報載：14日下午4時,在上海學聯會議報告。15日上午10時,在江蘇省教育會報告。上午3時,在留日學生救國團報告。

15日,《時報》紀京津學生代表團行程,在滬先後拜會學、商、報、政界頭面人物,似是記者訪稿：

> 〔京津學生代表〕經過南京時,金陵大學等曾推代表三人至車站與京津學生代表團接洽,極表同情。旋於昨〔14日〕晨來滬。塵裝甫卸,即至青年會,乃青年會寄宿舍已無虛席,午膳後,遂暫遷寓湖北路大行台旅館三十三號,仍以青年會為通訊處。適上海學生聯合會開特別大會,因前往報告北京情形,亦表同情。今日〔15日〕上午十時江蘇省教育會請代表團,下午三時救國團請代表報告北京情形。聞代表團此來,除挽留蔡先生後,並將與學、商、報各界聯絡,以期喚起國人之責任心,為政府後援,並謁見孫逸仙、范靜生、孫伯蘭諸君,有所接洽云。[74]

上述報導提及京津學生代表到滬後,依次到上海學聯、省教育會、救國團報告。此外,謁見政治人物包括民黨的孫中山和孫洪伊、研究系的范靜生,不偏於特定黨派,且聲明是「為政府後援」。

---

74 〈京津學生代表團來滬〉,《時報》,1919年5月15日,第3張版5。

惟據外埠報紙所記，在京津學生代表團抵滬前，黃炎培在寧已與之晤談，初步瞭解他們的計劃。此是一星期後（5月22日），在天津《益世報》上披露。該報編輯說明：學生代表團返京後，在北洋法政學生講演團報告，有學生筆錄送登報館。其所記如下：

> 此次北京代表六人、天津二人、北京清華代表一人、高等軍官代表一人，共計十人。南下之目的：一、挽留蔡校長；二、聯絡滬寧各界。十二號起身，十三號抵寧。以時間匆促，遂用電話召集各校代表到棧接洽。當將京、津情形報告，並詢金陵之情形。陵人對京津情形異常讚同，至金陵之軍政各界長官亦表同情。又與商會接洽，計議維持國貨、抵制日貨辦法，均表同意。又見軍、民兩長，請力爭外交，修明內政，鼓勵民氣，并作永久計畫，均蒙採納。又見教育副會長黃炎培先生，詢以對學生之舉動如何，極蒙許可，並勉以須堅持到底。聞蔡校長在滬，遂於十四日赴滬，即有各要人紛紛來詢京、津情形。（滬上人之熱心可見一班）滬之學生會已早成立，當至會所報告情形，極蒙歡迎，並願與京、津一致。又蒙滬上各校校長開會歡迎，對于學生會不惟不加干涉，且擬加入學生會作一致行動。尤可慶幸者，滬之新聞記者極端贊助，不登日人廣告，鼓吹民氣。十七日又開報界聯合會歡迎代表及留日學生代表，研究抵制日貨方法及將來之計畫。約言之，凡新聞記者能有助我之能力，必加贊助。此次滬上商界除〔總商會〕前會長外（現已驅除），均有絕大決心。鑒於前數次抵制日貨之失敗，遂議永久之方法。又分謁唐少川、孫仲〔中〕山、孫伯蘭三先生，詢以對於學生之舉動如何，均蒙贊成。惟云中國外交之失敗不在青島一

處，若二十一條尤關中國存亡，若日人在中國練兵，則中國必受莫大之損害，此南方所以力爭未已者也。代表等當求犧牲黨見，一致對外，亦蒙許可。此南下之大概情形也。又按：此次滬上、金陵人士均非常熱心，而尤以報界為最（與津《益世報》同），可見中國尚有一線生機也。[75]

此記綜述京津學生代表團在寧滬二地與各方接洽情形，有特別重要的幾點：

一、學生團在寧曾與黃炎培面談，但日記卻無此記載。而且，12日夜，他才從寧搭夜車返滬，似不可能翌日又回寧。因此，疑他是在滬始見京津學生。[76]

二、京津學生代表在滬與軍民二長之說詞，與在滬對唐紹儀、孫中山、孫伯蘭（洪伊）之陳情相同，期許眾人放棄黨見，力爭外交。

三、報章所謂上海學生承諾與京津一致，奠定共同進退的基礎。

15日上海各報公佈之〈北京中等以上各校學生聯合會議決實行之具體辦法〉，列舉北京學生訴求，可知京津學生團具體主張：

（一）對外

（甲）力爭山東青島問題以護國權，務達最後之目的而後已。

（乙）各校同時組織學生護魯義勇隊，於課外施以軍事教育，作萬一之準備。

（丙）全國一致抵制日貨，令全國商會與其斷絕通商。

75　〈外交緊急與和局破裂〉，《益世報》，1919年5月22日，版2。
76　《黃炎培日記》，第2卷，頁62。

(二) 對內

(甲) 誅賣國賊（曹汝霖、陸宗輿、章宗祥）：北京方面已於九日全京各校學生一致簽名提出公訴。

(乙) 打消軍閥勢力：此項與蔡子民先生辭職有莫大關係。因蔡之辭職，乃軍閥派與教育界奮鬥之法，故全國國民不可等閒視之，非全國一致挽留，以達最後之目的不可。欲達此目的，其法有二，即如政府不極力挽留，則（一）全國學校同時罷課。（二）遇萬不得已時，全國學校一律自行解散。

(丙) 提倡真正民意：（一）文字。（二）語言。（如北京大學、高等師範之平民教育講演團。）[77]

上述六條主張，前三條對外，後三條對內。對外主張，與上海學界意見略同。對內主張，則其破釜沉舟之決心，顯然不能為教育會贊同。惟全國總罷課一事，被提出作為抗爭手段，並將各埠學生載上同一組急行列車。又北京學生如此激烈，究竟是真抱玉石俱焚之決心？還是另有長遠規劃而尚未明言？然則上海學界也作何回應？

值得一提的是，京津學生抵滬前一天，即5月13日，南北和議再次中斷。京津學生團謁見唐紹儀後，唐紹儀作為南方議和總代表，對兩位無錫國民大會代表發表談話，內容指責北京政府外，也評論及學生運動。17日《申報》詳錄其說：

此次北京學生怒潮，實為吾國政治史上放一異彩。雖以冥頑不靈之北政府，亦稍稍有所感動，可知吾國近年教育界之進步，已有特著之表示。若全國國民迎其機而善導之，則此後

---

77 〈京津學生代表團來滬之歡迎〉，《申報》，1919年5月15日，版10。

之收效益不可限量。所可惜者,學生所揭櫫之賣國諸人,僅僅指為曹、陸、章等,不知曹等猶為附從,真正禍首則固另有人在,曹等不幸而當其衝。所謂禍首,不惟逍遙事外,反將乘機而活動焉,此至可為國家前途太息痛恨者也。……若以近日民氣之發揚視之,不可謂非國民絕大之覺悟。但有覺悟而無決心、無手段,則事事等於五分鐘之熱度。至應取如何之決心,下如何之手段,亦當由國民自決之,惟萬不可自陷於無統系的行動,則最當注意者也。[78]

唐紹儀認為曹陸章不過附從之列,真正禍首反倒逍遙法外,指的正是段祺瑞和徐樹錚。他高度肯定北京學生的行動,還提示學生未來方略,認為應作持久抗爭打算。此與八天前(5月8日),他在私宅接見上海學生代表,提醒他們應聯絡全國學商工界共同表示,並勸此後集會遊行應遵循法律正軌,都給予正面的鼓勵期勉。[79]

又15日滬報透露:5月14日(週三)京津學生抵達滬上,這天上海學聯召開會議,邀請京津學生出席報告後,緊接著作出重要決議。據15日《申報》之〈學生聯合會第四次會議紀〉:

昨日(十四日)下午四時,上海學生聯合會在靜安寺路辦事處開第四次各校代表大會。是日適京津學生代表團到滬,當由主席敦請該團領袖方君豪登臺報告北京此次示威運動,以及出京聯絡津、寧各地學界詳情。言時聲容悲壯,眾大感動。次由職員會提出議案,關於大學風潮一事,於一定時期以後取積極之行動,而先對政府為嚴重之宣言……,經眾討

---

78 〈唐少川與無錫代表之談話〉,《申報》,1919年5月17日,版10。
79 〈各校代表與唐總代表之談話〉,《時報》,1919年5月9日,第3張版5。

論後，表決贊成。[80]

所謂對政府先作「嚴重之宣言」，即聲明於一定時期後，採取「積極之行動」。當日上海學聯評議會正式成立，並作出兩項議決：一、組織學生義勇隊。二、組織學生講演團。[81]

15日《時報》的報導，提及上海學聯14日下午4時於寰球中國學生會召開第一次特別大會，由會長何葆仁主席。北京中等以上學校代表方豪（俶新，浙江金華人）等報告後，討論及議決下列事項：

（一）發布本會第二次宣言書。

（二）如北京政府對於本會宣言於一星期後無確切滿意之表示，將聯絡全國學生一律罷課，以蔡校長復職為止。

（三）通信滬上各學校校長說明停課理由。

（四）罷課後辦法由評議部討論。

（五）評議部定本日成立。[82]

「一星期後」，即5月22日。所謂「嚴重之宣言」，指宣佈一律罷課。訴求為何？曰：要求蔡元培復職。

當天上海各報即刊出此上海學聯〈第二次宣言書〉，即14日大會通過之文件。這份宣言以惡政府與新教育為對立之兩方，願挺身而出為教育界之後盾。然而，宣言對最關鍵的手段問題，卻留有轉圜餘地，並未明白寫出「罷課」一事。茲錄〈第二次宣言〉：

上海學生聯合會謹宣告政府暨全國同胞曰：溯自外交失敗之耗傳來，國本震搖，群情駭憤。北京學生目擊奸人賣國之

80　〈學生聯合會第四次會議紀〉，《申報》，1919年5月15日，版10。
81　〈學生聯合會第四次會議紀〉，《申報》，1919年5月15日，版10。
82　〈學生聯合會大會紀事〉，《時報》，1919年5月15日，第3張版5。

行為,慷慨奮發,而有列隊詰責曹、章之舉。政府鑒於清議之激昂,宜知所以自省。乃始則坐學生以縱火傷人之罪,橫加拘辱。繼則徇奸人之私忿,假政府之惡勢力,抗教育之新潮流。觀八日明令,而政府略無悔禍之心,已躍然如見。奸回恣肆,私黨縱橫,竟欲破壞最高教育機關。摧殘士氣,遏絕輿論,倒行逆施,以求一逞。蔡先生被迫,因而出走。烏乎!是可忍也,孰不可忍!方今國中惡劣之空氣,充滿四隅。惟賴青年學者,除舊布新,發聾震瞶,以期進與世界之新文明攜手。蔡先生文章道德,中外推崇。自長大學,全國學界始有發皇振厲之氣。乃一二頑冥奸佞之徒,竟不容思想界有一線生機,竟不容世界潮流有一分輸入。夫蔡先生去,則大學雖存猶死。大學死,則從此中國之學術思想,盡入一二權威者掌握之中。而學界前途,遂墮於萬劫不復之境。豈惟蔡先生一人、北京大學一校之關係,中華將來之文明,實將於此決其運命。學生等一息猶存,不能坐視學術之日即淪亡而不救。今與政府約,請自今日始,以一星期內作正當明確之表示,維持蔡校長之地位與大學之尊嚴。政府同為國民,丁茲危難,所願洗心滌慮,改絃更張,以慰吾人之望。若滿一星期,猶無滿意表示,則誓籌最後之對付,惟政府實圖利之。民國八年五月十五日,中華民國上海學生聯合會宣言。[83]

綜覽全文,重點在挽留蔡元培及維護大學尊嚴,並未提及山東問題、懲辦官員、抵制日貨等項目。「滿一星期」,指5月22日(週四)。「最後之對付」,未明言是何種手段。雖然如此,14日會議已明白提出,倘政府一週後仍無滿意答覆,將「聯絡全國

---

83 史氏,〈學潮醞釀記〉,《復旦季刊》,第8期(1920.1),頁99-100。

學生一律罷課」,是含最後通牒意味。

5月18日,《救國日報》,刊出「愚公」〈告〔上海〕學生聯合會〉,針對上海學聯第二次宣言書,認為有三點不足之處:

> 上海學生聯合會組織成立,吾人聞之喜而不寐,蓋以全國學生之大團結,將由是漸告成功,青年學子有覺悟有組織,斯乃國家前途之一線曙光也。然吾人猶有為該會告者:第一,該會對於目前問題,似以北京大學蔡校長之去職為重,而未注全神於外交問題,與京校倡義之本意微異。第二,該會對於北京政府要求挽留蔡校長,限七日內圓滿解決,否則將有最後對付之手段,詞意失之空泛,抑亦未察政府之奸。彼固不難以空令挽留蔡校長,而陰使人諷忽復職也,今已見諸明文矣,諸君果以為滿意否?抑所謂最後對付之手段者何耶?第三,北京學生聯合會成立未幾,即已著手進行分途講演,諸君似宜一致舉行,平時雖有功課,休暇之時獨不可以進行耶?[84]

留日學生救國團之上述提醒,可能從側面對上海學聯形成壓力。但上海學聯受教育會挾輔而行,不能不與之耐心地協商而求一致。

(2) 一夕密議

據復旦學生史氏〈學潮醞釀記〉,上海罷課之案提出,先經5月13日一夜密議,與會者僅十數職員。此夕之會,決定未來新動向:

> 學生聯合會成立以後,即假寰球學生會中一小室為事務所。越數日,蔡校長出京消息到滬,滬人士大激昂。一夜職員

---

[84] 愚公,〈告學生聯合會〉,《救國日報》,1919年5月18日,版4。

> 會議，遂有人提出以宣言書限政府一星期內恢復蔡校長地位之辦法，眾稍有辯論，終無異議。次日開大會，遂將此事通過，宣言書為預擬者。通過後，即發出，時八年五月十四日也。……綜觀此次學生運動之所以擴張瀰漫，而成今日之局勢者，實以此一夕十數職員之會議為樞紐，作始也簡，將畢也巨，其斯之謂歟！此論史者所不容忽視也。[85]

史氏其人，想必是 13 日夜，參與小室密議者，當是復旦參加學聯五代表之一，即何葆仁、朱承洵、瞿宣穎、桂勗剛、程學愉其中一位。翌日大會通過之宣言書，為預擬之稿，則文牘瞿宣穎應在其內。史氏諱言其名的提議者，頗疑也是復旦學生。惟其所提必不是個人意見，而代表復旦學生全體主張。

多年後朱仲華（承洵）撰〈五四運動在上海〉，對發表第二份宣言書有一段回憶，與史氏所述大同小異，卻提到黃炎培的角色：

> 會北大校長蔡元培出京消息到滬，滬人士大激昂，上海學聯召集緊急會議，決議發布宣言，限政府于一星期內恢復蔡校長之地位。時為五月十五日也。（略去宣言）
>
> 這個宣言發表時，總罷課之問題，大家同意在一星期後實行。黃炎培先生以江蘇省教育會副會長身份也列席與議。[86]

朱承洵記宣言發表於 5 月 15 日，似指見報之期。至說「黃炎培列席與議」，未見任何報章記載。《黃炎培日記》5 月 14 日卻

---

85 史氏，〈學潮醞釀記〉，頁 99-100。
86 朱仲華（承洵），〈五四運動在上海〉，中國社會科學院近代史研究所編，《五四運動回憶錄（續）》（北京：中國社會科學出版社，1979），頁 267。朱仲華文被廣泛引用，被視為親歷者的證詞，但其中誤憶不少。例子之一，把上海六五罷市，誤記為六三罷市。例子之二，說罷市期間，上海學聯被租界當局勒令搬邊，由寰球中國學生會移至西門林蔭路。朱文腳註似是他人代撰，也頗有錯誤，需要審慎考訂。

有一則紀錄：

> 上海學生聯合會宣言：政府不維持蔡校長地位與大學尊嚴，一星期後將以最後法對付。[87]

就開會日期及「最後法」一語而言，此似說明黃炎培出席 5 月 14 日學聯大會。若問他是否也參加了前夕密議，則前引津報說他 13 日在寧會晤京津學生，恐怕將來不及返滬參與是夕之會。

不過，復旦學生汪嘉驥〈五四後本校大事追憶〉，卻提供了其他線索。汪文從 5 月 21 日（滿一星期之限的前一日）倒敘，抱怨黃炎培態度前後不一：

> 二十一日早上十點鐘，因為罷課的問題有了動搖的消息，我們便請求了校長，給我們兩點鐘的休假，開了一個重要會議，徵求我們同學的公意與態度。那時我們學校出席聯合會的代表，何、朱、瞿、桂、程五位，可都在那兒的。原來這一次罷課的最初動議，黃炎培先生卻是極表同意的一個人，不料這一次的動搖，也就是因為黃先生的大主見，忽然有個非常的變更，大概那是因為他個人的地位，卻有不得不然的，我們到也能夠了解的了……。[88]

汪嘉驥所謂黃炎培與聞「罷課的最初動機」，且「極表同意」，似黃炎培參與了最早決策。從事理推斷，以罷課問題之重大，學生似不可能不先徵得其首肯。故此，疑黃炎培即便未參加 13 日夜之議，對罷課問題仍似事先知情，並表贊同。此議之決定，發生在京津學生到滬前，可見上海初步提出罷課，並非全然被動響應。

87　《黃炎培日記》，第 2 卷，頁 62。
88　汪嘉驥，〈五四後本校大事追憶〉，《復旦季刊》，第 8 期（1920.1），頁 164。

至 16 日《申報》之〈學生聯合會消息〉，發佈上海學聯致各校公函，也可能經教育會事先同意。茲錄是函：

> 敬啟者，敝會於十四日大會時，議決發表第二次宣言書，限政府於一星期內，自十五日起，對於維持蔡校長地位及保護大學尊嚴兩事為滿意的表示，否則上海全體學生同時罷課。罷課期間，完全禁止遊戲，當組織演說團及分散印刷品，以喚起國民愛國思潮。凡此舉動，純出於學生等對政府的一種表示，想為各校校長所共鑒。若必以荒廢學業，不許罷課，則學生等情願縮短暑假期限，以資補習。區區之誠，伏維鑒察。上海學生聯合會啟。五月十五日。[89]

函末更有附記，似為原稿所有：

> 聞省教育會昨〔指 5 月 15 日〕已有電至京，聲明一星期內如無挽留蔡校長命令，上海各校將一律罷課云。[90]

這則附記，強調省教育會和上海學聯協商而行，以挽留蔡元培為共同訴求。

(3) 取消罷課

15 日，京津學生團在滬行程，尚分別前往教育會和救國團，雖較少人注意，翌日《時報》卻有記述：

> 上午十時，前往江蘇省教育會報告京中一切進行情形。黃任之君謂：須注意持久及一致。蔣夢麟君謂：杜威博士見連日情形甚喜，謂中國大有希望。沈信卿君對於該團進行辦法，謂有宜改正處，至十二時始散。

89　〈學生聯合會消息〉，《申報》，1919 年 5 月 16 日，版 10。
90　〈學生聯合會消息〉，《申報》，1919 年 5 月 16 日，版 10。

下午，又赴救國團、青年會等處之招待。聞訂於今日上午晉謁護軍使云。[91]

此記含蓄簡略，但黃、沈談話，顯然含批評之意。惟蔣夢麟引杜威之言，對學生多所鼓勵。而京津學生擬晉謁盧永祥，則欲爭取多方面同情，不僅接觸民黨人士而已。

事實上，15 日上海學聯公佈宣言後，也非人人稱善。戊戌維新黨張元濟（菊生，浙江海鹽人），就以「虛驕」形容學生。北方教育名宿嚴修（範孫，直隸天津人）適在上海，其日記 5 月 16 日條下記載：

張菊生來訪。歎學界之虛驕，欲令余與張季直通電發表意見。

余謂平日笑人好發電報，皆空論，不願效為之。[92]

嚴修是徐世昌（菊人，直隸天津人）好友，應知北京實際狀況。故對時人好發電報，以「皆空論」批評之。對上海學界的表現，或許也不以為然。這天下午黃炎培特地造訪嚴修，翌日嚴修到江蘇省教育會答訪，與黃炎培等略有討論，[93] 內容關於北大前途教育問題外，或許還涉及南北和談前景。

對北京大總統的徐世昌，沈恩孚和黃炎培都有期待，望其推動和平統一進程。《沈信卿文集》收錄〈徐總統之際會〉一詩，或寫於 1918 年徐世昌就任總統時：

項城門下數人才，獨得風雲際會來。國有名卿為羽翼，天教元首此胚胎。萬家墾牧新民利，三海侵漁老監猜。曾荷殷勤

91　〈京津學生團來滬續誌〉，《時報》，1919 年 5 月 16 日，第 3 張版 5。

92　《嚴修日記》編輯委員會編，《嚴修日記》，第 4 冊（天津：南開大學出版社，2001），頁 2263 下。《嚴修（先生）年譜》誤繫此事於 5 月 15 日。參見嚴修自訂、高凌雯補、嚴仁曾增編、王承禮輯注、張平宇參校，《嚴修年譜》（濟南：齊魯書社，1990），頁 418。

93　《嚴修日記》，第 4 冊，頁 2263 下。

問出處,還叨部長共相陪。[94]

從詩句可見,徐世昌出任元首後,曾向沈恩孚示好,還邀請教育部長(傅增湘)作陪。

至於黃炎培,則其友人曾孟樸(樸,江蘇常熟人)與錢能訓(幹臣,浙江嘉興人)派也有往來。《天津市歷史博物館館藏北洋軍閥史料:徐世昌卷》,收入1919年3月至6月錢能訓總理的內務部次長于寶軒(子昂,江蘇江都人,韓國鈞侄)來往函電,知其通過王玉樹及曾孟樸,分頭組織地方協進會和蘇政商榷會,羅致舊進步黨及舊國民黨人。[95] 1918年3月14日陶思澄致于寶軒函中,提到黃炎培:

> 竊意蘇省人才隱成兩派,不易相容。舊時進步黨以沈思齊為首領。玉與思交誼尚好,可以招致。其舊國民黨人物,則以錢強齋、黃靭之為首領。以玉平日感情,不易得其同意。沈系本極穩健,可與攜手。錢、黃統系稍近民黨,人數既多,不能不選擇羅致,以免破壞。且此系與東鄰感情非好,若以親善英美,使助當局為目的,必能得其同意。故擬分別進行,為殊途同歸之計。玉所組之協進會,聽其進行,但屬其嗣後格外慎密,免招人忌。一面由孟樸與黃、錢攜手以期結果皆為我用。[96]

陶思澄形容黃炎培「稍近民黨」,對外親英美以抗日本。黃炎培既屬曾孟樸的蘇政商榷會,則不啻與徐世昌-錢能訓有間接連

---

94 《沈信卿先生文集》,頁228-229。
95 北洋軍閥史料編委會編,《天津市歷史博物館館藏北洋軍閥史料:徐世昌卷》,第9冊(天津:天津古籍出版社,1996),頁986-1128。
96 〈陶思澄報告在寧組織江蘇地方協進會活動情形致于寶軒函〉(1918.3.14),《天津市歷史博物館館藏北洋軍閥史料:徐世昌卷》,第9冊,頁994。

繫。就教育會向北方拓展計劃而言,也需要徐世昌政府支持。為此他們著意拉攏北方教育名宿嚴修和傅增湘(沅叔,四川瀘州人),以免其教育佈局受到阻礙。

此時袁希濤所派教育部僉事沈彭年(江蘇青浦人)到了上海,以挽留辭職出京的蔡元培。沈彭年和黃炎培、沈恩孚交情深厚,是所謂的「自己人」。沈彭年,李平書內姪婿,也出身龍門書院。[97] 1929 年 11 月,沈彭年車禍身亡。沈恩孚悼詩:「吾園憶陳迹,逢君年少時」。[98] 黃炎培稱道他「有張蒼、叔孫通之才,奈無其遇」,「合伯夷、柳下惠為一,而折諸中」。[99] 沈彭年這次南下,必受袁希濤之託,密告北方政情。5 月 16 日下午 3 時,黃炎培召集上海中等以上各校校長,連同教育部代表沈彭年,與京津學生團晤談,勸籲打消罷課之議。17 日《申報》所記,或教育會供稿:

> 昨日〔16 日〕江蘇省教育會聞京津學生聯合會代表團蒞滬,爰招集本埠各中等學校以上各校校長,於下午三時後開茶話會,特邀教育部僉事沈商耆君暨京津學生聯合會代表團與會,籌商挽留北京大學校長蔡子民先生辦法。
>
> 首由主席副會長黃任之君說明開會宗旨。旋請沈僉事述教育部挽留蔡先生情形。次由北京大學學生代表方豪君詳述此次北京學生五月四日示威運動經過情形,後乃說明代表團南下之任務:一,挽留蔡校長回校;二,接洽南方學界;三,籌

97　李平書,《李平書七十自敘》(上海:上海古籍出版社,1989)頁 65。
98　沈恩孚,〈哀沈商耆(彭年)覆車死〉,《沈信卿先生文集》,頁 74。鄭逸梅回憶沈彭年追悼會在中華職教社大禮堂舉行,黃炎培大哭良久始克致詞。鄭逸梅,《清末民初文壇軼事》(上海:學林出版社,1987),頁 276-279。
99　《黃炎培日記》,第 3 卷,頁 197。

議抵制日貨。
乃由主席請與會人員各抒意見,商議辦法,遂決定:
一,由會備函挽留蔡子民先生;
二,由會推舉代表赴本埠學生聯合會,通知得悉政府慰留蔡校長之命不日可下,罷課事可取銷。
三,中等學校以上學生利用暑假組織講演團赴各地勸導人民抵制日貨。
最後由主席聲明:本埠學界對於此次北京學界之義舉深表同情,願以一致的主張、持久的精神,相與勉勵云。[100]

黃炎培作出的三點結論,固然值得注意。但其最後表示上海學界支持北京學界,卻尤為重要。他更強調,為京滬兩埠學界應「一致」而「持久」地行動。此四字箴言,他在 15 日對京津學生已著重闡述。其真正意思,並非指上海將亦步亦趨北京決議,而是北京也須要配合上海學界主張。換言之,京滬學界協商而行,才是「一致」且「持久」的真正涵。此時京滬雙方的共同要求,是挽留蔡元培,抵制日貨。所異之處,為罷課是否適當。

又 18 日《申報》之〈各界對外之消息〉,報導 17 日上海公學校內集會,傳達 16 日各校長會議的結論,內容為上述報導所未記,有值得注意的重要信息,似由上海公學供稿。茲錄報導:

白克路上海公學昨日〔17 日〕舉行星期六演講會,校長楊德鈞主席,謂今日之會係將昨日〔16 日〕省教育會召集中學以上校長談話經過情形述於諸生,今請本校代表學監唐豪君報告。
述畢,唐君登抬,將教育部僉事沈商耆及北京大學代表方豪

---

[100]〈關於挽留蔡校長之消息〉,《申報》,1919 年 5 月 17 日,版 10。

君所言各節一一詳述（見昨報略），並引座中某君之語，謂此次杜威博士來華，適逢北京學界激潮，杜博士云，此是貴國好現象，設不幸而貴國政府將學生槍斃數人，吾知貴國朝野其所受激刺所受印象尤較深切。彼意大利今日得列於五大強國之一者，少年造之也。貴國學子其勉乎哉！

次由學生方曉初報告組織上海公學學生分會情形，並述議決各項實行辦法：（一）抵制日貨。（二）發電歐和代表不簽字。（三）組織演說團鼓勵國民思想。（四）本校學生禁止購日貨，察出要求校長將其姓名揭示於眾。

末由教務長陳漢卿報告，略云：昨日工業專門學校校長唐蔚芝君提議各校學生演習打靶，茲事亟宜實行，所難籌者槍械子彈及打靶場耳。若該校肯將槍械操場借為各校學生練習之用，則一舉兩得矣。[101]

上述所稱「座中某君」，顯然就是蔣夢麟。由此可見，教育會及各校提供的新聞稿，往往略去重要內容，也隱去教育會要角姓名，造成後人研究的困難，歷史真相的隱沒。蔣夢麟在江蘇省教育會無正式職務，也不是任何一所學校教職員，卻能列席會議且公開發言，自然是黃炎培安排。浙江一師學生曹聚仁（浙江浦江人）追憶蔣夢麟形象：「瘦瘦的，長長的，……他帶著一副眼鏡，一看便知是位學究。他演講聲音不大，非常清楚，很有條理。」[102] 他在會上轉述杜威對學潮的評論，對出席者頗起鼓舞作用。

總括上海報紙的新聞稿，以及各校的跟進行動，都在在說明

101〈各界對外之消息〉，《申報》，1919年5月18日，版10。
102 曹聚仁，〈我與蔣夢麟〉，曹聚仁著、曹雷編，《聽濤室人物譚》（上海：上海人民出版社，1998），頁287。

幾件事：

一、在上海學生聯合會組織起來後，江蘇省教育會也主動召集中等以上各校長會議，宣佈教育會的主張及具體進行辦法。

二、各校長參加 16 日會議後，即返校次第執行，尤其積極組織演說團，推動抵制日貨。張元濟日記 1919 年 5 月 26 日條，記「上海公學學生分會派來兩人，姚志棠、方曉初，要求填寫日貨商標價格」，即其具體執行情況。[103]

三、南洋公學唐文治校長「提議各校學生練習打靶」，主張推廣該校實行有年的軍國民教育。上海公學隨後組成學生義勇團，練習野戰及射擊，也獲得唐文治支持。[104] 上海公學校長楊德鈞，是江蘇省教育會會員。學監唐豪，則兼江蘇省教育會附設體育研究會國技部主任，正積極籌謀於各校推廣軍國民教育，以上海公學技擊部為連絡站。[105]

總之，不論是組織學生義勇團進行軍事訓練，或成立學生演說團勸導抵制日貨，都以省教育會決議為基礎。工業專門學校（南洋公學），抑且成為各校楷模。6 月 2 日上海學聯決議：已有兵操的各校學生，定於 6 月 7 日會操，屆時各帶槍械。如能取得官方同意，就在西門公共體育場操練；否則在徐家匯南洋公學演習。[106] 這些例子可以說明，江蘇省教育會的強力主導及組織能

---

103 張元濟著、張人鳳整理，《張元濟日記》，下冊（石家莊：河北教育出版社，2001），頁 779。

104〈上海學生罷課之第三日〉，《申報》，1919 年 5 月 29 日，版 11。

105〈體育研究會國技成立〉，《申報》，1919 年 2 月 24 日，版 11。〈第四次國技研究會紀事〉，《申報》，1919 年 3 月 17 日，版 11。〈體育研究會國技部開會紀〉，《申報》，1919 年 5 月 19 日，版 11。〈組織暑假期內武術傳習所〉，《申報》，1919 年 6 月 17 日，版 12。

106〈上海公共租界工部局警務日報摘譯〉，上海社會科學院歷史所編，《五四運動在上海史料選輯》（上海：上海人民出版社，1980），頁 848。

力，為上海學聯推動兵式會操及推廣抵制日貨的動力及後盾。

(4) 親疏遠近

又從前述報導可知，上海學界對京津學生團熱情接待，卻未給留日歸國學生以同等待遇。從 5 月 15 日《民國日報》可知，到滬的外埠學生代表團至少有京津學生代表團、北京學校特派代表、留日學生代表團等三個。茲錄名單：

（一）方　豪（北京大學）　　　　王秉乾（北京國立法政）
　　　祁大鵬（北京中國大學）　　蕭鎮湘（北京高等工業）
　　　張明綱（北京高等師範）　　劉深恩（北京匯文大學）
　　　以上北京學生代表六人
　　　袁祥和（天津南開學校）　　楊興夏（天津高等工業）
　　　以上天津代表二人
（二）陸梅僧（北京清華學校）　　李序輝（北京高等警官學校）
　　　以上北京學校特派代表
（三）廖方新、凌炳、鄒衛（由日本來）[107]

上海學界（包括教育會和學聯）招待外埠學生，卻明顯親疏有別，獨厚京津學生代表。報載 19 日留日代表廖方新等親赴上海學聯拜訪，僅駐會幹事員費公俠接見半句鐘，後來也未見進一步連繫。[108] 上海報界聯合會和國民大會上海事務所卻不然，對三個學生團同等表示歡迎之忱，[109] 顯然另有打算。

---

107 〈歡迎京津學生代表團〉，《民國日報》，1919 年 5 月 15 日，版 11。
108 〈學生聯合會紀事〉，《申報》，1919 年 5 月 19 日，版 10。
109 《五四運動在上海史料選輯》，頁 247-252。此二團體為京津學生及留日學生代表辦的茶會中，具留日背景的李果（博文女校校長，上海學聯評議員）參加。她在會上作了發言，卻似以個人身分，而非上海學聯代表。〈國民大會歡迎學生代表記〉，《申報》，1919 年 5 月 17 日，版 10。

上海學聯對留日學生代表團的疏遠，與江蘇省教育會態度一致。考其原因，在不滿留日學生代表與民黨孫洪伊派接近。從報紙消息可知，廖方新等返國前，通過「留日學生救國團」發表通電。抵滬後，借寓法租界長浜路修德里1318號。由「留日學生救國團」發佈的啟事，說明欲連絡廖等可到該址，或到「《救國日報》社」接洽，可證兩會密切關係。[110] 而《救國日報》作為「留日學生救國團」機關報，則長期接受孫洪伊資助，[111] 並獲《民國日報》同情支持。救國團總幹事王兆榮追述1918年歸國後在滬孤立情形：

> 救國團認為滬上各社會團體若都能動起來，那股力量是巨大的。我們曾分別多次派人和他們多方聯繫，希望他們號召所屬成員，都參加到這個反帝救國的行列中來，也曾多次邀請他們開會共同討論，但他們總是敷衍應付，不願積極地派出來，後來逐漸地到會的也就少起來了，因為從他們自身利害說來，像救國團那樣旗幟鮮明地反對日本帝國主義，反對段祺瑞政權的賣國行為，對他們是有所不便的，於是對我們就採取了近遠主義，我們就不容易和他們聯合行動了。[112]

把王兆榮文中「反帝」等後起詞彙撇開不談，他相當精確地道出滬上各團體態度。在其中，江蘇省教育會又必有關鍵性作用。

(5) 談判破裂

　　5月17日，局面發生新變化。離京出走的蔡元培校長，乘夜車自寧抵滬，寓法租界密采里旅館（Hotel des Colonies）。同

---

110 〈留日學生救國團啟事〉，《申報》，1919年5月17日，版11。
111 〈關於一九一八年我國留日學生反帝救國的留日學生救國團的回憶〉，頁60。
112 〈關於一九一八年我國留日學生反帝救國的留日學生救國團的回憶〉，頁60。

車到滬者，為趙厚生。趙厚生是老同盟會員，也是黃炎培老友，此時任暨南校長。同時，他身負隱密的政治任務，代表廣州軍政府總裁岑春煊，在南京聯絡江蘇督軍李純（直隸天津人），推動南北和談以促進統一。[113] 蔡元培所寓法密采里旅館，曾是革命黨人聚會之所。清季由蔡元培吸收入同盟會，擔任同盟會上海幹事的黃炎培，經常在此接待黨人，得法租界巡捕暗助。[114] 18日午前，蔣夢麟、黃任之、沈信卿、趙厚生四人，共同造訪蔡元培。眾人共商時局，或不止談北大前途。這次會晤者，都是「江蘇省教育會派」，卻未包括蔡元培欣賞的邵力子。[115]

最後，眾人議決以蔡元培名義發電總統、總理、教育總長，表示可以有條件回任。19日滬報刊出蔡電：

奉大總統指令慰留，不勝愧悚。學生舉動，踰越常軌，元培當任其咎。政府果曲諒學生愛國愚誠，寬其既往，以慰輿

---

[113] 1918年12月20日馬鳳池密報：「寧省署中人言：『李純與王聘老〔士珍〕、岑三〔春煊〕實一鼻孔出氣，非達到能和之目的不止。即孫文、唐繼堯二系難於潛說，亦必使陸系就範。滬寧火車上幾於日日有李、岑代表踪迹來往。李之代表不定，岑之代表則為趙正平（字厚生），其人連日并無更易。」章伯鋒整理，〈馬鳳池密報〉第13通，《近代史資料》，1978年第1期（1978.8），頁50。

[114] 黃炎培自述他由蔡元培吸收，1905年在蔡宅加入同盟會。俞子夷回憶暗示，黃炎培是光復會和同盟會的雙重會員。《八十年來》，頁49-50。俞子夷，〈蔡元培與光復會草創時期〉，收入《辛亥革命回憶錄》，第7集（北京：文史資料出版社，1981），頁504-520。

[115] 1916年12月28日蔡元培致黃炎培函，託黃炎培邀約邵力子為北大預科教員。茲錄蔡函：「仲輝似頗有辦事之才。弟頗欲以預科學長屬之，否則於預科教員中亦必可以位置。請轉告，并請其即日北來。且先以行期見告。專此奉託，敬請道安。」此事最終未成。〈蔡元培致黃炎培函〉（1916.12.28），柴志光、謝澤為編著，《浦東名人書簡百通》（上海：上海遠東出版社，2011），頁157-158。1919年8月，退隱西湖的蔡元培寫成〈傳略〉，追述辛丑年在南洋公學特班招生二十餘人，於學生「日記及課文評語中，多提倡民權之說。學生中最為子民所賞識者」，邵聞泰（力子）名列甲等第一，黃炎培次等第三，仍表達對邵力子的賞識。蔡元培，〈傳略〉，收入中國蔡元培研究會編，《蔡元培全集》，第3卷（杭州：浙江教育出版社，1998），頁660-661。

情,元培亦何敢不勉任維持,共圖補救。」[116]這是蔡元培辭職出京後,首次表示願意回任。蔣、黃、沈、趙等,顯然影響了他的決定。

5月19日,《時事新報》以「公電」刊登蔡元培電;翌日,更登出「蔡子民先生已北上」消息。該報〈本埠時事〉稱:「蔡子民先生自發表允為維持之電後(見昨日本報公電欄),業於前晚(十八日)動身北上,故昨日省教育會開會乃派人代表前往者。又聞蔡先生此次北上就任,係與政府為條件的交換而後發表擔任。即要求政府決不懲辦學生是也。」[117]惟《時報》記者戈公振(江蘇東台人),19日在報上透露:「全國企念之蔡校長今固在滬上也」。[118]戈公振消息較《時事新報》主筆張東蓀(浙江杭州人)靈通,可能聞自黃炎培或蔣夢麟。[119]

惟蔡元培允回任之電到京,適值北京學生罷課首日(5月19日),不免令一眾學生尷尬錯愕不已,只好逕指電文來源可疑。20日,北京《晨報》以〈可疑之蔡元培來電〉為題,實傳遞學生意見:

> 此電不知所自來,亦未見原稿,迄無負責者,殊多可疑之處。而語氣之間,又似不倖。據北京學界代表今日最近來電則稱,尚未知蔡先生踪跡,故可疑之點益多,始妄誌之,以觀其後。[120]

所稱「北京學界代表……未知蔡先生踪跡」,乃是實情。蔣夢麟

---

116 〈蔡子民致政府電〉,《時報》,1919年5月19日,第3張版5。
117 〈蔡子民先生已北上〉,《時事新報》,1919年5月20日,第3張版1。
118 (戈)公振,〈蔡校長在滬〉,《時報》,1919年5月19日,第3張,版6。
119 戈公振生平及交遊,參考洪惟杰編著,《戈公振年譜》(南京:江蘇人民出版社,1990)。
120 〈可疑之蔡元培來電〉,《晨報》,1919年5月20日,版3。

見此報導後，5月24日去函胡適（胡適大概5月10日返京），說明此電由他親手打出，絕無可疑。[121]

比較上海《中華新報》北京通訊，所記與《晨報》明顯不同。記者從府院部得悉蔡電不偽，有從袁希濤所得消息：

〔袁次長〕前托滬上教育界某君訪求蔡校長，當面勸留。而某君致袁君之復電，內容略謂：已晤孑老。渠意如不苛責學生，可回京任事云云。則蔡之允回，或係事實。[122]

記者轉述袁希濤所說「滬上教育界某君」，自然是指黃炎培。記者與袁希濤熟悉，所述更近事實。

惟5月19日即北京罷課首日，北京學生聯合會（北京中等以上學校）對外發表〈罷課宣言書〉，復有〈上大總統書〉條出六條要求。22日《申報》登載〈上大總統書〉，改稱〈上政府當局書〉，茲錄全文：

呈為暫行停課，亟謀救國，謹呈緣由，請賜諒察事。外交失敗，國是凌夷，凡有人心，罔不興起。五月四日以來，學生等本外爭國權，內除國賊之義，呼籲於我大總統之前，已覺瘖口曉音，精疲力竭，而於事未濟，反招怨尤。學生等多方思維，不解者有六。中心如焚，無意為學，乃不得不暫時停課，陳其厓略，而有所請求，維我大總統賜察焉。學生等之維日不息為奔走呼號者，為爭青島與山東主權而已。今青島問題已決，而政府尚無決心不簽字之表示，此不解者一也。曹汝霖、章宗祥、陸宗輿等素以親日相號召，陰賣國以媚外，藉媚外以攘權，積累鉅資劣蹟顯著，乃輿論不

---

121 黃炎培、蔣夢麟，〈致胡適函〉（1919.5.24），收入耿雲志主編，《胡適遺稿及秘藏書信》，第39冊（合肥：黃山書社，1994），頁417-419。
122 〈北京特別通訊〉，《中華新報》，1919年5月25日，第2張版2。

足以除姦，法律不足以繩罪。五四運動實國民之義憤所趨，而曹、陸等猶飾詞狡辯要挾求去，明令則反殷勤慰留之，此不解者二也。教育總長傅公大學校長蔡公，學問道德中外推重，近來教育界有發皇振勵之氣，皆食二公之賜。而傅公則無端免職，蔡公則被迫遠引。以致各校校長聯翩辭職，日內復盛傳政府將以品卑學陋之田應璜繼傅公之後，似此摧殘教育，國家之元氣可傷，此不可解者三也。集會言論之自由，載在〈約法〉。值茲外交緊急之際，尤賴學子提倡，紓其懷抱，喚醒國民，振勵民氣。乃十四日明令，視學生如土匪，防學生如大敵，集會言論之自由剝奪淨盡。學生等痛心國敝，將欲無為，則違匹夫有責之義；將欲有為，又犯糾眾滋事之禁，此不解者四也。五月七日為我國恥紀念日，我留日學生於是日游街紀念，實為我族真精神之表現。在日人痛恨疾惡，固無足問，獨怪我駐日公使竟於是日招致優伶酣歌宴樂，更招日兵保衛使館，蹂躪學生，置國恥於不顧，視國人如仇讎，喪心病狂，莫此為甚。政府不立免該代使之職，而於日人擅拘我學生，又不容學生等之籲請，以向日政府提出抗議，此不解者五也。南北和議為全國國民所殷望，尤為我大總統酷愛和平之初意所堅持。而近日政府許議和代表之辭職，竟有任其決裂之象。際茲外患方迫，豈宜再起內訌，此不解者六也。

學生等身在學校，本不應謀出其位。而此六不解交縈於中，實有不能安心受課者。謹於五月十九日起，暫行停課，藉圖挽救。伏望我大總統本全國人之公意，對於青島問題出不簽字之決心，以固國土。懲辦曹汝霖、章宗祥、陸宗輿等，以除國賊。力挽傅、蔡諸公回職，打消以田應璜長教育之議，

以維教育。撤廢警備學生明令,以重人權。向日政府嚴重抗議,釋被拘學生。重懲日警,以重國權。恢復南北和議,速謀國內統一,以期一致對外。我大總統以國人之心為心,當能鑒此愚忱,俯允所請,俾學生等激心了解,早日上課,是則不惟學生等之幸,抑亦國家之福也。迫切陳詞,不知所云,謹呈。[123]

呈文最後一段,即總結六點要求:一、青島問題不簽字。二、懲辦曹、章、陸等。三、挽傅,留蔡。四、撤廢警備學生明令。五、向日政府抗議,釋被拘學生,重懲日警。六、恢復南北和議,速謀國內統一。[124]

在北京學生而言,他們經過通盤考慮,也願維持錢能訓內閣,不欲推翻徐世昌地位。5月底至6月初,學生對政府的呼籲,也未聚焦簽字問題。就內政而言,13日,《申報》報導公府消息,「謂學商各界反對曹汝霖極烈,東海將允曹氏辭職。」[125] 惟同日該報〈北京快郵代電〉卻稱:「東海現處地位已在段派包圍之中,如懲辦學生命令,挽留曹汝霖指令,皆非本意,態度極形消極。」[126] 因此,學生呈文實是欲強化徐世昌力量,使其有理由免曹汝霖等職。5月23日,江蘇省教育駐京代表袁希濤致上海沈恩孚密電,告以「自政府聲明撤回田某同意案後,學生復以懲辦曹、陸問題一致罷課。」[127] 可見,「懲辦曹、陸」,乃是

---

123 〈京學界重行罷課〉,《申報》,1919年5月22日,版7。
124 高平叔,《蔡元培年譜長編》,中冊(北京:人民教育出版社,1996),頁208-209。
125 〈錢內閣辭職之形勢〉,《申報》,1919年5月13日,版7。
126 〈北京快郵代電〉,《申報》,1919年5月13日,版6。
127 〈袁希濤為政府不能懲辦曹陸防止局勢不可收拾密電〉(1919.5.23),中國社會科學院近代史研究所、中國第二歷史檔案館編,《五四愛國運動檔案資

北京學生聚焦所在。

　　京津學生代表團南下使命,即在策動全國各界響應。此與江蘇省教育會之意圖,實「不謀而合」,故期之以「持久」而「一致」。但對以罷課為抗爭手段,則認為應慎之又慎。而北京學生更期望蔡元培出而領導,也始終不獲與之晤面。其實學生所提六項要求,既牽涉蔡元培本人。如由其出而領導,不免有操縱學潮要脅政府之嫌。5月19日,蔡元培日記有一則紀錄,文字簡約而意味深長:

　　午刻,谷清到,屬代赴江蘇省教育會,與學生代表談判。[128]

「谷清」,是蔡元培堂弟蔡元康,清季也是革命黨,時任杭州中國銀行行長,辦事極有手腕,深受蔡元培倚重。[129] 蔡元培約其到滬,代表他與學生「談判」。日記中所謂「學生代表」,主要指追蹤到滬的北京學生。談判地點在江蘇省教育會,則出於黃炎培等安排,使彼等可作為見證人兼起調停作用。[130]

　　這天蔡元康在省教育會與學生代表「談判」的結果,登諸5月20日《新聞報》、《申報》等報,似教育會供稿:[131]

　　蔡子民先生過滬發電後,匆匆返浙,特於昨日專托其弟谷清

料》(北京:中國社會科學出版社,1980),頁304-305。
128 王世儒編,《蔡元培日記(上)》(北京:北京大學出版社,2010),頁253。
129 蔡元培稱「谷清少於我十四歲,在革命運動及教育事業,力為我助。」自言對蔡元康「相倚如左右手,雖聚散無常,而稍稍重要之事,無不互關痛癢。」稱道其「通世故,知情偽,舉事機敏,均足補元培之所短。」蔡元培,〈叔父燕山府君家傳〉(1919.8.28),《蔡元培全集》,第3卷,頁651。《蔡元培日記(上)》,頁281。
130 這天張元濟招待嚴修午宴,而黃炎培不曾出席。《張元濟日記》,1919年5月19日,下冊,頁775。趙帥推測黃炎培為參加江蘇省教育會會議而缺席。
131 曹聚仁稱,上海《申報》、《新聞報》、《時報》,都和江蘇省教育會通聲息。曹聚仁,〈悼念黃任之(炎培)先生〉,曹聚仁著,曹雷編,《天一閣人物譚》(上海:上海人民出版社,2000),頁246。

> 來滬，於午後四時借江蘇省教育會邀集京津學生聯合會代表方君豪及上海學生聯合會代表何君等述蔡先生意，力勸各地學生照常上課。至政府對於京校學生事件，蔡先生前電已勸政府從寬辦理，待有明示，即允回校，詞意懇切，聞者大為感動。[132]

這則報導反映江蘇省教育會的期待，強調蔡元康和學生代表晤談，在勸說早日復課。但若對比其他記載，則知結果絕難樂觀。蔡元培及教育會勸說的是開課，京津滬學生代表則意圖全國響應，雙方僅能各自表述而無共識。

蔡元培勸學生照常上課之辭，在滬獲得多數輿論支持。茲舉一例：20日《神州日報》刊出「頡鳳」〈藹然仁人之言〉：

> 夫罷課一事，記者反覆思惟〔維〕，徒拋棄寶貴之光陰，曾無一毫效力之可言，在北京尚有幾多意思，上海并此而無之，故記者一再著評勸告學生聯合會。今蔡先生亦言及此矣，一言重於九鼎，一語可以興邦，蔡先生其有也。[133]

記者極表同情於蔡元培，而不以學生罷課為然，實大多數人之意見。

又前述報導稱蔡元培已返杭，則其說實不正確。查蔡元培日記，他在兩天後（5月21日）才離上海。[134] 消息虛報行蹤，是其避見學生之託詞。再查20日《民國日報》所紀，與《申》、《新》兩報竟大異。該報記19日下午，雙方「談判」結束後，上海學聯隨即召開緊急會議，討論及議決未來方針，所作決議與

---

132 〈學生提議罷課之要訊〉，《新聞報》，1919年5月20日，第3張版1。〈力勸各校學生照常上課〉，《申報》，1919年5月20日，版11。
133 頡鳳，〈藹然仁人之言〉，《神州日報》，1919年5月20日，版6。
134 陳以愛，〈「五四」前後的蔡元培與南北學界〉，頁339-340。

蔡元培等相左。茲錄如下：

> 昨日（19日）學生聯合會長召集全體職員、評議員、交際員，開臨時緊急會議，下午新時五句鐘，全體集齊寰球中國學生會會場。會長何君報告蔡子民先生已由滬轉杭，直返紹興，徜徉山水之間。其上政府電中，雖有願負責任之辭，其實是敷衍語。又政府指令不能認為滿意，當然按照第二次宣言書，於本星期四〔5月22日〕各校學生一律罷課。況北京學校，現已因挽留傅、蔡事，全體罷課，此間學生當然與之一致進行。當經各職員詳細討論後，由會長付之表決，得多數通過。又由同濟代表提議罷課之時，應登報聲明罷課之期限，以北京學生態度為斷，此議亦經多數贊成云。[135]

《民國日報》的措辭，頗似上海學聯送登稿件。若果真如此，則教育家和京滬學生之間，已不能同調。上海學聯把消息送《民國日報》刊登，突破了《申報》系統的新聞網。彼等維持第二次宣言書立場，以維持蔡校長地位為由，堅持5月22日一律罷課。同濟代表提出的動議，更直截了當地主張，罷課應「以北京學生態度為斷」。省立二師的宣言書，也表達同一態度。[136] 是則上海學生的根本方針，已以聲援北京學生為第一義。

當時上海學生急於和北京一致的心理，與天津學生的動向相似。茲錄於此，以助理解各埠學生心理。6月2日《時報》敘述：

> 當北京學生二次罷課〔5月19日〕之次日，天津學生會即召集各校代表開一緊急會議，當場議決數項最關重要之事節：

135〈學生聯合會決議罷課〉，《民國日報》，1919年5月20日，版10。

136〈江蘇省立第二師範學校學生聯合會分會成立宣言書〉表明：「上海學生聯合會是跟北京的學生聯合會而起，本校的分會是上海學生聯合會的一分子，所以這分會的主張同上海學生聯合會一樣，同北京的學生聯合會也是一樣。」《時事新報》，1919年5月29日，第3張版4。

（一）決行罷課，以援助北京而取一致態度。

（二）派代表赴各省與各地學生接洽，其接洽目的共分三大要項：

（甲）報告京、津現狀，以為各地參考，有所適從。

（乙）希望各處學校即日罷課，以聲援京、津，使政府警悟而允所求。

（丙）希望各地學生會即日舉派代表二人赴滬，組織中華學生聯合會總會，以堅固團體，而成一永久中華學生聯合會，且冀造成一新中國，而與少年意大利後先輝映。[137]

天津學聯的罷課決定，「以援助北京而取一致態度」；亦即上海同濟代表所說，「一以北京學生態度為斷」。至於各地學生組織聯合會，選定上海為地址，則必獲上海學聯贊同，也獲教育會支持。

回到上海一埠，5月19日下午，京津滬學生與蔡元康談判破裂後，上海學聯隨即在寰球中國學生會召開緊急會議，作出五項重大議決，均為罷課作準備。據翌日《時報》之〈學生聯合會大會記〉，是由上海學聯供稿：

（一）通電政府請取銷照准傅總長辭職之命令。

（二）決定凡入本會各學校，應於月之二十二日同時一律罷課。

（三）遣派代表分赴各省聯絡公私各校一致進行。

（四）自罷課後，非得本會正式上課之通告，不得私自上課。

（五）明日〔5月20日〕下午四時起在原處開職員聯席大

---

[137] 〈天津學生聯合會之大計畫〉，《時報》，1919年6月2日，第2張版3。

會，討論一切進行事宜。其餘各項重要決議，因事秘密暫不宣佈。[138]

此時學生為避免麻煩，已不具載開會地址。所謂翌日「在原處」開會，指寰球中國學生會。細心的讀者可以察覺，上述議決之第一項，僅言留傅未再提挽蔡，是因政府已明令挽蔡。至最末一項，則因內部歧見紛起，不能不召開「職員聯席大會」凝聚共識。

不但如此，20日《時報》之〈學生聯合會大會記〉刊出「又函」，可能是在場學生代表提供，記錄19日上海學聯會議意見參差之狀，實為前所未有。茲錄全稿：

> 又函：昨日〔按：19日〕下午四時，學生聯合會特開大會，各校到者甚眾。第一案提議二十三〔誤：應為二十二〕日罷課後之辦法，但當時兩江、同濟、英華、滬北、市北，及愛國、女青年會、中西女塾，均不贊成。所有意見與前日〔18日〕評議部開會時震旦大學反對者相同，理由頗為充分。但當時在座者多數主張通過，以致未能貫澈多數通過罷課。然聞兩江等九校學生決議不以罷課為然，且該會又非法定團體，而罷課與否全在各校之自由，該會決不能以少數服從多數之議妄行強迫，擬仍一律上課，不知該會會長對於此事如何辦法也。[139]

此函說明，先是18日上海學聯評議部開會，震旦一校反對罷課。19日續開職員會，更有九校反對。面對罷課爭議，上海學聯已陷入分裂邊緣。未來如何辦法，要看20日聯席會議而定。

---

138 〈學生聯合會大會記〉，《時報》，1919年5月20日，第3張版5。
139 〈學生聯合會大會記〉，《時報》，1919年5月20日，第3張版5。

(6) 大辯論

5月19日,江蘇省教育會撰寫〈敬告本埠各校學生〉,「力勸各校學生照常上課」。翌日,上海各報皆刊出是函。《時報》、《申報》、《新聞報》等並刊蔡元培委託蔡元康「力勸各地學生照常上課」之訊,不難看出勸止罷課之微意。茲錄省教育會公函:

> 諸君公鑒:此次京校事件發生,諸君對於大學校長蔡先生之去職一致挽留,足彰公論。現政府已有明令,蔡先生之覆電亦不堅持去職之意,諸君第二次宣言所要求雖未得滿意之答覆,而已有可達目的之希望,此時宜照常受課,培養知能,為根本救國之預備。若在蔡先生過滬之後復有舉動,轉使蔡先生有所為難,恐非諸君主張挽留之初意。諸君明達,當必早見及此,特此通告,尚希公鑒。五月十九日,江蘇省教育會啟。[140]

滬上各報遍登江蘇省教育會函,企圖統一及塑造輿論方向。江蘇省教育會顯然欲作最大努力,勸阻罷課計劃。《民國日報》刊出是函時,卻以〈省教育會之羈縻手段〉為標題,[141] 為主張罷課學生張目。

20日下午4時會議,各校代表展開激烈辯論,至晚上猶未能決定。有人主張,邀黃炎培到會仲裁。提議邀黃炎培到會者,大抵為反對罷課一派。黃炎培有善於調停的聲望,使反對者亦難以啟齒。據黃炎培自述:

> 清朝末年,各地興學的風氣大開,新舊思想複雜,學校和學

---

140 〈省教育會之關愛學生〉,《時報》,1919年5月20日,第3張版5。〈力勸各校學生照常上課〉,《申報》,1919年5月20日,版11。〈學生提議罷課之要訊〉,《新聞報》,1919年5月20日,第3張版1。〈勸告學生照常上課〉,《神州日報》,1919年5月20日,版5。

141 〈省教育會之羈縻手段〉,《民國日報》,1919年5月20日,版10。

> 校鬥爭，學校和官廳鬥爭，和紳士鬥爭，這派紳士和那派鬥爭，還有學生和學校鬥爭，釀成種種糾紛。⋯⋯我常被推為調查幹事，實地調查，具一書面報告，根據理論和事實，判明曲直，解開癥結，恢復和平，這份報告書公布後，取得雙方當事者接受，使學潮得以平息。因此，我遂被推為常任調查幹事。[142]

及至五四時期，黃炎培形象仍佳，備受社會推重。1920 年代，姚鵷雛（龍公，江蘇松江人）小說《江左十年目睹記》，以「教育大家」王培芝影射其人，描述他心思細密，「頭腦冷靜，極能刻苦自處，終年布衣蔬食，屏除葷血，自奉之儉，無以復加」，算得「主持正義的清流」。[143] 更說他口才好，[144] 長於演說。[145] 據黃炎培自述，這得益他早年在南洋公學特班就讀，教師蔡元培示以「今後學人，領導社會，開發群眾，須長於言語。」「又以方言非一般人通曉，令習國語。」[146] 此一演說訓練，令其終身受用。

那天黃炎培趕到現場，或許略如姚鵷雛所描述，長相「瘦面隆准，微有髭鬚，穿件淡竹布長衫，懷中夾著個大皮包」：[147]

> 說的一口上海京話，南方的人們聽去，異常入耳。他左手素來有病，不能高舉過胸，所以演說的姿勢，總是兩手交叉胸

---

142 《八十年來》，頁 54-55。
143 該書原名《龍套人語》（1929 年出版），作者自署「龍公」，自嘲為「跑龍套之流」，算不得人才。龍公（姚鵷雛），《江左十年目睹記》（北京：文化藝術出版社，1984），頁 72-73、76-77。所謂「跑龍套」，即楊紀璋所注，「傳統戲曲腳色行當。扮劇中士兵、夫役等隨從人員，由於穿特殊形式的龍套衣而得名。」見《江左十年目睹記》，頁 101。
144 惲逸群，〈黃炎培論〉，頁 202。
145 啼紅，〈黃抱一賓州唱竹枝〉，《海報》，1943 年 2 月 2 日，版 2。
146 黃炎培，〈吾師蔡子民先生哀悼辭〉，頁 155-156。
147 《江左十年目睹記》，頁 73、76。

前,或左手垂下的時候居多。[148]

倘若有人鬧場,依然冷靜以對:

〔鬧事者〕只覺得肩上有一隻手把他輕輕一拍,慢慢說道:「有話坐下來講,議場裏不要亂了秩序。」……不慌不忙,把兩手交叉在胸前,一動不動,……微微含笑。那人見他如此鎮定,倒不覺挫了銳氣,收回拳頭。[149]

然而,5月20日,黃炎培演說能力雖強,風度雖好,卻未能使學生「取消前議」,僅調整為「延期三日」,以待挽蔡明令。

5月22日,《中華新報》有一篇文字,詳記20日大辯論。撰稿者必定在場,且表同情於黃炎培,夾議夾敘寫道:

上海學生聯合會日昨又開緊急會議,為討論罷課一事,言論頗為激昂,自下午四時開會直至十一時許閉會,可見愛國青年罷課視發〔為〕急要之舉,寧柉腹而不顧者也。但學生會全數四十八校,是日出席僅二十六校。二十六校中,尚有聖約翰、南洋商業、及震旦、滬北、兩江等校不能同意。均平言之,學生會半數主張星期四〔5月22日,即原訂罷課日〕即實行;尚有半數有主張仔細討論者、有絕端反對者,意旨亦未以一致。以致會時延長至七小時之久,卒至無甚效果。蓋學生會,學生與職教員合組而成。學生都愛國青年,對於蔡、傅不復任非常憤慨,宜先制服軍閥派為主要,亦係決心;而各校職教員都較有閱歷,意欲取和平態度,行正當方法,而以對日為急,深慮對內罷課之一發難收,有礙秩序之安寧,宜三思而後行也。于是討論至晚不能決,特請江蘇教

---

148 《江左十年目睹記》,頁77。
149 《江左十年目睹記》,頁80。

育會會長黃任之先生到會仲裁。黃公冒雨出席，意謂諸君都愛國熱誠所憤，發言論固可激昂；而事實上之設施，亦當思前顧後，息心平氣以為之，方得議決事件，可以無可礙難。表示一致罷課之舉動，雖極贊成。但既有提出不同意者，自必有難以一致實行者。況諸君所為蔡、傅，今蔡公已有北上復任之說，報載道經海上，特使其弟谷青〔清〕先生囑為婉勸，不可罷課。則罷課適所以為難蔡公，或為蔡公所不喜。至於傅，則另一問題，與諸君尚少直接之關係，不如從緩實行較為得當云云。一再討論，仍有表失會務莊嚴之說，而不以不罷課為然者。亦有謂：宣言書並無罷課之一言，即並無喪失莊嚴之可言。若實行而不一致，恐反所以失去莊嚴。因學生會各校為上海各校之少數，而此少數中尚不能一致，豈可輕率罷課。於是黃君又苦口婆心，一再勸說，允為電告等情。卒因時已過晚，多數表決緩至下星期一〔22日〕，若無滿意消息，再行罷課云云。其時並有語涉滑稽，一緩不妨緩至百日云。有謂：聯合當從聯合上做起，未聯合各校或亦一致不贊成罷課，罷課實有礙於會務之進行等語。因各勉從黃公之說而散，為時已十一句鐘云。[150]

此處記述包括黃炎培及雙方辯詞，內容透露出重要訊息：

一、上海學聯本有教職員在內，而多數都反對罷課。故此，罷課與否宛如教職員和學生對壘。頗疑當天建議請黃炎培到會仲裁者，即教職員。

二、黃炎培發言後，即有人發言回應，但雙方都未能說服對方。

三、海學聯四十餘校，實不過全埠之少數。如今面對罷課爭

150〈國民對於外交之興奮（十五）〉，《中華新報》，1919年5月22日，第3張版2。

議，也未能一致。最後，眾所聚焦之問題，竟變成對「會務莊嚴」之辯論，而非罷課有效與否之討論。

這次罷課最初提議者為復旦學生，彼等對黃炎培也最不滿意。史氏〈學潮醞釀記〉和朱承洵〈五四運動在上海〉，內容略同，僅為文白之別。茲引〈學潮醞釀記〉：

> 一星期滿限之日，為二十二日。前二日〔20 日〕之晚間，江蘇省教育會黃炎培氏馳至，以蔡氏已過滬，力阻學生再有舉動，苦勸取消前議。一時論辯蠭起，反對者以不能與北京學生取同一之步調，為有違學生聯合會之職志。贊成者則重蔡、黃兩先生之苦心孤詣，欲以延限三日為調和條件，爭執至為激烈，越三四小時不決。[151]

朱承洵〈五四運動在上海〉大致抄錄〈學潮醞釀記〉，最後概括：

> 黃氏演說甚久，大意為罷課是上海學生最後之武器，萬不能輕用，希望各位懸崖勒馬，停止進行。黃氏此舉前後宛若二人，蓋以地位關係，已受當局之壓迫。[152]

朱承洵猜想「黃氏……已受當局之壓迫」，則來自汪嘉驥〈五四後本校大事追憶〉之臆測。

汪嘉驥〈五四後本校大事追憶〉記復旦學生為罷課之議動搖，為極感憤慨；相較之下，他們對曹慕管（微吾，浙江上虞人）和蔣夢麟特具好感。茲錄其說：

> 〔5月〕二十一日早上十點鐘，因為罷課的問題有了動搖的消息，我們便請求了校長，給我們兩點鐘的休假，開了一個重要會議，徵求我們同學的公意與態度。那時我們學校出席

---

151 〈學潮醞釀記〉，頁 100-101。
152 朱仲華，〈五四運動在上海〉，頁 267。

聯合會的代表，何、朱、瞿、桂、程五位，可都在那兒的。原來這一次罷課的最初動議，黃炎培先生卻是極表同意的一個人，不料這一次的動搖，也就是因為黃先生的大主見，忽然有個非常的變更，大概那是因為他個人的地位，卻有不得不然的，我們到也能夠了解的了，只說那一日我們同學得著那十九日已經表決罷課已定的日期，陡然變更的消息，可認為有點喪失信誓，那時憤懣激昂的情形，真是苦了我這枝拙筆，不能描摹的了。我們經了這一種的試驗，我們覺得蔣夢齡先生對於我們學生這次舉動，見解的正確；同曹慕管先生對於我們學生這次舉動的熱心贊助，可真令人更加進了一會的信仰同敬服的了。[153]

汪嘉驥提及的復旦五位代表：何葆仁、朱承洵、瞿宣穎、桂昴剛、程學愉，大概都贊成罷課。此文還透露，20日商量罷課問題時，黃炎培、蔣夢麟（齡）、曹慕管也列席與議，與黃炎培態度卻有差異。

黃炎培在5月20日大會上勸告學生暫緩罷課，的確與會者驚愕。朱承洵文寫於1962年，耽延十餘年始能發表，疑因涉及黃炎培。[154] 不但如此，黃炎培晚年還為此修改日記文字。《黃炎培日記》1919年5月20日條下，整理者說明有塗抹修改之迹，茲錄黃炎培自述及整理者註記：

> 至學生聯合會演說，勸學生展緩罷課，午後五時起，八時半止，議決展至二十六日。（整理者註：「此記用鋼筆字修改

---

153 汪嘉驥，〈五四後本校大事追憶〉，頁164。
154 據朱仲華小序，是文寫成於1962年，而1965年12月21日黃炎培亡故。1979年，是文始被收入《五四運動回憶錄（續）》。參見朱仲華，〈五四運動在上海〉，頁265。

成『至學生聯合會演說,偕學生商榷罷課期,午後五時起,八時半止,議決假定二十六日。』」)[155]

據黃炎培自述,那天他到場演說,前後三個半小時。朱承洵謂其「演說甚久」,確無誤記。黃炎培把「展緩罷課」改為「偕學生商榷罷課期」,表示自己不反對罷課,只是商榷日期而已。「議決假定二十六日」,更對照 1919 年 5 月 24 日蔣夢麟致胡適函,提及「上海議決定星期一停課一天」,則黃、蔣似主張罷課一日。此舉既顧全上海學聯面子,也可望全埠一致,卻導致激進學生更多不滿。

蔣夢麟對學生的態度,似奠定其後來發展前途。當日學生對蔣夢麟都有好感,因彼絕不站在學生對立面。但五二六總罷課前,黃炎培、蔣夢麟、曹慕管等主張之異,不必解讀為立場分歧,只是手段稍異而已。蔣夢麟對學生的肯定,大抵略同杜威之樂觀。黃炎培的公開勸阻,則回應教師及家長之期待。[156] 事實上,一些同情愛國運動者,也不必然贊同罷課。原執教上海的民黨要人鈕惕生(永建,江蘇上海人),就以上海舊教員身分通電全國教育界,主張政府處分曹汝霖等,但明確反對罷課。[157] 張謇稍後發表公開信,認為「諸生愛國之意是,而法則非,非即罷課,罷課即誤學」,更是代表性言論。[158] 上海大同學院校長胡敦復,且認定「罷課為自絕飲食之自殺政策」,表示「極端反

---

155 《黃炎培日記》,第 2 卷,頁 63。
156 各校學生家長不滿意罷課,頗責怪各校教職員放任。〈敬告罷課學生的家族〉,《時事新報》,1919 年 5 月 30 日,第 3 張版 3。
157 〈廣東各界之爭青島〉,《申報》,1919 年 5 月 14 日,版 7。〈本京瑣聞:鈕永建訓戒學生〉,《北京日報》,1919 年 6 月 4 日,版 4。值得注意的是,《申報》未登出鈕永建反對罷課公電,似間接說明 6 月初蘇省教育會已不反對罷課。
158 〈張謇敬告全國學生書〉,《時報》,1919 年 6 月 25 日,第 2 張版 3。

對」。學生轉述胡敦復之語，說他批評上海學聯「組織人物，皆程度低淺，眼光短小，完全為無意識之舉動」，遂一邊令大同學院退出上海學聯，一邊解散上海學聯大同分會，斥退十三名學生。[159] 黃炎培作為江蘇省教育會副會長，不能不扮演調停者角色，致力折衷各方意見。

此時蔣夢麟在學生中聲望上升，漸漸有超越黃炎培之勢頭。在湯爾和看來，他深諳學生心理，能引導學生行動。可是 5 月 24 日夜蔣夢麟致胡適私函，卻披露其內心真實想法：

> 上海議決定星期一停課一天，此系彼此意見不一的調和辦法，可是沒有意思得很。咳！我們教育失敗，今日現出短處來了。學生天天受讀書的教訓，到真事體出來，在書冊裏找不到，他們就不知什麼辦才好。此後教育要大大兒改方針呢。學生自治的訓練，要好好兒講究講究。[160]

蔣夢麟所謂「彼此意見不一」，不但指師生見解不同，即學生內部也有歧見。其所說的「星期一停課一天」，指 5 月 26 日停課，誠然是雙方妥協的結果。

(7) 分歧公開

惟主張罷課的一方，對此憤懣難平。20 日大會後，上海學聯內部隱然分為兩個陣營。5 月 28 日，上海學聯副議議長程天放（復旦學生）投書《民國日報》，重提 20 日會議，指責黃炎培等以少數人之微，推翻多數人之原議：

---

159 〈大同學院出校學生十三人泣告學界書〉，《民國日報》，1919 年 6 月 19 日，版 12。

160 〈蔣夢麟致胡適〉（1919.5.24），《胡適遺稿及秘藏書信》，第 39 冊，頁 418-419。

在〔決定〕二十二日實行罷課的佔絕對的多數（十九日開大會的那一天，到會者一百十餘人，贊成罷課的在百人以外，反對的只有八九人。），那曉得到了二十那一天，跑來了一個省教育會的副會長黃炎培，幾句話一說，就把從前的議案一概推翻，說是要暫緩三日，由省教育會打電，到北京去，請徐世昌答應我們的要求。那時有此二人，以為黃先生既然如此說，一定他有點把握，……於是乎多數贊成他的說話。[161]

依程天放描述，黃炎培演說後，主張暫緩者佔大多數。程天放所謂黃炎培「幾句話一說」，就要「一概推翻」前議，是想突顯其事之不合理。至其提及黃炎培聲明負責打電，「請徐世昌同情我們的要求」，透露教育會對政府確有期待，並對此有一定把握。

至程天放所說大辯論之夜，響應黃炎培的「二人」，或許有潘公展在內。5月21日《時事新報》刊出潘公展〈敬告上海學生聯合會〉，比較京滬情形，分析罷課得失。全文論述細密，呼籲學生懸崖勒馬。茲錄全文：

上海學生聯合會成立旬餘，最近有罷課之主張。竊謂事宜三思，故敢於未罷課之前略陳管見，幸審察焉。

（一）罷課之宗旨。按該會第二次宣言書原為挽留蔡先生、維持北京大學而發，限政府於一星期以內為滿意之表示，否則籌最後之對付。而所謂最後之對付者，初未有一定之解釋。及有人以「罷課」為對付之手段，而和者蜂起矣。而此數日中，政府有留蔡之指令，有特派員之蒞滬，雖明知此為政府敷衍之計，而在學生似不能不認為滿意之初步。況蔡先生

---

161 （程）天放，〈罷課〉，《民國日報》，1919年5月28日，版12。

固有允任維持之表示，祇須學生群策群力以要求政府勿咎北京學生之既往，蔡先生不難出而肩荷鉅任，又何用消極的罷課為哉？至若推廣罷課之宗旨以為要求政府懲辦國賊、勿簽和約、挽留教長之對付，則又與原有之宗旨不符。況此等要求，而僅以學界之罷課出之，其力亦微矣。

（二）罷課後之步驟。罷課所以促政府反省，在鄙人頗以為然。然若政府仍置學生之要求於不顧，則上海之學生將如之何？考北京學生罷課之後，尚有「自行解散」之法。解散之後，尚有「南遷重組」之法，按步就班，有條不紊，故能一致進行。而其罷課之必不得已，亦能共諒於天下。試問上海學生罷課無效後，是否亦自行解散？果亦解散，是否重組？若不解散，果有何法足以濟罷課之窮？罷課而不生效力，學生之對付尚有價值否歟？

（三）罷課之實行。北京學生之罷課者，概為中學以上。而上海之學生聯合會，則即小學生亦兼收並容。苟欲實行罷課，其困難為何如耶？抑尤有進者，上海教會學校之多，冠於全國，其勢力非操諸國人之手，果能一律罷課耶？且小學而罷課，則小學生家屬之不明事理者，有不責難紛起耶？今果議決罷課矣，則關於實行罷課之方法，果何道以解除此種困難耶？

（四）罷課之期限。各地學生聯合會固宜取一致之行動，而亦不可一味盲從，蓋情勢各異也。今上海學生聯合會，一惟北京學生會之馬首是瞻，以北京學生之已罷課也，乃皇皇然若不終日以為非罷課不可。試

問罷課之期限,固以何者為標準耶?政府若何之措置而始認有滿意之表示耶?

(五)罷課後之學生行動。罷課之後,雖能乘此餘暇辦理種種事情,而荒廢學業究不可免。使期限過長,有不感困難者乎?且學生之自能任事者,亦祇中學以上焉耳。今乃並小學而亦須罷課,則學生行動之約束信難以為力矣。況勸導、調查、宣講等事,雖不罷課亦自可為,觀於近日之情況而可知,是果有罷課之必要耶?

凡所陳述,皆尚有討論之價值,而學生聯合會之大多數意見不及此,毅然表決罷課,抑又何耶?要之,學生罷課為消極的抵抗,而非積極的準備也,為自戕的手段,而非維持教育生機的正當方法也。北京學生之罷課,自有其「南遷重組」之隱衷,上海之學生究應三思而後行也。[162]

潘公展文就京滬學生不同處境,京津學聯之不同組織辦法,上海罷課之原本訴求,實行罷課之窒礙難通,一一詳為剖析,說服力頗強。此文縱非受黃炎培委託而寫,也當受其賞識而擊節讚賞。《時事新報》刊出此篇,也很可能得張東蓀同意。七日後,《民國日報》刊出程天放文,只能從票數比例來堅持原議,卻未能在觀點上駁倒潘公展。

潘公展和程天放的不同主張,曝露上海學聯評議會的內部分歧。[163] 查滬報提及反對罷課之分會,共有九校。男校六所:震

---

162 (潘)公展,〈敬告上海學生聯合會〉,《時事新報》,1919年5月21日,第3張版3。
163 5月25日任矜蘋有一篇〈罷課的比例〉在《民國日報》刊出,內容似被截去,未含標題所示部分。任矜蘋,〈罷課的比例〉,《民國日報》,1919年5月25日,版12。

旦、兩江、同濟、英華、滬北、市北；女校三所：愛國、女青年會、中西女塾。主張仔細討論者二校：聖約翰、南洋商業。茲分析此十一校情形：
一、屬教會學校者四所：震旦、聖約翰、女青年會、中西女塾。
二、屬滬北地區者四所：兩江、英華、滬北、市北。
三、教職員為代表者三所：兩江（評議員吳企彭）、滬北（評議員馮先，交際部書記翁國勛）、市北（評議員潘公展）。
四、屬中等學校以下者兩所：滬北（國小，高小、專修科）、市北（國小，高小，商業乙科）。
五、屬新設學校者兩所：兩江（1918年秋開設，校長及教員多為南洋公學校友）、滬北（1918年秋開設）。

由此可見，教會學校及滬北地區新設兩等小學校，對於罷課抱持疑慮，確有其實際困難。這十一校師生在愛國運動中未曾後人，包括組織學生宣講團、教職員救國十人團，出動宣傳抵制日貨。潘公展作為市北公學商科主任，手筆最勤，儼然此派發言人。

至於贊成罷課之分會，當為其他各校。此即復旦、南洋公學、東吳法科、澄衷、南洋中學、寰球中國學生會、同濟醫工、上海公學、勤業女子師範、神州女學、博文女校、民生女校。分析這些學校情形如下：
一、中等以上學校者十所：僅民生女學（國小，高小，手工美術專科）不然。
二、各校代表與民黨有淵源者五所：復旦（副評議長程天放）、勤業女子師範（評議員嚴欽木）、[164] 神州女學（幹事長舒

---

[164] 勤業女子師範教員陳家英、陳家慶，是廣州國會眾議員陳家鼎、陳家鼎胞

志俠）、[165]寰球中國學生會日夜校（幹事費公俠）。[166]
三、教職員為代表者四所：寰球中國學生會日夜校（評議部書記裴國雄、幹事員費公俠）、博文女學（文牘黃紹蘭、幹事員程孝福、評議員李果）、民生女學（評議員任矜蘋）、勤業女子師範（交際員書記張維楨）、神州女學（幹事長舒志俠）。
四、二十一條交涉後留日歸國學生掌校者一所：博文女學（校長李果）。

上述學校中，復旦、南洋公學、東吳法科，屬於大學層級，居於領導地位。復旦一校，尤佔據學聯半數重要位置，故其主張尤具關鍵作用。

又從雙方陣營可知，反對或贊成罷課之校，都有教職員作為分會代表。只是贊成一方，無人能如潘公展般肆其雄健之筆，因

妹，時陳家鼐任國民大會上海幹事部職員。曹華卿，為曹亞伯女公子。〈勤業女子師範學校校長朱震寰女士函〉，《申報》，1919年2月19日，版11。〈勤業女師範歡迎會紀〉，《申報》，1920年11月20日，版11。參考馮自由，《革命逸史》，初集（上海：商務印書館，1945），頁248。《南社叢談》，收入《鄭逸梅選集》，第1卷，頁327-328、471-472、652、666、691。不過，校長朱震寰（劍霞）入中華職業教育社為普通社員。《中華職業教育社同社錄》之〈普通社員〉（上海：出版資料不詳，1918-1920），頁4。

165 神州女學校長（創辦人）張默君（昭漢），湖南湘鄉人，南社社員、同盟會員。原就讀上海務本女校，與張敬莊（張謇女）、湯國梨（章太炎夫人）、舒蕙楨（惠珍，志俠）、談社英等同學。1912年，女界百餘人籌組神州女界共和協濟社，主張女界參政，舉張默君為社長。1914年，該社創辦神州女學，張默君為校長。同年，創辦《神州女報》。五四時，張默君在美國哥倫比亞大學師範學院肄業，舒志俠以教務長主持校務。1913年國民黨在滬舉辦宋教仁追悼等會，張默君和舒蕙楨均出席演說。參考熊羅生，〈張昭漢〉，柳無忌、殷安如編，《南社人物傳》（北京：社會科學文獻出版社，2002），頁278-282。王中秀編著，《王一亭年譜長編》（上海：上海書畫出版社，2010），頁118-123。

166 上海學聯分會中，尚有中華英文學校、坤範女子中學、民國女子工藝學校，皆有舊民黨背景。參見〈坤範女中學秋季始業紀〉，《申報》，1919年8月11日，版11。〈劉民生君舉殯記〉，《申報》，1919年4月28日，版10。〈盧永祥查復上海各愛國團體處所及其主腦人物密電〉（1919.9.8），《五四愛國運動檔案資料》，頁580-581。

而給人留下教職員皆反對罷課之錯覺。

(8) 滬北各校共同救國會

不容否認的是，罷課之議初起，上海學界已有分裂跡象。滬北各校因地域關係，別出而自立統系。[167] 學聯初次作出罷課決議，滬北各校即籌設新組織。5月16日起，滬北公學牽頭成立「滬北學生共同救國會」，以互相保護，一致進行為宗旨。[168] 5月21日，各校召開第三次籌備會，有三十校加入，易名「滬北各校共同救國會」，表示不以學生為限。[169] 會員從最初八校，很快擴展為七十校。[170] 25日，召開正式成立會議，推舉兩江公學校長李鴻儒（浙江吳興人，南洋公學畢業）為正會長，滬北公學校長馮明權為副會長。[171] 此外，「又公推幹事五人，評議十人，交際九人，調查十三人，文牘三人，會計二人。即由會長召集職員會，分部推選部長，積極進行。」[172] 為首的兩江和滬北二校，本來都是上海學聯分會，因反對罷課而自籌一會，由校長為領袖。至此，罷課已使上海學界分裂。

5月22日「滬北各校共同救國會」代表集議之時，也聚焦罷課問題多所討論，紛紛表示反對。23日《申報》記：

---

167 查滬北有一百六十餘校（不計私塾），因地緣關係容易自成系統。〈關於提倡國貨之消息〉，《申報》，1919年5月20日，版11。
168 〈各界對外表示之昨訊〉，《申報》，1919年5月17日，版10。
169 〈滬北各校集議罷課事〉、〈滬北各校共同救國會成立〉，《申報》，1919年5月23、26日，版11。〈彙紀提倡國貨之消息〉，《申報》，1919年5月22日，版11。
170 〈國民對於外交之興奮（十五）〉，《中華新報》，1919年5月22日，第3張版2。〈國民對於外交之興奮（二十）〉，《中華新報》，1919年5月26日，第3張版2。
171 〈關於青島問題之種種〉，《時報》，1919年5月26日，第3張版5。
172 〈滬北各校共同救國會成立〉，《申報》，1919年5月26日，版11。

> 北浙江路兩江公學於昨日（二十二日）東請各校校長、職教員開茶話會，意在聯絡感情，溝通聲氣。下午四時陸續到會者為杜椿蓀（普志）、陳少卿（廣智）、周問天（共和女）、邵召南（少年社）、孔麟書、趙琢成（中西商務）、梅〔華銓〕女士（女青年會體育師範）、虞元箴、周志禹（承天）、鄭海舫（三畏）、唐霈（中西商業）、宗鶚（愛國女）、馮明權（滬北）、李林芳、殷家琳（英華書館）、潘宗騏（文生氏）、張立明（澄衷）、姚時競（飛虹）、翁國勳（民福）、朱和鈞、繆召予、曾文虞（尚公）等入座後，由兩江校長李鴻儒君述東請之意，並徵求各校互相聯絡之方法。次又談及上海學生聯合會議決之星期一罷課問題，各來賓均有意見。結果決定：未入學生聯合會者，均不罷課。已入學生聯合會者，當然與會中一致行動。惟各校有教育責任者，須設法罷課之善後問題，及罷課如何之歸束。[173]

當日與會各校長及教職員，包括周志禹（浙東人，承天英華學校）、翁國勳（勛，民福校長兼體育主任），原是上海學聯職員。朱承洵回憶文章，則點名批評周志禹，說在「討論總罷課時，他大玩花招，盡力反對，經作者揭露，令其退席。」[174] 可見雙方交手激烈，而報紙未予報導。惟 22 日決議，仍顧全上海學聯所屬分會之團結性，同意相關學校應一律罷課。此當是有人從中疏通，且不排除教育會協助。

5 月 25 日開會當天，即上海學聯實行總罷課前一日，滬北共同救國會一百數十位與會者。報記：

---

173 〈滬北各校集議罷課事〉，《申報》，1919 年 5 月 23 日，版 11。
174 朱仲華，〈五四運動在上海〉，頁 267。

> 首由主席報告開會要旨,略謂吾儕根本救國之道,在養成道德學問高尚之愛國少年。故本會之進行,當不止限於目前之事。惟最先必要之舉,尤當急亟進行云云。[175]

主席強調「根本救國之道」,「不止限於目前之事」,指的是提倡國貨和抵制日貨,其所反對者僅為罷課而已。

(9) 蔡元培退隱

至於焦點人物蔡元培校長,在 20 日蔡元康見過北京學生代表,雙方談判破裂後,翌日決意離滬,歸隱西湖。21 日,京津滬學生代表追蹤到杭。代表之一朱承洵晚年披露,他們此行「帶著一個秘而不宣的使命,就是拜謁蔡元培先生,迎其回京復任北大校長,領導學生愛國運動。」[176]

這些學生到杭州後,經蔡元康安排,終於得晤蔡元培。這是蔡元培出京後,與學生代表初次會面。據蔡元培日記 5 月 22 日條記:

> 昨晤北京學生代表方豪及天津、上海學生代〔表〕楊、朱諸君。[177]

北京學生代表以外的「楊、朱諸君」,即楊興夏(天津學生代表)、朱承洵(上海學生代表)。[178]

朱仲華(承洵)〈五四運動在上海〉記述:

---

175 〈滬北各校共同救國會成立〉,《申報》,1919 年 5 月 26 日,版 11。
176 朱仲華,〈五四憶舊〉,陳思和、龔向群主編,《走近復旦》(成都:四川人民出版社,2000),頁 162-263。
177 《蔡元培日記(上)》,頁 253。
178 據上海學聯消息,該會派朱承洵、吳有三,聯同京津代表方豪、楊興夏赴杭向該埠學生會表示意見。〈上海學生聯合會之近聞〉,《申報》,1919 年 5 月 24 日,版 11。

> 蔡氏對學生運動甚關懷，詢問甚詳，京滬代表分別報告各地學聯組成當前進行步驟亦甚詳。至請蔡回京復職，蔡氏認為時機未至，代表團次晨即回滬。[179]

蔡元培所謂「時機未至」，或不單指北京政局而言，更是託詞婉拒「領導學生愛國運動」之請。由於蔡元培不願配合，學生計劃頓時落空。

此番京津滬代表到杭的另一任務，是勸說該埠罷課響應。他們赴浙江省教育會，向杭州學生聯合會學生演說。當天到場者二千餘人，聆聽上海學生報告：

> 上海各學校，已決計與北京取同一行動。並已預備全體罷課，不日須發佈宣言書。惟此一罷課，與歷來情形不同。學生非有正當理由，不得出校。學生須竭力維持本校之秩序。對於功課，仍須溫習研習，不過不上課而已。對於兵式體操，尤宜特別注意云云。[180]

此時學生聯絡各埠的口號，是「與北京取同一行動」，手段為「全體罷課」。他們強調罷課不罷學，甚至要加強兵操。這種對整體秩序的保證，也有避免官廳干涉之意。

---

179 朱仲華，〈五四運動在上海〉，頁 269。
180 潘公展編輯，《學生救國全史》（上海：民友社，1919），頁 168。

四、省教育會調整策略
（5月21~26日）

「此時銷弭怒潮，惟在政府有俯順輿情之表示。」

～1919年5月23日，江蘇省教育會呈文 [181]

5月20日黃炎培親臨上海學聯會議，苦勸三小時多，僅把罷課延後三日，已深知此事難了。會後，教育會任務有二：一方面發電北京，加重對政府壓力。另一方面由代理人安撫北京學生，以期正本清源。本埠方面，教育會有兩個舉動，一面由公私立學校校長出面，支持京滬學生的要求；一面組織中等以上學校聯合會，準備更加靈活地應付局面。

(1) 教育會發電

此時上海學聯面對重重壓力，一方面有父兄家長反對，一方面有各校教職員及教育會勸止罷課。復旦學生史氏〈學潮醞釀記〉，認為罷課之議終能堅持到底，應歸功於何葆仁：

> 先是罷課宣言初提出時，持異議者極鮮。越數日而困難情形，稍稍顯著。而尤以教會學校為然；而根本不以罷課為然者，亦風起雲湧。投函詰責者，著論登報者，幾無可應付。自此夜大辯論之後，會長切實聲明，既經延限，即不得再有不一致之現象，異議始漸息，而報紙論調亦漸變。[182]

就史氏的判斷，會長何葆仁同意延期，卻不改初志，卒使眾議漸

---

181 〈罷課聲中之懇求護軍使〉，《申報》，1919年5月24日，版11。
182 〈學潮醞釀記〉，頁101。

息，輿論漸變。惟其所謂「報紙論調漸變」，尚涉及教育會之策略調整。

從報上消息來看，會長何葆仁能以沉穩態度，與教育會妥善維持關係，對學聯前途極為重要。據22日（原定之罷課日）《申報》之〈學生聯合會開會紀事〉，公佈學生處理延後罷課之指引：

昨日（二十一號）學生聯合會全體職員在寰球學生會開緊急會議，結果如下：

（一）聯合會本定於二十二日通告各校一律罷課，繼由省教育會聲請暫緩，即日由該會電請政府於三日內作明白正確之表示，允上海、北京學生所請，如無答覆，本埠各校於下星期一〔26日〕同時罷課。現聯合會先登廣告說明此事，再於罷課之時發出第三次宣言書。

（二）各校自由認定分赴外埠代表聯絡全國學界。

（三）要求各商店不賣日貨。此項由交際員擔任。

（四）罷課之後各校學生除有公務外不許出校。

（五）罷課後除宣講、發傳單、調查日貨、介紹國貨、組織義勇團等事外，每人應自修三四小時。

（六）由聯合會名義請不贊成罷課之校長到會疏通意見。

（七）要求各舞臺排演愛國新劇。[183]

上述第五條決議：「調查日貨、介紹國貨、組織義勇團」，則教職員及江蘇省教育會，實有推動作用。1919年5月號《童子軍月刊》（實則1919年6月初出版），[184] 主編潘競民（江蘇毗陵人）就鼓吹：「一，抵制日貨事……人而畏葸，吾童子軍猛

---

183 〈學生聯合會開會紀事〉，《申報》，1919年5月22日，版11。〈學生聯合會開會紀事〉，《民國日報》，1919年5月22日，版10。

184 〈介紹新刊〉，《民國日報》，1919年6月2日，版11。

進。人無毅力,吾童子軍堅持。一致抵禦,死生以之。……二,調查國貨,竭力提倡,勸導宣講,醒人酣夢。……三,對日憤慨……此後謹守秩序,保持安寧。」[185] 5 月 11 日,潘競民復代表《武進日報》,在全國報界聯合會提案通過「以勸告形式通告全國報界,在山東問題未圓滿解決以前,對於日商廣告,一律拒登。」[186] 潘競民執教的梅溪高等小學,屬上海縣教育會勸學所系統。可見學聯所作決議,有教職員群體支持。

不過,上述七項決議中,以第一條最重要。此條包含三個項目:(1) 江蘇省教育會承擔發電政府之責任。(2) 倘政府若三日內未有「明白正確之表示」,則「本埠各校」之同時罷課,當是教育會所默許同意。(3) 發電政府,要求尤可「上海、北京學生所請」,未明言以教育為範圍,抑擴大要求涉及更多內容。對此外界必有之疑問,則 5 月 23 日上海學聯遍登《申報》等館之〈啟事〉,說明展緩罷課之理由,可以得到解答。〈啟事〉文字簡要,措詞穩當:

> 本會曾於月之十五日第二次宣言書中,聲請政府於維持蔡校長地位及大學尊嚴二事,作正當明確之表示。昨經大會討論,公認政府迭次表示為不滿意。決議自二十二日起實行罷課,嗣經江蘇省教育會代表來會懇切勸止,乃修改前案,展緩三日,冀政府有以速慰吾人之望。特此通告,幸鑒苦衷。[187]

〈啟事〉仍未提黃炎培姓名,自是雙方一貫默契。1920 年代有「華貞」其人,批評《申報》言論貌似公正,實則為「江蘇學

---

185 〔潘〕競民,〈童子軍之對日觀〉,《童子軍月刊》,第 1 卷第 4 期(1919.5),頁 11。
186 〈各界對外表示之進行〉,《申報》,1919 年 5 月 16 日,版 10。
187 〈上海學生聯合會啟事〉,《申報》,1919 年 5 月 23 日,版 4。

閥」控制。「只要黃炎培來一個條子說對某人之壞事少登,好事多登,已經可使此人三生受福。」[188] 作者不知黃炎培所來條子,也可能要求隱去姓名,少登好事。回觀5月23日上海學聯〈啟事〉,稱上海學聯要求「維持蔡校長地位及大學尊嚴」,似僅以北大問題為焦點。

至5月21日江蘇省教育會通電,一致北京府院部,一致南京軍民兩長,則聚焦教育總長問題。前一電稱:

> 自報載京校學生為爭總長易人問題罷課後,輿情非常激昂。昨滬校各生自行集議,誓與京校一致行動。本會再四勸止,但允暫緩三日,聽候明令。萬一各地踵起,不惟教育前途危險,恐全局因此瓦解。[189]

後一電稱:

> 自報載北京各校為教育總長易人等問題罷課後,上海人心非常激昂。昨各校學生自行集議,誓與京校一致行動,決於明日起罷課。敝會同人特往力阻苦勸,至三小時之久,僅允展緩三日。如京校要求無效,一律實行。查學生罷課不惟妨礙學業,且恐影響地方秩序。此時潮流所激,斷難強抑。萬一各地方踵起,必至牽動全局。消弭之計,惟在政府有俯順輿情之表示。[190]

細讀二電,一是向北京發出「全局瓦解」的警告,一是向南京說明學生行動「斷難強抑」。消彌之計,「惟在政府有俯順輿情之表示」,暗指政府須同意京校學生所請。

---

188 華貞,〈江蘇學閥之過去及將來〉,《中國青年》,第6卷第6-7號合刊(1926.8.31),頁170。
189 〈罷課聲中之省教育會電〉,《申報》,1919年5月22日,版11。
190 〈罷課聲中之省教育會電〉,《申報》,1919年5月22日,版11。

5月21日，錢能訓總理對外聲明，撤回新教長田應璜（于琮，山西大同人）任命案，袁希濤隨即密電黃炎培，原稿有「以學界反對風潮」一句。內務次長于寶軒駐滬耳目王汝圻（旬伯，江蘇阜寧人），5月24日密電北京，也促其注意「上海學界」言論：

> 田長教育，有安福臭味，上海學界頗為憤慨。聞下星期一將一律罷課以為要求，倘能從緩提出或已提出而仍撤回，未始非平息風潮之一道。[191]

王汝圻曾任江蘇省立商校創辦人，與江蘇省教育會素有淵源；此時為廣州國會眾議員，可在滬協助疏通南北意見。[192]

于寶軒稍後覆王汝圻函，強調「田長教育，確亦作罷」，更託王汝圻代為解說，以求學界諒解：

> 此次學界風潮，青年民氣本可寶貴。而都中發動之始，蛛絲馬跡，風傳另有作用。各省學界又復動搖，如蕪城下關等處，幾乎牽動外交。故中央一方容納學界之主張，中止提田；一方防止軌外之行動，免生危險。左盼右顧，實具苦心。遠道傳聞，往往與真象不符。吾兄深通政情，尚希遇機宣達此意。[193]

于寶軒暗示有人借機拆徐世昌、錢能訓台，其所希望王汝沂「遇

---

191 〈王汝圻報告和議停頓後各方情形及上海學界反對田文烈任教育總長事致于寶軒函〉（1919.5.24），《天津市歷史博物館館藏北洋軍閥史料：徐世昌卷》，第9冊，頁1109-1110。這份文件標題有誤，把田應璜誤作田文烈。

192 王汝圻簡介及其政治關係，參考〈王汝圻致韓國鈞函〉（1925.3.19），江蘇省檔案局編，《韓國鈞朋僚函札史料選編》（南京：江蘇人民出版社，2012），頁56-57、762。

193 〈程克、于寶軒酌定由其擬具南北議和及學界風潮事致王汝圻函稿〉（1919.5.24以後），《天津市歷史博物館館藏北洋軍閥史：徐世昌卷》，第9冊，頁1114。

機宣達」的對象,主要是學界領袖。

在錢能訓政府表示退讓下,5月22日黃炎培、沈恩孚、蔣夢麟致胡適長函,樂觀地詳述江蘇省教育會策略,敦促北京同志維持局面。此函由蔣夢麟執筆,黃炎培署名,更有沈恩孚批注:

> 子公現已離滬返鄉。回校任職事,子公已允。此事若不另生枝節,大學可望回復原狀。留傅事,江、浙兩省教育會先發難,上海學界留蔡後,亦復爭留傅。北京學生宣言已到,大為國人所許可。杜威先生來函,勸「勿餒氣,此為喚興國民潛力好機會」。加〔哥〕侖比亞已允給假,大學如散,上海同人當集萬金聘之。大概大學不至於解散,因蔡既允復職(子公以不辦學生為復職條件,政府已明示,子公不得不復職矣),田當亦不敢長教育(京訊政府已撤回任田同意案)。現在所爭持者為青島不簽約及斥罷禍首二條,且看結果如何?子公在滬時每日相見,此公仍抱積極精神,轉告同志。……諸君萬勿抱消極主義,全國人心正在此時復活,後來希望正大也,諸乞密告同志。[194]

此函可見黃、沈、蔣猶如一體地共商對策。他們除希望蔡元培復職,北大恢復原狀外,還望達到「不簽約」和「斥罷禍首」。此二條不見前述電文提及,似是他們的後續劇本。

5月23日北京《益世報》之〈上海專電〉也表示,當前上海學界聚焦兩大重點:

> 滬教育會與蘇督因上海學生罷課一事,昨曾勸告暫緩三日,結果未悉。此間各界現已決定兩事,對內懲治國賊,對外抵制日貨。但此係個人良心上主張,絕不受政潮蕩漾。(五月

---

194 〈黃炎培信五通〉(1919.5.22),《胡適遺稿及秘藏書信》,第37冊,頁29-33。

二十二日晚十時到。)[195]

此電發出時，上海學生對罷課未作最後決定。可是，「對內懲治國賊，對外抵制日貨」，已成各界共識。滬教育會之作用，必扮演關鍵角色。

可就在 5 月 22 日，錢能訓總理向北京各校長表示為難：「懲辦國賊，政府實辦不到」。[196] 5 月 23 日袁希濤密電沈恩孚，遂深以局面失控為慮，要上海同志「相機注意」：[197]

> 懲辦曹、陸問題，政府因各方面關係，於事實上亦不能照辦。學生此次要求目的，既難達到，而妨礙秩序之事實，又復迭生，則外省言論上之鼓吹，此時似宜相機注意，以免青年熱度沸騰，至不可收拾之地位。[198]

袁希濤密電透露，京滬教育會同志，確以「懲辦曹、陸」為目標，一面鼓勵學生，一面言論鼓吹。他們南北策應，引導輿論，堪稱學潮幕後推手。

此時蔣夢麟一面通過胡適繼續瞭解北大內情，一面向其說明蔡元培願意回任電文絕無可疑。5 月 24 日晚，他去函胡適解釋：

> 蔡先生電，學生疑是假冒的，《晨報》亦有登疑是假冒之新聞。此電由我親手打出，並寫信給你，現在想已明白了。照你看來，大學究竟能否保全？照我的意思，如能委曲求全，終以保全大學為是。[199]

蔣夢麟所說「保全大學」，指保全北大。他們希望穩住北大情

---

195 〈上海專電〉，《益世報》，1919 年 5 月 23 日，版 2。
196 〈專電〉，《申報》，1919 年 5 月 23 日，版 4。
197 袁希濤在學潮中的角色，參考陳以愛，〈五四初期江蘇省教育會的南北策略〉，頁 1-52。
198 《五四愛國運動檔案資料》，頁 304-305。
199 〈蔣夢麟致胡適〉（1919.5.24），《胡適遺稿及秘藏書信》，第 39 冊，頁 417-418。

勢，以免受到中挫。

但5月22日，北京內務部轉飭教育部嚴禁學生干預政治電，頓時令京滬學界大失所望，且認為總統受親日派挾持：

> 案准教育部咨稱：本月十四日奉大總統令：近年以來，民智日新，人知愛國，此為吾國文化增進之徵。第愛護國家，則必尊重法律，若勵學之年，質性未定，其始傳聞誤會，亦激於愛國之誠，而流弊所極，乃至破壞秩序，凌蔑法紀而不恤，甚為諸生惜之。……自此次通令之後，京外各校學生，務各安心向學，毋得干預政治，致妨學業。在京由教育部，在外由省長督同教育廳長，隨時申明誥誡，切實約束，其有不率訓誡、糾眾滋事者，查明斥退。[200]

此電針對學生活動，也說明政府不擬讓步，使黃炎培等明白到來日之難。

是時北京政府消息管道，普遍認為「此次學生風潮內幕實研究系之主使」。[201] 5月24日《申報》引「中美新聞社」消息，說明北京學生團的總計劃，是待各埠預備妥當後，全國「一致行動」。該訊可能是北京學生撰稿，送「中美新聞社」發送：

> 北京學生團通電全國各學校，請一致罷課。據該團中人言，三日內，上海、南京、漢口、天津及太原等處學生均將一致行動，使政府知學生運動影響之大。並謂彼等祇須三星期之時光，使全世界皆注意彼之行動，而悟中國政府之包庇賣國賊，縱容武人派，實大失全國之人心。此事既為世界所注目，政府

---

200 〈內務部轉飭嚴禁學生干預政治訓令電〉（1919.5.22），《五四愛國運動檔案資料》，頁192-193。
201 〈程克送閱擬發彭允彝電稿致于寶軒函〉（1919.5.23），《天津市歷史博物館館藏北洋軍閥史料：徐世昌卷》，第9冊，頁1105-1106。

為顧全面子計，亦當幡然變計，從事刷新政治云云。[202]
就這段新聞來看，學生對「政府」尚存期待。全國學生一致行動，也不過要求「刷新政治」。其對政府的不滿，在「包庇」和「縱容」國賊。故望以全國總罷課之舉，引起歐美人士關切，迫使政府因「顧全面子」，「幡然變計」。

然而，「中美新聞社」在這則消息後，卻宣稱全國總罷課的用意，不僅在逼迫政府改良政治，且有根本推翻政府之動機。該社稱：

> 此間學生界現正從事一種大運動，影響及於全國。各級學堂已結一團體，派遣代表分赴各省，勸各學校一致行動。中國二十一行省，現已有十八省組織學生團體，聯合逼迫政府改良政治。此種大壓力自非僅由學界所能成，即現商工各界亦已奮起贊助，倘果能萬眾一心，將此不良之政府推翻，則中國人之團結力將大受世界之尊敬，而為中國從來所無之一大寶物也。[203]

這則新聞透露，部分學生的計劃超出改良政治，而有根本推翻徐世昌政府之意圖，並將聯合商工各界一致行動。北大的保全與否，已不在優先考慮之內。23日袁希濤勸北京學生勿再遊行，以至聲淚俱下，或即針對此種政治意圖而發，憂心教育前途全面崩毀。

(2) 上海中等以上各學校聯合會

話分兩頭，在教育會挽留蔡元培，阻止田應璜上任之際，

---

202 〈中美新聞社北京雜誌〉，《申報》，1919年5月24日，版8。
203 〈中美新聞社北京雜誌〉，《申報》，1919年5月24日，版8。

他們也鼓勵上海成立一個教職員團體，來應對時局的變化。5月22日，黃炎培日記有一句簡要記載：「邀各校長會商辦法。」[204] 這天到會的上海十九位校長（不含女校及教會學校校長）在江蘇省教育會集議，由南洋公學校長唐文治為首。報導未提黃炎培之名，而他卻是真正主導者。報載：

> 上海中等以上各學校於二十二日午後三時假江蘇省教育會開會，討論對於學生罷課問題。到會者復旦大學李登輝、工業專門學校唐蔚芝、大同學院胡敦復等三十餘人。議決分電北京、南京，……嗣復推代表唐君文治、李君登輝、阮君尚介、賈君豐臻、朱君叔源五人，往見盧護軍使，請速轉電中央，明白宣示。[205]

上海十九位校長致北京、南京電，明請政府答允學生請求，否則將「全體引咎去職」，不啻作為學生後盾。茲錄電文：

> 連日各校學生因報載京校罷課激動感情，群議響應。窮究理由，僉以外交失敗，陸曹未斥，總長易人，危及教育前途，同是國民，何忍聽京校學生獨盡天職為詞，至有痛哭流涕者。再四禁阻，乃稱：候令三日，若希望斷絕，無心求學等語。文治等斥之不忍，聽之不可，除再分別勸戒外，惟有合詞懇請大總統俯允京校學生之請求，切實宣示。否則潮流激盪，不知所屆，各校亦勢難維持，當全體引咎去職，以謝學生家屬，迫切待命。上海公私立各學校校長唐文治、李登輝、胡敦復、阮尚介、江逢治、朱文鑫、黃迺穆、賈豐臻、朱叔源、曹慕管、曾鈞、丁熙咸、王植善、朱葆康、蘇本

---

204 《黃炎培日記》，第2卷，頁63。
205 〈上海各學校之聯合請願〉，《申報》，1919年5月23日，版11。

銚、朱樹翹、郭傳治、孫聞遠、宋岳同叩。養。[206]
上述電文要求政府「俯允京校學生之要求」,是已不限於教育問題,更聚焦「外交失敗」、「陸曹未斥」。此兩重點即是蔣夢麟致胡適私函中,所說「現在所爭持者為青島不簽約及斥罷禍首二條,且看結果如何?」即令政府不允各校長所請,教育會也可免於干涉政治的指控,不至直接受到牽動。

又查上海十九校長及其相關學校如下:
唐文治(南洋公學)　　　　李登輝(復旦公學)
胡敦復(大同學院)　　　　阮尚介(介藩,同濟醫工)
江逢治(磐安,同德醫專)　朱文鑫(貢三,南洋路礦學校)
黃迺穆(揆百,省立第一商業學校)
賈豐臻(省立第二師範學校)
朱叔源(浦東中學)　　　　曹慕管(澄衷中學)
曾　鈞(公冶,務本女中)　丁熙咸(不詳)
王植善(培孫、培蓀,南洋中學)
朱葆康(少屏,寰球中國學生會日夜校)
蘇本鐃(穎傑,民立中學)　朱樹翹(青年會中學)
郭傳治(虞裳,南洋商業專門學校)
孫聞遠(東吳第二中學)　　宋　岳(愛國女學)

以上十九校,都設有上海學生聯合會分會。換言之,若政府未給予滿意答覆,十九校均將罷課。黃炎培為此召集校長集議,商量應對政局及學生辦法。他們電請政府「俯允京校學生之請求,切實宣示」,否則「全體引咎辭職」,已不啻以各校長為學生後盾,脅迫政府同意京校所請。電文通過護軍使盧永祥轉呈,是迫

206〈上海各學校之聯合請願〉,《申報》,1919年5月23日,版11。

使盧永祥間接表達支持。

　　各校長還通過唐文治提議,成立「上海中等以上各校聯合會」(以下簡稱:各校聯合會)。可以說,「上海中等以上各學校聯合會」,即江蘇省教育會的分身。翌日《申報》記:

> 由唐君提議以上海各校有待聯合研究之問題甚多,特組織中等以上各學校聯合會,當場簽名入會者十八校,經眾推定工業專門學校〔即南洋公學〕為值年學校。[207]

唐文治曾任江蘇省教育會會長四年之久,德高望重,儼然各校祭酒。南洋公學同學會總會應屆董事,亦多教育界及實業界要人,包括:沈叔逵(會長)、張叔良、張貢九、胡敦復、黃炎培、王植善、穆抒齋等,皆足為校長後盾。[208] 此時未加入之學校僅一所,即曹慕管掌理之澄衷中學。

　　5月28日《時報》刊出曹慕管致唐文治函,解說他未參加各校聯合會理由,在此會似有取代上海學生聯合會之意味,至少令人有師生鬧分裂之感覺。曹慕管在學生中的聲望,此時無疑達到了高峰。茲錄曹函:

> 蔚芝先生大鑒:
> 逕啟者,當中等以上學校聯合會發起之前,弟答某校長書,主張聯絡滬地各校辦一教職員聯合會,為學生聯合會補助機關。第一次在江蘇省教育會集議時,弟仍主前議,堅持到底。徒以人微言輕,雖付表決,未獲通過。第二次續會,弟蒙到

---

207 〈上海各學校之聯合請願〉,《申報》,1919年5月23日,版11。
208 本屆由國內外南洋校友票選之應屆董事十一人:沈叔逵(142票)、胡敦復(109票)、黃任之(103票)、徐守五(102票)、穆抒齋(89票)、王培蓀(76票)、張叔良(59票)、張貢九(45票)、王寅清(42票)、顧心一(31票)、柴芷湘(23票)。〈南洋同學會之新董事〉,《民國日報》,1919年5月20日,版11。〈同學會本屆董事〉,《友聲》,1919年第8期,頁1。

會諸公推為代表,前往學生聯合會商議善後辦法,甫入會場,即有以本會名義相質問者,弟雖為之解釋,終不能見諒於人。弟於是益信本會定名未洽輿情,即使存在,終無補時艱。因憶賈先生緩辦之說,確有至理。但弟何敢再以此說進,惟有貫徹初志,代表敝校對中等以上學校聯合會宣告脫離關係,以使個人有所貢獻於學生。公值司年,希將此書宣佈至各校職員。[209]

曹慕管函披露若干細節:一、教職員籌組團體時原有二議,另一議是成立教職員聯合會,而非學校聯合會。二、各校校長意見不一致。曹慕管所提到的「賈先生」,即省立二師校長賈豐臻,即持「緩辦」學校聯合會之議。主張緩辦之理由,在避免學生和教師的隔閡擴大,形成學界內部的對立。而賈豐臻對學生的行為,本來十分同情,認為愛國和求學可兩不偏廢,期許學生成為「組織少年意大利的瑪志尼」。[210]

從「上海中等以上各校聯合會」組織來看,其特色為納教職員和學生入一會,所定簡章十條,以前三條最為重要:

第一條　本會由上海中等以上各學校共同組織。以聯絡各校,研究教育進行辦法,並提倡學校與社會聯絡為宗旨。

第二條　入會各學校,每校推舉三人以內,為本會會員。

第三條　本會借設江蘇省教育會內。[211]

此會規定每校可推舉三人入會,未限定教職員或學生,主旨在兼容兩方。是會一旦成立,則更具代表上海學界地位。上海學生聯

---

209 〈澄衷脫離學校聯合會〉,《時報》,1919 年 5 月 28 日,第 3 張版 5。
210 賈豐臻,〈教育時話〉,《教育雜誌》,第 11 卷第 9 號(1919.9),頁 1。
211 〈上海各學校之聯合請願〉,《申報》,1919 年 5 月 23 日,版 11。

合會對此反應激烈,自是意料中事。

　　唐文治等籌組此一各校聯合會,直接原因是總罷課之議,使各校陷入校園糾紛。邵力子晚年回憶,說上海「學生會經過『六三』運動,力量大增,在此以前,校方總想解散學生會。」[212]此說值得留意。各校聯合會的登場,或為解散上海學聯之準備。各校長所最不滿意者,即為總罷課問題。程天放投稿《民國日報》,點名二師校長賈豐臻,說他批評「學生罷課和不吃飯去救國一樣,不吃飯的熱誠,是狠可佩服,卻是會餓死的。」[213]

　　惟照曹慕管所說,賈豐臻對學校聯合會成立,卻是主張緩辦的少數人。因頗疑此會的成立,主要是唐文治主張,或為胡敦復意見。至於省教育會和各校長,原有千絲萬縷關係。[214] 他們在滬辦理教育多年,是命運共同體。值此危機時刻,必須共商對策。各校長或屬姻親舊好,或為同窗校友,或有革命情誼,[215] 與

---

212 邵力子,〈回憶上海建黨和知識界的情況〉,王來棣採訪、編輯,《中共創始人訪談錄》(香港:明鏡出版社,2008),頁82。

213 (程)天放,〈罷課(續)〉,《民國日報》,1919年5月29日,版12。

214 上海德華醫工學校被封,改組為同濟醫工專門學校,靠江蘇省教育會出力。校友沈怡回憶感念:「寶山袁希濤先生(字觀瀾),適以教育次長代理部務,同濟復校以先生之力為最巨,當時教育部派來照料此事的司長是沈彭年。」沈怡,《沈怡自述》(北京:中華書局,2016),頁25-33。改組後的同濟董事會成員為:唐紹儀(廣東香山人)、唐元湛(廣東香山人)、李維格(江蘇吳縣人)、貝仁元(江蘇吳縣人)、虞和德(浙江餘姚人)、朱佩珍(浙江餘姚人)、沈恩孚(江蘇吳縣人)、黃炎培(江蘇川沙人)。八位校董中,列名最末的沈、黃是真正掌校者。該校庶務主任張志鶴(江蘇川沙人),更是黃炎培早年同志兼摯友。〈同濟醫工專門學校教職員表〉,《同濟》,第1期(1918.9),頁43-44。

215 蘇本鏡兄長蘇本炎是曾鑄女婿,而曾鈞為曾鑄之弟。王培孫亡妻(沈竹書,1917年逝世)為沈叔逵(南洋公學附小校長)姊,而沈叔逵(心工)為黃炎培通家之好。黃炎培,〈沈心工先生傳〉,原載《交大友聲》,1948年第2第5期,引自《黃炎培撰傳選》,頁43-45。顧祥麐輯,《王沈夫人追悼錄》,《上海圖書館藏赴闕集成》,第39冊,頁57-101。胡敦復、王植善、黃炎培,為南洋公學校友。〈南洋公學同學會之新董事〉,《申報》,1919年5月20日,版12。朱少屏和郭虞裳是南洋中學校友,分任1919年校友會會長及校友會

實業家、銀行家、新聞家,也有各種各樣聯繫。[216] 又如復旦、同濟二校首席董事,還是前國務總理唐紹儀。[217] 總之,十多位校長集結成會,確代表了一股力量。更何況有教育會為之扶翼,可以相輔而行。

值得注意的是,在曹慕管決定不參加學校聯合會之際,復旦校長李登輝(騰飛,福建同安人)卻決定留下。二人選擇不同,不能視為立場歧異。5月23日黃炎培日記:「各校長代表見護軍使。」[218] 此條簡要記述,說明唐文治等校長謁見盧永祥,是依黃炎培腳本而行。翌日《申報》記:

編輯主任。朱叔遠、阮尚介、朱少屛、趙厚生、黃炎培,清末皆入同盟會,朱、阮、趙更結為異姓兄弟。朱叔建,〈我所知道的陳陶遺〉,收入上海市文史研究館編,《辛亥革命親歷記》(上海:中西書局2011),頁283-285。

216 王植善早年和陳景韓、雷繼興、鈕惕生相識。入讀南洋公學師範科,受教於何梅生(劉厚生岳丈)。是後王植善創辦南洋中學,取木本水源之義,費用由劉厚生經募,獲大達輪船公司捐款。該校前身育才中學,昔日教師史量才和學生錢新之,已是新聞業和金融界要人。參考曹仲淵編,〈王培孫先生年譜不分卷〉(1962年稿本),周德明、吳建偉主編,《上海圖書館藏珍本年譜叢刊續編》,第55冊(北京:國家圖書館出版社,2019),頁185、190-191。周邦道,〈王培孫先生傳略〉,〈南洋中學校友會紀事〉,《申報》,1918年7月3日,版10。錢仲聯主編,《廣清碑傳集》(蘇州:蘇州大學出版社,1999年),頁1343-1344。黃炎培,《史量才先生之生平》;馬蔭良,《堅持抗日,反對內戰——史量才在一九三二年》,頁73、86。潘仰堯,〈錢永銘其人〉,上海市政協文史資料委員會編,《上海文史資料存稿匯編:經濟金融》,第5冊(上海:上海古籍出版社,2001),頁78。曹汝霖是王植善妹夫,據說王深鄙其人。《清末民初文壇軼事》,頁189。又王植善與蘇本鏡、蘇本炎兄弟為通家之好,蘇本炎以財力助其辦學。〈詩文誄辭集錄〉,收入蘇祖斐等編,《蘇筠尚先生建碑紀念冊》,民國十八年(1929)石印暨鉛印本,上海圖書館編,《上海圖書館藏赴閩集成》,第43冊,頁306。

217 同濟學生沈怡敘述,歐戰發生後,位於法租界的上海德華醫工學校突然被封,幸得「簡照南氏所辦的南洋兄弟烟草公司,和唐少川先生有關係的金星人壽保險公司,立即發起包定好幾家旅館收容臨時無家可歸的同學,此種急公好義的精神,令人非常感動。第二天同學中各省代表舉了出來,臨時辦事處也跟著成立,就在四川路青年會大禮堂舉行全體同學大會。唐少川先生親自出席致詞,保證社會各界一定幫助學校恢復,并叮囑散住旅舍諸同學務必遵守秩序。那日唐老先生戴的那副老光眼鏡在台上一閃一閃,加上一口廣東官話,使我留有很深的印象。」沈怡,《沈怡自述》,頁30。

218 《黃炎培日記》,第2卷,頁63。

> 昨日（二十三日）上午十時，本埠中等以上學校聯合會推舉代表唐蔚芝、李登輝、阮介藩、賈季英、朱叔源等五人謁見盧護軍使，述本埠各學校學生因外交失敗、曹、陸未斥、總長易人危及教育前途，相約罷課，實出於青年愛國熱忱。各校長除設法勸止罷課外，並於昨日開會集議，分電政府及南京，特推定代表等五人懇請速轉電中央，明白宣示。並盼於下星期一以前須得政府復電，否則各校勢難維持，惟有引咎去職等語。當由軍使應允，即日電請政府俯允京滬學生之請求，以順眾意。惟政府復電在下星期一以前勢難到滬，囑各代表轉達各學校勸諭學生，在政府復電未到以前仍照常受課云云。各代表仍力懇軍使從速電京，務求早得復音，遂興辭而出，據情轉達各學校矣。[219]

唐文治等校長發電要求「政府俯允京滬學生之請求」，盧永祥並未反對而同意代達北京，可見手段靈活，博得學界好感。

唐文治等五人謁盧永祥之際，尚代遞江蘇省教育會呈文。呈文顯示江蘇省教育會的法定地位，負有協調政府及各校師生職責。同時，透露教育會與學生會取同一立場，與先前勸止罷課態度不同。呈文或由沈恩孚主稿：

> 自報載北京各校為教育總長易人等問題罷課後，上海各校學生，非常激昂。於本月二十日開學生聯合會，議決與京校一致行動，於二十二日起罷課。敝會同人得此消息，即往該會力阻，剴切苦勸，至三小時之久，僅允暫緩三日，如京校要求無效，一律實行。
>
> 各校長以學生罷課，不惟妨礙學業，且恐影響地方秩序，特

---

219 〈罷課聲中之懇求護軍使〉，《申報》，1919 年 5 月 24 日，版 11。

> 于昨日假敝會開會討論辦法。而報紙又登載京校學生六不解之公呈。僉以學生此次舉動，完全出於愛國熱忱，若強加遏止，非徒無益，〔以下文氣不順，似原稿有脫漏〕惟有一面勸戒，一面電請政府俯允京校學生之請求，切實宣示，以平眾憤。否則潮流激盪，不知所屆，各校亦勢難維持，不得不全體引咎去職，以謝學生家屬。已將此情分電大總統、國務院、省長、教育廳長。並由各校推舉代表，面謁鈞座。
>
> 敝會合將此項情形，專函報告鈞使，並陳管見，以為此時銷弭怒潮，惟在政府有俯順輿情之表示。除先經電呈督軍、省長外，務懇迅賜轉電中央，力陳危狀，無任迫切待命。[220]

江蘇省教育會呈文分三段落，先言學生會「議決與京校一致行動」，教育會勸止無效；繼言各校長「一面勸戒，一面電請政府俯允京校學生之請求」；再言教育會認為「此時銷平怒潮，惟在政府有俯順輿情之表示」。最後請盧永祥代為轉電中央，是要求其表示態度。

盧永祥接見五校長後，一面電請北京政府回應輿情，一面函請江蘇省教育會及中等以上學校聯合會維持學校。茲錄5月23日盧永祥致院電：

> 自山東青島交涉失敗披露以後，北京學界風潮因而發生，傳播及於外省。近日上海學界亦復異常憤激，將有罷課之舉。頃據各學校公推代表前來陳述意見，當經永祥委婉開導，並函致教育會極力維持，勿令罷課。竊維此次學界風潮全由山東問題而起，外間對於政府應付之方針未得真相，群情危迫，實出熱忱。至傅案學生之如何處置，迄亦未有明白表

220〈罷課聲中之懇求護軍使〉，《申報》，1919年5月24日，版11。

示,是以不免懷疑。蔡校長是否到校,亦實未能徵實。以上各節,似宜亟為宣布,俾得周知,庶可以安不平之心,而靜方張之氣。據情謹達,亟盼電復。盧永祥。漾。[221]

盧氏覆上海中等以上學校聯合會函云:

> 頃承代表諸君惠臨晤談,聆悉種切。學生公憤,自屬熱誠,惟事宜求其有益,氣勿逞於一時。除將要求各節由永祥電達政府,請速公布以釋群疑,仍望諸公剴切曉諭,亟力維持,勿令罷課。一俟覆電到來,再行從長計議。電稿附呈,并希傳觀為荷。[222]

是盧永祥善意回應上海各校長及教育會之請,且把呈政府電稿給各校「傳觀」。惟其電文未直接提到曹陸章,甚曉得如何避重就輕。

5月23日,唐文治等接到北京國務院覆電,既未提懲辦曹陸章,也未提山東問題,僅要各校長勸諭學生,令人大失所望。茲錄院電:

> 養電悉〔22日〕,京校各生,業經詳切曉導,安心向學,勿再有踰越範圍之行動。希轉知各校長詰誡諸生,勿信謠傳為要。[223]

所謂「踰越範圍」,即指干預政事。5月25日《民國日報》引用「京電」而稱:

> 滬各校長暨省教育會來電,請允北京學生請求,免滬校罷課,錢閣已決計不准。[224]

---

221 〈中等以上學校聯合會開會〉,《申報》,1919年5月25日,版11。
222 〈中等以上學校聯合會開會〉,《申報》,1919年5月25日,版11。
223 〈唐文治所接京省覆電〉,《申報》,1919年5月25日,版11。
224 〈本社專電〉,《民國日報》,1919年5月25日,版3。

北京政府既「決計不准」，總罷課為勢所必至。滬上各校長一籌莫展，也增長了學生氣焰。

南京方面，江蘇省長齊耀琳（震巖，吉林伊通人）接江蘇省教育會電後，也是一方面「據情電陳中央」，一方面派江蘇省教育廳長胡家祺（玉蓀，天津人）到滬疏通。[225] 胡家祺曾掌山東教育，也是黃炎培舊友。[226] 這次蒙袁希濤委派到任，才不過兩月，就碰到棘手問題。[227] 5月24日，他到滬參加中等以上學校校長會議。據滬報記：

> 昨日〔24日〕下午三時，中等以上學校聯合會，借省教育會開會。適省公署得滬上漾電，亦遣教育廳長胡玉孫至滬，疏通一切。開會時公推唐蔚芝君主席。唐君首請胡廳長報告南京情形。胡略謂省長對此非常慎重，囑教育、警察兩廳，隨時保護學生，使不致軼出常軌。省長勸導學生之意有數點：（一）各校須由校長、職教員等維持，不可發生罷課行為。（二）學生在校外須有文明舉動。（三）委托職教員使利用學生愛國精神，以努力有益事業。其勸導學生之點：（一）罷課後即自失地位。（二）罷課係最後之辦法云云。措詞甚為肫摯。繼由各校長職教員討論，雖互有主張，而大多數趨一致辦法。有未了事，決定今日（二十五日）三時續議。至會者計工業專門、同濟、復旦、大同等十八校校長職

---

225 〈北廷對於罷課之官話〉，《民國日報》，1919年5月25日，版10。
226 黃炎培，〈山東省教育狀況〉（1915年7月），《黃炎培考察教育日記》，第二集（上海：商務印書館，1915），頁9。
227 此時各省教育廳長由教育部委派，胡家祺出掌江蘇教育廳，出於次長袁希濤之意。教育部參事蔣維喬日記1919年3月6日：「晚袁君觀瀾邀請晚餐，為蘇廳長胡君玉蓀餞行，談江蘇教育事，至十時三刻方歸。」林盼等整理，《蔣維喬日記》，第3冊（上海：上海人民出版社，2021），頁1111-1112。

員共三十餘人。²²⁸

24日下午各校長在省教育會集議時，北京覆電已送抵滬上，胡玉祺勸說自不可能起作用。報紙說胡玉祺「措詞甚為肫摯」，是對其表示好感。但各校長職員「雖互有主張，而大多數趨一致辦法」，則隱然指向總罷課。此是黃炎培5月20日夜，與學生辯論的最終協議。

此前一日，《時事新報》刊出潘公展〈敬告江蘇省教育會〉，呼籲教育會不可自限於「代達學生請求」，應積極走上抗爭第一線。潘公展本來質疑罷課之有效性，此時卻主張運動應走向新階段：

> 上海學生聯合會初則議決自本星期四〔22日〕始實行罷課，與北京學生取一致的行動，嗣經江蘇省教育會副會長黃先生蒞會懇切商緩，並願代達意見於政府，於是罷課之舉展緩三日，以靜俟政府之表示。此種轉圜不可謂非省教育會之苦心也。
>
> 然吾有一言，不得不敬為省教育會諸公陳之：學生之罷課，既因諸公之一言而展緩矣，則諸公所負代達意見之責任頗為重大。設政府並諸公之所代達而亦漠然視之，則諸公非惟無辭以勸學生之再緩罷課，且鑒於政府之措置失當，亦宜有所表示。
>
> 且北京學生之所要求者有四：懲辦國賊，一也。勿簽和約，二也。堅留傅蔡，三也。集會言論之自由，四也。上海學生之罷課既欲與北京學生同其態度，則將來之所要求，度必不外乎此。省教育會而果認此四者為正當之要求，則不宜以代達意見為了事，而自身亦當有切實之表示。苟政府而置此種

228〈中等以上學校聯合會開會〉，《申報》，1919年5月25日，版11。

> 要求於不顧也,而其時省教育會尤不當認為學生之事,而當認為政府之違反民意,不獨學生當有所舉動,即省教育會諸公亦當有所舉動矣。陶知行先生謂學生聯合會亦當許教員參加其間,則教員與學生之感情不致隔閡,而成事之效力亦必較鉅,誠哉是言。吾以為三日以後之舉動,為學界全體對於政府之一種表示,無所謂學生,無所謂教員,亦無所謂教育界同人,皆宜人同此心,齊向一鵠以進行,則在事前省教育會尤當與學生聯合會時通聲氣,以為萬一之準備。北京之學生,不有舉動則已,有則必一致,故自中學以上完全罷課。深盼上海之學生自中學以上亦取同一之態度,否則誠不如不舉動以免貽羞。然欲求一致,則省教育會與有責焉。[229]

潘公展文到底發表的是自身意見,抑代教育會發聲以製造輿論,已不可考。在教育會方面,既知罷課勢所難阻,與其坐視不理,聽憑學生自為;不如積極輔助,乃至聯合行動,尚可控制走向。

汪嘉驥〈五四後本校大事追憶〉記五二六集會前一天,傳出某大學有不能一致之狀,後來卻妥善解決,可謂有驚無險:

> 〔5月25日〕午後得著〔學生〕聯合會的消息,知道明日實行罷課的一回事,差不多是同箭在弦上,不得不發的了,只是某大學的態度,據人傳說,還有點不能一致的樣子,這個消息傳來,雖然不知道是真是假,我們可不能不想法子的了,一面便派了兩三位正式的代表,前去竭力的疏通,一面又請我們同學中同某大學有交際〔私〕誼的人,以私人資

---

[229] (潘)公展,〈敬告江蘇省教育會〉,《時事新報》,1919年5月23日,第3張版3。

格，去接洽接洽，結果，果然非常順利，也毫沒有什麼困難的地方。[230]

汪嘉驥所說的「某大學」很可能是南洋公學。罷課前一日，該校從「還有點不能一致」，到一下子「沒有什麼困難」，或許不止因學生派出代表接洽，也有教育會從中疏通。

(3) 輿論轉向

事實上，江蘇省教育會調整策略之時，滬報輿論也發生微妙變化。起初總罷課之議提出，各報齊聲反對。俞頌華綜述：

> 罷課之始，毀譽參半，校長教員無論矣。舉上海各家報紙，亦祇有一《民國日報》力相鼓吹。當是時即主編本書之潘〔公展〕君，《時事新報》之記者張東蓀，亦持責難之論調。學生意見，尤紛歧不可捉摸。[231]

所謂學生意見「紛歧不可捉摸」，說明他們初無定見，尚未達成一致看法。

5月22日，即學生原定罷課之日，各報仍多反對之論。研究系《時事新報》刊出署名「知白」〈敬告學生諸君〉，認為「爭青島」，「討賣國賊」，「要求釋放北京學生」及「恢復蔡校長之職任」，並非「罷課」所能起作用。23日，署名「持平」者，以〈學生與威信〉為題，逕言：「學生要舉行罷課，社會上一班明達的人多不甚贊成。」同日，副刊〈學燈〉又刊出二文，一為「澹盧」（俞頌華）〈為罷課問題敬告青年與各校校長〉，一為「太倉一粟」（作者不詳）〈上海學生聯合會議決罷課問題

---

[230] 汪嘉驥，〈五四後本校大事追憶〉，頁166。
[231] 《學生救國全史》之〈俞〔頌華〕序〉，頁3。

之商榷〉,[232] 都表示反對罷課。另《時報》記者戈公振,也稱「吾頗不贊成罷課,以其妨礙學業及影響地方之秩序也。」但也認為「以政府措施之失宜,不即設法解決,已有不能遏抑之勢。北京學生既倡之於前,上海一致行動自意中事。夫眾怒難犯,古有明訓。政府若知輿論之向背,應急籌消弭之計也。」[233]

革命黨背景的《民國日報》力排眾議,贊成擴大罷課行動。該報天天抨擊北洋政府,措詞上毫不妥協。自從江蘇省教育會勸止罷課,即有人把炮口指向教育會,指責主事者以「羈縻手段」,「抑制學生罷課」。[234] 及至教育會發出挽留教育總長電,該報逕指為〈抑制學生罷課電文〉。[235]《申報》主編張蘊和(江蘇松江人)反唇相譏,警告有人「假託名義,乘機煽弄」。[236]

不過,5月22日,《民國日報》發表「湘君」〈論上海學生的罷課主張〉為社論,一面支持上海學聯罷課決定,一面建議教育會再作場外提調。「湘君」對省教育會委婉建議:

前天上海學生聯合會,開了個緊急會議,議決全體罷課,與北

---

[232] 知白,〈敬告學生諸君〉,《時事新報》,1919年5月22日,第3張版1。持平,〈學生與威信〉,《時事新報》,1919年5月23日,第2張版1。澹盧(俞頌華),〈為罷課問題敬告青年與各校校長〉;太倉一粟,〈上海學生聯合會議決罷課問題之商榷〉,《時事新報》,1919年5月23日,第3張版3-4。

[233] (戈)公振,〈罷課〉,《時報》,1919年5月22日,第3張版6。上海學聯成立後,戈公振表示贊許,認為「國之不存,學於何有。此學生聯合會之所由成立歟?觀其通電,有以切實方法挽救危亡之句,其非有言無行,可以概見。雖然,國豈學生所獨有,願各界共起而討論之。」(戈)公振,〈學生聯合會〉,《時報》,1919年5月12日,第3張版6。

[234]〈省教育會之羈縻手段〉,《民國日報》,1919年5月20日,版10。〈抑制學生罷課電文〉,《民國日報》,1919年5月22日,版10。

[235]〈抑制學生罷課電文〉,《民國日報》,1919年5月22日,版10。

[236] 默(張蘊和),〈雜評一:罷課風潮〉,《申報》,1919年5月22日,版8。姚鵷雛,〈張蘊和傳〉),姚鵷雛,《姚鵷雛文集:雜著》,下冊(上海:上海古籍出版社,2012),頁969。

京學生取一致行動。……學生聯合會既有了罷課的決議案，目的還沒有達到，忽然自己取銷了，以後還有「信」字可說麼？……江蘇教育總會，力勸學生不要罷學。打給李督軍、齊省長的電報，且說出影響地方秩序的話來。我總覺得這句話太重了，學生恐怕擔不起。別的不要說，5月7日那一天，不是全體學生罷課遊行的麼？那天破壞過甚麼秩序來？這是教育會親在那里做提調的。學生罷了課，教育會原仍舊可以做提調呀！學生也很願意多些老前輩來指導的呀！依著記者上段所說的話，更加了這校外的提調，還怕些甚麼呢？[237]

關於「湘君」是何人筆名，分別有姚鵷雛、[238] 傅夢熊、[239] 葉楚傖之說。[240] 當日《民國日報》社論，輪流刊載「楚傖」和「湘君」社論。日本人稍後調查得悉，「湘君」為葉楚傖別號。[241] 由其勸籲「老前輩」再作「校外的提調」，這番勸告饒富深意。

此時《時事新報》主筆張東蓀論調，也從對外轉向對內，趨近《民國日報》主張。五七國民大會後，張東蓀與黃炎培和蔣夢

---

237 湘君（姚鵷雛），〈論上海學生的罷課主張〉，《民國日報》，1919年5月22日，版2-3。

238 姚鵷雛文集編者，以「湘君」為其筆名。〈姚鵷雛的名字號〉，收入：《姚鵷雛文集：雜著》，下冊，頁1156。據說姚鵷雛由陳陶遺推薦入新聞界。鄭逸梅，〈放誕風流的姚鵷雛〉，收入《鄭逸梅選集》，第4卷，頁837。而姚、葉關係良好，葉楚傖墓志銘即由姚鵷雛執筆。〈葉楚傖先生墓志銘〉（代于右任撰），收入：《姚鵷雛文集：雜著》，下冊，頁972-974。

239 劉永明認為「湘君」為傅熊湘筆名。劉永明，《國民黨人與五四運動》（北京：中國社科院出版社，1990），頁174-175。

240 鄭逸梅以「湘君」為葉楚傖筆名。鄭逸梅，〈南社耆宿葉楚傖〉，收入《鄭逸梅選集》，第6卷，頁291。

241 外務省情報部，〈支那（附香港、西伯利）ニ於ケル聞及通信ニ關スル調查〉（大正十一年六月十五日），收入：許金生主編，《近代日本在華報刊通信社調查史料集成（1909-1941）》，第2冊，483。

麟互通聲氣,協同行動。[242] 此時論調轉向,特別值得關注:

> 本埠某報〔指《民國日報》〕向來持論主張先討賊,記者以為在外交問題尚有挽救的時候,不可內訌,宜專心去設法挽救。若是已經挽救不了,就應該免除下次失敗的種子,這就翦除賣國賊。所以記者對於某報的主張根本上狠是相同,但是次序不同。所以在歐會沒有決定膠州問題以前,因為時機迫切,我們的精力應當集中於外交,不宜分散。到了已決定之後,雖不能說絕對沒有挽回。但決不是迫不及待的了,我們的精力就可以分一大半去廓清內奸。所以我狠希望大家起來討賊。因為到了這個時候,已是可對內的時候了。再不討他等待何時呢?[243]

5月24日,該報副刊署名澹廬(俞頌華)之〈罷課問題與青年之要求〉,也提出「鋤除內奸,廓清政治上惡濁之勢力」,以為「若僅僅罷課,恐決不足以動政府。」[244]

24日,張東蓀更發表〈時評一:消極〉,把矛頭指向懲辦「曹、陸」等人,要校長和學生都拿出積極作為:

> 若是為懲賣國賊,就應該像北京學生的所為,取積極的法子,那曹、陸,國尚敢賣,還怕區區的罷課麼?……總之,我認罷課是消極,必另有積極,方有價值。

> 至於校長不設想指導學生使為正當的行動,專想辭職,亦是

---

242 1919年5月8日《黃炎培日記》,記張東蓀(東生)參與黃炎培宅中餐聚,在座有胡適、穆藕初、沈肅文、蔣夢麟、沈信卿等。《黃炎培日記》,第2卷,頁62。

243 (張)東蓀,〈討賊〉,《時事新報》,1919年5月22日,第1張版1。

244 澹廬(俞頌華),〈罷課問題與青年之要求〉,《時事新報》,1919年5月24日,第3張版3。

太消極了。[245]

5月25日《時事新報》頭版，又刊出張東蓀〈罷課後的堅決辦法〉，聚焦國賊問題：

> 罷課後的積極辦法，據我看來，不外講演，把賣國賊的黑暗澈底宣布於社會，大眾聽了，激發天良，自然有一種堅決的辦法拿出來去對付政府。[246]

綜合《時事新報》張東蓀和俞頌華諸文要點，5月22日後，他們把重點放在內政問題，以懲辦國賊為訴求，並謀求罷課以外手段。

5月25日上海學聯召開特別大會，約一百五十位各校代表出席，邀俞希稷（行修，安徽婺源人）及張東蓀演說，已為翌日總罷課定下主調。俞希稷曾留學美國伊利諾大學、威斯康辛大學，在南洋公學、復旦大學等四校授課，也是歐美同學會、寰球中國學生會部員。張東蓀作為《時事新報》主筆，早年留學東京帝國大學哲學系，曾任參議院秘書長，更是最早主張上海學聯成立者。[247] 報載兩人演說，主旨略同：

> 鄙人對於諸君罷課並不反對，所可慮者，罷課以後之決心，及積極之辦法耳。[248]

學潮落幕後，俞頌華尚提及張東蓀這次演說：

> 張君在議定之日，演說學生不罷課則已，罷課則宜堅持到

---

245 （張）東蓀，〈時評一：消極〉，《時事新報》，1919年5月24日，第1張版2。
246 （張）東蓀，〈時評一：罷課後的堅決辦法〉，《時事新報》，1919年5月25日，第1張版1。
247 高波，《追尋新共和：張東蓀早期思想與活動研究：1886-1932》（北京：三聯書店，2018），頁100-119。
248 〈學生聯合會議決實行罷課〉，《申報》，1919年5月26日，版11。〈上海學生聯合會紀事〉，《時事新報》，1919年5月26日，第3張版2。

底,其意亦誠摯可感。事至今日,此言猶在余腦中,盤旋不
能遽去,蓋學生之負張君也甚矣。[249]

可見這日在場者,除學生以外,尚有教師及記者若干人。而俞頌華於風潮後,竟說「學生之負張君也甚矣」,可見張東蓀當日所說必甚激烈。此言也微露《時事新報》和《民國日報》之較勁。由於《民國日報》自始贊成罷課,對學生行動多所贊助,使一部分學生傾向民黨陣營;首唱上海成立學生會的張東蓀,或恐有為人作嫁衣裳之恨,故漸為激烈之發言。[250]至上海學聯未邀請《民國日報》諸子演說,當是尊重教育會提醒,避免與民黨走得太近。

五、南京學界分裂

「幸勿越俎妄為,致貽學界之羞。」
～1919 年 5 月 31 日,孫鏡亞,〈告江蘇省教育會〉[251]

此時不妨換個場景,考察一下南京情形。五四事件發生後,上海在李登輝校長鼓勵下,組織成立學生聯合會;南京則在陶知行規劃下,成立一個學界聯合會。顧名思義,學生聯合會,以學生為主體。學界聯合會,則納師生於一會。從黃炎培日記可知,

---

249 《學生救國全史》之〈俞〔頌華〕序〉,頁 3。
250 翌年《民國日報》陣營批評張東蓀,稱「張東蓀本來是一個無主義無定見的人,這幾年來,他所以能夠在文壇上沽名釣譽的,就是因為他有一種特長,會學時髦,會說幾句言不由中的滑頭話。他作文章,有一種人所不能的特長,就是前言不顧後語,自己反對自己。這是因為他善變,所以前一瞬間的東蓀與後一瞬間的東蓀是完全相反的。」江春,〈隨感錄:張東蓀現原形〉,《民國日報》附刊〈覺悟〉,1920 年 11 月 7 日,版 4。
251 孫鏡亞,〈告江蘇省教育會〉,《民國日報》,1919 年 5 月 31 日,版 12。

他曾與聞南京學界聯合會組織規劃,卻未出席上海學生聯合會成立大會。這是否反映他對學生自主缺乏信心,不如李登輝那般態度樂觀?實情如何,須要細細考察。

(1) 南京學界聯合會成立

從黃炎培日記可知,5月10日(週六),他「夜車抵寧。」11日至12日,在寧行程頗滿。11日,他至高等師範為友人送行。12日,至財政廳和省議會,與省府官員談話。12日臨去前,在暨南大學向學生報告。由此看來,南京之行,似是早已排定的行程,並非專為南京學界聯合會而去。但由於11日在寧,他得以與「議學界聯合會章程。」至12日,夜車返滬。[252]

5月13日,南京學界聯合會成立。5月15日,上海《新聞報》說明該會組織特色,為師生各佔半數:

> 5月13日,南京城內中等以上男女各學校,又教會所辦男女學校,總計二十餘校,各舉代表四人,以教職員二人,學生二人,共有七十五人,于午後二時,齊集省教育會事務所開南京學界聯合會。先日已由高等師範學校陳主素、陶知行,河海工程學校許肇南,法政學校鍾叔進,金陵大學應尚德等,擬定組織斯會章程。本日開會逐條討論,當場舉定許肇南為臨時主席,議定章程十二條,并決定十五日再開評議員會,選舉會長及各部重要職員。[253]

由此可見,南京各校聯合會以四校為領袖,章程即由四校教職員共同擬定。此四校是:高等師範、河海工程、法政學校、金陵大

---

252 《黃炎培日記》,第2卷,頁62。
253 中國第二歷史檔案館編,《五四運動在江蘇》(南京:江蘇古籍出版社,1992),頁33。

學。主導章程草擬的教職員,大多是省教育會系統成員。

5月14日,南高教務主任陶知行致函蔣夢麟,說明南京學界聯合會的構想,在合教職員和學生於一組織,頗感得意。19日上海《時報》之《教育週刊》登出陶函:

> 寧垣組織學界聯合會,昨將章程通過,鄙意必將職教員加入者,其要點有三:
>
> (一)學生應愛國,教職員亦應愛國。學生應為社會服務,教員也應為社會服務。
>
> (二)教育貴自動,但自動云者,非學生自動,教員不動,乃是要大家自動。
>
> (三)團體最忌之事,為彼此猜疑。若教員忌學生之風潮,學生忌教員之摧殘,一校之中,已成敵國。學校不統一,安望國家統一。
>
> 教職員學生合辦之後,其利有三:
>
> (甲)吾國學生與教職員分離甚遠,多由於缺少合辦的動作。吾人應乘此機會,力謀聯絡,以達真正教育之目的。
>
> (乙)教員所經驗之世故人情,足以補學生之不足。而學生之無量熱忱,足以補教員之不足。分則兩失,合則兩得。
>
> (丙)教職員學生合辦,可免許多意外危險。
>
> 且鄙意以為合辦之意,不僅僅顧問指導而已,且當共圖實施之方法,聯袂進行,其裨益之多,吾南京學界聯合會可作證據。昨日通過章程時,一團共和精神,為歸國後所未見。茲將章程另封寄奉,黃、徐、沈、蔡諸公處,煩為轉致。並請

將此信便與諸公一閱，務乞指導提倡，至為感荷。[254]

如前所述，上海學生聯合會也有教職員為代表，且有教育會為非正式顧問輔導；而南京學界聯合會則將師生納入一會，更積極地希望兩方合辦而共圖實施。陶知行函末所提「黃、徐、沈、蔡」，或指黃炎培、徐瀛（江蘇省議員）、沈惟賢（思齊，江蘇省議員）、蔡元培。

從5月18日杜威家書來看，可知陶知行等做如是規劃，是想有效約束學生行動。杜威描述一眾教師對學生運動的擔憂，他們認為：

〔學生〕不是專注於兩三件他們能夠做好的事，而是提出了一個野心太大的計劃，想囊括所有事情。等他們真的把這個複雜的組織建立起來的時候，或者遇到一些會打擊他們積極性的困難的是時候，他們的精力也就耗盡了。甚至，即便只是做一些力所能及的事情也會讓他們精疲力盡。[255]

這與杜威13日家書中看法大相逕庭。《易》曰：「知小而謀大，力小而任重」，其人將「不勝其任」。[256] 故陶知行等積極謀求引導學生的方法，想在組織上使教職員生協力合作。

隨後依據《南京學界聯合會章程》選出的主要職位，全由各校教職員擔任，學生竟無一人入圍。四個主要職位是：

正會長：應尚德（金陵大學）
副會長：陶知行（南京高師）

---

254 〈陶知行論學界聯合會組織辦法書〉，《時報》附〈教育週刊〉，1919年5月19日。
255 《杜威家書》，1919年5月18日，頁178-179。
256 《周易正義》，頁308。

參事長：趙厚生（暨南大學）　許肇南（河海工程學校）[257]
這四人多是留美歸國學生，也是學生運動同情者。應尚德、陶知行為哥倫比亞大學校友，許肇南為威斯康辛大學校友。但學生對此很不滿意，認為有違學生自主潮流。

不可忘記的是，五四事件後，北京學生南下策動各埠成立「學生聯合會」，而非師生合一的「學界聯合會」。5月27日，《時事新報》刊出南京省立法政學校學生張玉麟的〈敬告南京學界聯合會〉，[258] 就批評南京「學界聯合會」專為抑制「學生聯合會」而設。他質疑：

> 自北京學生發生激昂舉動以來，義聲所播，各處響應，於是「學生聯合會」之組織，遂應時運之要求而出世。……不意於此預備聯合全國青年為一極大組織之運動中，南京學界，忽有「學界聯合會」之創議。（會中以職教員、學生共同組織之，職教員監督學生，束縛甚嚴。）識者早知其「背逆潮流」，而有「越俎代庖」之嫌矣。……會員有甲乙二種之分，即職教員與學生是也。凡一切議事、評判之權，統歸甲種會員；而以執行事務，委之學生。此外學生有所提議，須得甲種會員之「同意」。更於各課之辦事，又有「指導員」之設置。此種章程，大有「欽定憲法」之意味，而其甲種會員之權限，可比之日本之「元老院」。至於學生方面，既無自動地位，更乏自由餘地，直一種「機械」而已。……說者謂組織「學界聯合會」之裏面，專為對付「學生聯合會」而

---

[257] 〈南京快信〉，《申報》，1919年5月18日，版7。
[258] 〈聲明退學〉，《申報》廣告，1919年5月23日，版1。張玉麟是年秋任《南京學生聯合會日刊》主任編輯。〈南京快信〉，《申報》，1919年11月5日，版7。

發生，以緩和之主張，平學生之憤激。[259]

張玉麟指責「學界聯合會」「專為對付『學生聯合會』」而立，也並非沒有道理。由於教職員恆較學生穩健，使學生感覺毫無自由餘地。張玉麟說：前者緩和，後者憤激，可稱實錄。

在五四學生自主激流下，南京學界聯合會的設計，不僅師生無法共圖實施，反使學生急於擺脫。其制度設計，適埋下分裂的種籽。北京學生喊出全國學生「一致行動」口號，則成為衝破網羅的炸藥。6月4日，上海《時報》刊出「貢拙」投書，認為教師對學生的掣肘，造成南京學界的破裂：

> 南京學界自5月9日遊行後即組織一學界聯合會，分評議部、執行部二部。評議部分參事股、議事股二股。議事股由各校學生代表所組成，參事股由各校職員代表所組成。凡議事股所通過之事項須經參事部通過方交執行部執行。……當時議定將南京城分為二十餘區，由各校擔任進行，因應辦之事太多，擬定簡章細則已費去兩禮拜，於是各校學生對於學界聯合會常有不滿意之論調，而參事股之組織及權力尤難掣肘之嫌，是為南京學界聯合會動搖之主因。[260]

學界聯合會參事股對議事股的製肘，宛如師生兩代之對峙衝突。陶知行的規劃徒勞無功，只激起學生不耐及反感。

(2) 學生自主激流

及至罷課之議起，南京學生與上海等埠類似，唯期與北京學生一致。5月26日，上海實行罷課，南京學生更不能等待。關

---

259 張玉麟，〈敬告南京學界聯合會〉，《時事新報》，1919年5月27日，第3張版4。
260 貢拙，〈南京各學校罷課情形〉，《時報》，1919年6月4日，第2張版4。

於罷課討論,終於導致南京學界聯合會分崩瓦解。「貢拙」中肯分析:

> 自北京發生罷課風潮後,南京各校即有躍躍欲動之勢,蓋良心上不容已,故咸以與北京取一致行動為唯一之目的。學界聯合會亦知大勢所趨,26日開緊急會議討論此事。議事股通過先電政府,如無滿意答覆,即一律於28日一律罷課。提出參事股時,各校職員頗費心思議決通過此事,但將28日改為6月1日。在參事股方面,以為罷課事尚通過學生當無異言,然各校學生以為6月1日罷課,北京學生已無後援,將為政府壓力所壓服,最好能即日罷課,方足以壯北京學生之氣,而使之堅持正義到底,故各校學生皆自行組織,如高師、河海工程專門〔學校〕、金陵大學皆於27日即行停課,至是學界聯合會以威嚴掃地,會長、總幹事皆先後辭職,而會務亦擱淺,不克前進。[261]

由是看來,南京教職員和學生所爭,僅為「即日罷課」,或延後幾天而已,情況與上海相似。就教職員看來,南京學生的急切反應,說明當各埠學生爭先上了北京學生的急行列車,後續上車的學生將反過來制約車上乘客,任何人都不得提早下車或剎車,直至以「堅持正義到底」名義衝向政府而後已。

當各校學生自行組織學生聯合會以後,南京學界聯合會因主事者辭職而形同土崩瓦解。於是,學生聯合會成為唯一代表南京學界的團體。從6月4日《新聞報》報導來看,外界認為是學生的勝利:

> 南京學界聯合會正副會長應尚德、陶知行兩君,因各校學生

---

261 貢拙,〈南京各學校罷課情形〉,《時報》,1919年6月4日,第2張版4。

> 提前日期罷課事,已於五月底同時辭職,而學界聯合會名義亦即同時取銷。嗣經各校學生推派代表,仍在省教育會分事務所籌議另行組織,專以學生為主,校長、職教員概不加入,改名為南京學生聯合會,舉定黃曝寰、吉斌俊二君為正副會長,一為高等師範學生,一為金陵大學學生。……聞李督軍、齊省長亦有只要學生不鬧亂子,無擾亂秩序之行為,當然不必阻止其愛國之忱。[262]

此新成立的「南京學生聯合會」,雖成為純粹學生團體,教職員概不加入;但其永久會址設於省教育會,可見雙方關係猶在,且學生仍倚賴教育會庇護。[263]

南京督軍李純和省長齊耀琳允許學生聯合會成立,且承諾不予取締,即不欲開罪學界。更況何李純是直系背景,毋須抑止針對皖系的政治抗議。而報載新成立的南京學生聯合會中,教會背景的金陵學生居領導地位。「貢拙」也有說明:

> 各校停課後,尚未能聯絡一氣,首由金陵大學邀集各校代表於省教育分會開會,議決學界聯合會既不能繼續進行,各校當然必組一統一機關,庶能一致進行共謀國是,遂議組織學生聯合會,舉定高師代表黃〔曝寰〕君為會長,分評議、執行二部,評議部部長舉定金陵大學代表某君,執行部部長由會長兼任。當即決定28日一律罷課,與會者共二十餘校,於是學生聯合會完全成立。[264]

如此,從26日至28日,上海、蘇州、南京相繼罷課,江蘇省教

---

262 〈寧垣學生聯合會之宣誓〉,《新聞報》,1919年6月4日上海,第2張版2。
263 〈南京學生聯合會開會紀〉、〈南京快信〉,《申報》,1919年6月6日,版8。
264 貢拙,〈南京各學校罷課情形〉,《時報》,1919年6月4日,第2張版4。

育廳長胡家祺引咎辭職，經袁希濤慰留而罷。[265]

六、五二六罷課

「共和國家，以人民為主體。
國家之事，人民當負其責。」

～1919 年，上海學聯第三次宣言書[266]

對黃炎培等而言，學生以罷課干預政治，對教育前途是禍是福，所望政治目標能否達到，不易斷言。江蘇省教育會一面要求政府允准京校學生所請，以上海學界為北京學生後盾；一面勸告上海學生發佈罷課宣言，也必須預留下台之階。本節將描述五二六總罷課學生之表現，也勾勒省教育會作為場外提調之線索。一般人視五二六為展現學生獨立自主行動，擺脫各校教職員約束之分水嶺；細究之下，卻仍處處可見教育會代為籌箸之跡。

(1) 會前籌備

首先，翻閱 5 月 26 日《申報》、《民國日報》本埠新聞版面，都首舉上海學聯關於罷課宣誓禮之籌備及宣言書、通電。茲錄上海《申報》之〈學生聯合會議決實行罷課〉長篇報導，內容詳述罷課日安排。讀者細心閱讀下列報導，自可察覺到微妙之處：

本埠學生聯合會昨日（星期日）下午三時，在寰球中國學生

---

265 〈蘇教育廳長之辭呈〉，《神州日報》，1919 年 6 月 2 日，版 4。〈蘇教廳長胡家祺辭職〉，《申報》，1919 年 6 月 1 日，版 8。〈南京快信〉，《申報》，1919 年 6 月 5 日，版 8。
266 〈學生聯合會議決實行罷課〉，《申報》，1919 年 5 月 26 日，版 11。

會開特別大會，所到各校代表約百五十人，秩序甚為整齊。會議情形如下：（一）會長何君報告開會理由。（二）各校代表報告各該校現有之人數。（三）來賓南洋公學專科教員俞希稷君及張東蓀君等演說，大意略謂鄙人等對於諸君罷課並不反對，所可慮者罷課以後之決心及積極之辦法耳。（四）議決發布該會第三次宣言書（附錄於後）。（五）討論罷課以後進行方法。旋議決於二十六日（今日）上午九時聯合入會各學校全體學生在西門公共體育場舉行罷課宣誓禮，聞罷課者計六十餘校約一萬餘人。茲將該會第三次宣言書及宣告罷課通電錄下。[267]

嗚呼！事變紛乘，外務日亟，正國民同心戮力之時，而事與願違，吾人日夕之所呼籲，終於無毫髮之效，前途瞻望，實用痛心。本會同人，謹再披肝瀝膽，以危苦之詞，求國人之聽。自外交警訊傳來，北京學生，實當先覺之任。士氣一振，奸黨寒心。義聲所播，咸知奮發。而政府橫加罪戾，是已失吾人之望，乃以此咎及教育負責之人，致傅、蔡諸公，紛紛引去。夫段祺瑞、徐樹錚、曹汝霖、陸宗輿、章宗祥等，迭與日本借債訂約，辱國喪權，憑假外援，營植私利，劣跡昭著，中外共瞻，全國國民皆有欲得甘心之意。政府於人民之所惡，則必百計保全，於人民之所欲，則一網打盡。更屢頒文告，嚴儆學生，並集會演說、刊布文字於公民所有之自由亦加剝削，是政府不欲國民有一分覺悟，國勢有一分進步也。愛國者獲罪，而賣國者稱功，誠不知公理良心之安在。爭亂頻年，民亦勞止，政府猶不從事於根本之改革，肅

---

[267]〈學生聯合會議決實行罷課〉，《申報》，1919 年 5 月 26 日，版 11。

清武人勢力,建設永久和平,反藉口於枝葉細故,以求人之見諒。繼此紛爭,國於何有。此皆最近之事實,足以令人恐懼危疑,不知死所者。政府既受吾民之付托,當使政治與民意相符,若一意孤行,以國家為孤注,吾民何罪,當從為奴隸。嗚呼!國人幸垂念:共和國家,以人民為主體。國家之事,人民當負其責。方今事機迫切,非獨強鄰乘機謀我,即素懷親善之邦,亦無不切齒憤恨。以吾內政之昏亂。我縱甘心,人將不忍。生死存亡,近在眉睫。豈可再蹈故習常,依違容忍。慕穩健之虛名,速淪胥之實禍。夫政府之與人民,譬猶兄弟骨肉。兄弟有過,危及一家。固當知無不言,言無不盡。終不見聽,雖奮臂與鬥,亦將不辭。何則?切膚之痛在身,有所不暇計也。吾人求學,將以致用。若使吾人明知禍機之迫不及待,而曰姑俟吾學業既畢,徐以遠者大者貢獻於國家,非獨失近世教育之精神,即國家亦何貴有此學子。吾人幸得讀書問道,不敢自棄責任。謹自五月二十六日始,一致罷課,期全國之民聞而興起,以要求政府懲辦國賊,為唯一之職志。政治肅清,然後國基強固,轉危為安,庶幾在此。同人雖出重大之代價,心實甘之。所冀政府澈底覺悟,幡然改圖。全國同胞,亦各奮公誠,同匡危難,中國前途,實利賴之。同人不敏,請任前驅。戮力同心,還期繼起。民國八年五月二十六日。上海學生聯合會。

宣告罷課通電:

全國各地學生聯合會鑒:滬上約翰、南洋、復旦、滬江、同濟等六十一校,學生一萬二千人,於二十六日全體實行罷

課，請取一致行動。滬學生聯合會。有。[268]

這則報導詳細刊載的文字，是上海學聯第三次宣言。就復旦學生看來，這份宣言揭開「上海方面學生運動之第一幕」。[269]宣言書執筆者瞿宣穎，自然功不可沒。此外，上海學聯送登報館的文件，也出自文牘部手筆，內容包含三部分：一，罷課日程序安排。二，宣言書。三，致各埠學聯的罷課通電。從這三份文件預先擬定，又都送登華洋報館來看，五二六集會是經嚴密佈置，在教育會和華洋警方的雙重監督下進行，以下擬加以說明。

首先，五二六上海學聯不但罷課，且公開舉行宣誓典禮，地點在西門外公共體育場。如此上萬名學生使用公共體育場，更指名要求政府懲辦五名官員，屬於政談集會無疑。就公共體育場使用而言，必須通過兩道手續：首先，須得公共體育場管理人員允可。第二，須得向地方警廳先行申報。5月26日報紙版面消息，說明兩道手續已無阻礙。此時體育場主要管理人員王壯飛（鵬），本來江蘇省教育會培養之嫡系幹部。[270] 惟以此日集會之重要性，必先請示上級部門縣教育會長。原縣教育會長吳馨已經病故，必由副會長賈豐臻批示。賈豐臻作為省立二師校長（該校為上海學聯分會會員），也是上海中等以上各校聯合會會員，又必與省教育會溝通，同意上海學聯之申請。惟警廳方面，問題

---

268 〈學生聯合會議決實行罷課〉，《申報》，1919年5月26日，版11。
269 〈學潮醞釀記〉，頁103。
270 1917年8月，江蘇教育會組織體育傳習所同學會，會長沈恩孚，王壯飛和胡少亢為上海幹事，附設於省教育會。嗣後，該會復發起「江蘇省公共體育場聯合會」，由各縣體育場辦事人員組成，王壯飛和胡少亢為上海辦事員。〈體育傳習所同學之措施〉，《申報》，1917年8月1日，版10。1919年10月，報章初次記王壯飛為公共體育場主任。〈小學教員開體育科研究會〉，《申報》，1919年10月27日，版11。1924年，王壯飛撰文介紹體育場，自稱「追隨地方人士之後，辦理上海體育場事宜」。王鵬、王紹文，〈上海公共體育場之情形〉，頁37。

較為複雜。彼等所依循之〈治安警察條例〉（1914年3月2日公佈，參考本書附錄三）[271]，對政談集會多所限制。這次上海學聯各校集會，未聞其預先禁阻，不能不說格外通融。比較1918年留日歸國學生擬在華界九畝地集會，淞滬警廳馬上以〈治安警察條例〉為由，拒不批准。[272] 可知上海學聯得以集會，必經有力人士代為擔保。捨江蘇省教育會而外，尚無人能作此保證。

　　其次，上海學聯宣稱罷課有六十一校（含女校十四所），學生一萬二千人，佔全埠學校之少數。[273] 翌日報導商業公團電，稱「上海中等以上六十一學校學生一萬二千餘人，同時罷課」，[274] 透露五二六罷課限中等學校以上，小學照常上課。報載6月5日上海罷市時，縣教育會長賈豐臻召集公立小學校長集

---

271 〈治安警察條例〉，《申報》，1914年3月9日，版10-11。
272 1918年5月29日《申報》披露：「留學日本各學生此次因政府與日本國密訂條件，相約歸國。抵申後，組織留日學生救國團，電請政府將協定條件據實宣布，以安眾心，迄已多日，尚無確切答復。是以各學生擬於日內在九畝地邀眾開會討論，事為淞滬警察徐廳長訪悉，先期令飭各區警所一體禁止。如該管區域內有集會演說者，應即勸導解散。若不服禁阻，拘送到廳發落。該團各學生聞此消息，即由副幹事張有桐等至淞滬警廳具稟請求准予開會。昨日午後，已由徐廳長發出批示，照錄如下：『呈悉，查〈治安警察條例〉，學校學生加入政治結社或政談集會，俱在禁止之列。況如開會演說，多眾聚集，尤恐流氓匪類混入滋事，故礙治安。該生等俱為髦俊青年，愛國之誠，行之當自有道，甚毋用以集會講演相標飾也，所請未便照准。』」〈回國學生請求開會之拒絕〉，《申報》，1918年5月29日，版10。
273 據1920年版《上海指南》，上海共461所學校。此一數字尚不齊全，少於實際數字。商務印書館編譯所，《上海指南（增訂十一版）》（上海：上海商務印書館，1920），卷三。青年會資料，稱上海中等以上學校有96所（男校：69所，女校：27所），總人數為27631。"Survey of YMCA in China, 1920-1924" (Box 107, Folder 1), p. 10. Kautz Family YMCA Archives, University of Minnesota Libraries, 網址：https://umedia.lib.umn.edu/item/p16022coll360:2335/p16022coll360:2301?child_index=75&query=&sidebar_page=26（2022.2.28）。"Correspondence", *The China Press*, June 1, 1919, p. 2. 又上海女學堂共61所，加入上海學聯有14校，佔四分之一弱。〈女學生聯合會感想〉，《民國日報》，1919年6月2日，版10。
274 〈學生罷課後商業公團要電〉，《申報》，1919年5月27日，版11。

議，始宣佈一致罷課，可以為證。[275] 因此，五二六罷課，如市北公學和滬北公學，就未嘗參加。民生女學也宣佈「依聯合會規定，美術專修科罷課，高初兩等〔小學〕仍照常上課。」[276] 不過也有例外，如寰球中國學生會日校（國民及高小兩等）學生，就參加了罷課集會。[277]

(2) 誓師遊行

上海各報對 26 日誓師典禮報導，無疑以《新聞報》為最詳實。這當是主筆李浩然親涖現場，故細節之描述遠勝各報。學聯前一日已發稿報館，預告當日程序，故記者絕早到場，寫下親眼所見：

> 二十六日上午九時，聯合入會各學校全體在公共體育操場舉行罷課宣誓典禮。屆時國旗與校旗飄揚空際，各校嚴守一定之位置，曾無絲毫踰越，繞場一週，寂無人聲。一種憂憤誠摯之概，足令人肅然起敬。未及十時，各校已先後涖場。[278]

這種氣氛和情緒，成為五二六集會底色。各校之嚴整秩序，尤大大提升學生公共形象。

翌日《申報》之〈上海學生聯合會宣誓典禮〉，當為學聯提供之紀事，各報相同，僅編排略有不同。內容詳紀赴會五十二校名單，稱有二萬五千人出席。換言之，有九校未參加。汪嘉驥說，下列各校排列次第，是依到場先後。復旦學生到場最早，故

---

275 〈小學亦一律罷課〉，《新聞報》，1919 年 6 月 6 日，第 3 張版 2。
276 〈民生女學之罷課會議〉，《申報》，1919 年 5 月 25 日，版 11。
277 〈學校部報告〉，《寰球中國學生會十五週年紀念冊》（上海：寰球中國學生會，1920），頁 27。
278 〈學生舉生罷課宣誓典禮〉，《新聞報》，1919 年 5 月 27 日，第 3 張版 1。

列最前（下列校名有底線者，為教會學校或青年會背景之校）：[279]

昨日（二十六日）上午十時，本埠公私立中等以上男女各校學生二萬餘人，齊集西門公共體育場舉行宣誓典禮。先由執事人員在場之中央豎立旗桿，並搭講臺。先後到場各校，各以校旗標明行列，依次排立。由會長何君登臺略述開會宗旨。即由貧兒院軍樂隊奏樂，童子軍升旗。旗上，樂止，脫帽，向國旗致敬三鞠躬。次讀誓文：「民國八年五月二十六日上海男女各校學生二萬餘人，謹在中華民國國旗之下宣誓曰：吾人期合全國國民之能力，挽救危亡，死生以之，義不返顧。謹誓。」又次高呼：中華民國及學生聯合會萬歲！

禮畢即發，開始游行。號令由場之東門出，循大吉路北走民國路，過西門、老北門、新北門、小東門，走中華路，過大東門、小南門、大南門，走蓬萊路，過縣公署，仍由大吉路回場。游行次序：復旦大學，愛國女學，中國體操學校，博文女學，文生氏英文學校，惠中書院，女青年會體育師範學校，南洋路礦學校，省立第一商業中學，中華工業學校，滬江大學，裨文女校，民立中學，震旦大學院，同德醫學專門學校，圖畫美術學院，上海公學，江蘇省立第二師範學校，浦東中學，兩江公學，南洋中學，亞東醫學專門學校，聖約翰青年會學校，清心女中學，聖約翰大學，城東女學，英華書館，南洋公學，澄衷中學，大同學院，寰球中國學生會學校，嶺南中學，民生女學，東吳第二中學，南洋商業專門學校，清心實業學校，青年會中學，震亞學校，守真中學，

---

[279] 據汪嘉驥回憶，那天清晨復旦學生在分會會長吳冕率領下，預先排了兩次隊。七點出門，八點到體育場。汪嘉驥，〈五四後本校大事追憶〉，頁 166-167。

神州醫藥專門學校，神州女學，滬濱英文專門學校，承天學校，柏美蘭女塾，啟秀中西女塾，聶中丞公學，南洋女子師範，中華美術專門學校，勤業女子師範學校，民國女子工藝學校，晏摩氏女校，東吳大學法科。全隊共五十二校，約二萬五千人，首尾經過約二時之久，步伐整齊，精神嚴肅，絕無凌亂之狀，夾道觀者無不為之興感。回體育場後，仍照原定地點排列。由會長臨時請京津學生代表方豪君及俞希稷君為簡短之演說。大致均謂：今日之舉動，實足以表示青年堅決之精神。長此保持，則前途希望正未可量。演說畢，仍全體三呼萬歲而散。散後即將情形通電全國。其文如下

全國各地學生聯合會鑒：有電諒已悉。今晨滬中等以上男女學生二萬餘人，在體育場舉行宣誓典禮，並游行全城，秩序嚴肅，特聞。並請一致行動。上海學生聯合會。寢。

又聞淞滬警察廳長徐國樑昨日查知本埠一〔各〕學校學生列隊出外游行，經過中華路、民國路及城內縣公署等處，惟恐地方人民或有誤會情事，爰特用電話傳令第一區、第二區及所屬各分駐所警正佐，轉令各長警隨時注意妥為防護。[280]

以上報導共有四個段落：一、升旗宣誓，二、遊行路線。三、致全國各埠學聯電文，四、徐國樑通令防護遊行學生。這每一段落，都含微妙訊息。細心讀者可以看出，台前表演的是學生會，幕後打點的有教育會。貧兒院軍樂隊出動，必經院方同意。該院由曾少卿創辦，蘇筠尚為經濟董事。蘇筠尚又是民立中學校主，也是縣商會副會長。[281] 蘇氏昆仲所辦民立中學，這天也在集會

---

[280]〈上海學生聯合會宣誓典禮〉，《申報》，1919年5月27日，版11。
[281] 1903年，蘇筠尚四兄弟合辦民立中學，早期校董包括：李平書、曾少卿、葉鴻英、蘇紹柄等，總董蘇筠尚，校長蘇穎傑。〈本校紀略〉，《民立雜誌》，

之列。

若問五二六集會當天主角是誰？無疑是上海學聯會長何葆仁。南洋商校教員俞頌華認為，從罷課之議起，群言龐雜，「卒能排眾議，採公意，西門宣誓，典禮告成者，會長何君之力也。」[282]當天何葆仁的表現，汪嘉驥留下記述：

> 只見會長何葆仁站在臺上，滿臉都露著憔悴痛苦的樣兒，說明這一次不得已罷課的慘痛經過。臺下聽的人，不消說得，墮淚的也有，切齒的也有，只不過聲息俱寂的罷了。[283]

這一天，奠定了何葆仁的領袖地位。宣讀誓文後，全場爆發震耳欲聾的呼喊：

> 〔中華〕民國萬歲！〔中國學生〕聯合會萬歲！[284]

這天學生高喊「中國學生聯合會萬歲」，而非「上海學生聯合會萬歲」，說明五二六誓師不止著眼本埠，更強調全國學生大團結。遊行返場後，有兩人上台演說，分別是方豪（京津學生團代表）和俞希稷（歐美同學會代表），代表本地外埠老少新舊學生大聯合。留日學生救國團未獲邀上台，可見上海學聯有意和激進派保持距離。

其次，關於出席學校問題，這天參加的學校五十二所，較前日公佈的六十一校為少。有觀察者指出：上海學生罷課，「內有父兄之束縛，外有師長之阻勸」，乃是實情。[285]各校或因內部

第1卷第1期（1915.7），頁1-2。〈甲辰年校董及創辦人攝影〉，《民立雜誌》，第1卷第2期（1916.1），無頁碼。

282 《學生救國全史》之〈俞〔頌華〕序〉，頁3。
283 汪嘉驥，〈五四後本校大事追憶〉，頁167。
284 汪嘉驥，〈五四後本校大事追憶〉，頁167。"Strike Spreading", *The North-China Herald*, May 31, 1919, p. 578.
285 〈學生宣誓〉，《新聞報》，1919年5月27日，第3張版1。〈學生聯合會消息〉，

有分歧，或為學校當局所阻。主要來自三種背景：一，工部局所設公學。二，教會背景學校。三，女子學校。前兩項背景，都與租界相關，也是上海學聯須要面對的重要挑戰。然而，那天赴會及遊行的五十二校，包括了參加上海中等以上各校聯合會的十八校。其中，與江蘇省縣教育會直接相關的省立第二師範學校、省立第一商業學校，也都在罷課之列。這說明省教育會信守承諾，真正做到一致行動。惟同濟醫工學校全體並未到場，原因不明。當天所有會場紅十字會事，遂由同德醫學專門學校臨時組織，校長江逢治（廣東紫金人）親臨照料。[286]

惟出席人數方面，這天約二萬五千人，與事前預估一萬二千人，超出一倍之多，到底原因何在？又《新聞報》所載「通信社稿」，卻稱出席人數 6,610 人（內兩校人數不詳），數字差距未免太大，又是何緣故？[287] 查核此記，與工部局警務處探報所說約 6,000 人相近。[288] 頗疑兩段文字來源相同。換言之，通信社訪員和工部局探員的消息，由相同管道提供。這些數字上的落差，可能有下列原因：

一、上海學聯在集會前低估了參加人數。
二、警廳探員低報出席人數，以降低工部局警戒心。

華界警察的表現，也引起報館記者注意。前引《申報》以〈又聞〉起頭，說明徐國樑電話通令各區警署，要求他們保護學生。查《新聞報》也有這段記載，而文字全同。[289] 至於《民國

《時事新報》，1919 年 6 月 5 日，第 3 張版 1。
286 〈來函一〉，《時事新報》，1919 年 5 月 29 日，第 3 張版 2。
287 〈學生舉生罷課宣誓典禮〉，《新聞報》，1919 年 5 月 27 日，第 3 張版 1。
288 〈上海公共租界工部局警務日報摘譯〉，頁 843。
289 〈學生舉生罷課宣誓典禮〉，《新聞報》，1919 年 5 月 27 日，第 3 張版 1。

日報》以〈學生罷課宣誓詳紀〉報導後,末記〈觀感〉,可能為學生自紀,強調秩序嚴整:「是日游行經過地方,觀者塞途,不下三十餘萬人,無不為之興感。即該管警署所派來場照料之警察十二名,因學生均能嚴守秩序,故將所攜槍械擱置一處,至演台前靜聽,幾與來賓無異,可見其感人者至深。又按此次宣誓典禮係前日午後大會時所提議決定,為時不過半日,而籌備一無缺憾。秩序之嚴整,為從前所絕無,尤可見聯合會辦事之敏練及各校組織之周密也。」[290]

(3) 未赴會之校

茲查五二六前,含華人資本的《大陸報》刊登消息,透露租界巡捕房早悉學生罷課行動。當時,當局以為罷課不涉租界內學校,故不擬取締學生活動。茲錄 5 月 26 日《新聞報》譯文:

> 本禮拜一〔5 月 26 日〕,本埠南市、閘北五十餘學校當相率罷課,以示不滿於北京政府處置都中學生罷課之辦法。是日罷課者當有一萬人(中略)。南市、閘北之學生組織甚佳,此時雖未擬有建設的辦法,惟決不有擾亂之舉,或用激烈之語。並聞租界內之學校當不受若何影響。凡較大之學校,於禮拜一罷課之舉並不加入。租界巡捕房已預備,屆時或有釀事情形。蓋恐租界以外之學生或過於熱誠,至租界與不罷課者為難云。[291]

這則五二六前登載之報導,證明學聯與巡捕房事前已有溝通。此處雖未直接記述學生將有集會遊行,但租界顯然預知學生

---

290 〈學生罷課宣誓詳紀〉,《民國日報》,1919 年 5 月 27 日,版 10。
291 〈學生罷課問題之所聞〉,《新聞報》,1919 年 5 月 26 日,第 3 張版 1。

行動。由於學生集會之公共體育場位於華界,不會直接影響到租界市面。

翌日,工部局《警務日報》稱:五二六當天,工部局各校學生照常上課,上海學聯對此非常不滿。[292] 後來他們才接獲報告,稱有一所公學的學生,私下參加了罷課集會,即聶中丞華童公學。這所公學的捐贈者,乃是聶雲台(其杰)兄弟。斯校之名,即為紀念其父。聶雲台子姪聶光珽(其昌子)、聶光堃(其杰子)、聶光均(其煒子)等,均就讀此校,也是上海學聯校分會成員。[293] 校長泰納(L. A Turner)為此所撰報告書,稱五二六當天,有四十餘位學生靜悄悄離校罷課,校方事後才獲得知會。他又報告,該校學生143人,十六歲以下97位(佔68%),十六歲23位(佔16%),十六歲以上23位(佔16%)。該校分會職員,也僅初中生年齡。泰納因而懷疑學生心智程度,認為僅少數人了解自己所為。又推測僅三分之一學生希望罷課,研判各校情況大概相近。他認為學生是基於同儕壓力,甚至受到威脅始罷課。[294]

其他未參加五二六集會的三所工部局公學學生,似於罷市後才加入罷課行列。《中華童子軍》第1卷第6號刊出〈工部局四公學罷課之真相〉,稱華童公學奚玉書(毓麟,江蘇上海人,時年十七歲)為四校學生領袖,是文披露:

月之初七日,華童公學各高班學生,聞北克〔京〕政府

---

292 〈上海公共租界工部局警務日報摘譯〉,頁843。
293 〈聶中丞華童公學休假預誌〉,《申報》,1918年1月25日,版10。〈聶中丞公學同學會開會紀〉,《申報》,1919年8月18日,版11。
294 〈〔聶中丞〕華童公學校長泰納致上海工部局總辦處〉(1919.6.10),中國科學院歷史所第三所近代史資料編輯組編輯,《五四愛國運動資料》(北京:科學出版社,1959),頁736。

〔將〕大學生拘捕，義憤填膺。召集會議，商議罷課，以謀抵制方法，各班贊成，遂上書代理監院希濂君，要求核准。當經允許放假三日，學生不能滿意，翌日齊赴奚毓麟君家開緊急會議，到者約有數百人。維時三公學亦派代表至。約四時許，由會長金菊生君等先召集職員會議，與議者有南洋公學、育才公學、聶中丞公學及格致公學各代表。華童公學香港班學生，全體請鄧樹楨先生表示意見，先生遂亦參預會議，雖深許學生愛國熱心，但不贊成罷課。諸生因請先生向眾演說，慷慨激昂，娓娓動聽，聞者亦多為之感動，無如各人憤激方深，卒一致贊成罷課云。[295]

此記開頭所稱「月之初七日」，大抵是 6 月 7 日，即上海全埠罷市期間。當全埠沸騰之際，華童公學等四校學生按捺不住，集議於華童公學童子軍（上海第一團童子軍）獅隊隊長奚玉書家。[296] 奚宅位於虹口沈家灣吳淞路轉角，地點四通八達，可容納多人集會。[297] 當日在座的南洋公學代表，顯然是策動罷課者。應邀演說的鄧樹楨，為華童公學己未同學俱樂部（1919 級生同學會）會長，卻未能勸阻成功。[298]

奚玉書對罷市後的這次集會也有追憶：「正當學生運動如火如荼之際，工部局四公學校長，禁止各校學生參加上海學生聯合會。我與聶中丞〔、〕華童公學徐通海會長，在我家召開會議，會中有四公學代表一百餘人參加，決定維持到全市大罷課後。

---

295 〈有心之童子〉，《中華童子軍》，第 1 卷第 6 號（1919.7），頁 34-35。
296 奚玉書，《金玉全緣》（臺北：尚華工業公司，1981），頁 10。
297 《金玉全緣》，頁 1-2、5。奚毓麟祖父有「魯仲連」之稱，善於為人排難解紛。奚載揚等輯，《奚長春老先生赴告》，1934 年石印暨鉛印本，《上海圖書館藏赴聞集成》，第 12 冊，頁 187-263。
298 〈有心之童子〉，頁 35。

六月十一日育才及格致兩學校方始退出；我校校長以不給文憑要脅，囑令退出學聯會，我們不予理會，照常以華童公學學生會名義參加。」他自承「我亦因為參加此次學運，受到華童公學當局阻撓，寧捨到手的畢業文憑，憤而退學，轉讀復旦大學；而復旦的自由學風與民主氣氛，可與北京大學比美，所以在學運中居領導地位。」[299]

至於其他教會學校，也各有困難。奚玉書說：「昌世男子中學、裨文男女中學……等十餘校，僅派代表出席會議，因校方當局思想保守，阻撓同學正式加入為會員；又震旦大學係天主教設立，對學生壓力更大，入會不久即發生退會退學事件。」[300] 這幾所學校，都有教會背景。5月28日滬報尚披露：「惠中中學與滬江大學近因罷課之事，學校與學生其間頗多糾葛」。「滬江大學亦因各種困難，猶豫未決。詎學生等救國心熱，願犧牲功課，以重公義。於二十五日夜開大會，一致主張罷課。」[301] 女校方面，壓力更大。五二六集會，中西女塾學生，即未見蹤影。聖瑪利亞女校，也未參加。[302] 晏摩氏女校（浸信會背景，初等，高等，幼稚園），因校長反對，師生嚴重爭執，後學生托故出校，迄遊行完始到達會場。[303]

關於五二六遊行狀況，上海各報卻頗加讚譽。《時事新報》記者稱「二十六日舉行宣誓禮後，游行街市，（是學生自己率領

---

299 《金玉全緣》，頁 17-18。
300 《金玉全緣》，頁 17。
301 〈罷課後之學生進行〉，《新聞報》，1919 年 5 月 28 日，第 3 張版 2。
302 〈聖瑪利亞女書院之愛國行動〉，《時報》，1919 年 6 月 1 日，第 3 張版 7。
303 〈學生聯合會之宣誓禮〉，《時報》，1919 年 5 月 27 日，第 3 張版 5。

的。）秩序比較七日國民大會（教職員率領的）更好。」[304]《新聞報》記者更有獨到觀察，指出女校對這次集會遊行貢獻頗鉅：

> 遊行秩序先已編就號碼，秩序毫不紊亂，遊行約三句鐘之久，然皆無倦色。沿途博文女學與約翰大學高唱救國歌，童子軍音樂隊先導，勤業女子師範最後，十字軍則專司救護之責。返公共體操場後仍各回原來之位置。……蓋此次秩序之井然，未嘗不得力於女界同胞。向例男女集會，女界不過旅進旅退，唯唯否否而已。此次女招待員竟與男子相等，且在會內發傳單者亦有十餘人之多，遊行時有三四女士前後行維持秩序。天下興亡，國民之責。當此存亡呼吸之秋，凡有血氣者豈肯居人後哉！[305]

「天下興亡，國民之責」，這是上海女校帶來的啟示，也是上海學生運動的亮點，為北京所無。

惟女校師生所要面對的困難和壓力，確有非外人所能知悉者。此與社會風氣未開有關，也可能因〈治安警察條例〉禁止女子參加政治結社及政談集會（參見本書附錄四）。復旦學生閔憲章（江蘇揚州人）偶聽聞某校女教員口述辛酸經歷，署名「閔天行」發表〈紀張女士之熱誠〉於《民國日報》：

> 當北京五四運動發生後，海上學生有聯合會之組織，刻期成立，屢發通告至某校。校長則秘而不宣。至會中第三次宣言發出，始漸聞之。於是組織學生分會，加入總會，校長復一再勸阻。至罷課決定，約期至公共體育場宣誓，而校長又禁止參與。女士以大義所在，不容後人，遂諄勸同學諸生往

---

304 〈經過罷課風潮以後，各校教職員應辦的一件事〉，《時事新報》，1919年6月3日，第3張版3。
305 〈學生舉生罷課宣誓典禮〉，《新聞報》，1919年5月27日，第3張版1。

與。此一舉也，固已大拂校長之意矣。其校分會長林君，亦熱心人也，於某次參與游行事，以事遲到，而女士以時限已迫，不及待，領隊先至體育場。林以為侵越權限，甚啣之。尋林又以事辭職，同學遂舉女士代之。是時女士於內則處理校中會務，對外則任本校代表，兼交際職，往來奔波，勞瘁不堪。……方事之殷，女士之父母，以為女士不應奔走社會，力迫之歸，不歸則不納矣。噫，處境至此，亦可謂窮且迫已哉！[306]

此文所錄張女士行誼，應是張維楨（貞）遭遇。張維楨，上海學聯交際員，是愛國女校體育教師，兼執教勤業女子師範。所述某校情形，似指愛國女校。她帶領學生罷課後，母校講席不獲蟬聯，他校教職不易覓得，[307] 所歷艱難倍於男子。

公共租界內中西女塾（慕爾堂旁）較為幸運，校方對於學潮的態度，見諸6月2日《新聞報》，似學生供稿：

當上海學界組織學生聯合會之際，中西女塾中學即派代表蒞場，共商一切進行。斯會成立，又派評議、交際員各一人，以濟實行。惟於罷課不散學事，未即加入。蓋以該會通告不周，而所派人員未屆期到會，是以罷課宗旨有所不詳。迨會中特派代表詳述情形，本校全體隨與教員酌議罷課，教員準〔准〕允，然須得各家長指教，始能實行，故於二十八號下午開家長會於慕爾堂。先由學生代表程叟齡說明該校罷課宗旨，……後郭先生起立贊成罷課，謂國家既亡身將安守，愛

---

306 閔天行（憲章），〈紀張女士之熱誠〉、〈紀張女士之熱誠（續）〉，《民國日報》，1919年7月16日、17日，版8。
307 閔天行（憲章），〈紀張女士之熱誠（續）〉，《民國日報》，1919年7月17日，版8。

國重於求學,罷課宜也。徐先生贊成此舉,且加以勸言。其外,張先生等皆起立表同情。最後,由家長許允,……希望諸師長亦盡力相助學生,勿與阻止云云,遂散會。[308]

這一報導讓外人曉得,上海學聯討論罷課議題,在通告過程中確有瑕疵。中西女塾代表,就來不及與會。五二六後後,中西女塾學生、華洋教職員、家長,三方共同商議,最後允准學生「罷課不罷學」,且委請教師協助學生參加愛國運動,能照顧到各方期待。

七、華洋警廳和法律問題

「我們對于學聯視若無睹,自以為是:
　這一點我覺得不怎麼滿意。」
　　　　　～1919 年 6 月 6 日,工部局《警務日報》原件批注 [309]

五二六當天,華洋警方表現都引起人們注意。五二六集會場所及遊行地點,都在華界南市。參加學聯之公私立學校,則涵蓋華洋各區地段。因此,事情發生前後,華洋警廳都有報告。對比雙方所撰文字,有助全面瞭解情形。就報告書所見,雙方上下層級之間,對學潮有不同看法。報告書的內容,也未盡據實直書。各有裝聾作啞,虛報隱曲之筆。把官方文書與其他材料對讀,可得悉華洋地段特殊情況,並瞭解學界應對官廳的靈活手段。尤其

---

308 〈罷課中之各校學生〉,《新聞報》,1919 年 6 月 2 日,第 3 張版 1。
309 〈上海公共租界工部局警務日報摘譯〉,頁 852。

官廳文書未著墨之處，最能顯出有關人士的協商能力。

(1) 淞滬警廳

前面說過，上海五二六學生罷課前，江蘇省教育會和各中等以上學校聯合會，都已向盧永祥轉達學聯會要求；及至政府不允學生所請，軍署也早該有心理準備，已知罷課為不可避免。閱讀淞滬警廳給內務部呈文，可知其對學生曲予迴護。而警廳對學生之寬大，則當獲得軍署同意。

中國社會科學院近代史研究所、中國第二歷史檔案館編《五四愛國運動檔案資料》收錄5月28日淞滬警察廳徐國樑（輔洲，直隸天津人）致北京內務部警政司長王揚濱電，對五二六集會情形的報告，可知華界警廳對各校學生的通融，婉轉設詞曲為迴護。而教育會更彷彿置身事外，毋須負上任何責任：

> 茲於本日二十六日早，據各署所由電話報告：今晨有各學校學生，齊至西門外公共體育場自由開會，各已離校，難以阻止等情。當即令飭該管二區警署署長杜金釗、游巡二隊隊長劉得魁，多帶警隊到場彈壓，密為防範。一面派委本廳督察長張桂榮等馳往監視。茲據該員等復稱：遵往公共體育場彈壓監視，查得該開會宗旨，系為學生要求政府各條件尚未允准，由上海學生聯合會幫助京津學生取同一之表示。今日罷課集會行宣誓禮，其到會學校均中學以上，計四十八處，學生約有萬人。於九點鐘齊集，即行出發游行南市各路，至十二時原班回場。即由學生聯合會會長復旦大學學生何葆仁及北京學生代表簡單演說，均以大眾一心，堅持到底，希達目的等語。說畢分頭回校，秩序整齊，並無激烈情事，理合報告等情。前來。查各校學生自由開會罷課，聞校長教員已難約束。現已由

廳派員分往各校設法勸導，令其照常上課。[310]
先不論上述報告內容虛實，其撰寫原則大致有幾方面：
一、盡量低報集會遊行的各校人數及時間。
二、除學生聯合會會長何葆仁，一概不提其他演說者姓名。
三、對於學生開會宗旨，也僅含糊言之，絕口不提罷課宣言書及通電內容。

這份報告書撰於集會後兩天，上海各報均已詳細報導，無一不比警廳報告詳實許多。尤可笑的是，當天全埠報紙均已登載集會地點，而報告書竟稱廳長早上接各署電告，始知學生已離校集會。由此可見，淞滬警廳對學生集會隱予包庇。事先既不禁阻，事後曲為解說。

報告書尚有幾處重要筆墨，均涉及法律問題。首先，報告書兩次提到學生「自由開會」。此在北京學生六不解呈文及上海學生第二次宣言中，均已見是說。這是援引〈中華民國臨時約法〉（以下簡稱〈臨時約法〉，見本書附錄一）所載人民權力，作為集會結社依據。此時見諸警廳呈文，必是學生明告警廳，引為依據，而警廳亦未反駁。其次，報告書中提到「上海學生聯合會」，似在警廳呈文中首度提起。幾天前，盧永達致北京政府電文，實已提及此會之存在，故亦無可再諱。徐國樑在五二六之後，始首度提及學聯之名，已有失責之嫌。此時距上海學聯成立之期，已逾兩星期之久。再者，五七國民大會召開後，徐國樑致內務部報告，提及盧永祥電話指示，要警員保護集會群眾。這次報告未提盧永祥，彷彿警廳獨自負責。然而，以五二六集會醞釀

---

310 〈徐國樑報告上海學生聯合會為力爭青島罷課遊行代電〉（1919.5.28），《五四愛國運動檔案資料》，頁 214-215。

之久,即使盧永祥未指示徐國樑辦理,徐國樑亦必事先請示。故此,頗疑護軍使署令其按兵不動,事後則用「難以阻止」及「已難約束」之句,不但為軍署警廳卸責,也為各教職員開脫。

兩天後,徐國樑呈上第二份報告,補充前件提及「學生聯合會」背景。這份報告是警廳初次就上海學聯作出說明,通篇隱飾迴護,簡直像為該會作保般。內云:

> 內務部警政司長王鈞鑒:竊查本月二十六日,上海中等以上各校學生,在公共體育場集會,宣誓罷課,業將派撥員警監視防範情形,代電陳報在案。當因各校學生開會罷課,雖激於愛國熱誠而起,究屬曠廢學業,且群居無事,難保不在外別釀事端。立即派員分赴各學校,設法勸導,俾令早日上課。茲據派出各員復稱:查各校學生已組成學生聯合會,坐落公共租界靜安寺路五十一號。遵往面晤該聯合會幹事費公俠等,愷〔剴〕切勸導,曉以利害。該幹事等頗為感動,允即轉勸各生,切實遵辦。惟稱罷課一節,非上海一部份事,必須參與各處同一情形,不能獨異。至罷課期內,各校學生均在校中自修,決不任意出外,至曠學業等語。查該會舉動,尚屬和平,且近日印刷〈敬告同胞〉一紙,措詞亦極文明。理合檢送,請查核等情。前來。除仍派員隨時勸導,并飭各區加意防範暨分報外,謹檢同該會印刷品一紙〔原件缺〕,代電附呈,伏乞轉陳總、次長鑒核。[311]

這份報告在說明若干事實外,更重要的是其不交代之處:
一、未說明上海學聯早於十八日前成立,以卸脫其未據情直報之

---

311 〈徐國樑報告上海學生罷課并組成聯合會代電〉(1919.5.29),《五四愛國運動檔案資料》,頁 215-216。

失職。

二、未記上海學聯坐落之公共租界地址（即寰球中國學生會辦事處）。

三、所附傳單，僅呈上措詞文明的〈敬告同胞〉，未附指名懲辦官員的〈宣言書〉。

就上海學聯的組織關係說，淞滬警廳倘若要得悉此會真相，理當一併調查兩個團體：一，江蘇省教育會。二，寰球中國學生會。警員未循此二途調查，恐非警廳無能無識，而是想息事寧人，大事化小。寰球中國學生會對學生提供庇護，在當日應付上門查詢之警員者，為寰球中國學生會幹事費公俠，即警員所稱「學生聯合會幹事」。這裡反映寰球中國學生會作為對外窗口，立於第一線代為應對華洋警方查詢。至於江蘇省教育會的作用，報告中一字不提，更彷彿兩會互不相涉。

　　淞滬警廳負責撰寫或經手呈文者，自非粗魯不文的徐國樑，[312] 而可能是熟練行政的沈維杰（蓮舫，浙江紹興人）。沈維杰，曾任直隸獲鹿縣公署第一科科長。1914 年 9 月至 1923 年 11 月，徐國樑任淞滬警察廳長期間，沈維杰歷任秘書、秘書科主任、行政科主任、總務科主任。[313] 1919 年 5 月，時為行政科主任。五四時期，淞滬警廳致內務部警政司呈文，對學生聯合會曲予迴護，又必有外人提點。翌年江蘇士紳王清穆謁見徐世昌，談及蘇省各級衙門無不有一二紹興人把持；徐世昌答以過去任外官時，

---

312 徐國樑給下屬手諭都用白話，滬上傳為笑柄。〈開市後徐國樑之白話手諭〉，《申報》，1919 年 6 月 15 日，版 11。

313 〈委任內部職員補誌〉，《警務叢報》，第 3 年第 35 期，頁 29。〈警廳內部之編制〉，《時事新報》，1916 年 1 月 22 日，第 3 張版 3。〈警察廳職員一覽〉，《神州日報》，1916 年 2 月 7 日，版 6。〈徐廳長訓誡長警〉，《神州日報》，1917 年 12 月 1 日，版 4。〈警廳科長之升調〉，《時事新報》，1919 年 11 月 7 日，第 3 張版 1。

就對紹興幕友不信任，與五四風潮雖未必直接相關，卻反映紹興人在各級衙門的深厚勢力。[314]

至於京滬學生經常引用的〈臨時約法〉（1913年3月公佈，人稱〈民元約法〉或〈舊約法〉，參見本書附錄一），也有必要瞭解其條文。〈臨時約法〉第二章第六條規定，「人民得享有」之「自由權」第四項：

人民有言論、著作刊行及集會、結社之自由。[315]

若依〈中華民國約法〉（1914年5月1日公布，人稱〈新約法〉）條文，則第二章第五條規定：

人民於法律範圍內有言論、著作刊行及集會、結社之自由。[316]

惟此〈新約法〉公佈於袁世凱時代，1916年6月29日黎元洪繼任總統後，立即宣佈恢復〈民元約法〉。故學生必是援引民元約法，宣佈行使「自由集會」之權。

至於警方依循的〈治安警察條例〉（俗稱〈治安警察法〉，1914年3月2日公佈，以下簡稱〈警察條例〉，參見本書附錄二）第一條，規定「行政官署因維持公共之安寧秩序，及保障人民之自由幸福」，對於包括下列事項得行使「治安警察權」：一，「政治結社及其他關於公共事務之結社」。二，「政談集會及其他關於公共事務之集會」。三，「屋外集合及公眾運動游戲或眾人之群集」。四，「通衢大道及其他公眾聚集往來場所黏

---

314 1919年7月5日（陰曆五月二十日），王清穆謁見總統徐世昌談及蘇省人事吏治，見《農隱廬日記》。王清穆言：「近年吏治不飭，自省長公署至各縣知事公署，無一不有一二紹興人盤踞把持，招權納賄，非更換省長廓清積弊，不足以紓蘇人之困。總統言，吾從前做外官，即不信任紹興幕友，以若輩習氣太深也。」王清穆研究會編注，〈王清穆《農隱廬日記》（3）〉，《近代中國研究彙報》，第36號（2014.3），頁66-67。

315 〈中華民國臨時約法〉，《江蘇司法彙報》，1912年第2期，頁1。

316 〈修正約法案之結果〉，《申報》，1914年5月4日，版6。

貼文書圖畫、或散布朗讀、又或為其他言語形容、並一切作為者。」5月28日至29日淞滬警廳呈文，是依第六、七條關於「結社」之規定執法：

> 第六條　政治結社須於該社本部或支部組織之日起，三日內由主任人出名，按照左列事項呈報於本部或支部事務所所在地之該管警察官署。其呈報之事項有變更時亦同。一，名稱。二，規約。三，事務所。
>
> 第七條　關於公共事務之結社，雖與政治無涉，行政官署因維持安寧秩序認為必要時，得以命令其依前條規定呈報。

五二六集會，更涉及第十及十一條關於「集會」之規定：

> 第十條　政談集會須於集會十二小時前，由發起人出名，按照左列事項呈報於會場所在地之該管警察官署。一，場所。二，年月日時。於呈報之日時不開會者，其呈報為無效。
>
> 第十一條　關於公共事務之集會，雖與政治無涉，行政官署因維持安寧秩序認為必要時，得以命令其依前條規定呈報。

第十二條，是關於禁止下列人士參加「政談集會」規定：

> 一，褫奪公權尚未復權者。二，未成年人。三，女子。四，陸海軍軍人。五，警察、官吏。六，僧道及其他宗教教師。七，小學校教員。八，學校學生。

第十四條，是關於「屋外集合或公眾運動游戲」之規定：

> 須於集合二十四小時前由發起人出名，按照左列事項呈報於集合所在地之該管警察官署……。一，場所。二，年月日時。三，須經過之路線。

由此可見，上海學聯男女各校舉辦五二六集會遊行，要求懲辦段祺瑞等五位政府官員，違反〈治安警察條例〉規定多條。正因如此，學生必須聲明是依〈臨時約法〉行事，使行的是人民「言論」及「集會、結社之自由」。

前引淞滬警廳徐國樑 5 月 28 日報告書，兩次提及「自由開會」，不啻承認學生依〈臨時約法〉行使權利，故未依〈警察條例〉予以取締。至於 28 日至 29 日警廳派員在集會遊行現場監視，及會後到靜安寺路五十一號及各校查詢，則依〈治安警察條例〉第十六、十七條：

> 第十六條　警察官吏對於結社之主任人、集會及屋外集合公眾運動游戲之發起人有所詢問，應據實答覆。
>
> 第十七條　關於政談集會，警察官署得派遣警察官吏著制服監臨。關於其他不涉於政治之集會，屋外集合及公眾運動游戲，警察官吏因維持安寧秩序認為必要時亦同。於前項情形，警察官吏得向發起人要求設監臨席。

惟警廳於五二六集會後始上門調查，可謂極其被動。可以斷言，設非學生發起五二六集會，警廳大抵繼續裝聾作啞。不特如此，由於 1919 年夏各埠均有集會遊行，警方咸以〈治安警察條例〉為執法依據，故隨後各界對該例提出質疑，欲為釜底抽薪之舉。[317]

---

[317] 1919 年 9 月內務部偵得天津各界聯合會評議部開會，代表馬千里質疑：「照〈舊約法〉第六條第四項人民有言論著作刊行及集會結社之自由，〈新約法〉第五條第四項人民於法律範圍內有言論著作刊行及集會結社之自由，〈治安警察條例〉係三年三月二日教令第二十八號公佈，此項條例，係根據〈新約法〉。惟於袁世凱死後，〈新約法〉已取銷，仍恢復〈舊約法〉，其〈治安警察條例〉是否仍可適用？」在場有人認為：「此種問題，甚有研究價值，然仍須待法律家討論有無相觸後，再為籌劃。」〈內務部關於偵查解散各界聯合會代電稿〉（1919.9.13），《五四愛國運動檔案資料》，頁 582-583。惟法律問題釐清前，警廳及公眾不免各說各話。一方以〈約法〉為據，聲明

明眼人皆知,淞滬警察廳長徐國樑對學生的通融,必與護軍使盧永祥態度有關。6月初離滬南下到廣州策動罷市的上海學聯交際部長桂㿃剛（江西人）,如此描述盧永祥表現:

> 上海各校學生在街道遊行演說,盧軍使見學生行為甚屬正大,派軍警保護。[318]

桂㿃剛此說,當指五二六集會。[319]「保護」一詞,道盡上海軍警和各校學生之關係。盧永祥及徐國樑對上海學生善意通融,又必經有力人士居間疏通,保證學生行動不越界線。五二六集會遊行嚴整肅然,使擔保人得保信用於不墜。

(2) 公共捕房

1919年夏天,就上海學聯坐落寰球中國學生會來說,公共租界警務署（以下簡稱:公共捕房）的態度最為關鍵。依〈公共租界工部局章程〉對「政治集會」之規定:

> 非得工部局特許,含有政治性質之集會,概不准在租界舉行。如個人或團體欲舉行此種會議時,須於四十八小時前,商請總巡,得其允許。並須將集會宗旨,到會各人之主義,及開會時之秩序單,一并送閱。[320]

依照上述章程,則公共捕房對學生集會遊行,不應予以容忍。對坐落在寰球中國學生會的學聯活動,更不應視而不見。

自由結社集會;另一方依上級指示,視具體情況執法。
318 〈粵報界歡迎學生代表團紀〉,《申報》,1919年6月13日,版8。
319 上海學生聯合會在罷課第三日發佈消息,稱「滬會代表鍾震、桂㿃剛已偕京津代表方豪、楊興夏於昨日起程赴粵。」則鍾震（震吾,廣西馬平人）等於5月27日離滬。〈上海學生罷課之第三日〉,《申報》,1919年5月29日,版11。
320 商務印書館編譯所編纂,《上海指南（增訂十二版）》（上海:商務印書館,1922）,頁104。

從公共租界工部局警務處（簡稱：公共捕房）所存檔案來看，當局對上海學聯活動自始就十分關注，只是沒有嚴格取締而已。對於上海學聯的動靜，《上海工部局警務日報》（以下簡稱《警務日報》）記載最詳。《五四運動在上海史料選輯》增訂本，譯出《警務日報》）之際，簡要介紹這份史料：

> 《上海工部局警務日報》（S. M. C. Police Report）係當時上海公共租界警務總巡每天提供「工部局董事會」的秘密報告，其中最主要內容為「華人政治情報」，著重搜集中國方面各項政治、軍事、經濟以及社會團體活動等具體情況。這是帝國主義在租界的統治機構機密的內部材料，「工部局董事會」往往根據它來定出侵略行動的決策。參閱 1919 年 5-7 月，即五四運動期間的《工部局警務日報》和《工部局董事會會議錄》，就可以看出，在重大的關鍵時刻，工部局總裁經常在《警務日報》原件邊上批注；當工部局董事會開會集議時，又總是根據《警務日報》所載的探捕偵察所得情況，對中國廣大群眾的反帝愛國運動，採取斷然的鎮壓措施。[321]

以上簡介提及警務處總巡（麥高雲，K. J. McEuen）、工部局總裁（或稱總辦）李德爾（L. O. Liddell）、工部局董事會（總董披爾斯，E. C. Pearce），對解讀《警務日報》很有幫助。惟須注意的是，五四時期上海學生既不進行普遍的「反帝愛國運動」，對英美法等國尤努力爭取其同情；工部局對學生也未簡單採取「斷然的鎮壓措施」，而是長時間默許容忍其行動。

首先要注意的是，5月11日上海學生聯合會成立，借公共

---

321 〈上海公共租界工部局警務日報摘譯〉，頁834。相較之下，《五四愛國運動資料》所譯《上海公共租界工部局警務處檔案》收入這份報告，既未收載大部分內容，也未譯注原件批注。參見《五四愛國運動資料》，頁715。

租界寰球中國學生會為臨時辦事處，見諸翌日滬報。[322] 但《警務日報》直至 5 月 26 日，才直接提及學生聯合會。這種記載的明顯缺失，似上級授意始可能發生。這時工部局董事會中，有一位日籍董事伊吹山德司，為日本郵船會社大班，是上海日本居留民團（Japanese Residents' Association）領袖。1918 年 7 月，上海虹口發生日人和華捕衝突的騷亂，伊吹山德司和日本總領事態度強硬，指責工部局警務處華捕蓄意挑起事端，警務處和英籍工部局董事不同意此說，雙方各執一詞。[323] 故此，疑 1919 年 5 月至 6 月，披爾斯或李德爾要求部屬不必紀錄學生聯合會詳情，否則將在董事會面對伊吹山德司質疑，乃至要求將該會予以取締。另一方面，上海交涉員楊晟（小川，少川，廣東東莞人）也似未要求取締學聯。以楊晟的精明來看，只能說是有意縱容。從 5 月 10 日《警務日報》來看，報告稱五七大會以後，「遊行示威時的激動狀態已經安靜下來了。……人所共見的局勢改善，主要是由於因參加遊行而被捕的北京學生已經釋放了，而上海地方當局採取了不干涉民眾開會遊行的措施。」[324] 換言之，他們瞭解上海軍署警廳的態度，並同意這樣的處置方式。

27 日工部局《警務日報》對五二六集會的若干觀察，則涉及會場內外重要情節，其中頗有為滬報所不記者。茲錄探員所記：

學聯會為聲援北京學生的運動，於 5 月 26 日上午九至十時

---

322 《動員的力量：上海學潮的起源》，頁 474-479。

323 1918 年 7 月上海虹口騷亂的處理，參見上海市檔案館編，《工部局董事會會議錄》，第 20 冊（上海，上海古籍出版社，2015），頁 702-703、705、718-719。參見：FO 371/3191, File 175669/ Paper 175669. E. H. Frazer, "Tension/fighting between Chinese and Japanese in Shanghai"(12th August 1918), in *Shanghai: Political & Economic Reports, 1842-1943, British Government Records from the International City*, Vol.12 (Slough: Archive Editons Ltd., 2008), pp. 506-510.

324 〈上海公共租界工部局警務日報摘譯〉，頁 837-838。

在西門公共體育場舉行大會。到會的有四十八個學校的學生約六千名。會上演說的人都鼓勵學生堅持罷課,直到國難解除為止。

大會進行中有若干警察在場,但他們并不干預。有一個演說的,在講話過程中要求聽眾為中國國旗而歡呼三聲。群眾都響應他的要求,脫帽高呼。有三位警察在群眾熱情高漲的情況下沒有脫帽,被學生們看見了,命令他們把帽子除去,他們立時照辦。有幾位演說者說是從北京來的學生,在北京曾經因為參加示威而被下獄。

一本題名為《賣國賊章宗祥》的書本由學生在會場上出售。寰球中國學生會幹事朱少屏非常活躍,在上海反日運動中,如果不是占領導地位,至少他占據一個重要的地位。[325]

這份報告的寫法,似是隨見隨記。其內容有幾個重點:參加人數、演說重點、華警表現、出售書籍、領導者。探員所記與報紙所載,其中有不同之處(如參加人數落差很大),並且略過各報所載人事。但其特別提及「非常活躍」的重要人物,卻指名是寰球中國學生會幹事朱少屏。

再細讀上述探報,有幾點值得注意:

一、探員瞭解到五二六集會是學聯會所辦。所記雖未提到該會地址,卻似知其總部坐落於公共租界。探員明知而不記的原因,反映租界當局無意取締學生。

二、探員特記華界警察不干預學生活動,甚至還流露對學生的敬畏感,反映彼等很可能接上級訓令,不敢與學生發生衝突。

三、集會現場有人發售《賣國賊章宗祥》,即署名「大中華國

---

325 〈上海公共租界工部局警務日報摘譯〉,頁 843-844。

民」所編書冊。此書直斥梁啟超為「中國名教敗類」、「大文妖」，與曹汝霖合謀賣國；又屢用「戊午編譯社」（孫洪伊派主持）訊息，突出國民大會上海事務所活動，可知孫洪伊派試圖影響學生動向。[326]

四、探報中唯一提及的人物，是寰球中國學生會幹事朱少屏。探員直指他是活躍現場內外的角色，卻未必是主要領導人。

若追問朱少屏具體作用為何？答曰：大抵是打點官廳員警和報館記者，避免發生衝突及化解誤會。不可不指出，在五二六前後上海所有華洋報紙中，均絕口不道提及朱少屏活動，正可見彼等對新聞界影響力。[327] 此時朱少屏身分之一，正是《申報》特約記者。記者金雄白回顧在滬報館生涯，追憶北伐前社會風氣，指有人利用報館為宣傳工具，也有人請報館代為「隱惡」。[328] 朱少屏卻反其道而行，在上海學生運動的高潮中，要求同行代為「隱善」，絕不願在報上拋頭露面。

不過，誠如探員微妙地指出，朱少屏外另有主腦人物。在知情人的指引下，《英文滬報》記者訪問黃炎培，想要瞭解學潮未

---

326 大中華國民編，《章宗祥》，《五四愛國運動資料》，頁 613-643。
327 朱少屏作為資深報人，可通過報界俱樂部連繫同業。1917 年，發起上海報界俱樂部者：吳稚暉、曾松喬、曾石初、曾伯瑩、陳白虛、蘇平理、李劍龍、李次山、張春帆、楊塵因、王顧亭、王無為、朱少屏、陳文深、劉豁公、沈泊塵、葉楚傖、邵力子、余毅民、丁悚，成舍我、王鈍根等二十餘人，以王鈍根為幹事。〈上海報界俱樂部簡章〉，《民國日報》，1917 年 4 月 21 日，版 11。〈上海報界俱樂部開幕式〉，《民國日報》，1917 年 5 月 2 日，版 10。楊塵因日記 1919 年 2 月 7 日條：「接王鈍根、李次山之公緘，邀八夕聚於萬家春，因集議報界俱樂部事也。」可知是年俱樂部仍有活動。楊塵因撰、許麗莉整理，《楊塵因日記》（桂林：廣西師範大學出版社，2015），頁 200-201。
328 金雄白還特舉黃警頑（商務印書館辦理總務者，即今日搞公共關係者，被稱為「交際博士」）和朱少屏（稱他搞一個空頭團體寰球中國學生會）為例，稱為「一時瑜亮」是二人，皆與江蘇省教育會有連繫。金雄白，《記者生涯五十年》（臺北：三友圖書公司，1988），頁 199。

來動向。5 月 27 日《新聞報》譯出訪談：

> 《英文滬報》訪員往謁江蘇教育總會副會長黃君，據稱此次學生舉動足以影響全國，其行事並非出於魯莽。總會曾力圖避免此次罷課之舉，希望政府能有滿意之答覆。其事務之重大，先已報告政府。教師等因政府不能排解，均已辭職。現因被捕北京學生演說愛國者四，又人封禁《益世報》，捕拿主筆，情勢益見重大云。[329]

黃炎培向記者表明，學生罷課是慎重決定；北京政府的近期表現，卻預示未來波濤洶湧。此時，教育會顯然已轉做升級抗爭準備，不會讓事情善了，也不讓學生獨了。

5 月 26 日半夜，黃炎培左右手蔣夢麟致函北京胡適，直接透露教育會諸人是學潮掌舵者。蔣函云：

> 上海今日罷課，弟等已將舵把住，不至鬧到無意識。……大學現狀給我講講，千萬千萬，我實在記念殺了。[330]

「將舵把住」一語，包含千言萬語。蔣夢麟既為學生信服，其扮演的主要角色，首先是為罷課訴求把關，使其內容聚焦於懲辦國賊，而暫不涉及其他項目。

綜合各種跡象判斷，五二六未露面的黃炎培等教育會要人，確可稱為指導學生的幕後主腦。朱少屏和蔣夢麟似其分身，各有任務地奔走效力。朱少屏負責對外聯絡，奔走華洋官廳、新聞報館之間。蔣夢麟負責輔導學生，使罷課宣言縮小範圍，理性地聚焦特定主題。五二六集會前後，他們大抵從幾方面預為佈置：一、開會前與學生商定宣言文字，以懲辦賣國賊為主旨。二、預

---

329 〈學生舉生罷課宣誓典禮〉，《新聞報》，1919 年 5 月 27 日，第 3 張版 1。
330 〈蔣夢麟致胡適〉（1919.5.26 晚 12 時），《胡適遺稿及秘藏書信》，第 39 冊，頁 420-421。

先與華洋報館打點招呼，使其言論表同情於學生。三、事先向租界警署及華界軍署、警廳保證，使集會及遊行得以順利舉行。四、要求學生集會遊行，務必嚴守秩序。事後各界表示一致滿意，為後續之舉奠定良好基礎。

八、總罷課的反響

「學生此次之行動，乃中國之最後希望。」

～1919 年 5 月 28 日，《申報》譯載《大陸報》社論[331]

五二六總罷課以後，上海及全國學潮步入新階段。在各報記者筆下，五七國民大會，由教職員率領。五二六罷課誓師，乃是學生自主行動。[332] 就全國局面而言，五二六是一道分水嶺，代表京滬學生達成了一致行動。而北京政府的答覆和禁令，更堅定上海學界的決心。此後，各報很快口徑一致，對政府取指責態度。滬上西報的輿論，也引起公眾注意。西報不但對學生表現叫好，還鼓吹歐美歸國學生輔佐學生行動。

(1) 滬報轉向

其實上海總罷課前，即便不贊成罷課之報章，也認為政府舉措不滿人意。5 月 25 日《新聞報》評論，一邊說「學生罷課，干預政治，有妨學業，誠足為學生惜。」另一邊感慨「學生雖不

---

331 〈西報論中國學生罷課事〉，《申報》，1919 年 5 月 28 日，版 11。
332 〈經過罷課風潮以後，各校教職員應辦的一件事〉，《時事新報》，1919 年 6 月 3 日，第 3 張版 3。

足畏,顧使政府絕無順從民意之表示,而徒以壓制為事,恐非特學生不甘屈服,而一般國民,皆將以學生之心為心,政府能概施以壓力乎?」³³³ 該報與上海紳商至有連繫,可以反映輿論之動向。³³⁴ 學生總罷課當日,該報時評已轉稱「望地方長官舉學生所求者以勸告政府,勿徒以勸告學生為事。」³³⁵

披覽五二六以後,上海報章對學生集會遊行的報導,全用正面措詞表述,隱示輿情之轉向。報紙未記江蘇省教育會領袖及各校教職員參加大會,唯高度讚美學生行動井然有秩。例如5月26日《時報》記者戈公振,就一改前論,肯定學生表現:

> 中等以上學生於今日為始罷課,並先於體育場宣誓,其不輕易出之如此。吾嘗謂學生聯合會之組織,為今日集會之好模範。一舉一動,純出愛國真誠,絕無私見羼雜其間。苟政府對於所要求,竟無切實之辦法,則是蔑視輿論。潮流激盪,安知踵學生而起者,不大有人在耶!³³⁶

戈公振對學生集會的讚詞,似乎平淡無奇;惟其發表於誓師大會之日,可見態度已變。以戈公振與黃炎培之交情,此可代表教育會之態度。³³⁷

5月27日《時事新報》刊出「澹廬」(俞頌華)之〈罷課問題與上海各校校職員〉,則勸各校長不可消極:

> 嘗聞上海各校校長會議,多數主張減短罷課期間。為青年之

---

333 記者,〈學生聯合會罷課〉,《新聞報》,1919年5月25日,第3張版2。
334 汪伯奇輯,《汪漢溪先生哀輓錄》(臺北:文海出版社,1974),頁73、195。
335 記者,〈再論罷課問題〉,《新聞報》,1919年5月26日,第3張版2。
336 戈公振,〈罷課〉,《時報》,1919年5月26日,第3張版6。
337 1935年戈公振歿,黃炎培扶病撰寫〈戈公振紀念碑〉(1935.11.12)及〈戈公振哀辭〉(1935.11.13)二文,黃炎培,《斷腸集》(上海:生活書店,1936),頁312-314、316-319。

> 學業計,減短罷課期間,誰曰不宜?然各校校長與教職員,
> 亦須有積極的辦法,以慰學生之希望。[338]

上海學聯對要求學生復課的校方,表明決不退讓:

> 如校長受政府之指意,逼迫學生上課,本會即連絡商界為後
> 盾。如學生受迫出校者,本會即為設法,入他校插班。[339]

從某些校長眼光看來,上海學聯已凌駕教職員之上。不過,各校同情學生之教職員,卻也大有人在。

5月29日,滬報刊載北京政府新實施的強硬措施,使一些校長轉而支持學生。《時事新報》刊出市北公學校長唐伯耆(乃康,浙江吳興人)〈關於罷課問題之討論〉:

> 對於罷課,鄙人初亦不贊成,繼看北京大學等罷課後,政府
> 近日忽取嚴厲手段,捕五七日刊幹事,禁止宣講種種,是北
> 京學界,已受政府之壓迫,各省學界,休戚相關,非取一致
> 行動,則北京之學生界,勢成孤立,一切悲劇,行將實現,
> 此在事勢上不能不罷課者也。[340]

可見北京政府的訓令,使原先遊移的教職員,轉認罷課有其必要性。所謂「一致行動」,指全國總罷課。5月30日,對罷課原不謂然的戈公振,也在《時報》改為責備大眾冷漠,可見輿情之轉移。[341]

5月31日《時事新報》副刊主編俞頌華,復從蔣夢麟處摘抄杜威信函,刊出他對學生運動的評價,以〈杜威博士對於吾愛

---

338 澹廬(俞頌華),〈罷課問題與各校校職員〉,《時事新報》,1919年5月27日,第3張版3。
339 〈上海學生罷課之第二日〉,《申報》,1919年5月28日,版11。
340 唐伯耆,〈關於罷課問題之討論〉,《時事新報》,1919年5月29日,第3張版3。
341 (戈)公振,〈哀莫大於心死〉,《時報》,1919年5月30日,第3張版6。

國青年之希望〉為題,摘錄杜威三個建議:

一、留學東西洋歸國之學生,應同心協力,不可再存畛域之見。

二、學生聯合會之體制,應永久長存,以自動精神推廣平民教育。各處聯合會宜協助組織出版部,與美國人士及其出版界互通音訊,直接播散主張於美洲大陸。

三、中國女子教育宜更加發達。

俞頌華認為「〔杜威〕博士之所論,與本報之主張,頗有不謀而合者。即如最近嘗謂今日之學生,應組織一永久統一的機關(見時評),其一例也。今日學生之所擘畫,與博士之希望亦有相符者。今得博士之一言,殊足鼓勵吾人之勇氣。」[342]「吾人」一詞,反映部分師生已組成聯合陣線。

此時在中國南北訪問的杜威,通過蔣夢麟等門生,確實給學界不少實質建議。6月16日全國學生聯合會在上海成立,翌日《申報》記蔣夢麟賀詞中提到:

> 杜威博士曾勸我輩,嘗以英文論著送英、法、美諸國,引動友邦對我中國學生表同情。又謂:中國學商工界之活躍,實美國之新感想、新精神有以玉成之。[343]

10月18日,《申報》刊出〈杜威博士論中國學生之愛國運動〉(原載美國紐約《新共和雜誌》,節錄末段):

> 學生團體此次之新運動,固未可視為尋常事,令人起敬,未可限量,中國歷來尊賢而重士,良有以也。即以今日而論,學子之尊榮,何減當年,不過此種習俗,在泰西各國視之,

---

[342] 澹廬(俞頌華),〈杜威博士對於吾愛國青年之希望〉,《時事新報》,1919年5月31日,第3張版3。

[343]〈全國學生聯合會成立紀事〉,《申報》,1919年6月17日,版11。

稍覺殊異耳。[344]

杜威此說，是驚訝於中國社會對學生之敬重，而有感於學生所特具的號召力。

《申報》刊出杜威譯文後十天，黃炎培在十八團體歡送上海美總領事薩門司的集會中，宣稱五四運動為近代中國思想之分水嶺，而美國教育界為國人新思想之導師：

> 我國國民自五四運動以來種種動作，全本公理正誼而發之。然此種新穎思想來自何處，實堪研究。從前我國教育悉多效法日本，自一千九百十一年美國哈佛大學校長來華後，吾人始曉然於西方新教育之實效。千百年來世人之所提倡「天賦人權」之一語，亦係美國教育家所常道。最近杜威博士來華後，亦見中國新思想實由美國而來。我國民五四以後力爭公理、正義、自由、平等種種合理之動作，亦是西方所灌輸，想薩、克二君定可證明此言非虛。不僅證明，且二君亦係灌輸西方公理、博愛之種子於吾國之人也。[345]

按黃炎培上述觀點，則五四以來學生運動是美國在華播的種、開的花，上海方面尤其受杜威的直接鼓勵。我們考察京滬寧學生運動之時，不能忽略杜威通過蔣夢麟等施予的影響，的確使學生運動具有平民政治意涵，而不僅止要求幾個官員下台而已。

(2) 教會學校風潮

5月27日，上海學聯作出正式決議：「本會應派代表赴各

---

344 〈杜威博士論中國學生之愛國運動〉，《申報》，1919年10月18日，頁6。
345 〈昨日十八團體迎送新舊美總領事紀盛〉，《申報》，1919年10月28日，版10。

國領事署,宣佈本會真正之宗旨及用意,以釋狐疑。」[346] 當時學生所派出之代表,可能有教職員陪同,甚至可能有要人出面。學界甚至可能在更早時段,已通過非正式管道,向英美法各領事及工部局總辦解說,稱學生運動絕不針對英美等國人,並承諾以和平方式進行。5月下旬,恰有四名華捕和幾位日本水手衝突,則令工部局捕房對日人不滿,披爾斯為此曾向日本領事有吉明交涉,[347] 聲明工部局最高原則是「和平與秩序」,絕對不容忍暴力事件。華人高舉非暴力原則,自可獲得英美人同情。惟五二六罷課前後,上海教會學校發生校園風波,處理上相當棘手。人們對教會學校的表現,事後有截然相反的論調。一說教會學校「阻撓愛國運動」。多年後出版之《五四運動在上海史料選輯》即極力突出此一論調。[348] 一說教會學校(尤其新教學校)鼓動學潮,主要是日本方面的指控。這兩種截然相反的說法,到底何者更近於事實?

查日本報紙對教會學校參與學潮,嚴詞批評美國人深度介入。1919年底,美國代理公使丁家立的國務院季度報告書,解釋美國傳教士及教會學校在風潮中的處境,反駁「白人」陰謀之說。丁家立有傳教士背景,對於日本人的指控,以及傳教士的回應,自然十分清楚。他解釋美國教會學校在風潮中頗感為難,校方難以阻止學生在愛國運動中缺席,但也不願意學校成為政治活動基地。並指出在一些學校裡面,行政人員和學生發生對峙時,處理起來頗為棘手。[349] 上海聖約翰中學及震旦兩校風潮,確實

---

346 〈上海學生罷課之第二日〉,《申報》,1919年5月28日,版11。
347 《工部局董事會會議錄》,1919年5月28日條下,第20冊,頁756。
348 《五四運動在上海史料選輯》,頁260-266。
349 The Chargé in China (Tenney) to the Secretary of State, "Report on Political and

引起社會震動和高度關注。若是處理不當,可能引起兩租界外人疑慮,認為學生擾亂租界安寧,對學生後續行動不利。

　　查聖約翰退學風潮之起,在五七國恥紀念日,該校青年會舉辦音樂會,引發一些學生憤慨。[350] 大學校長卜舫濟和中學主任那敦(J. R. Norton)的處理方式,則有溫和與強硬之別。[351] 最後,校方決定處分兩名學生,引起全體不滿而集體退學,輿論普遍同情學生。由於上海各新教學校,咸以聖約翰馬首是瞻。[352] 此事一旦處理不當,可能引發許多波瀾。上海學聯一面慰問出校學生,一面商請李登輝校長協助安置。李登輝同意二十四名出校生轉入復旦。而李登輝之出面調處,或與卜舫濟有若干默契。二人同為「華東基督教教育會」成員,本具私人交誼和協商機制。[353] 這年底,聖約翰還頒贈榮譽博士給李登輝,可見對其教育工作的肯定。[354] 研究聖約翰大學的徐以驊認為,此時卜舫濟和美籍教員對日本普遍反感,頗同情中國學生的愛國情感。[355] 聖約翰上海檔案館整理佈刊〈五四運動期間聖約翰大學學運文件〉及〈卜舫濟往來函電選(1919-1920)〉,就提供了直接證

Economic Cinditions for the Quarter Ending Semper 30, 1919", in *Papers Relating to The Foreign Relations of The United States, 1919*, Vol. 1 p. 386.

350 〈約翰大學近事〉,《申報》,1919年5月9日,版11。〈約翰大學退學風潮續紀〉,《申報》,1919年5月11日,版10。〈約翰退學風潮三誌〉,《申報》,1919年5月13日,版10。〈約翰中學生重行退學〉,《申報》,1919年5月22日,版11。

351 〈來函〉,《時報》,1919年5月10日,第3張版6。

352 朱仲華,〈五四運動在上海〉,頁266。詳情參見熊月之、周武主編,《聖約翰大學史》(上海:上海人民出版社,2006),頁182-193。

353 〈五四運動期間聖約翰大學學運文件〉,《檔案與史學》,1999年第2期,頁5。

354 朱小怡、章華明主編,《聖約翰大學與華東師範大學》(上海:華東師範大學出版社,2015),頁24。

355 徐以驊,《教育與宗教:作為傳教媒介的聖約翰大學》(珠海:珠海出版社,1999),頁112、117-120。

詞，說明卜舫濟無意壓制學生。³⁵⁶ 5 月 27 日，卜舫濟致函蘇州東吳大學文乃史（Walter Buckner Nance）校長，認為對於學潮應審慎處理，說明聖約翰處置辦法：「為避免與學生對立，我們已中止工作，正式放假。……我認為對教會而言，引起具有愛國熱情的青年的反感是一錯誤。」³⁵⁷

此時與聖約翰比鄰的聖瑪利亞女校學生，是通過學校佈告欄得知北京事件及中國政局，校方對此不無責任。聖約翰和聖瑪利亞都由聖公會創辦，二校毗鄰而設。校方允可學生參加學聯，也可能與卜舫濟事先協商。³⁵⁸ 聖瑪利亞學生黃慧鵑（1920 年屆）所撰〈聖瑪利亞書院和學生運動〉（"St Mary's and the Student's Movement"）詳述該校情形：

> 5 月 7 日早上太陽還沒有完全升起，我們正走向學校等等早晨學習生活的開始，一陣嘈雜的聲音隔著圍牆從聖約翰大學操場傳來，這聲音讓我們驚訝了一個上午，到 12 點鐘，當我們從教室推門出去，我們看到一張報紙的半個專刊，上面有做著深藍的鉛筆記號，貼在學校佈告欄裡，這張報紙告訴了我們最近北京的政局。
>
> 那天下午，我們決定在學校成立一個組織，來維護和發展學生中的愛國情感。這時〔11 日〕上海學生聯合會已經成立了，但我們學校位於遠離市中心的僻靜地方，不想去參加外

---

356 2006 年熊月之、周武主編《聖約翰大學史》引用這批文獻，對卜舫濟多恕詞。〈五四運動期間聖約翰大學學運文件〉，頁 4-7。〈卜舫濟往來函電選（1919-1920）〉，《檔案與史學》，1999 年第 2 期，頁 8-14。《聖約翰大學史》，頁 189-190。

357 〈卜舫濟往來函電選（1919-1920）〉，頁 8。

358 徐永初、陳瑾瑜主編，《聖瑪利亞女校：1881-1952》（上海：同濟大學出版社，2014），頁 114-118。

面的團體。我們在學校組織成功一個團體之後,將它稱作聖瑪利亞學生會。俞慶棠被選為主席,孫熙治為秘書〔應譯作書記〕。除了三個人之外,幾乎所有學生都參加了學生會。我們集中所有的精力建設我們的學生會,但是我們被批評不參加市裡的學生團體。於是我們立即選派了倪徵琮和王緋霞作為學校代表到市學聯,校長對我們選出的兩位代表很滿意,派車送她們進城去,為此我們非常感激。[359]

5月7日學校佈告欄上用藍筆標注的半頁報紙,成為學生政治參與的引信。校長孫羅以女士(Miss S. L. Dodson)對中國的同情,無疑是一個重要助力。最受學生歡迎的英籍教師顧懷琳(Miss Gwendolyn Loet, Cooper)是卜舫濟繼女,住在聖約翰校園,也可代為傳遞訊息。[360]

不過,卜舫濟作為教會大學領袖,也難掩對學潮的憂慮,擔心學生把政治激情帶入校園外,並使學校聽命於校外機構。他對學生的抗爭手段,也感到不解和懷疑。從他的角度看來,「這些學生以極為奇特的方式抗議政府的腐敗,他們正罷課以此作為政治宣傳,何日會結束無人知曉。」[361] 聖約翰提前放假的辦法,把問題延後幾個月。總括卜舫濟對學潮的看法,大致如《聖約翰大學五十年史略》所述:「學校方面,對於學生愛國運動,自極贊成。惟恐學生會之組織,對於學校行政方面,或有所抵

---

359 黃慧鵾,〈聖瑪利亞書院和學生運動〉("St Mary's and the Student's Movement"),原載聖瑪利亞年刊《鳳藻》第2期(1920),轉引自《聖瑪利亞女校:1881-1952》,頁115。

360 1941年太平洋戰爭後,顧懷琳被關入日軍集中營,1948年始離中國。《聖瑪利亞女校:1881-1952》,頁158-160。

361〈卜舫濟往來函電選(1919-1920)〉,頁9。

觸耳。」³⁶²

　　天主教背景的震旦學院，情形頗有不同。震旦學生群體對罷課本有分歧，經 5 月 27 日滬報披露後，引起廣泛關注。五二六集會前後，一部分學生指責校方專制。28 日《新聞報》刊出校方說詞：

> 據該校某君云，該學院學生共四百餘，皆來自各省。當實行罷課之初，曾集合全體會議，有一小部份學生頗反對罷課主張，因之意見參商，發生誤會。小部份中有偏激者，遂佈某監院將嚴行取締罷課學生之流言以洩憤。前日〔26 日〕各生參與宣誓典禮，聞而信之，互相傳述，遂喧傳於外。於是同學會會長兼學生聯合會震旦分會長曹君德三，特晉謁正監院姚鑽唐君（法國人），陳述學生罷課之苦衷，要求維持。姚君深為贊許，謂予深表同情於諸生之愛國行動，甚願諸生一面仍宜勤修學業，勿令青年大好時光等閒消去。曹君即以之轉告同學，而所聞流言乃得釋然。³⁶³

震旦風波到此本來應可停息。不料 28 日校方突發公告，要求學生願於暑假前考試者，即須即日上課，否則限本日午前一律出校。學生憤慨校方出而反爾，有一百六十五人簽名退學，留校者僅四五十人，即日前反對罷課之學生。³⁶⁴

　　各方人士關切下，震旦監院姚纘唐（R. P. Y. Henery）發表致學生家屬信函，解釋校方政策的製定：

---

362 《聖約翰大學五十年史略》（臺北：臺灣聖約翰大學同學會，1972 重印），頁 28。
363 〈罷課後之學生進行〉，《新聞報》，1919 年 5 月 28 日，第 3 張版 2。
364 〈震旦大學院出校學生來函〉，《申報》，1919 年 5 月 29 日，版 12。另一說是留校僅三十餘人，皆各級將屆卒業者。〈上海學生罷課之第四日〉，《申報》，1919 年 5 月 30 日，版 11。

> 此次罷課風潮，起自京津，沿及滬上，急湍所赴，匪能獨外。故本院亦曾於二十六、二十七兩日，隨眾罷課。惟細察學生意見，仍未完全一致。倘單徇一方之請，於不願罷課者亦強迫使罷，揆之辦學人職責，良有未安。為此分為兩種辦法，凡不願罷課者，仍可照常上課，在六月間原定日期考試。凡自願罷課者，提前自今日起暑假，至九月初開學時再行補考（日期為九月九日至十一日）。此純為尊重各學生個人自由及圖盡辦學人職守起見，並非別有用意。[365]

經過再次討論，出校一百六十五名學生中，最後僅四人願意返校。震旦學生會正副會長曹德三和瞿宣治，均在退學之列。[366]

這次震旦退學風潮，朱少屏「力勸出校學生及震旦方面雙方讓步」。老耶穌會士馬湘伯也協助調解及慰問學生。[367] 震旦學生分會正副會長曹德三和瞿宣治，則請黃炎培幫忙解決住宿問題。6月5日《申報》記：

> 黃向曹、瞿兩君詳詢經過各情後，為之扼腕不置，並力願代向該校校長調停。黃君謂，無論如何，調停之舉實不可少，足以表明社會上各有力團體之關懷此事也。[368]

是後浦東中學校主楊斯盛哲嗣楊亞崧（江蘇川沙人）願出借房屋六幢，「借給學生聯合會以為學生寄宿之用，並不取租費，使莘莘學子得相聚以奔走國事」，[369] 很可能就是黃炎培從中促成。

---

365 〈罷課中之各校學生〉，《新聞報》，1919年5月30日，第3張版1。
366 〈上海罷課學生之第五日〉，《申報》，1919年5月31日，版11。〈罷課中之各校學生〉，《新聞報》，1919年5月31日，第3張版1。
367 〈上海學生罷課之第五日〉，《申報》，1919年5月31日，版11。〈罷課中之各校學生〉，《新聞報》，1919年5月30、31日，第3張版1。
368 〈上海學生罷課之第十日〉，《申報》，1919年6月5日，版11。
369 〈學生聯合會近聞錄〉，《時報》，1919年6月9日，第3張版6。

黃炎培早年親歷 1902 年南洋公學退學風潮，那次出校者二百餘人，包括他本人及穆杼齋等。[370] 就個人經驗所得，使黃炎培感到管理機關者，須重視「人」的問題，尤其不可「厭惡反抗精神」。以學潮來說，他認為「凡是學校鼓動風潮的學生，將來往往能建大功業的。……機關當局，遇到這種人，總是值得虛心重視的。」[371] 由於江蘇省教育會的謹慎處理，學生住宿問題得以解決，華洋關係也不致破裂。[372]

　　天主教會對五四學潮的整體判斷，是認為新教教會及相關團體涉入過深。1919 年 11 月，天主教中國教務巡閱使光約翰（Jean-Baptiste Budes de Guébriant）的報告書，指責「誓反教人〔基督新教〕千方百計激動人心，且亦屢次危亂治安，使己之聲譽權利，逐漸增加也。」要求天主教會「萬不可有人為公共表示舉動之首領，……並不可容准天主公教之男女學生，結隊遊行，參與其事。」[373] 法籍耶穌會士艾賚沃（Léopold Gain）認為，新教學校是學生運動帶頭者。相較之下，天主教學校尤其震旦學院、徐匯公學和揚州法國學校，從未停課一天，學生對教師服從如昔。[374] 另一位耶穌會士自豪地說，在上海學潮中，震旦

---

370 《八十年來》，頁 41-42。他評論「這是學校退學風潮的開始，也可以說是被治群眾，對於治者反抗運動的第一表現。」《中國教育史要》，頁 103。

371 《機關管理一得》，頁 35。

372 翻閱天主教《聖教雜誌》刊登江蘇省教育會訊息，可知雙方關係未受學潮影響。〈教育叢談：記事（一）江蘇省教育會大會記略〉，《聖教雜誌》，第 8 年第 10 期（1919.10），頁 458。

373 漁人譯，〈事件：光大巡閱使致直隸司鐸書〉，《聖教雜誌》，第 9 年第 4 期（1920.4），頁 169-172。光約翰主要針對天津成立公教救國團，有幾位司鐸直接參與其事。天津天主教司鐸及教徒在學潮中的積極表現，參考〈學潮記略〉，《聖教雜誌》，第 8 年第 8 期（1919.8），頁 363。〈學潮記略〉，《聖教雜誌》，第 8 年第 9 期（1919.9），頁 401。

374 陳聰銘，〈在華天主教傳教活動與五四運動——見聞、應對、意義和影響〉，呂妙芬、康豹主編，《五四運動與中國宗教的調適與發展》（臺北：中央研究

二百二十名學生中有七十位選擇留校,「這七十名中國年輕人在全上海學生團體前站得挺直,並拒絕被迫做一些他們認為荒唐不合理的事,這件事可被視為我們從事教育以來最成功的事蹟之一。」[375]

震旦大學一位法籍耶穌會士,針對上海學生罷課後,幾近接管學校的表現,更認為極其不妥。他描述:

> 許多學生參加示威遊行,在罷課時,他們停留在學校內,但拒絕上課。他們花時間在研究當前問題,就愛國議題發表演說,也到外面散發宣傳報刊與小冊子。每所學校都有一個學生組織會,由其成員選出主席〔即會長〕,該主席領導組織會活動;教師和校長們都隸屬於該組織會。在上海,所有學校,不論是歐洲人或美國人創辦的,都受到這種方式影響。
>
> 此後,學校都由這些學生把持,只有天主教傳教士辦的學校例外,徐匯公學和其他學校宣布提早數星期放假。[376]

這份報告透露,不少學校在罷課後,被學生掌控了學校。一些教職員之深切不滿,不特在罷課爭議上,更在校權失落上。就這位耶穌會士看來,學校被學生掌握,是絕對不可接受的。

上述耶穌會士的描述,也說明滬校把全體教職員和學生納入分會中,造成校園治理上的難題和挑戰。查〈中華民國上海學生聯合會章程〉(1919年8月20日修訂通過)第二章第三條:「本會以上海中等以上各學校分會為單位。」第七章第四十六條:

院近代史研究所,2020),頁495。

375 J. S., "La Chine et le Traité de paix", *Relations de Chine*, Vol. 2 (Juillet-Octobre 1919), p. 214. 轉引自〈在華天主教傳教活動與五四運動──見聞、應對、意義和影響〉,頁495。

376 J. S., "La Chine et le Traité de paix", p. 214. 轉引自〈在華天主教傳教活動與五四運動──見聞、應對、意義和影響〉,頁494-495。

「本會一切職員概由學生任之,其有各校熱心教職員,得由會長聘為特別職員。」[377] 在章程修訂前,各校分會所舉為職員者,頗有不少各校教職員。頗疑各分會之職員,情形可能相近。一旦分會職員及所舉代表為學生,則學校領導權可能落到學生手上。此不特為教會學校不能接受;華人公私立學校校長,也多半反對之。大同學院校長胡敦復,決定退出上海學聯,即以此故。

面對在滬外人對學生團體的疑慮,上海中西女塾加入上海學聯後,決定承擔起促進華洋相互瞭解之重大責任。她們自訂兩項任務:

一、解釋外人誤解及誘起世界正義人道之同情。

二、喚起並輔助國民實行對於救國種種淺近可行之方法,令其對於國家各擔負一分救國的天職。

為了達成第一項目標,製訂七項辦法;為達成喚起國民的第二項目標,製訂八條辦法。[378]《時事新報》記者對她們高度肯定,認為所定各項均「甚有統系,頗有足資各校採擇者」。[379] 是後中西女塾學生代表俞素青和張靄貞,還憑藉女青年會(YWCA)系統,向英美人宣傳而引起關注。6月1日《大陸報》(*The China Press*)刊出 Margagret Chang 來函,即是她們的行動實踐。[380]

中西女塾師生向西人解說中國學潮真意時,教育家則向華人解說西人對中國好意。聖約翰及震旦風潮傳出後,滬上對教會人

---

377 〈中華民國上海學生聯合會章程〉(1919年8月20日通過),《動員的力量:上海學潮的起源》,頁593、597。

378 原件英文發表,華報刊出譯文。〈上海學生罷課之第三日〉,《申報》,1919年5月29日,版11。

379 〈國民對於外交失敗之激昂(二十)〉,《時事新報》,1919年5月29日,第3張版1。

380 "Correspondence", *The China Press*, June 1, 1919, p. 2.

士陡然反感者不少。蔣夢麟發表〈我們對於在中國辦學的外國人很感激的〉，主旨明確，刊於6月2日《時報》附刊：

> 我們對於教會學堂從前不免有一種的懷疑，以為外國人在我們中國辦學，並不是養成我們中國的國民；他們的用意，不過在傳播宗教思想罷了。現在這會學生的愛國運動，教會學堂的學生爭先恐後的作一致行動，他們愛國的熱度與國立私立學校的學生同一達到極點。如北京的匯文，山東的齊魯，南京的金陵，上海的約翰、滬江，杭州的之江，還有許許多多的教會學堂都是很能愛國，這不是他們歐美人在我國辦教育的成績麼？我們實在感激得很。[381]

蔣夢麟意在安撫學生情緒，既避免了華洋學校的隔閡，也消弭了中外對立的危機。在愛國運動高漲之際，教會學校風波問題，確實必須細緻處理。如何不讓愛國運動對教會（學校）造成衝擊，又避免校園變成政治運動基地，成為後五四時期教會學校的難題。不過蔣夢麟的上述言論，可能又坐實了日人的相關指控。

當時各界對聖約翰和震旦二校之關注，不僅由於兩校聲望甚高，而且政商名流子弟多就學於此。綜觀滬報的相關報導，大致持論溫和，大概有相關人士暗中打點。一些有勢力的聖約翰校友，如《申報》營業經理張竹坪（平，江蘇太倉人），對卜舫濟也絕不口出惡言。[382] 華人領袖所表現的克制和善意，也因知教會人士對學潮觀感，足以影響英法當局態度。馬湘伯、黃炎培、

---

[381] （蔣）夢麟，〈我們對於在中國辦學的外國人很感激的〉，《教育週刊》，第15號，《時報》，1919年6月2日。

[382] 張竹坪出身聖約翰大學，與聖公會頗有連繫。1919年7月，聖公會背景的昌世中學校董與中華聖公會救主堂堂董舉行會議，選出會長王閣臣，書記張竹平（坪），會計韓玉麟。〈昌世中學第一次校董會紀〉，《申報》，1919年7月16日，版10。

蔣夢麟、朱少屏、李登輝等協助調解，既安撫出校學生，也對教會釋出善意。他們認為與英美法人維持良好關係，有助提升中國的國際地位。在國家陷於危機之際，多樹敵人非明智之舉。

(3) 西報輿論

至於含有華資的《大陸報》（China Press），自始鼓吹中美親善。日本早已俱得《大陸報》有華人資本，最初由伍廷芳（秩庸，廣東新會人）和溫宗堯（欽甫，廣東新寧人）主辦，[383] 聶雲台、李登輝、朱少屏皆與之有關。五四前，該報又加入英美煙草公司資本。茲查英美煙草公司檔案可知，公司買辦鄔挺生為《大陸報》董事，疑即代表公司之持股人。[384] 五九國恥翌日，《申報》摘譯《大陸報》社論，標題〈學生示威運動之外評〉，還呼籲學生打倒國內親日派：

> 顧北京政界兩年以來已經中國所有之事物悉數售與日本，所未售者只有長城而已。……外人見華人真正愛國心之表示，固所歡迎，但所願忠告者，則不必反對巴黎和會或反對日本，而宜直接反對中國之真仇敵。此輩何人？即預備賣國之華人也，是誠今日切要之舉。中國學生其唯此是求，凡官員之賣國與外人者，或為私人利益而握政權者，均宜屏諸四野。中國學生其力行之以底於成，則青島也，山東也，及外

---

383 1911年盛宣懷致孫慕韓（寶琦）函：「此時外交不可不用心。伍、溫並非好手，然《大陸報》為彼機關，外國報界未免搖惑。」「伍、溫」，即伍廷芳、溫宗堯。〈致孫慕韓帥函稿〉（宣統三年十一初三日），北京大學歷史系近代史教研究整理，《盛宣懷未刊信稿》（北京：中華書局，1960），頁221。
384 上海社科院經濟所編，《英美煙公司在華企業資料匯編》，第3冊（北京：中華書局，1983），頁982。

人所佔之尺土寸地，必有歸還之一日。[385]
讀者在此必須留意到，這時滬報所引「外論」，有時根本是煙霧彈。事實上，中外報館互通聲氣。包括華人通洋文之僱員，往往在幾家報館兼差。簡言之，華報所引「外論」，有時包括華人見解；而西報所謂「華論」，卻可能含外人意見。

5月27日，《大陸報》社論〈中國學生罷課〉（The Chinese Students' Strike），[386] 或由主筆韋伯（Herbert Webb）所撰，引起華報廣泛注意，支持學生者尤感振奮。[387] 韋伯對日本控制中國的企圖不以為然，不時向美國國務務遠東司提供情報分析。[388] 其譯文見於翌日華報。各報譯文不同，反映譯者程度，也透露各自解讀，乃至政治意圖。茲摘錄5月28日《申報》譯文，標題〈西報論中國學生罷課事〉，其核心主張如下：

> 學生此次之行動，乃中國之最後希望。吾人於此有不能已於言者：排斥日貨，尚非極關重要之辦法。山東問題，猶非主要之事件。而排外感情或仇日運動，容可礙及救國宗旨之成功。須知中國最大之仇敵即在中國本身，而中國之救主亦必為中國本身。外國縱懷好意，卻不能越俎代謀，故中國必自為之。若中國不能自去其最大之仇敵，不能自去其腐敗奸邪之官僚、祇知私利不顧大局之在野莠民、與夫各界不負責任之分子，則中國將無可為。病之者為中國，而醫之者亦必為

---

385 〈學生示威運動之外評〉，《申報》，1919年5月10日，版7。
386 "The Chinese Students' Strike", *The China Press*, May 27, 1919, p. 12.
387 無射（朱宗良），〈讀《大陸報》社論〉，《民國日報》，1919年5月28日，版3。〈大家要幫助學生〉，《民國日報》，1919年5月28日，版11。
388 應俊豪，《歐戰後美日兩國在華的對抗》（臺北：民國歷史文化學社，2023），頁274-275。

中國，中國其勉之哉！[389]
此文最值得重視的觀點是，呼籲昔之英美歸國留學生應負起指導學生責任。（"Theirs is the responsibility for leadership."）又提今日中國救亡之舉，實以改造內部為急務。

外人認定為民黨背景的《英文滬報》（*Shanghai Gazette*），也充分肯定學生運動的意義。主筆索克斯（G. E. Sokolsky）為美籍俄裔猶太人，還提醒學生莫取過激主義。5 月 28 日《申報》譯載其言論：

> 學生宜極慎重其行動，始終勿失其純潔愛國的抗議之性質，不可涉及政治、社會或經濟的問題，不可加入政黨，亦不可參與經濟的行動。近日凡罷課或抗議之舉動，輒被斥為過激主義。要知學生此舉，恰與過激主義相反，蓋此為愛國主義也。……凡在華歐美明達之士莫不同情。但若學生容許敵人將其愛國行動移為社會上或經濟上改革之作用，則將失外人之同感，而使守舊華人相率不敢近矣。[390]

此文若真為索克斯所作，則上述見解反映其親歷俄國革命之感受。[391] 他明確反對布爾什維克主義，或可釋去公共捕房之猜疑。[392]

索克斯文末更大力呼籲，歐美歸國留學生不可置身事外，應

---

389 〈西報論中國學生罷課事〉，《申報》，1919 年 5 月 28 日，版 11。〈外報對於中國學生罷課之觀察〉，《時事新報》，1919 年 5 月 28 日，第 3 張版 1。〈罷課風潮之西人論調〉，《新申報》，1919 年 5 月 28 日，第 3 張版 2。〈西報對學生之大希望〉，《民國日報》，1919 年 5 月 28 日，版 3、6。

390 〈西報論中國學生罷課事〉，《申報》，1919 年 5 月 28 日，版 11。

391 Warren I. Cohen, *The Chinese Connection: Roger S. Greene, Thomas W. Lamont, George E. Sokolsky and American-East Asian Relations* (New York: Columbia University Press, 1978), p. 72.

392 英國在華情報部門對布爾什維克的戒備，參見李丹陽譯，〈英國國家檔案館關於俄僑李澤洛維奇檔案〉，《上海檔案史料研究》，第 15 輯（上海：三聯書店，2013），頁 183-202。

積極輔佐青年學生以引導時局:

> 所可異者,此次學生行動中,歐美留學生絕無何等扶助之表示,豈中國前途之希望,獨在國內肄業之學生乎!約翰與青年會學校已與南洋、復旦等相合,而美國之哈佛與耶魯學生、英國之劍橋與阿斯福學生,今安在耶?[393]

這時昔日哈佛、耶魯,英國之劍橋、牛津(阿斯福)留學生在滬上者,有曹雲祥(哈佛)、李登輝(耶魯)、溫宗堯(劍橋)等。索克斯寄語他們起來承擔政治責任,等於為彼等出台造勢。

5月29日《新申報》譯載《英文滬報》紀聞,也含有重要訊息,顯示外報具悉學生計劃:

> 本埠罷課學生今日〔5月27日〕午後三時議決派代表至各省大埠游說學生,期使罷課之風傳及全國。更議組織一種日報,闡明罷課理由,中英文並列,逐日呈送領事署,期外人得以瞭解真相。本埠商界亦擬於後二日開會聯合商人,為學生之後援。蓋商人有實力,能整備經費,供其行動。政府與守舊之教員,正力謀阻制罷課風潮。關於對付此層之方法,亦曾討論。倘政府下令解散學校,一班住校學生將無處存身。僉謂:此時惟商界可以援助,富商更能代謀廣廈,安置失所之學生。[394]

這則報導揭示兩個要點:

一、上海學聯決意發行中英文日刊,逐日送呈外國領事。

二、上海商人為學生提供經費,包括代謀住宿場所。

商界有實力者之態度,自是學生的強力後盾。而此時學生進一步

---

[393] 〈西報論中國學生罷課事〉,《申報》,1919年5月28日,版11。

[394] 〈學校罷課後之所聞〉,《新申報》,1919年5月29日,第3張版2。

舉動，又不盡符合此輩富商之意願。

最重要的滬上西報，則是英人出資的《字林西報》（*The North-China Daily News*）和《北華捷報》（*The North-China Herald*）。該二報和工部局關係密切，著眼戰後利益分配，力圖壓抑日本勢力。他們認為「今日中國之問題，已成國際上大問題」，主張門戶開放。[395] 記者復報導，中國留美學生聚會，已決定改造及強化團體力量，前中國駐倫敦總領事曹雲祥，被推主導此事。[396] 曹雲祥，北洋外交官背景，表哥顏惠慶時任駐丹麥公使，在巴黎為中國代表團提供意見。曹雲祥胞兄曹雪賡，則為上海青年會總幹事。報紀5月23日留美學生會集議，討論當前局勢，由陸守經主席。會上，曹雲祥、黃首民、朱庭祺、朱成章、鄺富灼、K. S. Li〔李觀森？〕等相繼發言，支持愛國運動，贊成抵制日貨，提議組織全國歐美留學生團體，由曹雲祥負責，暫借四川路上海青年會為連絡處。[397] 5月24晚，又有約三百位青年會員聚首一堂，多留美歸國學生，由朱成章主席，曹雲祥主題演講，再次強調組織團體的重要性。[398] 從此時起，曹雲祥作為歐美留學生代表，活躍於上海各團體之間，以各團代表名義從事政治活動。

5月30日，復旦校長李登輝作為上海學聯顧問，更出席上

---

395 〈西報論中國政局〉，《新聞報》，1919年5月28日，第2張版1。
396 曹雲祥原任駐倫敦總領事，1919年3月為創辦合作社返國，表哥顏惠慶為曹雲祥創辦公司給孫寶琦、周自齊、梁士詒、蔡廷幹、唐紹儀、王揖唐寫介紹信。參見上海市檔案館譯，《顏惠慶日記（1908-1911）》，第1卷（北京：中國檔案出版社，1996），頁807、814、830。
397 〈留美同學會通告〉，《申報》，1919年5月22日，版1。"Shanghai Returned Students Plan National Organisation To Protect Rights Of China", *The China Press*, May 24, 1919, p. 1. "Returned Students' Club", *The North-China Herald*, May 31, 1919, p. 577.
398 "Annual Banquet Held By Chinese Y.M C.A.", *The China Press*, May 25, 1919, p. 7.

海學聯評議會,提議連絡歐美留學生作為輔助。31 日《申報》紀其演說,對學生「多訓勉之辭」,似含勉勵和批評兩義。[399] 上海學聯評議會隨即開會通過:「聯絡歐美回國留學生為本會輔助」。[400] 「輔助」一詞,突出學生的主體性。及至中外局勢日益嚴峻,歐美歸國留學生與上海學聯的關係,卻更像《大陸報》所說,轉為具「指示」和「監督」作用。就組織關係言,5 月 31 日上海學聯議決,表示將和歐美同學會建立正式連繫。代表歐美同學會參加上海學聯者,很可能是俞希稷,[401] 他在五二六前夕及當天兩度對學生演說,在學生群體中有突出地位。[402] 是年 8 月,他銜復旦董事會命到北京募款,總統徐世昌以下紛紛解囊,也說明其背景殊不簡單。[403] 「全國報刊索引」收載《中華職業教育社同社錄》(封面有「蘇社總事務所」印章),記 1918 年 8 月 31 日前入社的俞希稷,通訊處為「上海楊樹浦恆豐紗廠」,[404] 則透露俞希稷與恆豐廠主聶雲台的連繫。此即俞希稷或許作為聶雲台代理人,負責引導上海學聯行動。該社有十四位社員,皆來自金星

---

399 〈學生聯合會消息〉,《民國日報》,1919 年 5 月 31 日,版 10。〈上海學生罷課之第五日〉,《申報》,1919 年 5 月 31 日,版 11。

400 李登輝「訓勉之辭」似不簡短,惜報紙未披露詳情。〈上海學生聯合會紀事(四)〉,《時事新報》,1919 年 5 月 31 日,第 3 張版 1。

401 這年 8 月,上海歐美同學會總幹事曹雲祥遠行期間,一切事務即由幹事俞希稷代為負責。〈歐美學生將開全國大會〉,《益世報》,1919 年 8 月 19 日,第 2 張版 6。

402 1919 年 6 月 18 日,俞希稷組織成立上海商業研究會,交通部工業專門學校(南洋公學)鐵道管理科、復旦大學商科、南洋商業專門學校、省立商業中學四校學生代表二十七人出席。成立大會臨時書記:閔憲章。正會長:陸思安(復旦)。副會長:徐啟東(南洋商業)。文牘:湯成梓(省商)。會址暫設:復旦大學。〈商業研究會成立〉,《申報》,1919 年 6 月 20 日,版 11。

403 《動員的力量:上海學潮的起源》,頁 352-353。

404 《中華職業教育社同社錄》,頁 1、10。

保險公司。而金星公司總董,為復旦董事唐紹儀。[405]

不特如此,上海三罷落幕後,李登輝答《字林西報》記者訪問,嘗特別解釋華人所謂「學生」(student)之義,不僅指在校學子(schoolboys),兼指歸國留學生或受新教育者。[406] 李登輝參與創立之「學生」團體,英文確實均含「學生」一詞。[407] 可見考察五四「學生運動」,不可侷限於新設之學生聯合會,尚應重視老牌學生會之角色。1919 年 11 月 11 日寰球中國學生會第九次徵求大會上,唐紹儀宣稱「本會以學生名,座中實無一非學生。如楊小川諸君,為老學生。而其餘甫自外洋歸國者,乃新學生。」更稱本年發生之學生運動,為「通國學生動力所成之結果」,可見「本學生會關係中國前途甚大」。[408] 由此看來,以留美學生為重心的寰球中國學生會,對學生運動的同情,發揮不可輕忽的作用。是則討論上海之學生運動,可說有狹義和廣義。狹義之學生運動,指各校學生發起的抗爭活動。廣義的學生運動,指新學界支持的愛國運動。截止 1919 年 5 月底,新舊學生已有合流擴大之勢。新學生不但成為生力軍,且受老學生指導監督。五二六罷課,固由教育會掌舵。六五罷市及其後續運動,歐美同學會也未置身事外。對上海學聯成員而言,他們親近且信任歐美歸國學生,遠多於留日學生救國團成員,為不可諱之事實。

---

405 《中華職業教育社同社錄》,頁 1-8。
406 "Public Opinion in China", *The North-China Herald,* June 14, 1919, p. 6.
407 The Chinese World's Students' Federation(寰球中國學生會,1905 年成立)、The Western Returned Students' Union(上海歐美同學,1917 年成立)、The Shanghai Students' Union(上海學生聯合會,1919 年成立)、The Chinese Students' National Federation(全國學生聯合會,1919 年成立)。
408 〈寰球中國學生會第九次徵求大會記〉,《申報》,1919 年 11 月 12 日,版 10。

(4) 靜候時機

此時徐世昌政府舉措,則令情勢難以降溫。5月28日,國務院加急密電盧永祥,稱「上海七十餘校同時罷課,學業、治安兩有關礙」,應「設法消弭、嚴密防止」。[409] 5月31日,教育部袁希濤則電江蘇省教育廳「亟應飭令各校校長會同教職各員,懇切勸導,尅期上課。勿再極端爭持,至陷於無可挽回之地位。」[410] 事實上,到任才兩月的胡家祺,面對學潮根本無能為力。

盧永祥召上海縣知事沈寶昌密商,決定分派道縣兩署人員赴各校勸導,[411] 更要求江蘇省教育會協助勸止。30日滬報刊出盧永祥致江蘇省教育會函:

> 逕啟者,前於二十三日由各校公舉代表,來署陳述意見。當以多士愛國,事出熱誠,極所欽許,遂即於漾日〔5月23日〕電達國務院,請求明白宣布,以平眾心。一面函請貴會,轉致各該校剴切譬解,勿令罷課,以便從長計議,並將電稿送閱在案。乃聞日內各校仍有罷課之舉,殊非本願所及。以弟之見,輿論所集與士氣之奮,原未可以概行禁遏,是以極意維持,但期於事有濟,而現在院電並未見復,遽爾相率罷課,以後倘復遇事,弟將何以置詞?各該校激於一時之氣,未暇深思熟慮,以致手續不周,惟有仍請貴會徧為曉諭,力予維持,仍行照常上課,以俟後效,勿令踰越範圍,致生障害,實不勝切切期望之意。特此布達,即頌公綏。盧

---

409 〈國務院電飭消彌罷課風潮〉,《申報》,1919年5月29日,版11。
410 〈江蘇省教育廳轉令學生尅期上課代電〉(1919.6.3),《五四愛國運動檔案資料》,頁217。
411 〈國務院電飭消彌罷課風潮〉,《申報》,1919年5月29日,版11。

永祥啟。⁴¹²

盧永祥函有兩點值得注意：一、他說「手續不周」，指五二六集會手續，但也不願深究。⁴¹³ 二、他認為江蘇省教育會有監督學生之責，請其負責勸諭學生照常上課。

盧永祥公函披露報章後，卻引起《民國日報》撻伐，把矛頭對準江蘇省教育會。5 月 31 日，孫鏡亞〈告江蘇省教育會〉，彷彿一篇檄文，痛斥江蘇省教育會「越俎妄為」：

> 上海各校學生之罷課，其宗旨之純正，其態度之明瞭，其約束之謹嚴，疊于學生聯合會之宣言，與其紀事見之。外人之明白中國情形者尚推崇不遑，并希望各界之群起幫助，而貴會獨始終懷疑，致電北京，且謂學生之舉動，要求勿易教育總長，不虞諸公之笨拙之一至于斯也。

> 嗣由貴會邀集各校長開會，研究結果，至派代表，某承于盧子嘉君。夫盧君為淞滬護軍使，顧名思義，雖三尺童子，不難知其職權之所在，而貴會及各校長，貿然請之，已為遺憾。竊謂上海各校之學生，萃集各省人士，表示如此，實不啻全國真正民意之結晶，貴會或囿于一隅之淺見，腐儒之曲說，故與各有〔方〕人士不無枘鑿之處。往事已矣，頃閱報載盧子嘉君致貴會一函，有請「徧為曉諭」等語，則盧君于貴會之範圍，亦未十分了解。此後幸勿越俎妄為，致貽學界之羞。苟尚有良心者，可用公等私人名義答以本埠各校之秩

---

412 〈盧護軍使之期望上課函〉，《申報》，1919 年 5 月 30 日，版 11。〈盧永祥致省教育會函〉，《民國日報》，1919 年 5 月 30 日，版 10。

413 1919 年 6 月上海罷市落幕後，淞滬警廳鄭重公佈：「如有集眾開會，須按照警章，先期推定代表，將開會宗旨、討論問題、到會人數，呈報該管警區，察核許可，依法辦理，否則概行禁止。」所謂「警章」，即指〈治安警察條例〉。此一公佈，自是奉軍署訓令發出。〈昨日各界開會始末記〉，《申報》，1919 年 6 月 30 日，版 10。

序較平時為整齊足矣。

報載北京軍警有至各校逼迫學生上課之野蠻行動，貴會如處置不當，致引起盧君之誤會，萬一尤而效之，為鄰邦所訕笑，公等之肉尚足食耶？

抑猶有言者，上海學生聯合會罷課之宣言，以要求懲辦逆跡昭著之段祺瑞等為唯一之職志。公等思之，段等非逆跡昭著耶？則上海學生之罷課為無意識矣。段等果逆跡昭著耶？則消弭之方，在北京政府悉從其請。公等如有此能力邀北京政府之允許，吾知段等今日入法庭，明日上課各校即如常上課。[414]

孫鏡亞文挑戰江蘇省教育會地位外，更不無離間之意地聲明，上海學生聯合會「萃集各省人士」，「不啻全國真正民意之結晶」；省教育會卻僅是「腐儒之曲說」，「囿於一隅之淺見」，不足代表人民。不過，以省教育會多年聲望及實力，要撼動其地位絕非易事。

至於5月30日上海縣知事兼護道尹沈寶昌造訪黃炎培之行，轉達寧滬官廳訓令，及盧永祥轉教育部「本年各學校暑假應提前兩星期」訓令，[415] 也不得要領而返。翌日《申報》簡述：

該會以此次罷課出於全體愛國心團結，非有切實辦法，無以平眾人之心，不易為力云。[416]

此記簡約，卻已見拒絕配合之意。此時黃炎培等察覺民心趨向，態度已與前不同。惟面對北京複雜政情，仍須審慎以對，等待發難時機。

---

414 孫鏡亞，〈告江蘇省教育會〉，《民國日報》，1919年5月31日，版12。
415 〈提早放給暑假之通知〉，《時報》，1919年6月2日，第3張版5。
416 〈磋商勸導學生上課之辦法〉，《申報》，1919年5月31日，版11。

九、小結

　　本章已經說明，五二六罷課誓師以後，上海學生響應北京學生而起。江蘇省教育會從旁輔導，從明暗兩面協同進行。聖約翰大學校長卜舫濟 1919 年度校務報告書，驚訝不已地評論上海學生運動說：「對西方人而言難以理解這一運動。……群眾是如此熱切地聆聽年輕的學生們在大街小巷所作的關於中國危急局勢的演講。任何年齡層次的青少年都被看作是智慧的象徵，因為他們是學生階層。」[417] 社會大眾對學生如是尊敬，更遑論對教育家的推崇。且上海學界決定總罷課後，似即作出擴大準備。若干校內有師生對峙之紛擾，教育會則協助調解校園之紛爭。對於教會學校的風波，他們尤審慎地勸告疏解。教育會的調停者角色，雖不能令人人滿意，卻也令人感到調停者之不可或缺。五二六以後，上海學聯在李登輝提議下，進一步與留美同學會結盟，正式接受彼等輔佐及指導。上海學界之政治目標及行動策略，必須共同協商而後行。此時，上海學界表面上以北京學生主張為準，實際上已修改北京學生所提條件，從六條縮減為一項主張：暫時擱置外交議題，用全力對付內部敵人。

　　關於罷課爭議，桑兵爬梳五四時期新文化名人日記，指出「蔡元培、蔣夢麟、胡適、經亨頤等人，雖然同情學生的愛國熱情和舉動，但出於種種現實因素的考量，尤其是學生的角色地位，根本上並不主張或贊成罷課示威等妨礙正常學習的行動方式。」[418] 但學生團體很快習得組織群體和動員輿論技巧，以致

---

417 卜舫濟，〈聖約翰大學 1918-1919 年度學年報告摘要〉，頁 6-7。
418 桑兵，〈關鍵年代的小歷史──1919 年的事件與日常〉，《社會科學戰線》，2018 年第 1 期，頁 121。

在軍事力量短缺下,僅用報刊和街頭演說,就已展現出推動輿論的力量。省教育會對學生展現的力量,或者既喜且憂。及至學生積極追求主體性,在政治觀點上也自有主張後,各校師長尤感到不安。不過五四運動期間,教育會與學生會的政治訴求,包括:挽留蔡元培、維護大學尊嚴、罷免賣國賊、拒簽和約等,手段上不盡相同,方向上卻是一致。後來學生在民黨人士積極運作下,一部分傾向政治激進主義。但就上海學生而言,在現實面的考慮下,仍須靠教育家應時局面。簡言之,雙方共識超過歧見,遂為協力合作奠定基礎。

　　從抗爭策略看,從五七到五二六,上海學聯表現確實可圈可點。它的正式組織系統,分為執行部和評議部。學聯評議部的成員,兼含教職員和學生。其中,又分大學組和高中組,以前者起領導作用。此外,尚有一隱密的核心決策圈,以復旦幫為核心,成員約十餘人。黃炎培、蔣夢麟、朱少屏、曹慕管等人作為顧問,加上李登輝推薦的歐美同學會代表俞希稷,對學生都有一定影響力。學聯決議的切實執行,也靠教育家出面疏通。通過上海報館的合作,上海學聯的討論和決議見諸報端,也因而受各界矚目。可以說,上海學聯成立不到一個月,就躋身上海重要團體之一。不過,它並未取得法律地位。對政府官員及北京政府的通電,必須靠法定團體教育會代轉。在蔣夢麟和李登輝等輔導下,上海學聯和教育會盡量保持一致。對華洋兩界和報館的連繫,則賴朱少屏暗予助力。其他研究系張東蓀和俞頌平等人,通過《時事新報》鼓動輿情,乃至引導學生。民黨邵力子等則通過《民國日報》,為學生搖旗吶喊。

　　對上海學生而言,他們從參加五七國民大會及五九國恥紀念以後,愛國熱情和政治意識已被喚醒,也開始追求自身的主體運

作。5月初京津學生南下,帶來全國學生大聯合的美好憧憬,也急於聲援身處險地的北京學生。此時他們面臨一種新處境:一方面,是全國學生大聯合的新系統,以聲援北京學生抗爭行動為優先。另一方面,是江蘇省教育會的謹慎指引,使他們往往顯得遲疑而克制保守。江蘇省教育會在全國及地方的聲望及影響力,使學聯不能不爭取他們的支持,盡可能避免各行其道的分裂。對教育會來說,他們鼓勵學生自治之際,或許期待各分會宛如多支別動隊,卻務必接受他們監督約束。但上海學聯與京津學生團結合後,又進一步與各埠學生會建立連繫,既受制於全國學生的共同步調,也承受外埠學生的期許壓力。此時,教育會和學生會的協商討論,也越來越考驗雙方的耐心和智慧。

第二章　上海紳商和公團政治

（辛亥以迄己未）

圖二之一：南方議和總代表唐紹儀。 　　廣州軍政府總裁（外交部）伍廷芳。 　　上海交涉使楊晟。

圖片來源：*Who's Who in China (Shanghai Millard's Review 1918-1919)*, p.3, p.53, p.45.

圖二之四：上海廣肇公所董事及精武體育會董事溫宗堯。 　　上海廣肇公所董事及精武體育會董事霍守華。 　　上海廣肇公所董事及精武體育會董事黃伯平。

圖片來源：《精武本紀》（上海：精武體育會，1919），頁 160-162。

圖二之四：上海廣肇公所董事及精武體育會董事，由左至右依序為胡耀庭、譚海秋、湯節之、馮少山。

圖片來源：《精武本紀》（上海：精武體育會，1919），頁 160-162。

圖二之五：上海精武體育會正副會長朱慶瀾、聶其杰。

正會長朱慶瀾先生字子橋

副會長聶其杰先生字雲臺

圖片來源：陳鐵生編，《精武本紀》，頁 159。

第二章　上海紳商和公團政治 | 235

圖二之六：寧波旅滬同鄉會前任正副會長虞洽卿、朱葆三、李徵五、王儒堂、錢達三。

圖片來源：《寧波旅滬同鄉會紀念冊》（1921年），卷首。

圖二之七：商業公團駐會幹事暨寧波同鄉會會長張讓三。

張讓三先生遺像

先生諱美翊字讓三浙江寧波人弱歲成諸生光緒十六年隨無錫薛福成意奉使英法比四國凡歷五年銳意撰述等書都十餘海島國經入昼公懷幕象數之學旋先後贊為南洋倡公學新政多所贊襄恤幕歷總理復先後歷任南洋大臣顧問官憲編查充諸議局議員諧議官撫寧政心於館議洋議官革命後撫寧於浙江方事業被推為旅滬同鄉會長十三年夏歷七月十日辛於甬春秋六十有八

圖片來源：〈張讓三先生遺像〉，《友聲》，1924年第13期，無頁數。

圖二之八：寧波旅滬同鄉會副會長方樵苓、陳良玉（1919年）。

圖片來源：《寧波旅滬同鄉會紀念冊》（1921年），卷首。

第二章　上海紳商和公團政治 | 237

圖二之九：商業公團的甬幫領袖方椒伯、粵幫領袖馮少山等，是 1920 年代上海青年會贊助者。

李觀森君
青州隊隊長

趙晉卿君
兗州隊隊長

方椒伯君
荊州隊隊長

馮少山君
梁州隊隊長

圖片來源：《上海青年》，1923 年第 2 號（1923:3），無頁數。

圖二之十：寧波旅滬同鄉會新舊會所，舊會所（河南路364號）為商業公團辦事處。

舊會所正門　　　　　新會所正門

圖片來源：《寧波旅滬同鄉會紀念冊》（1921年），卷首。

圖二之十一：旅滬紹興七邑同鄉會會長田時霖。

圖二之十二：上海澄衷中學校長、旅滬紹興七邑同鄉會議長曹慕管。

圖片來源：《上海青年（暑期特刊）》，第24卷第19期（19257），頁2。

圖片來源：上海圖書館編，《上海圖書館藏赴聞集成》，第71冊，頁373。

第二章　上海紳商和公團政治　　239

圖二之十三：中華國貨調查會印行《國貨調查錄》。

圖片來源：《國貨調查錄》，第 3 期（19159），封面。

圖二之十四：中華工商研究會國貨審查部發出之〈中華國貨證明書〉（1919 年 9 月 15 日），有會長楊晟、評議部長沈卓吾、審查部長徐春榮、審查員王漢強等簽章。

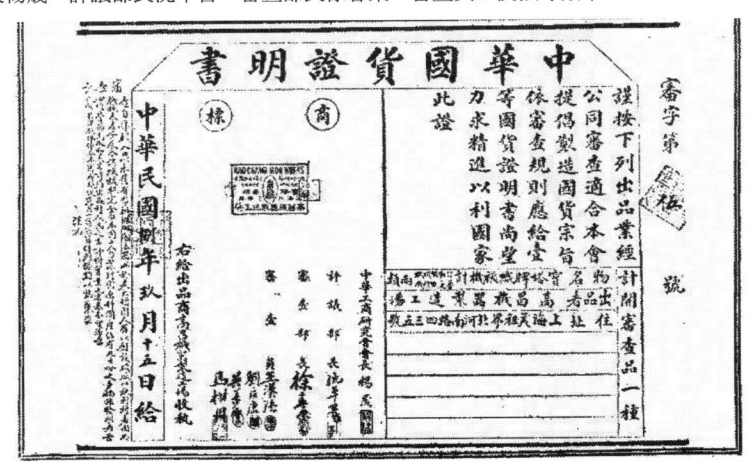

圖片來源：商務印書館編，《上海商業名錄》（上海：商務印書館，1920），頁 168 後廣告版。

示意圖二：上海地方公團關係圖（1919.6）

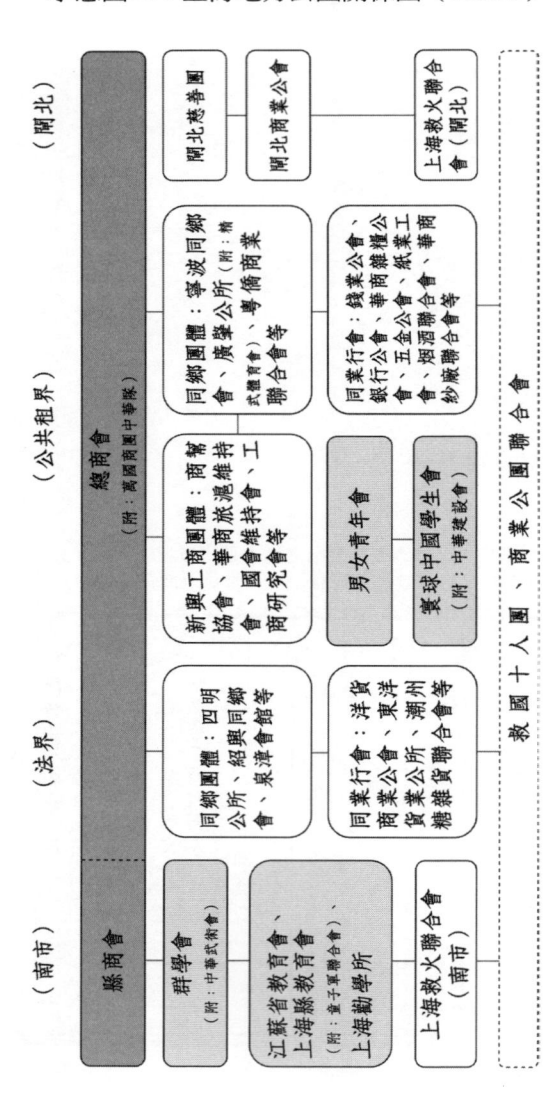

（閘北）	閘北慈善團 閘北商業公會 上海救火聯合會（閘北）
（公共租界）	總商會（附：萬國商團中華隊） 同鄉團體：寧波同鄉會、廣肇公所（附：恤僑商業聯合會）、武德育會、粵僑商業聯合會等 同業行會：錢業公會、華商銀樓公會、五金公會、華商紙聯合會、烟酒聯合會、紗廠聯合會等 新興工商團體：商幫協會、華商旅滬維持會、國會維持工商研究會等 男女青年會 寰球中國學生會（附：中華建設會）
（法界）	同鄉團體：四明公所、紹興同鄉會、泉漳會館等 同業行會：洋貨商業公會、東洋貨業公所、潮州糖業雜貨聯合會等
（南市）	縣商會 群學會（附：中華武術會） 江蘇省教育會、上海縣教育會（附：童子軍聯合會）、上海勸學所 上海救火聯合會（南市）

救國十人團・商業公團聯合會

第二章　上海紳商和公團政治 | 241

地圖三：上海行政機關、商會及會館公所

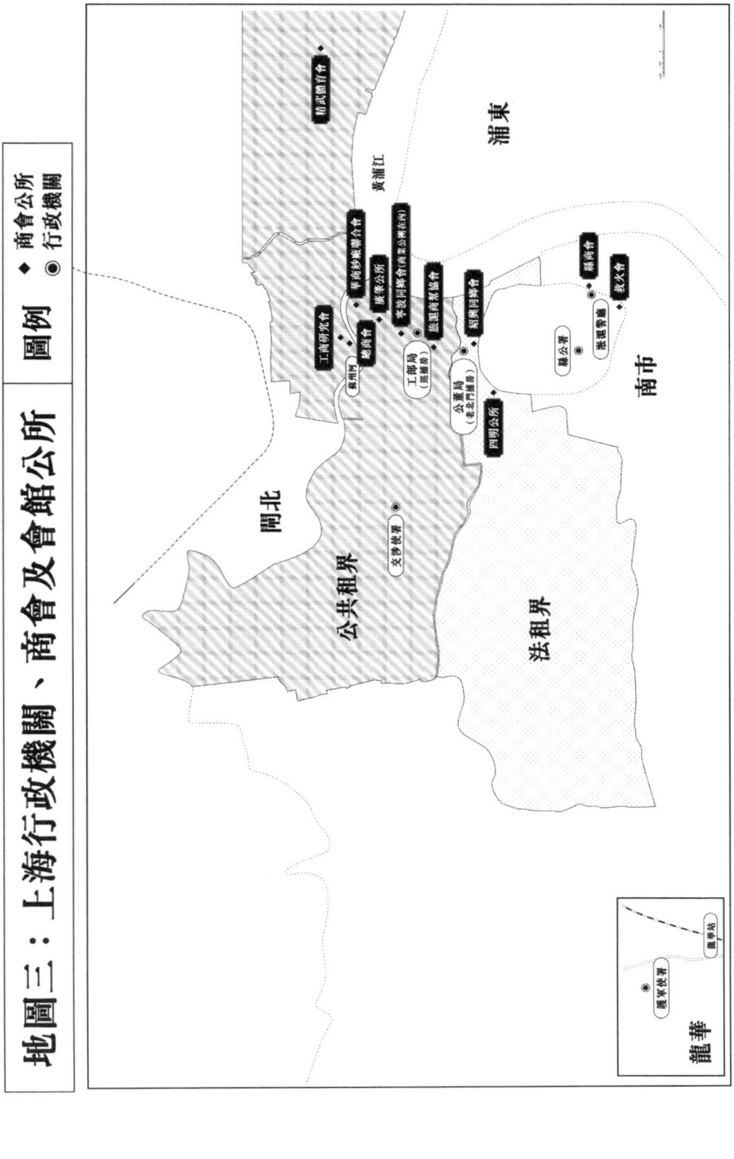

一、前言

「耆老是中國社會的領導階層。」

～1947 年，根岸佶，

《中國社會的領導階層——中國耆老紳士的研究》[1]

「從前在商言商之說，知已不適用於今日。

內政外交，均為商人所應注意。」

～1919 年 6 月 28 日，方椒伯，

〈學生愛國儲金興辦實業意見書〉[2]

　　1919 年初，經常舉行大型活動的江蘇省教育會等各大公團，忽然沉寂下來。上半年在滬上最為活躍的商界團體，是新成立的商業公團聯合會（以下簡稱：商業公團）。公團從 2 月籌備成立到 6 月初，成員團體增加到六十餘個，在輿論上頗有聲量，也呼應學生的要求。1919 年秋天，毛澤東發表〈民眾的大聯合〉一文，提及上海商業公團是近年因政治開放而成立的新團體之一。[3] 1960 年初版的《五四運動在上海史料選輯》，遂選定商業公團為代表性商界團體。是後，上海史及五四史研究者無人不重視商業公團的角色。在當時人看來，商業公團有別於早已存在的南北商會，自始積極發表對內政外交主張，展現商人對公共事務

---

[1] 根岸佶，《中國社會に於けろ指導層》（1947），收入三好章編暨解說，《根岸佶著作集》，第 3 卷（東京：不二出版，2016），頁 14。
[2] 方椒伯，〈學生愛國儲金興辦實業意見書〉，《申報》，1919 年 6 月 28 日，版 11。
[3] （毛）澤東，〈民眾的大聯合〉，《湘江評論》，第 4 期（1919.8.4），版 1。

的高度關切。⁴ 從 5 月外交惡耗傳來，商業公團同情學生運動，支持抵制日貨，甚至發動罷市響應，被視為商人階層的政治覺醒。白吉爾（Marie-Claire Bergère）研究商業公團組織及其活動後，認為商人對外交失敗的反應較學生為早，其中若干同鄉團體作用尤為重要。⁵ 顧德曼（Bryna Goodman）依循白吉爾指引的線索，進而考察旅滬的同鄉組織，認為它們對上海五四運動起了重要的作用。⁶

關於上海同鄉團體的研究，日本及歐美學者的確早著先鞭，對瞭解五四前後的商業公團很有幫助。先是南滿洲鐵道株式會社上海事務所編的《浙江財閥》（1929 年）及山上金男的《浙江財閥論》（1938 年），既重視浙江商人的新地位，也不輕忽廣東商人的舊勢力。⁷ 原上海東亞同文會商科教授根岸佶的〈四明公所研究〉，更是一部篳路藍縷之作。⁸ 而蘇珊曼（Susan Mann Jones）的寧波幫研究，考察上海四明公所和旅滬同鄉會的領導階層，還探討寧波商人和原籍地的關係。⁹ 高家龍（Sherman

---

4 《五四運動在上海史料選輯》第六部分〈五四運動期間上海社會各團體的政治動態〉，頁 648-664。

5 白吉爾著，王菊、趙念國譯，《上海史：走向現代之路》（上海：上海社會科學院出版社，2005），頁 152-153。

6 顧德曼，〈新文化，舊習俗：同鄉組織和五四運動〉，洪澤主編，《上海：通往世界之橋》，下冊（上海：上海社會科學院，1989），頁 265-284。

7 南滿洲鐵道株式會社上海事務所編，《浙江財閥》（東亞印刷株式會社大連支店，1929）；山上金男，《浙江財閥論》（日本評論社，1938）；均山上金男著、陶水木等譯，《浙江財閥》（北京：國家圖書館出版社，2014）。

8 根岸佶，〈支那ギルドの研究〉附錄〈上海四明公所〉（1932），收入三好章編暨解說，《根岸佶著作集》第 1 卷，頁 85-86。徐蔚南〈上海四明公所研究〉大體譯自是篇。上海通社編輯，《上海研究資料續集》，《民國叢書》，第四編第 81 冊（上海：上海書店影印，1992），頁 299-300。

9 Susan Mann Jones, "The Ningpo Pang and Financial Power at Shanghai", in Mark Elvin and G. William Skinner (eds.), *The Chinese City Between Two Worlds* (Redwood City: Stanford University Press, 1974), pp. 84-91.

Cochran）的寧波商人及香山買辦研究，[10] 顧德曼的《家鄉、城市和國家》和《席女士的自殺》，均對旅滬廣東商人網絡及政治、社會活動予以勾勒。[11] 宋鑽友《廣東人在上海（1843-1949年）》和高紅霞《上海福建人研究（1843-1953）》，更把視角延伸到粵閩人士的社會和宗教活動。[12] 惟上述著作對旅滬同鄉會的研究，經常置於「傳統─現代」論述框架之內。[13] 如白吉爾強調同鄉團體的地緣性質外，還斷定五四運動的「現代性」有限。[14] 近年研究者轉換思路，如顧德曼強調旅滬同鄉團體中，傳統因素和現代特性的混融並存，就是對白吉爾觀點的修正。及至現代化理論退潮之後，更多人關心上海商幫的競合關係。惟能從具體人事來考察團體動向，更進一步理解其政治連繫者，殊不多見。

由於五四研究的帶動，中日學者對商業公團的人事背景和政

---

10 高家龍（Sherman Cochran）著、程麟蓀譯，《大公司與關係網──中國境內的西方、日本和華商大企業（1888-1937）》（上海：上海社會科學院出版社，2002）。高家龍著，樊書華、程麟蓀譯，張中禮校，《中國的大企業──煙草工業中的中外競爭（1890-1930）》（北京：商務印書館，2001）。

11 Bryna Goodman, *Native Place, City, and Nation: Regional networks and identities in Shanghai, 1853-1937* (Berkeley, CA: University of California Press, 1995). Bryna Goodman, *The Suicide of Miss Xi* (Cambridge: Harvard University Press, 2021).

12 宋鑽友，《廣東人在上海（1843-1949年）》（上海：上海人民出版社，2007）高紅霞，《上海福建人研究（1843-1953）》（上海：上海人民出版社，2008）。

13 張仲禮主編的幾部書，都是這種研究思路和論述框架的產物，包括《近代上海城市研究》之〈經濟篇〉第七章〈上海工商團體的近代化〉（徐鼎新撰寫）。《長江沿江城市與中國近代化》第十章〈從會館、公所到同鄉會、同業公會〉（上海部分由宋鑽友撰寫）。《近代上海城市研究》（上海：上海人民出版社，1990），頁509-598。張仲禮、熊月之、沈祖煒主編，《長江沿江城市與中國近代化》（上海：上海人民出版社，2002），頁489-528。虞和平的寧波旅滬同鄉會研究，也展現同一思路。虞和平，〈清末以後城市同鄉組織形態的現代化──以寧波旅滬同鄉組織為中心〉，《中國經濟史研究》，1998年第3期，頁71-84。

14 《上海史：走向現代之路》，頁152-153。

治聯繫,卻逐漸出現較多細節的研究。劉永明、李達嘉、馮筱才先後作出推敲,莫不認為該團體和國民黨人關係較深。劉永明列舉商業公團幹事名單,認為鄒靜齋、沈卓吾、湯節之、朱伯為、徐春榮、馮少山、黃伯平、陳良玉等,均與國民黨人有較密切關係。[15] 馮筱才研究五四運動中的江浙商人,也斷定商業公團受到較深黨派影響;[16] 後來出版虞洽卿傳記,卻發現虞洽卿(商業公團正會長)領導的 1915 年救國儲金運動,背後有袁世凱政府支持。[17] 李達嘉著重考察鄒靜齋(商業公團副會長)背景,發現他參加了國民黨外圍組織(中華國民策進永久和平會),民黨欲通過他與商界建立關係。李達嘉還注意到鄒靜齋作為旅滬商幫協會會長,長期投入抵制日貨運動,與虞洽卿早就有合作關係。[18] 馮筱才和李達嘉的傳記研究表明,從長時段追溯人物關係及社會活動,有助於把五四舞台上臉譜化的人物,還原為有血有肉的商人形像。可惜研究者都忽略了一個環節,即虞洽卿、鄒靜齋,乃至沈卓吾、徐春榮等人,均和三度出任上海交涉員的楊晟關係匪淺,且和松滬護軍使盧永祥也有微妙連繫。[19] 更早研究國民黨和上海五四運動的末次玲子,細心考究國民黨系人物及相關團體時,

---

15 劉永明,《國民黨人與五四運動》,頁 238-270。

16 馮筱才,《在商言商:政治變局中的江浙商人》(上海:上海社科院出版社,2004),頁 199。

17 馮筱才,《政商中國:虞洽卿與他的時代》(北京:社會科學文獻出版社,2013),頁 72-92。

18 李達嘉,《商人與共產革命(1919-1927)》(臺北:中央研究院近代史研究所,2015),頁 61-65、74-75。

19 1917 年 2 月楊晟被免去上海交涉員,徐春榮為之大抱不平。〈挽留楊小川之話柄〉,《神州日報》,1917 年 2 月 26 日,版 5。1917 年 9 月盧永祥籌辦京奉水災義賑會,徐春榮為辦事員之一。〈愛儷園之籌賑大會記〉,《申報》,1917 年 9 月 6 日,版 10。

未把商業公團直接劃入民黨譜系，則表現出較為審慎的態度。[20]

又馮筱才稍後發表〈名實・政治・人事——關於民初上海商人團體史研究的幾點思考〉，呼籲對於商人及商人團體的研究，必須重視「人的活動」，尤其不能低估政治勢力的影響，更應注意那些「隱在幕後的關鍵性人物」。他舉上海商業公團聯合會為例，批評迄今「尚無人就上海商業公團聯合會的內部實態及其與外界政治勢力的關係作細緻的研究，大家好像滿足於這個愛國團體發表的文電或者激進的舉動中去解讀商人的『先進性』。然而據筆者所掌握的史料來看，上海商業公團聯合會實際上有極為複雜的政治背景，它的成立與南方護法及國民黨乃至進步黨人均有密切關係，其後來的表現也需要從政治勢力的演化與權力的競爭等角度去分析。」[21]馮筱才提示的研究路徑十分正確，但對商業公團的描述仍嫌模糊。至其近年發表的〈政爭與「五四」：從外交鬥爭到群眾運動〉，更不乏史實及判斷失誤。[22]可見要了解五四歷史難度不小，非下綿密功夫難以達成目標。

本章擬依據近年刊佈的個人傳記及家族史料，設法還原及揭示旅滬官紳商學的人際網絡。這些史料包括下列幾種：

一、旅滬紳商及社會聞人的個人年譜及家族傳記，收入《上海圖書館藏赴聞集成》（2018年），《上海圖書館藏年譜續

---

20 末次玲子，〈五・四運動と國民黨勢力〉，收入中央大學人文科學研究所編，《五・四運動史像の再檢討》（東京：中央大學出版部，1986），頁283-338。

21 馮筱才，〈名實・政治・人事——關於民初上海商人團體史研究的幾點思考〉，《近代史研究》，2006年第4期，頁139-142。

22 例如馮筱才稱五四時期研究系更傾向聯合孫中山，又說唐紹儀是政學會首腦，認為北京學生許德珩等通過蔡元培等與孫中山聯絡，乃至說復旦大學校長李登輝是國民黨系，都未能獲得充分證實，乃至與實情頗有距離。馮筱才，〈政爭與「五四」：從外交鬥爭到群眾運動〉，《開放時代》，2011年第4期，頁28-41。

編》（2019年），包括五四前後上海聞人王培蓀、曹慕管、李登輝、李耀邦、朱志堯、姚文枬、葉鴻英、郁懷智、陳炳謙、陸費逵、方式如、胡稚薌、簡照南、沈聯芳、蘇筠尚、王一亭、吳馨、項松茂、盧信、沈卓吾等人際交往。

二、旅滬耆紳的詩文集及其主修家族宗譜，包括《鎮海柏墅方氏恭房支譜》、《鎮海港口李氏支譜世次表》、《郁氏家乘》、《鎮海柏墅方氏重修宗譜》、《上虞永豐田氏宗譜》、《甬上青石張氏家譜》、《鎮海虹橋朱氏重修宗譜》、《餘姚蘭風蔣氏宗譜》、《鎮海東管沈郎橋葉氏宗譜》、《荊林聶氏續修衡山族譜》，則反映了江浙湘名紳鉅商家族勢力及耆紳交際網絡。

此外，上海商業行會及同鄉團體的議事錄和出版品，披露上海商幫、同業行會的動向，也是五四研究的重要史料。這些出版品包括下列幾類：

一、商會出版品及議事錄，如《上海總商會同人錄》、《上海總商會議事錄》。

二、同鄉團體出版品及會議紀錄，如《廣肇週報》、《寧波旅滬同鄉會月刊》、《紹興旅滬七邑同鄉會季報》、《廣肇週報》、《四明公所大事記》、《寧波旅滬同鄉會紀念冊》等，都揭示了人事和組織，乃至聲援學生的決議。

三、新興工商團體、同業行會紀事及會議紀錄，如中華國貨維持會、華商紗廠聯合會的相關紀錄。

四、金融機構的密函報告及會議紀錄，例如：上海銀行公會、上海錢業公會、新華儲蓄銀行上海分行致北京總行報告書。這類紀錄的特點，是下筆審慎，用詞嚴謹。一旦事關敏感，不但記事簡略，甚至往往從闕。不過，也有事過境遷，追溯往

事，透出若干實情。負責紀錄者一般為書記（或稱秘書）。這些書記頗有能力，不止是抄寫員。有些書記（長）更兼坐辦，等於機關「總幹事」，為執行者兼決策者。這類坐辦型人物，較掛名而不管事的董事會，有時更有實質影響力。

本章討論上海紳商的政治作用，將就下列層面展開討論：

第一、考察原有旅滬同鄉會的組織構造、領導人物、動員能力，從歷史上說明旅滬耆紳的政治聯盟，是如何形成上海政治運作的基本型態，對內可以對全國政局發生影響，對外可以發揮國民外交的作用。

第二、探討旅滬新興工商團體的興起、人事結構、活動重心，揭示含有官商通氣合作的底蘊，由官廳向商人提供行政資源及商業保護，成為國貨運動及抵制日貨的推動力量。

第三、交代商業公團的成立原委、組織結構及核心領導，說明它如何發揮「公團政治」的作用，在五四時期成為聲量最大的團體之一，並與南北各方政治勢力保持微妙聯繫。

本章涵蓋時段較長，從辛亥（1911年）以迄己未（1919年），所要探討的中心問題是：商業公團成員是否分享相近的政治理念？是否存在共同利益和政治目標？是甚麼力量把他們集結起來？這些團體的橫向聯繫和縱向動員機制為何？其行動能量有多大？這些問題都很複雜且隱密不清，卻是理解五四上海運動的基本前提。

對於活躍於五四時期的商業公團，尚有兩個視角值得注意。首先，商業公團不是上海商界長期存在的主導團體，也不具備商會的法定地位，只是一個任務性的臨時聯盟。故此，與其視為一個穩定社會團體，能代表所屬六十餘公團政治主張；不如以成員團體作為考察單位，探討它們和其他團體的親疏關係。其次，上

海被劃為華洋分治的四個地段,分別被不同行政機關從事治理。故此考察商業公團的基本前提,必須明白各團體多半座落公共租界。換句話說,商業公團主要代表的是租界華商勢力,而未能涵蓋南市及閘北商人主張。若要瞭解華界商人的意見,必須另外考察其代表性團體,尤其位於南市的上海縣商會,這將留待第三章說明。本章對租界商人同鄉團體的探討,將通過個人歷史及社會網絡的考察,說明下列要點:

一、舊有社會制度和新興國民運動之間,儘可相互支持而不排斥。世家鉅族可以為國家犧牲付出,同鄉團體也可以是救國基礎。

二、原有士紳群體和新興商人之間,儘可攜手合作來擴大政治影響。在各公團之中,商人可提供經費來源,士紳尤願主持文教事業。至於士商合一者,更能左右逢源。

三、政府官員和社會團體之間,往往相互聲援且彼此融滲,並不一定劍拔弩張,乃至勢不兩立。駐滬官員須獲上海紳商支持,上海紳商也有賴政府官員保護。民初政局的高度不穩定性,更使官商之間的流動增加。商人欲結交官府為其業務開方便之門,官員也須仗賴商人為其提供退路。

官紳商之間的連動複雜而隱密,唯有不惑於表面現象者可探得底蘊。

二、旅滬粵商的實力地位

「在上海，具有掌握主導廣東財閥之地位的人，
首屈一指的當數唐紹儀……。」
～1929年，南滿洲鐵道株式會社上海事務所編，《浙江財閥》[23]

從上海開埠起，粵人就在公共租界佔有深厚勢力。五四時期，美國商務參贊安諾德最重視粵商勢力，直言彼等影響力可達京師。[24] 北伐之後，滿鐵上海事務所調查員志村悅郎回顧歷史，仍稱「從上海財界的歷史來看，廣東財閥的立場更為先進，且曾經與浙江財閥爭霸。在很多方面廣東財閥均超過浙江系，只是因為不得地利之便，結果在人數上多有限制，目前在整體勢力上居於浙江財閥的下風。特別是現在已不能不和浙江系爭霸了，只能受其提攜成為它的旁系，以其共存共榮。」他稱過去「具有掌握主導廣東財閥之地位的人，首屈一指的當數唐紹儀……，但年事已高，近來已從上海財界隱退。」[25] 本書回溯五四時期歷史，不能忽略唐紹儀系的作用。

23　《浙江財閥》，頁101。

24　Julean Arnold, "Chinese Guilds and Chambers of Commerce" in Julean Herberd Arnold, *Commercial Handbook of China*, Vol. 2 (Washington: Government Printing Office,1919-1920), pp. 247-248. 安諾德與旅滬粵商頗有交往，消息來源之一為唐露園（前上海電報局局長）。安諾德所編中國商務手冊，其中對「買辦」（Comprador）的介紹，便是由唐露園提供信息。參見 Julean Arnold, "Position and Functions of the Chinese Comprador" in Julean Herberd Arnold, *Commercial Handbook of China, 1919-1920*, Vol. 2, pp. 254-258.

25　《浙江財閥》，頁99-105。

(1) 廣肇公所

據論者指出,「上海著名的鄉幫,……從歷史上考察,以前勢力最大的是廣東、福建兩幫,後來寧波幫的勢力超出此兩幫。廣東幫在上海的勢力所以如此之大,因為廣東原是中國通商最早的地方,人民富於貿易的精神與技術;加以廣東人很有進取的天性,敏捷豪放,所以在滬的商業,更形發展。」[26] 起初「中國之外國貿易實不能離開廣東人之手,無論何處地方,苟有外國貿易行,即有此等嶺南商人在其中。在上海廣東省之商人,其勢力亞於寧波商,……其從事之營業,以營外國貿易及販運本省貨物(即砂糖及廣貨等)外,庸于外商者居多數,所謂『康白度(買辦)者』概係廣東人,以廣東省城及潮州府人為最著。」[27] 1872年廣肇(廣州,肇慶二府)公所成立,由徐潤、唐廷樞等發起,以「聯鄉里而禦外侮」,時任上海縣知事的葉顧之與議。徐潤對公所費心尤大,經營二十年之久,[28] 號稱「粵省各界旅滬團體之領袖」。[29]

民初粵人擔任上海重要洋行買辦,如:陳炳謙(英商茂祥洋行)、勞敬修(英商泰和洋行)、譚海秋(高易公館,匯豐銀行的法律顧問);也有出任政府要職者,如唐露園(留美,晚清民初電報局長)、溫宗堯(留英,民國首位上海通商交涉

---

26 陳映梅,《上海工商業的團結》(未刊稿),引自上海市工商業聯合會、復旦大學歷史系編,《上海總商會組織史資料匯編》,上冊(上海:上海古籍出版社,2004),頁 27-28。

27 李哲濬、景學鈐,《中國商業地理》,引自《上海總商會組織史資料匯編》,上冊,頁 26-27。

28 劉志強、趙鳳蓮,《徐潤年譜長編》(北京:北京師範大學出版社,2011),頁 18。

29 〈廣肇公所選舉董事〉,《申報》,1919 年 12 月 22 日,版 11。香洲區唐家灣人民政府、珠海市地方志辦公室合編,《唐家灣鎮誌》(廣州:嶺南美術出版社,2006),頁 316-320。

使)、鍾文耀（留美，滬寧甬鐵路局長，工部局華人教育委員會委員。）、楊晟（三度任交涉使）、朱兆莘（交涉使）。辛亥之際，代表南北議和的伍廷芳、唐紹儀、溫宗堯，皆前清高級粵籍官員。至於民黨要人孫中山，及其下屬胡漢民、汪精衛、王寵惠、陳錦濤，也都是粵人。臨時政府成立，軍餉政費捉襟見肘，溫宗堯籲請廣肇公所捐款，立時籌得四十萬兩。事後孫中山未以伍廷芳、溫宗堯出掌外交，粵商頓時嘩然，[30] 聲明收回捐款承諾，要求更改任命。孫中山任命的外交總長王寵惠，還不得不表示謙辭。伍廷芳和溫宗堯隨即發表致粵同鄉公開信，安撫人心。[31] 英國外交官員對溫宗堯未獲任命，也深感驚訝。[32] 孫中山隨後任命溫宗堯為上海通商交涉使，或亦有補償之意，也是循粵商之情。

革命黨人周南陔即稱，辛亥前後上海官商聞人交際應酬的「公餘總會」（Leisure Club），位於公共租界望平街十號，是華洋政治內幕交換的俱樂部，會員以粵人居多：

> 英租界望平街口，九江路漢口路之間，……有一座三層樓

---

30 〈端納來函〉（1912.8.4，上海），駱惠敏編、劉桂梁等譯，《清末民初政情內幕──《泰晤士報》駐北京記者袁世凱政治顧問喬‧厄‧莫理循書信集》，下冊（上海：知識出版社，1986），頁 6-11。

31 〈民國新政府正式發表〉附〈王寵惠君呈大總統電〉、〈又旅滬廣東同人致大總統參議院電〉、〈又伍君廷芳、溫君宗堯致廣東同鄉函〉，《申報》，1912 年 1 月 5 日，版 3-4。

32 公共租界工部警務處報告對溫宗堯留下不少紀錄。上海市檔案館編，《辛亥革命與上海──上海公共租界工部局檔案選譯》（上海：中西書局，2011），頁 41、85、99-100、130。〈第 126 件附件 4：偉晉頌領事致朱爾典爵士函〉，收入胡濱譯，《英國藍皮書有關辛亥革命資料選譯》，下冊（北京：中華書局，1984），頁 452。1912 年 1 月 9 日，粵海關情報還誤傳孫中山應粵人之情，調溫宗堯為外交總長，改委王寵惠為司法總長。廣東省檔案館編譯，《孫中山與廣東──廣東省檔案館庫藏海關檔案選譯》（廣州：廣東人民出版社，1996），頁 14。

半洋式的朝西房子，內設一總會名叫「公餘」……，是高級華人所辦最老總會之一。有特別照會，捕房不來巡查。據說此等特別之總會照會，全上海不過兩三家，而公餘最硬。因公餘的會員，十分嚴格，不足百人，而都是租界上的闊官、大買辦及有名富商。如兩個會審公廨的會審委員、會丈局委員，怡和、太古、匯豐……等大公司銀行的買辦等，……晚餐甚考究，大都廣東口味，會員也是廣東人較多。……我在總會內，認識了電報局總辦唐露園（唐元湛）、繼任總辦周某〔周萬鵬〕、寧滬鐵路局總辦鍾文耀等廣東人。後來都于革命上，大得其力。其他人士尚多，如《新》、《申》、《時報》館的總經理等，不贅列了。每天下午五點鐘後，總會便熱鬧起來。……說私話，納賄賂，運動門路，通達消息等不可告人之隱事接頭，都以此地為最穩便，而最活動。[33]

公餘總會內消息最準確而詳實，「因為有電報局總辦、洋商的買辦、報館的最高當局等，官場和私人的電訊、洋商的密電、洋報的消息，以及武昌漢口的往來旅客，都能傳說情況。」[34]

顧德曼、宋鑽友、馮筱才的研究，說明唐紹儀、伍廷芳、溫宗堯等運用廣肇公所資金，成為彼等政治資本。[35] 黃振威的研究指出，溫宗堯是伍廷芳學生，早年執教香港皇仁書院及天津北洋大學堂，王寵惠和陳錦濤皆是其學生。溫宗堯和陳廉伯（廣東

33　周南陔，〈辛亥光復淞滬內幕〉，《辛亥革命親歷記》，頁 63-64。
34　〈辛亥光復淞滬內幕〉，頁 66。
35　《廣東人在上海（1843-1949 年）》，頁 83-85、372-380。《家鄉、城市和國家——上海的地緣網絡與認同，1853－1937》（上海：上海古籍出版社，2004），頁 148-149、159。馮筱才，〈名實・政治・人事——關於民初上海商人團體史研究的幾點思考〉，頁 138。

商人領袖）的關係，也植基於皇仁書院。[36] 辛亥之年，溫宗堯促成伍廷芳擔任外交代表。[37] 伍、溫聯名發表的公開信，向外國人發出新政府的聲音。[38] 是後，溫宗堯出任民國首位上海通商交涉使，與趙鳳昌和張謇等極有默契。[39] 反袁之役，唐、溫在上海廣肇公所發言，伍廷芳起而響應。[40] 護法之役，孫中山南下廣州，諸多舉措引發反感，伍、唐、溫合力抵制，共謀改組軍政府，逼孫中山離粵。[41] 綜合來看，溫宗堯與惜陰堂主人共商大略，相互配合。

旅滬粵人財力豐沛，粵人會館及同鄉團體有十餘個。廣肇公所外，尚有順德會館、南海會館、潮州會館、潮惠會館、揭普豐會館、肇慶同鄉會、嘉應五屬旅滬同鄉會、旅滬大埔同鄉會等。1917年，粵人成立「上海廣東俱樂部」，暫設廣肇公所樓上，並籌建置永久場所。宣言：「欲結大團體，必先結小團體。欲結遠團體，必先結近團體。將來由近而遠，由小而大，合四萬

---

36 黃振威，《番書與黃龍：香港皇仁書院華人精英與近代中國》（香港：中華書局，2019），頁254。
37 李平書回憶溫宗堯促成伍廷芳出山過程：「余往晤伍先生，初以年老辭，適溫君欽甫至，相與力勸，乃受照會。此一著實為緊要關頭，當日若非伍先生出任外交，各領事未必承認。」《李平書七十自敘》，頁58。
38 "An Open Letter", *The North-China Daily News*, Nov. 15, 1911, p. 7.
39 溫宗堯在駐滬通商交涉使任上，領銜發起上海蒙藏交通公司。其他發起人有：伍廷芳、岑春煊、王人文、程德全、張謇、陳其美、于伯循、陳錦濤、李鍾鈺等。〈上海蒙藏交通公司發起人電〉（1912），《張謇全集》編輯委員會編，《張謇全集》，第2卷（上海：上海辭書出版社，2012），頁327。該公司成立，是為蒙藏邊防問題，仿英國東印度公司成例，與政府及各省合作，以免外人干涉，作為鞏固邊防之秘密計劃。1913年初，公司總理唐紹儀，全權代表顧維鈞（外交部秘書），協理沈雲沛、徐紹楨。〈徐紹楨等為蒙藏交通公司特派廖世功赴津組織分機關事致馮國璋電〉（1913.1），天津市檔案館編輯，《北洋軍閥天津檔案史料選編》（天津：天津古籍出版社，1990），頁423-426。
40 《伍廷芳》，《伍先生（秩庸）公牘》（臺北：文海出版社，1971），頁32。
41 英國人的粵海關情報，紀唐紹儀、伍廷芳等抵制孫中山情形甚詳。《孫中山與廣東——廣東省檔案館庫藏海關檔案選譯》，頁79-171。

萬同胞而成一團體。」廣東俱樂部宗旨為：「聯絡鄉誼，研究工商，固結團體，改良社會」，推朱兆莘（鼎青，時任交涉員）為主席，陳炳謙為副主席。董事「唐少川、溫欽甫、楊小川、黃少岩、陳青峯、溫佐才、黃伯平、勞敬修、唐露園、郭樂軒、潘澄波、歐鸞星、歐陽星南、陳雪佳、許奏雲、馮少山、盧信原諸君。」是會「所有章程參仿歐美諸國訂定」。並設智識交換所，織會報，以促進商機為要務。[42] 這是旅滬粵人團體的最興盛時期。開幕之日，寧波同鄉會等代表齊來祝賀。粵籍政商要人如伍朝樞（伍廷芳子）在滬時，三天兩頭都往俱樂部跑。[43]

未料 1918 年 8 月，一場風波使粵人分裂，多位資深董事退出公所，另組粵僑商業聯合會。[44] 宋鑽友和顧德曼之作，都對風潮作了描述。[45] 簡略地說，衝突的導火線，是少壯派霍守華等提出增設學額及增收租金要求，卻未獲得資深董事同意。隨後，由改選正副會長及改定書記名稱之爭端，引起長達兩年的糾紛。[46] 改革派以溫宗堯為領袖，成員胡耀庭、馮少山、黃伯平、霍守華、陳公哲、陳鐵生、盧煒昌、周錫三、崔通約、湯節之等二十餘人。隨後參加商業公團的廣肇公所代表馮少山及湯節之，都屬

42　〈粵人籌備廣東俱樂部〉，《申報》，1917 年 7 月 14 日，版 10。〈廣東俱樂部開幕誌盛〉，《申報》，1917 年 8 月 6 日，版 11。

43　〈伍朝樞日記〉，中國社會科學院近代史研究所近代史資料編輯室編，《近代史資料》，總 69 號（北京：中國社會科學出版社，1988），頁 166-231。

44　Julean Arnold, "Chinese Guilds and Chambers of Commerce" p. 375.

45　宋鑽友，〈一個傳統組織在城市近代化中的作用——上海廣肇公所初探〉，收入張仲禮主編，《中國近代城市企業・社會・空間》（上海：上海社會科學出版社，1998），頁 419-424。Bryna Goodman, "Being Public: The Politics of Representation in 1918 Shanghai", *Harvard Journal of Asiatic Studies*, Vol. 60, No. 1(Jun., 2000), pp. 45-88.

46　宋鑽友，〈一個傳統組織在城市近代化中作用——上海廣肇公所初探〉，頁 57-60。宋鑽友對廣肇風潮的敘述，主要取材自〈廣肇公所風潮始末〉，作者吳冕伯為革新派。

於少壯革新派。沃丘仲子（費行簡）認為，這次風潮是伍廷芳「悍黨溫宗堯」「隴斷鄉會」之舉。[47] 革新派則批評資深董事陳炳謙等人作風守舊，對原書記（西席）許奏雲（炳璈）尤致不滿。雙方互控之詞，連日揭諸報端。[48] 陳炳謙等最終退出廣肇公所，另外組織粵僑商業聯合會。粵僑商業聯合會含十一公團，包括：潮州會館、潮州糖雜貨聯合會、大埔同鄉會、肇慶同鄉會、南海順德東莞三水各會館、雜糧幫慎守堂、進出口幫裕安堂、糖雜貨幫廣安堂、綢布幫守經堂、皮木幫慎安堂、工商界上架行，會址在江西路恆安里以陳炳謙為正會長，梁綸卿為副會長，聘許奏雲任書記。[49]

據精武體育會陳公哲《精武會五十年》，可知廣肇風潮中新舊兩派不但請出唐紹儀調停雙方，由陳公哲保證其安全；且雙方均具備格鬥實力，某次集面便分左右立，約各三百人展開武鬥。[50] 惟溫宗堯敦請上海精武體育會和洪門致公堂介入，最終迫使陳炳謙等知難而退。洪門大老崔通約自述參與調解過程，是因「廣肇公所商董溫宗堯、霍守華、馮少山、盧煒昌等，與舊派見衝突，邀余協助。舊派陳炳謙輩驚聞鄙人參與其事，即將財權移交，乃將沉沉暮氣之兩間廣肇義學，橫充至十二間。粵籍男女，均得受同等之新教育。」崔通約還代擬宣言，公佈廣肇公所歷

47　沃丘仲子（費行簡），《徐世昌》（上海：崇文書局，1918），頁 141。

48　馮少山等二十餘位革新派被斥為「溫宗堯走狗」。〈廣肇公所二十九期會議紀〉，《申報》，1918 年 9 月 6 日，版 10。〈為廣肇公所事敬告軍政紳學商工各界〉、〈溫宗堯啟事〉，《申報》，1918 年 9 月 16 日，版 1。

49　〈組設粵僑商業聯合會之緣起〉，《申報》，1918 年 10 月 13 日，版 11。〈粵僑商業聯合會事務所成立記〉，《申報》，1918 年 10 月 20 日，版 10。此十一團體，另一說是：肇慶同鄉會、南海邑館、順德會館、三水永義堂、東莞寶安會館、慎守堂、裕安堂、廣安堂、守經堂、懷安堂、上架行。〈廣肇同鄉之臨時代表〉，《申報》，1918 年 9 月 20 日，版 10。

50　陳公哲，《精武會五十年》（瀋陽：春風文藝出版社，2001），頁 81-82。

年二三人把持情形,親至虹口一帶露天演講,就此逼退陳炳謙等人。[51]

廣肇公所資深董事退出後,選舉新董事會及評議會,由溫宗堯出任董事部主席。[52] 茲記 1918 年 12 月 29 日三十一位新董事名單,括弧內為各人票數:

唐少川（143）　　溫欽甫（144）*　　胡耀庭（141）*
黃伯平（143）*　　譚海秋（141）*　　伍秩庸（135）
譚幹臣（130）　　霍守華（129）*　　馮少山（129）*
羅芹三（116）　　盧煒昌（120）*　　陳可良（103）
王閣臣（108）*　　王秉朝（99）　　陳斗垣（96）
郭　標（93）　　趙灼臣（96）*　　陳陞堂（89）*
鄧文海（81）　　簡照南（85）*　　陳雪佳（84）
鍾紫垣（83）*　　易次乾（80）　　李煜堂（77）
潘澄波（80）　　盧信公（71）　　黃朝章（72）
唐耐修（105）*　　湯節之（71）*　　陳正〔止〕瀾（68）*
周錫三（65）*[53]

新一屆評議員為:霍守華*、盧煒昌*、周錫三*、陳公哲*、林煒南、陳典謨等人。[54] 上述廣肇公所董事或評議員姓名後有星（*）

51　《精武會五十年》,頁 81-82。崔通約,〈六八度重陽詩史〉第四十九首、〈與馮少山書〉,均收入崔通約,《滄海生平》（上海:滄海出版社,1935）,壽詩頁 33-34,書信頁 8-9。

52　1918 年 10 月滬報稱:「上海廣肇公所董事部主席溫宗堯函請齊省長,該所公產無論何人不得變賣及抵押,准予立案。」〈南京快信〉,《時報》,1918 年 10 月 10 日,第 1 張版 2。

53　〈廣肇公所開選舉會〉,《申報》,1918 年 12 月 30 日,版 11。〈廣肇公所之選舉〉,《時事新報》,1918 年 12 月 30 日,第 3 張版 2。

54　〈廣肇公所之新年懇親茶會〉,《時事新報》,1919 年 2 月 9 日,第 3 張版 1。董事和評議員多有血緣或姻親關係,例如:陳可良和陳雪佳、陳陞堂和陳公哲是父子,陳斗垣和陳止瀾是堂兄弟,陳雪佳和胡耀庭是姻親,胡耀庭次女

號者,為上海精武體育會董事或職員,幾佔半數。[55]

從1918年廣肇公所改組情形,可知溫宗堯為革新派領袖。董事會中溫宗堯、湯節之、馮少山,使此團體展現親岑春煊勢力。溫宗堯作為廣州軍政府主席總裁岑春煊代表,時經常來往寧滬之間,意圖促成南北和談。[56] 溫宗堯,為英國劍橋大學校友,晚清以來歷任外交事務,曾任駐藏幫辦大臣、上海通商交涉員、浦口商埠局會辦等職。[57] 辛亥兵起,趙鳳昌、張謇等邀伍廷芳和溫宗堯共商國事,委託他們主持辦理外交事務。彼時集議趙鳳昌惜陰堂之各省代表二十二人,江蘇人幾佔半數,而伍、溫為粵省代表。[58] 伍廷芳允任滬軍都督府外交代表,也是因溫宗堯力勸而成。[59] 在政治上,溫宗堯與岑春煊關係密切,屬於清流陣營。洪憲帝制起,溫宗堯等迎岑春煊歸滬。[60] 肇慶成立軍務

適唐紹儀姪唐寶書。參考胡國樑輯,《胡耀廷先生追思錄》,1940年鉛印本,《上海圖書館藏赴聞集成》,第25冊,頁333、341。

55 〈歷任職教員表〉,《精武本紀》,頁171-175。

56 1916年5月2日條,記岑春煊投資所得股息,由滬上代理人鮑咸亨經手,經張元濟致溫宗堯函,再托人轉致。《張元濟日記》,上冊,頁71。

57 《番書與黃龍:香港皇仁書院華人精英與近代中國》,頁247-318。

58 二十二位各省代表是:伍秩庸(粵)、溫欽甫(粵)、于右任(陝)、高夢旦(閩)、王搏沙(豫)、江易園(皖)、程雪樓(蜀)、姚吾剛(浙)、楊嘉桐(黔)、張辨生(浙)、宋漁父(湘,已赴鄂)、岑雲階(桂,楊代表)、夏劍丞(贛)、沈信卿(蘇)、史量才(蘇)、黃韌之(蘇)、楊翼之(蘇)、雷繼興(蘇)、唐蔚之〔芝〕(蘇)、張季直(蘇)、莊思緘(蘇)、趙竹君(蘇)。〈伍佚〔秩〕庸至趙鳳昌二十二人名單〉、〈組織全國會議團通告書〉等辛亥要件,國家圖書館善本部編,《趙鳳昌藏札》,第10冊(北京:國家圖書館出版社,2009),頁433-452。

59 《李平書七十自敘》,頁58。伍、溫為粵省代表,負責外交事務,而此實當日關鍵。嚴獨鶴,〈辛亥革命時期上海新聞界動態〉,《辛亥革命回憶錄(四)》(北京:文史資料出版社,1963),頁84。

60 岑春煊〈樂齋漫筆〉:「民四(即民國四年,公元1915年)之冬,改行洪憲,……回滬,與溫宗堯、梁啟超、李根源、林虎、楊永泰、文群諸君相見。余即住於溫宗堯家,招待甚至,可感也。」《岑春煊文集》(南寧:廣西人民出版社,1998),頁515。張謇集團對岑春煊的正面評價,參考《張謇傳記》,

院,溫負外交責任。袁死,軍務院解散。岑春煊之投資,委溫宗堯進行。[61] 1916 年 10 月,溫宗堯出任浦口商埠局會辦,前後兩任總辦(由江蘇督軍兼任)為馮國璋和李純。廣州成立護法政府,則為李純和岑春煊傳信。他時常駐滬,代表岑春煊與外人往來。[62] 李純致要人函件,有時也托溫宗堯分致。[63] 南北和議起,李純本擬自任北方總代表,以岑春煊為南方總代表,在南京召開和會。惟張謇等提出「仿辛亥成例」,始改於滬開議,[64] 以朱啟鈐和唐紹儀分任南北總代表。1919 年 5 月和談破裂,北京再派王揖唐(安福系)任北方總代表,被西南政府嚴詞拒絕。[65] 1920 年,南北復以李純和溫宗堯分任南北總代表。中孚通信社(徐樹錚派),稱李、溫「沆瀣一氣」。[66] 至謂溫之赴粵,實出李純推

頁 73、138-156。

61 張元濟和溫宗堯從晚清以來關係密切,共同經辦《外交報》,外傳張元濟還向溫宗堯學習英文。鄭逸梅,《藝林散葉》,《鄭逸梅選集》,第 3 卷,頁 77。入民國後,張元濟代理岑春煊和溫宗堯投資事業。《張元濟日記》,上冊,頁 70-71、298。張元濟可能受溫宗堯影響,拒絕印行《孫文學說》,孫中山十分憤怒。參見孫中山,〈致海外國民黨同志函〉(1920.1.29),中國社會科學院近代史研究所中華民國研究室、中山大學歷史系孫中山研究室、廣東省社會科學院歷史研究室合編,《孫中山全集》,第 5 卷(北京:中華書局,1981),頁 210。

62 岑春煊,〈復李秀山督軍贊同開誠布公解決大局函〉(六年(1917)十二月某日)〈致南京李督軍望陳請中央飭北軍退出岳州電〉(六年(1917)十二月九日),收入《岑春煊文集》,頁 158-159、284。〈復李德立先生擬聯合各國商團合力挽救函〉(七年(1918)四月五日),《岑春煊文集》,頁 178。

63 李純顧問白堅武日記 1919 年 1 月 12 日條,記其到滬「訪溫欽甫,并托轉交張鎔西、張元濟、鄭孝胥、孫發緒、王亮疇,商會、和平統一會各信件。」(此處與原書標點不同)中國社會科學院近代史研究所編,《白堅武日記》,第 1 冊(南京:江蘇古籍出版社,1992),頁 180。張鎔西(張耀曾),是岑春煊支持者,所謂政學系中堅。

64 岑春煊,〈致張季直先生論和議必有波折惟望主持輿論函〉(八年(1919)元月某日),《岑春煊文集》,頁 207-208。

65 王揖唐否認溫宗堯為談判對手,也不承認西南軍政府代表南方。〈王揖唐與西報訪員之談話〉,《申報》,1920 年 6 月 12 日,版 10。

66 1920 年 5 月 17 日香港中孚通信社電:「政〔學〕系以溫宗堯與直系接近,

薦。[67] 1920 年 4 月伍廷芳離粵後，溫宗堯應岑春煊之招，赴粵出任外交總長，被補選為軍政府總裁。

1919 年 1 月，溫宗堯作為浦口會辦，未能常川駐滬，推唐紹儀為董事部主席，舉馮少山為評議長。[68] 唐紹儀曾任國務總理，位望俱隆。粵人內訌風潮中，曾被請出調停兩方。舊派退出後，唐紹儀及其親信盧信（信公，廣東順德人）、易次乾（廣東鶴山人），則兼任兩會董事，表示不分軒輊。[69] 盧、易作為唐紹儀為總董的金星公司職員，與上海交涉使互動無礙。[70] 馮少山，則為美洲歸國華僑，清末入龍章造紙廠（總經理龐元濟），[71] 辦理外交事務。辛亥前，擔任滬西士商體操會（會長吳馨）司令、紙業商團會長（司令朱少沂），也是上海商團幹事員。辛亥時，參與攻打製造局之役。五四時，已是紙業公所會長，商業公團幹事，熱心抵制日貨。[72] 五四時，他以商業公團代表資格，輔佐上

擬利用溫為代表，推翻唐紹儀，包辦和議。現靳〔雲鵬內閣〕倒，政系大失望。」1920 年 8 月 11 日北京中孚通信社電：「〔西南〕當局以溫宗堯由浦埠會辦入軍府，與督辦李純沆瀣一氣，深信此次和議，決能融洽。」〈國內特約電〉，《時報》，1920 年 5 月 18 日，第 1 張版 2。〈國內特約電〉，《時報》，1920 年 8 月 12 日，第 1 張版 2。

67 菊莊，〈廣州特約通信〉，《時報》，1920 年 5 月 6 日，第 1 張版 2。

68 〈廣筆公所推舉主席〉，《時事新報》，1919 年 1 月 9 日，第 3 張版 3。

69 〈粵僑商業聯合會之函電〉，《申報》，1919 年 3 月 20 日，版 10、11。

70 1922 年劉承幹日記留下赴宴紀錄，座上有陳貽範（安生，江蘇蘇州人，曾任上海交涉使）、曹有成（履冰、廣東順德人，曾任楊晟時期交涉公署外交科長、朱兆莘時期交涉公署總務科長、滬北工巡捐局局長）、盧信、易次乾、張平甫（以上三人皆金星公司職員）。劉承幹著、陳諠整理，《嘉業堂藏書日記抄》，下冊（南京：鳳凰出版社，2016），頁 440。

71 1904 年創立的龍章造紙廠，總經理龐元濟，後交堂弟龐贊臣（張靜江舅父）主持。參考林黎元，〈南潯絲商「四象八牛」〉，浙江省政協文史資料委員會編，《浙江文史集粹：經濟卷》，上冊（杭州：浙江人民出版社，1996），頁 254-255。王鐵生，〈龐元濟〉，朱信泉、嚴如平主編，《民國人物傳》，第 4 卷（北京：中華書局，1984），頁 243-246。

72 〈商團公會舉定職員〉，《申報》，1907 年 9 月 22 日，版 19。〈紙業商團

海學生聯合會，出面接洽上海領事團。開市後，作為國民大會策進會推動者，在政治上十分活躍。[73]

上海廣肇公所中，溫宗堯派的重量級人物，更有銀行界要人譚海秋（兆鼇，H. C. Tam）。譚海秋是匯豐銀行賬房，也是中國銀行大股東。他和南北粵人政要都有交情，包括伍朝樞和梁士詒。1920 年 8-10 月，溫宗堯應岑春煊邀請任軍政府總裁，譚海秋出任廣東省銀行行長，提供財務支持。[74] 郭標作為永安百貨公司董事長，也是一位粵籍鉅商。他對孫中山提供政治獻金，[75] 公司又以梁士詒為大股東。[76] 此外，引人注目的南洋烟草公司總經理簡照南（廣東南海人），與唐紹儀、溫宗堯也有往來，期望他們出山以支持其業務發展。他獲得楊晟支持其 1919 年改組公司

職員名單〉，《新聞報》，1912 年 6 月 30 日，第 3 張版 1。李宗武訪錄，〈上海商團參加辛亥革命經過〉，收入《辛亥革命回憶錄》，第 7 集，頁 526-554。李宗武訪錄，〈上海商團參加辛亥革命經過〉，頁 526-530。〈上海紙業公會敬告全國同胞宣言書〉，《申報》，1919 年 6 月 3 日，版 1。〈紙業同人之愛國熱〉，《廣肇週報》，第 9 期（1919.6.1），頁 3。

73　1920 年底，馮少山偕唐寶書（唐紹儀侄）赴歐美考察，商業公團舉辦盛大餞行，到者六十餘人。國民大會策進會職員及評議員，亦為其送行。〈公餞馮少山、唐寶書記〉、〈商業公團公宴馮少山〉，《廣肇週報》，第 86 期（1920.11.28），頁 2、8-9。

74　〈旅滬中國銀行股東開會紀〉，《申報》，1919 年 5 月 4 日，版 10。伍朝樞日記 1917 年 7 月 19 日，記譚海秋導引他和王正廷、朱兆莘參觀上海金銀業。伍朝樞在滬出入廣肇公所和廣東俱樂部，與譚海秋來往密切。伍廷芳父子來往粵滬時，也與梁士詒、梁士訏兄弟在港晤談。〈伍朝樞日記〉，頁 204-216、215-216、222-225。《中國的大企業——煙草工業中的中外競爭（1890-1930）》，頁 234。廣東省銀行鈔票有譚海秋印章，被稱為「海秋券」。李林翰，〈省立廣東省銀行兌換券初探〉，《東方收藏》，2014 年第 3 期，頁 99-101。

75　1917 年孫中山在粵，郭標為其提供政治獻金，還讓永安職員加入革命黨。孫中山，〈復郭標函〉（1917.2.1），《孫中山全集》，第 4 卷，頁 9-10。

76　平川清風，〈學生妄動の傀儡師（一）~（四）〉，《大阪每日新聞》，1919 年 6 月 20-23 日。引自京都大學人文科學研究所，《日本新聞五四報道資料集成》（京都：京都大學人文科學研究所，1983），頁 273-276。

擴大招股，更暗中以「財神」梁士詒為大股東。[77] 至於資望很深的前上海電報局長唐露園（元湛，廣東香山人），未列名董事或職員名單，卻代表廣肇公所出任總商會董事，屬於唐紹儀系。他和湘籍鉅紳聶雲台也有交誼，在中華建設會分任正副會長，附設寰球中國學生會內，強化與美國人商務關係。[78] 廣肇公所這次改組以書記許奏雲不適任引發，新任書記徐峙崧卻由唐露園推薦而獲任用，可見唐露園大老地位。[79] 至於早年資助革命的李煜堂，對伍廷芳和溫宗堯一向推重有加，但鮮少在滬而影響力有限。[80]

綜合來看，1918 年改組後的上海廣肇公所，似以溫宗堯最具影響力。民初以來，他以改革者姿態，介入大企業及公共團體改革，雖未成功改組舊組織，引起不少波瀾，卻獲得一群追隨者。辛亥以後，溫宗堯和伍廷芳共謀改革輪船招商局，偕董事潘明訓（廣東南海人，工部局買辦），挑戰盛宣懷舊有勢力，縱未成功，卻打擊了盛黨聲望。[81] 溫宗堯繼謀革新上海廣肇公所，復圖改造上海總商會。1918 年廣肇公所改組後，積極推展文教革新，增辦多所廣肇義學，建立童子軍制度，頗獲輿論肯定。[82] 溫

---

77 中國科學院上海經濟研究所、上海社會科學院經濟研究所編，《南洋兄弟煙草公司史料》（上海：上海人民出版社，1958），頁 51-53。《英美煙公司在華企業資料匯編》，第 1 冊（北京：中華書局，1983），頁 147-148。
78 《動員的力量：上海學潮的起源》，頁 215。
79 〈廣肇公所第二十九期會議紀〉，《申報》，1918 年 9 月 6 日，版 10。
80 李煜堂事蹟，參考《革命逸史》，初集，頁 193-201。
81 〈招商局董事溫宗堯答王存善辯誣書〉，《時報》，1912 年 1 月 4 日，版 6。〈淡雲居士致盛宣懷函〉（1912.6.18，上海），陳旭麓等主編，《輪船招商局（盛宣懷檔案資料選輯之八）》（上海：上海人民出版社，2002），頁 1094-1095。潘禹銘、潘菊軒及潘明訓家族世代承替任職工部局買辦情形，參見〈工部局買辦潘明訓服務五十年榮慶〉，《申報》，1936 年 2 月 7 日，版 11。
82 1919 年底，廣肇義學童子軍有六十九位隊員，對比聖約翰青年會學校有六十八位，可見辦學者的積極性。〈北市童子軍會常年會〉，《申報》，1919 年 12 月 14 日，版 10。孫中山追隨者馬湘，稱溫宗堯興學辦院等舉措，

宗堯復與黃炎培互動，親任中華職業教育社徵求團團長；又邀朱慶瀾、周善培、黃炎培等，共同參觀新辦廣肇義學。[83] 商業公團成立後，溫宗堯陣營湯節之、馮少山等發起總商會改革，有改革者名聲。五四後，上海各馬路商界總聯合會（簡稱：商總聯合）成立，溫宗堯也被推舉為名譽董事。[84]

原上海交涉使楊晟作為粵人，嘗試圖調解兩派之爭，但效果有限。1919年2月新年懇親茶會，廣肇公所聯合潮州會館、嘉應同鄉會、大埔同鄉會舉辦，欲起聯誼作用。潮州會館出席者，有潮州糖雜貨聯合會正副董事郭若雨、黃少巖及曾少坡等。嘉應同鄉會出席者，溫佐才、謝碧田等。大埔同鄉會出席者，為楊虎臣等。會上溫宗堯致詞，「國內糾紛已有寧機，世界和平開始締造。」期待內外新機之際，寄望鄉親團結。霍守華、溫佐才、謝碧田、馮少山、羅泮輝，及來賓邵力子等，均有演說。[85] 1919年4月，在南北和議氣氛下，吳鐵城（廣東香山人）從粵來滬，發起「廣東善後協會」，舉廣州國會議員徐紹楨（固卿，廣東番禺人）為主席董事。此會以吳鐵城為主動，徐紹楨似接近孫中山。[86] 吳鐵城與粵僑商業聯合會及粵肇公所接洽，希望旅滬粵人響應。粵僑商業聯合會陳炳謙極表歡迎，肯定「吾粵報界代表諸

是遵從孫中山勸告。馬湘，〈跟隨孫中山先生十餘年的回憶〉，《辛亥革命回憶錄》，第1集，頁563。

83 〈廣肇義學將開懇親會〉，《申報》，1918年11月28日，版11。
84 《上海總商會組織史資料匯編》，下冊，頁927-935。嚴諤聲，〈我與商界聯合會〉，《檔案與史學》，2002年第2期，頁39-41。郭太鳳，〈二十年代上海商總聯會概述〉，《檔案與史學》，1994年第2期，頁42。
85 〈廣肇公所新年懇親會〉，《申報》，1919年2月9日，版11。
86 〈廣東善後協會成立〉，《申報》，1919年4月19日，版10。〈粵僑籌議梓鄉善後事宜〉，《申報》，1919年4月21日，版10。蔣士立，〈呈徐世昌密報〉（1919.5.18，總統府秘書長吳世湘代轉），頁166。章伯峰整理，〈馬鳳池密報〉，頁52-53。

公與徐固卿先生發起廣東善後協會，宣達真正民意，消除粵民痛苦，不涉政派黨見，法良意美。」[87] 善後協會隨即組織董事會，意圖納入新舊兩派，不料很快破局。[88] 5月13日，廣肇公所霍守華等登報宣稱原本「抱定宗旨，不出善後二字範圍。因意見略有異同，宣告即日脫離該會關係。」[89] 脫會者為霍守華、胡耀庭、唐耐修、黃伯平、盧煒昌、陳澤民、梁重良、陳公哲、譚海秋、湯節之、徐峙嵩、溫欽甫、周錫三、招燡年、馮少山、羅芹三等十六人。事實上，廣肇公所以溫宗堯為首，支持岑春煊；吳鐵城辦報，卻每呼岑春煊為「岑賊」；雙方政見有異，水火不容。[90] 1919年8月，吳鐵城等對廣東省長人選有所主張，廣肇公所竭力反對。[91] 旅滬粵人分成兩個陣營，也削弱了自身勢力。

若以溫宗堯、湯節之、馮少山、霍守華等人為主，則此粵人集團以廣肇公所為重心，在政治上接近政學系，支持西南軍政府。[92] 對於北方軍人，主張聯直反皖，推動南北和議。這一集團人物，後來支持南陳（炯明）北吳（佩孚），反對孫中山。外交上，則主聯美制日。《五四運動在上海史料選輯》收錄「商業公團聯合會」文獻，以「上海商業公團聯合會發出慶祝美國國慶的媚外傳單」為標題，倒是適切反映出上海廣肇公所的親美

---

87 〈粵僑籌議鄉梓善後事宜〉，《申報》，1919年4月21日，版10。
88 〈廣東善後協會成立會〉，《民國日報》，1919年4月22日，版10。
89 〈脫離旅滬廣東善後協會關係〉，《申報》，1919年5月16日，版1。
90 韓玉辰，〈政學會的政治活動〉，《文史資料精選》，第3冊（北京：中國文史出版社，1990），頁140-141。
91 〈粵省長問題與滬代表〉，《申報》，1919年8月25日，版7。
92 李達嘉，〈上海的中小商人組織——馬路商界聯合會〉，《新史學》，第19卷第3期（2008.9），頁64-73。1919-1921年廣肇公所的政治傾向，參考《廣東人在上海（1843-1949年）》，頁355-422。

傾向。[93] 湯節之作為少壯派代表，自居舊體制的改造者，在反對「佳電」及改組上海總商會風潮中，都扮演了急先鋒角色。[94]

(2) 精武體育會

上海精武體育會與廣肇公所有密切關係，且展現出與旅滬名紳鉅商的良好關係。民元，精武體育會與幾個商團已有連繫。[95]因一部分骨幹成員為共和主義者，與舊國民黨人也頗有交情。是後因政治動盪，該會為適應形勢，強調「精武無政治臭味」，會員「概不干預政治」。[96]《精武十週年紀念》印行，邀請孫中山、胡漢民等粵籍名人撰序題詞，流露會員與革命黨人的淵源。然而，當孫中山邀精武會參預政治活動，卻被婉拒。[97] 1919年3月，上海廣肇公所及廣東俱樂部支持下，陳公哲等回粵建立分會，頗賴溫宗堯代為介紹給莫榮新，並獲廣東鉅商陳廉伯、簡琴石等贊助支持。[98] 眾所周知，莫榮新與孫中山關係惡劣，但精武會為求回粵發展，不能不與其謀求建立關係。

精武體育會在上海租界發展，則賴聶雲台大力支持。聶雲台祖父亦峰，在同治年間，以翰林官粵數十年，政聲卓著。[99] 聶

93　《五四運動在上海史料選輯》，頁664。

94　《工部局董事會會議錄》，1919年月7月30日，第20冊，頁775。後五四時代，湯節之、馮少山等派系分合，粵人團體與政學系關係，爭奪控制上海總商會情形，參考〈上海的中小商人組織——馬路商界聯合會〉，頁64-75。

95　1912年上海精武體操會舉行畢業大會，致賀者有中區商團、輯懷商團、洋布商團。《精武本紀》，頁155。

96　1919年《精武本紀》題詞者：孫文、胡漢民、朱大符（執信），又為陳其美辨誣。《精武本紀》，卷首，頁141、149、152。《精武會五十年》，頁28、36。

97　《精武會五十年》，頁89-90。

98　《精武本紀》，頁205-246。

99　聶亦峰撰，梁文生、李雅旺校注，《聶亦峰先生為宰公牘》（南昌：江西人民出版社，2012）。

雲台贊助公共事業，也樂於與粵籍紳商往來。1917 年聶雲台以工部局華人教育會委員身分，復為精武體育會解決擴建問題。[100] 據 1920 年《精武十週年紀念》所錄董事名單：

聶雲台（C. C. Nieh），恆豐紗廠總理

袁恆之（H. K. Yuen），前花旗銀行買辦[101]

朱慶瀾（C. L. Chu），前廣東省長

譚海秋（H. C. Tam），高易公館買辦

溫宗堯（Wen Tsung-Yao），浦口商埠局會辦

湯節之（F. C. Tong），中華公同通信社社長

霍守華（S. W. Fock），裕繁鐵廠經理

王俊臣（C. S. Wong），花旗銀行買辦，上海麥加利銀行買辦[102]

郭惟一（V. Y. Kwauh），中美貿易公司副經理[103]

這份名單顯示，紳商型聶雲台和買辦型人物交往，也透露出跨地緣性合作。其中，袁恆之曾任萬國商團中華義勇隊隊長，華

---

100 工部局贈送聶中丞公學（地皮由聶家捐贈）對面狹長地皮，供精武體育會擴建之用，即靠聶雲台之助。《工部局董事會會議錄》，第 20 冊，1917 年 1 月 3 日，頁 598。

101 袁恆之，曾任華商體操會副會長，後來加入公共租界萬國商團成為中華隊。《政商中國：虞洽卿與他的時代》，頁 23-27。

102 王俊臣和袁恆之前後擔任花旗銀行買辦，是上海洋商銀行買辦家族集團成員。王俊臣先在匯豐銀行買辦間工作，也是匯豐買辦蘇州洞庭席家姻親。高易公館買辦譚海秋，則是匯豐銀行法律顧問。此時對匯豐銀行有決策權者，是對工部局深具影響力的猶太家族沙遜集團。參考張秀莉，〈近代上海匯豐銀行的買辦群體研究〉，宋珮玉主編，《匯豐銀行與近代中國》（上海：上海遠東出版社，2022），頁 94-113。吳培初，〈舊上海外商銀行買辦〉，政協上海市委員會文史資料工作委員會編，《舊上海的外商與買辦》（上海：上海人民出版社，1987），頁 72-111。姜天鷹，〈席正甫〉，徐矛主編，《中國十買辦》（上海：上海人民出版社，1996），頁 84-112。

103 S. S. Chow（周錫三）"The Anniversary"，收入陳鐵生編，《精武本紀》（上海：精武體育會，1919），無頁碼。精武體育會 1920 年始辦十週年紀念活動，紀念冊寫 1919 年出版，當是倒填日期。〈精武補行十週紀念會議紀〉、〈精武為籌備十週紀念敬告全體會員〉，《廣肇週報》，第 76 期（1920），頁 7-8。

商體操會會長,南市商團團長,故南市商團會員多入精武體育會。[104] 這冊《精武十週年紀念》,由周錫三(廣東三水人,南社社員)編輯。周錫三曾為《民呼日報》、《民籲日報》撰稿。曾任《大陸報》記者、商務印書館英文編譯,也是精武體育會文事部部長及英文書記,曾任上海青年會董事,[105] 與聶雲台同屬監理會會友。其人與聶雲台有特殊關係,可以無疑。

1919年1月,聶雲台且組織「中美商業公司」(China American Trading Corporation,或稱:中美貿易公司),拉粵人任董事及高級職員,聶雲台自任總董。該公司之成立,是1915年中國實業團遊美的結果。[106] 公司經辦中美進出口生意,入口「以五金、紙張、機器等為大宗,出口以桐油、荳油、茶、絲、牛羊皮為大宗」。報上刊載公司董事及職員名單:[107]

董　事:聶雲台(總董)、霍守華、黃伯平、梅華銓、溫欽甫、
　　　　向淑予
總經理:客覯梲(R. B. Nochols)
副經理:郭惟一、周錫三
紙張部:馮蘭皋

---

104 《精武會五十年》,頁42。〈花旗銀行買辦袁恆之〉,http://www.jsjjw.cn/2020/08/17/99538341.html、http://www.jsjjw.cn/2020/08/24/99538737.html(2021.5.13)。

105 《精武本紀》,頁172-173、175。〈中國廣告公會委員會記事〉,《申報》,1919年6月26日,版10。張志偉,《基督化與世俗化的掙扎:上海基督教青年會研究(1900-1922)》(臺北:臺大出版中心,2010),頁118、475。張元濟著、張人鳳整理,《張元濟日記》,1918年10月4-5日條,上冊,頁609-610。

106 〈中美商業公司之組織〉,《申報》,1919年1月19日,版10。

107 最初傳出股東名單內有朱子橋。參考〈中美商業公司之組織〉,《申報》,1919年1月19日,版10。〈中美商業公司之內容〉,《民國日報》,1919年2月22日,版10。該公司在《申報》刊登大幅廣告,參見〈中美商業公司啟事〉,《申報》,1919年2月24日,版3。

五金機器部：鄭仲屏

雜貨部：羅錫煆

　　上述董事霍守華、黃伯平、梅華銓、溫欽甫，都是廣肇公所董事。公司位於寧波路 11 號，也在廣肇公所（寧波路 10 號）隔壁，可謂深著粵幫色彩。黃伯平的同孚永進出口號，位於寧波路 10 號，也似與中美商業公司業務相關。[108] 公司兩位副經理，郭惟一來自潮陽土商鉅家，周錫三與報業關係密切。1919 年五九國恥紀念日，《民國日報》聲明「本報所用者係中美商業公司紙張」，或許是周錫三牽的線。該報對聶雲台從未口出惡言，與此當有關係。[109]

　　五四前，上海商學團體頗有集體加入精武體育會者，而且每月還參加大會操。陳鐵生（廣東新會人）主編《精武本紀》收錄廣州《七十二行商報》羅嘯璈（廣東商團評議長）〈三團體歡迎精武會員詳紀〉（1919 年 4 月），記上海商務工界勵志會、德大等紗廠，與三十餘校學生，每月參加上海精武體育會操，由此可略知其活動範圍：

> 各學校聘請該會員任教授者凡三十餘校，又增設女子模範團……。上海中華基督教會建之青年會，及紗廠德大、恆豐、厚生各廠員，商務印書館工界青年勵志社，均向該會聘請教授。該會每月必召集會員所教授之各團各校生徒，開大操一次，數常逾千人，均由一人發口令，畫一操演。[110]

陳鐵生原屬同盟會員，但精武體育會強調無黨派。該會先後請得

---

108 《上海總商會同人錄（中華民國七年）》（上海：商務印書館，1918），頁 31。
109 《革命逸史》，第三集，頁 314-330。〈國民大會昨開幹事會〉，《新聞報》，1919 年 5 月 15 日，第 3 張版 1。〈廣告〉，《民國日報》，1919 年 5 月 9 日，版 1。
110 （羅）嘯璈，〈三團體歡迎精武會員詳紀〉，《精武本紀》，頁 226。

著名紳商為董事,漸受官府及社會信任。[111] 精武體育會在滬會所有三,一在公共租界北四川路崇明路,一在滬城煤炭公所內,一在法租界呂班路山東會館內。

三、寧紹兩幫的革新運動

「上海各社會以甬人為巨擘云。」

～張讓三,〈上海四明公所緣起〉[112]

　　就旅滬商幫而言,原以山西幫和廣東幫為盛,寧波幫後來居上,不但人數最眾,分佈各行各業,更能團結互助,逐漸與粵幫旗鼓相當。[113] 此時甬商足跡已遍佈長江下遊地區,掌握匯兌系統的上海錢莊。[114] 紹興幫唯寧波幫馬首是瞻,勢力日見壯盛。1915 年,公共租界工部局對華人同鄉會所做的一次調查,很能說明寧波同鄉會的突出地位。《工部局董事會會議錄》1915 年 3 月 31 日條,記籌設華人諮詢委員會(Chinese Advisory Board),對租界華人展開調查:

---

111 《精武本紀》,頁 20、28。

112 〈張讓三手撰〈上海四明公所緣起〉〉,寧波市政協文史委員會編,邢建榕、何品編注,《上海四明公所史料》(北京:中國文史出版社,2011),頁 253。《上海縣續志》卷三〈建置下〉:「甬人之旅滬者最眾,各業各幫大率有會,而皆總匯於公所云。」此說出自張讓三。《上海縣續志》卷三〈建置下〉,第 1 冊,頁 257。

113 徐蔚南,〈上海四明公所研究〉,頁 289-295。黃炎培為甬商樓恂如作傳,即說「滬市商業泰半屬甬粵兩籍而甬籍尤盛,稽其所以致此,由於甬人之特性適於經商者半,由於甬先輩之盡力提攜後起亦半焉。」黃炎培,〈先董樓君恂如傳〉,《錢業月報》,第 13 卷第 3 號(1933.3.15),頁 8。

114 寧波商人崛起和擴展過程,參考斯波義信,〈寧波及其腹地〉,施堅雅主編、葉光庭等譯、陳橋驛校,《中華帝國晚期的城市》(北京:中華書局,2000),頁 469-526。

董事們已經傳閱了關於當地華人同鄉會（local Chinese guilds）的備忘錄，該備忘錄表明：根據他們的年度收入和支出情況，可以斷定寧波同鄉會和廣肇公所佔有絕對優勢。古柏先生（Mr White-Cooper）已獲悉在重大問題上，紹興人把他們自己與寧波同鄉會連在一起，而汕頭人則與廣肇公所結盟。愛士拉先生（Ezra）的調查表明：寧波同鄉會毫不含糊地代表華中居民，而廣肇公所則代表華南居民。[115]

由此可知，五四前後，旅滬同鄉團體以甬幫和粵幫最有實力。[116]旅滬同鄉會作為凝結基礎，代表租界地段華中及華南居民利益。寧波同鄉會及廣肇公所作為兩大團體，更是租界地段最為重要的代表機關。

(1) 四明公所和寧波同鄉會

據四明公所估計，1920 年上海有 50 萬至 60 萬寧波人。[117]論者謂「寧波人是大家庭制度的擁護者，鄉黨的觀念非常強烈。……寧波因逼近上海，於是寧波幫在上海便獲得了大勢力。……表現他們團結力的，就是四明公所。」[118]上海四明公所，由四明六邑（舊屬：鎮海、慈谿、定海、奉化、鄞縣、象山）同鄉組成。甬紳張讓三〈上海四明公所緣起〉：「凡甬人旅滬各業各幫，大率有會，按其名業，共計百餘，皆總匯於公所，故上海各社會以甬人為巨擘云。」[119]從匯整意見及傳達觀點的角度看，四明公

---

115 《工部局董事會會議錄》，1915 年 3 月 31 日，第 19 冊，頁 226、593。
116 顧德曼，〈新文化，舊習俗：同鄉組織和五四運動〉，頁 273、275。
117 《家鄉、城市和國家—上海的地緣網絡與認同，1853 — 1937》，頁 184。
118 徐蔚南，〈上海四明公所研究〉，頁 294-295。
119 〈張讓三手撰《上海四明公所緣起》〉，頁 253。《上海縣續志》卷三〈建置下〉：「甬人之旅滬者最眾，各業各幫大率有會，而皆總匯於公所云」，

所確是旅滬甬人交流平台。寧波同鄉會年度大會,每假四明公所召開。兩個團體關係密切,為不可分割之整體。一般認為四明公所和寧波同鄉會不同,大致有這幾方面:一,傳統團體和現代組織之別。二,紳商和平民之別。[120] 就時間而言,四明公所成立於嘉慶二年1797年,以「建丙社、置義塚、歸旅櫬、設醫院」,[121] 辦理「救死」等善舉。寧波同鄉會創立於1903年,辛亥以後改組,以社會救濟、興辦教育、職業介紹等,為「救生」事業。[122] 與其說二者有新舊之別,毋寧說兩所機關功能互補,抑且聲息相通。

據說虞洽卿嘗稱:寧波「同鄉會多衣冠中人,諸事難辦,四明公所皆短打朋友,忠心耿耿!」[123] 此一描述,大致可概括寧波同鄉會成立後,由名儒士紳(衣冠中人)主持的特性。依上海東亞同文會調查編纂部根岸佶的認識,「四明公所本是由寧波府下的人民所組成的同鄉團體,和其他會館的目的,並無不同〔。〕最初它是為了商業賣買而組織的,後來始用『同鄉之誼』的名義,設立丙舍義塚等等,經營互相扶助的事業。但依公所的擴大與時勢的變遷,公所本身漸起分解作用,因之目的範圍也就縮小了。……傳統勢力終究非常之大,組織也失於陳腐,於是依新興的勢力開始樹立新式同鄉團體的運動了。宣統三年

　　即引張讓三之說。《上海縣續志》卷三〈建置下〉,第1冊,頁257。
120 虞和平論述可以作為代表。虞和平,〈清末以後城市同鄉組織形態的現代化〉,《中國經濟史研究》,1998年第3期,頁79-80。
121 〈上海四明公所己未年修訂章程〉(1919年),〈四明公所檔案選(一)〉,《檔案與史學》,1996年第6期,頁18。
122 莊禹梅,〈關於寧波同鄉會〉,《文史資料選輯》,合訂本第11冊(北京:中國文史出版社,1986),頁262-263。所謂「救死」和「救生」之別,是沈仲禮的說法。〈寧波同鄉會開選舉會〉,《申報》,1912年4月9日,版7。
123 惲逸群,〈虞洽卿論〉,《惲逸群文集》,頁180。

（1911），於是有寧波同鄉會的產生。」根岸佶認為兩會之別，在「寧波旅滬同鄉會，係由知識階級所發起組織的。最初頗不振，前後經過好幾回章程的改訂，以適應時勢，并推上海實業界的元老虞和德做會長，於是漸漸始有成績。……此會宗旨，經規定如下：『以團結同鄉團體，發揮自治精神為宗旨。』為了完成其目的起見，頗致力於『保衛鄉人』、『排解紛難』、『普及教育』等事。」[124] 事實上，從辛亥以迄五四前後，四明公所及寧波同鄉會經歷現代洗禮，包括：重訂章程、廣徵會員、選舉職員、擴建廠房會所、建設醫院及學校。[125] 不過這些事業的推動者，不是根岸佶所說的實業界元老虞和德（洽卿），而是由甬紳名儒張讓三偕同鎮海方家主導。

辛亥以來，虞洽卿作為資深買辦名頭甚大，其實個人業務經常欠債纍纍，有「赤腳財神」外號。四明公所或寧波同鄉會中，信用卓著的是財力雄厚的鎮海方家。1920 年葛恩元編《上海四明公所大事記》，收張讓三〈方公黼臣傳〉，直言「上海四明公所，方氏之所創也。」[126] 晚清以來，舉凡涉及公所之重要事務，會董多集議於「方鎮記」。惟第二次四明公所事件發生，出身寒微的沈洪賚挺身而出，率長生會與法人抗爭。功勞之大，人無異詞。[127] 葛恩元〈沈君洪賚傳〉，紀甬人勞工團體隸屬公所，以四明長生會為最先。長生會由沈洪賚創立，集執業於西商者組

---

124 根岸佶，〈上海四明公所〉，譯文參考徐蔚南，〈上海四明公所研究〉，頁 302-303。

125 1920 年出版的《上海四明公所大事記》對此有詳確紀錄。參考根岸佶，〈上海四明公所〉，頁 76-91。

126 張美翊，〈方公黼臣傳〉，葛恩元編，《上海四明公所大事記》之〈附編傳誌〉（上海：聚珍倣宋印書局，1920），頁 12 上。

127 葛恩元，〈沈君洪賚傳〉，《上海四明公所大事記》〈附編〉，頁 14 上 -15 上。

成。光緒年間,沈洪賚出任四明公所總經理,公所事務由彼強勢主導。[128] 各業代表組成的公義聯合會,以沈洪賚為會長。1915年,沈洪賚歿,公所權力重組。1916年,推方椒伯起草章程。1919年修訂章程,則由葛恩元和方椒伯共同修訂。1916年新訂章程,把董事會與公義聯合會納而為一。最重要者為「第三條,本公所設同鄉董事會,以創辦人後裔及原有董事組合之。額定九人,缺額時以董事會推補之。第四條,本公所設公義聯合會,以同鄉各團體、社會各業行號之捐助經費者組合,設董事六人,由公義聯合會年會選舉,缺額時以次多數補選之。」「第十二條,本公所一切事務,均由董事會及公義聯合會董事協議決定之。」至於日常事務,由公所設經理等辦理。[129] 這份章程兼顧創始人及後進者,納入紳商和各業(含工界)代表,奠定四明公所穩定發展的基礎。

負責訂定章程的方椒伯,出身鎮海方家,即張讓三所謂「柏墅嗣裔起家商業,以貲雄於海上」者。[130] 方椒伯起家上海,由糖業、南北貨、絲茶貿易,房地產業,航運業,煤業,成為多家錢莊東主。[131] 上海錢莊本為寧、紹人勢力,方椒伯作為商業世

---

128 〈四明公所沈洪賚啟事碑〉,上海博物館圖書資料室編,《上海碑刻資料選輯》(上海:上海人民出版社,1980),頁 429-432。
129 〈上海四明公所章程〉(1916年),彭澤益主編,《中國工商行會史料集》,下冊(北京:中華書局,1995),頁 918-921。
130 張美翊,〈重修柏墅方氏六桂堂宗祠記〉,江五民總輯,《鎮海白墅方氏恭房支譜》,卷六,〈祠堂志〉,頁 3 上下。
131 張美翊,〈介堂君逸事〉,張美翊纂修,《鎮海柏墅方氏重修宗譜》,卷二十三〈餘錄〉(六桂堂木刻活字本,1915),頁 1211 上 -1212 上。《近代上海城市研究》之〈經濟篇〉第七章〈上海工商團體的近代化〉(李天綱撰寫),頁 531。〈上海錢業公會入會同業錄〉(1926年),安康莊股東:「方式記、方季記、方潛記、方選記、方興記」,經理:趙文煥。安裕莊股東:方季揚等,經理:王鞠如。兩莊都在北市寧波路興仁里。徐寄廎,《上海金融史》(臺北:學海出版社,1970),頁 115。趙文煥和王鞠如都是紹興籍,

家，實執銀、錢業牛耳。方性齋（方樵苓父），是小東門首設錢莊的「方七老闆」，在上海錢業及工商界極有實力。[132] 四明公所和寧波同鄉會，遂以方家為財務重心。根岸佶已經指出，鎮海方家和寧波同鄉會也有密切關係，而以錢莊業為關鎖；[133] 實則鎮海方家和四明公所的淵源更久，於沈洪賚歿後重新掌握公所。[134] 方椒伯處事以公允著稱，頗有聲譽。他所從出的《鎮海白墅方氏恭房支譜》之〈六桂堂宗規〉，留下訓言：「讀書，為四民之首。士習貴端處，不媿為名儒。……遇有事故，排難解紛，規理規諍。」[135] 方椒伯早年辦理地方教育，參與地方自治事業，先後任鎮海教育分會副會長、上海商業研究會副會長。民國成立後，他先在伍廷芳主辦的上海民國法律學校就讀，[136] 後來從張公權創辦（袁思亮出資，徐世昌贊助）、梁啟超掛名校長的神州法政專門學校畢業（1917）。[137] 由於熟習法律，經常為各團體起草或修訂章程，經手者包括：四明公所章程（1916、1919）、寧紹輪船公司修訂章程（1917）、寧波同鄉會建築新會

也是紹興同鄉會議事員。

132 張美翊著、馮孟顓注，〈寧波人開風氣之先〉，寧波市政協文史資料委員會編，《寧波文史資料》，第 15 輯（寧波：寧波市政協文史資料委員會，1994），頁 127。

133 〈上海四明公所紀功碑〉，邢建榕、何品編注，《上海四明公所史料》，頁 336-337。《中國社會における指導層》，頁 81-82。

134 Susan Mann Jones, "The Ningpo Pang and Financial Power at Shanghai", p. 89.

135 《鎮海白墅方氏恭房支譜》卷五〈宗約志〉（木活字本，1933），頁 1-2 上。

136 民國法律學校創辦於 1912 年 3 月 8 日，校董十六位。參見〈民國法律學校啟事〉，章士釗，《章士釗全集》，第 2 冊（北京：文匯出版社，2000），頁 74-75。

137 《上海縣教育狀況》（上海：縣知事公署，1915），頁 3。上海神州法政專門學校歷史，參考孫慧敏，《制度移植：民初上海的中國律師（1912-1937）》（臺北：中央研究院近代史研究所，2012），頁 113-114。〈張嘉璈致袁思亮書六首〉，王爾敏主編，《袁氏家藏近代名人手書》（臺北：中央研究院近代史研究所，2001），頁 478。

所募捐團章程（1918）、浙東塘工水利研究會章程（1918）。[138]誠如研究者指出，方椒伯「負責處理公文、草擬章程、募集會款、籌辦同鄉企業（如寧紹輪船公司）等。」因其處事公正，熱心公共事務，先後任四明公所董事、四明長生會會長、寧波同鄉會總務董事兼坐辦（不支薪）、寧波同鄉會新會所募捐團坐辦、浙東塘工水利研究會文牘董事等要職。[139]

1915 至 1920 年，方椒伯在張讓三提點下，把放重心放在四明公所及寧波同鄉會。鎮海方氏一族，為旅滬鄉人貢獻良多，而不願居其名。1930 年代江五民編纂《鎮海柏墅方氏恭房支譜》即稱：

> 四明公所事，自清道光年間……至今能保存而擴大之者，雖由旅滬同鄉之群策群力，而方氏之功實為稱首。五民曾撰事實一通，載之是譜，而樵苓、式如諸君欲守先人不好名、不居功之意，不贊成此舉，乃刪去其文，不欲相強。然潤齋諸公家傳壽序均敘及其事，而《上海縣志》及葛虞臣君所著《上海四明公所大事記》，敘述極詳，其功固不可沒也。[140]

綜而言之，1915 年以後，鎮海方氏重振地位，掌握四明公所大權。方樵苓（舜年）和方式如（積鈺，樵苓侄子）在董事會，方

---

138 葛恩元編，《上海四明公所大事記》，頁 12 下、13 下 -14 上。〈寧紹輪船公司之股東會議〉，《申報》，1917 年 8 月 13 日，版 10。〈浙東塘工水利研究會成立〉，《申報》，1918 年 6 月 28 日，版 10。

139 方椒伯及鎮海柏墅方氏家族史，參考孫籌成，〈我所知的方椒伯〉，收入：《孫籌成文存》，頁 435-441。汪仁澤，〈鎮海柏墅方氏家族史〉，浙江省政協文史資料委員會編，《浙江文史資料選輯》，第 39 輯（杭州：浙江人民出版社，1989），頁 95-122。中國人民銀行上海市分行編，《上海錢莊史料》（上海：上海人民出版社，1960），頁 730-734。最新研究成果為趙婧，《錢業世家——寧波鎮海柏墅方氏家族史（1772-1950）》（上海：上海財經大學出版社，2020）。

140 江五民總輯，《鎮海柏墅方氏恭房支譜》卷十九〈建設編〉，頁 4 上。1920 年《上海四明公所大事記》，方椒伯為校訂之一，用珍聚版付印。《上海四明公所大事記》之〈［張美翊］序〉，頁 1 上。

式如且掌理銀錢，方椒伯（積蕃）在公義聯合會。寧波公所，既由方黼臣創建，向隸於滬。至其逝世，由哲嗣方積鈺主持。1917年因事煩，添董事八位，凡九位。[141] 方椒伯之叔方樵苓，以鎮海方家「宗老」，[142] 負責四明公所祠堂喪葬事宜。惟四明公所管理辦法：司年董事由公所人員選定，司月董事由各業選定，[143] 則使各團體均有參與之感。

就團體構造言，1916年四明公所新章程顯示，它是一種羅威廉（William T. Rowe）所說的「複合結構」（multiplex structure），兼含同業和同鄉性質。[144] 其中的公義聯合會，包含各業行號代表，涵蓋經濟和非經濟團體，成員有商人、手工業者、苦力勞工。根岸佶對此綜合說明：

> 同鄉團體中，或因行政區域的不同，或因職業的相異，於是同一行政區域的，或同一職業的，各自組織小團體。從這種小團體結合起來，便成為一大團體。四明公所就是包含許多小團體的一個大團體，公所中所包含的小團體，不僅是職業的團體，并有許多什麼會、什麼堂、什麼社的非經濟團體。……現在略分五類，各舉若干，以供參考：

---

141 《上海四明公所大事記》，頁18上。
142 《鎮海柏墅方氏重修宗譜》之〈序〉，頁1上。
143 《中國經濟全書・會館及公所》，《中國工商行會史料集》，上冊，頁98-99。
144 「複合結構」一詞，是羅威廉對漢口商業行會的概括。他概述這種行會「合併了兩個或更多單一行會的較大的傘狀組織。它們幾乎全是正式的組織，但可能是通過同鄉或同業的不同紐帶而結合在一起的。」羅威廉著（William T. Rowe），江溶、魯西奇譯，《漢口：一個中國城市的商業和社會（1796-1889）》（北京：中國人民大學出版社，2005），頁324-325。上海及中國同鄉及同業團體的複合特性，參考《近代上海城市研究》之〈經濟篇〉第七章〈上海工商團體的近代化〉（李天綱撰寫）（上海：上海人民出版社，1990），頁509-516。李瑊，〈轉化與傳承：四明公所曁寧波旅滬同鄉會的比較考察〉，《東岳論叢》，第30卷第11期（2009.11），頁84。

一、同業團體：（魚業）同善會、（海味行）崇德會、（酒業）濟安會、（南貨）永興會、（洋貨）永濟社、（豬業）敦仁堂、（藥業）喻義堂、（肉莊）誠仁堂。

二、手工業團體：（石作）長壽會、（木作）年慶會、（銀樓）同義會。

三、新式同業團體：錢業公會、五金公會、泰西食物公會。

四、勞工團體：四明長生會、水手均安會、馬夫集全會。

五、非經濟的團體：惜字同仁會、大乘聚心會、清明協議會、善濟萬靈會、關帝會、焰口會、冬至會。

這種種的團體，各有章程，選舉理事，處理本團體內的事務，逢到在團體內不能處理時，或者有關全體同鄉的，便提交公所辦理。[145]

上述勞工團體最早加入公所者為長生會，是後各幫也相率入所。[146] 第二次四明公所事件中，以長生會出力最大。[147] 以上屬於手工勞動之同業團體，稱會、社或堂，不得列於工商同業工

---

145 根岸佶，〈上海四明公所〉，頁 85-86。徐蔚南，〈上海四明公所研究〉，頁 299-300。

146 日本東亞同文會編《支那經濟全書》（1907-1908 出版）及上海碑刻記載入四明公所之團體尚多，包括（石器幫）長生勝會、（竹器幫）同興會、（成衣）同善會、（酒業）濱安會、（鹹貨）集賢會、（木匠）長興會、（五金）永義會、（鐘鐵）敬義堂、（銅鐵機器業）永生會、（成衣）新長生會、馨香會、（竹業）同新會、（內河小輪業）永安會、（馬車漆業）同議勝會、（蠟燭商）寶輝堂、（雞蛋商）同安會、（崇善會）海味商、（洋布）甘露社、（招商太古馬立司）裕后社、（糕米團）同義會、（漆商）崇義會、（洗衣作）協勝會、（糕餅）合興會、（衣店）成義會等等。《中國工商行會史料集》，上冊，頁 92、98、100-104。上海博物館圖書資料室編，《上海碑刻資料選輯》（上海：上海人民出版社，1980），頁 384-386、403-404、406-408、412、418-424。1921年入四明公所各業各會共三十多個。慈溪葛恩元撰、慈溪嚴廷楨書，〈新建北廠題名記〉、〈四明醫院首事題名表〉，葛恩元編，《四明公所四大建築徵信全錄》，第一卷（上海：四明公所，1925），頁 26 上 -27 下。

147 葛恩元，〈沈君洪貴傳〉，頁 14 上 -15 上。

會，[148] 但助款加入四明公所後，可獲得對同鄉權益的保障。簡言之，四明公所涵蓋的同業公會，有一部分由商人組成，另一部分由手工匠組成，復有商人和手工匠共同組成之行會。[149] 外人每視四明公所為滬上最有影響力的會館，[150] 與第二次四明公所事件（1898年）有關。那次抗爭初由四明公所董事方繼善（方鎮記東家）號召，以四明長生會領袖沈洪賚為中堅，發動對法國人的罷市兼罷工。[151] 馬士（Hosea Ballou Morse）稱之為工商各業的聯合行動：

> 事件的高峰為會館〔指四明公所〕號召所有的寧波人——錢莊老板、商人、手工業者、僕人、腳夫、車夫等「聯合罷市」，這一號召得到了廣泛的響應，繁華的上海港貿易被冷落了幾天。[152]

不可不提的是，甬紳編印的《上海四明公所大事記》，提及四明公所對外交涉中，敘述兩江總督劉坤一委派江蘇布政使聶緝槼（曾任蘇松太道台，即上海道台）會同沈仲禮辦理，致力抵制法人佔領南市要求。[153] 方椒伯、虞洽卿、聶雲台的敘述，也眾

---

148 農商部〈工商同業公會規則〉（1918年4月）：「凡屬手工勞動及設場屋以集客之營業，不得依照本規則設立工商同業公會。」《中國工商行會史料集》，下冊，頁985。

149 這是中國同業行會的普遍型態。參考Julean Arnold, "Chinese Guilds and Chambers of Commerce", p. 370. 理查德‧H‧托尼（Richard H. Tawney）著、安佳譯，《中國的土地和勞動》（北京：商務印書館，2017），頁121-122。

150 《中國工商行會史料集》，上冊，頁83-84。《上海近代社會經濟發展概況（1882-1931）——《海關十年報告》譯編》，頁118-120。

151 〈四明公所沈洪賚啟事碑〉，頁430。

152 《中國工商行會史料集》，上冊，頁84。

153 葛平夫，〈第二次四明公所案與上海法租界的擴界〉，《歷史研究》，2017年第1期，頁68-84。

口一詞。[154] 可見聶雲台家族和旅滬甬人,也有一層特殊關係。

就顧德曼觀察,晚清旅滬同鄉團體屬於寡頭治理性質,由少數強而有力者操縱主導會務。民國初年,各同鄉團體拋棄菁英領導,改取民主形式,[155] 其實並不盡然。從 1912 年至 1922 年四明公所董事會及寧波同鄉會董事會名單可知人數雖擴大增加,旅滬耆紳鉅商以其實力及聲望,基本上仍掌握及領導兩會決策。

表五:上海四明公所及公義聯合會董事會(1912-1920)[156]

年份	董事會	公義聯合會
1912	朱佩珍(葆三) 周晉鑣(金箴) 沈敦和(仲禮) 虞和德(洽卿) 嚴義彬(子均) 方舜年(樵苓) 葛恩元(虞臣) 方積鈺(式如) 周鴻孫(湘雲)	會長:沈洪賚(鴻來) 董事:應孝裕(其北)
1913-1914	同上	會長:沈洪賚 董事:應孝裕
1915	同上	會長:沈洪賚(四月卒) 　　　唐盛爚(菊生)(補) 董事:陳徵獻(文鑑) 陳仁琅(良玉)
1916	同上	會長:周林慶 董事:陳徵獻(文鑑) 　　　陳仁琅(良玉) 石運乾 　　　孫　鵬(梅堂) 丁駿照(欽齋)

---

154 《上海四明公所大事記》,頁 8 上下。方椒伯,〈上海四明公所對帝國主義展開鬥爭的史料〉,《上海四明公所史料》,頁 53-58。〈虞洽卿先生之自述〉,《上海虞洽卿路命名典禮紀念刊》(上海:上海市第一特區市民聯合會第十八區分會,1936),頁 11。聶雲台,〈仲芳公軼事〉,聶其杰輯,《崇德老人紀念冊》(臺北:文海出版社,1966),頁 298、331。參考傅亮,〈劉坤一與第二次四明公所事件交涉〉,《近代中國》,第 24 輯(2014),頁 255-267。

155 《家鄉、城市和國家——上海的地緣網絡與認同,1853－1937》,頁 62-63、80、163。

156 資料來源:《上海四明公所大事記》,頁 11 下 -18 下。查《上海四明公所史料》整理者,把「光緒宣統間及民國四年規定董事會章程後繼任」一句,拆解成「光緒宣統間及」、「民國四年規定」、「董事會章程後繼任」,把九人分列三類,殊誤,參見寧波市政協文史委員會編,邢建榕、何品編注,《上海四明公所史料》,頁 382-383。

年份	董事會	公義聯合會
1917	同上	會長：周林慶 董事：陳徵獻 陳仁琅 石運乾 　　　孫　鵬 丁駿照（辭） 　　　樂俊寶（振葆）（補）
1918	同上	會長：周林慶 董事：陳徵獻 陳仁琅 石運乾 　　　孫　鵬
1919	同上	會長：周林慶（卒） 　　　洪賢鈁（菡蓉）（補） 董事：樂俊寶 陳徵獻 陳仁琅 　　　石運乾 孫　鵬 陳聖佐（蓉館） 　　　方積蕃（椒伯）葉承欽（雨菴）

註：1919年修改章程後每歲4月開常年大會及選舉職員，惟1919年6月下旬始選定職員。

　　由上表可知，四明公所董事會成員，呈現明顯的延續性。1919年（己未）九位董事，是依「光緒宣統間及民國四年規定董事會章程後繼任」。1919年值年董事，是方樵苓。方樵苓，是方椒伯族叔，在晚清收回自辦浙路風潮中，就已是核心人物。其人廣交遊，包括與浙籍名紳湯壽潛（蟄仙，浙江蕭山人）交好。好詩古文，在故鄉辦培玉兩等學堂，獲得士大夫好感，也是浙江旅滬學會幹事員。他往來甬滬，參與創設四明銀行、寧紹輪船公司，也為浙人自辦鐵路勸募集資。[157] 四明公所公義聯合會的董事名額，從1916年六人，到1919年增為九人。公義聯合會中，陳良玉（仁琅）經營水果業外，[158] 也是上海煙酒業代表。

---

157 《上海四明公所大事記》，頁20上。清末全浙鐵路收回自辦運動中，甬屬集股處駐滬坐辦為嚴子均、方樵苓，周金箴為上海浙路公司坐辦。參考汪林茂主編，《浙江辛亥革命史料集》，第2卷（杭州：浙江古籍出版社，2013），頁63-466。湯壽潛〈培玉兩等小學堂記〉：「鎮海方氏，吾浙右族，壽潛所識多聞人，樵苓太守尤振奇不可一世。」《鎮海柏墅方氏重修宗譜》卷十五〈碑記〉，頁8上。江迴，〈樵苓方先生四十壽序〉（1909），收入《鎮海柏墅方氏重修宗譜》，卷三十一〈壽序〉，頁25上-26下。〈浙江旅滬學會開會紀事〉，《時報》，1907年9月18日，版2。陳祖詔，〈樵苓太守四十壽序〉（1909），《鎮海柏墅方氏重修宗譜》，卷三十一〈壽序〉，頁27上-28上。

158 〈南商會為陳良玉訴冤〉，《申報》，1914年6月4日，版10。

孫梅堂是美華利鐘表號總主任，是積極有為的國貨推動者。石運乾，則是寧紹輪船公司經理。1919年，方樵苓和陳良玉分別被舉為寧波同鄉會副會長，代表四明公所和寧波同鄉會在人事上的融合，也迎來了寧波人在上海的昌盛時代。

表六：寧波旅滬同鄉會正副會長、坐辦（1911-1922）[159]

年份	正會長	副會長	坐辦／駐會辦事
1911	沈仲禮	虞洽卿、朱葆三	
1912	虞洽卿	沈仲禮、朱葆三	
1913	沈仲禮	虞洽卿、李徵五	
1914	沈仲禮	虞洽卿、李徵五	張讓三（1914年10月起）[160]
1915	虞洽卿	李徵五、王儒堂（正廷）	方椒伯（1915年3月起）
1916	虞洽卿	張讓三、李徵五	方椒伯
1917	張讓三	錢達三、方樵苓	方椒伯
1918	張讓三	錢達三、方樵苓	方椒伯
1919	張讓三	方樵苓、陳良玉	方椒伯
1920	張讓三	方樵苓、陳良玉	應季審

註：寧波同鄉會多半每年3-4月召開大會及選舉職員，1917及1919年卻在6-7月始選定職員。

---

[159] 〈寧波旅滬同鄉會十週紀略〉、〈寧波旅滬同鄉會歷任職董題名錄〉，《寧波旅滬同鄉會紀念冊》，頁1-12/1-7。前兩份文件有異處，依從〈寧波旅滬同鄉會十週紀略〉之說。〈寧波旅滬同鄉諸君公鑒〉，《申報》，1915年3月6日，版1。馮筱才說，寧波同鄉會成立後基本上由虞洽卿任會長，僅很短時間格於政府條例而未續任，所說有誤。《政商中國：虞洽卿與他的時代》，頁13。王遂今說，李徵五1911年任寧波同鄉會會長，亦誤。王遂今，〈鎮海小港李氏家族史略〉，《浙江文史資料選輯》，第39輯，頁129。

[160] 《寧波旅滬同鄉會紀念冊》之〈寧波旅滬同鄉會十週紀略〉1914年條：「坐辦一席，創於元年八月，由洪君思棠提議，經眾公決增設，曾先後公推徐君其相、張君樸庵、華君永祺、應君季審充任，旋應君辭職，特公推張君讓三接替之。」1915年條：「公推方君椒伯駐會辦事。本會新章，總務科四人中，推選一人，駐會辦事，以利進行。」〈寧波旅滬同鄉會十週紀略〉，頁5-6。1920年2月11日滬報記：「寧波同鄉會坐辦，向由總務董事方椒伯兼盡義務，並主持建築新會所募捐事宜。歷年以來，對於同鄉各界，信用素孚。」方椒伯出任東陸銀行上海行長，無法再常川駐會，始辭去坐辦職。〈寧波同鄉會坐辦易人〉，《申報》，1920年2月11日，版11。《海上名人傳》稱方椒伯1918年任東陸銀行經理兼任上海總商會會董兼商事公斷處處長，不確。《海上名人傳》編輯部，《海上名人傳》（上海：上海文明書局，1930），頁5。

從上表可以瞭解，辛亥以來，上海總商會董事沈仲禮、虞洽卿、朱葆三等幾位，出任寧波同鄉會正副會長，尤以虞洽卿任期最長。馮筱才概述過虞洽卿過往功績：

(1) 處理四明公所風潮，致力與法領事折衝。[161]
(2) 襄辦南洋勸業會，大獲成功。
(3) 成立華商體操會，加入萬國商團中華隊，為全國商團先聲。
(4) 贊助辛亥革命，出錢出力，擔任閘北民政長。
(5) 二次革命，保衛浙省地方安全。[162]
(6) 創辦三北輪船公司，逐步擴大規模。

此外，虞洽卿和江蘇紳商曾參與下列政治活動：

(1) 晚清參加預備立憲公會，傾向鄭孝胥及張謇等主張。
(2) 二次革命中，阻撓革命黨在浙省獨立。

然而，從1917-1920年間，卻由名儒張讓三（張美翊）主持會務。1921年《寧波旅滬同鄉會紀念冊》出版，編者江義修（覺齋）回顧會務發展（1910至1920年），經歷過「發軔」（1910至1911年）、「展拓」（1912至1917年）、「昌大」（1918至1920年）三個時期。張讓三主持期間，正是由「展拓」邁向「昌大」的階段。[163] 事實上，從1913年後，張讓三以文牘進而副會長，[164] 1914年10月再被推為坐辦，已漸漸成為靈魂人物。他重視商人

---

[161] 眾多虞洽卿傳記，多稱道他對四明公所事件的貢獻。但張讓三手撰〈上海四明公所緣起〉及《上海四明公所大事記》，卻未提及其表現。張讓三，〈上海四明公所緣起〉，頁251-253。

[162] 中國歷史博物館編、勞祖德整理，《鄭孝胥日記》，第3冊（北京：中華書局，1993），頁1481。

[163] 《寧波旅滬同鄉會紀念冊》之〈〔江義修〕序言〉，頁1。

[164] 〈走近張美翊〉，侯學書編著，《張美翊手札考釋注評》，上冊（北京：文物出版社，2020），頁47-48。莊禹梅追憶此一時期，謂張讓三以秘書長住會辦事，頗得真相。莊禹梅，〈關於寧波同鄉會〉，頁262-263。

實力,注意培植後進,倚重方樵苓叔侄、陳良玉為左膀右臂,對方椒伯尤致力栽培。[165] 方椒伯常期負責寧波同鄉會總務科,更兼會中「坐辦」(義務性質)。他八歲喪父,與叔父方樵苓共營祖傳產業,二人形同一體。

就政治參與來說,張讓三、虞洽卿、朱葆三、李雲書和李薇莊,都曾加入前清預備立憲公會,李雲書還名列會董。[166] 張讓三作為湯壽潛摯友,更是立憲派士紳集團成員,資格尤深於虞洽卿、朱葆三、周金箴等人。[167] 辛亥以後,張讓三在政治上以遺老自居。虞洽卿作為政治變色龍,從立憲派轉變為民黨支持者,又與袁世凱有間接關係,與安福系也頗有連繫。[168] 王正廷作為同盟會員,清末與光復會陶成章也有連絡。[169] 李徵五結交黃興和李燮和,更是光復會和同盟會雙料會員。辛亥年,李徵五參加攻打製造局,有功民國。[170] 民元,李薇莊和李徵五被選為同

---

165 《張美翊手札考釋注評》,上冊,頁 23-27;下冊,頁 23-24。《張美翊手札考釋注評》,收錄 1920 年以後張讓三手札,反映他和甬人後輩方樵苓、方椒伯、袁履登、陳良玉、樓恂如、王正廷、錢達三等往來情形。張美翊對同鄉會事務,尤倚重方樵苓叔侄和陳良玉。1922 年 8 月 6 日張讓三致丁梅生、程慶濤函:「老朽抵家半月,……會事有樵翁、良翁、椒弟辦理,甚為放心也。」「樵翁、良翁、椒弟」,即方樵苓、陳良玉、方椒伯。《張美翊手札考釋注評》,下冊,頁 46。

166 〈預備立憲公會會員題名表〉,《浙江辛亥革命史料集》,第 3-4 卷,頁 201-202。〈預備立憲公會職員表〉,寧波市政協文史委員會編,《辛亥革命寧波史料選輯》(寧波:寧波出版社,2011),頁 256。

167 浙江省〈預備立憲公會會員題名表〉六十人,張讓三名列第八,名次前於虞洽卿等。《浙江辛亥革命史料集》,第 3 卷,頁 201-203。《浙江辛亥革命史料集》,第 1 卷,頁 270、272。

168 馮筱才認為虞洽卿沒有特定政治信仰,一切端賴現實利益為抉擇依據。《政商中國:虞洽卿與他的時代》,頁 95。

169 樊光、樊崧甫,〈光復會活動麟爪〉,《辛亥革命親歷記》,頁 318-321。

170 勻盧(李孤帆),《勻廬瑣憶》(香港:南天書業公司,1973),頁 305-306。《政商中國:虞洽卿與他的時代》,頁 53-56。〈辛亥上海光復前後——座談會紀錄〉,《辛亥革命回憶錄(四)》(北京:文史資料出版社,1963),頁 9。〈李徵五先生事蹟〉,《國史館現藏民國人物傳記史料彙編》,第 30 輯(臺

盟會總部評議員外，李薇莊還繼虞洽卿接任上海閘北民政長。[171]惟方樵苓叔侄方面，辛亥年方椒伯出任滬軍軍事募捐團幹事長（另一位幹事長是陳文鑑）。在軍事募捐團三十人中，鎮海方家居然佔了四位：方莪田（積鏊）、方樵苓、方耕硯（積琳）、方椒伯，事務所設於寧紹公司三樓，共為革命軍募得五十萬元。[172]據方椒伯回憶稱，辛亥時寧廣二幫頭面人物，皆熱心協贊革命，並非虛言。[173]

惟五四前後會長張讓三，雖以遺老自居，卻以維持禮制、扶植文教為己任。他力謀同鄉團結合作，欲以奠定國家基礎。向來推崇「顏習齋、李剛主苦身力行之際，以為可救近時空言無用之弊，……處此時勢，惟須盡我可為之事，如勸學明農，獎掖後進，開通民智，則教一人得一人之益，教一鄉得一鄉之益」。他早已認定如旅滬四明公所之辦理，「非殷富紳商如葉〔成忠，澄衷〕、嚴〔信厚，筱舫〕、朱〔佩珍，葆三〕諸君為首，錢莊大號為輔，公舉清正可信之人經理，必不能取信於人。……辦事者必才、識、量、品俱優，又加以忍辱負重，委曲求全，方能收效。」[174]為人務實不好虛，一再勸告友朋：「吾輩處此時勢，

北：國史館，2006），頁150-151。小港李家後人回憶之作，參考李名慈，〈辛亥革命中的寧波小港李家兄弟〉；李名隼，〈祖父李徵五的事跡〉，《辛亥革命寧波史料選輯》，頁80-84。李名隼說李雲書因兩兄弟之故，也加入同盟會，但未有確證。〈部份旅滬寧波商人簡典〉，收入寧波市政協文史資料委員會編，《商海巨子——活躍在滬寧的寧波商人》，第1輯（北京：中國文史出版社，1998），頁340。寧波市政協文史和學習委員會編，《寧波小港李氏家族》（北京：中國文史出版社，2007），頁22-55。

171 《辛亥革命寧波史料選輯》，頁258-259。張笑川，《近代上海閘北居民社會生活》（上海：上海辭書出版社，2009），頁147。

172 〈軍事募捐團簡章〉，《申報》，1911年12月11日，版26。方椒伯，〈上海工商界在光復前後的動態〉，《辛亥革命寧波史料選輯》，頁47-49。

173 方椒伯，〈上海工商界在光復前後的動態〉，頁48。

174 〈張美翊〔致汪康年〕〉，上海圖書館編，《汪康年師友書札》，第2冊（上

雖不能做到忠、信、篤、敬功夫，然終當以曾文正多做實事、少說大話兩語為法，復濟之以忍辱負重，自可立於不敗之地」，「當苦身立行為先」。「此時宜後名而先實，一切務從平地築起，徒以空言號召天下，斷無益處，且有流弊。」[175] 寧波同鄉會在上海影響力日漸上升，與其協調能力關係甚大。《民國鄞縣通志·文獻志·張美翊傳》，追念張讓三「性慈愛善感，好為人排解紛難。晚年徇旅滬同鄉之請，主會事上海，推發群議，畢誠以赴，鄉人懷之。」[176]

張讓三的幕僚經歷，則使其優於應對公共事務。光緒年間，他獲浙江學政瞿鴻禨賞識調考優稟生，繼出任英法義比四國大臣薛福成隨員五年（1890-1894），回國後任盛宣懷文案多年；繼則由督辦鐵路大臣、郵傳部尚書盛宣懷奏派為鐵路總公司文案委員，總理南洋公學兼提調；又歷任南洋大臣顧問官、浙江巡撫增韞、浙江及江西巡撫張曾敭（小帆）幕府。他嘗任寧波抵制美約社會長、寧波教育會會長。[177] 他和浙江名士湯壽潛（蟄仙）和劉錦藻（澂如，澄如，南潯巨富劉鏞二子，劉承幹父）相善。湯壽潛參與的事業，都有他的身影，包括：浙江自辦鐵路、大達輪步公司、預備立憲公會、浙江教育總會，人稱：「有湯必有張」。[178] 他又是盛宣懷幕僚，與趙鳳昌等共商國是。[179] 劉錦藻

海：上海古籍出版社，1986），頁 1761-1762。
175 〈張美翊〔致汪康年〕〉，《汪康年師友書札》，第 2 冊，頁 1756-1757、1760-1762。
176 〈走近張美翊〉，頁 4。
177 《浙江辛亥革命史料集》，第 3 卷，頁 260。趙志勤稿、陳訓慈校，〈寧波光復前後的陳屺懷〉，《辛亥革命寧波史料選輯》，頁 62。
178 《張美翊手札考釋注評》，上冊，頁 78-82。
179 眾人商量對應日俄戰爭之策，即為一例。侯宜杰，《二十世紀初中國政治改革風潮》（北京：中國人民大學出版社，2009），頁 36-39。

是張謇甲午同年，也是大生集團股東。上海輪船委諸張讓三辦理，本是張謇等東南名流規劃。[180] 江浙鐵路風潮中，張謇、湯壽潛等力爭商辦，共同謀劃。[181] 湯壽潛、劉錦藻是浙路公司總理及副理，張讓三作為二人代表，與全浙紳商都有接觸，被舉為浙路股東甬屬代表。[182] 民初，紹興同鄉會田時霖尤稱張讓三為劉錦藻「引線」。[183] 清季革命黨人秘密運動，官員欲興大獄，「鄉老盛炳緯、張美翊，默彌暗消」。[184] 在秋瑾案中，他作為張曾敫總文案，保全多人。[185] 他和上海的淵源，則曾以四明公所董事代表，出任城廂內外總工程局議董。[186]

不但如此，在張讓三主持下，旅滬甬籍紳商對維持浙江政

---

180 張謇致沈曾植函（1905.5.31）說明新辦企業佈局：「〔鄭孝胥〕蘇堪欲歸，擬以漁業公司屬之。上海輪步已屬張讓三。許久香最精銳有采色，已勸引退，專意徐海間實業，五六年後與謇為援者當在此人。」《張謇全集》，第 2 卷，頁 141。鄭孝胥日記 1906 年 6 月 16 日，「至大生帳房，李直已出，晤葛禮徵（鎮江電燈公司）、張讓三、王小航（照）、廉惠卿。同讓三至大達輪埠公司，談久之。」《鄭孝胥日記》，第 2 冊，頁 1045。

181 鄭孝胥日記 1906 年 3 月 3 日：「至浙江鐵路公司，晤螯仙、翬伯、仲連、讓三。有頃，李直、竹君、惲禹九亦至。」《鄭孝胥日記》，第 2 冊，頁 1032。

182 章開沅、田彤，《辛亥革命時期的張謇與近代社會》（武漢：華中師範大學出版社，2011），頁 290-292。在浙路及立憲運動中，旅滬鉅商幾皆投入其中。Mary Backus Rankin, *Elite Activism and Political Transformation in China, Zhejiang Province, 1864-1911* (Redwood City: Stanford University Press, 1986), pp. 248-298.

183 〈經亨頤日記〉，頁 422-423。劉承幹（劉澂如子）的《求恕齋日記》，時記「張丈讓三」參與滬上老輩詩文之會，包括淞社、寒社。此類文人雅集，是遺老、復辟黨交遊之會。《嘉業堂藏書日記抄》，上下冊，頁 84、87、121、124、134、137、139、157、165、214、228-229、231、240、246、257、261、263、268-270、293、308、323、327、332-333、341、346、353、378、388-389、396-397、405、411、439。

184 范賢方，〈寧波光復記〉，《辛亥革命寧波史料選輯》，頁 24。

185 光復會革命黨人傅墨正回憶：「浙江巡撫張曾敫自辦理秋〔瑾〕案後，本擬按照搜到的名冊嚴屬懲辦，一網打盡。經撫署總文案張讓三力陳利害，始允免予追究。」傅墨正，〈辛亥革命杭州光復的回憶〉，浙江省政協文史資料委員會編，《浙江文史集粹：政治軍事卷》，上冊（杭州：浙江人民出版社，1996），頁 44。

186 李達嘉，〈上海商人的政治意識和政治參與（1905-1911）〉，頁 212-213。

局,還能發揮積極的穩定作用。浙省每逢有事,張讓三聯絡「浙江旅滬學會」、「寧波旅滬同鄉會」、「紹興旅滬同鄉會」等團體共同調停。他從晚清以來,就善於調解紛爭,強調官商通氣。茲舉數事為證:(1) 1898 年,上海四明公所入侵冢地,他深慨官民隔閡,安撫工界沈洪賚。[187] (2) 1906 至 1911 年浙路風潮,浙省紳商集股辦路。張讓三既為紳界中堅,又為甬屬股東,順利集資興辦。[188] (3) 1913 至 1917 年,南北軍對峙下,寧波政局紛擾,暗中消彌保全浙境。[189] (4) 1918 年 9 月,寧波發生錢業風潮,張讓三連同虞洽卿、秦潤卿等返鄉處理,成功降低市面波動。(5) 1919 年 4 月,北京政府下令各省長官向商人「勸購八年公債」,張讓三「恐釀意外」,特地返鄉疏解。[190]

由於張讓三的資歷經驗,浙省每逢兵事紛擾,幾乎都由他一面與旅滬浙商領袖虞洽卿、田時霖等策劃,乃至籌措經費;一面與浙地紳商盛炳緯(省傳)、陳時夏(季衡)、費紹冠(冕卿)等緊密連繫,用「浙人謀浙」為號召,以「保全地方」為原則。

張讓三主持期間,旅滬寧波旅滬同鄉會和原籍寧波總商會,也維持緊密連繫。1917 年成立的寧波公所,隸屬上海四明公所,董事為費紹冕(冕卿)等九人。總董費冕卿,秀才出身,為嚴信厚外甥,曾任寧波商會總辦,1916 年起任寧波總商會會

---

187 《上海四明公所大事記》之〈〔張美翊〕序〉,頁 1 上 -2 下。
188 《浙江辛亥革命史料集》,第 2 卷,頁 63-119、378-391。
189 沈砥民,〈寧波癸丑獨立記〉;金湯侯,〈癸丑勸告寧波取消獨立的經過〉,《浙江文史資料選輯》,第 7 輯(杭州:政協浙江委員會文史資料委員會,1963),頁 1-15。〈辛亥革命寧波史料選輯〉,頁 144-152。
190 張傳保修,陳訓正、馬瀛纂,《鄞縣通志》之〈食貨志〉,第 6 冊(臺北:成文出版有限公司,影印民國二十四年鉛印本,1974),頁 2502-2503。〈寧波同鄉會長返里〉,《申報》,1919 年 4 月 26 日,版 11。

長。[191] 呂瑞棠〈寧波商會五十年述略〉，透露他和張讓三關係不淺：

> 費紹冠，字冕卿，初任源豐順銀號經理，後任四明銀行經理，本系慈谿秀才，久寓甬北，熱心地方公益事業。性鎮靜，為人排解糾紛，不動聲色。遇公私利害，能力爭之。辛亥革命時，曾參加保安會，寧波光復後，遂以望被推長寧波總商會。平時與耆紳張讓三（即張美翊，晚年任上海「寧波旅滬同鄉會」坐辦）友善，贊助頗多。[192]

1922年費冕卿身故，張讓三〈慈谿費君冕卿行狀〉追述情誼，稱道費紹冠「排解紛難，不大聲色」。更說辛亥以後，浙省多次經歷兵事，「論者謂民國以來，吾寧無兵燹之災者，君一人之力也。」[193] 實則辛亥以後內亂不息，張讓三和費冕卿等地方士紳連繫密切，又與浙籍京官互通聲息。舉凡浙省有事，地方紳商及浙省長官每招之協助。張讓三更偕同虞洽卿等集議，屢次消弭亂事及金融風暴。

此時旅滬甬籍鉅商有一聚會場所，在公共租界愛多亞路大世界對面，可供他們交際應酬。孫籌成回憶：

> 抗戰前愛多亞路（現在之延安東路）大世界對面步留坊附近，有一寧商總會，是上海最有名的總會。租界照會不限時刻，可以通宵，當時之總會，就是俱樂部性質，裏面可以賭博，可以飲酒，可以叫局。這個總會是寧波旅滬鉅商聚集之處，入會要有兩個會員介紹，且納會費百元。朱葆三、傅筱

---

191 張美翊，〈慈谿費君冕卿行狀〉，《寧波旅滬同鄉會月刊》，第6期（1923.3），頁65-67。《上海四明公所大事記》，頁13上。
192 呂瑞棠，〈寧波商會五十年述略〉，《寧波文史資料》，第15輯，頁139。
193 〈慈谿費君冕卿行狀〉，頁65-67。

庵、謝蘅窗、袁履登、虞洽卿、方椒伯等諸鉅商,公餘僉在此處消遣,每天下午三四時起,至夜半至(有時要至次日天明),猜拳聲、骨牌聲、歌唱聲,不絕於耳。[194]

五四時期,寧商總會總董為朱葆三。[195]上海及全浙重要公共事務,凡事關甬人利益,可在此交換意見。

1919年5月,總商會佳電風波,朱葆三受人攻擊,辭去會長職務。5月25日寧波同鄉會常年大會,卻有四百多人參加,展現出空前團結。俞宗周、袁履登、陳良玉、張讓三發言,「大致發揮固結團體之利益,並激勵同鄉人提倡國貨,一致對外,愛鄉愛國。」[196] 6月下旬,新一屆職員名單見報,多屬少壯派人物。茲錄董事會名單:

會　　長:張讓三
副會長:方樵苓　陳良玉
總務科:方椒伯　陸維鏞　陳鏡如　石運乾
審查科:葛虞臣　盛竹書　盛丕華　趙林士
　　　　謝蓮卿　應季審　何積璠
評事科:屠景三　王蔭亭　穆子湘　張朗齋
　　　　沈佩蘭　洪承祁　陳伯剛　張延鍾
　　　　陳文鑑　孫梅堂　呂耀庭
調查科:李徵五　柳鈺棠　薛文泰　董杏生
　　　　黃玉書　陳景塘　李志方　馮芝汀
　　　　徐棣蓀　項松茂　戴運來　周乾康
　　　　謝蘅牕　袁履登

---

194 孫壽成,〈我所知的方椒伯〉,頁439-440。
195 上海商務印書館編,《上海商業名錄(1920)》,頁476。
196〈寧波旅滬同鄉會大會紀事〉,《申報》,1919年5月25日,版12。

會計科：樓恂如　何楳軒

文牘科：趙滄蓉　江北溟[197]

在張讓三主持下，方樵苓（四明公所董事）叔侄及陳良玉（公義聯合會董事）為實際辦事人。方椒伯任總務科董事兼坐辦，尤其掌握全會樞紐。[198] 總之，在張讓三主持下，致力於團結甬人。在其告老還鄉後，同鄉會也未聞重大糾紛。

在1919年董事中，樓恂如、項松茂、孫梅堂等，都是著名愛國商人。[199] 在商戰日急下，張讓三也是國貨提倡者。屠景三發起紗廠，他代為鼓吹。[200] 全國烟酒聯合會成立，他呼籲廢除重稅。1917年9月17日《申報》紀第二屆中國煙酒聯合會選舉大會，張讓三慷慨陳詞：

> 我人受公賣之苦痛已極，讓三浙人，請以浙論。我浙從前烟如宓大昌，酒如章東明、王恆豫等，皆為國貨之特種，今受苛稅，營業衰減殊甚。次言美國烟業及法國波爾多酒業團體之堅，每逢選舉必爭舉其業中人，以期在政府有提議權，我同人自當效法云云。[201]

翌年第三屆烟酒聯合會大會上，他再次提出減稅主張：

> 商業之困難，實由於捐稅之煩重。然欲除困難，須先官商同氣。官不知商則隔閡多，而商業遂不可問矣。次歷舉捐務上

---

197 〈寧波旅滬同鄉會舉定職員〉，《申報》，1919年6月26日，版11。
198 據《寧波旅滬同鄉會紀念冊》之〈十年紀略〉1912年條：「總務科為全會樞紐，其主任須常川駐會，遇事方不致隔閡」。〈十年紀略〉，頁4。
199 黃炎培後曾為樓恂如、項松茂作傳。黃炎培，〈先董樓君恂如傳〉、〈項松茂先生傳〉，《黃炎培撰傳選》，頁22-26。
200 〈勸用國貨會常會紀事〉，《申報》，1915年7月12日，版10。
201 〈烟酒聯合會選舉大會紀事〉，《申報》，1917年9月17日，版10。

種種幣病，全場鼓掌。[202]

1916年7月，全國煙酒聯合會在四明公所成立，由陳良玉擔任總幹事。對外發表宣言時，亦由陳良玉主稿。[203] 張讓三代為出謀劃策，儼然作為該會最高顧問，[204] 還眾望所歸地被推為名譽會長。

在對外問題上，從晚清湯壽潛鼓吹聯美制日起，張讓三就是其重要助手。[205] 商戰日急之下，甬人棉紗業及輪船業想突圍而出，一直以日人為對手。1915年抵制日貨風潮，甬同鄉會整體表現積極。早在1914年3月，虞洽卿就發起「勸用國貨會」，「以提倡國貨，振興實業為宗旨」，似是配合滬海道尹楊晟政策。[206] 1915年3月勸用國貨會正式成立，推虞洽卿、王正廷為會長，以甬商為主幹，也歡迎各省人士參與。這年寧波同鄉會年會上，袁履登等演說救國儲金及勸用國貨之旨，據說聞者為之泣下。[207] 7月起，李徵五、方椒伯、袁履登、孫梅堂、方樵苓等，更排定逐日輪值，積極鼓吹。[208] 駐會辦事員為：張讓三、陳良

---

202 〈煙酒聯合會大會紀〉，《申報》，1918年11月11日，版10。
203 〈煙酒聯合會之進行〉，《申報》，1916年7月25日，版10。
204 〈走近張美翊〉，頁43-44。〈上海四明公所大事記輯錄〉，寧波市政協文史委員會編，邢建榕、何品編注，《上海四明公所史料》，頁428。
205 清末東南名流訂定對外策略，是用「社會聯美」。按《嗇公自訂年譜》宣統二年庚戌二月（1910）：「湯壽潛、趙鳳昌為余言社會聯美。」《張謇全集》，第8卷，頁1025。湯壽潛鼓吹「聯美」之說，參考〈湯壽潛奏陳存亡大計（三續）〉，《申報》，1910年3月20日，版5-6，《浙江辛亥革命史料集》，第3卷，頁241-242。
206 滬海道尹，〈函送勸用國貨簡章由〉（1915.3.27），中央研究院近代史研究所檔案館藏：03-46-004-01-021。陳曾燾稱勸用國貨會成立於1915年，以日本向中國提出二十一條款為背景，有誤。陳曾燾著、陳勤譯，《五四運動在上海》（臺北：經世書局，1981），頁126。
207 〈寧波同鄉會常年大會紀〉，《申報》，1915年5月3日，版10。
208 汪仁澤、姚偉琴，《海派實業第一人：虞洽卿商旅傳奇》（北京：團結出版社，2011），頁86。

玉。[209] 是後該會擴充會務，設執行員、調查員、宣講員、贊助員等名義。一方面調查國貨，一方面提倡扶助。[210]

1915年，上海《國貨月報》創刊，甬人陳良玉、袁履登、應季審，均名列撰述員。[211] 該報以勸用國貨會及中華國貨維持會為基礎，刊登兩會來稿及調查報告。第2期《國貨月報》刊出虞洽卿照片、〈勸用國貨會頌詞〉、〈勸用國貨會宣言〉（陳良玉撰）。[212] 甬商興辦的國貨事業，如項松茂經理五洲大藥房、孫梅堂為總主任的美華利鐘表號，或者刊登廣告，或者介紹產品，皆以此刊為媒介。[213]

1919年抵制日貨風潮起，甬商經營煤業、航運業的謝蘅牕（牕，天錫，鄞縣人）響應。謝蘅牕是上海煤炭公所領袖，主持製定相關方案。[214] 所經營裕昌煤號，與招商局業務相關，與

---

209 〈勸用國貨會近狀紀要〉，《申報》，1915年7月2日，版10。
210 〈勸用國貨會內部之擴充〉報導：「凡調查國貨之產地產數銷行數，皆調查員主之。勸導社會講用國貨，興起工藝，四出演講，宣講員為之。對於該會未及舉行，或不能舉行之事，而施其贊助者，無論以力以財，均稱為贊成員云。」《國貨月報》，第2期（1915.9），頁20。中華國貨公司成立，陳良玉、李徵五、張讓三、袁履登等前往參觀，勸其遷移地址，擴充分公司，做代售土產的轉運樞紐。〈中華國貨公司調查記〉，《國貨月報》，第3期（1915.10），頁11-12。
211 〈本社撰述員名姓表〉，《國貨月報》，第1期，卷首。
212 〈勸用國貨會頌詞〉；陳良玉，〈勸用國貨會宣言〉；〈振興國貨之芻議〉（勸用國貨會編輯部）；〈勸用國貨會改良稅則請願書〉，均載《國貨月報》，第2期，卷首、〈代論〉，頁1-2；〈要件〉，頁1-8。
213 五洲大藥房每期刊出整頁廣告；美華利鐘表號則接受訪員視察，說明自製各式掛鐘座鐘情形。參考姜少亮，〈美華利時鐘工廠視察記〉，《國貨月報》，第2期，頁1-2。
214 這天演講來賓有戈朋雲、俞宗周、徐春榮，同業袁履登、嚴味生。〈上海國民對於外交失敗之激昂（十三）〉，《時事新報》，1919年5月21日，第3張版1。

傅筱庵交好。[215] 復與同鄉名紳盛省傳和張讓三交情不淺。[216] 裕昌煤號提供大生紗廠用煤，[217] 疑由張讓三或樊時勛（棻，浙江鎮海人）牽線。[218] 公司聘袁履登（禮敦，浙江鄞縣人）經理，謝蘅牕倚之如左膀右臂。袁履登出身教會學校，曾任寧波斐迪中學校長。辛亥時，曾任寧波軍政府外交副部長，富有涉外經驗。[219] 他受知於張讓三，深得其信任。[220] 袁履登經謝蘅牕推薦，還曾擔任岑春煊機要譯員，岑子德廣更以師禮事之。[221] 陳良玉，作為煙酒聯合會總幹事，分會遍佈各埠，更是國貨運動中堅。

(2) 浙紹公所和紹興同鄉會

上海紹商勢力，遜於甬商和粵商，卻執銀錢業牛耳。孫籌成

---

215 1924年，謝蘅牕為傅筱庵運作總商會會長一職，參考〈孫籌成談傅筱庵第一次競選會長的起因〉，《孫籌成文存》，頁444-446。
216 盛炳緯（省傳），光緒庚辰進士，翰林院編修，曾任四川及江西學政，浙江興業銀行行長盛竹書（炳紀）是其從弟。盛炳緯與嚴信厚（筱舫）、嚴漁三叔姪為世交。1926年朱葆三逝世的葬禮也由他主持。參考盛炳緯，《養園賸稿》，卷首有陳三立〈前江西學政翰林院編修盛君家傳〉，記其生平事略。《養園賸稿》各卷詩文，反映他與張讓三、謝蘅牕、袁履登交誼；集中涉及謝蘅牕頗多，或為晚年居滬之作。《養園賸稿》（約園刊本），張壽鏞輯，《四明叢書第六集》（臺北：新文豐，1988。）張美翊，〈謝母王太夫人六秩壽序〉，張美翊總修，《甬上青石張氏家譜》卷四，第4冊（味芹堂鉛印本，1925），頁10上-11上。
217 南通市檔案館、張謇研究中心編，《大生集團檔案資料選編：紡織（Ⅲ）》（北京：方志出版社，2004），頁461-464、470。
218 1915年張謇濠南別業落成，謝蘅牕及樊時勛等共同贈送賀禮。〈謝張朗齋謝蘅牕樊時勛通函〉（1915.5中旬），《張謇全集》，第2卷，頁531-532。
219 適塵，〈紅極一時的袁履登〉，收入上海市政協文史資料委員會編，《上海文史資料存稿匯編：工業商業》，第7冊（上海：上海古籍出版社，2001），頁252。《辛亥革命寧波史料選輯》，頁10。
220 1920年袁履登任寧紹輪船公司經理，張讓三滬寧間往來信函即托其轉交。《張美翊手札考釋注評》，上冊，頁284、325。
221 黎霞選編，〈袁履登回憶錄〉，《檔案與史學》，1995年第5期，頁28-33、70。林端輔口述，〈寧波光復親歷記〉，浙江省政協文史資料委員會編，《浙江文史集粹：政治軍事卷》，上冊，頁55。

嘗比較寧、紹、廣三幫，認為旅滬甬幫勢力最大，紹幫多半唯甬幫馬首是瞻。廣東幫內部有新舊之爭，勢如冰炭，力量弱於寧紹幫。三幫經營商業性質不同，故無衝突。甬人經營行業普遍而零碎，粵人經營較大而重批發，紹人以錢莊和酒業為多。上海總商會會長，則大多以甬人為之。[222] 但銀錢業與各業關係密切，而紹興人為業中領袖，故亦頗有勢力。1737 年，紹籍同鄉建立浙紹公所（或稱：浙紹會館），位於西門斜橋西北首，名曰：永錫堂。1910 年，旅滬紹人推動成立紹興同鄉會，由杜亞泉（煒孫）草擬章程。[223] 1911 年 10 月 8 日，紹興七邑旅滬同鄉會（簡稱：紹興同鄉會）在西門永錫堂成立，包含：紹興、蕭山、上虞、餘姚、諸暨、嵊、新昌七縣。由商界名人徐乾麟（餘姚人）、王曉籟（嵊縣人）、宋漢章（餘姚人）共同發起。事務所主任：陳樂庭。首任議長：杜亞泉，副議長：邵力子。[224] 1918 年起，租用民國路老北門外東 271 號四層洋房為事務所，設於中國救濟婦孺總會內。徐乾麟為救濟婦孺總會董事，當由彼接洽達成。[225] 常年大會，每假浙紹公所召開。

---

222 孫籌成，〈舊上海寧、紹、廣三幫勢力的比較〉，《孫籌成文存》，頁 433-434。
223 陶水木，〈紹興商人與紹興旅滬同鄉會〉，《紹興文理學院學報（哲學社會科學版）》，第 19 卷第 1 期（1999.3），頁 31-36。
224 陳曙華、童銀舫，〈徐乾麟〉，餘姚市政協文史資料委員會編，《餘姚文史資料》，第 13 輯（餘姚：餘姚市政協文史資料委員會，1995），頁 42。〈紹興同鄉會成立大會記〉，《申報》，1911 年 10 月 10 日，版 19。蔡元培，〈杜亞泉〉，紹興縣修志委員會輯，《浙江省紹興縣志資料第一輯》，第 10 冊（臺北：成文出版社有限公司，1983），頁 3228-3229。
225 〈紹興同鄉會覓屋遷移〉，《申報》，1918 年 8 月 6 日，版 10。《上海商業名錄 1920》（上海：商務印書館，1920），頁 468。

表七：旅滬紹興七邑同鄉會議長及總董（1911-1920）[226]

年份	議長	總董（原稱：事務所所長）
1911	杜亞泉（正） 邵仲輝（副）	陳樂庭
1912	杜亞泉（正） 邵仲輝（副）	陳樂庭
1913	杜亞泉（正） 邵仲輝（副）	陳樂庭
1914	杜亞泉（正） 邵仲輝（副）	宋漢章
1915	杜亞泉（正） 邵仲輝（副）	宋漢章
1916	杜亞泉（正） 陳繼武（副）	田時霖
1917	杜亞泉（正） 曹慕管（副）	田時霖
1918	曹慕管（正） 壽孝天（副）	田時霖
1919	曹慕管（正） 壽孝天（副）	田時霖
1920	曹慕管（正） 壽孝天（副）	田時霖（正） 魏清濤（副） 宋漢章（副）

註：常年大會一般10月召開。

　　由上表可知，紹興同鄉會正副議長，一般由學紳（包括：報業、出版業）出任。例如杜亞泉為《東方雜誌》（商務印書館出版）主編，邵仲輝為《民國日報》主編，曹慕管為澄衷中學校長、壽孝天為商務印書館編輯。[227] 1917年以後，正副議長人事更換，杜亞泉和邵力子退下，由曹慕管和壽孝天任之。議事會選出的董事會，尤其是董事公舉之總董（俗稱會長），任常年大會主席，卻是商界領袖出任。事務所所長陳樂庭，是合泰煤炭號主、南市錢業董事。宋漢章是中國銀行滬行經理、上海錢業領袖；田時霖（澍霖，世澤）是震升恆木行經理、震巽木業公所協理。[228] 在歷次選舉中，宋漢章得票最高，卻推田時霖為總董。[229]

---

226 〈紹興同鄉會複選揭曉〉，《申報》，1915年10月19日，版10。〈紹興同鄉會互選職員〉，《申報》，1916年10月23日，版10。〈記本會第九屆複選事〉（1919年10月26日），《紹興七邑旅滬同鄉會報告（八年冬季至九年秋季）》，頁5-6。

227 曹慕管和壽孝天，復有同學之誼。參見曹弘等輯，〈曹慕管先生訃告〉，收入《上海圖書館藏赴聞集成》，第71冊，頁383。

228 〈紹興商人與紹興旅滬同鄉會〉，頁34。《上海工業會館公所徵信錄選輯》，《中國工商行會史料集》，下冊，頁830-831。

229 1922年上海總商會會長選舉，擁宋漢章派有田時霖、田祈原、霍守華、馮少山。孫籌成，〈孫籌成談傅筱庵第一次競選會長的起因〉，頁445。

1917 年 12 月-1920 年 2 月，田時霖族叔田文烈（煥廷）出任北京政府農商總長，主管全國商會及商業事務。[230] 直皖集團對峙之際，都欲拉攏田文烈。田文烈表示不偏不倚，而反對安福國會。[231] 田時霖因而水漲船高，被推為同鄉會總董。

1918 年 10 月，紹興同鄉會常年大會修改舊章，把董事從九人增至十五人。依照章程，是由會員先公舉議事會員，任期兩年。再由議事會公舉董事會，任期兩年。凡被推選為董事者，可兼任議事會議員。若遇重要事務，即召開董事、議事聯席會議公決。[232] 茲錄正副議長及董事名錄（姓名帶＊者，為銀錢業者）：

（議　　長）曹慕管
（副議長）壽孝天
（總　　董）田時霖
（董　　事）宋漢章＊　魏清濤　徐乾麟　許默齋　周岷源
　　　　　　田資民　　朱慶瀾　丁斐章　袁近初＊　裴雲卿＊
　　　　　　陳東聲　　吳善卿　魏鴻文　何曰琰
（審查員）孫鐵卿　馮仲卿＊　胡格生[233]

議事會五十人，也多銀錢業經理或股東（姓名帶＊者）：

---

230 田文烈，〈重建田氏宗祠記〉；發起人田文烈、田世澤，〈上虞永豐鄉田氏續修宗譜勸捐啟〉；張美翊纂修，《上虞永豐田氏宗譜》卷十（鳳翔堂木刻活字本，1915），頁 12 上-13 上、62 上下。

231 章伯鋒整理，〈馬鳳池密報〉，頁 44。王樹楠所撰〈田文烈家傳〉：「合肥段公敦促入都，屬長財政。總統馮公又函招任國務院總理。皆力辭不就。而參、眾兩院堅以內閣屬公，公恥為若輩所挾，辭之益堅。最後任農商總長，始就職。」卞孝萱、唐文權編，《辛亥人物碑傳集》（南京：鳳凰出版社，2011），頁 332。

232 此是由 1920 年 10 月通過的〈〔紹興七縣〕同鄉會總章程〉（民國九年第十屆常年大會修正）推定而知。參見《紹興七縣旅滬同鄉會各項章程》，民國時期文獻保護中心、中國社會科學院近代史研究所編，《民國文獻類編》，第 53 冊（北京：國家圖書館出版社，2015）。

233〈紹興同鄉會選舉職員會〉，《申報》，1918 年 10 月 14 日，版 10。

宋漢章*	魏清濤	徐乾麟	田時霖	裴雲卿*
田資民	杜亞泉	何秋士	何長庚	周岷源
許默齋	孫鐵卿	田祈原*	胡格生*	王鞠如*
壽孝天	何曰埰	胡照生	李菊亭*	朱慶瀾
蔣福昌*	陳茂恆	吳善卿	陳東聲	魏鴻文
丁斐章	馮仲卿*	陳樂庭	蔣泉茂	田永祥
吳成和	陳一齋	魏頌周	邵仲輝	杜家坤
戚純芳	胡純薌*	沈銘昌	王崧生	曹慕管
田五豐	袁近初*	陳繼武	李復蓀*	羅坤庠
曹思仙	何丹書	趙文煥*	施載春	謝韜甫*[234]

　　從董事會及議事會名單可知，紹興同鄉會以銀錢業為主體。田時霖為議長，時年四十三。曹慕管為議長，時年三十一。但宋漢章影響力甚大，可左右大局。其副手胡桂薌（中行滬行副經理）1919年底病歿，田時霖祭文推崇：「主持團體兮，公謙遜而勿當，避其名而居實兮，時默運其勱勤。」[235]「避其名而居其實」，本為商人一貫審慎作風。故此，宋漢章對會務實有重要影響力。

　　宋漢章，時年四十八歲，中國銀行滬行總經理，以同鄉紹興錢莊為基礎；其所聘用之職員，也多錢業出身，包括史久鰲、潘久芬。中行出現危機，每賴錢莊援手。[236] 上海錢業公會「初分寧、紹；後有廣、蘇、鎮江等幫加入；而以寧紹兩幫之勢力為最

---

234 〈紹興同鄉會大會紀事〉，《申報》，1918年10月7日，版10。〈上海錢業公會入會同業錄〉（民國十五年份），《上海金融史》，頁114-123。
235 胡慶衍輯，《餘姚胡桂薌先生哀輓錄》，《上海圖書館藏赴聞集成》，第34冊，頁283。
236 《上海錢莊史料》，頁146-147。

大，……據最近調查，上海錢業中之寧幫與紹幫，佔全體會員總數百分之七十一；其資本總額，佔百分之七十三又四。」[237] 寧紹幫中，又以紹興勢力最久，莊數冠全滬。[238] 可以說，寧紹幫控制的上海錢業，以紹興人最佔勢力。天津銀行界卞白眉，稱宋漢章為上海錢業領袖。[239] 1920 年代末，陳光甫分析上海二十四家銀行為四派，說「官派為中、交兩行，接近紹興錢莊」，即指宋漢章勢力。[240] 上海總商會屢次推宋漢章為會長，即是以此之故。惟因其業務忙碌，1918 年未允接任。及至 1922 年，宋漢章勉為其難出任會長，挽方椒伯為副會長相助，孫籌成稱為「寧紹聯合」之證。[241] 宋漢章的崇高聲望，因其 1916 年成功抵制袁世凱政府停兌令，維護了股東利益。五四前後，又竭力反對北京安福系插手中行。凡此種種，又須賴前農商總長張謇協助抗衡北京政府。

在董事會中，尚有洋木業大老魏清濤，洋棧經理徐乾麟（懋），也很有勢力。[242] 其他各董則多為銀錢業經理：蔣福昌（元盛莊經理）、裴雲卿（同春莊經理）、李菊亭（永餘莊經

---

237 宋春舫等編纂，《上海商業儲蓄銀行二十年史初稿》，何品、宣則編注，《上海商業儲蓄銀行：機構卷》（上海：上海遠東出版社，2015），頁 12。
238 1921 年，紹幫錢莊三十八家，寧波幫十六家。《上海錢莊史料》，頁 769-771。
239 政協天津市委員會文史資料委員會編，《卞白眉日記》，1927 年 7 月 4 日，第 1 卷（天津：天津古籍出版社，2008），頁 449。
240 邢建榕、李培德編注，《陳光甫日記》（上海：上海書店出版社，2002），頁 4-5。
241 《上海總商會組織史資料匯編》，上冊，頁 162-168、242-245。孫籌成，〈舊上海寧、紹、廣三幫勢力的比較〉，頁 433。
242 上海秦錫田撰，〈水木工業公所記〉，收入上海博物館圖書資料室編，《上海碑刻資料選輯》（上海：上海人民出版社，1980）頁 321-325。震巽洋木業公所〈宣統元年至民國二年職員名單〉，《中國工商行會史料集》，下冊，頁 830-831。徐晨陽，《近現代愛國慈善家徐乾麟》（上海：上海社會科學出版社，2014。）

理)、田祈原(永豐莊經理,大股東為陳春瀾)、趙文煥(安康莊經理,東家鎮海方家)、王鞠如(安裕莊,大股東鎮海方家)、謝韜甫(謝綸輝子,承裕莊經理,大股東鎮海方家)。[243] 總董田時霖作為錢莊股東,與田祈原同宗而交好。[244] 蔣夢麟父親蔣懷清(履齋,餘姚人),也是田氏姻親。[245] 而上虞陳春瀾是永豐莊東家,對張謇大生紗廠、聶雲台恆豐(及其後成立的大中華)紗廠放款。[246] 1921年,宋漢章和田祈原代表銀錢兩業,成立「通泰鹽墾五公司借款銀團」,購入張謇企業三百萬債票。[247] 上海及附近紗廠和錢業的業務關係,可說息息相關。袁近初,在滬經營轉運業,與怡和洋行有業務往來,和宋漢章亦甚友好。

總董田時霖,上海震升木行經理、震巽木商公所董事、上海總商會董事(1919年4月補推)。[248] 人稱紹商以甬商之馬首是瞻,從田時霖對張讓三的推重可以為證。1915年,田時霖出貲重修田氏宗祠,敦請張讓三主持續修《上虞永豐田氏宗譜》,邀

---

243 〈上海錢業公會入會同業錄〉(民國十五年份),頁114-123。
244 1913年,田時霖邀田冰(祈原)共同發起重修田氏宗祠。《上虞永豐鄉田氏宗譜》卷十〈重修宗祠再啟〉,頁63上。參考〈上虞田家祠堂:見證辛亥風雲變幻(田時霖揭秘一)〉,引自華夏田氏網:http://www.tianjiaxiang.cn/wap/Newsview.asp?id=4487(2021.2.9)。〈上虞田家祠堂:講不完的辛亥往事(田時霖揭秘二三)〉,華夏田氏網:http://hxtian.cn/wap/NewsView.asp?ID=4488(2021.2.9)。
245 〈上虞田家祠堂:見證辛亥風雲變幻(田時霖揭秘一)〉。蔣夢麟父親履齋(懷清),為紹屬名紳,也是上海幾家錢莊股東。清末浙路風潮中,蔣履齋支持湯壽潛,一次為挽留湯壽潛,聲明認股二十萬,一次繳足,可見財力之厚。《浙江辛亥革命史料集》,第2卷,頁65、110。
246 《上海錢莊史料》,頁173-174。陳春瀾由錢莊學徒起家,與同鄉經元善(蓮珊)深交,田祈原為其結拜兄弟之子。參見姜虎臣、陳志康,〈開發實業捐資興學的陳春瀾〉,《浙江文史集粹:經濟卷》,下冊,頁541-552。
247 邢建榕、李培德編注,《陳光甫日記》,頁5-6。《上海金融史》,頁185-187。
248 《上海總商會組織史資料匯編》,上冊,頁284。

得浙省名紳湯壽潛、朱福詵（桂卿，浙江海鹽人）撰序。[249] 朱福詵〈田〔時霖〕母陳太夫人七旬壽序〉，敘述田時霖身世：

> 澍霖居滬久，遍交其賢豪長者。越中諸君子設旅滬學會，為之後先奔走，疏附禦侮，澍霖之力居多。浙路拒款事起，人心洶洶，湯蟄仙先生忤清廷意，不得預路事，浙人開會抗議，詣部力爭，澍霖無役不從。辛亥秋，浙省光復。澍霖與諸志士同心翼助，力保河安。浙軍首克金陵，進駐宿州。北軍方議和，而餉需不以時至。澍霖佐湯先生，多方籌集。浙軍獲竟全功，轉運之勞，澍霖為最。[250]

簡言之，田時霖在浙路風潮中表現積極，可稱湯壽潛派健將。[251] 浙路由商人集股自辦後，他開辦的震升木行提供木材。辛亥兵起，湯壽潛被擁為浙江都督，又襄助籌集軍餉。浙軍會攻金陵，轉輸之勞最鉅，榮獲嘉禾章。隨即功成身退，為人推重。[252] 諸序稱道他熱心文教及社會事業，以家族主義施之社會國家。設紫荊學校於故鄉，收族姓子弟肄習；能贍養之窮者，辦義冢以埋骨。[253] 1917 年浙江省教育會會長經亨頤到滬籌款，即由田時霖

---

249 湯壽潛，〈續修田氏宗譜序〉；朱福詵，〈續修上虞田氏族譜序〉，收入：張美翊纂修，《上虞永豐田氏宗譜》，頁 1 上下 -2 下。民元，田時霖母陳太夫人七十壽慶，湯壽潛、朱福詵撰序相賀。湯壽潛，〈田母陳太恭人七旬壽序〉；朱福詵，〈田母陳太夫人七旬壽序〉，《上虞永豐田氏宗譜》，卷十，頁 55 上 -59 下。

250 朱福詵，〈田母陳太夫人七旬壽序〉，《上虞永豐田氏宗譜》卷十，鳳翊堂木刻活字本，頁 59 上下。另參考朱福詵，〈田母陳恭人墓志銘〉，《上虞永豐田氏宗譜》卷十，頁 37 上 -38 上。

251 張蕘，〈上虞田時霖先生傳〉，《木業界》，第 1 卷第 5 期（1940.7），頁 13。《浙江辛亥革命史料集》，第 2 卷，頁 92、97-98、112、116-118。

252 〈田時霖先生遺像〉，《上海青年》，第 24 卷第 19 期（1925），頁 2。蔣觀雲，〈題田時霖先生像〉，《智識》，第 1 卷第 5 期（1925.10），頁 50。

253 蔡元培，〈田太君家傳〉，《上虞永豐田氏宗譜》，頁 34 上。

指點門路,獲湯壽潛和張讓三大力支持。[254]

　　至於曹慕管,則接近光復會。就政治言,浙江本是光復會大本營。紹興一地,尤為重鎮。[255] 光復會首腦蔡元培及陶成章,都是紹興人。復旦年輕學生如朱承洵,也與光復會員來往頗多。[256] 浙江旅滬學會和紹興教育會,都是光復會外圍組織。蔡元培友人杜亞泉,任職商務印書館,創立紹興教育會,也是紹興同鄉會章程起草者。[257] 光復會領袖陶成章被同盟會陳其美派人謀殺,外間盛傳由孫中山指使,浙人對孫中山不滿殊深。光復、同盟兩會本已互相仇視,陶案更加深雙方惡感。[258] 1916年8月,孫中山遊浙江,到紹興公祭陶成章,便有修補關係之意。[259] 曹慕管與陶成章為友,因陶案而遠離政治,對民黨鉅子也無好感。[260]《上海

---

254 《經亨頤日記》,頁422-423、437-439、469。

255 光復會領袖幾乎清一色浙江人。謝一彪,《光復會史稿》(北京:人民出版社,2009),頁346。章太炎,〈光復繼起之領袖陶煥卿君事略〉;魏蘭,〈陶煥卿先生行述〉;陶冶公,〈光復會的組織與發展〉;沈瓞民,〈記光復會二三事〉;紹興市檔案館編,《紹興與辛亥革命》(南京:鳳凰出版社,2011),頁119-127、195-209。

256 朱承洵自述1911年起與浙江光復會員沈復生(鈞業,徐錫麟學生)往還甚多。朱仲華、陳于德,〈光復會會員沈復生及其遺詩〉,紹興縣政協文史資料研究委員會編,《紹興文史資料》,第3輯(杭州:浙江人民出版社,1987),頁60-73。

257 沈瓞民,〈記光復會二三事〉,《浙江辛亥革命史料集》,第6卷,頁34-41。

258 鄭孝胥日記1912年2月2日:「孟蓴孫〔孟森〕來,……云:『陶煥卿被刺,驗屍時於陶身畔得孫文手書。陶之被殺,孫實主之。此信今在法捕房。』」孟森時任《時事新報》主筆,此說大抵流傳於報界。《鄭孝胥日記》,第3冊,頁1389。何遂,〈辛亥革命親歷紀實〉,《辛亥革命回憶錄》,第1集,頁489。湯志鈞編,《陶成章集》(北京:中華書局,1986)。

259 「陶社」社長孫德卿(光復會員)為《越鐸日報》社長,負責接待孫中山一行。「陶社」為紀念陶成章而設。參考胡國樞,〈光復會會員名錄〉,《浙江辛亥革命史料集》,第6卷,頁67。朱仲華也記述了孫中山此行,卻未指出此一背景。參考朱仲華,〈我有幸多次得見孫中山先生〉,《浙江文史資料選輯》,第32輯(杭州:浙江人民出版社,1986),頁122-126。

260 黃炎培晚年披露了原因:辛亥之年,曹慕管發現陶成章被殺,是陳其美派人下手。陳其美是孫中山派,則眾所周知。黃炎培日記1927年6月3日條:「〔曹〕慕管漫談中談及:民元病臥廣慈醫院,傍晚,蔣介石來談,臨行說:

圖書館藏赴聞集成》收錄《曹慕管先生訃告》，有其子曹弘、曹光（曹慕管之子）所撰〈哀啟〉，紀其母親追述乃父事蹟：

> 家世居浙江上虞縣，自汝祖商於滬，遂僑寓焉。汝父年十三，學於澄衷校。……校長蔡子民、章一山先生，皆稱其才。時汝外祖董校事，歸嘗與外婆言及，吾耳熟焉，故能詳也。年十七，浙撫聶公資遣日本，入早稻田大學師範科，後四年己酉業卒，仍留日研求高深學業。辛亥冬，武昌起義，偕陶煥卿回國，謀浙事。尋陶遇害，汝祖禁勿預政治。汝父故熱心愛國者，以父命不敢違。會澄衷校主持無人，聘汝父長校，汝舅父亦飛，世伯葛錫祺為之輔。蓋二公皆與汝父由澄衷校而留學於日本者也。[261]

上文披露曹慕管的社會關係，提供了難能可貴的訊息：一、曹慕管以澄衷校友主持校政，在校內基礎穩固。二、他由浙撫聶仲芳（聶雲台父）送赴日本，與聶家頗有淵源。三、他與陶成章關係密切，可能曾入光復會。澄衷學校刊物《知識》等，刊載章炳麟、蔣觀雲之作，也反映其政治傾向及社會網絡，更接近光復會，[262] 此外，他對梁啟超也很尊重。五四後，在友人張東蓀主筆的《解放與改造》投稿，與孫中山派及民黨人士保持距離。[263]

吾們今晚將做一件大事。夜半，忽聞槍聲，別室病友陶煥卿中槍死了。」（整理者注：這段是黃炎培後來補記。）黃炎培回憶錄稱，陶成章有光復會員及同盟會員的雙重會籍。參見《黃炎培日記》，第2、12卷，頁309/81。〈我親身經歷的辛亥革命事實〉，頁67。《八十年來》，頁65。

261 〈曹慕管先生訃告〉，頁392-394。

262 章炳麟，〈曹母陸太君六十壽言〉，《智識》，第1卷第3期（1925.8），頁43-44。蔣智由（觀雲，浙江諸暨人）及其子蔣篁（百器）都曾入光復會，蔣智由後脫會與梁啟超組織政聞社，而曹慕管對梁任公也頗為尊重。曹弘、曹光，〈哀啟〉，《曹慕管先生訃告》，頁394。沈飈民，〈記光復會二三事〉，收入《辛亥革命回憶錄》，第4集，頁141。

263 曹慕管邀請到澄衷演講者，大多研究系和政學會名流，包括：馬相伯、張東

曹弘等輯〈曹慕管先生訃告〉，尚有曹弘、曹光〈哀啟〉，稱曹慕管「體魄魁梧，意志堅強，任事果敢。國內外有大事故，與聞者必書以告，先嚴不以難易辭。」[264]〈哀啟〉也顯示曹慕管和馮少山的友誼，說明 1928 年曹慕管任上海總商會秘書，歿前「念摯友馮〔少山〕公遭禍，不能一援手救，心鬱鬱不樂。」〈像贊〉收錄霍守華、趙南公文，反映曹慕管接近廣肇公所少壯派。[265] 霍守華更追念「五四、五卅，唯子先驅，登高一呼，萬眾群趨。魑魅罔兩，莫敢枝梧」。[266] 惟曹慕管身後留下的歷史名聲，卻是思想保守的反革命人士，這是因 1924 年楊賢江（浙江餘姚人）作為《學生雜誌》主編，指責澄衷中學國文會考題含「國故毒」，對其「豎起反叛之旗，大喊一聲革命」！曹慕管不甘示弱，認為「注重國故與主張復辟，盡有鴻溝，豈無畛域？」並自白「僕雖無似，十五年來民間運動靡役不與，第無名耳。『復辟』徽號始出，君賜以此見誣，于我無損，僕于足下徒覺可憐而不可氣也。呵呵！」[267] 此時曹慕管尚能在自信中揶揄對手，三年後卻不得不因黨部通緝而遠避大連。[268] 趙南公認為曹

蓀、俞頌華、余日章、趙厚生、美國人李佳白。1920 年，浙江第一師範學校發生風潮，校長經亨頤去職，浙江教育廳長夏敬觀和杭州中國銀行行長蔡元康商量，去電張東蓀擬轉聘曹慕管掌校，也反映曹、張密切關係。〈浙江一師校長之滬聞〉，《申報》，1920 年 3 月 20 日，版 10。〈浙江學潮誌（二）〉，《申報》，1920 年 3 月 22 日，版 8。

264 〈曹慕管先生訃告〉，頁 392。
265 〈曹慕管先生訃告〉，頁 393-394。
266 〈曹慕管先生訃告〉，頁 381-382。
267 〈致曹慕管公開信〉（原題：〈楊賢江答復澄衷中學校長曹慕管信——討論國故〉附〈曹慕管致本社社員楊賢江函〉，收入楊賢江，《楊賢江全集》，第 4 卷（鄭州：河南教育出版社，1995），頁 628-634。楊賢江和曹慕管的這次論戰，前者絲毫未佔到上風。參考《從學生運動到運動學生（民國八年至十八年）》，頁 178-183。
268 《黃炎培日記》，第 2 卷，頁 309-310、319。

慕管主持澄衷,「名震華東,暇究社會,時發政議,乃遭物忌,中傷以去。」[269] 事緣五卅之年,曹慕管在澄衷刊物《智識》批評民黨鉅子、青年領袖傾向赤俄之論。[270] 北伐時期,國民黨右派葉楚傖左右手陳德徵(浙江金華人,五四時期杭州學生會會長),[271] 指控其「夙為反革命者流」,為「著名反動份子」。隨後上海國民黨特別市黨部斥其「誣辱總理」,宣佈永久開除黨籍予以通緝。[272] 曹慕管則聲明:「自幼好談政治,遜清末季曾以國民資格參加革命,事誠有之。但從未經任何人介紹取得國民黨員資格。其他系派,亦未發生絲毫關係,蓋純粹一超然的民國小百姓而已」。[273]

五四時期曹慕管作為浙系發揮側翼力量,對上海學生及商界頗有影響,卻為不可諱之事實。他家人親戚本多從商,故頗瞭解商人心理。五四風潮後,發表〈非「在商言商」主義〉,認為紹興過於保守,不如寧商之具進取心。但他同情地寫道:「抱『在商言商』主義者,⋯⋯蓋有鑒於偉人之擴權,政客之陰險,軍閥之跋扈,暴民之野蠻,政治之混亂,社會之惡濁,不願投入旋渦,同流合污,而欲自保其清白之身家,潔淨之良心,⋯⋯更不願譚及政治,有所干涉,招致物議,陷於危險,⋯⋯借此為護

---

269 〈曹慕管先生訃告〉,頁 382。
270 曹慕管,〈提倡國貨論〉,《智識》,第 1 卷第 4 期,頁 1-8。
271 曹聚仁,〈陶百川談第一大新聞〉,《天一閣人物譚》,頁 342。
272 鈍夫,〈罷課的原因及其意義〉;陳德徵,〈告曹慕管君〉;《澄衷學生半季刊》,第 1 期(1927.6),頁 2-6、35-36。〈市黨部咨請通緝曹慕管〉,《申報》,1927 年 5 月 27 日,版 10。〈市黨部第七次臨時執行委員會〉,《申報》,1927 年 5 月 28 日,版 14。此時,上海特別市黨部常委兼宣傳部長為陳德徵,倚《民國日報》老上司邵力子和葉楚傖為後盾,權傾上海。惲逸群,〈虞洽卿論〉,頁 199。
273 〈曹慕管鄭重聲明〉,《申報》,1927 年 6 月 1 日,版 1。

身之符,保赤之丹而已。」他希望商人認識到彼等「現實勢力之偉大,良足以刷新腐敗之政治、鞏固商業之基礎,誠不宜視此為畏途,致失民國應盡之義務,兼損其一己固有之權力」。[274] 其對(民黨)偉人之厭惡,固溢於言表;對商人問政的期許,也期望殷切。不過,以錢業人士為多的紹幫領袖,仍以避免捲入政治為上策。故曹慕管對同鄉商人的影響力,反不如與粵甬商人之同聲相應。五四風潮過後,曹慕管所獲選票(以 1918 年和 1919 年比較),由原四十位上升到第八位。邵力子選票,則由原三十四位,下跌至第四十位。這年蔣夢麟也首度入選,位列第八十位,竟敬陪末座。(這次年會修改章程,使議員人數增加到八十位。)至於徐春榮,得票第八十五名,更掉在榜外,最後始被推補為議員。[275] 由選舉票數來看,錢業控制的紹興同鄉會,在政治上表現保守。曹慕管等積極參加商業公團,並支持學生愛國運動,都應視為個人行動,不必然代表同鄉意見。

不過,此時田時霖和宋漢章受到各大公團啟發,欲增收擴招同鄉會員,倒展現一番革新氣象。1918 年紹興同鄉會首度採用徵求會員辦法,以青年會等各大公團為模範對象。第一次徵求成績最佳隊伍,即宋漢章隊。[276] 此隊正副隊長為中行高級職員,隊員馮仲卿(中國銀行上海分行襄理,與錢業關係密切)、史久鰲(宋漢章內侄)等亦然。[277] 據說紹興七邑旅滬同鄉不下十餘

---

274 曹慕管,〈非「在商言商」主義〉,《紹興七邑旅滬同鄉會季報》,1919 年第 3 期(1919.10),頁 1-8。

275 〈記第九屆大會開會情形〉,〈當選議員八十人姓名列後〉,《紹興旅滬七邑同鄉會報告》(八年冬季起,九年秋季止),《民國文獻類編》,第 53 冊,頁 199。

276 〈紹興同鄉會徵求會員消息〉,《申報》,1918 年 11 月 21 日,版 11。

277 孔綬蘅,〈回憶浙江實業銀行與李馥蓀及其他〉,《浙江文史資料選輯》,第 46 輯(杭州:浙江人民出版社,1992),頁 4。程居源,〈金潤泉生平概述〉,《浙江文史資料選輯》,第 9 輯,頁 162。

萬人,而同鄉會成立八年,先後會員共計一千四百餘人,……此往彼來,甲入乙出,同時隸會員籍者,七、八百人而已。這次模仿各公團辦法,朱子橋、田時霖、宋漢章、魏清卿、徐乾麟、孫鐵卿、裴雲卿、曹慕管等數十餘人,分十五隊分頭徵求,竟徵得三千五百名會員,創下空前佳績,[278] 會員總數達四千二百餘人。[279] 副議長壽孝天稱,比較原有員額不啻四、五倍矣。[280]

茲據 1919 年第 3 期《紹興七邑旅滬同鄉會季報》刊出〈本會第一次徵求會員成績表〉,列舉十五隊編制及成績,以瞭解其社會網絡及動員能力:

表八:紹興同鄉會第一次徵求會員成績(1918年)[281]

隊別	正副隊長	隊員	徵得人數	分數
一	正隊長:田肅民 副隊長:田資民	4	71	172
二	正隊長:吳蓉卿 副隊長:陳東聲	6	127	278
三	正隊長:金能之 副隊長:徐乾麟	6	135	294
四	正隊長:魏寶賢 副隊長:魏清濤	11	398	951
五	正隊長:蔣夢麟 副隊長:田時霖	11	224	529
六	正隊長:袁樹棠 副隊長:何曰垵	9	163	380
七	正隊長:周孝懷 　　　朱子橋	12	223	524
八	正隊長:魏頌周 副隊長:周岷源	14	224	529

---

278 〈紹興同鄉會徵求會員〉,《申報》,1918 年 11 月 16 日,版 11。〈紹興同鄉會歡迎新會員〉(廣告),《申報》,1919 年 3 月 22 日,版 11。
279 謝維臧,〈本會第一次徵求會員成績表〉,《紹興旅滬七邑同鄉會季報》,1919 年第 3 期,《民國文獻類編》,第 53 冊,頁 43。
280 壽孝天,〈歡迎新會員記〉,《紹興旅滬七邑同鄉會季報》,1919 年第 2 期,頁 3。
281 謝維臧,〈本會第一次徵求會員成績表〉,頁 43-57。

隊別	正副隊長	隊員	徵得人數	分數
九	正隊長：杜家坤 魏鴻文	7	205	416
十	正隊長：陳志廉 副隊長：吳善卿	8	115	301
十一	正隊長：王傑臣 副隊長：裴雲卿	12	360	768
十二	正隊長：袁祝三 副隊長：袁近初	15	297	750
十三	正隊長：壽孝天 副隊長：丁裴章	12	181	401
十四	正隊長：曹慕管 副隊長：許默齋	9	103	236
十五	正隊長：孫德卿 副隊長：宋漢章	12	688	1,642
			共計：3,564	共計：8,269

說明：以上分數，以會費一元作一分。如甲級會員一人，會費五元，即五分。乙級會員一人，會費二元，即二分。

上述徵求隊員資料，確實反映出社會網絡。舉例而言，朱子橋曾任中華職業教育學校募捐團總團長，引周孝懷（善培）襄助，隊員有復旦學生朱承洵。據說朱承洵邀得二十人入會，其中很可能都是復旦紹籍同學。[282] 第二屆徵求運動中，朱承洵改入徐春榮隊，[283] 是時他被徐春榮延攬為三門灣開發案英文秘書，可見分隊確能反映社會關係。[284] 蔣夢麟作為田時霖隊之長，也

---

[282] 謝維巖，〈本會第一次徵求會員成績表〉，頁49。1917年朱承洵為復旦浙江同學會會長，故大抵以復旦同學為徵求對象。復旦浙江同學會成立於1914年秋季，朱承洵1917年擔任會長。朱承洵，〈浙江同學會小史〉，《復旦年刊（1920）》，頁90。

[283] 第二屆隊員資料，見〈紹興旅滬同鄉會第二次徵求緣起及簡章〉，《紹興旅滬七邑同鄉會報告（八年冬季起，九年冬秋季止）》，《民國文獻類編》，第53冊，頁217。由此例可見，徵求隊組織確能反映及深化社會網絡。

[284] 徐春榮原為瑞生和杭綢莊職員，後為隆泉公司總理。朱仲華父颺生，開辦悙裕和綢莊四十年，長姐適杭州袁震和綢莊老板（上海公共租界大馬路設分號）。1919年秋，徐春榮經辦印尼僑商鄧輝清等返國經營浙江三門灣農墾自治區，聘朱仲華為英文秘書。參見朱仲華，〈華僑鄧輝清開闢三門灣的創議及其流產〉，《浙江文史資料選輯》，第5輯（杭州：政協浙江省委員會文史資料研究委員會，1963），頁165。張耀康、陳德和，〈朱仲華先生傳略〉，

反映二人交誼不淺。1918 年 5-6 月美國紅十字會徵求贊成員，上海親美陣營全員出動，蔣夢麟擔任一隊之長，全隊以江蘇教育會為主體（黃炎培、沈恩孚在內），田時霖和張讓三皆列名隊員。[285] 這年底紹興同鄉會徵求會員，蔣夢麟和田時霖又在一隊，可見交情非同一般。至於周孝懷作為晚清幹吏，曾是立憲派和革命黨之間的橋樑，曾任岑春煊幕僚，更是清末四川鐵路風潮要角。川路風潮演變為革命後逃往上海，承張謇、溫宗堯照拂。[286] 上海罷市首日，朱子橋隨黃炎培謁盧永祥，可能有周孝懷提點，以毋蹈辛亥覆轍為戒。

寧紹兩幫的密切關係，則增強了旅滬浙人的力量。他們在資本運用及商業投資上，多採合辦共營模式。寧紹輪船公司的成立，即是一例。該公司 1908 年（宣統二年）招股，1909 年創辦，總理：虞洽卿。副理：方樵苓、嚴信厚，主要是甬人資本。起初在十六鋪借得碼頭，建立堆棧，還靠了張謇幫的忙。[287] 是後因三家外商輪船公司降價競爭，寧紹輪船公司備受壓力，推吳錦堂為寧紹航業維持會滬會長，再招新股以增實力。[288] 張讓三

《紹興文史資料選輯》，第 7 輯（紹興：政協浙江省紹興縣委員會學習文史委員會，1988），頁 211。八九老人朱仲華口述、謝宗元整理，〈愛國將領陳儀〉，《紹興文史資料選輯》，第 3 輯（紹興：政協浙江省紹興縣委員會學習文史委員會，1985），頁 10。

285 《動員的力量：上海學潮的起源》，頁 247-254。
286 周孝懷代表康有為、梁啟超和孫中山往來。《革命逸史》，初集，頁 64-66。黃遂生，〈周善培的一生〉，《四川文史資料選輯》第 13 輯（成都：出版社不詳，1964），頁 180。作者黃遂生是紹興人，在周善培幕府有年。見前引文，編者按語，頁 177。
287 惲逸群，〈虞洽卿論〉，頁 187。
288 〈寧紹公司紀念會紀事〉，《申報》，1910 年 6 月 24 日，版 18。吳錦堂和虞洽卿有親戚關係，參考〈吳錦堂與辛亥革命〉，國務院僑務辦公室政法司編，《海外華僑與辛亥革命》（北京：世界知識出版社，2012），頁 325。

幫忙，出任維持會寧波會長。[289] 後虞洽卿大權獨攬，借公款與陳英士未還，又出售甬興號與三北公司，引起盛丕華及謝蘅牕等人質疑，賴朱葆三和張讓三代為調解。[290] 1917 年，寧紹公司撤去虞洽卿總經理職務。1919 年 5 月，一部分股東另組股東聯合會，推虞洽卿為會長，田時霖（紹興同鄉會總董）和方椒伯為副會長。股東聯合會臨時籌備事務所，初設於紹興同鄉會，後遷到寧波同鄉會。但在調停爭議上，苦無成效。[291] 另一個例子，是 1918 年 6 月，寧紹兩幫合組「浙東塘工水利研究會」，以防水患。眾推虞洽卿為會長，張讓三和田時霖為副會長，方椒伯為文牘董事。後來因虞洽卿固辭，以魏清濤（紹興同鄉會董事）繼之，設事務所於紹興同鄉會。[292]

甬商子弟在滬就學，則多入澄衷中學。寧波鎮海柏墅方家子弟，即有若干人就讀於是。[293] 澄衷由鎮海鉅商葉澄衷捐資設立，校主為鎮海葉成忠子嗣，甬商樊時勛、項如松（皆老順記代表）等先後出任董事。學校起初專收寧波貧寒子弟，後來不限甬

---

289 〈走近張美翊〉，頁 10。
290 〈寧紹輪船公司股東會紀事〉，《申報》，1917 年 5 月 14 日，版 10。
291 〈寧紹公司股東聯合會議紀〉，《申報》，1919 年 5 月 15 日，版 11。〈發起寧紹商輪公司股東聯合會〉，《申報》，1919 年 5 月 13 日，版 2。〈虞洽卿復寧紹公司股東聯合會函〉，《申報》，1919 年 5 月 17 日，版 11。〈寧紹公司開股東會未成〉，《申報》，1919 年 5 月 19 日，版 10。〈寧紹公司股東聯合會通告〉，《申報》，1919 年 5 月 27 日，版 3。
292 〈浙東塘工水利研究會成立〉，《申報》，1918 年 6 月 28 日，版 10。〈浙東塘工研究會開會紀〉，《申報》，1918 年 7 月 7 日，版 10。
293 1921 年，方善鏡（商科二）、方子藩（中一甲級）、方善炁（高小二甲）、方善樞（高小二甲）兄弟、方積綱（國二甲），〈學生一覽表〉，《澄衷》，第 1 期（1921），頁 16、22、33、62。1927 年，方善樞是澄衷學生會執行委員會總務部主任兼主席。〈本屆學生會執行委員會委員姓名錄〉，《澄衷學生半季刊》，第 1 期（1927.6），頁 36。

人，是一所聲譽卓著的私立學校。[294] 該校之創立，初由張讓三鼓勵葉成忠辦工商學堂，葉成忠認為必須由學紳為之。[295] 首任總理劉葆良（樹屏，江蘇武進人），董事樊時勛。[296] 劉葆良，是張謇親密助手劉柏森及劉厚生胞兄，曾任翰林院檢討。樊時勛，與岑春煊、熊希齡、張謇、鄭孝胥往來密切。[297] 老順記為大生紗廠提供五金材料，樊時勛也對大生融資多有幫助。[298] 在樊時勛牽線下，葉成忠所辦文教及慈善事業，獲得浙江士紳讚揚表彰。[299] 1901 年，劉樹屏所撰〈澄衷蒙學堂落成記〉，特請張謇書寫銘刻成碑豎立校園；張謇還寄澄衷蒙學堂緣起及章程等件，請劉坤一奏請旌贈表彰。[300] 教職員及學生多來自江浙兩省，而寧波人尤多。[301] 五四時期，已設中學、商科甲級、初高兩等小學。五四學潮發生後，學生人數增加，有從他校轉入者，例如原在麥倫書院的端木愷。[302] 粵籍鉅商簡照南長子，也偕其

---

294 《上海縣續志》卷十〈學校中〉，附劉樹屏，〈澄衷蒙學堂記〉，第 2 冊，頁 685-687。
295 張讓三致汪康年函：「前弟勸葉〔澄衷〕君辦工商學堂，葉君謂：『君輩如創議，我願出力相助，若令我為主，萬不敢任。』因告以俟盛省傳太史到滬再說……。」《汪康年師友書札》，第 2 冊，頁 1762。
296 《蔡元培日記（上）》，頁 181。
297 〈樊時勛先生追悼會〉，《申報》，1916 年 5 月 26 日，版 1。從 1902-1916 年鄭孝胥日記可知，樊時勛和東南名流往來密切，澄衷蒙學堂及南洋公學主持人，係與湯壽潛、趙鳳昌、張讓三等商量而定。《鄭孝胥日記》，1902-1916 年，第 2-3 冊。
298 朱江，《大生檔案》（蘇州：蘇州大學出版社，2022），頁 71。
299 《鎮海東管沈郎橋葉氏宗譜》卷十二，收錄諸名士諸孫詒讓、湯壽潛、屠寄、沈瑜慶、劉樹屏、蔡元培等所撰葉氏〈家傳〉和〈墓表〉。金賢松修，《鎮海東管沈郎橋葉氏宗譜》卷十二〈家傳〉，頁 1 上至 24 上；〈墓表〉頁 4 上-9 下，永思堂木活字本，第 4 冊，1930 年。
300 朱江，〈張謇欽佩的興學行善者葉澄衷〉，《檔案與建設》，2020 年第 8 期，頁 83。〈劉坤一致季直（張謇）〉，《趙鳳昌藏札》，第 10 冊，頁 45-46。
301 〈現任教職員一覽表〉、〈學生一覽表〉，《澄衷》，第 1 期（1921），頁 1-69。
302 余惠芬主編、黃淑暖編輯，〈端木愷（鑄秋）先生年譜簡編〉，東吳大學發

弟入讀澄衷。[303] 學生畢業後，以升讀南洋公學為多。由於師生籍貫背景，對於抵制日貨，振興實業，一直表現積極。

四、新興工商團體的成立

「擴張勢力，振興實業。」

～1912 年，伍廷芳，〈愛國淺說‧序〉[304]

五四前後，經常在報紙版面刊載消息者，尚有新興商業團體及彼等推動的國貨運動。這些新興商業團體為求自保而聯合，與上海總商會的舊有勢力發生利益衝突。這些新興團體的贊助者和扶持者，為三度出任外交部特派江蘇交涉員（簡稱：上海交涉員）的楊晟。五四時期，這些工商團體及其成員組成的商業公團，積極參與推動國貨運動和抵制運動，也隱然受到楊晟暗中鼓勵。這些團體包括：華商旅滬協會、旅滬商幫維持會、中華工商研究會、中華國貨維持會。本節擬略加簡介，說明它們參加商業公團後，勢力雖不足以主導之，卻成為一股側翼力量。

(1) 上海交涉員楊晟

對於上海交涉員楊晟，昔人對其認識不多。但《密勒氏評論

展處主編，《端木愷校長紀念集：紀念先生一百晉一歲冥誕》（臺北：東大圖書，2004），頁 366-367。

303 1919 年，簡實卿（簡照南長子）偕弟程曼入學澄衷，是後遊美求學。歸國後，主任南洋兄弟煙草公司，旋充協理，1925 年病歿。〈校友簡君實卿遺像〉，《智識》，第 1 卷第 4 期（1925.9），卷首。

304 伍廷芳，〈愛國淺說序〉，畢雲程，《愛國淺說》（上海：惜陰公會，1914，4 版），無頁碼。

報》編印《中國名人錄（1918-1919）》（*Who's Who in China*）之楊晟小傳，已顯示其主要學經歷，茲錄是文，引文〔〕內譯名為我補注：

> Yang Tcheng, Special Commissioner for Foreign Affairs of Kiangsu〔外交部特派江蘇交涉員〕, is a native of Tungkunhsien, Kwangtung province〔原籍廣東省東莞縣〕. In his early years he was a resident student in Japan, and upon his return he studied both in Kwangtung and at Tung Wen School, Peking〔北京同文館〕. He was known as an excellent student. Upon graduation, he was appointed Immigration Commissioner of the Ministry of Agriculture and Commerce〔農商部〕. Soon after he was sent by the government to Germany to study jurisprudent and military arts. He returned to China in the spring of 1895. He then became a professor in Peking University, and also English translator at the Official Book Bureau〔官書局〕. Since that time his name has become well known in official circles. When the Boxer trouble broke out, he left Peking and while on his way through Tsinan, it happened that he attracted the attention of Yuan Shih-kai〔袁世凱〕, who was then Governor of Shantung〔山東巡撫〕. Having heard of his abilities, Yuan at once engaged him to manage the foreign affairs, railway and mines of the province. Afterwards he was also made director-general of the military and police affairs. He soon rose to the rank of Ambassador, being successively appointed to Austria, Germany and Holland. The death of his mother caused him the leave official circles for three years. At the end of the period of mourning, Viceroy Chang Jinchuen of

Liang Kiang〔兩江總督張人駿〕appointed him Commissioner for Foreign Commercial Affairs of Nanyang〔南洋大臣洋務局交涉司使〕, and concurrently Chief Military Councillor of Liang Kiang〔兩江督練公所總參議〕. When the Republic was established he was made Chief Secretary of Foreign and Domestic Affairs in the Police Yamen of Shantung〔山東外交司長、巡警道、內務司長〕. Then he was transferred to Shanghai to be Intendent and Commissioner for Foreign Affairs〔滬海道尹兼上海交涉員〕concurrently. He is now serving his third term as Commissioner in Shanghai〔第三次任上海交涉員〕…. Commissioner Yang is of imposing appearance and foresight. In his dealings with foreigners, the Commissioner discharges his duties with impartiality and distinct judgment. He has worked constantly in developing China's industry. That is why all business men like him, and recently elected him chairman of the Society for Maintaining Chinese goods〔中華國貨維持會會長〕, also of the Society for discussing China's Industry and Commerce〔中華工商研究會會長〕, an also of the League of Chaochow Sugar and Grocery Dealers〔潮州糖雜貨聯合會會長〕. He is chairman of the Cantonese Club in Shanghai〔廣東俱樂部會長〕. Commissioner Yang is 52 years of age.[305]

這篇小傳內容詳細，對楊晟讚揚有加，大抵是其部屬撰文和提供資料。全篇略去的一段資歷，是楊晟曾任袁世凱特設的陸海軍統率辦事處職務。至於他被舉為上海幾個團體的會長，則都具廣東

---

305 *Who's Who in China* (Shanghai: Millard's Review, 1918-1919), pp. 45-46.

或華僑商人背景。

從楊晟資歷來看，他熟習法律和警政，擔任外交事務有年。晚清以來，先後與周自齊、溫世珍、溫宗堯同學或共事。[306] 北洋老交通系和文治派與他關係最深者，一為周自齊（子廙，祖籍山東單縣，生於廣東潮州，山東都督，曾任財政總長），一為孫寶琦（慕韓，浙江杭州人，前山東巡撫，曾任外交總長）。[307] 民初，周自齊作為山東都督，先後任楊晟為山東外交司長、巡警道（1912.9 任，1913.1 改制後取消）、內務司長（1913.1-1913.10）。孫寶琦則與楊晟前後出使德國，訂蘭譜之交，政見接近。據段祺瑞心腹徐樹錚密探馬鳳池（芹甫）報告，孫寶琦是反段祺瑞的主和派，與莊蘊寬、田文烈等為京中向不露面的三數大員，「以和撓戰」，以直（馮國璋）制皖（段祺瑞）。[308] 馮國璋對楊晟確實欣賞有加，屢欲委以重任。[309] 至於孫寶琦相善的唐紹儀，[310] 也曾提拔過楊晟。[311] 另一旅滬粵籍外交元老伍廷芳，更與楊晟

---

306 周自齊、陳貽範、楊晟是北京同文館同學。〈壬辰年同文館大考案〉，《申報》，1893 年 3 月 18 日，版 1。

307 蘇精最早指出楊晟和周自齊早年同窗及仕途關係。蘇精，《清季同文館及其師生》之〈五、出使德奧大臣楊晟〉（臺北：蘇精，1985），頁 221-224。

308 章伯鋒整理，〈馬鳳池密報〉之〈甲〉之〈十四〉及〈二十一〉，《近代史資料》，1978 年第 1 期，頁 51、57。

309 〈楊晟、馮國勛對調消息〉，《神州日報》，1917 年 1 月 8 日，版 5。〈馮副座電邀楊小川赴寧〉，《申報》，1917 年 3 月 21 日。版 11。〈起用楊晟之消息〉，《神州日報》，1917 年 11 月 19 日。版 4。〈楊晟有長魯說〉，《民國日報》，1917 年 11 月 30 日，版 10。

310 1930 年孫寶琦陷入財務困境，唐紹儀函侄子文碩（廣州電政局局長），要求籌款施以援手。〈孫寶琦致唐紹儀函〉（1930.9.23）等件，上海圖書館整理，《上海圖書館藏唐紹儀中文檔案》，第 28 冊（上海：上海人民出版社，2020），頁 13926-13932。〈孫寶琦致盛宣懷六十八首〉，王爾敏、吳倫霓霞合編，《盛宣懷實業朋僚函稿（下）》（香港：香港中文大學中國文化研究所，1997），頁 1511-1517。

311 1902 年（光緒二十八年），唐紹儀推薦楊晟入山東洋務局辦事。〈光緒二十八年六月十六日京報全錄〉，《申報》，1902 年 8 月 3 日，版 12。

常有往來。[312] 1919年初，原上海交涉員陳貽範（安生，江蘇吳縣人）因病請辭，北京政府任命楊晟署理，主要任務為促進南北和談。楊晟老上司周自齊，這時任徐世昌的財政委員會委員長，可能也間接促成這一任命。

楊晟作為外交人員出身，協調能力向稱高明。他首度出任上海交涉員兼滬海道尹（1914.6-1915.10），就注意改善官紳關係。他借重虞洽卿為媒介，力謀改善與滬商關係。1914年8月因應一戰發生，楊晟上外交、財政、農商部呈文，說明擬邀虞洽卿和陸熙順協同辦事：

> 上海金融恐慌，工商均竭蹶異常，亟應設法維持，尤須得人助理。查有虞和德、陸熙順二紳，素負眾望，尤熟悉租界情形，擬邀請協同本署辦事，以便實力聯絡商會，官商一氣進行。[313]

其時虞洽卿（和德）和陸伯鴻（熙順）皆為總商會董事，陸伯鴻還兼任縣商會董事。陸伯鴻作為天主教徒，既和朱志堯、虞洽卿1915年合組大通地產公司，也是張謇的大達公司大股東。[314] 楊晟倚重二人，確可收「聯絡商會，官商一氣」之效。[315]

---

312 1922年楊晟贈伍廷芳挽聯：「駪征同日赴皇華（公使美，晟使德），往事如煙付欷嗟。惟有靈長真不朽，千秋風望媲朱霞。」〈秩庸鄉長先生靈鑒〉，伍朝樞輯，《伍秩庸博士哀思錄》（出版地不詳：鉛印本，1923），頁3。

313 〈擬請虞和德、陸熙順協同辦事由〉（1914.8.12），中央研究院近代史研究所檔案館藏：03-36-008-01-056。

314 1919年4月陸伯鴻因熱心慈善事業被羅馬教皇榮授勳「聖大額我略騎尉勳爵」。〈上海陸伯鴻先生榮受聖大額我略騎尉勳爵及新普育堂十週紀念會誌盛〉，《聖教雜誌》，第8卷第6期（1919.6），頁265-266。轟好春，〈朱志堯〉，頁183-184。朱文煒，〈朱志堯〉，《民國人物傳》，第4卷，頁240。惲逸群，〈虞洽卿論〉，頁187。

315 陸伯鴻出身及其社會關係，朱思源（朱志堯孫）說明：「上海天主教中之買辦朱志堯、劉長蔭、沈志賢、陸伯鴻，後來周德庵相互之間，也有千絲萬縷的關係。……陸伯鴻買辦沒有做過，開始在法國律師遜百克事務所做翻譯。」朱思源編，〈朱志堯事跡補充一卷〉，周德明、吳建偉編，《上海圖書館館藏珍本年譜叢刊續編》，第49冊（北京：國家圖書館，2019），頁381。

1915 年 11 月，鄭汝成因大捕革命黨人，被刺身亡。[316] 12月肇和號事件發生，袁世凱派楊晟以陸海軍大統率軍事參議官身分處理危機。[317] 報載楊晟「連日與實業家朱志堯、穆杼齋、虞洽卿、顧馨一君」洽談。[318] 此前他兼滬海道尹期間，已配合農商總長周自齊的國貨政策，大力推動工商業發展，備受閩粵及海外僑商歡迎。[319] 1919 年 3 月 15 日-1920 年 5 月，他第三度出任上海交涉使，責任更重。[320] 此時內有南北談判的膠著不前，外有巴黎和會引發的愛國運動，楊晟的外交能力和協調手段，正可以派上用場。

　　外交方面，楊晟對日本素存戒備。1914 年一戰爆發，楊晟呈外交部總長孫寶琦文（1914.10.12），鄭重提醒要注意日人野心：

> 上海地當衝要，交涉事件至為棘掌。……近日報紙喧騰日人在東省行為，頗能激起國人仇日惡感，與日領燕談，詳論東亞大局，如同文同種及通商貿易之種種關係，兩國人民應敦睦誼，現在日人在山東行為殊為缺憾。日領極以晟言為是，允為勸告該國政府，所有他項交涉一經接晤，立可商結。自添聘洋員〔狄百克〕在外探聽聯絡後，各領感情益更接洽。晟於現在外交宗旨，自當仰體主峰，及鈞部保持和平之意，謹慎作事。其有法理所不能折者，惟相機以手腕應之，並隨

---

316 〈弗‧里‧普拉特來函〉（1914.4.19，上海），《清末民初政情內幕──《泰晤士報》駐北京記者袁世凱政治顧問喬‧厄‧莫理循書信集》，下冊，頁331。
317 〈楊參議在滬之職務〉、〈路透社報告〉、〈滬濱亂事紀（三）〉、〈滬濱亂事紀（五）〉，《申報》，1915 年 12 月 6-10 日，版 10-11。張一麐（疑為偽託），《直皖秘史》（北京：中華書局，2007），頁 131。
318 〈楊參議在滬之職務〉，《申報》，1915 年 12 月 6 日，版 10-11。
319 〈破天荒之官商懇親會〉，《中華國貨月報》，第 1 年第 2 期（1915.10），頁 21-22。
320 1919 年 3 月 6 日起，楊晟簡署上海交涉員。〈專電〉，《申報》，1919 年 3 月 7 日，版 3。

時電告以慰鈞座。[321]

楊晟另有呈文，就青島問題獻策：

> 竊維青島之役，……就我國現勢而論，際此國是粗定，實力未充，歐戰方劇，均勢問題絕無把握。覦我者正欲利用衝突為侵陵之口實，應付稍涉輕躁，適足墮彼狡謀。此實我中央各省共圖忍辱負重之時。計惟有上下一致，內存勾踐嘗膽之心，外卻晉人假道之詐。遇有非理舉動，責問固不可少，激烈萬不可行。事後調停，付諸友邦，自必得伸公論。一面嚴防亂匪竊發，免生意外枝節。但使驚波駭浪平息，歐戰完結，遠東問題自必接踵而解。至時審顧大局，聯結共同利害之國，外修軍備，內明政刑，政策一定，實力漸充，或可有風靜波澄之一日也。[322]

上述兩文，大致可見楊晟對外宗旨及手段。他對日本在華行動深具戒心，卻認為不宜發生衝突，在外交上走務實路線。

(2) 旅滬商幫協會（1913年成立）

1913年旅滬商幫協會成立，原稱旅滬客幫商務聯合會，是駐滬各省埠商幫的贛、湘、川、漢、潯、蕪、寧、鎮及山東、天津、福建等客幫組成。該會成立初衷，為抵制輪船招商局（本國資本）及三家外資公司，調漲水腳費用的自救聯盟。三家外資洋行，為日清（日資）、太古（英資）、怡和（英資）。會員為「各省埠巨商駐滬代表」。鄒靜齋（江西南昌人）歷任副會長及會

---

321 〈報告上海交涉情形由〉（1914.10.12），中央研究院近代史研究所檔案館藏：03-36-008-03-021。

322 〈收上海交涉員函〉（1914.10.12），中央研究院近代史研究所編，《中日關係史料──郵電航漁鹽林交涉》（臺北：中央研究院近代史研究所，1975），頁 247-248。

長，與楊晟一直有良好關係。[323] 五四前，鄒靜齋在商幫中的地位，簡直可說是楊晟扶植起來。

馮筱才研究1915年上海愛國儲金運動時，發現商幫協會成員積極活動，背景殊不簡單。的確，1915年3月24日，各省旅滬商幫協會召集全體大會，各大商幫均派代表出席，人數不下五六百人。馮筱才合理推測「此種各幫整齊到會的場景，或與有力力量在背後推動有關」。這次大會以馬乙裳為主席，鄒靜齋強調商人對國家之關係，建議各幫均須負調查國貨責任，並代銷國貨，不應購買之貨從此斷絕，不進不出，若有私犯，照某幫所立罰規辦理，并由各幫互相糾察。[324] 事實上，馮筱才所猜想的「有力人士」，即時任上海交涉員的楊晟。五四時期旅滬商幫團體中，以鄒靜齋任會長的旅滬商幫協會，與楊晟關係最為親密。舉凡楊晟所辦事業，幾乎都有鄒靜齋身影。而鄒靜齋所主持之會，也莫不有楊晟支持。

報載楊晟第三度擔任交涉員時，商幫協會即率先表示歡迎。1919年4月10日《申報》之〈商幫協會歡迎楊交涉員〉：

> 新任江蘇特派派交涉員楊小川氏任斯職已三次。前兩次在任，因提倡工商，旅滬各商幫與之感情極洽。前去任時，旅滬商幫協會曾聯合各團體贈與品物，留誌去思。此次復任，各商幫尤為歡迎。故旅滬商幫協會昨日午後二時，假倚虹樓大菜館開歡迎會，旅滬各省商幫領袖同時蒞會，先由該會會長鄒靜齋代表陳述歡迎各詞，旋由楊小川答復多語，賓主盡

---

323 天津市檔案館、天津社會科學院歷史所、天津市工商業聯合會編，《天津商會檔案匯編（1912-1928）》，第1冊（天津：天津人民出版社，1992），頁733-754。
324 《政商中國：虞洽卿與他的時代》，頁76。

歡而散。[325]

鄒靜齋擔任會長的商幫協會，出面邀約各團體辦歡迎會，可見與楊晟之特殊關係。這則報導表彰楊晟貢獻，亦當由商幫協會供稿。

(3) 華商旅滬維持會（1913）

此外，華商旅滬維持會（簡稱：華商維持會）在1913年成立，聯合旅滬客幫抵制招商、怡和、太平、日清四公司，以張樂君（嘉年，總商會董事）和黃少岩（潮州糖雜貨聯合會）為正副會長，展現江蘇幫和潮州幫合作，[326] 也得到楊晟支持。該會團體會員有廣肇公所、潮惠會館、糖雜貨聯合會、報關公所、商幫協會、中華國貨維持會等。[327] 其中黃少岩代表的潮州糖雜糧聯合會，與旅滬潮州土商集團關係密切。[328]

1915年4月上海《正志》雜誌，介紹「華商旅滬維持會」和「中華國貨維持會」，都以楊晟為靠山。編者簡介「華商旅滬維持會」：

> 上海商業操諸各省商幫，而各幫中又分立門戶，彼此隔閡。對於全埠商業上之利弊，未得切實討論。光復後為棧單問題，各幫商如廣肇公所、茶業會館、泉漳會館、仁穀公所、志成公所、國貨維持會、旅滬商幫協會、潮州會館、汕麻公

325〈商幫協會歡迎楊交涉員〉，《申報》，1919年4月10日，版11。
326〈華商旅滬維持會開會記事〉，《申報》，1914年3月1日，版10。
327《中華國貨維持會廿周紀念刊》之〈第三屆會務紀錄〉（上海：中華國貨維持會，1932），頁11-13。
328 1922年列名旅滬潮州會館領袖者，郭子彬、郭若雨、陳玉坡、黃少巖、鄭培之、李少庚、鄭建明、鄭淇亭、鄭晉卿、李楚南、郭樂軒、蔡俊卿，都是土行鉅商。《伍秩庸博士哀思錄》，頁10。《上海錢莊史料》，頁756-762。

所、南北報關公所、集義公所、轉運公所、麵粉公所，十四團體合組此會，舉張君樂君、黃君少岩為正副會長，以後馬路廣肇公所為辦事之地，每星期六開會討論。對外，則競爭貿易。對內，則研究進行。如有關於商業上之利弊，共同要求興革，故政府中頗為注意，滬海道尹楊公認為上海各幫商之總代表。內部分辦理其事者，係許君奏雲、莫君福田，均為該團體中妥穩人才也。[329]

據此可知，在上海總商會以外，華商維持會與廣肇公所聯手，[330] 以張樂君和黃少岩為領袖，仗賴楊晟為後盾。1914 年，該會以總商會不允轉發致交通部電大加責難，總商會正副會長周金箴及協理貝潤生憤而辭職，也是由楊晟充當調停人。[331]

1915 年 10 月，楊晟上調北京，[332] 由周金箴繼任。各商幫會館公所四十團體，在旅滬華商維持會開會歡送，張樂君倡議為楊晟豎立銅像，由求新廠花費二千四百鑄造。領銜發電大總統袁世凱，表示不勝眷戀的滬上團體有：「山東會館：王修五、原文山；錢江會館：席嘉蓀；典當公所；米業公所：張樂君、顧仁甫，志成公所：秦炳如、陳壽生，旅滬商幫協會：陳少舟、鄒靜齋、馬乙常〔棠〕；中華國貨維持會：王介安、王文典；雲錦公所：鄭紫峰；緒綸公所；泉漳會館：曾少坡、蔣逸波；油蔴公所：姚伯棠；南北報關行公所：徐菊如；通商轉運公所：尤森庭；絲

---

329 〈兩大維持會〉，《正志》，第 1 卷第 1 期（1915.4），頁 12-13。
330 1917 年王文典即稱廣肇公所為華商旅滬維持會後盾。〈兩維持會之懇親會〉，《申報》，1917 年 2 月 4 日，版 10。
331 《上海總商會組織史資料匯編》，上冊，頁 144-147。〈維持會與總商會之芥蒂〉，《申報》，1914 年 2 月 21 日，版 10。〈調和商界感情之宴會〉，《申報》，1914 年 3 月 15 日，版 10。
332 〈三誌新舊道尹之交替〉，《申報》，1915 年 10 月 29 日，版 10。

綢業公所；內地麵粉公會；廣肇公所：陳可良、譚幹臣、梁綸卿；潮州會館：郭竹樵、陳星帆、鄭佐之；潮州糖雜貨聯合會：郭若雨、黃少岩等」；[333] 都是親近楊晟的商人及團體。

(4) 中華國貨維持會（1912）

　　中華國貨維持會（以下簡稱：國貨維持會）的組織及活動，頗得到中外研究者關注。先是潘君祥考察其組織及活動，繼則葛凱（Karl Gerth）詳探其與抵制運動（包含五四時期）的長期關係。[334] 該會成立於1911年12月，由衣帽綢鍛業等十公所發起，即緒綸公所、衣業公所、典業公所、（蘇州紗緞業）雲錦公所、（杭綢公所）錢江會館、（江蘇盛澤、王江涇綢商）盛涇公所、（湖州綢商）湖縐公所、京緞公所、綉業公所、帽業公所）。十公所各舉代表四人，「以提倡國產，發展實業，改進工藝，推廣貿易為宗旨，借寧波路錢江會館一角為辦事處，成立大會三千八百餘人出席。[335] 此會一直到五四時期，都充滿活力。此前，又獲得南洋烟草公司簡照南經費贊助，而該會則向南洋公司密報競爭者蓄意破壞內情。[336] 1918年，該會購置會所（九畝地高墩街21號），即由簡照南、龐竹卿出資贊助。[337]

---

333 〈再紀新舊道尹之交替〉，《申報》，1915年10月27日，版10。〈各團體公宴楊小川〉，《時報》，1919年5月15日，第3張版6。〈楊道尹去思之紀念碑〉，《中華國貨月報》，第1年第3期（1915.11），頁4-12。

334 潘君祥，〈國貨運動中的上海民族階級——中華國貨維持會前期活動剖析〉，《上海：通往世界之橋》，第3輯。頁269-289。《製造中國：消費文化與民族國家的創建》，頁127-161。

335 《中華國貨維持會廿周紀念刊》之〈中華國貨維持會會史〉，頁1。

336 中華國貨維持會通報競爭者對南洋煙草公司破壞情形。《南洋兄弟煙草公司史料》，頁76。

337 《民國上海縣志》卷六〈商務下〉，第2冊，頁485-486。簡照南獨捐五千五百金，貢獻尤鉅。〈題像〉，中華國貨維持會編，《中華國貨維持會廿周紀念

葛凱注意到國貨維持會對爭取官方支持表現積極。[338] 事實上，該會一直得到伍廷芳和楊小川贊助。1915年上海《正志》雜誌介紹「中華國貨維持會」，特別說明伍廷芳和楊小川的作用，並得到中央政府的支持。[339] 該會實際主事者，是王文典和徐春榮。徐春榮入會更早，既介紹王文典加入，更邀得伍廷芳主持。[340] 1915年，伍廷芳和王文典押運國貨參加小呂宋嘉年華會賽會，力邀小呂宋隆泉綢緞號主蔡克寬返國採辦國貨，徐春榮即任「隆泉公記」經理。[341] 隨後，滬道尹兼交涉員楊晟支持該會，大力鼓勵拓展海外貿易，[342] 更介紹交涉使署通商科長梁振新襄助，辦理對外洋文及交際事宜。[343]

茲見中華國貨維持會所編《中華國貨維持會廿週紀念刊》，刊載該會基本資料，包括第七屆至第十三屆職員名單，有助瞭解會內人事結構。

表九：中華國貨維持會主要職員（1912-1919）[344]

屆	年	正會長	副會長	正議長	副議長	評議員
一	1912	張紫英	何嘉甫 姚濴源	余魯卿	王介安 鄭紫蜂	黃季純等四十人
二	1913	伍廷芳	呂葆元 王介安	王文典	席嘉蓀 徐春榮	舒蕙楨等四十人
三	1914	伍廷芳	王文典 王介安	席嘉蓀	呂葆元 徐春榮	胡純齋等四十人
四	1915	伍廷芳	王文典 王介安	徐春榮	席嘉蓀 汪星一	俞植權等四十人

刊》之〈攝影乙組〉，頁11。
338 《製造中國：消費文化與民族國家的創建》，頁96-98。
339 〈兩大維持會〉，《正志》，第1卷第1期（1915.4），，頁13。
340 《中華國貨維持會廿周紀念刊》之〈第一屆會務紀錄〉，頁2-3。
341 〈滬上國貨公司之回顧〉，《民國日報》，1919年2月25日，版11。朱仲華，〈華僑鄔輝清開闢三門灣的創議及其流產〉，頁165-167、177。
342 〈宴會中之海外貿易談〉，《國貨月報》，第1期，頁24-26。
343 《中華國貨維持會廿周紀念刊》之〈第五屆會務紀錄〉，頁20。
344 《中華國貨維持會廿週紀念刊》之〈歷屆領袖職員〉，頁8。

屆	年	正會長	副會長	正議長	副議長	評議員
五	1916	伍廷芳	王文典 王介安	徐春榮	潘峻夫 汪星一	朱織雲等四十人
六	1917	王文典	楊小川 王介安	徐春榮	呂葆元 汪星一	謝瑞清等四十人
七	1918	楊小川	王文典 王介安	汪星一	徐枝春 王漢強	聞育卿等四十人
八	1919	楊小川	王文典 王介安	汪星一	徐枝春 洪善長	陳鶴年等四十人

注：中華國貨維持會每年12月改選。

由上表可知，除了伍廷芳和楊小川以外，以王文典和王介安為領袖。王文典（浙江遂安人），殖邊銀行副行長、隆泉公記號創辦者。[345] 王介安（江蘇蘇州人），義豐和記經理、雲錦公所代表、蘇州總商會駐滬代表。此外，以徐春榮（隆泉公號經理）、汪星一（裕泰豐經理）、徐枝春（蘇緞業代表）為最活躍，介紹多人加入為會員。五四時，評議員四十餘位，包括郭建侯（銀樓業）、舒蕙楨、王漢強、吳善卿、萬選青、蘇筠尚（縣商會副會長，總商會董事）、張樂君（縣商會暨總商會董事、華商旅滬維持會長）等。[346] 會員分三類：團體會員、工商廠會員、個人會員。1919年，團體會員：12個、工商廠會員：109家、個人會員：628位。它以工商業主或經理人為主幹，與南洋僑商往來密切。1918年4月段祺瑞復出，以對南作戰為方針，國貨維持會發電上海總商會，期許段祺瑞「主持政權，排難解紛」，[347] 可見主事者以營商為先，總期與執政者建立關係。

綜觀國貨維持會所辦活動甚多，文獻紀錄詳備。它與政府始

---

345 〈惜陰公會同人錄〉，《惜陰周刊》，1912年第6期（1912.6.1），頁39。〈王文典亦甘高蹈〉，《神州日報》，1916年12月14日，版5。
346 〈國貨維持會當選評議〉，《申報》，1918年12月6日，版11。〈國貨維持會開會紀事〉，《申報》，1918年1月9日，版1。
347 邵力子見此電而大為惱火，斥發電者為「無恥之徒」。（邵）力子，〈嗚呼！我商人〉，《民國日報》，1919年4月2日，版11。

終關係良好,所辦活動包括:

(1) 定期舉行宣講會,由徐春榮發起,借錢江會館和寧波同鄉會舉辦。
(2) 徵集國貨產品送展。
(3) 調查及證明國貨產品及商號,為國貨向政府減免捐稅。
(4) 編印國貨宣傳品及出版期刊,印行《國貨調查錄》及《國貨月報》。
(5) 推動或協助組織國貨公司、國產商場、國貨勸業場及陳列所等活動。
(6) 向政府請願,要求修改稅則。[348]

該會出版《國貨調查錄》,由調查科辦理,主任:王漢強、汪星一,由調查員登錄國貨新品,分贈各界,以資宣傳。至1919年共出5期,每期印一萬冊。並函請各報章登載,頗有影響力。[349] 發行《國貨月報》,是王漢強1915年創議,黃礪生主編,每期印二至五千冊。[350] 創刊號列撰述員名單:戈朋雲、陳良玉(甬商)、王文典、許奏雲(廣肇公所書記)、袁履登(甬商)、徐春榮、洪承祁、應季審(甬商)、舒蕙貞、盛雨時、王祖德、方

---

[348] 〈國貨運動中的上海民族階級——中華國貨維持會前期活動剖析〉,頁269-289。《近代上海城市研究》之〈經濟篇〉第七章〈上海工商團體的近代化〉(李天綱撰寫),頁558-562。

[349] 王漢強,〈中華國貨維持會廿周紀念特刊序〉,《中華國貨維持會廿週紀念刊》,〈序文〉頁9。1915年5-10月,調查30次,出第1-3期;1917年3-7月,調查21次,出第4期;1919年6-10月,調查17次,出第5期。同《中華國貨維持會廿週紀念刊》,〈開會統計〉,頁28。調查科職員規定調查表式,分列物品、商號、地址、商標、經理人、發行所等項。《中華國貨維持會廿週紀念刊》,〈第四屆會議紀錄〉,頁15。〈上海中華國貨維持會調查國貨出品緊要廣告〉,《申報》,1919年7月3日,版1。

[350] 《中華國貨維持會廿週紀念刊》之〈中華國貨維持會會史〉,頁18。

夢超、宋則久、[351] 王漢強、李佩蔭、鍾衡戚、蕭培皆、沈卓吾、董新齋、黃礪生，共二十位。[352] 該報每期發表要件，包括：中華國貨維持會及勸用國貨維持會章程。[353] 欄目豐富多樣，包括論說、紀事、要件、調查、來稿、小說、雜錄等，登載全國及海外商情，介紹各省國產商號及產品。該會活動反映國家意識日漸抬頭，工商界聯合團結漸成趨勢。

(5) 中華工商研究會（1916）

若說中華國貨維持會是伍廷芳支持的團體，而楊晟不過接手代為照料之媬姆；則中華工商研究會（以下簡稱：工商研究會）之成立，可視為楊晟扶持呵護之親兒。該會 1916 年 7 月成立，由謝復初（華僑，杭州駐滬華盛均記貿易公司經理，專辦國貨營銷南洋）、[354] 項松茂（甬人，五洲大藥房經理）、[355] 王漢強（華粹國貨公司創辦人）等二十餘位發起，臨時會址設於中華國貨公司。創立之始，即與華僑聯合會磋商，辦理實業及開闢南洋航

---

351 宋則久（直隸天津人），早年經營綢莊。1912 年，成為直隸國貨維持會副會長。五四時期是天津救國十人團總聯合會副會長。林原文子，《宋則久と天津の國貨提唱運動》（京都：同朋舍，1983）。

352〈本社撰述員名姓表〉，《國貨月報》，第 1 期（1915），卷首。

353 創刊期登載〈勸用國貨會章程〉、〈中華國貨維持會簡章〉、〈中華國貨維持會組織全國國貨展覽會參觀團宣書及章程〉、〈中華國貨維持會組織全國國貨展覽會參觀團章程〉，《國貨月報》，第 1 期，〈要件〉，頁 1-11。

354 1918 年 1 月，華僑學生會成立，舉謝碧田（復旦校友，爪哇華僑）為會長，李登輝（復旦校長）為副會長。伍廷芳、楊晟、及海外華商黃仲涵、張鴻南、李興濂，咸被舉為名譽會長。〈華僑學生會成立〉，《申報》，1918 年 1 月 4 日，版 10。

355 陳定山（小蝶，陳蝶仙之子）稱「租界百年，可謂一半癱瘓在迷信外貨裏，一半振興在提倡國貨裏。當其時像項松茂的五洲藥房，我先君的家庭工業社，方液仙的中國化學工業社，沈九成陳萬運的三友實業社。都是出類拔萃的中堅份子，而初期的提倡國貨機構組織，項松茂實為之領袖。」陳定山（小蝶），《春申舊聞》（臺北：晨光月刊社，1954），頁 93。

線。³⁵⁶ 楊晟大力支持，認為「僑商與國內工商各界有密切關係，務達推銷國貨改良出品之目的」，開放交涉公署歡迎華僑，指定總務科長虞汝鈞、交際科長陳世光（震東，廣東人）、譯員楊小堂（直隸邢台人）為招待員。³⁵⁷ 10月正式成立時，聲明該會由海內外工商兩界發起，舉楊晟為正會長，謝復初為副會長，以「改良工藝、振興商業」為宗旨。³⁵⁸ 當年會員即達八、九百人，由謝復初主持日常事務。

在楊晟擔任交涉員時期，工商研究會獲交涉使署支持。1916年11月，該會舉辦討論會，即借靜安寺路斜橋交涉使署召開。工商出品之收集陳列，亦以交涉使署通商科為收貨處。³⁵⁹ 交涉使署通商科長卓健伯（景乾，廣東香山人），更擔任工商研究會評議員，積極參與會務，可視為楊晟代理人，實業科長李惺庵，也給予多方支持。³⁶⁰ 1917年沈卓吾（江蘇如皋人）創辦《工商日報》，自稱受楊晟鼓勵。³⁶¹ 1917年9月，該會遷至北河南路天

---

356 〈華僑與道尹之談話〉，《申報》，1916年9月29日，版11。
357 〈工商研究會歡迎華僑〉，《申報》，1916年10月5日，版10。
358 〈工商研究會章程之披露〉，《申報》，1916年10月6日，版10。
359 〈工商研究會討論會紀事〉，《申報》，1916年11月20日，版10。〈工商研究會常會記事〉，《申報》，1916年10月10日，版11。
360 〈工商研究會討論會紀事〉，《申報》，1916年11月20日，版10。〈工商研究會職員紀事〉，《申報》，1917年3月21日，版11。〈工商研究會職員之茶話會〉，《申報》，1917年4月23日，版11。〈工商研究會開會紀〉，《申報》，1917年5月5日，版11。〈工商研究會開會紀〉，《申報》，1917年5月5日，版11。
361 沈卓吾推崇「楊公小川提倡工商不遺餘力，恆憾工商界無一專門報紙，注意甚切。卓吾步趨于楊公之後，不揣譾陋，爰有《工商日報》之組織，深蒙獎許，勗早成立，茲定於陽曆六月一號出版，日刊兩張，除彙紀國內外吾同胞所經營工商新聞外，間或選譯歐美工商之專著，並將上海江海關每日進出口貨物之報告逐日譯載。」〈《工商日報》出版預告〉，《申報》，上海，1917年5月29日，版4。

后宮後進（總商會舊址），靠近總商會新址。[362] 11 月底，一度遷回北浙江路南洋商業公學，後又遷回天后宮辦事，[363] 也大抵和楊晟有關。

據 1916 年 10 月《申報》刊佈〈工商研究會姓氏錄〉，可知第一屆職員頗多活躍於五四時期，例如沈卓吾、徐春榮、王漢強、項松茂、舒蕙貞、朱遐九、謝碧田。[364] 舒蕙貞和謝碧田，也都是中華職業教育社普通社員，[365] 是教育界中人。舒蕙貞（志俠）作為神州女學教務主任，被舉為上海學聯幹事長，也是國貨維持會資深會員（徐春榮介紹加入）。[366] 此外，1919 年活躍社會的幾位職員，在工商研究會資歷如下：

徐春榮：國貨陳列所主任（1916-1919）
　　　　審查部長（1919）
王漢強：陳列所主任（1916）
　　　　評議部議長（1916）
　　　　總務科長（1919）
沈卓吾：陳列所職員（1916）
　　　　副評議長（1917）
　　　　書報主任（1919）
郭建侯：副會長（1919，3 月辭職）

上述諸人在各地段頗有勢力。如郭建侯，在法租界。沈卓

---

362 〈工商研究會臨時會議紀〉，《申報》，1917 年 9 月 3 日，版 10-11。
363 〈工商研究會常會記略〉，《申報》，1917 年 11 月 6 日，版 10。〈工商研究會開會紀〉，《申報》，1919 年 3 月 17 日，版 10。
364 〈工商研究會職員姓氏〉，《申報》，1916 年 10 月 9 日，版 11。〈工商研究會職員姓氏續錄〉，《申報》，1916 年 10 月 10 日，版 11。
365 《中華職業教育社同社錄》之〈普通社員〉，頁 20、26。
366 《中華國貨維持會廿周紀念刊》之〈第一屆會務紀錄〉，頁 3。

吾，在華界滬西。徐春榮，在閘北。王漢強，在公共租界。他們又多有舊國民黨關係，後被楊晟收編，成為工商界一股勢力。[367]

1916年起，工商研究會因辦理南洋商業學校（原稱廣東商業中學），招收會員子弟入讀，又與教育界有了連繫。[368]首任校長吳琢之（江蘇太倉人，太倉旅滬同鄉會副會長吳挹峰之子），兩年後辭職，轉入求新廠，五四時十分活躍。[369]楊晟遂兼任校長，委派郭建侯代理，以謝碧田為教務長。1918年，該校擴充學額，籌築校舍，改稱：南洋商業專門學校，聘郭虞裳為校長，校董為楊晟、謝蘅牕、吳善慶、徐春榮、王漢強、陳春權、郭建侯等，分任常年經費。[370]五四時，郭虞裳所聘教員俞頌華、李孤帆（時名：李平）《勻廬瑣憶》，卻都和《時事新報》發生關係。李孤帆更是浦東中學第三屆畢業生，與黃炎培原有師生關係。[371]五四風潮發生後，南洋商校招待到滬的各埠學生聯合

---

[367] 郭建侯為龍飛公司（兼營馬車和汽車）買辦，據說公共租界搶土的大八股黨，專僱龍飛汽車行「黑雞心牌」搬運。參見《上海商業名錄（1920）》，頁52。陳定山，《黃金世界》（臺北：世界文物出版社，1971），頁41。陳定山，《黃金世界》（續集）（臺北：世界文物出版社，1971），頁17。1919年6月22日，西門外一帶商店成立滬西商界聯合會，沈卓吾被推為臨時主席。〈滬西商店聯合會成立〉，《申報》，1919年6月23日，版10。王曉籟、尹邨夫，〈我們對上海商團與閘北地方關係的回憶〉，《上海文史資料存稿匯編：政治軍事》，第1冊，頁117-125。1925年，徐春榮當選閘北市議會議長。〈閘北市議會開選舉會〉，《民國日報》，1925年11月2日，第3張版2。如王漢強曾任湖州旅滬公學教員，辛亥年是滬軍都督府人事科長。《辛亥革命寧波史料選輯》，頁259。〈辛亥上海光復前後〉，頁10-11。二次革命後，楊晟協助滬人消去附亂黨案，令一些人為之感恩戴德。馬鳳池就探得伶人潘月樵贊助革命，曾任陳其美滬軍都督府調查部部長，因附亂黨案而被通緝，通過拜楊晟之門，由楊代為撤消。章伯鋒整理，〈馬鳳池密報〉之〈甲〉之〈二十三〉，頁61。

[368] 〈工商研究會職員常會記〉，《申報》，1917年1月13日，版11。

[369] 劉永明，《國民黨人與五四運動》，頁222-223。

[370] 〈南洋商業公學緊要廣告〉，《申報》，1918年2月14日，版2。

[371] 《勻廬瑣憶》，頁134-136。1921年，李孤帆輔佐浦東校長朱叔源，成為中華職業教育社徵求社員第二十五隊，分任正副隊長。〈中華職業教育社第五

會代表住宿。上海罷市風潮後,又借校址為全國學聯籌備會辦事處,當有楊晟的支持同意。1919年9月,郭虞裳「因腦病辭職」,校董郭建侯接任,以姚明輝(姚文枬姪)為校務主任,戴藹盧為教務主任。

南洋商業專門學校,與南洋僑商有連繫。抵制日貨運動中,學校師生表現積極。它從加入上海學生聯合會,就強調「以提倡國貨為抵制日貨之根本辦法」,自期為一永久性組織。依照〈南洋商業專門學校學生聯合會組織意見〉,分會內設三部:

調查部:八隊三十二人,四隊調查國貨,四隊調查日貨。
編輯部:為該會總機關,每星期出《調查週刊》,每冊索費銅元一枚。
宣講部:由調查部八隊每星期日宣講。

從宗旨及組織辦法看,組織分工有校職員指導支持。[372]《調查週刊》出版兩期後,決定「歸併於南洋公學、復旦大學、省立第一甲種數校合組之研究會雜誌。」[373] 但此一各校合組之《研究會雜誌》,後來似未正式發刊。[374]

從總體來看,國貨維持會和工商研究會都以楊晟為會長,可以稱為姊妹團體。兩會中堅幹部王文典、徐春榮、王漢強,都與隆泉公記號及浙江三門灣農墾區有關。[375] 兩會既靠楊晟為後

年度徵求社員上海各隊名單〉,《申報》,1921年6月23日,版11。
372 該分會調查和編印刊物之經費,獲得教職員支持。〈本週刊啟事二〉,《調查週刊》,第2期,頁48。
373 〈南洋商業專門學校學生聯合分會組織意見〉,《調查週刊》,第1期(1919.6.7),頁3-5。〈本週刊啟事一〉,《調查週刊》,第2期(1919.6.16),頁48。
374 1914-1921年,黃炎培推動成立多個「研究會」。參考徐佳貴,〈組織演變與文教革新——晚清與五四之間的江蘇省教育會〉,頁137-138。
375 〈國貨維持會調查部紀事〉,《申報》,1915年8月21日,版10。

盾，自不能不聽其節制。1919年上海罷市落幕後，謝復初和謝碧田致全國學生公開信，稱北京政府已然屈從民意，呼籲學生從此致力提倡國貨，也可能是楊晟授意，以期引導學生動向。[376]

表十：中華國貨維持會和中華工商研究會主要職員（1917-1919）

年份	中華工商研究會	中華國貨維持會
1917	正會長：楊　晟 副會長：謝復初　謝蘅牕 評議長：王漢強 陳列室主任：徐春榮	正會長：王文典 副會長：王介安　楊小川 正議長：徐春榮
1918	正會長：楊　晟 副會長：謝復初　謝蘅牕 評議長：郭建侯 陳列室主任：徐春榮	正會長：楊　晟 副會長：王文典　王介安 正議長：汪星一
1919	正會長：楊　晟 副會長：郭建侯 評議長：沈卓吾 審查部長：徐春榮	正會長：楊　晟 副會長：王文典　王介安 正議長：汪星一

注：中華工商研究會每年秋季改選，中華國貨維持會每年12月改選。

(6) 中華工商保守國際和平研究會（1918）

五四前一年歐戰結束，楊晟一度發起各公團聯合組織。由中華國貨維持會出面，發起組織「中華工商保守國際和平研究會」（以下簡稱：國際和平會）。此會之組織成立及發表對外宣言，被陳曾燾認為是上海工商界回應外交問題而成立的第一個團體，將已存在的商幫協會、工商研究會、華商維持會、烟酒聯合會、國貨維持會等整合進來。[377] 葛凱更認為這些活動顯示了對北京

---

376 罷市落幕後，謝復初和謝碧田分別致全國學生公開信，勸告學生致力組織學生工場，信函內容相同。〈謝復初勸告全國學生組織學生工場書〉，《民國日報》，1919年6月26日，版11。〈上海華僑學生會謝碧田勸告全國學生組織學生工場書〉，《新聞報》，1919年6月27日，第3張版2。

377 Joseph T. Chen（陳曾燾），*The May Fourth Movement in Shanghai: The Making of a Social Movement in Modern China*, pp. 66-67.

政府的不信任。[378] 其實，中華國貨維持會乃至國際和平會的活動，很可能是配合北京政府的外交行動。楊晟作為此會成立的推動者，與北京政府存在一定默契。

《中華國貨維持會廿周紀念刊》第七八屆〈會務紀錄〉，提及 1918 年底至 1919 年初，該會支持了兩個團體成立，分別是國際和平研究會及商業公團聯合會。茲錄〈會務紀錄〉1918 年 11 月條：

> 提議聯合各公團，提出各種不平等條約，請求歐戰和平會議，重行修正。[379]

1919 年 1 月條：

> 協助商業公團聯合會公費。……
> 為和平研究會事，致電北京各當局。……
> 召集各商幫各公團聯席大會，討論歐戰和平後，關於國貨事業種種設施，並研究通商條約問題，發起和平研究會。[380]

1919 年 2 月條：

> 與寧波同鄉會，發起組織團體聯合會，集中力量，擴大福利。
> 各公團聯席開會推舉上歐戰媾和會議意見起草員。……
> 推舉楊小川、王文典二君，為中華國民代表，出席國際和平研究會，提出意見書於歐洲媾和會議，並通函全國各商會一致協助。[381]

---

378 Karl Gerth, *China Made: Consumer Culture and the Creation of the Nation* (Cambridge: Harvard University Asia Center, 2003), p. 150. 該書中譯者，將此新團體譯為「工商研究會」，非作者之誤。《製造中國：消費文化與民族國家的創建》，頁 148。
379 《中華國貨維持會廿周紀念刊》之〈第七屆會務記錄〉，頁 38。
380 《中華國貨維持會廿周紀念刊》之〈第八屆會務記錄〉，頁 1。
381 《中華國貨維持會廿周紀念刊》之〈第七屆會務記錄〉、〈第八屆會務記錄〉，頁 38/1-2。

第二章　上海紳商和公團政治 | 333

由以上數條可知，國貨維持會參與發起的聯合團體有二：一、倡議發起國際和平研究會，特別關切戰後外交，且與北京政府連絡。二、聯合寧波同鄉會發起商業公團聯合會，關注南北議和，呼籲結束內戰。

1918年12月3日《申報》的相關報導，曾詳紀楊晟以會長身分，提議設立一團體聯合會，以因應歐戰後外交新局。12月3日報載：

> 中華國貨維持會於上星期日〔12月1日〕舉行常年大會，因報告事件甚多，致選舉手續不及完竣，因於前日續開大會，由正會長楊小川主席，報告開會。即由來賓戈朋雲、鄒靜齋、洪承祁，會員舒蕙楨、陳瀛洲，會長楊小川、副會長王介安等相繼演說，均極中肯。當場並送《威爾遜參戰演說》各一冊。……末復將隔晚評議會議決之討論歐戰平和會議請願提議案當眾討論，公決仍照評議會議決執行，其議案云：外交總長陸徵祥行將赴歐、預備參與歐戰平和會議，所有一切國際善後問題，胥於此會解決。吾國從前與各國所結條約有不平等處，或可乘此機會請求修正。況此次戰爭既為自由公理而戰，則公平之請求想必不致見卻，本會擬將此意聲敘請願書上之陸總長，俾和平議席上得收國際真平等之良果。此事或由本會單獨請願，或聯絡他團體共同請願，請諸君討論議決案云。[382]

由此看來，楊晟提議成立一新團體，似與外交部長陸徵祥（子欣，江蘇太倉人）授意有關，以期作為北京政府外交後盾。

1918年12月5日，上海各團體接到中華國貨維持會、中華

---

[382]〈國貨維持會續開大會〉，《申報》，1918年12月3日，版10。

工商研究會、旅滬商幫協會、華商旅滬協會邀約，發起組織「中華工商保守國際和平研究會」之邀請。[383] 6日下午3時，到會者數百人，以楊晟為主席。其發言聚焦巴黎和會召開，推崇美國總統威爾遜主義。7日《申報》之〈組織國際和平研究會〉報導：

> 楊君入座，宣告開會宗旨，略謂：現在大戰告終，公理卒勝強權。……美總統威爾遜君宣布世界和平主義，主張國無強弱，國無大小，一律平等，共享樂利。吾人今日所以開會之宗旨，不外幫助政府，幫助政府所派和議特使，贊成美總統威爾遜君之主義，贊成世界平民主義，以達永久和平之目的。（眾大鼓掌）……楊小川君提出上海基督教徒聯合會意見書中有云，不但新訂之條約，即從前所有國際不平等之條約，亦宜一律取銷，另訂國際平等條約，所有一切秘密條約均作無效。楊小川謂，此即威爾遜總統世界和平主義之要點，亦即世界永遠和平之保障。（眾大鼓掌）[384]

會上決定將團體命名為「中華工商保守國際和平研究會」。其次鄒靜齋及舒蕙楨也相繼發言。報記：

> 次商幫協會會長鄒靜齋發表意見，主張用眾團體名義致電政府，並電美總統。次舒蕙楨女士發表意見云，對外和平固不可失機會，對內和平亦宜研究，主張組織一文牘機關，專事著作。關於此等文字，送各報發表。次楊小川主推鄒靜齋為公團主任，眾贊成。次眾推方椒伯、張籥雲、許奏雲、卓健伯、陳良玉、戴幟翔、伍詠裳諸君為文牘員，又推戈朋雲君為幹事員，通訊機關暫在國貨維持會。次楊小川君提議，此

---

383 〈烟酒業亦主請改關稅〉，《申報》，1918年12月9日，版10。
384 〈組織國際和平研究會〉，《申報》，1918年12月7日，版10。

會必聯絡通國之工商以組成之。（眾鼓掌）[385]

由此可知，組織「中華工商保守國際和平研究會」之構想，當是楊晟提議推動。鄒靜齋作為該公團主任，也由楊晟提名。文牘七人，包括寧波同鄉會（方椒伯）、粵僑商業聯合會（張籟雲、許奏雲）、烟酒聯合會（陳良玉）、國貨維持會（戴熾翔）、旅滬商幫協會（伍詠裳）、前交涉使署通商科長（卓健伯）。楊晟對會務的主導性，可說顯而易見。

事實上，楊晟推動成立中華工商保守國際和平研究會，即以與其關係最密切之四團體為基礎。1918 年 12 月 16 日，《申報》之〈工商研究會開會紀事〉：

> 工商研究會昨為研究國際稅法問題開討論會，正會長楊小川，副會長郭建侯及職員會員馬樹周、沈卓吾、……卓伯言等數十人，於二時許陸續蒞會。開會後，由正會長楊小川主席，向眾宣述此次四團體合組中華工商保守國際和平研究會情形。繼稱現在歐戰告終，各國將會議世界永久和平，吾國亦將參與。所有吾國此前所訂不平等稅則，可以趁此時機力謀改訂。現在由本會結合四團體組成保守國際和平研究會，於國貨維持會業已成立。惟應辦各種手續繁多，如各項文牘及各種改革等事，故請諸君承認相與協助進行。對於改訂稅則一事，諸君如有偉論及建議，請送該會備採，並邀各會員於星期三出席國際和平研究會，共策進行。[386]

楊晟所說四團體，即中華工商研究會、中華國貨維持會、旅滬商幫協會及華商旅滬協會。此外，陳良玉主持的烟酒聯合會及其他

---

385 〈組織國際和平研究會〉，《申報》，1918 年 12 月 7 日，版 10。
386 〈工商研究會開會紀事〉，《申報》，1918 年 12 月 16 日，版 10。

十餘團體,也配合性地向梁啟超傳達意見。[387]

　　1918年12月25日,《申報》之〈稅法平等會今日大會〉,尚提及「中華工商保守國際和平研究會」響應「國際稅法平等會」(會長張謇),向北京政府委派經滬赴歐之梁啟超(任公,廣東新會人)遞交意見書。報載:

> 工商研究會等四團體組織之工商保守國際和平研究會於前晚特開會議,楊小川、鄒靜齋、王介安、徐春榮及各實業商人均赴會討論稅則平等之具體辦法,互商良久,始決定繕具切實意見書送呈梁任公備覽,並推定代表出席於今日〔12月25日〕國際稅法平等會參議一切。[388]

楊晟偕鄒靜齋等討論及繕具意見,配合了北京政府外交行動。楊晟作為會長的工商研究會,扮演領導性作用。翌年4月上旬,滬上盛傳梁啟超在巴黎阻礙和會,部分商業公團評議員主張發電警告。[389] 唐紹儀作為總董的金星公司職員歐鏡堂(廣東四會人),要求通電聲討梁啟超。[390] 而鄒靜齋和沈卓吾力持慎重,很可能

---

[387] 〈烟酒業亦主請改關稅〉,《申報》,1918年12月9日,版10。〈國際稅法研究會開會〉,《申報》,1918年12月27日,版10。〈烟酒聯合會常會紀事〉,《申報》,1918年12月30日,版10。〈保守國際和平之響應〉,《申報》,1919年3月26日,版10。

[388] 〈稅法平等會今日大會〉,《申報》,1918年12月25日,版10。

[389] 1919年4月,商業公團討伐梁啟超電稱:「君之人格行事,吾人素不贊成」。另電陸徵祥、顧維鈞、王正廷三使:「梁啟超妄干和議,并有聯某國之嫌,已電痛斥。公等為國人所信仰,萬勿灰心」〈商業公團電斥梁啟超〉,《民國日報》,1919年4月6日,版10。〈駁袒護梁啟超之快舉〉,《民國日報》,1919年4月9日,版10。

[390] 歐鏡堂為旅滬肇慶同鄉會代表,本職為金星公司滬局正司理,而唐紹儀是金星公司總董。〈金星水火保險公司廣告〉,《申報》,1919年1月5日,版1。〈唐紹儀就梁啟超在巴黎暗中與日人結訂主張諸事致吳景濂電〉(1919.3.29),收入李家璘等編輯,《北洋軍閥史料・吳景濂卷》,第3卷(天津:天津古籍出版社,1996),頁299。

秉楊晟之意發言。[391]

　　1月27日,《民國日報》報導「中華工商保守國際和平研究會」等團體向全國商會聯合會發函,說明擬向歐洲和會表達主張,並請各省商會列名共同響應:

> 中華工商保守國際和平研究會、中華國貨維持會,昨致全國商會聯合會函云:敬啟者……爰聯合海上團體,如商幫協會、工商研究會、華商維持會、烟酒聯合會等數十團體,公同組織中華工商保守國際和平研究會,冀以促成永久和平,盡世界一份子之天職。[392]

當日出席的各個團體,無一不是楊晟可施加影響者。1月21日,《申報》已刊〈國際和平會之提議案〉,即擬譯送巴黎和會宣言原文:

> 中華工商保守國際和平會對於萬國平和會議之提議案,於昨〔1月20日〕分抄各團體備覽,原文照錄如下:……（一）重立世界萬國和平會,或將海牙和平會章程修訂,總以國無大小強弱、一例平等待遇公允為宗旨。每國各派代表若干人為會員,遇有國際交涉之不能解決者,由該會解決之。遇有違反國際平等之宗旨而破壞國際和平者,由該會裁判懲罰之。（一）由世界萬國和平會依據國際平等之宗旨,參訂國際公約經世界各國承認簽字後,無論何時任何國家不得私訂國際盟約。從前國際間單獨訂立之約,概作無效。（一）由世界萬國和平會參訂國際公法,俾便各國遵守,為裁判國際事務之依據。（一）和平會參訂國際公約須本人道主義之宗

391　〈商業公團聯合會開會紀事〉,《申報》,1919年4月3日,版10。
392　〈工商界注意國際和平〉,《民國日報》,1919年1月27日,版10。

旨，以不可殘害人類為目的，而防止殘害事實之發生。（說明）例如國際間任何一國國內利權如土地管轄權、航行權、紙幣權、郵政權等有被侵損者，即為不平等之導線，而足以釀成爭端。爭端不能解決，戰禍難免發生。戰禍者，巨大之殘害事實也。（一）各國辦理外交均須遵守公約，開誠佈公執行之，不得秘密從事。（一）各國自定之國內法律，須本國際公約之宗旨為宗旨，不得有違反公約之規定。（一）各國之領土被佔據者、領海被侵損者，概由各該國收回之。佔據及侵損者，不得不歸還之。（一）各國領土內進出口貨物之關稅，均由各該國自定之，他國不得干涉。（一）各國商民之僑居任何一國者，概須遵守僑居之國之法律。遇有民刑訴訟，須受僑居國司法之裁判云。[393]

以上宣言發表，乃是楊晟以民間團體名義，向巴黎和會表達「國民公意」。是後全國商會聯合會及十三個總商會回函同意，卻不見上海總商會列名，似不願隨楊晟起舞。[394]

　　然而 3 月初以後，幾乎不見國際和平會後續活動，這或與楊晟被北京政府任命署理上海交涉員有關。楊晟重獲任命，疑出於陸徵祥或孫寶琦推薦。此時籌組成立的商業公團，可繼起發揮國民外交作用。國際和平會會長鄒靜齋，被推為商業公團副會長，也可能得到楊晟鼓勵支持。

---

393 〈國際和平會之提議案〉，《申報》，1919 年 1 月 21 日，版 10。
394 〈保守國際和平會之響應〉，《申報》，1919 年 3 月 26 日，版 10。

五、商業公團的人事組織

「商業公團組織的目的，……是為了南北議和。」

～〈方椒伯、趙晉卿談「佳電」事件〉[395]

對於商業公團的底細，研究者每引用《五四愛國運動檔案資料》所收內務部檔案，有 1919 年 9 月北京內務部向上海軍事當局查詢上海各公團底細後，得護軍使署電覆說明：

> 上海近來發生非法定之團體極多，最初者為商業公團聯合會，乃專為攻擊總商會而設，會所在河南路，主持者則反對朱、沈兩會長之人。繼而學生風潮蔓延，遂有所謂學生聯合會，會長為何葆仁，原附設在公共租界寰球學生會內，旋因發行激烈傳單，為巡捕房干涉，遂遷往法界貝勒路。……如欲取締，則均在租界以內，極難著手。惟當發電時人名、會所，電報局必能詳知，似不必外求也。[396]

其實商業公團成立，初不為反對總商會而設。此電強調公團設於公共租界，在外國勢力範圍內。報告中所不肯明言者，是商業公團主持者名號。即說明該公團位於河南路，卻未明告此地即寧波同鄉會會所。（這有別於其在電報中所述學生聯合會等團體情形，顯然是有意代為隱諱。）此時護軍使署秘書科長杜純（純，梅叔，廣東番禺人）掌理來往電文，曾任交涉使楊晟秘書。[397]其人不願向北京揭示細節，可謂老於官場。

---

395 《上海總商會組織史資料匯編》，上冊，頁 310。
396 〈盧永祥查復上海各愛國團體處所及其主腦人物密電〉（1919.9.8），《五四愛國運動檔案資料》，頁 580-581。
397 〈交涉公署新編制〉，《時事新報》，1916 年 2 月 21 日，第 3 張版 2。

至《五四愛國運動檔案資料》收錄內務部隨後致交通部公函（八年警字第二一〇號），發出於 9 月 10 日，還顯示上海電報局未主動向北京內務部提供地方情報：

> 查近來上海地方，多有假借團體名義拍發通電。……為此，特函貴部轉飭上海電報局，嗣後遇有用此等團體名義發電者，對於各該發電人名會所，務望隨時注意。如能隨時由該局報告本部，尤深感紉。[398]

前引淞滬護軍使署覆內務部電，反映護軍使署有意隱去商業公團情形。此函則反映中央各部門之間的隔閡，交通部暨上海電報局均未主動告知內務部上海公團資料。

五四前後的淞滬護軍使署和上海電報局，都未向中央內務部據實報告商業公團人事及組織概況，是因為該公團正副會長及幹事多位，涵蓋上海最有勢力的商幫團體。其主持的頭面人物，與護軍使署及交涉使署，都有微妙關係。依中華國貨調查會之會務紀錄，上海商業公團 1919 年 1 月籌備成立。但它在 3 月才正式組織起來，中間似有周折。本章將指出商業公團成立過程，探討其領導階層及核心人物，並說明其與各方勢力的關係。

(1) 成立過程

前一節提到，1918 年底至 1919 年初，上海有國際和平會和商業公團在分頭組織起來，起初似有對外及對內之任務。惟在國際和平會停止活動後，商業公團始兼顧對外問題。是會正副會長人選，來自寧波同鄉會、廣肇公所、旅滬商幫協會，代表上海最

---

[398]〈內務部關於檢查上海各愛國團體發電人名會所密函稿〉（1919.9.10），《五四愛國運動檔案資料》，頁 581。

有勢力的商幫團體。

　　過去探討 1919 年 2 月商業公團成立過程，多引用《上海總商會組織史資料匯編》所收方椒伯訪談紀錄。這是因為方椒伯作為籌備者之一，確是一位知情的局內人。據方椒伯說：

> 商業公團組織的目的，就我回憶，不是為了「佳電」和青島問題，是為了南北議和。當時北京政府派朱啟鈐為議和代表到上海，上海各界都主張和平，商界亦發動起來。當時發動僅一過程，主要是廣肇公所，代表是馮少老、湯節之。寧波同鄉會代表是張讓三、方椒伯。這二個團體後來也是商業公團的骨幹。……總商會是老組織，與新興團體不合作。商業公團到總商會改選以後無形停頓，並無公開結束。因其中多數人員都是總商會會董。虞洽卿雖是公團主任幹事，但不問事。[399]

方椒伯的回憶表明，廣肇公所和寧波同鄉會是商業公團中堅團體。馮少山和湯節之，張讓三和方椒伯，分別為兩會代表。廣肇公所，代表華南地區勢力；寧波同鄉會，代表華中地區勢力。廣肇公所以馮少山和湯節之為代表，而大老為唐紹儀、伍廷芳、溫宗堯。寧波同鄉會人口為商業公團之勢力後盾，廣肇公所政商要人則呼籲南北和談。

　　回溯晚清民初，旅滬粵籍政要在全國政治議題上，一直扮演積極的領導性角色。1917 年底以來，南北停戰呼聲，也由上海廣肇公所呼籲，而各公團繼起響應。上海商界團體中華國貨維持會第六、七屆〈會務紀錄〉1917 年 11 月條：

> 廣肇公所，函請聯名電致政府，懇請停戰。……

---

[399]《上海總商會組織史資料匯編》，上冊，頁 310。

電馮大總統，請息國內戰爭，以蘇民困。[400]

1918年3月條下又記：

廣肇公所及李德立君，函請調和南北戰事，以蘇民困。召集職員臨時會，議定轉〔辦〕法：（一）登報宣言主和宗旨。（二）聯絡各業團體合力進行。（三）先行公電中央及軍界各領袖息止內訌。（四）電文，本會起草詳述歷年國內戰事，商民所受痛苦，各業凋敝情形。[401]

由此可見，滬上發出南北停戰呼籲，是廣肇公所率先呼籲，獲中華國貨維持會等團體繼起響應。

1918年3月8日《申報》之〈寧波同鄉會開會記事〉，也提到廣肇公所來函呼籲停戰：

廣肇公所致政府及西南電，如多數贊成，本會亦表同意，函復廣肇公所。[402]

由此記可知，廣肇公提出南北停戰的呼籲，也獲寧波同鄉會答覆支持。

翌年3月成立的商業公團聯合會，延續了上述停止內戰呼籲，卻改由寧波旅滬同鄉會領銜發起。這一改變似與上年廣肇公所發生分裂，資深董事退出另組粵僑商業聯合會不無關係。2月21日《申報》紀〈團體聯合會之發起〉，知其焦點自始兼及內外問題：

寧波旅滬同鄉會、工商研究會等各公團，擬發起團體聯合會。聞商幫協會、洋貨商業公會、出口公會、茶葉公所、國貨維持會、廣肇公所、旅滬紹興同鄉會、紗業公所等均與其

---

400 《中華國貨維持會廿周紀念刊》之〈第六屆會務紀錄〉，頁31。
401 《中華國貨維持會廿周紀念刊》之〈第七屆會務紀錄〉，頁33。
402 〈寧波同鄉會開會記事〉，《申報》，1918年3月8日，版10。

列。茲將通告原稿錄左：

> 滬上各團體之設立，或因商業，或因公益，皆各自聯絡謀一部分之福利，除一部分之障礙，與國家之關係不相銜接。當此存亡危急之時，如國內之和平，外侮之抵制，凡我人民要宜一致進行，為政府之後盾。則固結團體聯合進行，為此時輔助政府之必要。若仍散沙不聚，視國事如弁髦，一遇重大問題發生，勢必束手無策，或竟為人利用。人且以輕吾人民者輕吾國家，其可危孰甚！敝會等有鑒於此，爰發起團體聯合會，即日開預備會，以期進行云云。[403]

按此「團體聯合會」發起，再三以「國家」為說，欲為「政府之後盾」。當其召開第一次籌備會時，以鄒靜齋為主席。鄒靜齋時任中華國民永久策進會會長（政見接近廣州國會），[404] 但他和楊晟的長期關係眾所周知。

不過在第一次籌備大會上，從地點和臨時幹事名單來看，寧波同鄉會已居於領袖地位。據3月4日《申報》之〈上海商業團體開聯合大會〉：

> 上海商界因國內和議停頓，異常恐慌。昨日〔3月5日〕下午，在寧波旅滬同鄉會招集各商業團體，特開大會。……公推商幫協會會長鄒靜齋君主席，宣佈開會之宗旨，申說團體聯合之必要。復由各代表決議：商人受戰事之影響，痛苦已達極點，今和議停頓，商業將不堪設想，公議結合公共團體，積極救濟保我商人利益，定名為：上海商業公團聯合會，以聯合上海商業各團體，促進商業，協力保持商界利益

---

403 〈團體聯合會之發起〉，《申報》，1919年2月21日，版11。
404 〈五・四運動と國民黨勢力〉，頁303。

為宗旨。公推臨時幹事張讓三、鄒靜齋、沈卓吾、湯節之、朱伯為、徐春榮、方椒伯、陳良玉諸君,修正會章,當場宣佈成立。一面議決電致北京政府及廣州軍政府長江三省督軍,痛告和議停頓,商業危險之情形,請求力予維持,以延國命。討論至此,全體呼號者再。後又議函致南北和議總代表,請勿停滯,決議推張讓三君起草。[405]

這天集議地點,借寧波同鄉會舉行。八位臨事幹事,寧波同鄉會佔三位(張讓三、方椒伯、陳良玉),超過三分之一。名列最前的張讓三,是寧波同鄉會會長;方椒伯,則是寧波同鄉會坐辦。

兩週後(3月19日)召開第二次會議,寧波同鄉會主導態勢更見明顯。首先,主席由寧波同鄉會副會長錢達三擔任,選出二十位幹事,六位是寧波籍(引文姓名帶*號者):

商業公團聯合會因迭接各商幫各團體來函,請開緊急會議商決促進和平辦法,昨日(3月19日)午後三時在河南路該會事務所開會。到會團體計五十有三。每團體所舉代表自一人至五人不等。首由到會各代表公推錢達三為主席,宣布開會宗旨,當由錢君請方樹伯將前次大會所擬之會章(已見前報)請公議通過。……隨即發表公舉之幹事:*虞洽卿、鄒靜齋、*張讓三、朱伯為、黃伯平、錢達三、項如松、*呂耀庭、*陸維鏞、陳炳謙、田時霖、*陳良玉、葉惠鈞、*方樹伯、湯節之、沈卓吾、劉萬青、勞敬修、馮少山、徐春榮等二十人。[406]

商業公團二十位幹事中,姓名列於前者,大抵票數最高。排名第

---

405 〈上海商業團體開聯合大會〉,《申報》,1919年3月4日,版10。
406 〈商業公團聯合會開緊急會〉,《申報》,1919年3月20日,版10。

一的虞洽卿，隨後被推為主任。虞洽卿既是上海總商會董事，也曾任旅滬寧波同鄉會會長。他得膺此任，或亦為楊晟所樂見。

當天由方椒伯起草，經眾人討論修訂的公團會章，決定分設評議會和幹事會。入會團體各舉五位代表（可不足額），組成評議會（參見本書附錄四〈上海商業公團聯合會評議員姓名錄〉）。[407] 再由評議員互選出二十位幹事，成為執行部門。茲舉 2 月 19 日選出幹事姓名及其相關團體。下列姓名為**粗體**者，在籌備期是臨時幹事，可視為核心成員：

虞洽卿（寧波同鄉會）^*

鄒靜齋（商幫協會，皮商公會，江西同鄉會）

張讓三（寧波同鄉會）*

朱伯為（四川同鄉會）

黃伯平（廣肇公所）

錢達三（寧波同鄉會）^*

項如松（五金同業公會）^

呂耀庭（中國蛋廠公會，出口各業公會）*

陸維鏞（陸維記，出口各業公會，寧波同鄉會）*

陳炳謙（上海菸葉公所，粵僑商業聯合會）

田時霖（震巽木商公所，紹興同鄉會）^

陳良玉（中國烟酒聯合會）*

葉惠鈞（雜糧公會）

方椒伯（寧波同鄉會）*

湯節之（廣肇公所）

---

407 〈上海商業公團聯合會評議員姓名錄〉，《申報》，1919 年 6 月 2、4、9 日，版 12。

沈卓吾（中華工商研究會）
劉萬青（皮商公會，湖北同鄉會會長）
勞敬修（粵僑商業聯合會）^
馮少山（廣肇公所，紙業公會）
徐春榮（中國花邊聯合會，後似退出）[408]

以上姓名帶^號者，為總商會董事，共五位。[409] 姓名帶*者，為寧波同鄉會和甬籍行會代表，共七位，佔三分一強。同時擁有上述兩種身分者，為虞洽卿、錢達三，都是甬人。

　　總之，商業公團集合旅滬商幫而成，尤以甬籍紳商為重心，這從下列幾方面可知：一，1919年3月3日成立會借寧波同鄉會召開，隨後即以此處為事務所。方椒伯後來追憶：「商業公團聯合會就設在天津路河南路轉角蔡同德藥店隔壁、早期寧波同鄉會會址內。我們開會都在那裡。」[410] 二，商業公團正會長虞洽卿、駐會幹事張讓三、是寧波同鄉會前任及現任會長。三，公團章程起草人，是寧波同鄉會坐辦方椒伯，辦事負責，素孚眾望。四，公團二十位幹事，共七位是寧波同鄉會前後任董事，逾總額三分之一，是寧波紳商可控制公團決策。

　　在商業公團幹事會中，屬於粵籍者居次，共是五人。包括廣肇公所代表三人（黃伯平、湯節之、馮少山）、粵僑商業聯合會代表二人（陳炳謙、勞敬修）。湯節之被推為副會長，成為第三號人物，是因其作為廣肇公所代表。事實上，其個人得票數目，

---

408 〈工商研究會開會紀〉，《申報》，1919年3月17日，版10。
409 《上海總商會組織史資料匯編》，上冊，頁287-288。
410 《上海總商會組織史資料匯編》，上冊，頁310。1918年寧波同鄉會事務所遷至河南路拋球場364號。〈寧波同鄉會之茶話會〉，《申報》，1918年11月16日，版11。

尚少於黃伯平及多數代表。各人更難料到的是，及至上海罷市風潮起，虞洽卿和鄒靜齋雙雙辭職，湯節之一度成為公團代表，一時風頭甚健。惟罷市落幕後，陳炳謙、勞敬修、項如松宣佈脫會，其所代表的洋貨商業公會及五金同業公會也宣告脫會。[411] 聯合通信社記者認為，項如松等三人脫會之舉，是受總商會壓力。[412] 此時因為佳電事件，湯節之等總商會會員暨商業公團幹事，發起對總商會正副會長的撻伐。錢達三作為朱葆三親信，也宣告卸脫公團評議員及幹事職務，[413] 甚至也不復擔任寧波同鄉會職務。綜合來看，商業公團的領導核心，可稱寧波同鄉會、廣肇公所革新派合作。再加上楊晟系統的人物，與交涉使署有暢通溝通管道。

至於紹興同鄉會，本選出三位代表：田時霖、袁近初、曹慕管，唯僅田時霖被舉為幹事，影響力不免遠遜甬幫。據 1919 年《紹興旅滬七邑同鄉會季報》第 1 期〈會務瑣談〉：

> 本年二月間，由寧波同鄉會等邀集本會發起商業公團聯合會，以代表商民公意，擴充營業為宗旨。其經費由入會各團自行認助，本會董事同議認洋二百元。公推田時霖、曹慕管、袁近初三君為代表。[414]

---

411 〈上海粵僑商業聯合會廣告〉、〈洋貨商業公會、五金同業公會啟事〉，《申報》，1919 年 6 月 19 日，版 2。粵僑商業聯合會後來宣稱陳炳謙、勞敬修從未到會，似不確。報載商業公團成立的 1919 年 3 月 19 日會議上，陳炳謙建議修改公團章程內容，「加入本會各團有休戚相關、患難相助之義務，議決加入第八條之內。」〈商業公團聯合會開緊急會〉，《申報》，1919 年 3 月 20 日，版 10。另一個可能性是，陳炳謙確未參加 3 月 19 日會議，上述提議僅由別人代轉。

412 〈脫離商業公團之隱秘〉，《民國日報》，1919 年 6 月 20 日，版 10。

413 6 月初公佈的《上海商業公團評議員名錄》，寧波同鄉會代表只有四位，已不見錢達三姓名。

414 〈會務瑣談〉，《紹興旅滬七邑同鄉會季報》，第 1 期，頁 20。

是後公團請各團加派代表兩名，該會仍維持田、曹、袁三人，顯得並不積極。8月3日紹興同鄉會臨事議事會，更決定退出商業公團：

> 本會加入商業公團聯合會，已經半年，現擬脫離關係，請本會代表田時霖、曹慕管、袁近初，三君退出該會，終止代表名義，並將本會退出該會之函件登報聲明。[415]

此時商業公團不但捲入總商會紛紛，還涉入不少政治議題，宋漢章和田時霖等或為了避嫌，遂決定紹會退出公團。

(2) 領導核心

3月21日，商業公團召開全體幹事會議，選舉正副主任幹事（俗稱正副會長）及常駐幹事，再次展現寧波同鄉會的領導力。3月22日《申報》報導：

> 公推張讓三為臨時主席，報告本會各團準備之情形。先請到會幹事推舉正副主任幹事，當時推定虞洽卿為正主任幹事，鄒靜齋、湯節之為副主任幹事。眾意會內不可無人主持，又公推張讓三為常駐會中之幹事。繼又推項如松、陸維鏞、黃伯平、朱伯平為為管理銀錢幹事，分季輪流管理，并議定所有會中文牘、翻譯、書記等職，……得由幹事會議延請為本會名譽幹事，以資贊襄。[416]

---

415 隨後8月11-13日紹興同鄉會登報聲明，已去函商業公團聯合會，由於換屆在即而決定退會。〈臨時議事會決議事件摘要〉（8月3日開會），《紹興旅滬七邑同鄉會季報》，1919年第4期，頁20。〈紹興同鄉會退出商業公團聯合會聲明〉，《申報》，1919年8月11-13日，版1。

416 〈商業公團聯合呼籲之函電〉，《申報》，1919年3月22日，版10。《五四運動在上海史料選輯》以商業公團為商界代表團體，卻未收入這份職員名單。該書把虞洽卿定性為「上海買辦資產階級分子」，作為五四運動的反面人物看待。《五四運動在上海史料選輯》，頁733。

據方椒伯所說，虞洽卿作為正主任幹事，只是掛名虛銜，不負實際責任。[417]張讓三作為「常駐會中之幹事」，即所謂「坐辦」，可稱辦事人領袖。總之，寧波幫成為主導力量，殆無可疑。該會準備延請名譽幹事，負責「文牘、翻譯、書記等職」，反映其關切之公共事務面向廣泛。下對商業公團四位主要幹事的資歷，尤其是政治經驗及社會網絡扼要說明。

　　虞洽卿（和德），五十三歲，人稱「阿德哥」，或敬稱「洽老」，浙江鎮海龍山人，荷蘭銀行買辦，[418]上海總商會董事，中華商團發起人兼會長，曾任寧波同鄉會會長。根岸佶稱他為「國際型商人」，強調其有折衝中外能力。[419]虞洽卿在立憲運動、南洋勸業會、辛亥易幟、反對二次革命、勸馮國璋獨立，都曾與江蘇士紳合作。[420]但趙鳳昌嫌其「志大才疏」，曾樸更以為「此君多大言」。[421]滬道尹楊晟與虞洽卿早有連絡，在全國救國儲金團活動中，虞洽卿作為全國儲金團聯合會正會長，鄒靜齋和王伯辰為副會長，配合袁世凱政府的推動。[422]一戰後航運

---

417 1919年4月23日至5月上旬，虞洽卿為申辦上海證券交易所，前往北京接洽農商部官員。商業公團有決議，即電虞洽卿轉達政府。〈交易所主任北上〉，《申報》，1919年4月24日，版10。〈商業公團對於外交之要電〉，《申報》，1919年4月29日，版10。〈商業公團對中行事之函電〉，《申報》，1919年5月5日，版10。

418 惲逸群，〈虞洽卿論〉，頁175。1940年代以來研究虞洽卿者不少，參考惲逸群，〈虞洽卿論〉，頁174-199。馮筱才，〈從買辦到民族企業家──上海「聞人」虞洽卿〉，《商海巨子──活躍在滬埠的寧波商人》，頁38-69。馮筱才，《政商中國：虞洽卿與他的時代》；汪仁澤、姚偉琴，《海派實業第一人：虞洽卿商旅傳奇》。

419 《中國社會に於ける指導層》，頁86-90。

420 吳和士，〈辛亥革命蘇州光復小記〉，《蘇州文史資料》，第1-5合輯（蘇州：政協蘇州市委員會文史資料研究委員會，1990），頁74。

421 曾樸，〈致韓國鈞〉（1925.1.30），苗懷明主編，《曾樸全集》，第10卷（常熟：廣陵書社，2018），頁318。

422 《政商中國：虞洽卿與他的時代》，頁63、76-91。

費高漲，虞洽卿看準商機成立三北公司，與鄒靜齋的旅滬商幫及徐菊如報關行合作。此一時期，虞洽卿不但代表中小商人利益，更儼然成為彼等保護人。五四前，他積極發起上海證券交易所，說服鄒靜齋及聞蘭亭等共同籌辦。他成為商業公團會長，可能是鄒靜齋等推舉，而亦為楊晟所樂見。

鄒靜齋（維良），三十八歲，江西南昌人，是上海新昌源鄒義興老板、皮商公會副會長、旅滬商幫協會會長、也是旅滬江西幫領袖。鄒靜齋自從晚清到滬經商，倚靠滬海道尹兼交涉員楊晟扶植，漸漸成為旅滬商幫的頭面人物。凡楊晟推動的工商業活動，往往可見鄒靜齋身影。他和國民黨人原非一路，宋教仁案發生後，聲明反對「破壞大局」之激進分子。[423] 在直系李純和皖系盧永祥之間，則近李而遠盧。[424] 在生意夥伴上，則長期仰仗虞洽卿支持。[425] 五四前後，他追隨虞洽卿發起上海證券物品交易所。[426] 南北和議期間，被舉為中華國民策進永久和平會副會長，堅辭不獲始就。[427] 該會發起人兼會長劉人熙，欲為西南總

---

[423] 〈鄒靜齋作古〉，《申報》，1920年5月27日，版11。1913年宋教仁案發生，鄒靜齋有關的旅滬各幫及皮商公會通電主張穩健行事，「上海少數之人，權力私見，托名全國公民，開會鼓吹，措詞激烈，有意破壞大局。……上海商界人民各團體，實未能隨聲附和，自取危亡。」〈請大總統嚴飭各省禁止訛言以維大局電〉，《天津商會檔案匯編（1912-1928）》，第1冊，頁737。

[424] 1919年11月，鄒靜齋致電北京政府，請齊燮元（李純力保）為松滬護軍使。最後北京任命何豐林（盧永祥舉薦），時人認為無異盧永祥靚領。〈專電〉，《申報》，1919年11月3日，版3。庸，〈護軍使之繼任問題〉，《申報》，1919年11月19日，版11。

[425] 1913-1914年，旅滬商幫協會因怡和輪船等公司漲價造成壓力，頗賴虞洽卿出面協調。〈商幫與輪船公司協議水腳〉，《申報》，1918年4月3日，版10。

[426] 1919年，虞洽卿、鄒靜齋共同發起上海證券物品交易所。〈上海證券物品交易所股份有限公司章程（續）〉，《申報》，1919年9月23日，版11。

[427] 〈鄒靜齋函辭和平會長〉，《神州日報》，1918年12月26日，版5。〈挽留鄒靜齋君〉，《民國日報》，1918年12月27日，版10。

代表唐紹儀後盾。[428] 鄒靜齋被舉為商業公團副會長後，力主調和南北，態度穩健。他對美國持親善態度，積極鼓吹抵制日貨，都配合楊晟主張。若非他在1920年5月25日病歿，否則很可能被選為總商會董事。[429]

湯節之（富禮），三十七歲，廣東高要人，上海香安保險公司職員，與富華利號及中美商業公司都有關係。[430] 他原畢業於天津總督醫院附屬醫學校，[431] 歷任奉天衛生局正醫官、直隸馬醫學堂監督、京漢鐵路醫院院長。他與老交通系頗有淵源，1915年袁世凱為推動帝制運動，發起「交通大參案」，整肅梁士詒系，湯節之被關押，最後遭降職處分。[432] 1916年到滬，在富華利號經營進出口貿易。[433] 1918年至1919年，滬杭甬路局長任小山任他為

---

428 〈朱錫麟致唐紹儀函（六）〉（1919.1.15），收入《上海圖書館藏唐紹儀中文檔案》，第25冊，頁12548。
429 〈鄒靜齋作古〉，《申報》，1920年5月27日，版11。
430 這是英國在滬情報部門的調查報告。"Shanghai Intelligence Report for Quarter-ended 31st December, 1921, in Robert L. Jarman(ed.), *Shanghai: Political & Economic Reports, 1842-1943, British Government Records from the International City.* Vol. 13, pp. 205, 268-269.
431 郭輝，〈馬根濟與天津近代醫療衛生事業的起步——從天津博物館藏「新建養病院碑」說起〉，《中國基督教研究》，2017年第9期，頁249-250。
432 京漢鐵路局長關賡麟為梁士詒心腹，車務總管唐士清（仕清）為唐紹儀族侄，加上京漢鐵路醫院院長湯節之，三人均被審查。鳳岡及門弟子編，《梁士詒年譜》，1919年6月4日條，上冊（廣州：廣東人民出版社，2014），頁267-271。京漢案涉及湯節之（富禮），稱湯是唐士清引用之人，與唐蹤跡最密，頗參與秘密。〈北京電〉，《申報》，1915年7月11日，版3。〈北京電〉，《申報》，1915年7月12日，版2。〈京漢路案之併案辦理〉，《申報》，1915年7月15日，版6。〈京漢路案二次檢查〉，《申報》，1915年7月16日，版6。〈京漢路案行將預審〉，《申報》，1915年7月18日，版6。〈官界風潮損失一覽表〉，《申報》，1915年7月26日，版7。〈京漢路案公開審理〉，《申報》，1915年11月20日，版6。〈北京電〉，《申報》，1915年12月2日，版2。〈京漢路案之裁決〉，《申報》，1915年12月4日，版6。望平，〈記寧滬鐵路醫院之停辦〉，《申報》，1916年1月4日，版10。〈命令〉，《申報》，1916年1月26日，版2。
433 富華利號出售機械等物。〈儉煤新式引擎出售〉，《申報》，1919年1月24日，

醫務處全路衛生巡察員，顯示他與老交通系仍有關係。[434] 他任職的香安公司和富華利號（寧波路 11 號），位於廣肇公所（寧波路 10 號）隔壁，與中美商業公司同一地址，與聶雲台也似有聯繫。廣肇公所風潮中，他站在溫宗堯一方，被選為董事，主持廣肇醫院。[435] 商業公團成立，更代表廣肇公所，被推選為副會長。在此期間，他針對佳電事件，對上海總商會予以聲討，掀起商界千尺波瀾。又呼籲商學兩界合作，積極支持學生運動。

張讓三（美翊），六十四歲，寧波鄞縣人，自稱「世傳老招牌」，人稱「讓老」。[436] 他是前清名幕，浙江紳界頭面人物，也具有世界眼光。[437] 他通英法等文，精輿地之學。[438] 主辦南洋公

版 4。

434 〈加派全路衛生巡察員〉，《申報》，1918 年 4 月 29 日，版 10。〈重訂鐵路醫官之職守〉，《申報》，1918 年 7 月 11 日，版 10。〈關於時疫之消息〉，《申報》，1919 年 8 月 24 日，版 10-11。

435 1918 年 9 月廣肇公所風潮中，湯節之建議於廣肇醫院開同鄉大會，可見這時他大概已襄助院務。〈廣肇公所第三十期會議紀〉，《申報》，1918 年 9 月 10 日，版 10。此後廣肇公所的活動報導，也提及其醫生身分。〈廣肇體操場行落成禮〉，《申報》，1919 年 12 月 8 日，版 11。

436 張美翊，〈致朱復戡〉（1922.2.22），收入《張美翊手札考釋注評》，下冊，頁 195。王國維〈致羅振玉〉（1916.7.4）：「浙江號最安靜，然金融亦極窘迫，寧波等處時有劫質等事。浙督招讓老往，乙老頗勸之，仁人用心亦自有在，但恐不得聽其言耳。」所稱「讓老」，即張讓三。「乙老」，指沈曾植。房鑫亮編校，《王國維書信日記》（杭州：浙江教育出版社，2015），頁 130。

437 本段多取材自《張美翊手札考釋注評》，內收張讓三一百八十多通手札。侯學書是張讓三晚年學生朱復戡（義方）弟子，因而得見朱復戡保存的手札。1920-1924 年，朱復戡在寧波旅滬同鄉會、上海總商會、上海南市中國通商銀行任職，故信札多與寧波紳商相關。侯學書注文更勤於摘錄相關史料，有助瞭解寧波紳商交遊情形。可惜手札大多始於 1920 年，收信者皆為張讓三同鄉晚輩，未能全面反映其社會活動。

438 張美翊有《巫來由部落志》、《蘇門答剌島志》、《婆羅洲志》、《檀香山群島志》、《澳大利亞洲志》諸作，注意東南海島。〈張美翊先生遺著五種〉，《禹貢半月刊》，第 6 卷第 8-9 合期（1937.1），頁 115-172。清末張讓三致汪康年函，頗反映其才學思想，可稱穩健的維新派。參考〈張美翊〔致汪康年〕〉，《汪康年師友書札》，第 2 冊，頁 1753-1765。

學時，主張「首宜造就商業通材，俾周知五洲萬國商戰之大勢。」[439] 庚子事變起，勸盛宣懷發起中外互保。前清的立憲、地方自治、國會請願運動，無役不與。[440] 浙紳盛炳緯稱其「博學能文」，「為當世所推重」。沈曾植說他「資兼儒俠」。他從幕府出身，「歷聘為大府上賓，主軍國要計。」[441] 沈曾植稱其「佐大府指揮群才，措注方略，應變息爭，時著殊效」。又謂「其研究與所蘊藉，完然具國家全體相。」[442] 五四前後，他應鄉人之請，主持寧波同鄉會，進而參與商業公團。以其世界眼光及豐富經驗，應對時局，均期謀定而後動。

(3) 鬆散聯盟

就組織而言，商業公團是一個複合結構，與上海總商會相似。其所屬團體包括三種類型：一、同業公會（如中國烟酒聯合會）。二、同鄉會及公所（如寧波旅滬同鄉會、廣肇公所、紹興七邑同鄉會）。三、商業研究團體（如中華工商研究會、中華國

---

439 張讓三和南洋公學的關係，參考王宗光主編，《上海交通大學史》（上海：上海交通大學出版社，2016），第 1 卷，頁 48、57-59。交通大學校史編寫組編，《交通大學校史資料選編》，第 1 卷（西安：西安交通大學出版社，1986），頁 5、47-50。

440 《張美翊手札考釋注評》，上冊，頁 4、13-16；下冊，373-374。張元濟〈讓三張先生六十壽序〉（1916），「為謀安半壁」一句，即指東南互保事。收入《甬上青石張氏家譜》卷三，頁 74 下。盛宣懷檔案中有關庚子年事，雜有盛炳緯致張讓三函，可知張讓三適在盛宣懷幕，且負責掌理函電。第 356 及 357 函（1900.7.14，寧波），汪熙主編，《義和團運動——盛宣懷檔案資料選輯之七》（上海：上海人民出版社，2001），頁 124-127。1908 年浙江省請願設國會一事，是張讓三提議推動。〈浙江國會請願本會提案〉、〈分發國會請願名冊〉，收入《浙江辛亥革命史料集》，第 3 卷，頁 259-260。

441 盛炳緯，〈甬上青石張氏家譜序〉，《甬上青石張氏家譜》卷一，第 1 冊，頁 1 上。沈曾植，〈徵士張寒窔六十壽序〉，《甬上青石張氏家譜》卷三，第 3 冊，頁 68 下。陳訓正，〈張讓三先生六十壽序〉，《甬上青石張氏家譜》卷三，第 3 冊，頁 78 上下。

442 沈曾植，〈徵士張寒窔六十壽序〉，頁 68 下 -69 上。

貨維持會）。就法律地位言，總商會是永久常設性機構，商業公團屬臨時任務性組織。前者具法定地位，代表中國商界。後者為臨時性質，集結旅滬商幫。商業公團會長，推總商會負責外交事務的虞洽卿擔任，似擬表示兩會有關連非不相涉。只是總商會有個人會員，商業公團只有團體會員。二會之所同者，為結合同鄉會、同業公會而成，代表商人團體意見。[443] 商業公團成立初期的焦點有二：一、國家的和平統一，以南北議和為焦點。二、國家的對外交涉，以巴黎和會為重心。商業公團所主張者，不外乎這兩大重點。對阻礙和平統一日本者，幾視之為亂黨及叛國者。彼等後盾是商人及廣大市民，反映旅滬同鄉會及同業公會的訴求。會內幹事所具有的共同主張，是促進商業繁榮及維護社會安定。

4月12日，《申報》刊出〈商業公團之通告〉，反映該會尚在籌備階段，敦促各公團代表赴會，並披露該會提案程序：

> 敬啟者：本會於三月初十日〔新曆4月10日〕開籌備會，公決凡各公團未經推定籌備員者，務請於舊曆本月十三日〔新曆4月13日〕以前補推具函到會。并請籌備員即日到會，以每日下午四時至七時為籌備員會議時間。并經公決各公團因時局影響所受經過之種種痛苦，及所希望於〔南北〕和平會議者，開具意見書。儘本月舊曆十五日〔新曆4月15日〕以前函送本會，以便審查列入大會議案。即以十五為徵求意見截止日期，過期概不收受。十六開審查會，至本月十八日為審查終了截止日期，并決定於本月二十日公開大

---

[443] 勞威廉先以複合結構來描述漢口商會，李達嘉用來形容上海南北商會組織。參見李達嘉，〈五四前後的上海商界〉，《中央研究院近代史研究所集刊》，第21期（1992.6），頁229-231。

會。特此通告。[444]

據此可知，商業公團籌備並不順利，延至 4 月 20 日始召集大會。從 3 月初到 4 月初，尚有公團未派出籌備員。公團要求籌備員每日下午 4 至 7 時開會，大概也令人望而卻步。

此時原先參與發起商業公團的工商研究會和國貨維持會，很快顯出一種消極態度，頗耐人尋味。3 月 15 日國貨維持會開評議會，由汪星一主席，會後報上登載議決：

> 商業公團聯合會請派正式代表案。公決：本會係多數團體組織而成，遇事均須共商，且恐將來或有與本會宗旨抵觸之事，反覺進退為難，不如不派正式代表，但於開會時酌派臨時代表參與會議，如與本會宗旨不相抵觸者，當然贊成聯名，否則雖經多數表決，本會亦不預聞。[445]

3 月 16 日工商研究會開職員會，討論商業公團請加派代表案，原代表徐春榮也很消極：

> 商業公團聯合會來函請加派代表事，因前推之代表徐春榮因事力辭，挽留不獲。公決除前舉代表沈佩蘭、沈卓吾外，再推舉郭健侯、王漢強、金子兼為代表，由會備函通告公團聯合會查照。[446]

此時徐春榮正籌辦三門灣開發案，必須仰仗浙省皖系督軍支持，[447]

---

444 〈商業公團之通告〉，《申報》，1919 年 4 月 12 日，版 10。
445 〈國貨維持會評議會紀事〉，《申報》，1919 年 3 月 16 日，版 11。
446 〈工商研究會開會紀〉，《申報》，1919 年 3 月 17 日，版 10。
447 1918-1924 年，徐春榮協助華僑鄔輝清開闢浙江省三門灣案，參考〈開闢三門灣進行之滬聞〉，《神州日報》，1920 年 6 月 18 日，版 5。邵凡戶，〈開發三門灣的先驅者：鄔輝清〉，《三門文史資料》，第 3 輯（三門：政協三門縣文史資料委員會，1988），頁 147-151。楊道義，〈開發三門灣人物小傳：徐春榮〉，《三門文史資料》，第 4 輯（三門：政協三門縣文史資料委員會，1990），頁 25-26。

故不願置自身於為難地位。惟被舉為公團幹事的沈卓吾,始終積極參與。

商業公團以虞洽卿為會長後,華商紗廠聯合會疑其另有作用。公團發起之初,華商紗廠聯合會經薛文泰提議,原曾附議入會,以劉柏森(劉厚生弟)為代表。此時薛文泰作為花業代表,與虞洽卿合作申辦上海交易所。[448] 5 月 4 日,劉柏森辭職,改舉薛文泰。稍後,薛文泰亦辭。[449]《華商紗廠聯合會季刊》第 1 期〈本會第二年度經過情形報告書〉,對兩會關係略有說明:

> [1919 年] 二月間,本埠各團體,因外交緊急,發起組織商業公團聯合會,以為外交後盾。由薛文泰先生,轉邀本會加入,經董事會議贊成,即推薛文泰先生為本會代表,並捐助會費洋百元。後以該會疊函追派幹事,本會職員,殊難其選。前推代表薛文泰先生,亦請辭職。經七月六日董事會議,公決出會。[450]

是後 5 月至 7 月,商業公團的一連串活動,紗廠聯合會都不直接參與。聶雲台、穆藕初兄弟,與上海學界另有連絡管道,也不必以商業公團為媒介。

至於華商紗廠聯合會和商業公團的疏離,尚涉及五四前後張謇集團和虞洽卿系的商業競爭。尤其上海證券物品交易所(虞洽卿發起)和華商證券交易所(張謇派)之對壘。1916-1920 年,日本人在上海設立取引所,虞洽卿聯合各商以抵制為理由,向農

---

448 上海市工商業聯合會編,《上海總商會議事錄》,第 3 冊(上海:上海古籍出版社,2006),頁 1114。
449〈五月四日董事常會〉,《華商紗廠聯合會季刊》(1919),頁 200。〈會務日誌〉,《華商紗廠聯合會季刊》(1919),頁 265。
450〈本會第二年度經過情形報告書〉,《華商紗廠聯合會季刊》,第 3 期(1920.4),頁 14。

商部申請成立上海證券物品交易所，涵蓋紗布、棉紗花布、金銀、雜糧油類和皮毛五種，拉攏穆藕初、聞蘭亭、沈潤挹、薛文泰等共同發起。穆藕初起初肯定虞洽卿「資望、才力、信用、道德」為滬商冠，[451] 是後卻批評該會「受有力者之牽掣，招致收受外款之嫌疑」，公開宣佈引退。[452] 其所指「外款」，暗示日本幕後操縱。北京農商部有不少張謇舊部，遲遲不同意虞洽卿等申請案。[453] 穆杼齋、劉柏森則借助張謇勢力，向農商部申辦紗布交易所，得到中國銀行張公權暗助。[454] 虞洽卿和張謇在輪船事業方面，也存在激烈競爭。1917 年，張謇的大達輪船公司和虞洽卿的三北輪船公司，為爭取租用政府沒收之德奧輪船爭執，北京交通部右張而抑虞，把船隻全數撥給大達輪船公司。虞洽卿憤而投書《民國日報》，控訴大達把船轉租日商取利。[455] 虞洽卿還私下向美國商務參贊安諾德投訴，指大達公司含日本資本，

---

451 〈穆藕初對於華商創辦交易所在棉業聯合會演講辭〉、〈穆藕初對於華商創辦交易所在棉業聯合會演講辭（續）〉，《申報》，1918 年 7 月 23、25 日，版 11。

452 穆藕初，〈組織華商紗布交易所之釋疑〉，《申報》，1921 年 1 月 14 日，版 11。1919 年 9 月，報上登載的發起人有穆藕初在內，此時他可能已經引退，但未向所中辦脫離手續。〈上海證券物品交易所股份有限公司章程（續）〉，《申報》，1919 年 9 月 23 日，版 11。

453 《政商中國：虞洽卿與他的時代》，頁 114-119。俞萊山，〈上海證券交易所的初期情況〉；魏伯楨，〈協通社與交易所〉；王曉來、方椒伯、魏伯楨，〈證券物品交易所的結束〉，《上海文史資料選輯》，第 76 輯（上海：上海人民出版社，1994），頁 3、7-9、32-33。

454 〈虞洽卿為交易所註冊及交易所法修訂事與聞蘭亭等往來電函〉（1920 年 11-12 月），上海市檔案館編，《舊上海的證券交易所》（上海：上海古籍出版社，1992），88-95。

455 《政商中國：虞洽卿與他的時代》，頁 110-111。此時大達公司經理王一亭，兼日清汽船會社買辦，傳言可能因是而起。《上海總商會同人錄（中華民國七年）》，頁 2。交通總長曹汝霖回憶錄稱，劉垣持張謇親筆函來請，航政司看在張謇面上，把六艘船舶出租權全部撥予大達公司。曹汝霖，《曹汝霖一生之回憶》（北京：中國大百科全書出版社，2009），頁 215。

曹汝霖和陸宗輿均有股份在內。^456 上海總商會則支持虞洽卿，發函張謇予以質問，^457 也增添雙方不快。

(4) 內外宣言

茲檢 1919 年廣州國會印行《眾議院公報》，其中收錄參、眾兩院議長林森、吳景濂、褚輔成公電，曾依據「巴黎來電」，說明對外交涉困難。公電題名：「兩院通告全國，取消二十一條可望達到。惟七路密約，友邦愛莫能助。必激發輿論，嚴誅罪魁，始可挽回，請一致主張堅持電」。5 月 8 日發出的這一公電，指名收電之上海人物及團體為：

> 上海唐總代表、商界聯合會虞洽卿、鄒靜齋先生、全國報界聯合會……^458

上海「商界聯合會」即「商業公團聯合會」，隨即電復「國會林、吳、褚三議長」，宣示「外交失敗，關係國家存亡。滬上各團，一致誓死救國，以為後盾。」署名者「虞和德、鄒靜齋。」^459 此來往兩電只提虞洽卿和鄒靜齋，反映廣州國會與二人較有淵源，但和湯節之卻似毫無淵源。

商業公團成立後發表聲明，以反戰促和為主調。對內號召停止納稅，針對北方主戰派；對外譴責資助武人之國，隱然指向日本。試看其 3 月 26 日對外宣言：

---

456 Commercial Attache Julean Arnold, "Weekly Report for the Week ended Feb. 22, 1919", pp. 5-6. Arnold Box 4-f5, Weekly Report 1918-1920, Hoover Institution.

457《上海總商會議事錄》，第 2 冊，頁 935-936。

458〈兩院通告全國，取消二十一條可望達到。惟七路密約，友邦愛莫能助。必激發輿論，嚴誅罪魁，始可挽回，請一致主張堅持電〉，《眾議院公報》，1919 年第 8 冊，頁 7。並參〈公電〉，《申報》，1919 年 5 月 13 日，版 3。

459〈上海虞和德等以外交失敗，關係國家存亡，滬上各團一致誓死救國電〉，《眾議院公報》，1919 年第 8 冊，頁 31-32。

近者南北和議，開幕逾旬。以政府對於和平會議所議決之陝西停戰、國防軍收束、參戰借款停止提用、八年公債暫緩發行諸問題，尚未確實履行；遂致千迴百折、力竭聲嘶之和平會議，頓遭停頓，四民驚恐，工商嗟嘆，浩劫之餘，何堪再戰！……夫吾輩輸納租稅於政府，原以供政府保民惠商、興工勸學之用；今吾儕以租稅納政府，政府乃以砲彈報吾儕，此乃吾工商各界所難忍受者也。倘政府不速反省，仍不保障我商民權利，則我商民已了解忍受目前犧牲以求遠大利益之義，當以不納租稅、不運貨物，以為向敝國政府要求和平之助力：蓋不願授以銀糧貨物，以為苦我殺我之資也。

我輩且進而懇求友邦之眷念與援助：當敝國南北和議未完全成立以前，無論何國，勿以軍械與款項，接濟南北任何一方之政府，庶可免敝國戰禍長延，危及東亞和平。……倘不幸私相授受，違反敝國真實民意，則敝國商民，惟有對於接濟餉械與敝國任何政府之國家，斷絕商務關係。情勢所迫，非得已也。惟各友邦實公鑒之！[460]

這份宣言措詞激烈，在籌備成立時，當即與各團體商量內容。若干公團及代表之遲疑，乃至退出公團，或即與此有關。宣言主張，雖稱無分南北，實則對內針對皖系，對外暗中反對日本。

就《熊希齡遺稿》所收函電來看，商業公團內外宣言，實為在野名流所樂見。是年3月26日，北京熊希齡致永州譚延闓（組安）電，就道及商業公團公電：

此間商業五十三團聯合會，因和議停頓，大張公憤，已函、電北

460〈商業公團對外宣言〉，《申報》，1919年3月26日，版10。

京及南北代表,請於七日內開議,如不行即停止貿易等語。[461]譚延闓復電欣然於公團主張,認為今宜「團結內部,以輿論外交為後盾,實為至計。」[462]

商業公團致院電發出後,盧永祥奉院電飭商民鎮靜。上海總商會復盧永祥函,則表示不與聞其事。[463] 中研院近史所檔案館所藏北京政府外交部檔案,則透露楊晟與商業公團有微妙聯繫。4月2日北京外交部發文山東督軍、山東省長、外交部特派江蘇交涉員,〈希密商省議會、總商會致巴黎美總統等請將膠澳德國直接交還中國〉,密令地方組織民間輿論,作為政府外交後盾:

> 准陸使電。膠澳問題行將決議,我國國民對外應有種種運動,庶此間爭議不至事倍功半。請密囑參、眾兩院,山東省議會,上海總商會,即日逕電巴黎,分致美總統 President Wilson、法總理 Clemenceau、英首相 Lloyd George、義總理奧蘭多(Orlando)、倫敦國際同盟會 China Association,請其主持公道。贊成因中國加入戰爭之結果,應將膠澳由德國直接交還中國,以剷除將來東亞戰禍之根苗等語。除密與國會接洽並分電外,希密商省議會、總商會,即日用英文電分致上開各處,以明民意所在,藉為後援。盼電復。外。[464]

這是政府擬運用商會發動國民外交的證據,也是官府和民間

---

461 熊希齡,《熊希齡先生遺稿:電稿四》,第4冊(上海:上海書店出版社,1998),頁3566。
462 《熊希齡先生遺稿:電稿四》,第4冊,頁3576。
463 上海市工商業聯合會編,《上海總商會議事錄》,第3冊,頁1277。
464 外交部,〈密件〉(1919.4.2),中央研究院近代史研究所檔案館藏:03-33-146-03-009。

相互策應的慣技。⁴⁶⁵楊晟4月3日復電,「已密囑遵照辦理」。⁴⁶⁶ 4月5日,外交部快郵上海、山東「茲將參、眾兩院致美總統等英文電稿抄送尊處,即希密交省議會、總商會查閱,以備參考」,又提醒各方及各團體「電文字句總以力避雷同為宜。並希轉告,從速照辦為荷。」⁴⁶⁷4月11日,楊晟復電外交部:「總商會等各電,經晟參酌,已先後拍發。核與兩院電稿尚無雷同之處。」⁴⁶⁸

又查得4月8日楊晟呈外交部函所附電稿,卻在上海總商會之外,附呈商業公團電文,以代表上海商人團體。電文中總商會名稱,又名「中華民國商務總會」(The Chinese General Chamber of Commerce)。商業公團聯合會,則稱「上海五十五行商代表商界聯合會」(Shanghai Commercial Federation representing 55 Trade Unions)。總商會通電,未署個人姓名。商業公團電,則有三人列名:Yuyaching, Tsen Tsintsai, F. C. Tong,即虞洽卿、鄒靜齋、湯節之。⁴⁶⁹4月12日,楊晟致外交總長函(1919年4月8日發,4月12日收):

總長鈞鑒:奉四月三日電示,以膠澳問題行將決議,國民對外

---

465 李達嘉舉了兩個例子,一是抵制美貨運動(1905),一是黎黃氏案(1905)。說明中國官員藉民氣以抵制外國,上海紳商則提升其政治參與,而兩次都在官方許可下行動。《商人與共產革命(1919-1927)》,頁52-55。
466 上海特派員,〈復二日電〉(1919.4.3),中央研究院近代史研究所檔案館藏:03-33-146-03-010。
467 外交部,〈密件〉(1919.4.5),中央研究院近代史研究所檔案館藏:03-33-146-03-013。
468 江蘇交涉使署,〈收到密示及參眾兩院致美總統電稿,總商會等各電業經拍發,昨已錄稿函呈,乞察照由〉(1919.4.15),中央研究院近代史研究所檔案館藏:03-33-146-03-022。
469 江蘇交涉署函一件,〈膠澳事〉(1919.4.11夜發),中央研究院近代史研究所檔案館藏:03-33-146-03-019。

應有種種運動,飭密商總商會即日分電巴黎,以明民意等因,
遵經密囑,遵照辦理,併電覆在案。茲據總商會錄呈電稿。
又旅滬各省商業五十五公團亦有公電,逕致倫敦、巴黎,錄
呈電稿,請為轉達前來,理合錄稿轉呈。即祈鑒核。[470]

是函附呈電稿二件(兼中英文版),一為總商會電,一為商業公團電。商業公團之電,似為楊晟密囑配合,並非被動轉達電文,以支持政府外交策略。

更查北京政府外交部檔案中,有 1919 年 5-8 月江蘇交涉員楊晟致外交部總長呈文,引述上海商業公團聯合會函,涉及日輪航行內地口岸。[471] 這些往來公文間接透露:一,楊晟支持商業公團的主張,且可能暗助虞洽卿的輪船公司。二,楊晟支持華商抵制日貨之舉,通過官廳系統提供支持。3月初-6月初上海報章常見商業公團通電發表內外主張,也可能與楊晟默許贊同有關,內容包括:

(1) 要求巴黎和會將膠澳直接交還中國,取消中日一切密約。
(2) 要求政府全面補償及改進國內各方面事業。
(3) 反對五國共同管理青島。
(4) 反對安福派修改中國銀行則例。
(5) 要求嚴懲章、曹、陸,堅持青島歸還中國,釋放北京學生。
(6) 反對上海總商會佳電主張青島問題與日本直接交涉。
(7) 反對因黨爭改組政府,要求維持錢能訓內閣。

---

[470] 江蘇交涉署函一件,〈膠澳事〉(1919.4.11 夜發),中央研究院近代史研究所檔案館藏:03-33-146-03-019。

[471] 江蘇交涉員函一件,〈請阻止日輪行駛內地各口事〉(1919.5.6),中央研究院近代史研究所檔案館藏:03-06-011-05-008。江蘇特派員呈一件,〈日商組織輪船請照行駛海州十二圩等處事〉(1919.8.3),中央研究院近代史研究所檔案館藏:03-06-011-05-015。

(8) 反對外國輪船行駛內地不通商之口岸。

(9) 敦請北方總分代表回滬，重開南北和議。

(10) 今後各業一律止進口日貨。

(11) 釋放被捕學生，嚴懲賣國賊。[472]

　　總括來看，商業公團在對外方面，以「公團外交」形式，要求政府莫對日本讓步。對內方面，以上海商團名義，支持徐世昌總統，反對安福系及督軍團。商務方面，批評招商局營運不善，也暗諷盛宣懷集團。

(5) 抵制日貨

　　再看商業公團所收各公團議案，有旅滬商幫協會提出要求禁止日貨案。提案可能獲楊晟鼓勵，卻未能順利通過。5月9日《申報》有〈商界對付外交之籌議〉：

> 昨日〔8日〕旅滬商幫協會開緊急會議，當提議各條送請商業公團付諸表決。原函錄下：敬啟者，青島不復，全國淪胥。曹章賣國，羣情憤激。外交後盾，責在我民。商界同胞，萬難漠視。敝會同人，業於本日開緊急會議，公擬辦法三條：（一）實行提倡國貨。（二）不裝輪航。（三）不用

---

[472] 〈商業公團聯會致國內外電〉，《申報》，1919年4月9日，版10。〈上海商業公團聯合會上國內和會請願書〉，《申報》，1919年、4月16-19日，版11。〈商業公團對於外交之要電〉，《申報》，1919年4月29日，版10。〈商公團對中行事之函電〉，《申報》，1919年5月5日，版10。〈籲請慎處學生維持大學電〉，《申報》，1919年5月7日，版10。〈彙紀援救北京學生之電文〉，《申報》，1919年5月8日，版11。〈商人對於總商會之責難〉，《申報》，1919年5月11日，版10。〈商業公團昨日開會紀〉，《申報》，1919年5月14日，版10。〈內地不能行駛外國輪船〉，《申報》，1919年5月18日，版10。〈商界對於和局破裂之恐慌〉，《申報》，1919年5月19日，版10。〈學生罷課後商業公團要電〉，《申報》，1919年5月27日，版11。〈各界表示愛國舉動之昨訊〉，《申報》，1919年6月4日，版11。〈彙紀請懲國賊援救學生電〉，《申報》，1919年6月6日，版12。

> 鈔票。非將青島收還，及民國四年二十一條密約與數年來與二三私人勾結所成立一切不平等之條約概行取消，誓不中止。擬請貴公團付諸表決，通告全國商會，即日實行。國家存亡，已在此一舉，謹乞聲援，發揚民氣，敬頌公綏。旅滬商幫協會謹啓。[473]

這次商幫協會所提主張，未獲通過，可見其影響力受限。從報紙所見，外埠是後僅收到由商幫協會名義發出之公函，並附寄抵制日貨傳單多種。[474]

5月16日，《申報》之〈各界對外表示之進行〉，又記商幫協會對青島問題及抵制日貨辦法議決：

> 本埠商幫協會於昨日午後三時開會討論保全國土辦法，到會各省商幫代表一百三十餘人，由會長鄒靜齋主席宣布各商幫來函多封，由伍詠霞擇要彙集其主張，約分其三：（甲）青島存亡，非山東省之存亡，乃中國之存亡。全國各界均當誓死力爭，不應視為一省一地之關係。（乙）青島問題，乃二十一條及其他各密約中之一小部份，國人對於爭還青島應當先爭取消密約。（丙）我國既係與德宣戰國之一，不應再蒙失地之辱。吾人希望之公理既不可恃，我商人當國土未復密約未廢之先，實無面目與彼國商人周旋認彼為友。且不忍遺累子孫，使其再演朝鮮青年男女空拳復國之慘劇。故不買其貨，不裝其船，不用其鈔票，實對付侵略我國土者唯一之善法，亦我商人救國自救唯一之處置云云。旋由鄒君起言，諸君如此愛國，務望堅忍做去，避空言重實行。且挽救外交

---

473 〈商界對付外交之籌議〉，《申報》，1919年5月10日，版10。
474 〈蕪湖快信〉，《申報》，1919年5月15日，版7。

方法，在商言商，亦須分而為二。對內，則須先清媚外賣國者之黨徒，以免假借名義媚外自肥之事再度發生。對外宜以有秩序之進行各盡所能分頭做去，決不使人有所借口。頃外間頗有人言彼國故意牽連別國，俾生「華人排外」之疑慮，如近日英法文報紙似有認抵制日貨并波及抵制他貨者，殊太失真。吾人敢正式公告我親愛之各友邦，吾人此次不得已忍痛堅決之主張，除求取消中日密約及因向德宣戰收回國土外，別無作用，深望各友邦莫為人利用，致妨吾人固有之友好，并望友好各邦商人速備相當貨品，以供吾人需要，全體鼓掌。[475]

上述商幫協會之主張，關注青島問題及中日密約；又紀鄒靜齋發言，著重避免排外；都似有楊晟指示，絕非貿然為之。

5月20日，《申報》刊出〈商幫協會對內對外之決議〉，再就抵制日貨做成決議，更邀沈卓吾和徐春榮到會鼓吹：

> 本埠商幫協會於昨日〔5月19日〕午後三時開特別大會，到會各省商幫代表數十人。首由該會副會長馬乙棠宣布開會宗旨及外交危迫情形，次由會長鄒靜齋聲言商人救國之決心。復有沈卓吾、徐春榮先後演說，謂各駐滬商幫實為貨品出入之喉舌，對於選購貨品無不握有全權，今後倘能各具救國之決心，其效力實至雄偉。旋經公決，由商幫協會訂立簿冊，經由駐滬各幫送請各店號分別簽字蓋印，實行止進日貨。如係代人經理，無權簽字者，即日電告本號，俟得復後即行補簽。簽定後，如有自違規約者，再為公同議罰。[476]

---

475 〈各界對外表示之進行〉，《申報》，1919年5月16日，版10。
476 〈商幫協會對內對外之決議〉，《申報》，1919年5月20日，版11。

鄒靜齋主持的商幫協會邀請工商研究會和國貨維持會的沈卓吾和徐春榮到場，皆一向積極提倡抵制日貨而與楊晟接近者。由此推斷，當時抵制日貨之舉措，均有楊晟幕後支持。

(6) 擔保人

5月14日下午4時半工部局召開會議時，由總董披爾斯主席。他依《警務日報》簡介情勢及發表意見，回顧五七國民大會後的紛擾，對唐紹儀頗為不滿，而提到楊晟的作用。據《工部局董事會會議錄》：

總董根據《警務日報》，簡括地報告巴黎和會決定將膠州割讓日本後的過去一周間本地局勢。

他又特別提到5月7日群眾在西門集合，都持著具有政治煽動性字句的旗子，舉行抗議示威，主張誅戮北京高級官員和抵制日貨，而國內和談南方代表唐紹儀先生竟于當天在〔前〕德國總會接見若干參加游行示威的群眾。總董說，他曾為此事專訪江蘇交涉員楊晟，指出工部局特許南北和談在租界舉行是一番好意，可是唐紹儀在租界接見游行示威群眾這一行動，真是辜負這一番好意。楊晟承認唐紹儀不識時務。至于一般局勢，楊晟表示他不怕地方發生騷動，他早已預為防範，並將繼續防範；萬一局勢嚴重，一定及時通知工部局。總董繼談南北和議開了那麼長時間，可是毫無結果，徒然招致無聊政客集結租界，因此他認為有必要通知和談代表撤離租界。楊晟認為這樣做法，有造成不愉快感覺的危險，會使代表們大失面子；如果向代表們及時提出警告，便能促成和談早日達成協議。總董指出，當他訪問楊晟時，和談實際上已陷於停頓，且唐紹儀已提出辭職，這事楊晟一定

是知道的。在這情況下,應否要求和談撤離租界,似乎無需再行考慮。^477

披爾斯和楊晟的這次談話,在南北和談破裂(5月13日)後。兩人所談重點有二:

一、楊晟對五七大會後的愛國運動予以同情,向披爾斯擔保局勢不出亂子。

二、楊晟對唐紹儀予以迴護,強調應照顧其面子。

滬上局勢複雜之際,5月20日劉承幹(劉澄如子)這天夜裡赴周湘雲飯局,座上皆是涉外官員及浙粵巨商名流,主客唐紹儀、楊晟坐其側。據《求恕齋日記》:

> 西餐宴,客到即入席。同座者為唐少川、楊小川(名晟,廣東人,前為某國公使,今為駐滬交涉員)、姚文敷、馮孔懷(名國勳,廣東人,前滬關監督,現為河東鹽運使)、聶榕卿(宗義,安徽六安州人,前江蘇候補同知,現為法公堂正讞員)、王崧生、李萼梅〔仙〕(紹興人,前江蘇候補道,現為英公堂會審委員)、陸觀甫(寧波人)、朱古微、王聘三、潘明訓、趙叔孺(浙江鄞縣人)、許苓西(炳榛,廣東番禺人,前江蘇候補道)、李守一(瀚芬,廣東香山縣人,光緒乙未翰林,廣西提學使)、徐冠南、姚慕蓮,餐畢即出。^478

引文括弧內文字是劉承幹自注,茲再為之補正:唐紹儀,南北和談南方總代表。楊晟,上海交涉員。姚文敷、馮孔懷,現任及前任江海關監督。聶榕卿,法租界公堂會審讞員兼公共公廨幫審

---

477 〈上海公共租界工部局董事會會議錄摘譯〉,《五四運動在上海史料選輯》,頁813-814。《工部局董事會會議錄》,1919年5月13日,第20冊,頁460-461、754。

478 劉承幹,《求恕齋日記》,己未年四月二十一日(1920年5月20日),第6冊(北京:國家圖書館出版社,2016),頁23-24。

員。王崧生和李蕚仙,是公共公廨裏讞員。潘明訓,工部局捐務處買辦。可惜那天劉承幹提早離席,也未記座上諸人言談。

翌日(21日)工部局召開董事會,總辦李德爾報告認為上海局勢不妙,尤其擔憂抵制日貨運動擴大。《工部局董事會會議錄》:

> 總董報告:學生們所發動的抵制日貨,在過去一周內迅速發展。工部局鑒於這方面傳播和張貼的傳單內容激烈,又鑒於電車停駛,并有從行人頭上搶走和踏毀日本貨草帽等情事,業已由總裁擬就布告,譯成中文,禁止以暴力、威脅及其他強制手段干涉商民人等營業,或使商民人等無法行使經商權利,如有故違,即當拘捕究辦。是項布告業經董事們核准,以中文印刷,于5月19日遍貼租界各處,已收到良好效果。總董繼報告,本人曾于5月19日訪問領事團領袖領事〔比利時領事〕,商定由領袖領事向中國當局提出抗議,要求他們對城廂以及與租界接壤的中國地界的學生予以切實控制,蓋過去租界所發生的游行示威和政治宣傳活動,絕大部份是從這些地段出發的;因此,倘中國當局仍不採取制止行動,工部局將不得已而採取嚴厲措施。[479]

此記可見,工部局對租界的抵制日貨宣傳,乃至中國地段的學生活動,瞭如指掌且感到不滿。在他們看來,中方放任政策導致情勢擴大蔓延。披爾斯表明將向「中國當局」抗議,即以交涉員楊晟為對象。

至於華人抵制日貨之舉,楊晟所以能作出保證,是因其與商業公團及淞滬警廳聲息相通。5月28日《申報》之〈愛國舉動

---

[479] 〈上海公共租界工部局董事會會議錄摘譯〉,頁814。

勿越範圍之勸戒〉，刊出商業公團及淞滬警廳布告，勸告租界及華界居民，抵制務必出之以「文明」。讀者可比較兩則文告：

> 商業公團之公布：公布者，我國民感受外界激刺，愛國熱度日益增高。提倡國貨之聲，幾徧全國。昌言抵制，萬口一詞。惟本會現有鄭重布告者，愛國之心宜持之以永久，而舉動宜出以文明。使列邦見我國民有宏毅任重氣象，方足尊重人格。務乞各界始終鎮靜，勿逞一時血氣，以致踰越範圍，授人口實。現在政府難免被人挾制，下令取締。願我國民同趨軌道，自無慮他人干涉也。特此公布，惟希共同注意，大局幸甚。上海商業公團聯合會謹啟。

> 淞滬警廳之函稿：淞滬警察廳長徐國樑昨致南市縣商會公函云：逕啟者，頃見各商舖門首懸掛白布旗幟，上書字樣，除提倡國貨等字外，尚有多種過激之言詞。查商民此種舉動，雖發愛國之誠，然必恪守範圍，方不失文明國民身分。若一味詬謾，非徒於事無濟，且使外人有所藉口。一旦惹起交涉，轉與愛國之進行有碍。貴會為商界領袖，一言重於九鼎，為特專函奉達，應請立時轉囑各商民，將此項言語過激之旗幟即刻除去，以免引起外交。至深盼荷，並祈見復。是禱。[480]

商業公團佈告及淞滬警廳函稿，均要求國人恪守範圍，以免引起外交糾紛，很可能依據同一底稿，而稍變更其措詞。至其發佈之源頭，皆依交涉使署指示。

由於交涉使署的舉動，5月28日工部局董事會上，披爾斯態度改變，宣稱抵制運動雖無和緩跡象，但不至對租界構成立即威脅。《工部局董事會會議錄》1919年5月28日記：

---

[480]〈愛國舉動勿越範圍之勸戒〉，《申報》，1919年5月28日，版11。

總董聲稱,本地局勢和一週前沒有甚麼兩樣,策動者策動抵制日貨運動并沒有減緩跡象,但是由於策動者反對使用暴力,因此在目前不必過份擔心。[481]

當天披爾斯的報告重點,反倒是另一事端:四名華捕在匯山碼頭附近與幾名日本水手發生衝突,三名華捕被刺傷,披爾斯為此向日本領事有吉明交涉。[482] 此外,披爾斯態度在一週內改變,與五二六學生表現和平,也可能有相當關係。

然而,就在5月26日以後上海情勢日緊張之際,楊晟恰好離滬入京報告。同行赴京者,有交涉使署通商科長卓健伯和交際科員魏賓颺。[483] 據說卓健伯五隨行帶同關於租界文卷多宗,似與涉外土地問題相關。[484] 京津報紙透露,此行是楊晟主動要求,重點是關於遣散敵僑、收回上海會審公廨問題。[485] 楊晟離滬期間,往來公牘由總務科長吳曾源代拆代行。[486]

六、小結

綜括本章所論,可知五四前後,各省旅滬耆紳及其代理人,構成商業公團及同鄉團體的領導層。考察旅滬耆紳的言行可知,他們認為地緣關係不妨礙國家振興,家族主義與國家觀念大可

---

481 《工部局董事會會議錄》,1919年5月28日,第20冊,頁756。
482 《工部局董事會會議錄》,1919年5月28日,第20冊,頁756。
483 〈馬鳳池密報〉第10-11號,頁60、73-74、73、75。皖系密探馬鳳池稱魏賓颺久侍楊晟,是其親信兼管家。
484 〈楊交涉員昨日北上〉,《申報》,1919年5月27日,版10。
485 〈楊晟來京〉,《大公報》,1919年5月29日,第1張版3。〈楊晟因公來京〉,《益世報》,1919年8月16日,版3。
486 〈交涉員北上〉,《申報》,1919年5月27日,版11。

並行不悖。江義修序《寧波旅滬同鄉會紀念冊》（1921年），追述民國以來會務發展，宣稱「天汰專制，人競共和。團體變更，庶政公諸輿論。人人始知有地方主義，鄉族主義。舉凡教育慈善，和解救濟，以及改良風俗各事件，莫不以同鄉會為代議機關。而其間之興廢沿革大端，尤莫不以同鄉會為代表機關。」[487] 可見「地方主義」和「鄉族主義」，被視為社會改良和國家振興的基石，而非阻撓革新前進的障礙。聶雲台家族出版《荊林聶氏續修衡山族譜》（1916年），收族中公跋（1914年）批評：「自近世學者，醉心歐化，欲棄家族主義，專言國家主義，而吾國數千年綱常之義，禮教之原，幾致無人道及，良可懼也。竊謂國本於家，家之不齊，國焉能治？雖不必拘拘於宗法之說，而報本返始，敦紀正俗，雖萬世不可廢者也。」[488] 1914-1915年，張讓三主持纂修《鎮海柏墅方氏重修宗譜》及《上虞永豐田氏宗譜》，更以理學家立場，強調家族為禮教之本。他《鎮海柏墅方氏重修宗譜》（1914年）序指出：「方今國體更革，新說朋興，或且侈言同胞而忘其同姓，高談保國定不知保家。社會之論行，家族之義破。夫不務修身齊家而求治國平天下，理勢必不然矣。」[489] 1918年，張讓三為《甬上屠氏宗譜》總司校閱，復於序中強調：「國之本在家，家之本在身。」「三代而後，立教明倫之效，往往在下而不在上」，強調家族制度之價值。[490]

本章對旅滬各公團的研究也說明，雖然鄭振滿認為「晚清至

---

[487] 《寧波旅滬同鄉會紀念冊》之〈〔江義修〕序言〉，頁1。
[488] 〈譜拔〉，聶其杰等纂修，《荊林聶氏續修衡山族譜》，第4冊（鉛印本，1916），頁21上下。
[489] 《鎮海柏墅方氏重修宗譜》，卷首〈序〉，頁2上。
[490] 張美翊纂修，《甬上屠氏宗譜》之〈序〉，晚勤堂木刻活字印本（1919），頁2上。

民國初期,中國傳統社會進入了前所未有的大變局。商人取代士紳而成為地方社會的領導階層,是清末民初社會變革的主要趨勢之一。」[491] 但五四前後,中國商人和士紳的分野,尚未涇渭分明,而呈現紳商合一,紳商合流的融混狀態。[492] 至於紳商合作,更十分普遍。在動盪時局下,士紳不若商人富有資產,商人則不如士紳善於措辭。向來商人素有逃避官府的習慣,面對極為複雜的政治事務,往往寧可推士紳作為代表。士紳在省級官廳或中央層級,既有師友同鄉為奧援,也樂於發揮其社會功能。辛亥前後紳商的聯合行動,多由名流士紳號召主導,而商人提供活動經費。這種轉型時期的「紳商政治」,從原有「士紳政治」派生而來。靠近上海的江浙士人群體,在經濟上既富有財力,已累積了過問政治的經驗,視維持地方秩序為己任。旅滬寧波同鄉會張讓三和方椒伯的共同擔責,紹興同鄉會的曹慕管和田時霖的協調合作,都是典型的例子。在商業公團中,正副幹事長虞洽卿等擁有虛名,駐會幹事張讓三領導的幹事群體,才真正精熟行政公文流轉作業,處理公共事務尤其得心應手。由這種幕僚型人物經辦的公團事務,可視為前清「幕僚政治」(或稱「師爺政治」)的延伸和變形。[493]

在旅滬各省耆紳主持下,五四前已組織聯合會的商業公團,及其所包含的旅滬同鄉團體及新興工商組織,以「公團」及「聯

---

491 鄭振滿,《鄉族與國家:多元視野中的閩台傳統社會》(北京:三聯書店,2009),頁 316。

492 馬敏,《官商之間——社會劇變中的近代紳商》(天津:天津人民出版社,1995。)

493 「幕僚政治」或「師爺政治」之名號,是曹聚仁提出。他認為清代紹興師爺,即民國政客前身。曹聚仁著,〈東方的憲法與師爺政治〉,曹聚仁著、紹衡編,《曹聚仁文選》,上集(北京:中國廣播電視出版社,1995),頁 327-331。

合會」名義表達政治關切，對地方及中央政策施加輿論壓力，有時也成為聲援助力。這些公團許多位於租界地段，不受護軍使署及淞滬警廳管束，反而與交涉使署暗通聲氣。其頭面人物是各省旅滬耆紳。粵籍耆紳有：伍廷芳、唐紹儀、溫宗堯，以及少壯輩的馮少山、霍守華、湯節之等；甬籍耆紳有：張讓三、虞洽卿，以及後進人物如陳良玉、方椒伯、謝蘅牕、袁履登等。紹籍耆紳有：宋漢章、徐乾霖、田時霖，以及較年輕的曹慕管等。此外，粵僑商業聯合會之陳炳謙等，紗廠幫的聶雲台兄弟、穆杼齋兄弟、劉柏森兄弟等，也是一股深厚社會勢力。這些旅滬耆紳的通力合作，曾促成辛亥革命的政權轉移。旅滬耆紳和同鄉京官互通聲氣，兼與原籍紳商始終緊密聯繫，遠可以表達對內政和外交看法，也不時推薦或驅逐地方官員。他們是地方和中央之間的樞紐，是溝通華洋意見的媒介。五四時期，以公團名義發出的各種通電，意味著「上海政治」和「公團政治」愈趨成熟，形成南北政府機關部會以外的社會力量。

　　本章也揭示出，從袁世凱時代以來，北京政府派駐上海的官廳代表，尤其交涉使署一機關，對旅滬商人團體的成立組織，乃至國民外交，也能起一定作用。五四時期，楊晟就一方面疏通勢力雄厚的旅滬同鄉團體及商會，尤其對商會董事採取懷柔籠絡手段；另一方面運用官廳力量培植新興工商團體，對客幫及僑商領袖給予贊助。1915年中日交涉以後，農商部持續推動愛國儲金運動及國貨運動，更為愛國商人累積了社會能量。1919年巴黎和會召開，政府暗中動員商會團體為外交後盾。上海及鄰近地域的抵制日貨運動，也得到交涉使署暗中支持。金子肇、塚本元、笠原十九司、川島真等研究指出，1920年代中國外交「並非只有外交機構關心參與，國家和地方的各種力量均與之相關，並與

外交機關和外交官有著相應的關係。」[494] 事實上，五四前已早有這一現象。旅滬粵閩籍商界領袖，像唐紹儀、簡照南、李登輝等，都樂於通過交涉使署的支持，梳通華洋官廳相關部門，扶持企業及學校發展。上海紳商和政府官員相互利用，各取所需，也是愛國運動蓬勃推進的重要背景。

---

494 川島真著、田建國譯、田建華校，《中國近代外交的形成》（北京：北京大學出版社，2012），頁 437-443。

第三章　商學聯合的集體行動

（1919年5月27日至6月5日）

圖三之一：上海地方領袖暨民立中學創校校董及主辦人：李平書、曾少卿、葉鴻英、蘇筠尚兄弟等。

圖片來源：〈甲辰年校董及創辦人攝影〉，《民立雜誌》，第1卷第2期（19161），無頁數。

圖三之二：上海民立中學創辦人蘇道生兄弟：蘇筠尚（上海縣商會副會長）、蘇道長（長崎中華商務總會總理）、蘇穎傑（民立中學校長）、蘇養存。

圖片來源：〈上海民立中學校創辦人小影〉，《民立雜誌》，第1卷第1期（1915:7），無頁數。

圖三之三：上海縣商會會長顧馨一。

圖片來源：《武術》，第 1 卷第 1 期（1921 年），卷首。

圖三之四：上海縣商會董事穆杼齋，曾任上海警察廳長，第二排中。

圖片來源：〈上海警部外區上級職員之合影〉，《警務叢報》，第 1 年第 16 期（19128）。

第三章　商學聯合的集體行動 | 377

圖三之五：復旦大學代表、上海學生聯合會會長何葆仁。

圖三之六：復旦大學代表、上海學生聯合會副會計朱承洵。

圖片來源：《復旦年刊（1920）》，頁 34、35。

圖三之七：東吳大學法科代表、上海學生聯合會評議長狄侃。

圖三之八：復旦學生代表、上海學生聯合會副評議長。《上海學生聯合會日刊》主編程學愉（天放）

圖片來源：《復旦年刊（1921）》，頁 47。

圖片來源：圖片來源：《復旦年刊（1920）》，頁 40。

圖三之九-1：兩粵同學會。

圖三之九-2：浙江同鄉會。

圖三之九-3：湖南同鄉會。

圖三之九-4：華僑同學會。

圖片來源：《復旦年刊（1919）》，頁60-63。

第三章　商學聯合的集體行動

圖三之十：1919年6月5日發行《上海學生聯合會日刊》第2號，為上海罷市翌日。

圖片來源：匯圖網，https://www.huitu.com/photo/show/20211216/221545225020.html

圖三之十一：1919 年 5 月 31 日上海學生齊集公共體育場舉行郭欽光追悼大會。

圖片來源：潘競民、邵敬上等編，《學生潮》，上卷（上海：梅溪學生營業所，1919 年 6 月），卷首。

圖三之十二：1919 年 6 月 5 日上海《時事新報》之〈時評一〉。

政府竟與學生宣戰矣 （記者）

本報昨少發有號外，其文如下：

頃接天津學生會電畧云，昨（三日）十時北京學生大演講，被軍警拘捕，現閉澄譯學館，四周架武器設帳駐囤，又二人被步軍統領拘去，等刑鐐銬下獄，未捕者連日仍續演講以示決心，並電各省縣學生各界火速營救云。

爾頃閱報昨日漢口專電亦云：

本月一日被捕之學生，二日夜釋放三分之一，其受重傷三人，現在軍署醫治，國立師範一生恐無救，三日二十六校實行罷課。

嗚呼，政府一日捕去學生必其多可知矣，持械之官吏竟與空手之學生宣戰矣，租界實陸等三人之政府竟與全國數十萬學生宣戰矣，以持械間與空手戰，人道之謂何？以租界三人而反對數十萬人，公理之謂何？人道被蹂躪矣，公理被陵夷矣，各界人士其忍坐觀乎，其亦欲「抱不平」乎？

最後吾謂政府曰，汝當知今已早非前清君主之時代，在共和籥下，汝敢蹂人道陵公理抗輿情，一至於此，汝果何恃乎？

命令

六月三日大總統令：內務部長錢能訓呈，據湖北省長王占元咨請賞給知事加埃轉陞署縣知事武昌縣知事張著翔北安陸縣長張翔貴蒲圻縣知事葉世堯咸寧縣知事吳兌應城縣知事朝邦縣知事劉本起、龍泉縣知事王立廣武經歷署麻城縣知事劉應魁、赴試各縣知事朝邦第五等嘉禾章勳績相應查照等情前來，應如所請，此令。

內務總長錢能訓呈，據湖北省長王占元咨開陞任武昌知事朱涯榮骨膀邊縣知事劉荇茲縣實缺鍾祥縣知事成培庇、邢襄黃岡縣知事陳成謨孝感邢湘潭縣知事支鴻緒枝江縣知事孫堯慶公安縣知事丁建道、通城縣知事劉雷乾知事韓德勒建昌縣本任縣知事丁建道、通城縣知事劉雷乾佐允為臨湘縣附隨縣知事吳五等縣知事學。

圖片來源：記者，〈政府竟與學生宣戰矣！〉，《時事新報》，上海，1919 年 6 月 5 日，第 1 張版 1。

圖三之十三：上海交涉使署總務科長吳曾源〈鈔送上海罷市電函并報告書傳單等件由〉所附五紙（原件），報告1919年6月4日至5日上海罷市情形。

圖片來源：中研院近史所檔案館。

第三章 商學聯合的集體行動 383

圖三之十三：上海交涉使署總務科長吳曾源〈鈔送上海罷市電函并報告書傳單等件由〉所附五紙（原件），報告 1919 年 6 月 4 日至 5 日上海罷市情形。

圖片來源：中研院近史所檔案館。

示意圖三：上海罷課罷市演進圖（1919.5.7 - 1919.6.5）

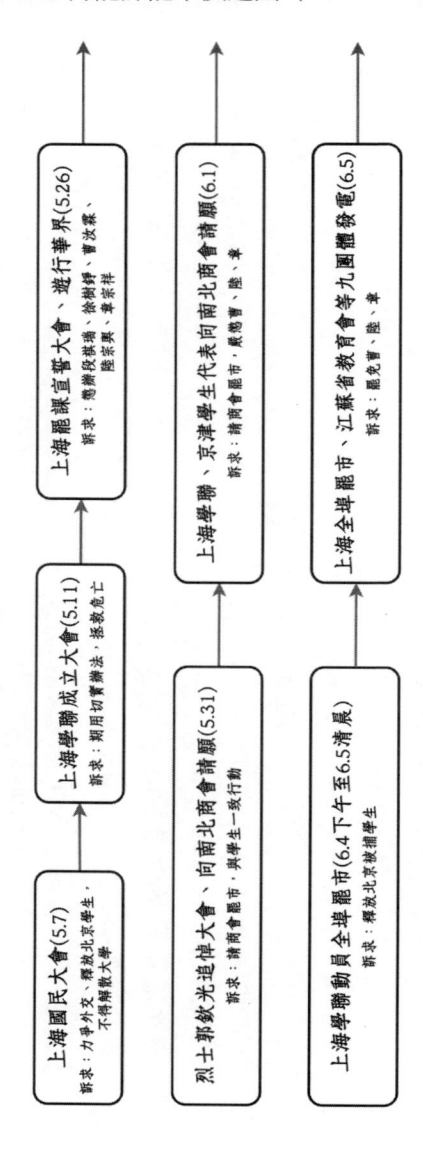

上海國民大會(5.7)
訴求：力爭外交、釋放北京學生、不得解散大學

↓

上海學聯成立大會(5.11)
訴求：期用切實辦法、答救危亡

↓

上海罷課宣誓大會、遊行華界(5.26)
訴求：懲辦段祺瑞、徐樹錚、曹汝霖、陸宗輿、章宗祥

烈士郭欽光追悼大會、向南北商會請願(5.31)
訴求：請商會罷市、與學生一致行動

↓

上海學聯、京津學生代表向南北商會請願(6.1)
訴求：請商會罷市、懲懲曹、陸、章

上海學聯動員全埠罷市(6.4下午至6.5凌晨)
訴求：釋放北京被捕學生

↓

上海全埠罷市、江蘇省教育會等九團體發電(6.5)
訴求：罷免曹、陸、章

第三章　商學聯合的集體行動 | 385

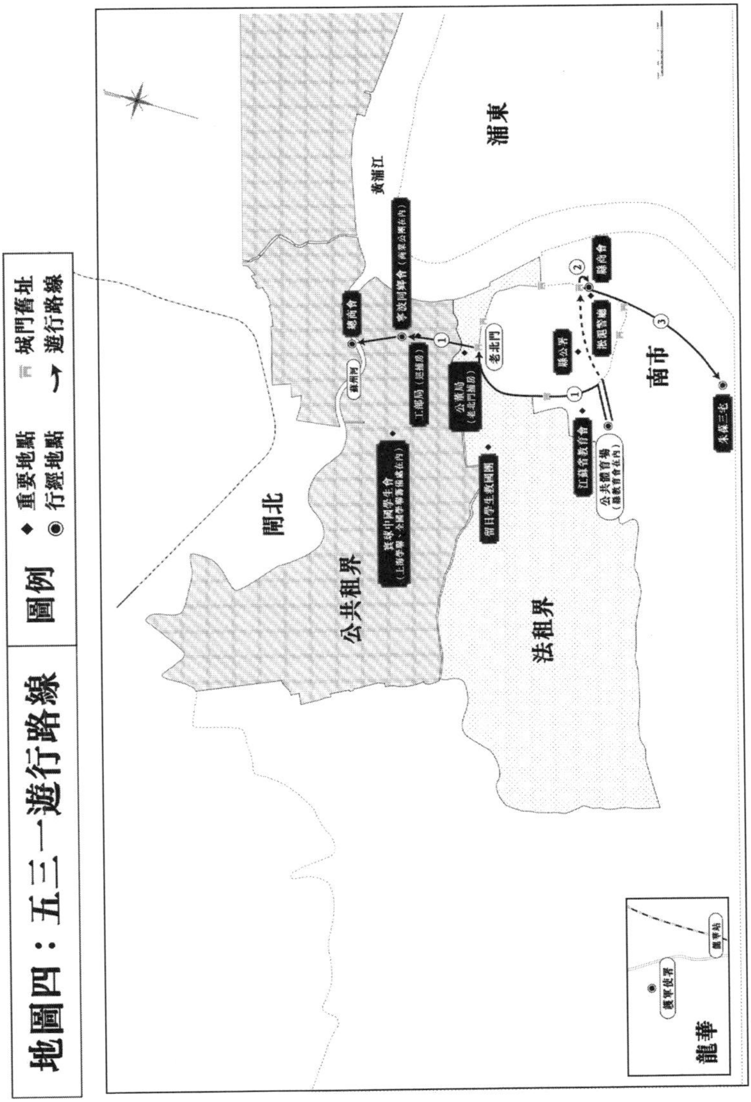

地圖四：五三一遊行路線

地圖五：六五罷市延燒

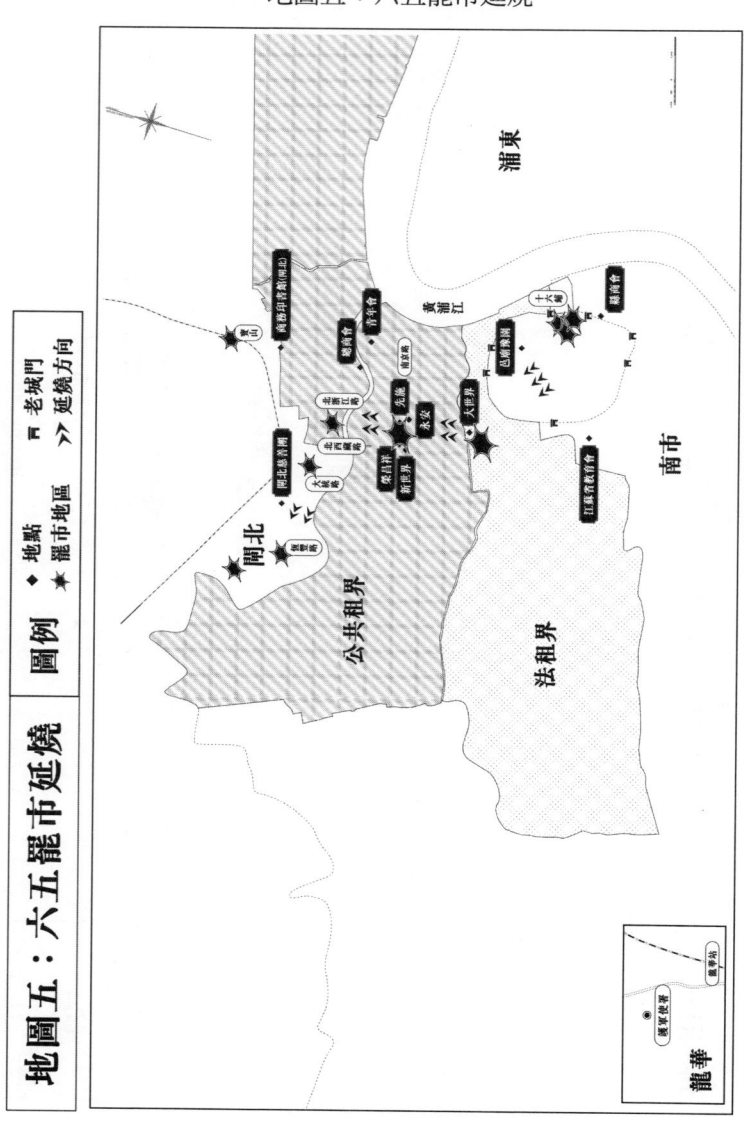

一、前言

「天下興亡，匹夫有責。」

～1919 年 5 月至 6 月，上海全埠流傳之語

「一致行動！」

～1919 年 6 月 4 日傍晚至 6 月 5 日，上海全埠流通之訊

　　五二六總罷課以後，上海能否及如何一步步走向罷市，堪稱五四運動最為關鍵的進展。對於策動者來說，所必須面對的挑戰和困難，是華人分散在四個行政區域，由華洋官廳分別管轄。學界如欲策動商界響應，必須說動南北商會及各大同鄉團體支持。但學生必定面對一連串提問：京滬學生罷課已證明無效了，上海罷課罷市如何可以有效？倘若政府不允上海學商兩界所求，然則當何以繼之？罷市會否引起更大惡果？例如導致徐世昌政府垮台，由段祺瑞武人派上台執政？就地方而言，若華洋軍警干涉如何應對？罷市會否造成社會秩序混亂？經濟損失？甚至華洋衝突？罷市預估幾天結束？是否有外援響應？最後更必有一問：以何時發動為宜？以上種種問題，誠非學生能有把握回答，更非學生所能單獨決定。何況五二六後，學生內部意見也急待整合。其中最大的變項，是北京學生領袖南下，在上海組成全國學生聯合會籌備處；更號召各埠學生盡速派代表到滬後，形成上海學聯以外的學生群體。此時，在滬學生群體乃至學界意見，又需經歷一番新的整合。當學生意見紛紜之際，外部勢力也欲影響學生而左右之。故此，如何達成共同目標而一致行動，就成為新一階段的最大挑戰。滬報記者及外埠駐滬記者，各依政治背景及人事關

係，也紛紛涉入這場討論。報上訊息的錯綜複雜，也令人莫知所從。這時能調停各方意見，乃至疏通京滬消息，非有實力人士不可。其人必須拿出手段，首先說服學生群體，並展現號召商界的威望，才能獲得內外一致信服。

後人閱讀罷市前各報本埠新聞，上海學聯消息無疑佔據大幅版面，吸引華洋居民廣泛關注。這使人得到一個印象：罷市由學生所促成。後來學生的個人回憶，也強化這一印象。但周策縱《五四運動史》提到，罷市前夕華界官廳下令禁止縣商會開會，使商學聯合的討論中斷。此時教育會副會長黃炎培出面，使局面為之逆轉。[1] 周策縱引用的是《上海罷市實錄》，其摘錄的下列消息，遍登 6 月 5 日滬報：

> 該會顧、蘇兩會長昨日〔6月4日〕因奉官廳函勸阻止會議，正欲另籌向眾對付之法，適接江蘇省教育會會長黃韌之來函，擬於今日（5號）開會，請貴會聯絡商學各界一致進行，以便列名公電北京政府國務院、教育、農商等部，痛陳學界近狀，要求從速將辦法情形切實表示，以順輿情云。兩會長對此頗表同意，當即答復贊許。[2]

這段受到廣泛引用的報導，敘述內容卻含混不明。所謂「向眾對付之法」，到底是指對付群眾？抑對付官廳？又所謂通電政府，要求「切實表示，以順輿情」，又到底指甚麼內容？滬報關於罷市之報導，觸及現實治安禁忌，往往不能直敘其事，此其一例。

又上海罷市翌日（6月6日）清晨，浙江教育會會長經亨頤為知滬上實情，乘火車從杭到滬，從南站下車後，到南市西門外

---

1 周策縱著、周子平等譯，《五四運動：現代中國的思想革命》（南京：江蘇人民出版社，1996），頁 211-232。

2 〈昨日縣商會又開會未成〉，《申報》，1919 年 6 月 5 日，第 3 張版 1。

江蘇省教育會，在日記留下了近距離聞見：

> 午膳後因即乘特別快車，行過松江時，知該處已罷市。七時，到南站，雇人力車至江蘇省教育會，即晤信卿、夢麟。西門一帶，軍警森嚴，愛國青年往來不絕，店戶盡閉，並表以「不除國賊不開門」等字樣，藉悉罷市原因亦非由學生觸動。協談至十一時，即宿於夢麟家。[3]

經亨頤在西門一帶實地考察，復與沈恩孚和蔣夢麟深談，所得結論竟是「罷市原因亦非由學生觸動」。這說明學生雖然策動罷市，但上海罷市尚別有原因。讀者必須審慎考辨，才能揭開謎團。事實上，瞭解縣商會和教育會的互動，尤其黃炎培的主導角色，為理解這段歷史的前提。

簡而言之，在上海地方自治史上，縣商會與江蘇省教育會關係向來密切，兩會紳商出任自治機構成員，曾共同協力爭取紳權和商權。[4] 本章將說明上海罷市的實現，與地方政治受挫的關係，如何促成商學聯合一致，共同聲援學生及爭取市民權。

---

[3] 《經亨頤日記》，頁530。

[4] 清末上海地方自治運動歷史，以及商學領袖合作關係。參考〈上海商人的政治意識和政治參與（1905-1911）〉，頁173-219。沈恩孚、穆湘瑤、吳馨、黃炎培等，都是地方自治機構成員，也是辛亥起事要角。參考〈我親身經歷的辛亥革命事實〉，頁60-69。袁希洛（袁希濤胞弟），〈我在辛亥革命時的一些經歷和見聞〉，《辛亥革命回憶錄》，第6集，頁277-291。

二、南市紳商的協同行動

「滬地商業，南市與北市如戴二天。」

～1913 年 5 月，〈上海南商會覆蘇商總會函〉[5]

依據 1920 年英國人編製《海關十年報告》，對上海縣城描述如下：「又稱南市」，「一個多少有點不受本地官員管轄的自治地區。」[6] 此說在制度並上不正確，在實際上卻相當貼切。尤其五四後，這一印象受到強化。就如周松青所說，1914-1923 年，可視為上海隱性自治時期。[7] 此十年間，原地方自治機關遭到停辦。原地方武裝力量商團被解散，警察也染上北洋色彩。然而，地方紳商留下的集議傳統，又有縣商會和省教育會作為法定機構，在公共事務上往往協商而行，代表上海地方士紳意見。

(1) 南北商會

依 1920 年商務印書館編印《上海指南》，說明「十六舖以北各國租界，統稱北市。十六舖以南地方，則曰南市。」[8] 北市商會稱總商會（俗稱：北商會），南市商會稱縣商會（俗稱：南商會）。據《上海總商會章程》（1916），「上海總商會辦理上

---

5 〈上海南商會復蘇商總會函〉（1913 年 5 月 12 日）附〈議案〉，華中師範大學中國近代史研究所、蘇州市檔案館合編，《蘇州商會檔案叢編》，第 2 輯（武漢：華中師範大學出版社，2009），頁 469。

6 《上海近代社會經濟發展概況（1882-1931）──《海關十年報告》譯編》，頁 215-216。

7 周松青正確地指出，「松滬護軍使在上海的長期存在及有效控制，需要得到上海士紳的支持。」參考周松青，《上海地方自治研究（1905-1927）》（上海：上海社會科學院出版社，2005），頁 231-242。

8 上海商務印書館，《上海指南》卷一（上海：上海商務印書館，1920），頁 1-2。

海全埠商務,「設事務所於上海鐵馬路天后宮後」,會址在租界地段蘇州河北。[9] 上海縣商會,原名:滬南商務分會,位於華界大東門外毛家弄。光緒三十一年(1905)冬,滬南各業領袖陳請商務總會(上海總商會前身)分設機關於南市,俾得就近會議,重要事件仍由總會主持。光緒三十二年(1906),改分所為分會。1913 年,改稱滬南商會。1916 年,改組為上海縣商會。總商會內設董事,以行業代表名義入會。而南商會正副會長,也是北商會董事。[10] 在組織上,南北商會沒有正式隸屬關係。在慣例上,南商會每以北商會馬首是瞻。尤其二次革命後,南市遭受兵禍,對地方商業打擊甚巨。[11] 南市居民陡減之餘,南北商會也實力懸殊。請看南北市人口數量,可知華界遠遜於租界。

表十一:上海中國人口分佈(1919-1920)[12]

公共租界	法租界	上海縣城	閘北、寶山	浦東
760,000	152,000	238,700	139,100	171,200

不過白吉爾提醒我們,就工商界人口而言,以本邑和江蘇籍商家為多,其中多屬小商人。[13] 在南市,也以江蘇人居多。《第十一版上海指南》(1920 年 10 月調查)統計,華界總人

---

9 《上海總商會組織史資料匯編》,上冊,頁 208。
10 《上海總商會組織史資料匯編》,上冊,頁 126。
11 1913 年 7 月 31 日,張謇請袁世凱撥款賑滬災民電,描述「滬南經六次之血戰,西城一帶已成焦土,南市亦遭殃及,十六埠〔舖〕被焚二百餘家。居民北徙,流離塞途,啼哭聲與炮火聲相應,且多苦工,扶老攜幼,晝夜夾〔來〕租界而暴露者,所在皆是。即使戰事就此停息,慘狀已不忍言。」張謇,〈致袁世凱電〉(1913.7.31),《張謇全集》,第 2 卷,頁 392。
12 資料來源:《上海近代社會經濟發展概況(1882-1931)——《海關十年報告》譯編》,頁 191。
13 白吉爾(Marie-Claire Bergère)著,張富強、許世芬譯,《中國資產階級的黃金時代(1911-1937 年)》(上海:上海人民出版社,1994),頁 163。

口 681,386 人，籍貫前三位是：江蘇：292,599 人，佔 42.94%。浙江：235,779 人，佔 34.60%。廣東：54,016 人，佔 7.93%。[14] 1919 年，縣商會董事籍貫分佈：江蘇 13 人（61.9%），浙江 7 人（33.3%），安徽 1 人（4%），廣東人未佔一席。[15] 小濱正子對 1924 年南市救火會聯合會的研究，與縣商會一致，會董籍貫也以江蘇最多，浙江次之，安徽又次之。[16] 相較之下，北京總商會董事籍貫分佈，前三位是：浙江人 19 位（54.3%），江蘇 12 位（34.3%），廣東 2 位（5.7%）。故此，可以斷言江蘇人在縣商會佔絕對優勢，且隱然有排斥客籍之跡象。[17] 茲表列南北商董籍貫分佈，以資比較研究。

表十二：上海總商會董事籍貫（1919.5）[18]

省份	浙江			江蘇		廣東	江西	湖南
姓名	朱葆三 王一亭 楊信之 胡穉蓀 沈仲禮 田澍霖 秦潤卿	沈聯芳 傅筱庵 虞洽卿 錢達三 張樂君 周金箴	朱五樓 樂俊葆 謝蘅牕 宋漢章 陸費伯鴻 黃摺臣	蘇筠尚 祝蘭舫 張知笙 葉鴻英 施善畦 姚紫若	顧馨一 朱吟江 項如松 聞蘭亭 李柏葆 席立功	唐露園 勞敬修	陳潤夫	聶雲台
人數	19			12		2	1	1
百比比	54.3			34.3		5.7	2.8	2.8

註：上海總商會共三十五位董事，姓名劃底線者為縣商會董事，共八位，佔五分之一強。

---

14 《上海指南（增訂十二版）》，頁 4-5。
15 1961 年朱夢華採訪調查南市舊況，強調寧紹幫和廣東幫的勢力，說「廣東人到上海不後於寧紹幫，在南市亦大占勢力，故兩大幫在上海各有新舊會館數處，在南市中的實力和形勢，亦正相伯仲。」朱夢華，〈上海南市話舊〉，頁 51-52。但 1919 年上海縣商會中，粵人卻無一席之位。
16 小浜正子著、葛濤譯，《近代上海的公共性與國家》（上海：上海古籍出版社，2003），頁 154。
17 江蘇商人朱吟江參加廣東商人胡耀庭的追思會，歉然表示不能說粵語，也不能操純正流利國語，可見方言確會造成交往阻礙。《胡耀廷先生追思錄》，頁 387。
18 《上海總商會組織史資料匯編》，上冊，頁 287-288。

表十三：上海縣商會董事籍貫（1919.5）

省份	江蘇	浙江	安徽
姓名	蘇筠尚 顧馨一 姚紫若 莫子經 聞蘭亭 朱吟江 陸崧侯 葉鴻英 穆杼齋 沈潤挹 陸伯鴻 李平書 葉惠鈞	王一亭 張樂君 葉丹庭 李詠裳 干蘭坪 葛吉卿 朱子謙	汪寬也
人數	13	7	1
百分比	61.9	33.3	4.8

註：縣商會共二十一位董事，姓名劃線者為總商會董事，佔38%。

1919年上海縣商會二十一位董事所代表之行業及商號，除了李平書（鍾鈺，江蘇寶山）不知所屬外，其他得票數表列如下（依多寡排序，票數高者列前）：

表十四：上海縣商會董事資料（1919）[19]

姓名	籍貫	年歲	代表
蘇筠尚（本炎）	江蘇上海	48	泉漳會館
姓名	籍貫	年歲	代表
顧馨一（履桂）	江蘇上海	50	立大申大麵粉公司
王一亭（震）	浙江吳興	53	大達輪步公司
姚紫若（增綬）	江蘇上海	53	鼎泰糖北貨行
張樂君（嘉年）	浙江鄞縣	67	豆米業公所
莫子經（錫綸）	江蘇上海	64	內地自來水公司
聞蘭亭（漢章）	江蘇武進	50	紗業公所
朱吟江（得傳）	江蘇嘉定	45	久記木材公司
汪寬也（聲洪）	安徽休寧	53	祥泰布號
陸崧侯（文麓）	江蘇上海	64	機布廠業
葉鴻英（逵）	江蘇上海	60	源昌正海味行
穆湘瑤（湘瑤）	江蘇上海	46	恆源軋花廠
沈潤挹（維燿）	江蘇太倉	41	花業公所
葉丹庭（逢春）	浙江餘姚	54	元春錢莊
李詠裳（厚垣）	浙江鎮海	49	新記商輪公司
陸伯鴻（熙順）	江蘇上海	45	華商電汽公司
干蘭坪（城）	浙江鄞縣	72	木商公所
李平書（鍾珏）	江蘇寶山	67	不詳
葉惠鈞（增銘）	江蘇上海	57	華商雜糧公會

---

19 《上海總商會組織史資料匯編》，上冊，頁252-262。〈縣商會呈報公斷處成立〉，《申報》，1919年6月20日，版11。

姓名	籍貫	年歲	代表
葛吉卿（戩恩）	浙江慈谿	63	藥業會館
朱子謙（大經）	浙江吳興	51	商船會館

　　以上縣商會內各業領袖，從1906年第一屆就擔任商董者五人，為李平書、李詠裳、王一亭、顧馨一、張樂君。[20] 干湘春作為縣商會坐辦，也從晚清即任斯職。[21] 縣商會不但有強烈延續性，還有排斥客籍之地方色彩。最突出的例子，是上海內地自來水公司的爭辦權。該公司最初由本邑士紳集股自辦，1909年第一屆董事會董事為李平書、王一亭、干湘春、莫子經、毛子堅、沈縵雲、張樂君等，舉李平書為總董。[22] 辛亥革命後，改推莫子經任總董，是後公司因債務陷入訟事，1915年被收歸官辦。[23] 不久，本邑士紳陸伯鴻再次集股商辦，未料被浙省紳商姚慕蓮（福同，浙江嘉興人）等捷足先登，引發一場「本邑」和「客籍」之爭。[24] 新入股的姚慕蓮人等浙商，多為僑滬二三代或數十年者。他們接手後，推朱葆三為總董，姚慕蓮為總理。[25] 新入股的浙籍

20　1906年選出第一屆滬南商會會董十六人，報上未見刊佈名單。但是年成立南市商業體操會，假南市商務分會召開，作為商會外圍組織，報上刊出選舉產生之職員：李平書、李詠裳、曾少卿、胡寄梅、王一亭、莫子經、郁屏翰、朱子堯、沈志賢、顧馨一、胡仲彰、張樂君、沈明賢、趙松坪、朱子謙、金雪朦。此十六位職員，大抵即第一屆商董。參見《王一亭年譜長編》，頁24-25。

21　干湘春從清末擔任坐辦，至1925年病歿，報載其「年七十一歲，在該會任職已二十餘年，平日對於會務悉心規畫」。〈私吞罰款之敗露〉，《申報》，1911年9月16日，版19。鈍根，〈海上閒談〉，《申報》，1911年10月24日，版21。〈縣商會坐辦積勞病故〉，《申報》，1925年6月26日，版11。〈縣商會坐辦干湘春昨日舉殯〉，《申報》，1925年11月5日，版12。

22　〈內地自來水公司開會議案〉，《時報》，1909年5月17日，版4。

23　〈大清銀行清理處追索欠款呈文〉，《申報》，1913年12月10日，版11。〈開訊自來水公司欠款案〉，《申報》，1913年12月31日，版10。

24　〈內地自來水公司復歸商辦續誌〉，《申報》，1915年9月2日，版10。〈本地人爭辦本地自來水〉，《申報》，1915年9月16日，版10。〈爭辦自來水案之近訊〉，《申報》，1915年10月11日，版10。

25　新入股多位浙籍董事，有姚慕蓮、徐棠、嚴漁三（浙江慈谿人）、朱葆三（浙江定海人）、謝綸輝（浙江餘姚人）、朱五樓（浙江吳興人）等。〈聲明南

董事,包括總商會會長朱葆三,坐辦嚴漁三,遂有南北商會對峙意味。姚慕蓮在 1919 年縣商會各業代表選舉中,僅獲 29 票,未取得商董資格。然而,他卻以內地自來水公司代表身分參加總商會。[26] 反之,早已退隱且不常居滬的李平書,卻始終保有一席之位。[27] 報載 1919 年 11 月,移任浙江督軍的盧永祥委姚慕蓮為浙江督署諮議,又可見姚慕蓮和盧永祥的良好關係。是則本地紳士對姚的排斥,也可能是因其接近盧永祥之故。[28] 換言之,對姚慕蓮的竭力抵制,正是防堵盧永祥控制縣商會。

(2) 地方主義

從人事來看,上海地方自治機關和縣商會有相續相繫關係。由楊逸纂修《上海市自治志》可知,1905 年至 1914 年,是上海推行地方自治時期。由各業領袖成為地方代表,積極參與地方事務,甚至參加了辛亥革命,是推動共和成立的功臣。1912 年 12 月,報載國民黨上海支部職員,部長王一亭,副部長沈縵雲、朱葆三,理財部主任顧馨一,評議部長江確生、葉惠鈞,常駐議員(十三位):包含朱少沂、沈仲禮、周金箴等。[29] 但 1913 年 7

市自來水公司之現象〉,《申報》,1918 年 1 月 4 日,版 10。〈反對自來水公司之借債〉,《申報》,1916 年 8 月 5 日,版 11。

26 《上海總商會同人錄(中華民國七年)》,頁 56。

27 《民國上海縣志》卷十五〈人物下〉,第 3 冊,頁 1032-1036。李平書和上海地方自治事業的關係緊密。惟二次革命後,不得不從政商界隱退,經常往來崑山上海之間。《李平書七十自敘》,頁 50-90。

28 〈浙督署委任姚慕蓮為諮議〉,《申報》,1919 年 11 月 17 日,版 11。

29 小島淑男著、鄧念之譯,〈辛亥革命當中的上海獨立與紳商階層〉,中國社會科學院近代史研究所、《國外中國近代史研究》編輯部編,《國外中國近代史研究》,第 11 輯(北京:中國社會科學出版社,1988),頁 1-31。沈渭濱、楊立強,〈上海商團與辛亥革命〉,《歷史研究》,1980 年第 3 期,頁 67-88。

月，陳其美等發動二次革命，南北兩軍在滬對峙。7月17日，總商會特別會議上，董事對於是否獨立案發生過激烈爭執。投票者二十餘位，主張獨立者四人：王一亭（總商會協理）、沈縵雲、楊信之、顧馨一（南商會總理），因而未獲通過。極端反對者：貝潤生（總商會協理）、嚴漁三（總商會坐辦）。[30] 7月21日，蘇筠尚（南商會協理）赴會總商會，代表南商會提出：「如有先啟戰端，擾亂地方者，即視為亂黨。」[31] 事後王一亭辭去總商會協理，宣佈退出國民黨籍。[32] 此事導致的結果，是南北商會感情不佳，疑顧馨一等亦退出民黨。1919年3月，顧馨一、張樂君介紹葉惠鈞入總商會，有三人表示反對。[33] 五四前，李平書、陸崧侯、穆杼齋、陸伯鴻、李詠裳、汪寬也，且根本未加入總商會。南北商會感情之惡，由斯可見。

　　1914年袁世凱停辦地方自治，取消代表地方的市政廳董議事會。但縣商會仍依〈商會法〉選舉董事，推各業領袖擔任，再互選產生會長，保留地方自治遺意。茲舉1919年3月縣商會當選會董二十一人及其得票，（）內為得票數，大致反映各人聲望及財務實力。下列姓名劃線者，是前自治機構董事或議員，或《上海市自治志》捐資者。姓名帶*號者，為前警察廳長、商團領袖或職員。姓名帶^者，是救火會職員：

蘇筠尚（102）*　顧馨一（96）^　王一亭（93）*

30　《上海總商會議事錄》，第1冊，頁121。
31　總商會前後開會情形，參見《上海總商會議事錄》，第1冊，頁118-132。〈上海方面之維持（五）〉，《申報》，1913年7月22日，版6。
32　《王一亭年譜長編》，126-130。王賢，〈吳興王先生行狀〉稱：「洪憲亂作，匿跡以免。」王傳熹輯，《王一亭先生訃告》，《上海圖書館藏赴聞集成》，第33冊，頁548。
33　《上海總商會議事錄》，第3冊，頁1188。

姚紫若（92）　　張樂君（79）*^　莫子經（77）*^
聞蘭亭（76）　　朱吟江（73）　　汪寬也（72）
陸崧侯（71）　　葉鴻英（68）　　穆杼齋（68）^
沈潤挹（67）　　葉丹庭（66）　　干湘春（63）*
李詠裳（61）　　陸伯鴻（57）　　干蘭坪（50）
李平書（42）*　　朱子謙（39）　　葉惠鈞（37）
葛吉卿（35）[34]

由票數可見，蘇筠尚人望甚好，初選得票逾顧馨一。隨後董事互選正副會長，卻以顧馨一為正（14票），蘇筠尚為副（3票）。民元以來，顧正蘇副，一直是基本格局。[35] 此因顧馨一財力雄厚，且獲李平書支持。[36] 李平書雖為紳商領袖，為避官廳疑忌，殊少在滬，但仍有潛在勢力。[37]

1919年5月，上海縣商會照工商部定章，又選出第一屆商事公斷處評議員，共十五人，括弧內為得票數。下列姓名劃線者，為前自治機構董事或議員，或《上海市自治志》捐款者，或《上海縣續志》纂修員。姓名帶*號者，曾任警察廳長或商團會長、職員。姓名帶^者，為救火會領袖。

<u>王一亭</u>（71）*^　<u>姚紫若</u>（66）　　<u>莫子經</u>（56）*^
<u>張樂君</u>（55）*^　<u>穆杼齋</u>（53）*^　<u>沈潤挹</u>（53）

---

[34] 《上海總商會組織史資料匯編》，上冊，頁287-288；下冊，809。〈上海商人的政治意識和政治參與（1905-1911）〉，頁212-219。

[35] 《上海總商會組織史資料匯編》，下冊，頁804-809。

[36] 黃炳權認為，顧馨一得到李平書提掣和信任，對其助益最大。黃炳權，〈顧馨一生平事略〉，《上海文史資料存稿匯編：工業商業》，第7冊，頁343-345。

[37] 李平書和上海紳商在辛亥革命的政治活動，以及二次革命中遭受的重大頓挫，可參考：〈上海商人的政治意識和政治參與（1905-1911）〉，《中央研究院近代史研究所集刊》，第22期上（1993.6），頁171-219。李達嘉，〈從「革命」到「反革命」——上海商人的政治關懷和抉擇（1911-1914）〉，《中央研究院近代史研究所集刊》，第23期（1994.6），頁239-282。

聞蘭亭（52）　　葉鴻英（52）　　李詠裳（46）
陸崧侯（45）　　汪寬也（44）　　朱吟江（42）
葉丹庭（42）　　陸伯鴻（36）　　干蘭坪（34）[38]

最後，由董事選出姚紫若（曾綬，江蘇上海人）為處長。[39] 姚紫若得膺會長之任，大抵由得票最多之王一亭推讓。[40]

綜合來看，在上海縣商會董事及商事公斷處評議員中，除了聞蘭亭（江蘇籍）、汪寬也（安徽籍）、葉丹庭（浙江籍）外，全是前地方自治機構董事或職員。[41] 縣商會正副會長顧馨一和蘇筠尚，固然是原上海地方自治領袖。縣商會坐辦干湘春（江蘇嘉定人），也是原南市商團公會駐會幹事。簡言之，上海縣商會和原地方自治機關密切相關，是以本邑紳商為主體的各業代表。茲介紹正副會長顧馨一、蘇筠尚的搭擋關係及其政商網絡。

顧馨一，上海本地人，祖父為舉人。個性溫和，八面玲瓏，與李平書、穆杼齋等紳學名流為伍，漸漸成為南市豆米業領袖；並兼營麵粉業，與日本三井和鈴木兩家行號經常接洽生意。[42] 五四前入職顧馨一大正行的黃炳權，描述顧馨一與官場的關係：

顧馨一以其八面玲瓏的手腕，繼任了南商會的會長，并任總

38　〈縣商會選舉公斷處評議員〉，《申報》，1919年5月7日，版11。
39　〈縣商會選舉公斷處長〉，《申報》，1919年5月13日，版11。
40　人稱姚紫若與王一亭、顧馨一交情最善。〈姚天亮〉，《申報》，1938年12月24日，版12。
41　楊逸纂，《上海市自治志》，第1、3冊（臺北：成文出版社，1974），頁13-49、907-908。〈上海商人的政治意識和政治參與（1905-1911）〉，頁212-219。吳馨等修，姚文枬等纂，《上海縣志》卷二〈政治上〉，民國二十四年鉛印本，第1冊，頁168-173。吳馨等修、姚文枬等纂，《上海縣志》卷十五〈人物〉，第3冊，頁1031-1032。《上海地方自治研究（1905-1927）》，頁116-120。
42　〈顧馨一生平事略〉，頁345-346。馬炳榮，〈上海雜糧油餅交易所綜述〉；奇良，〈糧業交易所巨擘顧馨一〉；《舊上海的交易所》，頁214-226。

商會的會董。此時北洋政府委派的淞〔松〕滬護軍使何豐林、淞滬警察廳長徐國樑、上海縣長沈寶昌,這三人在上海做官已歷 10 年之久,他們和顧馨一都有親密往來。……顧馨一在負責南商會和縣商會的很長一段時期內,未見有所作為;他在任何會議上很少表示自己的主張,也極少發言,總是人云亦云地敷衍過去的。因而有人諷刺他「無會不董,有口不開」。[43]

黃炳權說顧馨一「手腕靈活,善於奉迎。」「自小沉默寡言,並有外表溫和、心地靈巧、喜怒不形於色的特點。」「有人以藥材中的『甘草』來比喻顧馨一在社會方面的關係之多,這個比喻是恰當的。」[44]

不過顧馨一和穆杼齋兄弟的關係,對他在五四時期表現有一定影響力。顧馨一為穆藕初赴美留學贊助者之一,又是穆氏兄弟開辦的德大紗廠股東。[45] 1920 年前後,更與穆杼齋兄弟向農商部申辦紗布、棉業、雜糧等單品交易所,仰賴前農商總長張謇支持,分別到京活動且相互策應。[46] 此時縣商會董事的聞蘭亭和沈潤挹,則追隨虞洽卿展開種種抵制。[47] 上海學潮發生後,學生不

---

43 〈顧馨一生平事略〉,頁 347。

44 〈顧馨一生平事略〉,頁 343、340、348。

45 穆藕初,〈藕初五十自述〉,穆藕初著,穆家修、柳和城、穆偉杰編,《穆藕初文集增訂本》(上海:上海古籍出版社,2011),頁 8。1914 年列名德大紗廠發起人十五位中,有六位是 1919 年縣商會董事:葉鴻英、顧馨一、蘇筠尚、聞蘭亭、沈潤挹、穆杼齋。穆家修、柳和城、穆偉杰編,《穆藕初年譜長編》,上卷(上海:上海交通大學出版社,2015),頁 79-84。

46 奇良,〈上海華商證券交易所概況〉;諸錦良、聶潞生、咸海珊,〈從公會市場到紗布交易所〉;楊承祈,〈上海麵粉交易所概況〉;馬炳榮,〈上海雜糧油餅交易所綜述〉;《舊上海的交易所》,頁 41、106-112、189-194、214-216。

47 穆藕初公開批評聞蘭亭欲壟斷紗業,諷言「紗業豈無人乎!不過腳踏實地研究發展本業,不受人威脅利誘,亦不甘同流合污、與雞鶩爭食已耳。」聞蘭

斷向縣商會請願，顧馨一首當其衝。在此期間，未見聞蘭亭、沈潤挹支持學生。罷市後，沈潤挹所開花行照樣出秤，還引起輿論批評。反之，穆杼齋及華商紗廠聯合會學生積極介入支持。罷市落幕後，穆杼齋更一改原先的沉寂，推動成立上海各公團聯合會議，率先捐出活動經費，還代表縣商會參加公團。[48] 對比1918年6月，他被選為滬海道區眾議院議員時，表示「時局艱難，不願應選」，前後宛若二人。[49] 事實上，南北和議時，穆杼齋已在1919年3月接替聞蘭亭，作為縣商會代表，參加「全國和平聯合會」。[50] 及至學潮發生，更靜極思動了。

蘇筠尚，先世福建同安，為旅滬建幫（泉漳會館）領袖。他是前總商會總董曾鑄女婿，也是葉鴻英（祖籍福建同安）內弟，還是曹汝霖姻兄。[51] 他經營參業及海味業，但財力不若顧馨一。[52] 但個性豪爽，通武術，擅文辭，敢任事。晚清以來，歷任

亭及紗業公會為文反駁，在報上針鋒相對。參見：穆藕初，〈組織華商紗布交易所之釋疑〉，《申報》，1921年1月14日，版11。〈答君藕初組織華商紗布交易所釋疑〉，《時事新報》，1921年1月16日，第3張版2。〈答穆君藕初組織華商紗布交易所之釋疑〉，《時事新報》，1921年1月20日，第3張版2。

48 〈各公團聯合會議之組織〉，《時報》，1919年6月26日，第3張版5。

49 〈眾議院議員複選竣事〉，《申報》，1918年6月12日，版10。〈穆湘瑤來函〉，《申報》，1918年6月27日，版11。

50 全國和平聯合會集各省教育會、商會、省議會等法定團體組成。〈和平聯合會消息〉，《申報》，1919年3月7日，版10。

51 蘇、曾、葉家族的關係，參考《上海福建人研究（1843-1953）》，頁236-244。蘇祖斐等編，《蘇公筠尚紀念冊》，民國十八年（1929）石印暨鉛印本，《上海圖書館藏赴閩集成》，第43冊，頁300、372。

52 清末民初上海地方自治時期，蘇筠尚一直作為產業領袖。〈上海商人的政治意識和政治參與（1905-1911）〉，頁212-217。上海自治前後九年，顧馨一、蘇筠尚歷任董事會及議事會職務。蘇筠尚資歷尤深於顧馨一，顧馨一以財力後來居上。參見《上海市自治董事會職員表》、《上海市自治議事會職員表》，《上海市自治志》，第1冊，頁13-32。《上海市自治志》出版，顧馨一捐銀一百五十元，為捐資最多之個人。蘇筠尚捐銀一百元，財力稍遜。見該書〈凡例〉，頁5-6。

商學補習會會長、參藥業商團會長、商團公會會長、群學會會長兼中華武術會會長。[53] 群學會在晚清成立，是地方自治機關外圍組織，也是以江蘇上海人為主體的俱樂部。從 1913-1919 年，以蘇筠尚坦任會長。病歿後，始由李平書接任。顧馨一任評議員（1913）、經濟部主任（1916-1919），負責財務。[54] 又上海紳商還有一陶然社，集中幾乎所有地方紳商，包括李平書、李英石、顧馨一、蘇筠尚、姚紫若，「每月至少有一次傾觴醉月，上至國家下至地方之事，都在酒會上商談闊論。」[55]

在地方上，蘇筠尚繼承曾少卿的志向，熱心參與社會各項事業，甚至對政商學三方面，皆著意經營。1912 年，曾組織中華進步黨，黨員包括葉惠鈞、鄭正秋、譚人鳳。[56] 蘇子祖斐〈先考筠尚府君行述〉：

> 吾民與聞國政，自美約始。外祖〔曾少卿〕倡於抵制，府君奔走其間，即嶄露頭角。後設貧兒院、振武社，以及振濟各省水旱災，府君無役不與，於是世乃知府君賢。外祖歿後，

---

53 《蘇筠尚先生建碑紀念冊》，頁 573-441。李宗武（李英石子）回憶，中華武術會成員為原上海辛亥革命同志，借武術會名義以掩護。1919 年底蘇筠尚歿後，經短暫過渡期，由王一亭接正會長，葉惠鈞為副會長，王叔賢（王一亭第三子）任幹事長兼會務主任。吳志青，〈本會一年來之歷史〉；〈上海中華武術會章程〉，《武術》，第 1 卷第 1 期，頁 5-8、47-66。李宗武，〈李英石參與上海辛亥革命的前後〉，收入《上海文史資料存稿匯編：政治軍事》，第 1 冊，頁 108-109。

54 倪毅統計群學會會員籍貫：江蘇 391 人（88.26%），浙江 41 人（9.26%），安徽 6 人（1.35%），廣東 3 人（0.68%），河南 2 人（0.45%）。江蘇人中，來自本土者 280 人，佔總數 63.21%。從 1913 年至 1919 年，蘇筠尚一直被選為會長。倪毅，〈清末民國上海地方社團研究——以群學會為例（1904-1937）〉（上海：華東師範大學碩士論文，2015），頁 8、14-15。〈群學會本年職員姓氏錄〉，《申報》，1919 年 9 月 4 日，版 11。

55 〈顧馨一生平事略〉，頁 345。

56 張玉法，《民國初年的政黨》（臺北：中央研究院近代史研究所，1985），頁 475-476。

> 所管社會事業等事關係甚鉅,僉曰:非蘇君不足以繼,而府君遂紹其志焉。府君之為人也,聰明強毅,視天下事不足為,而於政商學三大端,固欲有所建樹,以自表襮於世,不肯委蛇退縮,以示弱於人。[57]

他在地方自治時期,嘗為淞滬警廳在市議會設門禁一案,對警長穆杼齋予以聲討。不過他和穆藕初關係卻好,是其入總商會介紹人。地方自治結束後,他對北洋軍警也較強硬,在配合度上還不如顧馨一。[58]

清末民初以來商戰激烈,蘇筠尚生意頗受影響,心情憤懣。1919年底蘇筠尚病故,李平書等贈辭悼惜之語,稱「商戰方殷,君當其衝。」又憶其「酒酣耳熱,言若泉湧。」[59]蘇筠尚敢言和擅文詞,見1917年2月《申報》刊出〈縣商會答梁任公詞〉:

> 民國政府成立以來,為國用計,各項征稅,層見疊出,有加無已。商家力難擔負,不得不咸相隱秘,諱莫如深,雖欲調查,烏從而調查。商會為維持商業之機關,而鎮日栗碌者,大半為捐也,稅也,借債也,領銜拍電也。公益善舉及一切交際酬酢,應接不遑。而固有之天職反不能盡言之,實深愧恧。[60]

此是蘇筠尚就梁啟超到縣商會講演「商業調查」重要性的回應,為民國成立後商業凋敝而大發牢騷,對政府頗有微詞。

---

57 《蘇筠尚先生建碑紀念冊》,頁349。

58 《上海地方自治研究(1905-1927)》,頁181-188。倪毅,〈清末民國上海地方社團研究——以群學會為例(1904-1937)〉,頁36-45。《上海總商會議事錄》,第3冊,頁1173。1919年5月17日,大總統下令褒揚上海有功官紳,總商會正副會長朱佩珍和沈鏞獲二等及三等嘉禾章,縣商會正會長顧履桂獲三等嘉禾章,獨蘇本炎未聞褒獎。〈命令〉,《京報》,1919年5月18日,版3。

59 李鍾珏、張煥斗、楊逸、姚文枬、劉藹、王震、莫錫綸、顧履桂,〈像贊〉,《蘇筠尚先生建碑紀念冊》,頁264-265。

60 〈縣商會答梁任公詞〉,《申報》,1917年2月12日,版11。

1919年底蘇筠尚病歿，顧馨一又復辭職，新任縣商會正副會長姚增綬和姚福同，追述蘇筠尚貢獻：

> 蘇先生筠尚，去冬十二月因病出缺，距今一年。追念前徽，益深悲感。溯先生之膺副選也，在民國二年，與前會長顧先生同時被選。至六年改組，又歷舉連任。蓋其德音才望，見孚於人久矣。先生為吾商界明星，素營實業，有聲於時。前清之季，歷任上海總工程局暨自治公所議員。改革後，舉任市政廳副市長，天姿英邁，識力堅定，通達時務，博識多聞。其助會長視事於本會也，在公勤敏，處事明決。凡商業事糾葛齟齬，得先生數言而其紛立解。然於會務措施，未嘗獨行己意，必諮商於顧會長，得其同意而後行。而顧會長之對於先生意見，所陳合如符契，亦靡不贊同，所謂相得益彰者此也。[61]

由此看來，縣商會領導格局，名義上蘇副顧正，實際上蘇主顧附。蘇祖圭（蘇筠尚子）說縣商會前後任會長王一亭和顧馨一，素重其父，凡事咨而後行，似與此相合。

又1929年蘇筠尚諸子印行《蘇筠尚先生建碑紀念冊》收錄「東山世伯」撰稿。[62] 這位「東山世伯」，即楊逸，扶病追憶蘇筠尚，似即上段文字寫手：

> 先生秉性剛直，任事有毅力。民國元年，自治公所改組上海市政廳，先生被舉為董事，每日到廳。公牘過目，數言判決，敏捷無少滯。自治停辦，後在縣商會副會長任，亦每日必到，無間風雨。遇商家因故爭執，欲以法律解決，先生審

---

61 《蘇筠尚先生建碑紀念冊》，頁293-294。
62 《蘇筠尚先生建碑紀念冊》，頁305。

知情實,為之婉譬曲喻,曉以事理,使兩造歸於和平。或以
　　細務來訴,先生以三數語即調解翕服。以其果毅有斷才如
　　此。逸於市自治、縣商會皆嘗濫竽,故能言之。[63]
楊逸先後出任上海自治機構及縣商會文牘事務,所言應可信據。
依其所述,則兩個機關在人事上有高度重疊,各業商董也都是地
方領袖人物。而1914年以後縣商會作為法定團體,每屆選舉保
留自治遺意。

　　楊逸舉人出身,曾館毛子堅家,是地方自治靈魂人物。[64]
1905-1914年,掌理上海自治構構文牘科九年,負責章程規則之
擬定實行。議會議事及對外接洽報館,均由楊逸及助手瞿慶普
負責。[65] 楊逸負責總纂《上海市自治志》之〈上海市政廳大事
記〉,結束於1914年3月上海鎮守使鄭汝成派縣知事接收市政
廳款產,董議兩會職員即日解除職務,並有〈附記〉:
　　市董事會交卸時,各債權人紛函詰問,雖公務卸肩,而債款
　　事宜須有接洽之地,爰借南商會餘屋,臨時設立市政應債款
　　清理處,以便隨時接洽。[66]
〈附記〉所說「南商會」,即「縣商會」前身。市政廳停辦清冊的

63　《蘇筠尚先生建碑紀念冊》,頁304-305。
64　〈書畫家楊東山作古〉,《申報》,1929年8月20日,版16。〈楊東山先生之哀榮〉,《申報》,1929年8月31日,版14。
65　《上海市自治志》之〈上海市自治各科辦事主任表〉,首列文牘科員,其備註稱:「總工程局時期稱書記。宣統二年起,兼城議事會文牘員。民國元年八月起,被舉為董事,仍兼董事會文牘員,不兼俸。」此一紀錄,即楊逸自記資歷。《上海市自治志》,第1冊,頁45-46。市政廳時期文牘員辦事規則,詳參〈上海市政廳規則規約章程〉,《上海市自治志》,第3冊,頁1099-1119。瞿慶普兄長,是市政廳議員瞿慶同。〈審查學務經費之報告書〉,《申報》,1912年9月30日,版7。
66　《上海市自治志》,第1冊,頁233。

債權人,大者為大達公司、華成公司,小者有顧馨記、蘇筠記,[67] 在南商會都有董事席次。兩機關人事及業務關係,在此清晰可見。

此外,朱吟江和葉鴻英,為南市久記木行經理和順泰木行經理,二人關係密切,也是南北商會雙料董事。1919 年冬,蘇筠尚病歿,朱吟江被舉為副會長,時年四十五歲,惟堅辭不就。[68] 從 1910 年起,久記、順泰共同發起洋木業公所,舉朱吟江為震巽木商公所總董(後改稱總理)。[69] 清季江浙紳商籌謀自辦鐵路,對洋木需求大增。朱吟江和田時霖分別承辦鐵路枕木,與兩省士大夫關係密切。[70] 1920 年代,報章經常刊載朱吟江提倡國貨主張,輿論稱道其排斥日貨之熱忱。[71] 久記木行張效良(朱吟江內弟,江蘇南匯人),是中華職業教育社永久特別社員,[72] 黃炎培自稱所辦各種事業,無不得張效良物質支持及精神鼓勵。[73] 朱吟江則 1915 年起捐款故鄉嘉定興辦企雲學校,即與教育界人士多所往還。[74] 中華職業教育社及學校成立,來自嘉定的俞抗瀾

---

67 周松青,《上海地方自治研究》,頁 200-201。
68 〈朱吟江與縣商會董事會〉,《新聞報》,1919 年 12 月 16 日,第 3 張版 2。
69 朱吟江發跡史及震巽木商公所沿革,參見《中國工商行會史料集》,下冊,頁 823-833。
70 〈朱吟江君〉,《時事新報》附張〈上海〉,1924 年 5 月 22 日。
71 〈朱吟江先生頌辭〉,《民國日報》之〈國貨運動週特刊〉,1928 年 7 月 7 日,第 4 張版 3。為恆,〈朱吟江力排日貨〉,《上海畫報》,1928 年,第 367 期。
72 軼齋,〈朱吟江軼事〉,《福爾摩斯》,1934 年 1 月 28 日,版 2。《中華職業教育社同社錄》(起 1918 年 10 月迄 1920 年 1 月),頁 2。
73 〈張效良先生追悼會紀詳〉,《建築月刊》,第 4 卷第 6 期(1936.6),頁 40-41。
74 朱吟江所聘嘉定企雲學校校長俞抗瀾,是後轉任上海中華職業學校副主任。朱吟江也是俞抗瀾妻沈有芬(女教育家)表叔。參考《嘉定私立企雲學校十周紀念錄》(嘉定:嘉定光明印刷社,1926)、《俞抗瀾先生哀思錄》(1925 年自印本)。此二書皆由黃炎培題籤。後一冊內,更有黃炎培「非有齋藏」印章。潘文安《仰奔年譜》1919 年條,自述「就中華職業學校主任教員並自治指導員,獲交馬相伯、沈信卿、姚子讓、袁觀瀾、聶雲台、黃任之、穆藕初、王儒堂、錢新之、史量才、朱吟江、林康侯、王一亭、蔣竹莊、江問漁、

（泰臨）、潘文安（仰堯）身任要職，朱吟江則作為常期經費贊助者。[75] 1930年，人文社發行月刊及叢書，朱吟江作為永久社員，也擔任常年經費。1932年，沈恩孚所說「服膺老氏深藏若虛之義」的葉鴻英，[76]更捐金五十萬圓給人文社建屋，朱吟江則寄存其私人藏書於館內。[77]

姚紫若作為縣商會第一屆商事公斷處處長，後來接續顧馨一出任縣商會正會長，也是一位重量級人物。其內兄汪漢溪（龍標，安徽婺源人），為《新聞報》總經理，與地方紳商及北京政府都有連繫。1924年汪伯奇（汪漢溪子）輯《汪漢溪先生哀輓錄》，收錄縣商會及地方機關贈聯甚多，也反映報館主人社會網絡。[78]李壽熙（浩然，陝西咸陽人）所撰〈汪漢溪先生傳〉，尚提及汪漢溪早年為張之洞駐滬坐探，又曾經張謇保送第二屆免試知事（1914年）。[79]《哀輓錄》收錄朱葆三輓詩，有「卅年過從密」之句。穆杼齋輓聯，有「廿年舊雨痛人琴」之語。凡此都可見汪漢溪和上海紳商的關係。[80] 1938年底姚紫若逝世，年七十二，《申報》稱其遺有四子，「長公子家瑞，現在工部局警

沈商耆、賈季英、顧蔭亭、袁叔畲、黃伯樵、秦翰才、鄔韜奮諸先生。」《仰余年譜》，《上海圖書館藏珍本年譜叢刊續編》，第69冊，頁16。

75　朱吟江次子文熊，後娶張公權四妹。朱吟江和張公權，則俱為中華職業教育社董事。〈職教社餞送張公權、朱吟江〉，《申報》，1929年5月24日，版11。

76　沈恩孚，〈葉蘇老夫人七十雙壽敘〉，《沈信卿先生文集》，頁355-357。

77　黃炎培，〈一甲記〉，頁22-24。

78　上海日本領事館調查《新聞報》讀者背景，指出多屬於實業界下層，大抵涵蓋華界南市商家。參見外務省政務局，〈支那ニ於ケル聞及通信ニ關スル調查〉（大正八年九月印刷，大正七年末調查），許金生主編，《近代日本在華報刊通信社調查史料集成（1909-1941）》，第2冊（北京：線裝書局，2014），頁239。

79　〈汪漢溪先生傳〉，《汪漢溪先生哀輓錄》，頁8-10。

80　《汪漢溪先生哀輓錄》，頁3、32、73、83。汪漢溪本宅也在西門曹家橋。〈汪漢溪柩舉殯記〉，《申報》，1924年12月8日，版14。

務處正督察長。次公子家琪，任《新聞報》總經理助理員。三子家琛，華商電氣公司主任。幼子家椿，本市名記者及三用夾自來水、牙刷二物之發明人。」[81] 二十年前，姚紫若五十三歲，諸子是否已入公共租房和《新聞報》館，難悉其詳；但凡關繫商會消息，自應特別注意《新聞報》。如果說《申報》經常登載租界商界上層及社會名流消息，則《新聞報》對華界商界中下層訊息最為靈通。

另外，老報人鄭逸梅《書報話舊》，披露《新聞報》很早就買通兩租界巡捕房等機關，因而對租界地段消息也很靈通：

> 上海各報的本市新聞，叫做本埠新聞。最初，報紙上的所謂本埠新聞，大都因陋就簡，僅僅是抄登幾段官廳批示，以及公函、公告之類的官樣文章，等於斷爛朝報。汪漢溪為了爭取本埠讀者，首先擴充新聞來源，在會審公堂、救火會、巡捕房、醫院等處特約了「報事員」，（後來有些比較公開的就叫做訪員），起初是按刊出新聞的多寡結算報酬，後來為了鼓勵，改為論月致酬，特別突出或獨有的新聞，還給以額外的獎金。有些在工部局和巡捕房略有權勢的人，只要肯在重要事件上悄悄地提供線索，汪也按月給他們暗中送錢，彼此嚴守秘密，做一筆黑市交易。有事的時候，另外派人跑到他們的公館裡去筆錄。[82]

汪漢溪買通的「工部局和巡捕房裡略有權勢的人」，大抵包括法租界偵探長黃金榮；至其在華界縣知事和警署等官廳部門，更必廣設耳目以掌握各方消息。就地方士紳角度說，報館是他們伸展

---

81 〈滬紳姚紫若氏作古〉，《申報》，1938年12月23日，版9。
82 鄭逸梅，《書報話舊》，《鄭逸梅選集》，第1卷，頁921。

出去的耳目，一方面收集各方情報，一方面發送自家信息。五四時，《新聞報》對本埠新聞之報導，尤可反映地方人士之意見。

(3) 紳商合議

　　上海紳商的議事傳統，也在隱性自治時期延續。原上海地方自治機構中，從工程總局（光緒三十一年十月至宣統元年十二月）、自治公所（宣統二年正月至宣統三年九月）到市政廳（辛亥九月至民國三年三月），建立紳商合議的傳統，可稱自治時期的遺產。自治機關總董一席，例由商紳出任。議長一席，每舉學紳出任。李鎧光統計過前清地方自治機構董事會和議事會成員背景，在資料無法完整掌握下，市政廳時期董事會中商人約45%，議事會中商人近30%，相差逾10%。綜觀全部時期，議事會中商人比重始終較董事會少，大致相差10%甚至更多。[83] 市政廳時代，董事會及議事會中商人比重且明顯下降，或與政局不穩，商人畏事有關。學紳姚文枬、沈恩孚、陸文麓、吳馨、王納善（引才，江蘇上海人）、賈豐臻，先後擔任正副議長。

表十五：上海自治機構董事會及議事會職員（1905-1914）[84]

時期／屆數	董事會	議事會
城廂內外總工程局第一次選舉	總　董：李鍾珏（平書）	議　長：姚文枬（子讓）
城廂內外總工程局第二次選舉	總　董：李鍾珏（平書）	議　長：姚文枬（子讓） 副議長：沈恩孚（信卿）

83　李鎧光，〈上海地方自治運動中成員的身份與運作衝突〉，《史林》，2023年第5期，頁45。

84　《上海市自治志》，第1冊，頁13-14、23-24。第一屆董事會選舉票數：陸文麓（48票）、蘇筠尚（49票）、顧履桂（48票）、楊逸（30票）。〈董事會一覽表〉，《上海市公報》丙編，第1期（1912），頁54。袁世凱停辦地方自治機關，上海鎮守使派員接收市政廳，請市總董陸崧侯，董事楊東山、蘇筠尚、顧馨一，協議清理辦法。〈協商清理市政廳出辦法〉，《申報》，1914年2月25日，版10。

時期／屆數	董事會	議事會
城自治公所 第一次選舉	總　董：李鍾珏（平書）	議　長：沈恩孚（信卿） 副議長：吳　馨（懷疚）
市政廳臨時	市　長：莫錫綸（子經） 副市長：顧履桂（馨一）	議　長：陸文麓（崧侯） 副議長：王納善（引才）
市政廳 第一次選舉	市　長：陸文麓（崧侯） 副市長：蘇本炎（筠尚） 　　　　顧履桂（馨一） 　　　　楊　逸（東山）	議　長：姚文枬（王納善推補繼任） 副議長：王納善（賈豐臻繼任）
市政廳 第二次選舉		議　長：賈豐臻（季英） 副議長：吳寶地（叔田）

　　由於自治機關以辦學為重要責任，縣商會商董也多兼任江蘇省教育會會員。1916年江蘇省教育會會員姓名錄，就包括多位前自治機構董事會或議事會職員、縣商會董事、及其家人親屬。下列姓名劃線者，具備這幾種身分：

<u>李鍾珏（平書）</u>　<u>姚文枬（子讓）</u>　王維祺（季貞）
<u>蘇本炎（筠尚）</u>　吳　馨（懷疚）　穆湘瑤（杼齋）
楊士照（白民）　林祖潛（康侯）　葉景□（禮雯）
姚明輝（孟損）　陶明源（月湘）　<u>毛經疇（之仅）</u>
姚文棟（子梁）　高鳳池（翰卿）　黃慶瀾（涵之）
朱壽朋（錫百）　朱葆康（少屏）　<u>賈豐臻（季英）</u>
<u>王引才</u>　　　　蘇本銚（穎傑）　李宗鄴（頌唐）
丁熙咸（廣堯）　沈澄清（志青）　賈豐芸（叔香）
沈知方（芝芳）　楊德鈞（仲馨）　張蟾芬
朱　贇（伯華）　朱葆芬（紫湘）　徐善祥（鳳石）
余日章　　　　　朱友漁　　　　　朱開乾（連三）
穆湘玥（藕初）　陸殿揚（步青）　<u>曾　鈞（公冶）</u>
盧頌瀛（海環）　黃警頑　　　　　周之彥（越然）[85]

上面近半數人為縣商董、前自治機構成員及其家人親屬，加上同

---

85 〈請推省教育會評議員〉，《申報》，1916年9月22日，版10。

學同事及革命同志情誼,可見商學並非截然二分,而是長期合作而交流暢通。

清末民初,紳商遇到政局變動,往往共商謀略,協同行動。1911年上海紳商代表往南京見江蘇巡撫程德全,由學界四人(黃炎培、沈恩孚、朱叔源、毛經疇)先行,商界四人(李鍾珏、史量才、虞和德、陳光甫)繼之,請其宣佈獨立。[86] 當時,黃炎培作為江南(蘇州、松江、常州、鎮江、太倉)五縣代表,對推動江蘇獨立有功。[87] 反袁之役,上海商學領袖推舉姚文枬、蘇本炎、錢永銘、黃炎培為代表,要求馮國璋舉兵獨立。〈〔馮國璋〕大樹堂來鴻集〉收錄〈上海紳商函〉(1916.4):

> 上海自聞粵省獨立,北兵續下,各派志士,激昂慷慨,亟欲舉動,地方風鶴之驚,已達極點。昨晚又聞浙省亦已宣布獨立。江、浙毗連,安危相共,人心益震,危在旦夕。查上海為通商重地,又為黨人淵藪,尤多激烈分子,數日來設法間接勸阻,謂下游舉動,總當靜候高峰。……紳商等目擊情形,驚惶失措,今晨邀集南北商界籌議。皆謂非上游立刻發表,萬不能鎮定下游。眾議僉同,閭埠一致,公舉姚文柟〔枬〕、蘇本炎、錢永銘、黃炎培等專車親詣戟轅。……至於駐滬北軍,應如何處置,俾獲安全之處,亦乞卓裁。[88]

是函自稱上海「紳商」十二人,署名依次為:「虞和德、顧履桂、姚文柟〔枬〕、朱佩珍、莫錫綸、蘇本炎、錢永銘、朱開

---

86 吳和士,〈辛亥革命蘇州光復小記〉,頁72-74。
87 方椒伯,〈上海工商界在光復前後的動態〉,頁48。
88 〈上海紳商函〉(1916.4),吉迪整理,〈大樹堂來鴻集〉,中國社會科學院近代史研究所近代史資料編輯室編,《近代史資料》,第50冊(北京:知識產權出版社,2006),頁199-200。一般來說,列名最後者為執筆人。

甲、沈恩孚、陸文麓、陸熙順、黃炎培」，皆為原地方自治機關同人。前謁馮國璋者四位，蘇筠尚和錢新之（似代表顧馨一）為商界代表，[89] 姚文枬和黃炎培為學界代表，而最後一人更可能是撰稿者，也是主要發言人。

(4) 官紳通氣

　　楊晟第三次任交涉使時期，南市紳商的勢力，也延伸到法租界地段，受華洋官廳正式承認。1919 年 5 月，交涉員楊晟依據姚文枬（眾議院議員）、黃申錫（省議會議員）、沈周（省議會議員）、賈豐芸（上海市學務委員會）四人舉薦，選定陸崧侯（文麓）遞補吳馨遺缺，出任法租界公董局華董。中央研究院外交部檔案收藏江蘇特派員（即楊晟）〈呈報法公董局華董出缺據情援案請補由〉（1919.5.27）：

> 呈為法公董出缺，據情援案請補事。卷查民國四年九月十六日，因法租界外馬路劃清警察權限一案，選任華董二人，參入法公董局辦事，前經詳奉批准實行在案。茲據上海市公民姚文枬、黃申錫、沈周、賈豐芸等函稱：「吳董懷疚於本月十一日逝世，所有法公董局華董一席，非有資格閱歷不足以勝此任。查上海市經董陸文麓老成練達，其資格閱歷素孚眾望，久為地方所倚賴。文枬等擬公舉該市經董繼任吳君為法公董局華董，俾得辦事聯貫，市政幸甚」等情。據此查華董一席關係我國主權，吳董既經出缺，亟應選任正紳接

89　錢新之父樹森曾在南市米行作賣頭（即掮客），故錢新之始終敬顧馨一為父執輩。〈顧馨一生平事略〉，頁 350。1918 年 5 月，美國紅十字會徵求贊成員，錢新之作為第四隊隊長，顧馨一在其隊中，可證明二人關係。〈華人贊助美國紅會之踴躍〉，《申報》，1918 年 5 月 21 日，版 10。

替。該公民等所舉之陸紳文麓,守正不阿,允孚眾望,擬即選定該董繼任,以資得力。除呈報江蘇省長,并照會該董到局辦事外,理合呈請鈞部詧核備案。[90]

姚文枬等作為地方紳商代表,推薦陸文麓遞補吳馨遺缺,與另一位華董陸伯鴻(熙順),成為溝通華洋意見的橋樑人物。

又姚文枬等上書楊晟,自稱「公民」。楊晟上外交部呈文,稱姚文枬等人「紳」或「正紳」。在此可稍為說明,到底「紳」有何資格?《民國上海縣志》有傳的陸文麓,記其資歷:前清附貢生,歷任城廂內外總工程局領袖議董、城自治公所議員、市政廳臨時議長、市長、市經董。此時,更是縣商會董事、南市救火聯合會評議員。[91] 按楊晟呈文引姚文枬等薦函,稱公董局華董一席,須要合乎「資格閱歷」,而陸文麓「資格閱歷素孚眾望,久為地方所倚賴。」即出任紳董之條件。陸文麓和陸伯鴻以縣商會董事,復兼公董局華董,既要照顧地方利益,也須維護國家主權,為官民所共同仰賴。

當是時,松滬護軍使盧永祥也希望改善與地方紳商關係。周青松正確地指出「松滬護軍使在上海的長期存在及有效控制,需要得到上海士紳的支持。」[92] 1918 年,朱志堯因虧負巨款,出售求新廠予法商,且已擬定草約。穆杼齋到京瞭解複雜內情後,即由江蘇省議員沈周、秦錫田、黃申錫、朱祥紱、顧鏡清聯名,向省議會緊急提案,呈請江蘇省長齊耀琳及松滬護軍使盧永祥設法挽回。上海地方紳商「姚文枬、莫錫綸、陸文麓、丁熙咸、吳

---

90 江蘇特派員,〈呈報法公董局華董出缺據情接案請補由〉(1919.5.27),中央研究院近代史研究所檔案館藏:03-16-041-01-009。
91 《民國上海縣志》卷十五〈人物下〉,第 3 冊,頁 1031-1032。
92 《上海地方自治研究(1905-1927)》,頁 231-242。

馨、蘇本炎、沈周、穆湘瑤八人，又用「上海公民」名義，致函上海縣知事，請轉呈江蘇省長齊耀琳和松滬護軍使盧永祥主持，提醒官廳注意「該廠設在南市，並非租界。外人不得在內地置買田地，載在約章。況該地接近陸軍部之兵工廠及海軍部之船塢，於軍事尤有關係。」盧永祥本有保護國權觀念，也不願外人對其地盤構成威脅，函請中央及總商會暨縣商會設法集資。外交部通商司周傳經到滬調查時，盧永祥強調「地方上反對甚烈，我既有維護地方之責，自應順民意而行」。[93] 最後經北京政府介入，組織中法合資公司。滬上對官紳協力挽回利權的努力，也在輿論上給予肯定。[94]

(5) 抵制風潮

1919年，從五七國恥紀念日以後，南市漸成抵制運動大本營。滬報稱，五七國民大會後，抵制風潮「發於學界，而蔓延於工商兩界」。[95] 5月9日下午，南市「大小東門內各商號門前皆大書：本號自今日起始終不批日貨等字樣。」[96] 此種一致表現，既有縣商會決議，也有教育會推動。賈豐臻透露：

> 商店學徒，大都係小學出身，自以一聞中國在歐洲和會失敗後，即書抵制某貨等字樣，四出散貼，并合資揭白布旗，以醒

93　〈求新廠事〉（1918.11.14），中央研究院近代史研究所檔案館藏：03-20-048-02-020。

94　〈官紳對於實業工廠之維持〉、〈再誌官紳對於實業工廠之維持〉、〈三誌官紳對於實業工廠之維持〉，《申報》，1918年6月27-29日，版10。求新廠改組過程，參考中國社會科學院經濟所主編，《上海民族機器工業》，上冊（北京：中華書局，1966），頁281-302。

95　（潘）公展投稿，〈抵制〉，《時事新報》，上海，1919年5月21日，第2張版1。

96　〈上海國民對於外交失敗之激昂（二）〉，《時事新報》，1919年5月10日，第3張版1。

人目。[97]

徐國樑主持的淞滬警廳，也發出保護令。11日《申報》記：

> 淞滬警察廳長徐國樑近因有人發起抵制日貨，在各處分發傳單，誠恐各長警未知來歷，或有上前干涉等情，是以通傳所屬各區署所警正佐隊長等到廳會議對付方法，大旨以學界中發起此事，固為熱心起見，各該長警無須干涉，如所發傳單語涉激烈有違警章者，方可注意查詢，以盡保衛地方治安之天職云云。[98]

盧永祥致電國務院，說商會抵制日貨，「事出愛國，秩序尚整，不便禁遏。」[99] 南市學商兩界或在發動商戰，隱喻團結精神之發揮。此即張謇在晚清推動抵制美貨時，所說的「神明奇策」，兼具內外明暗妙用。

在學界壓力下，南北商會都通過抵制日貨辦法。5月14日，總商會召開全體會董緊急會議。翌日《申報》記：

> 北市總商會開特別會，因有提議緊要事件，當用電話通知全體各會董，請即蒞會與議。聞所提議之件，最關重要者，係抵制日貨並暢銷國貨等諸問題云。[100]

5月17日縣商會召集各會董、評議員、調查員開會，也通過「提倡國貨」宗旨。[101] 25日《申報》記：

> 南市十六舖以南裏外馬路及各處大街之各大商家，均高揭白旗，上書抵制日貨、堅持到底，及勸用國貨、維持實業等字

---

97 賈豐臻，〈再論少年中華〉，《學生雜誌》，第6卷第8號（1919.6），頁46。
98 〈各界對於外交失敗之表示〉，《申報》，1919年5月11日，版10。
99 〈北京專電〉，《時事新報》，1919年5月19日，第1張版1。
100 〈總商會昨日開會紀〉，《申報》，1919年5月15日，版11。
101 〈縣商會贊成提倡國貨〉，《時報》，1919年5月18日，第3張版5。

樣。此外,復分組救國十人團,聲明第幾團支部,並擔任調查日貨種類,隨時勸導各同胞,切勿貪賤誤買云。[102]

南市因抵制日貨而組織的救國十人團,似喻振興自治精神之隱意。5月19日,報載油豆米麥同業組織救國十人團,已得四百餘人,組成四十團。18日,該業同人在南市采菽堂開會,有演說及推舉職員。[103] 救國團組織之迅速,可能以舊商團為基礎。南市油豆餅業以張樂君及葉惠鈞為領袖,原本也都是業界商團團長。

先是5月13日,《申報》之〈各界對外表示之昨訊〉,南北市之華商雜糧公會等團體,在新北門內邑廟集議抵制辦法,由該業領袖葉惠鈞主持:

> 華商雜糧公會、漢幫志成堂、潮汕幫、廈門幫等五團體,因歐洲和會交涉失敗,昨日特假邑廟豫園萃秀堂開特別大會,到者三百餘人。下午二時開會,經各幫代表公推葉惠鈞為臨時主席。宣佈開會宗旨,並演說我國政府之外交,以國勢懦弱著著失敗,全賴民氣為後盾,庶能挽救於萬一。於是經眾議決數項辦法:(一)一應雜糧等貨不裝該國商輪,改裝他國輪船。(一)對於日商營業衹准售與該商,不買伊國貨品。(一)不用該國鈔票。惟現在一切成交之貨,一時未能清了,限至二十號以前結束,如逾期則轉往他國棧房存放。故實行之期,即以二十號為起。眾皆贊成,散會已六時矣。[104]

上海華商雜糧公會合經營雜糧之行商豆米業公所(張樂君),及號商漢幫志成公所(葉惠鈞)、廣幫慎守堂(黃式如)、廈門幫泉漳會館(曾少坡)、潮幫潮州糖雜貨聯合會(黃少巖、郭若

---

102 〈紀各方面之提倡國貨〉,《申報》,1919年5月25日,版11。
103 〈併紀各界對外之表示〉,《申報》,1919年5月19日,版10。
104 〈各界對外表示之昨訊〉,《申報》,1919年5月13日,版10。

雨）等五團體組成。[105] 當天主持會議的葉惠鈞，是雜糧公會領袖，一向熱心公共事務。據說他舉凡開會演說，必以手指胸而曰「憑良心」，以「戇大做到底」與人勗勉。[106]

當天會後，華商雜糧公會致上海各團體通告，提出抵制日貨三條辦法，內容具體而明確：

（甲）不用日幣。（乙）不進日貨。如售與各貨應收莊票否，或不得已而收該國銀行支票亦須即期，並應即向該銀行照準簽字方可交貨，請注意。（丙）不進日船。裝來各貨（大連各埠來貨，自議決日起，如有日船裝來者，即實行不進。惟長江一帶，因有產地已經買存日商棧房，路遠不及載，不得不暫予通融，然亦遲至陰曆五月初五日為限，不能再裝日船。如五月初五日後之貨，同業概不交接。）以上議決三條，係全體一致贊成。如吾同業中，或有貪一時私利，不顧大局，甘心違背者，察出即認為吾全業公敵，與其斷絕交易云。[107]

葉惠鈞和張樂君均與楊晟關係良好，抵制日貨或得到交涉使署暗中鼓勵。[108] 罷市後，張樂君被舉為商工學報聯合會幹事，可見也是愛國運動積極參與者。

事實上，在五七大會及五九國恥紀念後，葉惠鈞等已開始聯

---

105 〈華商雜糧公會修正規章〉，《申報》，1918 年 4 月 14 日，版 10。
106 孫籌成，〈樸雅之壽典〉，《申報》，1931 年 10 月 23 日，版 13。孫籌成，〈對於葉惠鈞之口碑〉，《申報》，1932 年 8 月 16 日，版 17。
107 〈各界對外表示之進行〉，《申報》，1919 年 5 月 16 日，版 10。
108 〈油豆餅業添舉商業團代表〉，《申報》，1919 年 4 月 6 日，版 10。1919 年 5 月，楊晟上調北京，張樂君建議立碑豎像。〈再紀新舊道尹之交替〉，《申報》，1915 年 10 月 27 日，版 10。〈各團體公宴楊小川〉，《時報》，1919 年 5 月 15 日，第 3 張版 6。〈楊道尹去思之紀念碑〉，《中華國貨月報》，第 1 年第 3 期（1915:11），頁 4-12。

絡同業,或得其川沙同鄉黃炎培贊同。[109] 黃炎培之於川沙,略似張謇之在南通。[110] 據 5 月 10 日《申報》之〈商界對付外交之籌議〉:

> 聯合通信社云:本埠各業商人,因青島問題痛恨喪權辱國,預為約集。於昨日午後,借華法交界某公之巨宅特開緊急會議,到者甚眾。事前之進行,極為秘密,故外間知者絕鮮。會議結果,詳情莫悉。據探聞所知,則近日市上所發警告宣言之三事,實力做去。對於第三第二,主持尤烈。現在以有系統的方法,密謀次第進行,一洗從前躁切從事之點云。[111]

五九國恥紀念日,眾商集議之某公巨宅,可能為葉惠鈞家。這一紀事所述抵制辦法,似即前引雜糧公所所提的三條:(甲)不用日幣,(乙)不進日貨,(丙)不進日船。而尤主張力行乙、丙兩項。

至於嚴諤聲稱,顧馨一經營雜糧生意,向與日商三井有往來;蘇筠尚經營海味生意,也與日商有關,兩人基於商業利害,消極抵制學生要求,是否確有其事?查蘇筠尚經理的鼎發行(法界洋行街 77 號),由葉鴻英出資,經營南洋群島進出口事業。[112] 葉鴻英經理的源昌正(法界洋行街 56 號),也經營海

---

109 黃炎培、葉惠鈞作為同鄉早有交誼。1932 年葉惠鈞逝世,黃炎培輓聯:「平生赴義,奮不顧身,蓋其天性大過人,更謝絕一介儻來,近市臣門清勝水;時局以今,危乎累卵,僅有民黨堪救國,忍回憶廿年往事,揭竿戎服勇登壇。」《黃炎培序跋選》,頁 237。
110 曹聚仁,〈悼念黃任之(炎培)先生〉,頁 245。黃炎培不以實業名世,卻為川沙士紳領袖。1915 年,被聘為《川沙縣志》主纂。詳參黃炎培,〈《川沙縣志》導言〉,《黃炎培序跋選》,頁 116-120。
111 〈商界對付外交之籌議〉,《申報》,1919 年 5 月 10 日,版 10。
112 清末葉鴻英父子由採辦東洋貨起家,先在上海開設源潤昌號,專營日本、高麗、海參崴各貨進出口。後又創辦源昌號,設分號於長崎、神戶、橫濱各埠。復再開辦鼎發、源來兩行,經營日本及南洋進出口事業。他在清末邀約蘇筠

味業。洋行街及新開河一帶，為海味業集中地，貨源多來自日本。[113] 學界號召抵制日貨後，海味業公會響應。商家集議之點春堂在豫園東北隅，為福建汀泉漳三府業花糖洋貨公所，由蘇筠尚父（蘇升）曾集資修建。[114] 5月30日《申報》載：

> 海味業貨物以日本出產為多。此次抵制日貨後，該業會邀集全體在點春堂議決，一律不批日貨。如有違抗者，察出罰銀五百兩。近日該業查得小東門外洋行街某海味行執事暗向日商某洋行定購朝鮮蝦米十箱，業已運滬上棧，專候出賣。爰特分發傳單，邀請同業開會，集議處罰。[115]

葉鴻英和蘇筠尚作為海味業大批發商，通過一律不批日貨之律，又通過嚴格執行之令，似未能說彼等消極抵制。1919年抵制風潮起後，東洋雜貨業多收歇解散，葉鴻英卸脫東洋貨業公所代表身分。[116]

此時參業公所也表現積極。5月22日以來，滬報刊出〈參業公所啟事〉，表示抵制決心：

> 外交失敗，憂憤同深。敝公所特於今日開全體大會，籌議挽

尚兄道生（本立，1916年病歿）到長崎營商，後者旋成為華商旅滬巨擘，出任長崎中華商務總會總理八年。1915年中日交涉事起，上海抵制日貨聲浪高漲，蘇道生憤然歸國，日本人極力挽留，1916年末病逝異鄉。參見《上海總商會同人錄（中華民國七年）》，頁3。葉德彬等輯，《葉鴻英先生訃告》，1937年鉛印本，《上海圖書館藏赴閩集成》，第23冊，頁220-221。蘇紹炳，〈姪本炎行略〉，頁355-356。〈〔蘇〕道生事略〉；永見寬二、胡礽泰，〈故蘇道生君記念碑建設趣意書〉；均載《民立雜誌》，第1卷第4期（1917.7），頁1-2/1-2。〈宋紫雲，〈貿易企業家葉鴻英〉，上海市政協文史資料委員編編，《上海文史資料存稿：工業商業》，第7冊，頁333-335。

113 《上海商業名錄（1920）》，頁365。〈民國路商業聯合會開會記〉，《申報》，1919年9月2日，版10。

114 《上海縣續志》卷三〈建置下：會館公所〉之〈點春堂記略〉，即出蘇筠尚手筆。《上海縣續志》卷三〈建置下〉，第1冊，頁259-260。

115 〈併紀各方面之提倡國貨〉，《申報》，1919年5月30日，版11-12。

116 《上海總商會議事錄》，第3冊，頁1239。

回之法。僉云：此番之事，利害切身。決議首先拍電東洋，停辦各貨。至於現存之貨，血本攸關，不得不忍辱須臾，以沽清為止，聊盡國民之天職。倘有圖利營私，違犯公議，將該號牌號標諸公所大門之外，不僅逐出公所，將與天下人共棄之。[117]

參業公所和藥業公所關係緊密，位於南市裏外鹹瓜街，[118] 而蘇筠尚、葛吉卿為業界領袖。該業做出停辦日貨決議，宣佈違者逐出公所，決心似甚為堅定。上海罷市後，葛吉卿出席了「商工學報聯合會」，[119] 蘇筠尚且被推為大會二十五位幹事之一。[120]

顧馨一對抵制運動態度，則似有所不同。黃炳權回憶，顧馨一和日商三井及鈴木兩家洋行經常接洽生意。他更說抵制運動發生後，顧馨一仍私運米給日商，對外則不動聲色。某日，學生遊行至大正米行及顧馨一宅，公然斥之為「奸商」。顧馨一適不在店，來自陸家浜圖書公司商業學校（即省立第一商校）為主的學生，遂將大正行招牌卸下，棄之於關橋南首糞碼頭黃浦江邊。當天另一支隊伍，是以民立中學為主（據說顧馨一第八子在內），更遊行至顧馨一宅擊碎玻璃窗數扇。惟黃炳權所說有誤，實發生在1919年12月4日。[121] 是年9月5日，《申報》刊出上海學

---

117 〈參業公所啟事〉，《申報》，1919年5月22日，版13。
118 《上海商業名錄1920》，頁476、480。
119 〈紀卡爾登之各界茶話會〉，《申報》，1919年6月6日，版11-12。〈卡爾登之各界茶話會〉，《民國日報》，1919年6月6日，版11。
120 〈商工學報各界聯合開會紀〉，《申報》，1919年6月7日，版9。
121 黃炳權自述1918年入職顧馨一大正米行。〈顧馨一生平事略〉，頁347-350。李達嘉稱五四時期對商人強制行為，預似文革時代來臨。參考李達嘉，〈罪與罰──五四抵制日貨運動中的學生對商人的強制行為〉，《新史學》，第14卷第2期（2003.6），頁43-110。〈學生演講第二日之聞見〉，《新聞報》，1919年12月5日，第3張版1。〈各校學生停課第二日之行動〉，《申報》，1919年12月5日，版10。〈大正米行來函〉（1919.12.5），《申報》，1919年

聯〈致大正米行函〉，質疑「偌大行家，經營巨業」，私運米糧出洋，實屬「為虎作悵」的「無恥奸商」，要求「力改前非，毅然停止」。[122] 在此壓力下，顧馨一以「營業紛繁」為由，於年底辭去縣商會會長。《民國日報》記者推測：「此事大約與大正米行被抵事有關。」隨後顧馨一更舉家避居英租界，以避風頭。江蘇省教育會則以調停者及仲裁者角色，為顧馨一緩頰解套。[123] 翌年上海學聯常駐幹事費公俠，撰文〈忠告寰球中國學生會會員〉，還點名指責顧馨一「何嘗能夠幫助你們的會務」，[124] 仍對上年事耿耿於懷。

12月6日，版11。
122 〈上海學生聯合會消息〉，《申報》，1919年9月5日，版10。
123 〈縣商會會長問題〉，《申報》，1919年12月5日，版10。〈顧馨一辭縣商會長〉，《民國日報》，1919年12月5日，版10。〈顧馨一移居於租界〉，《民國日報》，1919年12月28日，版11。1920年1月江蘇省教育會致上海學聯公函，關於「此次學生團體繼起演講，涉及大正米行與其經理人顧君私宅一事」，說明縣商會接大正股東報告後，查得大正行早已停止米糧賣買之確證，請教育會「察照查復」。江蘇省教育會函補充說明：「查函開各節，本會曾詢之南市公正紳商，均稱顧君素係熱心公益，決無運米出洋之事，合即據情再達貴會，即請分轉各分會，以免誤會。」〈江蘇省教育會致上海學生聯合會函〉，《申報》，1920年1月9日，版11。
124 費公俠，〈忠告寰球中國學生會會員〉，《時事新報・學燈》，1920年3月10日，第4張版1。

三、學商聯合計劃

「商人……現實勢力之偉大，
　良足以刷新腐敗之政治，鞏固商業之基礎……。」

～1919 年，曹慕管，〈非「在商言商」主義〉[125]

　　五二六罷課以後，上海學聯積極聯絡商界，組成同盟發動抵制日貨，而更指向策動商界罷市。這一時期，學生計劃和行動天天見報，校職員也扮演重要角色。各校師生向南北商會請願，以期達成商學聯合目標。這些活動的推進，都在華洋當局眼皮下發生。這一階段的學生行動，似有意攤開在警察面前，以釋其猜疑之心。上海學聯策動商業公團之舉動，則以曹慕管和朱少屏為連絡員。

(1) 積極行動

　　上海學聯以「商學聯合」為目標，最先聚焦於抵制日貨。5 月 17 日，上海學聯派定各校分會交際部負責地段，各依學校地點分配。[126] 26 日後，進一步鼓吹同盟罷市。5 月 24 日上海學聯議決，開列行動清單五項：

（一）在罷課期內發行新聞紙以資鼓吹。

（二）罷課後之維持方法，登報聲明以免誤會。

（三）關於抵制日貨事，勸止暴烈舉動。（已發出一種傳單）。

（四）聯絡商界合開大會，以為商學聯合之先聲。

---

125 曹慕管，〈非「在商言商」主義〉，《紹興七邑旅滬同鄉會季報》，1919 年第 3 期，頁 1-8。
126 〈上海學生聯合會開會紀聞〉，《申報》，1919 年 5 月 18 日，版 10。

（五）下星期六開追悼郭義士欽光大會。[127]

學生行動注意對外發佈，以期凝聚共識，並釋軍警疑心。是時，學界以抵制日貨為號召，聲明將聯結商界一致進行。事實上，這也使軍警掉以輕心，誤以為學生僅聚焦商戰宣傳。

五二六誓師翌日（5月27日），朱少屏出席上海學聯會議，勸告每校每人應實事求是，勿虛度光陰。[128] 此日學聯更把「26日之非正式會議之議決案，逐條通過」，合計九項：

（一）本會應多派代表分赴內地各處聯絡學界與本會取一致行動。

（二）本會連絡本埠商界之辦法，以接洽該界之公共團體入手。

（三）本會應派代表赴各國領事署宣佈本會真正之宗旨及用意，以釋狐疑。

（四）本會從速發行日刊，由文牘部籌備。

（五）凡入會各校學生每人每半年應捐大洋五角，以為本會辦報、發電之用。

（六）如校長受政府之指意，逼迫學生上課，本會即連絡商界為後盾。如學生受迫出校者，本會即為設法入他校插班。

（七）本禮拜六至公共體育場開郭欽光烈士追悼會。

（八）本埠男女各學校學生應有一種一律之帽，白色軟質，共須製二萬隻，由中西女塾、博文女學、清心女學、神州女校、民立女子中學等十四女校擔任，

---

127 〈上海學生聯合會開會種種〉，《申報》，1919年5月25日，版11。
128 〈上海學生罷課之第二日〉，《申報》，1919年5月28日，版11。

每隻收費大洋五角。

（九）設調查部往各大商店檢查日貨，於原有之日貨上蓋印。[129]
此時學生精神抖擻，積極展現行動力。男女各校放下歧見，遵守學聯議決，也展現出團結力。

5月29日市北公學校長唐伯耆〈關於罷課問題之討論〉，更替學生分析策動罷市及罷工辦法。他主張以商業公團和旅滬同鄉會為重點：

> 在今日之上海言，總商會自發出佳電後，已失威信，實無代表全體商界之資格。有人主張改組總商會，但非學生界所能代謀之事。工界方面，從前聞有工黨總部，現在未知有此機關否。即有此機關，是否有疏通全體工界之勢力，亦屬疑問。此外上海並無工界總機關，聯絡亦頗困難。故商界方面，除聯絡商業公團聯合會六十一團體外，再由各學校之各幫學生（如粵籍生聯絡粵幫，甬籍生聯絡甬幫）聯絡各幫，鄉誼既厚，聯絡較易。工界方面，應先調查上海各工廠，由各學校擔任地段，一一前往疏通，別無他法。[130]

唐伯耆無疑像學生顧問，也可協同聯絡商界。他是中華職業教育社特別社員，[131] 與江蘇省教育會頗有聯絡，又投稿《時事新報》，所言或不止代表個人。

上海學聯交際部負責聯絡商界，決定增設職員積極推動其事。此時交際部長桂崱剛（復旦），準備南下廣州策動罷課。書記翁國勳（滬北）參加滬北各校聯合會，可能態度消極。因此，

---

129 〈上海學生罷課之第二日〉，《申報》，1919年5月28日，版11。
130 唐伯耆，〈關於罷課問題之討論〉，《時事新報》，1919年5月29日，第3張版3。
131 《中華職業教育社同社錄》（1918年8月31日前），頁4。《中華職業教育社同社錄續編》（1918年10月迄1920年1月），頁6。

增選李宗登和張維貞襄助。5月30日《申報》之〈上海學生罷課之第四日〉記述：

> 學生聯合會交際部，在罷課後進行異常迅速。對於聯絡商界，尤為積極。除已有部長、書記外，另選幹事李宗登、張維貞二人襄理部務，並推定南洋公學、省立第一商業、聖約翰三校代表，專司聯絡商界。[132]

增補的李宗登和張維貞（楨），後者在勤業等校任教，前者似也是教師，可見教職員角色吃重。被推定負責的三所學校，分屬國立、省立、教會學校，都是最早參加學聯之分會，各就校址所近而負聯絡責任。

就學校背景言，南洋公學及聖約翰位於滬西緊鄰租界之處，學生多來自大買辦及上層紳商家庭。省立第一商業學校屬於甲種商業學校，位於滬南小南門外陸家浜，為南市中國圖書公司舊址，與江蘇省教育會及中華職業教育社關係密切，學生多為中等商家子弟。因該校地理位置鄰近南市商業中心，上海學聯交際部選定為南市各校交際員集議的指揮中心。該校學生三百多人，勸告抵制日貨不遺餘力。[133] 6月底上海學聯交際部分出調查部，「專司調查日貨，及奸商破壞大局等事」，即是商校代表湯成梓提議。[134] 上海學聯評議部的商校代表譚憲瑩是教師，也是負責

---

132 〈上海學生罷課之第四日〉，《申報》，1919年5月30日，版11。
133 〈江蘇省立第一商業學校招考簡章〉，《申報》，1914年8月26日，版10-11。〈中華職業教育社通訊〉，《申報》，1918年6月29日，版11。省立商校規定：若江蘇省教育會、青年會、工商研究會開講演會，使學生必須赴會聽講。〈職業教育調查錄〉、〈江蘇省立第一商業學校周年概況報告書〉（1916年8月至1917年7月），璩鑫圭等編，《中國近代教育資料匯編：實業教育、師範教育》（上海：上海教育出版社，1994），頁318、375-377。〈商校學生集議罷課後辦法〉，《申報》，1919年5月26日，版11。〈各界一致對外之彙聞〉，《申報》，1919年5月15日，版10。
134 〈上海學生聯合會消息〉，《申報》，1919年6月27日，版10。

議案審查五位委員之一。[135] 省立商校等出動宣傳所需之費用，似有校方支持。

(2) 連絡商業公團

五二六翌日，滬報刊出澄衷中學校長曹慕管致商業公團正副會長的公開信，請繼起聲援學生：

> 洽卿、靜齋、節之先生大鑒：逕啟者，外交失敗，激動學界。北京各校，首先提出六條公呈政府。乃當軸延遲至今，迄無詳明滿意之答覆。近日對於學生行動，更加嚴厲取締。本埠六十一校，義憤填胸，不可遏止，因於今日一律罷課。據報章記載：南京、蘇州、杭州，均有繼起響應之勢。國家前途之危險，不堪設想。公等商界鉅子，平時對於國事，熱心卓著。此次學潮，關係國家存亡，不宜緘默。誰無子弟，忍令失學而不為之援手乎！為此提出臨時緊急動議，願請開會籌議對付方法，並請嚴詞電詰政府，立即讓步，以維學術。如能通電各省商會，一致行動，事無不成，收效更大，青年拜公之賜為尤多矣。[136]

曹慕管作為商業公團評議員，提出的建議有三：

一、要求商業公團召集臨時緊急會議，以籌對付政府方法。
二、嚴詞電詰政府，要求同意京校學生要求。
三、通電各省商會，群起對政府施壓。

曹慕管函公開發表前，實已與商業公團主事者達成共識。

---

135 〈上海學生聯合會開會紀聞〉，《申報》，1919年5月18日，版10。
136 〈學生罷課之求援〉，《申報》，1919年5月27日，版11。〈曹慕管致虞洽卿等書〉，《時報》，1919年5月27日，第3張版5。〈曹慕管致商業公團函〉，《民國日報》，1919年5月27日，版11。

5月27日《時事新報》發表〈商業公團響應之第一聲〉，即刊出商業公團5月26日致府院電文，聲援京滬學生以外，呼籲續開南北和議：

> 北京大總統、國務院鈞鑒：本日上海中等以上六十一校學生一萬二千餘人同時罷課遊行街市，聞江浙內地各校已相繼而起，風潮激盪，群情洶懼，萬難遏抑。自外交失敗，內和停止，東南氣象，愁慘日甚一日，似此情形，勢必激成商界罷市，全國立見糜爛。商民等一再呼籲，前奉院電，仍無切實辦法。政府果有保國誠意，應俯從商學界之公意，所有屢次請求各端，萬望立即施行，速令總分代表回滬，重開和議，庶幾國家命脈尚有一線生機。臨電涕泣，不知所云。上海商業公團聯合會，六十一公團同叩。宥。[137]

上述通電，即是公團召開緊急會議的效果，而開會顯然在五二六前。此是商界團體首次公開提及「商界罷市」的可能性，反映商業公團和上海學聯已有默契，把發動罷市作為行動選項。

28日工部局《警務日報》，報告朱少屏和曹慕管二人，為連絡商業公團敦促罷市的關鍵人物。探報稱：

> 寰球中國學生會幹事朱少屏及澄衷學校（唐山路五號）的曹慕管，曾和商業公團聯合會洽談，敦促商界與學界採取一致行動，舉行罷市。[138]

朱、曹二人敦促罷市，絕不可能是個人私見，也必不止代表上海學聯，而是有省教育會授意。

---

137 〈商業公團響應之第一聲〉，《時事新報》，1919年5月27日，第3張版1。〈學生罷課後商業公團要電〉，《申報》，1919年5月27日，頁11。
138 〈上海公共租界工部局警務日報摘譯〉，頁844。

(3) 連絡同鄉會

此時，上海學聯也利用同鄉情誼，積極聯絡旅滬同鄉團體。顧德曼為文指出，滬校學生參加同鄉團體有兩種方式：一為校內同鄉會。一為跨校同鄉會。她認為同鄉團體是學校社團基礎，各校學生皆從屬校級同鄉會。[139] 不過，從學校刊物來看，各校（尤其商校）雖多有同鄉團體贊助，但校內同鄉團體並不普遍。就1919至1921年滬報所見，跨校同鄉學生會有十餘個，但多成立於1919年冬季，是因應福州事件而組織起來。（參見本書附錄五〈旅滬同鄉學生會成立概點〉）簡言之，五四時期跨校同鄉學生會，尚不多見；校內的同鄉團體，也未廣泛設立。

在上海各校中，復旦校級同鄉會數量確為諸校之冠；學生組織及社會動員能力也超乎他校。這不但因學生眾多，來源較廣，更因校方持鼓勵態度，有意培養學生自治意識。這與聖約翰至1919年底始於校內成立兩個同鄉團體，形成了鮮明對比。[140] 就《復旦年刊（1919）》看，校內同鄉團體有四個：兩粵同學會（70人）、浙江同學會（53人）、華僑學生會（33人）、湖南同學會（14人）。各會除了強調聯絡情誼，團結合群，也自擬為地方自治團體，以促進國家福祉為宗旨。兩粵同學會自述旨趣：

> 比來國人皆憬然於國勢之凌夷，由於人心之渙散，五族競言統一矣，省道競言取銷矣。時勢所趨，大力莫逆。……夫行遠自邇，登高自卑，理所固然。……今欲合五族為一家，之內，必長幼有序，導四海無異致，而里閈感情，先形缺乏，何異北之燕而南其轅。然則本會之設，正先敦鄉誼，以促進

---

139 顧德曼，〈新文化，舊習俗：同鄉組織和五四運動〉，頁268-269。
140 1919年冬聖約翰校內始成立兩個同鄉團體，其中之一明言以福州事件為背景。
　　參見："Kwangtung Club", "Fukien Club", *The Johannean* (1920), pp. 124-126.

我國之聯合也。

浙江同學會宗旨：

> 人生而有群，天性然也。群之能立，莫之致而致也。若無以維之，雖立且渙然。以社會具體之大，即群不固。故國家有地方政治，而復有自治團體焉。自治團體不第為一鄉一邑造福，亦負促進國家之責也。

湖南同學會宣言：

> 世多謂今之青年，當發達世界觀念，不宜復循前人之覆轍，囿於鄉里畛域之習，此言誠至當不可移。然而吾國人之素患，在無結合之能力，乏為社交之感情，使吾人能假類聚群分之名，而收敬業樂群之實，雖取徑有殊於歐美，倘所謂因勢利導者非耶？記曰：行遠必自邇。登高必自卑。擴充而光大之，是吾黨之責，固非鄉曲鄙夫沾沾自喜於一偶〔隅〕之見也。[141]

綜上所論，復旦學生視同鄉團體有自治性質，為促進國家團結的社會基礎。復旦學生把同鄉學生會英譯為 "Students Association"，而非聖約翰和滬江大學後或譯為 "club"，即可見旨趣之異。[142] 1919-1921 年跨校學生同鄉會成立，也隱然可見復旦學生的積極作用。例如，旅滬福建學生會英譯 "the Fukien students' association of Shanghai"，[143] 會長何葆仁，即依復旦為本。

---

141 楊道腴，〈復旦兩粵同學會之旨趣與歷史〉，《復旦年刊（1919）》，頁 60。陳萱，〈浙江同學會〉，《復旦年刊（1919）》，頁 63。執筆者陳萱為 1919 年復旦浙江同學會會長。唐芝軒，〈湖南同學會紀事〉，《復旦年刊（1919）》，頁 62。唐芝軒為 1919 年復旦湖南同學會書記。

142 "Lingpo Club", "Kwangyunh and Kwangsi Club", "Kiangwan Local Association", "Chun-ming Club", "Huchow Club", *The Shanghai* (1920), pp. 99-103.

143 "Fukien Club", *The Johannean* (1920), p. 126.

五四學潮起,復旦同鄉同學會發揮了策動同鄉商人,聲援他校學生的積極作用,從校刊文字可見一二。1920 年朱承洵所撰〈浙江同學會小史〉,即說 1919 年「夏間學潮起,本會同人咸從事奔走。」[144] 各會情形,可能相若。例如兩廣同學會唐榴(唐紹儀子),可策動旅滬粵籍政商支持。湖南同學會瞿宣穎(聶雲台內弟),可策動湖南鉅紳聶雲台(湖南會館總董)響應。華僑學生會,可聯絡歐彬、郭樂、簡照南、謝復初、謝碧田等僑商。浙江同學會朱承洵,可連絡紹興同鄉會以外,尚可連絡創始會員暨舊日室友孫毓麒、羅家倫,深化京津滬學生跨埠網絡。[145]

　　南洋公學方面,學生多來自寧波鉅商家庭。方椒伯族侄方子衛就讀南洋,可向父執輩解說。1921 年 5 月方子衛將赴美就讀哈佛大學,在寧波同鄉會演說時,闡述同鄉會為振興國家之基礎:

> 人有言同鄉會乃部落思想,卻是不錯,然吾人不能以全世界合而為一團體,故必先集合小團體,小團體則以習慣言語相同者最易組織,故吾等有同鄉會。如果吾會事業好,即是社會上好模範。別人亦同樣做,社會即多中堅分子,吾國亦因之而強。[146]

方子衛 1918 年至 1921 年就讀南洋公學電機科時,也是上海學聯及五馬路商界聯合會所辦義務學校教員。[147] 五四時期報章未報

---

144 朱承洵,〈浙江同學會小史〉,《復旦年刊(1920)》,頁 90。
145 1915 年復旦公學浙江同學會創辦,孫毓麒為會長兼雜誌部總理,朱承洵為評議員,羅家倫為雜誌中文主任,三人也是同寢室友。〈同學會職員錄〉、〈雜誌部職員錄〉,《復旦公學浙江同學會學生雜誌》,第 1 期(1915.12),頁 9-10。九十老人朱仲華口述、謝宗元整理,〈回憶同學羅家倫〉,《紹興文史資料選輯》,第 5 輯(杭州:政協浙江省紹興縣委員會文史資料工作委員會,1987),頁 87-88。
146 〈寧波同鄉會新會所開幕紀〉,《申報》,1921 年 5 月 16 日,版 10。
147 〈五馬路商界聯合會開會紀事〉,《申報》,1920 年 4 月 2 日,版 10。

導其社會活動,但他可能與學潮有若干關係。

至於各校師長輩角色,更是不容忽視。5月29日《時事新報》有唐伯耆〈關於罷課問題之討論〉,就建議運用同鄉網絡作為學生援助。當時各校學生來源,多為江浙二省及兩粵工商之家。故此,唐伯耆提倡利用家庭關係,勸說工商界共同盡「國民」責任。

> 各校學生之父兄,大多數為工商界之份子,與罷課之學生,本有密切之關係。此次學生罷課,即其自覺心之表現。但國事本非學生一方面應當盡職,工商各界,誰非國民,孰無責任,亦當有自覺心之表示,以為學生之援助。[148]

各校教職員同情學生者,各依籍貫及學校之相關團體,協助推動商學兩界之聯合。例如曹慕管主持寧波鉅商捐助成立的澄衷中學,又身為紹興同鄉會議長,可向寧、紹同鄉會說明。唐伯耆主持湖州商人創辦的市北公學,可籲請湖州會館支持學生。李登輝作為南洋華僑,可通過華僑聯合會和華僑學生會,籲請南洋鉅商贊助,並經由男女青年會和寰球中國學生會,懇請眾多會員向學生伸出援手。單以南洋鉅商簡照南而論,翌年印行的《簡太夫人哀思錄》,致哀的上海各校及教職員就包括:市北公學男女兩校全體學生及職員全體、勤業女子師範校長朱劍霞、上海坤範女子中學校長俞文耀、中國女子體操學校、民國女子工藝學校、省商校長譚憲瑩率教職員暨全體學生、上海第一女子職業學校、南洋商業專門學校全體教員暨全體學生、復旦大學、唐伯耆、朱劍霞。[149] 其中復旦大學和市北兩校,獲得簡照南捐款尤多;而其

---

148 唐伯耆,〈關於罷課問題之討論〉,《時事新報》,1919年5月29日,第3張版3。
149 簡照南輯,《簡太夫人哀思錄》,《上海圖書館藏赴闈集成》,第14冊,頁85-451。

他各校獲得資助者，或許有黃炎培牽線。[150]

四、學界意見整合

「拿出最後的文明的武器來，不怕政府不答應。」

～1919 年 5 月 26 日，張東蓀，《時事新報》時評[151]

　　五二六以後，上海學聯部分成員的政治興趣，步步高漲且日趨激烈。在滬各路政治人物，都有左右學生的意圖。葉楚傖和邵力子通過《民國日報》，張東蓀憑藉《時事新報》，各向學生提示策略和行動指引，隱然呈現微妙競爭態勢，但也逐漸趨於統一主張。

(1) 京津學生團

　　1920 年 5 月，羅家倫總結五四學生運動成功的原因，認為「須知五四運動的所以成功，並不是一朝一夕的緣故，事前已經醞釀許久了！大家有幾年的鬱積，幾年的休息，正是躍躍欲試的

---

150 1923 年底簡照南病歿，黃炎培代表江蘇省教育會及中華職業教育社演說，推崇其不同於一般實業家，「能取之於社會，用之於社會」，「補助教育費，派送留學生，年約數十萬元」，「明興實業，暗助國家」。〈簡照南追悼大會紀〉，《時報》，1923 年 12 月 30 日，第 3 張版 5。簡照南作為中華職業教育社徵求隊隊長，唐伯耆是其隊員之一。〈職業教育社社員錄〉，《時事新報》，1921 年 7 月 3 日，第 3 張版 2。〈張謇題字〉、〈黃炎培題字〉、〈本公學十週大事記〉，《市北月刊》，第 1 卷第 2 期（1926.5），卷首、頁 21-23。
151 （張）東蓀，〈時評一：責任之自覺〉，《時事新報》，1919 年 5 月 26 日，第 1 張版 1。

時候，陡然一下暴發出來，所以智者盡其智，勇者盡其勇。」[152]時北京學生團，有激進、穩健兩派。對上海學運有影響者，以《國民》雜誌社員為多，段錫朋、許德珩尤其健者。[153]《新潮》雜誌社員健將，以羅家倫和傅斯年為主將。羅家倫追憶學潮起時，當日「負責的大家都是用功的學生，靜則思動，所以他們精力都很充足，思想也很周到，行動也很有計畫」。[154] 1919 年 6 月 27 日傅斯年、羅家倫致段錫朋、許德珩等函，綜述北京學生主張。「自五月五日起，吾輩定『北京學界打頭陣，將來發展不限北京，更不限學界』之大政方針，又分半副精神維持吾校，使其不為無代價之犧牲。」[155] 京派出的學生，和天津學生偕行，組成京津學生團，以結成同盟為目標。可是，北返後的胡適，略如高一涵所說，一從上海趕回，就勸告結束學潮。[156] 時胡適和蔣夢麟保持連絡，得悉江蘇省教育會的策略，仍以保全北大為上策。他透過和傅斯年、羅家倫的私交，勸告早日復課。

江蘇省教育會背景的教育次長袁希濤也竭力為學潮降溫。北

---

152 羅家倫，〈一年來我們學生運動成功失敗和將來來應取的方針〉，《新教育》，第 2 卷第 5 期，頁 606。
153 程天放《我的一生》（未刊）追憶五四運動，對北京學生僅記三人：段錫朋、羅家倫、許德珩。對上海學生提及八人：何葆仁、潘公展、吳道一、沈怡、余井塘、章友三、江一平、端木愷。程天放是江西人，和段錫朋、許德珩同鄉，羅家倫童年也在江西成長，可見鄉誼在學潮中的潛在作用。《我的一生》似是程天放回憶錄大綱，最終下筆時，完全未提北大學生作用。參考程天放，《程天放早年回憶錄》（臺北：傳記文學出版社，1968），頁 36-41。程天放，《我的一生》，Cheng Tianfang Papers, Hoover Institution。
154 羅家倫，〈蔡元培時代的北京大學與五四運動〉，羅久芳、羅久蓉編輯校註，《羅家倫先生文存補遺》（臺北：中央研究院近代史研究所，2009），頁 66。
155 〈傅斯年、羅家倫致段錫朋、許德珩、陳劍修、黃日葵〉（1919.6.27），王汎森等主編，《傅斯年遺札》，第 1 卷（臺北：中央研究院歷史語言研究所，2011），頁 5-13。
156 高一涵，〈從五四運動中看究竟誰領導革命？〉，中國社會科學院歷史所編，《五四運動回憶錄》，上冊（北京：中國社會科學出版社，1979），頁 336。

大兼任教師王寵惠等,也參與斡旋,希望維持北大。[157] 5月27日《申報》駐京記者電:

> 學生團和緩分子擬組維持會,目的在勸同學即日上課,所有各要求暫不責政府履行,俟將來由政府容納為釜底抽薪計。[158]

此實因教育部在府院壓力下,25日下達「維持三日,以後嚴厲」之令。於是各校教員成立「教職員維持會」,北大學生對此堅決反對。

此時南北學生的普遍心理,咸有發動革命之意。5月9日,在蘇州的北大學生顧頡剛去函羅家倫,認為學生犧牲愈大,愈可激起同情,以擴大風潮為得計:

> 失敗得愈利害,得國民的同情愈多。這回事倘使警廳不捉學生去,各處的興起必沒有這樣盛。現在我們所希望的,總得在根本上改動一回,所以需要全民贊助的力量正多。政府裏邊若是乖覺些,放了學生,假意的罷免了曹、陸等,那飲河的鼴鼠已經滿腹,可以心滿意足、安守本業了。但是青島問題依舊可以讓步,曹、陸輩依舊可以活動,下次再有不平,再要結合,大家或以為上次的成績不過爾爾,勇氣便衰退了一半,或逕是「見慣不驚」了。所以這回的事非得擴大不可,非得一根本解決不可。[159]

學生此種策略,可能受朝鮮三一運動啟發。[160] 照顧頡剛的想法,

---

157 〈傅斯年、羅家倫致段錫朋、許德珩、陳劍修、黃日葵〉(1919.6.27),頁7-8。
158 〈北京電〉,《申報》,1919年5月27日,版4。
159 顧頡剛,〈致羅家倫〉(1919.5.9),《顧頡剛書信集》,卷1(北京:中華書局,2011),頁235-236。同日顧頡剛致函葉聖陶,也表達出同樣意思。顧頡剛,〈與葉聖陶書〉(1919.5.9夜),《顧頡剛書信集》,卷1,頁61。
160 王震,〈朝鮮事態與五四運動——以新亞同盟黨為線索〉(北京:北京大學碩士論文,2023),頁45-57。

不但曹、陸等應當伏誅（他以為章宗祥凶多吉少，故略而不談），連政府及相關人等都應徹底去除。他們抱定「根本解決」之心，主張發起以犧牲自我喚醒國民。

6月5日《時報》之〈北京學界風潮之變化〉，似寫於5月下旬，作者署名「銳」（大概學生化名），則指出北京學生困境：

> 此次北京學生聯合會倉猝集合，主張罷課，號召全國，此會主持之力居多，純出於責任之自覺，為極有精神之集合。乃成立以來，軍政界嘗施極端之壓迫無論矣，獨商學各界亦自始未嘗稍予以積極之援助，且表示其消極反對之態度，自京師總商會以下皆然，學生團遂完全陷入孤立無援之狀態。益以此中分子不純，不少害群之馬。罷課以來，妓院酒樓陡增無數學生蹤跡，自命穩健者益振振有詞，學生團遂愈為眾矢之的矣。自明令責成軍警，實行禁止學生團游行、演講、自由集會、發布印刷物後，軍警界遂如虎添翼，干涉益烈。學生行動，到處為軍警所監視。[161]

5月25日徐世昌發佈訓令後，北大學生幹事會（即北京學生聯合會執行部）十數人夜裡聚談，商討未來動向。是夜，被北大學生戲稱為「樞密會議」的密商，作出「火速赴外求援」的結論。此事見〈傅斯年、羅家倫致段錫朋、許德珩、陳劍修、黃日葵〉（1919.6.27）追述：

> 斯年、家倫當時所主張者，一面設法使教育部仍繼續維持阻止軍警方面之行動，一面應陳告各校教員，……將教職員聯合會即日恢復（當時已聲明解散），一面趕派多人赴上海樹援，一面由王〔寵惠〕、范〔靜生〕諸公與當局委它

---

161 〈北京學界風潮之變化〉，《時報》，1919年6月5日，第2張版3。

〔蛇〕，遷延時日。而吾等同學則不散不上課，在校內靜以待援，蓋暫取守勢，待外援來作第二場戰也。此意兄等亦復相同。……群認北京大學當維持不散，然後外援可得而為力。其所以維持之法，即設法使教部拒絕軍警方面之動作；更由王亮疇諸先生與當局委它〔蛇〕，能延一星期則外援即至，而吾輩可再戰一場矣。[162]

傅斯年等所賴以「阻止軍警行動」之教育部，即以袁希濤代理部務，當然會配合演出。而外援之有無強弱，已成決定勝負之關鍵。因此，「趕派多人赴上海樹援」，便是當務之急。北京方面，「暫取守勢」，「靜以待援」，「待外援來作第二場戰」。換言之，北京雖不免仍有一戰，而重心將轉至上海一埠。

25日夜，眾人又談及對政府六條要求，何者必不可少者之項目。此說顯示部分學生面對三日前錢能訓表示「懲辦國賊，政府實辦不到」，已有退讓妥協之意。據傅斯年追紀：

當日斯年所發言者，惟有一事，即調人向吾等索第二條之切實解釋，而云吾輩當以「政府有擔保允許曹陸章假滿後不再復職」為非做到不可之最低限度，向調人說明，以便與當局虛與委它〔蛇〕。此意錫朋兄認為仍是最大限度，不必討論。[163]

第二條，即曹陸章去職問題。此說表明，傅斯年已有絕大讓步。傅斯年所說「最低限度」，代表《新潮》諸人意見；段錫朋認為這是「不必討論」之「最大限度」，其意不甚明確，但反映《國民》陣營要求。5月27日，外埠傳誦北京學生六條要求，唯「懲辦賣國賊」為不可退讓之條，而得輿論界之普遍讚賞。[164]

---

162 〈傅斯年、羅家倫致段錫朋、許德珩、陳劍修、黃日葵〉（1919.6.27），頁5-13。
163 〈傅斯年、羅家倫致段錫朋、許德珩、陳劍修、黃日葵〉（1919.6.27），頁8。
164 無錫地方《錫報》主筆時評：「北京學生全體罷課，提出有條件之解決。惟

又傅斯年對 5 月 25 日之會這番記述,雖欲強調雙方的共同看法,仍不能掩蓋學生內部激進穩健兩派之歧異。傅斯年至此集矢於曹陸章三人,與五一九北京罷課所提六條件距離很大,而與上海學聯五二六罷課宣言接近。上海宣言以罷免段、徐、曹、陸、章五人為「唯一之職志」,而其「非達到不可之最低限度」,大抵亦為曹、陸、章三人而已。傅斯年主張與上海宣言相近,很可能是經胡適作為南北學界的傳話人。此時 5 月 22 日黃炎培、蔣夢麟連名的信函,很可能已由帶信人送達北京。此外,在北京政府和學生之間的「調人」(王寵惠),也可能傳達相近意見。王寵惠與李登輝關係親密,很可能通過其他管道,得到南方的相同訊息,因而傳達著同樣主張。

為策動外埠學生響應,以上海作為後援基地,北京學生領袖奔赴南方。「樞密會議」後,段錫朋、陳寶鍔(劍修)、許德珩(楚蓀)、黃日葵先後奔赴上海,[165] 尤以《國民》社員為主力。許德珩回憶:

> 北京學生⋯⋯決定擴大運動,推出代表許德珩、黃日葵到天津、濟南、南京、上海呼籲援助,擴大聲勢。因〔北大〕三院會場被包圍,我們就跳牆出來,化裝出京。[166]

許德珩未提及段錫朋和陳寶鍔,彷彿北京學生團只派出他和黃日葵二人。惟這次出京之行,似分為前後兩批。許德珩與黃日葵 5 月 27 日先行,段錫朋和陳寶鍔 5 月 28 日後發。

對於懲辦賣國賊一條,雖經各要人之疏通,絕對不與讓步。偉哉!學生一矢破的,有至足令人欽敬而崇拜之者。」若曙,〈學生之毅力〉,《錫報》,1919 年 5 月 27 日,版 2。
165 〈郭烈士追悼大會記〉,《時事新報》,1919 年 6 月 1 日,第 3 張第 1 版。
166 許德珩,〈「五四」運動六十週年〉,《五四運動回憶錄(續)》,頁 58。

羅家倫後來追憶這段歷史，沒有傅斯年般意氣昂揚，反帶幾分自嘲口吻，說學生代表前往上海，是因北京已然一籌莫展：

> 北京方面，學生運動已到了一籌莫展的地步，於是便遣派代表到上海去組織全國學生聯合會。第一批南下的就是段錫朋、陳劍修、許德珩……他們到了上海以後，就聯合上海及各省學生代表組織全國學生聯合會。到了5月底，各處的佈置已經有點頭緒了，於是我們在北京接到段錫朋的密電，說是可以相機發難。[167]

當日實情大概如羅家倫所說，上海成為學生運動的重心，是決戰階段的總指揮部。依照計劃，段錫朋等到上海就馬上組織全國學生聯合會籌備處，北大學生可以透過此會影響全局。[168]「相機發難」四字，說明隨後發生的「六三事件」，實是京滬學生的預謀，而不是被動的偶發事件。

5月底依計劃南下的段錫朋、陳寶鍔、許德珩、黃日葵，都屬《國民》雜誌社員，多江西人，具同鄉之誼。留京的傅斯年和羅家倫，則為《新潮》主幹，接近蔡元培校長。傅斯年為山東人，與南方素無淵源。羅家倫不然，原籍浙江紹興，出生江西進賢縣，與段錫朋較為親近，曾就讀復旦公學。他這次不曾南下，遠因或是批評舊文學舊戲劇，開罪上海文藝界多人。近因是北京傳出傅斯年、羅家倫被安福系收買謠言，以致身陷困局。[169]《新

---

167 羅家倫口述、馬偉筆記，〈蔡元培時代的北京大學與五四運動〉，《羅家倫先生文存補遺》，頁64。
168 《五四運動：現代中國的思想革命》，全書皆誤把段錫朋譯作段錫明。參見《五四運動：現代中國的思想革命》，頁169、210、212、223。
169 羅家倫和傅斯年事後查出散佈謠言者，為《國民》雜誌的朱一鶚。詳參趙帥，〈五四運動中的學生、黨派與輿論〉，《中央研究院近代史研究所集刊》，第118期（2022.12），頁45-88。

潮》社派出南下的楊健,為廣東香山人,也僅以北京中等以上學生聯合會代表身分,作為《新潮》社駐上海連絡人。[170] 但楊健似有胡適介紹信,得以接近核心人物蔣夢麟。6月13日蔣夢麟致羅家倫函（通過胡適轉交）,內稱「楊健君寓滬,離舍不遠,時會晤」,可證楊健為京滬之間的傳信人。[171] 惟楊健資望遠不比段錫朋,也未具備京津學生代表團資格。故此,《國民》社員在滬居主導地位,非《新潮》社員所能匹敵。何況照李孤帆描述,段錫朋是「天生的領袖人才,每次開會時,倘有秩序混亂,無法維持議程的時候,祗要他登台發言,即為群眾所擁護,回復秩序易如反掌」。[172] 這次段錫朋以北京學聯會長身分到滬活動,備受各方推重,對推動上海罷市及後續活動極有作用。

　　這次北京學生核心幹部南下,目標為策動全國大舉。至於目標,則依段錫朋等提出兩大方針:一,以北京學生六大訴求,作為全國學生共同主張。[173] 二,組織全國學生聯合團體,以推動下一波愛國運動。此時段錫朋等似懷更大目標,但未即時公佈。此時當務之急,是成立全國學生聯合會。一旦聯合總會成立,北京學生即可獲得正式地位,極有可能掌握大會權力。

　　6月1日,全國學生聯合會在上海寰球中國學生會召開籌備會,京津學生代表、寧滬代表及留日代表共同參與,議定名稱為「中華民國學生聯合會」,並發電催促各地聯合會兩星期內各派

---

170 〈上海學生罷課之第三日〉,《申報》,1919年5月29日,版11。〈國民對於外交失敗之激昂（二十）〉,《時事新報》,1919年5月29日,第3張版1。
171 〈蔣夢麟致羅家倫〉（1919.6.13）,中國社會科學院近代史研究所中華民國史組編,《胡適來往書信選》,上冊（北京:中華書局,1979）,頁57。
172 《勻廬瑣憶》,頁332。
173 〈北京學生最近之真相〉,《民國日報》,1919年6月2日,版6。

代表二人來滬。[174] 據 6 月 3 日《申報》之〈學生聯合會消息〉：

> 昨日（二號）午後三時開全體大會，……報告全國學生聯合會籌備情形……，主席遂請文牘員報告：全國〔學生〕聯合會籌備事宜，大致謂昨日開籌備會，到者計京四人，津二人，寧二人，滬六人，留日代表四人，電稿已擬就，文謂：「各省學生聯合會鑒：各處聯合會近已紛紛成立，亟須籌設統一機關，京津寧杭暨留日等處代表已經蒞滬著手籌備，請各處聯合會從速各派代表二人，於六月二十日以前來滬，屆時開全國聯合會成立會，通信處暫設寰球學生會，特聞。全國學生聯合會籌備處。冬。」今日發致各地聯合會，期兩星期內各派代表到滬籌議進行辦法。[175]

6 月 2 日午後 3 時，全國學聯「開籌備會，到者計京四人，津二人，寧二人，滬六人，留日代表四人。」[176]

又上海與各埠學生會的聯繫，以兩種方式進行。一為派出代表，一為通信聯絡。以浙省為例，又以杭州為代表，而寧波附之。5 月 31 日《申報》載〈地方通信：寧波〉：

> 滬學界聯合會代表吳經熊君到甬，……吳君陳述此來意見及滬學界之主張，大致欲令甬地學界派代表到滬，以便聯絡。……各校代表互起發言，大約以為甬地學界已與杭州聯合，以杭州為浙江學界之代表。杭之主張，即甬之主張。若滬欲與甬聯絡，可先派代表至杭徵取同意，甬地學生當無不勉附驥尾。至於滬杭直接聯合方法，即不派遣代表而以書信傳遞消息，亦未始不能收指臂相使，聲氣相通之效遂。議決

---

174 〈籌備全國聯合大會〉，《民國日報》，1919 年 6 月 2 日，版 10。
175 〈上海學生罷課之第八日〉，《申報》，1919 年 6 月 3 日，版 11。
176 〈上海學生罷課之第八日〉，《申報》，1919 年 6 月 3 日，版 11。

> 不派代表，以通信聯絡。[177]

此處所說「學界」，指各埠學生會。就浙江而言，呈現「上海－杭州－寧波」之層級關係。上海通過杭州駐滬代表傳達信息，而寧波乃至他埠學界遵照辦理。

6月3日《時事新報》之〈學生組織全國聯合會〉報導，顯示上海學生團體開始有結構性轉變，上海學聯成為全國學聯執行單位：

> 北京、天津、南京三處學生會代表於前日聯絡來滬，參與郭君追悼大會。茲自6月1日下午，由上海學生聯合會職員邀集該三處及留日學生代表開非正式之聯席會議，討論組織全國永久學生聯合會。率宜〔先〕到會者，北京與留日代表各四人，津寧代表各二人，上海聯合會代表六人。討論之始，皆認學生聯合會之組織為時勢所要求，刻不容緩。故即討論具體辦法，名稱定為中華民國學生聯合會。其籌備處則暫假寰球學生會為事務所。日內以籌備會名義通電全國各地學生聯合會，請其於兩星期內各派代表來滬共同組織聯合會。未成立地方，得由該處據公推代表參加。但各省會必須公推二人來申，共同組織。至於留日方面，已有代表參加，不成問題外，歐美方面，道遠不易即歸，亦擬通函請其表示意見。至該籌備會執行事務，聞暫委託上海學生聯合會辦理。該會章程，已從事起草。關於內外各問題，擬提出三條，通電全國學生〔一〕致主張，以期完全達到目的：（一）請政府明白宣布青島由日本處置一條，決不簽字。（二）請取消二十一條密約及軍事協約。（三）請懲辦賣國賊，以謝天

---

177 〈各地通信：寧波〉，《申報》，1919年5月31日，版8。

下。此外關於現在及將來進行事項，亦已議就具體的辦法，現已向各方面積極進行云。[178]

這則記載有四要項：

一、6月1日起，全國學生聯合會籌備處正式開議，共有十八位成員。

二、從這日起，上海學聯成為全國學聯籌備會執行部。至於決策層面，也開始受各埠學生代表的影響。

三、全國學聯假寰球中國學生會作為事務所，與上海學聯位於同一地址，使兩會形同一體，外界尤難以分辨。

四、全國學聯籌備處提出主張，較上海學聯僅集矢「懲辦賣國賊」多出兩條，即不簽字及取消密約。

(2) 學聯政治化

據華報記載，上海罷課翌日，5月27日上海學聯評議會決議，由文牘部籌備發行日刊，以對外解釋學生罷課意義。對外公佈時，說明中文方面，舉定程學愉（天放）、李果為正副編輯長。英文方面，卻未記誰人負責。依上海學聯執行部慣例，日刊編輯人選由會長何葆仁提出，再交評議會討論通過。在何葆仁等人的考慮中，以復旦同學程天放負日刊編輯責任，自然較潘公展便於溝通。英文方面，可能委請瞿宣穎和俞大綸等人負責。6月4日，《上海學生聯合會日刊》創刊，頭版標明：編輯發行所設在「法租界霞飛路漁陽里北弄二十一號」。

五月風潮以來，程天放是復旦學生最接近《民國日報》之一人。1917年，他和復旦同學孫鏡亞、劉蘆隱發起「中華民國全

---

178 〈學生組織全國聯合會〉，《時事新報》，1919年6月3日，第3張版1。

國學生救亡會」，以王正廷為名譽理事長，孫鏡亞任理事長。孫鏡亞（江西永豐人）、劉蘆隱（江西永豐人）、程天放（江西新建人），可稱「江西幫」。1918年留日學生歸國風潮中，程天放質疑「一致對外」、「不涉內政」之說。其作刊登《民國日報》的〈救國之聲〉，與留日學生救國團即有連繫。[179] 五四風潮中，程天放主編《日刊》，復得孫鏡亞襄助。程天放晚年自述：

> 日刊只是小型報紙，每天一張，沒有電訊，沒有特約通訊，只是登載愛國言論、上海和各地學生運動的消息，和翻譯上海西文報紙的新聞，居然很受社會歡迎，每天出版後由各校同學和報販在馬路上推銷，可以銷到四五千份。我幾乎天天在報紙上寫社論，對軍閥官僚痛加抨擊，不但要去曹、陸、章，和反對在和約上簽字，而且主張政治革命，推翻北京政府。當時孫鏡亞已經脫離學生界，可是他自動地幫我辦日刊，貢獻很多。[180]

這是程天放自供他們「主張政治革命，推翻北京政府」。7月初，程天放因結婚告假返鄉，始由朱敏章、瞿宣穎先後接任總編輯。

李果，江西崇仁人，博文女校校長，為人慷慨任俠，精拳術，善擊劍。北京女師畢業後，赴日留學。中日二十一條交涉，憤而歸國，先後任北京女子師範教員及專文教員。1918年中日軍事交涉後，李果為留日歸國女生組織團體。1919年2月，被聘為博文校長。[181] 1919年7月，李果參與組織女界聯合會，出任

---

179 《民國日報》之〈救國之聲〉，登載留日學生救國團消息，刊孫鏡亞、程天放來稿。孫鏡亞，〈中國學生界之新紀元〉，《民國日報》，1918年5月26-31日，版12。程天放，〈告歸國留學生〉，《民國日報》，1918年6月1-3日，版12。

180 程天放，《程天放早年回憶錄》，頁36-37。

181 〈李果女士逝世〉，《新聞報》，1920年1月28日，第3張版2。

副會長兼《女界聯合會旬報》總編輯,會長為鈕永建夫人(黃梅仙)。該報刊載《救國日報》廣告,反映李果與留日學生救國團之連繫。[182] 又其行事富女青年會色彩,也是上海慕爾堂會友。[183] 歷年帶領博文女校參與救國活動,獲南洋兄弟煙草公司救濟和寰球中國學生會支持。[184] 五四學潮發生後,博文為最早加入學校之一。學校創辦人黃紹蘭(樸君),畢業北京女子師範學校,[185] 也是上海學聯文牘員。該校鍾壽芝、李果,先後擔任上海學聯評議員;尤以李果表現積極,被狄侃指定為審查會幹事。

6月5日,即上海全面罷市首日,《民國日報》轉載〈學生聯合會日刊發刊辭〉,作者署名「天放」,[186] 宣稱干預政治是正當之舉,幾可視為學生的政治宣言:

> 自從北京有了五四運動以後,中國的前途就放了一線的光明,學生界漸漸看清了他的地位,明白了他的責任,知道中華民國是國民公有的,不是一二人所私有的。學生既是國民的一部份,就有預聞國事之權,那種「學生不得干涉政治」

---

182 〈請看救國日報〉,《上海女界聯合會旬報》,第7期(1919.12),頁28。〈李果女士舉行喪禮情形〉,《申報》,1920年1月29日,版11。

183 李果1918年在慕爾堂受洗,1920年1月26日積勞成疾逝世,年僅三十,喪禮在該堂舉行。浦惠卿,〈李果女士為國盡瘁〉,《興華》,第17卷第7冊(1920.2.18),頁16。

184 李果,〈告留日歸國女生〉,《民國日報》,1918年6月15日,版12。〈博文女學招生〉,《申報》,1919年2月18日,版2。〈女界聯合會成立紀事〉,《申報》,1919年7月13日,版10。〈女界聯合會副會長作古〉,《申報》,1920年1月28日,版11。

185 1921年,博文名譽校長為張謇。〈博文女學招生黃樸君鬻書例〉,《張謇全集》,第5卷,頁211。

186 《五四運動在上海史料選輯》編者和彭明《五四運動史》都從《民國日報》徵引發刊辭,卻皆不提作者姓名。如彭明含糊其詞地說,發刊辭是「上海學聯所寫的」。《五四運動在上海史料選輯》,頁606-607。彭明,《五四運動史(修訂本)》,頁266-267。

的奴隸教育,在二十世紀是不適用的了。[187]

程天放「干政有理」的論述,從 5 月至 7 月初,似為學生群體的主張。此說受邵力子鼓勵,獲民黨激進派《民國日報》響應。《日刊》第 2 期,有「老談」祝辭。「老談」,即談善吾,是政學系背景《中華新報》編輯。[188] 可見上海學聯獲得泛民黨陣營支持,甚至競相爭取學生好感。11 日,《民國日報》刊出孫鏡亞評論,更直斥教育會「所主之教育,奴隸教育而已矣,效忠國賊,可謂無微不至」,已有壁壘分明之勢。[189]

(3) 憲政危機

從 5 月底到 6 月初,上海學聯評議部的一些議案討論,說明學生不但過問政治,且觸及南北政府的合法性,乃至最根本的憲法問題。翌年 4 月,原上海學聯評議長狄侃向西報記者表示:

> 學生自去年五月四日以後,種種運動,無非望建設一民主立憲政治。[190]

1919 年秋天上海學聯改組時,原評議長狄侃被推為全國學聯會長,而原上海學聯副評議長改任上海學聯會長,更合作擬完成上年未竟之業。

1919 年 5 月 31 日《民國日報》之〈學生聯合會消息〉,透露前一日評議會通過一項重要議案,討論南方議和總代表唐紹儀所

---

187 〈學生聯合會日刊發刊辭〉,《民國日報》,1919 年 6 月 5 日,版 12。
188 王新命,《走過民國初年的新聞史:老報人王新命回憶錄》(臺北:獨立作家,2016),頁 137。〈拈花微笑錄〉,《鄭逸梅選集》,第 3 卷,頁 621-622。
189 〈蘇人責難省教育會〉,《民國日報》,1919 年 6 月 11 日,版 12。傅士卓(Joseph Fewsmith)把邵力子和黃炎培並列教育界領袖,不免判斷錯誤,也未悉二人政治路線分歧。Joseph Fewsmith, *Party, State, and Local Elites in Republican China* (Honolulu: University of Hawaii Press, 1985), p. 52.
190 〈學生會讌西報記者〉,《民國日報》,1920 年 4 月 23 日,版 10。

提出條件，尤針對國會問題及總統問題表示反對，提案者為副評議長程學愉：

> 上海學生聯合會評議員程君學愉，五月三十日在該會開評議部時，提出和平會議南總代表所提條件討論案。文云：
> 此次和平會議，原以謀國內之和平統一，國民為一國主體，當然立於監督當局之位，不能由彼雙方任意處置。南總代表於本月十三日提出八條，其中合乎國民公意者固多，而不當者亦所不免。茲特逐條提出討論。如本部通過，即作為本會之主張。其認為不當者，亦應聲正其謬。是否有當，敬希公決。
> 原案第一條（從略），第二條（從略），第三條（從略），第四條（從略）。此四條與本會宗旨相合，當然成立。
> 第五條，「由和會宣佈黎前總統六年六月十三日解散國會之命令無效。」按〈約法〉無解散國會之規定，六年六月十三日之命令，當然無效，不必由和會宣布。
> 第六條，「設政務會議，由和平會議提出全國負重望者組之。議和條件之履行，由其監督。統一內閣之組織，由其同意。」此條不能承認。（理由）和平會議之代表，由雙方所委派，據何法律，能產生政務會議？
> 第七條，「其他議定及付審查，或另行提出各案，分別整理決定。」此條無庸討論。
> 第八條，「由和平會議承認徐世昌為臨時大總統，至國會選出正式總統為止。」此條絕對不能承認。（理由）和平會議非正式國會，何來選舉總統之權，且民國成立已經八年，何得復有臨時大總統之名目。
> 此案經評議部之討論，全體通過，即作為該會對於和議之

主張。[191]

此案涉及南北爭議之兩大關鍵：國會問題和總統問題，顯示學生已轉向國內政治問題。他們提案否認北京新國會（外稱安福國會），認定廣州舊國會有合法性；又否認南北和會有選舉臨時大總統之權，也拒絕承認徐世昌總統地位。上海學聯評議部通過的這一提案，與上海民黨領袖孫洪伊最為相近。

查程學愉提出議案的同一日，由孫洪伊派主導的國民大會幹事部去函全國各團體，痛斥北京政府是賣國黨，號召「全國一致停納租稅，為最後之對付。」國民大幹事部還去函上海學聯，「務望督促商工團體一致進行，挽回大局。」[192] 此一時間上的重合性，顯示國民大會與上海學聯評議部的呼應，擬共同號召推翻北京政府。《上海學生聯合會日刊》隨後批評了《孫文學說》，[193] 又可知程天放接近的民黨人士，既非唐紹儀派，也非孫中山系，而是孫洪伊派。[194]

奇怪的是，上海學聯通過的程天放議案，僅見《民國日報》，

---

191 〈學生聯合會消息〉，《民國日報》，1919 年 5 月 31 日，版 10。上海學聯這則議案之討論及決議，不見 5 月 31 日《申報》。兩報立場不同，不足為奇。《五四運動在上海史料選輯》對該日學聯消息之報導，選用《申報》而非《民國日報》，或因程天放是 CC 派大將，不願提及其歷史作用。《五四運動在上海史料選輯》，頁 272-273。

192 〈國民大會消息〉，《申報》，1919 年 5 月 31 日，版 11。

193 《上海學生聯合會日刊》批評《孫文學說》的文字，被《晶報》之〈小月旦〉作者「老孫」（疑即孫東吳）引用調侃：「吾家中山先生的學說，居然受了人家批評（見《上海學生聯合會日刊》）。平心而論，中山先生的思想，誰敢說他不高。但是他的文章，我卻不敢恭維他。那出版的學說，我還未曾寓目。不過，據我想來，那學說的文章，如果是他的廬山真面，只怕也就不甚高明了。好在中山先生的著作，先觀為快的多。不多幾天，就要印行再版。那時，儘可大加斧削。須不比那和會裏的八大條件，絕對不能修改的啊。一笑。」老孫，〈漫話（三）〉，《晶報》，1919 年 7 月 3 日，版 2。

194 廣州國會議員有人痛斥唐紹儀所提第八條為「荒謬絕倫」，要求西南軍政府罷斥「附逆代表」，「以杜奸邪」。〈舊會提議罷斥唐紹儀〉，《時事新報》，1919 年 6 月 4 日，第 2 張版 2。

到底是何原因？猜想有三個可能性：一、程天放提案經評議部通過，會長亦無異議，但事涉敏感，暫不對外公佈。[195] 二、上海學聯將紀錄送各報刊登，被館主、編輯刪去不發。三、程天放提案過於激烈，會長何葆仁認為不當，依上海學聯章程及評議部規則，將議案退還評議會重議。[196] 6月6-7日《民國日報》刊出〈東吳法科提出請求政府速即召集合法國會訂定永久憲法意見書〉，可能是該分會依上海學聯章程規定：「會長覆議案，各評議員須先徵求各分會意見，隨帶該分會意見再行表決。」[197] 若不然，或許是東吳法科分會依照〈評議部規則〉第三章第十一條「各分會對於本部，得提出意見書，以備採擇。」[198] 意見書先承認徐世昌總統有召集國會之權，較程天放提案溫和得多，也可能是針對程案而發。若如此，則不但復旦學生有激進和溫和兩派，表現為評議部和執行部之分歧；評議會內東吳法科和復旦學生代表，也各持不同意見。

東吳法科投書中說明對於新舊國會無所偏袒：

〔上海〕學生聯會，今對南北政府，俱無左右袒，故所謂合法國會者，乃國人心目中之合於法律的國會也，於新於舊，

---

195 上海學聯文牘長岑德彰說，學聯會有許多「未曾發表的文件」。《學生救國全史》之〈岑〔德彰〕序〉，頁13。
196 〈中華民國上海學生聯合會評議部規則〉（1919年5月15日通過）第三章第十七條：「會長對於本部議決之案，認為不當時，有退還後議之權。後議經到會人數三分二以上之可決，會長即須執行，不得為第二次之退還。」〈學生聯合會開會記〉，《民國日報》，1919年5月18日，版10。
197 〈中華民國上海學生聯合會章程〉（1919年8月20日通過之修訂案）第四章第三十三條辛項，有關評議部之職權：「會長覆議案，各評議員須先徵求各分會意見，隨帶該分會意見再行表決。」〈上海學生聯合會章程〉，《南洋周刊》，第7期（1919.8.26），頁20。
198 〈學生聯合會開會記〉，《民國日報》，1919年5月18日，版10。

全無成見。[199]

該校分會提出應以國民請願方式，督促北京政府召集合法議會，制定永久憲法。考慮到評議會中東吳法科的領導地位，意見書可能不僅反映東吳法科分會主張，也可能成為評議會裡多數共識。6日《申報》載前一日，上海學聯評議部在寰球中國學生會開評議會：

> 有東吳法科代表提議請願速訂憲法等事。[200]

16日全國學生聯合會成立大會上，東吳法科教務長蘭金（Charles W. Rankin）發言，主張向北京總統請願制憲，與該學生分會同一主張，是想依法律途徑解決問題。[201] 是則東吳法科欲取和平態度，是受「蘭金弟兄」引導和影響。[202]

5月30-31日，《申報》刊出寧波消息，間接透露上海學聯評議會對此案意見分歧。當時上海學聯代表吳經熊（浙江寧波人）返鄉，聯絡當地學生表達對內主張。吳經熊從寧波效實中學畢業，父親吳葭窗（達基，已逝）原是乾豐錢莊經理、寧波商務總會總理。[203] 5月30日《申報》記：

---

199 東吳法科學生述，〈解惑〉，《民國日報》，1919年6月6日，版12。〈東吳法科提出請求政府速即召集合法國會訂定永久憲法意見書〉，《民國日報》，1919年6月7日，版12。

200 〈學生聯合會消息〉，《申報》，1919年6月6日，版12。

201 〈全國學生聯合會成立紀事〉，《申報》，1919年6月17日，版11。工部局警察總巡麥高雲，指蘭金發言追述辛亥革命以來歷史，建議學聯向北京總統提出請願書，以民主選舉方式成立國民議會，又主張讓全國人民簽名提交即北京政府。〈麥高雲致上海英總領事〉（十一），《五四愛國運動資料》，頁752-753。

202 吳經熊回憶蘭金是「我這一生見過最虔誠的基督徒」，堅持與學生以兄弟相稱。吳經熊著，黃美基、梁偉德譯，《超越東西方：天下奇才吳經熊自傳》（臺北：上智文化，2017），頁76-87。

203 呂瑞棠，〈寧波商會五十年述略〉，頁129-130、137。〈吳德生先生小傳〉，《海上名人傳》，頁14。

> 上海學生聯合會代表、東吳大學法科分會會長吳經熊來甬，擬聯合各學校與滬學界攜手組成一鞏固之學生團體，以便對於政府可為一種有力之對付。並聞吳君言：滬學界之主張已由枝葉問題而移向根本問題，根本問題維何？即推原政府所以敢與日人訂結種種不合法之條約，與日人之所以敢打破公理蔑視我國，歐會之所以不為我國援助，以及國家所以屢呈險象之故，而籌正本清源之計。[204]

吳經熊所謂「根本問題」及「正本清源之計」到底指的甚麼？5月31日報紙補充說明：

> 滬學界〔生〕聯合會代表吳經熊君到甬，……陳述此來意見及滬學界之主張，大致欲令甬地學界派代表到滬以便聯絡。又謂國事蜩螗，禍患相尋，推本尋源，咎果誰歸，則實由吾國無正當代表民意之機關使之然，……然則吾國民果欲為根本解決計，惟有建設合法之民意代表機關耳。現滬學界已依此宗旨，一致進行，以中國學界全體名義致電巴黎為正式之聲明云云。[205]

吳經熊宣稱「吾國無正當代表民意之機關」，等於把南北國會雙雙否認。其所謂「滬學界」（似指學生界）之「根本解決」方案，為推動成立新的合法國會。

5月31日，東吳法科學生以英文宣言投刊《英文滬報》，題名〈學生聯合會之真正目的〉，6月2日《時事新報》刊載譯文：

> 學生聯合會之態度，對於南北政府，咸無左右袒。其真正之目的，即為國家之尊榮及安樂。國家大局，糜爛至於極點。

---

204 〈地方通信：寧波〉，《申報》，1919年5月30日，版8。
205 〈地方通信：寧波〉，《申報》，1919年5月31日，版8。

> 群小用事，賄賂公行。學生雖手無寸鐵乎，然不忍見其祖國之淪胥以亡也。故寧流其熱血，以洗淨此大好江山，然後得有完備之憲法，俾全國人民熙皞於法治之下，利樂無窮。換言之，取消事實的（de facto）政府，組織合法的（de jure）政府。務使賣國奸奴，不容有立足之地。全國民意，得以大伸，此乃學生之大願也。國家無合法之政府，未有能久存者也。學生為一國優秀分子，忍見國家綱紀廢弛，淪胥以亡乎！惟其不忍，是以願用其種種合法的手段，俾一切目的以底於成。[206]

就此宣言看，東吳法科主導的上海學聯似不承認北京為合法政府。惟其又向外人強調，學生唯使用「種種合法之手段」從事組織合法政府之活動，則到底是何辦法？有何用意？

1919年6月號的《約翰聲》第30卷第5號，刊載聖約翰學生議論，可知一些學生提出，南北政府及新舊國會皆不合法，理應雙雙取消。劉雲舫〈和會中之國會平議〉，聚焦國會問題：

> 廣東國會主張行使舊國會之職權，極力攻擊新國會為違法，且言不承認新國會所選舉之總統。新國會則固執不解散說，且認新國會有制定憲法之權。此為今日南北和議根本之衝突也。夫據〈臨時約法〉言，北京新國會誠為違法。國會既屬違法，則由新國會選出之總統，自亦違法。而國務院亦為違法機關矣。然今日廣東舊國會之議員，資格上令人可疑者，亦復不一而足。則今日之舊國會，亦不得謂為完全之國會，明矣。夫新舊國會既皆非完全之國會，則新國會排斥舊國會，妄矣。舊國會排斥新國會，亦妄矣。張嗇老詆南北為一

---

206 〈東吳法科學生西文宣言書〉，《時事新報》，1919年6月2日，第3張版4。

邱之貉，非過也。……新舊俱存，於國家無益。新舊俱亡，於國家亦無損。則今日解紛之道，莫善於兩廢，而以舊約法之選舉法，召集新國會。[207]

劉雲舫是潘公展友人，為《學生救國全史》撰序八人之一，似亦上海學聯職員。[208] 他主張新舊國會「兩廢」，使人恍然於前引東吳法科學生投書，主張「取消事實的（de facto）政府，組織合法的（de jure）政府」，原來同時針對南北政府。

事實上，南北和談之所以破裂，是因徐世昌總統代表朱啟鈐，已提出新舊國會兩消之說，卻為新國會多數派安福系反對，認為徐世昌與南方代表聯手倒段。[209] 因此，學生對新舊國會的主張，未始不可增加徐世昌聲勢，以民意為重組國會理由。1919年6月號《約翰聲》，刊出劉麟生所撰〈學生的政治活動〉，則區分「活動」和「暴力」。他解釋「活動者，非暴動之謂也。」強調「前者循秩序而行」，「後者以毀壞為方法」。政府對於「暴動宜壓抑，活動宜將護」。「政客政治的活動宜消滅，而學生的政治活動不宜消滅也。……而採用與否，猶視政府之取舍，於政本毫無所損。」[210] 是聖約翰分會學生態度，不以推倒徐世昌政府為主張。

至於具體進行辦法，6月7日《民國日報》刊出〈東吳法科

---

207 劉雲舫，〈和會中之國會平議〉，《約翰聲》，第30卷第5號（1919.6），頁6-7。

208 劉雲舫，〈學生救國全史序〉，《約翰聲》，第30卷第7號（1919.10），頁31-32。《學生救國全史》之〈劉〔雲舫〕序〉，頁17-19。

209 〈吳炳湘致朱啟鈐電〉（1919.5.13）、〈吳炳湘致朱啟鈐電〉（1919.5.14），中國科學院近代史研究所近代史資料編輯組編輯，《一九一九年南北議和資料》（北京：中華書局，1962），頁267-269。許恪儒整理，《許寶蘅日記》，第2冊（北京：中華書局，2010），頁670。

210 劉麟生，〈學生的政治活動〉，《約翰聲》，第30卷第5號，頁1-4。

提出請求政府速即召集合法國會訂定永久憲法意見書〉七條，以「東吳法科全體學生」名義發表。其主張請願之對象，仍為徐世昌總統：

> 前敝校分會提出請求政府，速即召集合法國會，訂定永久憲法一案，早蒙本會評議員多數通過。但一切辦法，尚待磋商。爰自不揣冒昧，謹擬辦法七則如左：
>
> （一）由全國人民上一請願書於總統，請其按照〈臨時約法〉第三十三款之規定，速行召集合法會議，制定永久憲法，以奠國本而重民意。
>
> （二）該請願書之署名書分為二類，一為全國學生，一為全國平民。
>
> （三）全國國民，不分男女，凡年在十二歲以上者，皆得為請願人，將其姓名及住址，統行開列於上。
>
> （四）該項請願書，當即印就五千份，每份可列百人姓名。如遇不足時，可由執行部添印若干份。
>
> （五）該項請願書印成以後，即可分發全國各大城鎮，請學生先行具名，以為之倡，然後再分派社會間，請平民加入請願之列。
>
> （六）凡願加入請願之學生及平民，一經接到是項請願書，即當立行具名，毋稍遲延。一俟填滿以後，即當寄還上海學生聯合會，至遲不得過本年六月三十日。
>
> （七）上海學生聯合會，俟各地請願書收齊後，當即賫呈總統，毋稍遲延。[211]

---

211 〈東吳法科提出請求政府速即召集合法國會訂定永久憲法意見書〉，《民國日報》，1919 年 6 月 7 日，版 12。意見書中所稱之政府，即北京政府。並參〈解惑〉，《民國日報》，1919 年 6 月 6 日，版 12。

東吳法科分會〈意見書〉第一條，依據「〈臨時約法〉第三十三款」（誤，應作第五十三款，參見本書附錄一），請徐世昌總統「召集國會」，與程天放提案顯然有別。

6月10日《民國日報》刊出〈上海學生聯合會來函〉，卻不承認徐世昌為合法總統，則又與東吳法科意見有異：

> 前閱貴報載上海學生會評議部，議決要求徐世昌召集國會、製定憲法云云，查本部祇議決吾國應速定合法憲法，並無向非法總統要求之事，用特函請更正。以昭核實。上海學生聯合會評議部謹啟。六月九日[212]

此函署名「上海學生聯合會評議部」，顯示上海學聯評議部內部歧見。上海學聯分歧一時難以整合，也增添政局的不確定性。

據張國燾回憶，1919年冬天，他和羅家倫到滬一行，得聞邵力子等民黨人士絕不承認北京政府，也絕不向之請願的堅決立場：

> 1919年12月間我們到達上海。我和羅家倫在全國各界聯合會代表會議席上陳述北京政府壓迫各地學生、禁止抵制日貨、有直接與日本交涉出賣山東的危機，要求全國各界一致向北京政府抗爭。這主張受到國民黨人的反對。《民國日報》的邵力子和其他國民黨的代表們表示：我們根本不承認北京政府，我們如果向它提出任何要求，都無異於變相的承認它了。我們指出：不承認北京政府和打擊北京政府是可以同時並進的。而且從具體事件反對北京政府，更是動員民眾徹底反對它的應有步驟。但他們堅持立場，而且懷疑我們對北京政府仍有幻想。他們所強調的是與北京政府絕交，全國民眾抗納捐稅等等。其實這種急進的意見，在北京政府的統

212〈上海學生聯合會來函〉，《民國日報》，1919年6月10日，版11。

治區域內實在甚難做到。[213]

1919年底,北京學生和上海國民黨的分歧,與這年5月底至6月初,上海學生內部的歧見相同。激進民黨及部分學生對北京政府的態度,是不承認,不接觸,不請願。另一些上海學生卻認為,向北京政府抗爭或請願,才是務實的可行之道。

(4) 輿論監督

此時學聯評議部以民意代表自居,報館記者則儼然負監督之責。5月11日上海學聯成立日,張東蓀即在《時事新報》刊出〈青年與黨派〉,忠告學生謹防舊日黨派人物,凡事應自為主體,不可作人傀儡。[214] 辛亥之年,張東蓀曾應民黨田桐邀請任內務部秘書。1918年南北和談之際,卻稱民黨為「南方擾亂派」。[215] 其警告之詞,尤針對民黨而發。

5月29日,即程天放案提出前一天,《時事新報》刊出市北公學校長唐伯耆〈關於罷課問題之討論〉,再次表達對外部勢力的疑慮,提醒學生應自為主體:

> 抑余尤有一言敬告學生聯合〔會〕者,諸君熱心愛國,甚為欽佩。但既曰學生會,一切舉動,應以學生為主體,以實心實力,為進行之標準,切不可有客氣的作用。會議事件,應出於至公平的表決,門面上形式上的事件,大可不必急急,庶可期精神上永久的聯合,未知諸君以余言為然否?[216]

唐伯耆對上海學聯應自為主體的勸告,與張東蓀文前後呼應,也

---

213 張國燾,《我的回憶》,第1冊(香港:明報出版社,1971),頁68。
214 (張)東蓀,〈青年與黨派〉,《時事新報》,1919年5月11日,第1張版1。
215 〈南方擾亂派之主張〉,《時事新報》,1918年12月21日,第2張版2。
216 唐伯耆,〈關於罷課問題之討論〉,《時事新報》,1919年5月29日,第3張版3。

間接說明外界聽聞種種風聲，認為學生有受民黨影響的跡象。

5月30日，《時事新報》又有「平旦」一文，提醒學生維持獨立地位，對開會紀律也應切實控制：

> 你們所組織的團體既然叫做學生聯合會，自然祇有現在在校的學生可以一致自動，旁的人物多沒有參與的資格，所以我們就代你們想出兩條辦法：第一，各校的代表要完全各校的學生做的，代表會中就沒有旁的人物可以出席。第二，學生以外的人物倘然有表同情的，也許他來旁聽或發言，但是終不要給他有表決的權才可。而且有的時候為了嚴守秘密起見，也可以停止旁聽。[217]

「平旦」似是某校教職師，立場接近研究系。上述主張顯然不是針對教育會，而是指向民黨激進派。照「平旦」所說，一些不屬學聯的人物，不但列席旁聽及發言，甚至還參加議案表決。當時若干記者身兼學校教員之職，確有可能以學校代表身分參加投票。

此時新聞界對學生動向密切注意，宛如一種社會監督機制。6月4日《時事新報》時評〈青年的覺悟〉，作者「華林」再次警告學生，切勿倚傍黨派，免被「政客、偉人」操縱：

> 今日學生舉動，可以能得人民同情的，就是不落黨派存見，無分南北，純然脫離政治範圍之外，而自由產生一種新勢力，以應世界潮流的需要。其價值之高，絕非政黨所能企及，這就是青年覺悟的地方。政治罪惡，人人都明白了。政客、偉人不可靠，也是大家曉得的。……所以青年舉動，格外要慎重，拿這新創造的新勢力，切不可沾點政治氣味，而

---

[217] 平旦，〈罷課之「最後目的」〉，《時事新報》，1919年5月30日，第3張版3。

自失其價值。[218]

「華林」的這番提醒，顯示他擔心學生接近民黨人士，故勸告彼等務必慎重其事，以免失去社會信任。

此時研究系陣營的擔心，並非過慮。朱承洵回憶，5月29日，孫中山通過朱少屏通知上海學聯派去二人，與他的代表（稱洪先生）在老晉隆西餐館會面。朱承洵與何葆仁去談了兩小時，洪先生鼓勵他們大膽挑戰工部局，擴大陣線以激起怒潮。何葆仁和朱承洵回程時頗為興奮，秘密商量衝撞租界地段，事前密而不宣，以免學生「溜號」。[219] 朱承洵所說日期，雖不一定準確，但時間在五三一前，似應無誤。朱少屏通知何葆仁之餘，或許還秘密通報黃炎培。此時不論民黨、研究系、教育會，皆知此局不可持久，必須研擬下一步行動。

(5) 聯合戰線

閱讀1919年5月下旬滬報言論，可發現各方漸漸形成聯合戰線，大體以罷免國賊為共同訴求。研究系《時事新報》的張東蓀，民黨系《民國日報》的邵力子，雖隔鄰相處而針鋒相對，雙方關係水火不相容，以至見面不打招呼。[220] 這時卻連同「中立派」的《申報》，在言論上你呼我應。在主張上，聚焦國賊。在手段上，指向罷市。

5月26日，《時事新報》刊出張東蓀時評〈責任之自覺〉，暗示人們拿出「最後的文明的武器」：

> 罷課不是對政府要挾，乃是對各界乞助。……各界看了學生

---

218 華林，〈時評一：青年的覺悟〉，《時事新報》，1919年6月4日，第2張版1。
219 朱仲華，〈我有幸多次得見孫中山先生〉，頁128-129。
220 曹聚仁，〈邵力子與張東蓀〉，《天一閣人物譚》，頁303-304。

時決心如此之大,也應該立刻振起,拿出最後的文明的武器來,不怕政府不答應。[221]

張東蓀所謂「最後的文明武器」,即指罷市停業。

5月27日《中華新報》社論,有主筆汪馥炎〈盼各界協助學生〉一文,要求懲辦國賊:

> 此時正學生與國賊短兵相接之最後五分鐘也。國內工商各界如僅向抵制日貨一方面做去,不著手斬斷勾結日本之內奸,共起而援助學生,與國賊以最深切之打擊,則縱不遭毒手之摧殘,而四周皆冷一方獨熱,寒氣緊逼,溫度亦消矣。[222]

研究系報紙之論調,與政學會之主張,咸以打擊「內奸」為急務,要求工商界聲援學生。

5月28日《民國日報》社論,有葉楚傖所撰〈學生最近行動之重要聲明〉,以懲辦國賊為先務:

> 欲免外侮,先除國蠹。[223]

邵力子也呼籲「凡是有愛國心的國民,不論他是商人、是工人或者是軍人,都起來幫助學生,共同反對那國賊。」[224]

5月28日《時事新報》,張東蓀從策略上落筆,發表〈如何有效〉,提出抗爭目標務必簡單明瞭:

(一)凡要求的數目愈繁多就愈複雜,必定愈減少效率。

(二)凡要求的範圍愈擴張,就愈散漫,必定愈減少效率。

　　　所以應當注意去力避這二個毛病。

---

221 (張)東蓀,〈責任之自覺〉,《時事新報》,1919年5月26日,第1張版1。
222 (汪)馥)炎,〈盼各界協助學生〉,《中華新報》,1919年5月27日,第2張版1。
223 (葉)楚傖,〈學生最近行動之重要聲明〉,《民國日報》,1919年5月28日,版2。
224 (邵)力子,〈大家要幫助學生〉,《民國日報》,1919年5月28日,版11。

就是應當使要求因簡單而重要，因明瞭而凝聚，使人一望即知，一知即感，一感即興，不必費許多的解釋。據我看來，這個簡單而重要的就是剪除賣國賊。[225]

《時事新報》副刊〈學燈〉又有澹廬（俞頌華）的〈罷課為對外抑對內乎〉，同樣提醒「各界果知內奸之不可不除，對內亦必有一種表示」。

　　潘公展與張東蓀主張略同，《時事新報》登出其〈學生罷課後作甚麼事？〉指出：

　　我以為學生罷課的要求，要從大處落墨，要代表全國人民的心理去開口要求政府幹一二件事，不要瑣瑣屑屑要求許多，弄得政府可以搪塞，社會置之不問。[226]

潘公展此意即29日張玉麟〈敬告青年〉所說，「學生的『犧牲』，還恐無濟於事，最妙要將這個『罷』字，把他的範圍，漸漸推廣到各界上去。」[227]

　　此時，連號稱態度「模糊」、「模棱」的《申報》也有明確表示，呼應上海學聯宣言書。5月29日，《申報》刊出主筆「冷」（陳景韓，江蘇松江人）的〈我之論調（一）〉：

　　我對於近時之情形，大抵以為禍患之原，由於段祺瑞、徐樹錚、曹汝霖之徒勾結日本人，以致有種種喪權辱國之事。故一方當一致以拒外，一方又當盡力以清內。清內之說，勸段、徐、曹等自罷，以謝國人也。不肯，則請北京政府之罷免段、徐、曹也。又不能，則請國人之一致要求北京政府之

---

225 （張）東蓀，〈如何有效〉，《時事新報》，1919年5月28日，第2張版1。
226 〈學生罷課後作什麼事？〉，《時事新報》，1919年5月28日，第3張版3。
227 玉麟投稿，〈再告青年〉，《時事新報》，1919年5月29日，第2張版1。

罷免段、徐、曹也。[228]

陳景韓點名罷免段祺瑞、徐樹錚、曹汝霖三人，主張分三階段策動，實則已隱然指向第三步：「國人一致要求」之行動。

5月30日《時事新報》副刊發表「平旦」投書，也請讀者聚焦於「懲賣國賊」：

> 你們的方針終不要誤用到對外方面去，……不把賣國奴翦除，那外交內政也是一輩子幹不好的。現在抵制日貨，商界的同胞已經狂熱得很了，你們似乎用不著把他當做唯一無二的目的，你們的目的終要對內，而且簡單，現在姑把懲賣國賊，做個有決心的目的。[229]

「平旦」似是同情學生，其文不啻提醒學生，要把懲辦國賊置於優先地位。

(6) 全面出動

5月30日，〈學燈〉刊出潘公展〈解決罷課問題之看法〉，完整分析罷課後的新策略，提出「翦除賣國賊」，作為罷課之目標。更稱學生欲達目標，非聯絡全國報商工界學界不可。他詳述學聯手段，歸納成「四要一不可」：

> （甲）聯絡報界。報界居指導輿論之地位，可以發揮民意，然而在今日亦將受政府之摧殘，其端已見。學生宜速與報界聯絡，望全國報界一致為學生之援助。於罷課期內，切實鼓吹罷課之宗旨，喚醒國民之迷夢，群起而討賣國賊，使罷課問題早有解決之一日，勿再

---

228 冷（陳景韓），〈我之論調（一）〉，《申報》，1919年5月29日，版4。
229 平旦，〈罷課之「最後目的」〉。

猶豫其辭，對於罷課深致懷疑之意而懈學生之進行，亦勿再極端反對以減少罷課之效力。蓋今日已非討論當罷課與否之問題，而為討論罷課以後如何進行之問題矣。學生聯合會所宜聯絡者，此其一。

（乙）聯絡商界。學生罷課，在政府猶視為無足重輕，若商界而有所表示則政府或可稍有覺悟。故學生當從速聯絡全國或通都大邑之商界，使其有正當明確之表示。於相當之時機，使用其最文明最有力之武器〔罷市〕，以要求政府翦除國賊。吾人固知此端前已微見於北京，特隱而不發，今則上海一部分之商界似已有此種之準備，故祇須學生界與之切實聯絡，則商界猶是國民，亦必有相當之宣言公布於世界也。學生聯合會所宜聯絡者，此其二。

（丙）聯絡工界。亡國之痛，人人將受之，則吾人救國之運動不當摒斥工界。但今日中國之工界，尚無具體之組合，且無知識者居其多數，恐聯絡不得其道，則工界激於愛國之愚誠，發為暴動，適足貽害大局。故聯絡工界當慎之又慎。特政府冥頑不靈，置商學界之要求於不顧，則屆時工人亦必有自覺之一日，而參加運動於其間。故學生於事前固亦不可不預為聯絡者，此其三。

（丁）聯絡全國學界成一絕大之組合。今之學生聯合會，尚未遍地皆有，且亦祇限於學生而非學界之全體也。故學生第一當速聯絡全國各地之學生聯合會而成一中國之學生聯合大會，然後由此大會更發表一最後之宣言，其效力當較宏。第二當聯絡各地學界，（除

第三章　商學聯合的集體行動　　461

　　　　　學生外）如教育會及教職員團體、留學生團體等，
　　　　　勸彼等亦如學生之組成一全國大會，然後一致為學
　　　　　生之後盾。學生聯合會所宜聯絡者，此其四。
　（戊）絕對不可聯絡武人。學生此次運動，乃國民救國運
　　　　　動之先聲，故絕對不可聯絡武人。彼武人有軍隊在
　　　　　手，其勢力雖似大，而實不可利用。否則學生於要
　　　　　求失望之餘，若不堅忍而向正鵠以進行，轉趨而求
　　　　　武人之援助，其始雖或有益，而將來之大害即在於
　　　　　此。試觀歷來革命之成績可知，無煩喋喋者也。[230]

潘公展的五項看法，代表穩健派見解，與民黨主張不同。[231] 此時北京學生激進派，正謀聯絡軍人實力派，潘公展或許略有所聞，故明確表示反對。

5月30日，潘公展〈解決罷課問題之看法〉，主要向各校教職員進言。他一面為學生陳情，一面請教職員看清情勢，呼籲雙方通力合作：

　　　　抑吾有不得不敬為教職員（校長亦在內）諸公告者，學生界
　　　　此番之舉動，雖將來所取之手段如何尚未可知，而其目的，
　　　　則固為純潔之愛國，決無絲毫權利之見存也。此種青年之愛
　　　　國運動，正學界之好現象，正中國之生機。教職員非特不宜
　　　　摧殘壓抑，且當指示其正當之方向，以助長之。故今日居教
　　　　職員之地位者，慎勿以服從，守秩序……等偏面的道德相苛
　　　　責，而當竭誠指導，為學生之前驅。蓋愛國之運動，不獨學

---

230 （潘）公展，〈解決罷課問題之看法〉，《時事新報》，1919年5月30日，
　　第3張版3。
231 學生議決罷課後，《民國日報》就鼓吹策動北洋軍人響應。無射（朱宗良），
　　〈兵士的覺悟〉，《民國日報》，1919年5月22日，版3。

> 生所當為,即教職員亦與有責焉。……不寧惟是,諸公前經幾度之會議,而有所謂上海中等以上學校聯合會之組織,以繼學生聯合會之後,吾誠不知是會之宗旨固安在也。使是會而主在輔助學生以達要求之目的,則甚願對於政府速有所表示。使是會而主在緩和或壓迫學生之舉動,以自固其位置,自媚於政府,而置學界前途之新生命於不顧,則誠不如其已也。當此千鈞一髮之秋,教職員諸公苟速表示正當之態度,則固吾人之所企盼者也。[232]

潘公展以教職員而出任上海學聯評議員,對中等以上各校聯合會表示不滿,維護支持學生之政治要求。其細慮之周密,措辭之穩當,堪稱言論界明星。

潘公展還向各界(尤其是學生家長)大聲疾呼,呼籲共盡「國民」之責任,以及早結束罷課:

> 學生罷課之目的有二:(一)對內則翦除國賊。(二)對外則力爭青島。夫此二事,不僅為學生之目的,而實為全國國民公共之目的。則各界豈忍以公共之目的,加於學生之身,而己則袖手旁觀如隔岸之觀火者乎?……是故各界應取之態度非他,即當出其所自有之一種利器與罷課有同等之效力或過於罷課之效力者,以要求政府翦除國賊、力爭青島。若各界而果有使用此種利器之覺悟,則宜規定相當之時期,先以限政府之答覆,而次則實行以儆麻木不仁之政府,其有助於學生界實為不淺,而其自助也亦莫有過於是者矣。[233]

---

232 (潘)公展,〈解決罷課問題之看法〉,《時事新報》,1919 年 5 月 30 日,第 3 張版 3。
233 (潘)公展,〈解決罷課問題之看法〉,《時事新報》,1919 年 5 月 30 日,第 3 張版 3。

潘公展所謂「利器」，即指罷市。其所主張，可稱「以罷止罷」。
以家長之罷市，息學生之罷課。訴求二事：一、除國賊。二、爭
青島。而目的為促使政府反省，而無推翻之意。潘公展也把罷
國賊和爭青島，劃定了先後順序及進行策略，以「鋤除內奸」為
優先：

> 學生所希望者，雖不一端，而罷課之所要求者，要以鋤除內
> 奸為第一義。蓋學生明知爭青島雖不可忽，而決非一時所
> 能盡力，故當持以永久，而決不願以罷課爭之。至於鋤除內
> 奸，雖似屬於對內，而其實較爭青島為尤要。內奸不除，則
> 青島雖爭回，難保將來之不再拱手以讓諸外人。內奸既除，
> 然後可舉國一致以對外，此義固甚明也。故政府苟毅然決
> 然，罷斥賣國賊，而加以相當之懲戒，則學生之希望滿足，
> 而罷課問題亦隨之解決矣。至於青島之爭回，則不妨一方上
> 課，一方合全國人之力以從事也。然則如何使政府罷斥內奸
> 耶？以余觀之，舍全國國民各自奮起，用最文明最有力之利
> 器對付政府外，殆莫有絲毫之希望也。[234]

潘公展明確區別進行步驟，提出了兩階段論。第一步，全力罷
課罷市以除國賊。第二步，以持久之法力爭青島歸還。其所謂
「全國國民」應奮起響應，即號召全國罷業停工，以聲援學生
要求。

---

234 （潘）公展，〈解決罷課問題之看法〉，《時事新報》，1919年5月30日，
第3張版3。

五、五三一行動

「五月三十一日，……罷市之動機發矣！」

～1920 年 1 月，史氏，〈學潮醞釀記〉

　　史氏〈學潮醞釀記〉透露，五二六罷課達成後，上海學生就「致力於聯絡商界」，尤以郭欽光追悼會為「大計畫。」[235] 發起追悼會之目的，一為凝聚學生共識，一為策動商界響應。此大計畫，既為推動罷市暖場，也為集體行動演練。滬報對五三一的記載，透露不少消息。此即總罷課後，學生策劃激起話題，推動商界同情響應。五三一行動，既是驗收成果，也是測試輿情。

(1) 追悼烈士

　　關於紀念郭欽光大會，首先要問的是：五三一上海市民為之縣掛白旗，同聲哀悼的郭欽光，到底何許人也？有何重要事蹟？據 1930 年代羅家倫向其秘書透露，紀念郭欽光烈士之舉，是北大學生狄君武的主張。狄君武（膺），江蘇省立第二師範畢業，為羅家倫和傅斯年為室友。其人常與蘇籍眾議員徐兆瑋（江蘇常熟人）和北京女子師範學校校長方還（惟一，江蘇崑山人）來往，也是北京學聯幹事員。[236] 羅家倫回憶：

　　當時章宗祥的病還沒有離危險期，時時有死耗之傳聞，剛巧

---

235 〈學潮醞釀記〉，頁 103。
236 狄君武在北大與傅斯年、羅家倫、周烈亞，四人同住西齋四號房。狄君武生平，參見狄膺，《狄君武先生遺稿》（臺北：文海出版社，1983）。從江蘇籍眾議院議員徐兆瑋日記可知，狄君武和他往來密切。《徐兆瑋日記》，第 3 冊（合肥：黃山書社，2013），頁 1792、1802-1803、1805、1810-1811、1830、1989-1990、1992-1993。

> 北大有一位同學叫郭欽光在這個時間死了，他本來是有肺病的，在五四那一天，大約因為跑得太用力了，吐血加重，不久便死了，當時大家怕章宗祥和我們打官司，所以定下一個策略（這個策略之最初主動者便是狄君武），硬說郭欽光乃是在五四那一天被曹家用人打死的。於是郭欽光遂成為五四運動中唯一烈士，受各處追悼會無數鮮花美酒之弔祭，和輓章哀辭的追悼，在上海還有一位女士，當眾痛哭郭烈士。[237]

照此說來，把郭欽光說成烈士，起初不是為激動全國，而是要抵銷章宗祥被毆重傷致死的後果。由此塑造郭欽光成為烈士，為愛國運動蒙上悲痛色彩，有助號召全國學生以同樣犧牲精神，達到救國懲奸之目的。

蔣夢麟後來估計，這時全國共五十多萬學子，大多願意為國家犧牲生命。[238] 不過，後來名留青史的犧牲者，卻唯有郭欽光。各埠學子為之集體舉哀者，也只有郭欽光。5月18日，紀念大會在京舉行，21日《申報》刊載段錫朋講說：

> 郭君之死，由爭青島而死，由討賣國而死，故我們皆尊敬他，信仰他，才到此追悼他。……今日何時，尚有我們伏讀寒窗的工夫？我們若是只管念書，終無爭回青島的一天。若是群起力爭，或有達到目的之一日。且吾人作事，既經認定目標，就當拚命做去。望同人本此犧牲，堅定到底。（鼓掌）[239]

上海紀念郭欽光，晚於北京十一天。南下的北京學生，將在會場上與公眾見面，把學生運動推向高潮。

---

237 羅家倫口述、馬偉筆記，〈蔡元培時代的北京大學與五四運動〉，頁63。
238 Commercial Attache Julean Arnold, "Weekly Reports for the Weeks from July to October, 1919", p. 3.
239 〈北京學生團最近之行動〉，《申報》，1919年5月21日，版8。

朱承洵說，追悼郭欽光大會是上海罷課後第一項重要活動。[240] 上海學聯文告宣稱，這時它代表了八十三所學校，有二萬名學生（內含五千位女生）。[241] 五三一是星期六，共八十多校到場，並包含幾所小學。翌日《新聞報》紀：

> 昨日下午三時在公共體育場開郭烈士追悼大會，到者計八十四校，學生約三萬餘人，各以校旗國旗標明行列，雜以輓詞連篇，皆用竹竿高掛，肩之以行。所有男女學生一概頭戴白布制帽（由各女校於五日內趕製者），遠望只見一片白雲，聲勢之盛，前所未見。[242]

復旦學生所撰〈學潮醞釀記〉：

> 先是聯合會議由女校製白布帽數萬頂，以代日本草帽。是日男女學生，無一不戴此帽者。行列之中，復雜以聯扁徽幟，遠望直一片白雲，神情異常悲壯。人數之多，行列之整，氣象之莊嚴，於此臻絕頂矣。[243]

這種視覺上的震撼效果，以及集體情緒的感染力，使全體學生被塑造為一個群體，包融進一種莊嚴乃至神聖情感中。

對當天到場人數，華洋報紙記述頗異。《大陸報》稱大約二萬人，內含女生三千。[244]《英文滬報》謂出席二萬人，女生約四千。[245] 惟可確定的是，五三一人數超過五二六。參加的學生，也多獲校方同意。茲錄《新聞報》所載隊名，校名帶＾者有

---

240 朱仲華，〈五四運動在上海〉，頁 269。
241 "Students' Explatation of the Strike", *The China Press*, June 10, 1919, p. 6.
242 〈追悼郭烈士大會紀事〉，《新聞報》，1919 年 6 月 1 日，第 3 張版 1。
243 〈學潮醞釀記〉，頁 103。
244 "Demonstration Is Staged By Students In Shanghai", *The China Press*, June 1, 1919, p. 1.
245 〈追悼郭烈士大會紀事〉，《新聞報》，1919 年 6 月 1 日，第 3 張版 1。

童子軍團，校名帶＊者有精武體育會教練：

1. 民國女子工藝學校
2. 育英國民義務學校
3. 上海公學＾
4. 中華工業專門學校＊
5. 上海孤兒院軍樂＾
6. 南洋路鑛學校
7. 博文女學
8. 南洋醫學專門學校〔原稱：亞東醫學專門學校〕
9. 震旦出校學生
10. 上海愛國女學＊
11. 同濟醫工專門學校及救護〔防〕隊
12. 滬濱英文專門學校
13. 學生聯合會義勇隊
14. 商業學校
15. 民立中學
16. 上海閘北惠兒院軍樂＾
17. 清心實業學校
18. 務本女中學
19. 上海英文學院
20. 崇德女學＊
21. 中華美術專門學校
22. 啟秀女學
23. 寰球學生會＾
24. 東亞體操學校＊
25. 文生氏高等英文學校

26. 勤業女子師範學校
27. 滬北公學 ^
28. 同德醫學校
29. 圖畫美術學校
30. 中國女子體操學校 *
31. 聖瑪利亞女學校
32. 群賢女學
33. 中國體操學校 *
34. 義勇隊
35. 聶忠〔中〕丞華童公學
36. 省立第二師範 ^
37. 青年會 ^
38. 滬江大學
39. 中西醫院
40. 南洋商業
41. 神州醫藥
42. 嶺南中學 *
43. 東吳第二中學
44. 城東女學
45. 英華書院
46. 民生女學
47. 愛群女學
48. 南洋中學 ^
49. 廣東英文義務學校
50. 昌世女中學
51. 惠中書院

52. 兩江公學
53. 中西女塾
54. 北區公學
55. 南洋女子師範 *
56. 中法學校 ^
57. 明強中學
58. 浦東中學
59. 上海女子中學
60. 稗文女學
61. 勵群公學
62. 大同學院
63. 女青年會體育師範
64. 晏摩氏女學 *
65. 競雄女學
66. 廣東郇光女學 *
67. 惠光學校
68. 柏美蘭女學
69. 神州女學
70. 承天英華學校
71. 交通部工業專門學校 ^
72. 聖約翰大學三大隊 ^ *
73. 震亞學校 *
74. 市北公學
75. 銀樓小學
76. 守真中學
77. 中華同義學校

78. 志明國民小學
79. 務實中學
80. 復旦大學 ^ *
81. 澄衷中學 *
82. 浦東中學義勇隊 [246]

聖瑪利亞女校學生,這次也被允許參與集會。學生張繼英（1920年屆）描述這日情形:「這是五月末的一個陰霾天氣,太陽也因太過傷心而躲著不出來了。在一個公共廣場上,上海八十二個學生團體的男孩和女孩們,在一位站在高台上的指揮命令下莊嚴地站成一條條優美的直線。會場上掛著一位勇氣年輕人的肖像,花圈和挽聯簇擁著他。國旗、校旗和每個學生團體的紀念挽聯在空中飄舞。每個學生都戴著網球帽,用以代替日本人的草帽和傘,組成了一道白色波浪。」[247]

就出席學校而言,五三一較五二六有幾處不同:

第一、出席學校增加,人數更多。

第二、有幾所中等以下學校參加,例如:南北市銀樓公所合辦之銀樓小學（國民小學,以浙江慈谿人為多）。[248]

---

[246] 《精武本紀》,頁30-31、41、60-70、176、220。〈追悼郭烈士大會紀〉,《申報》,1919年6月1日,版11。〈追悼郭烈士大會紀事〉,《新聞報》,1919年6月1日,第3張版1。〈郭烈士追悼大會記〉,《時事新報》,1919年6月1日,第3張版1。《五四運動在上海史料選輯》編製〈上海學生聯合會各校分會一覽表〉,依據的兩份資料之一,即6月1日《新聞報》所紀郭欽光紀念大會出席學校名單。參考《五四運動在上海史料選輯》,頁614-615。

[247] 張繼英,〈一個紀念會〉(A Memorial Meeting),《鳳藻》,第2期(1920),轉引自《聖瑪利亞女校:1881-1952》,頁116-117。

[248] 〈銀樓業學校定期開學〉,《申報》,上海,1915年8月24日,版10。1918-1919年,上海總商會的銀樓公所代表為徐萃生（浙江慈谿人）和費芸蓀（浙江慈谿人）。參考《上海總商會同人錄（中華民國七年）》,頁29。《上海商業名錄1920》,頁478。《上海總商會組織史資料匯編》,上冊,頁290。

第三、參加追悼會之學校，不一定參加罷課，例如教會所辦晏摩氏女學。[249]

第四、惠光學校，是先施公司歐彬夫人所辦。[250]

至於上海孤兒院和閘北惠兒院派出軍樂隊，則有南北團結的象徵意義。當天除學生義勇隊出動外，同濟醫工專門學校救護隊隊長江逢治（也是同德醫學專門學校校長）親率救護隊到場照顧。[251]凡此種種表現，都顯示了教育會的暗中支持。

此時北京學生及各埠學生代表已陸續到滬，成員包括原留日學生救國團團員及救國會成員，遂使各地學生呈現大合流現象。京滬學生與留日學生代表團及救國會有關係者，有段錫朋、陳寶鍔、許德珩、黃日葵、程天放、李果等。其中許德珩作為上海〔中國〕公學校友，與滬上人士本有淵源。[252] 1918年中日交涉風潮起，許德珩又南下上海，與學界連繫較多。留日學生救國團加入國民大會幹事部者，有王宏實、李大年，一向與孫洪伊合作。於是，北京學生代表南下後，主導全國學生聯合會籌備處，上海學生運動頓呈激進化趨勢，不但與北京連成一氣，且與外埠學生必須一致行動。

五三一大會，《國民》雜誌社的段錫朋、陳寶鍔、許德珩、黃日葵四人，都趕上參加這場大會。從大會程序來看，北京學生

---

249 晏摩氏女學含中學，高等小學，初等小學，幼稚園。潘公展引滬報稱：「晏摩氏、進德女學校……初未罷課，繼因〔6月4日〕得悉京電達逮捕學生，全體教員學生亦異常憤激，當即稟准校長美國潘女士，於五日起一律罷課。」《學生救國全史》，頁275。

250〈靈生工藝學校將次成立〉，《申報》，1920年3月26日，版10。

251〈吳淞同濟醫工專門學校救護隊之組織〉，《時事新報》，1919年5月31日，第3張版4。

252〈許德珩供詞〉，北京市檔案館編，《檔案中的北京五四》（北京：新華出版社，2009），頁3。

戲份特重。上海學生以地主資格,退居抬轎地位。翌日《申報》之〈追悼郭烈士大會紀〉,記事詳實:

> 北京五月四日之役,以孤憤莫伸嘔血殉國之郭君欽光,昨(5月31日)由上海學界為之開追悼會於西門外體育場。其時天色陰沉,若為一種怨氣所充塞,驕陽不復肆其炎威;男女學生萬餘人,竟得從容駐立於校徽掩靈旛迴舞之廣場中,亦若可謂「人定勝天」一語之表徵也。會場中設烈士遺像,環以花圈,兩旁分布軍樂隊。
>
> 首由何葆仁君報告開會原因。楊健君報告郭君歷史。次由北京大學被逮學生許德珩君演說,語最激昂沉痛,謂:「人孰不有死,而獨為郭君悼者,正以其有犧牲精神與堅強毅力,足為我輩法耳。我輩苟無此兩特點,以達郭君取消中日密約、收回青島、懲賣國賊之諸要旨,則郭君有知且為我輩悼矣」云云。北京《五七》日刊陳寶鍔君演說,謂:「吾輩犧牲學業不已,或更犧牲生命,其他各界宜於精神上表同情。」又謂:「北京大學畢業生祝君、清華學生徐君,亦因國事而死,愿各界毋相忘」云。天津代表張陽光、南京代表郎寶鎏二君,備述他埠商界堅毅情狀,冀令滬商有所觀感。留日學生代表凌炳君謂:「盼國人鎮靜堅持,勿使彼邦有所藉口。」
>
> 詞畢,由何葆仁君高呼舉行追悼禮,各向郭君遺容磬折致敬。繼以各女校唱追悼歌,歌曰:「黃河如帶,泰山若礪,大好是中原。商於獻地,督亢呈圖,媚外無心肝。血性男子,愛國健兒,赤手挽神州。城狐未除,陳東驟死,一死警千秋。」
>
> 歌畢,由何君宣告全場各校蒞會者整隊游行,至南市上海縣

商會,請商界一致進行。鼓樂聲作,各隊依演壇上所呼號數,魚貫出場。以圖畫美術〔學〕校墨筆畫白布大幅郭烈士像為前導。[253]

這天演說者六人,都是外埠學生,北京三位,天津一位,南京一位,留日學生一位,適為各埠到滬代表。北大一校,地位尤其突出,共有三人上台。三人中,《國民》雜誌兩位,《新潮》雜誌一位。這些安排,都可見注意勢力平衡,頗疑蔣夢麟協同安排。5月30日蔡元培日記:「得夢麟函,告與楊健問答語。」[254] 是蔣夢麟事先與北京學生互動之紀錄。惟段錫朋作為北京學生聯合會會長,隨即成為全國學聯籌備處中心人物。又報載6月1日全國學生聯合會籌備會在上海舉行,是則五三一大會不但為北京學生到滬後首場公開演出,且可能是全國學聯籌備會的熱身活動。

這天集會秩序嚴整,場面盛大,大大增強學生自信及聲望。翌日文壇大老王鈍根在《新申報》發表感言,竟稱「上海追悼會之盛,直駕宋遯初〔教仁〕先生而上之。……中國不亡,實受郭君之賜。」[255] 《新聞報》稱道「學生追悼郭烈士,與會之人,較前日宣誓時尤多,而會場秩序之整肅,見者無不讚歎。此可見吾國學生自治之能力焉」[256] 上海學聯文牘長岑德彰,[257] 認為這次運動展現了「我們國民的自治能力(Ability of self-government)和組織能力(Ability of organization)」,這兩項都發展起來,

---

253 〈追悼郭烈士大會紀〉,《申報》,1919年6月1日,版11。
254 《蔡元培日記(上)》,頁254-255。
255 王鈍根,〈追悼會〉,《新申報》,1919年6月1日,第4張版2。
256 記者,〈追悼郭烈士感言〉,《新聞報》,1919年6月1日,第3張版2。
257 〈約翰大學舉行畢業禮紀〉,《申報》,1920年6月28日,版10。

「纔能夠成功一個真正民治國家」。[258]

當天一些教師也深受觸動，包括城東女學校長楊白民（老同盟會員，黃炎培老友）、[259] 南洋女師範教員張志賢、秦南來、沈季疇、許松，愛國女校教員宗鴉、蕭蛻公等。他們致函中等以上學校聯合會，呼籲教職員不可袖手旁觀：

> 此次因外交問題，致激起全國學生之憤慨，不得已有罷課之舉，犧牲寶貴之光陰，以警醒吾政府，其志可敬，其心甚苦。各校教職員對於此事多不加以贊助，袖手旁觀，幾如秦人視越人之肥瘠。……不特失教職員之名義，抑且放棄國民之天職，殆非所以表率群倫，為民作則也。即如昨日（星期一）追悼郭欽光一事，與會者除學生外僅有商界，吾教職員竟無一也。豈國家為學生之國家，而追悼為國殉身之郭君，亦僅為學生應盡之義務，吾教職員可超出國家之外不任其責耶？……況學生聯合會本以學校為單位，非僅一部分之學生也，特教職員不顧〔願〕預聞其間，故不得不獨由學生任其勞耳。今日風雲更急，時勢尤惡，吾教職員允宜聯合一氣，共圖進行。一方輔助學生聯合會使之得有後盾，不致中道而廢；一方警告當局，使知罷課進行之舉，非獨出諸一部分之學生；雙方并進。……天下興亡，匹夫有責，豈獨讓學生專美於前哉！[260]

蕭蛻公更獨自署名〈致中等以上學校校長〉，呼籲「學生之表

---

258 《學生救國全史》之〈岑〔德彰〕序〉，頁 13。
259 黃炎培為城東女學校董，妻王糾思和二女皆就讀該校。《八十年來》，頁 49。鄭逸梅，《文壇花絮》，《鄭逸梅選集》，第 2 卷，頁 512-514。
260 〈山東問題之滬潮〉，《神州日報》，1919 年 6 月 5 日，版 5。宗鴉也是東亞體育學校教員，該校校長朱少屏。〈本校現任教職員一覽表〉，《上海東亞體育學校校刊》之附錄，1919 年第 1 期，頁 1。

示，商界已多贊同；而所謂校長教員者，自負穩健，始則壓抑，中則依違，終則放任……，徒以一電辭職，為不負責任之計，何無聊也！」勸告中等以上學校校長，若以學生之要求為是，即當助之。[261]

(2) 請願遊行

五三一集會後，學生全體遊行至南市縣商會，警察全無阻攔，令人嘖嘖稱奇。沿途所見，大小商店下半旗誌哀。公共租界河南路、南京路，法租界大馬路一帶，景況尤為整齊。抵制日貨之白旗，亦較先前為多。據說「商界事前曾接到商團聯合會通告屆期一律下半旗誌哀。」[262]「商團聯合會」，即商業公團之簡稱。這天學生遊行街道，假託宣傳抵制日貨，實則尚有其他目的。負責人事先密議：學生分出一隊，直奔總商會請願。自知效果未必可期，但可擴大宣傳效應。

五三一集會前一日，原已有學生代表到總商會「於國事有所質問，奈商會無發言負責任之人，遂不得要領而返。」[263] 5月31日《申報》之〈學生代表與商會坐辦接洽〉敘述：

> 昨日〔30日〕上午各學校舉定代表多人，逕赴上海總商會聲明種種來意，並要求速舉代表隨同分往各處實力宣講，最後要求該會通知各業，仿學校辦法有所表示。該會坐辦嚴漁三向各代表聲稱：本會因佳電事滋人口實，會長辭職，會務尚乏人主持。今諸君所要求諸問題關係重要，必待朱會長到

---

261 蕭蛻公，〈告中等以上學校校長〉，《神州日報》，1919年6月5日，版6。
262 〈追悼郭烈士大會紀〉，《申報》，1919年6月1日，版11。〈追悼郭烈士大會紀事〉，《新聞報》，1919年6月1日，第3張版1。
263 〈上海學生罷課之第五日〉，《申報》，1919年5月31日，版11。

會就職時彼此商明再行決定云云。各代表乃相率退出。[264]報載學生要求上海總商會「通知各業，仿學校辦法有所表示」，可能兼指抵制日貨，通電北京罷免曹陸章諸事。此日接見學生的「坐辦嚴漁三」，正是外傳佳電的經手人。因而《時事新報》以「學生何必與虎謀皮」來形容這次請願。[265]

5月30日總商會之行，既然毫無結果。31日，學生再赴總商會，目的唯在宣傳。史氏〈學潮醞釀記〉透露，五三一前夕，上海學聯幾位核心成員密議，擬定五三一計劃：

> 此次之會，最可紀者，有商學界俱有聲之某君，建議追悼畢，整隊赴總商會，為一鳴驚人之舉。此議既出，聞者駭焉。當時主幹人物，集議密室中，久之不能決，詢誰願往者，則除復旦外，惟另一與建議人有關係之某校，認往總商會。於是稍變前議，再分約翰、南洋，往朱葆三私宅，餘校悉往縣商會。議定，遂於追悼禮畢，突然發令三道。[266]

參照朱承洵〈五四運動在上海〉所記，可知此夕提議為「一鳴驚人之舉」者，是澄衷中學校長曹慕管，與其有關之學校即澄衷中學。

朱仲華（承洵）之〈五四運動在上海〉，頗有史氏〈學潮醞釀記〉未敘之內幕：

> 開會前夕，作者與何葆仁在晉隆飯店與商業公團負責人商定，追悼會畢後，全體隊伍，進入租界游行，直達總商會，為一鳴驚人之舉。事前保密不宣，開會前，始與各校領隊人

---

264 〈學生代表與商會坐辦接洽〉，《申報》，1919年5月31日，版11。
265 〈國民對於外交失敗之激昂（二十二）〉，《時事新報》，1919年5月31日，第3張版1。
266 〈學潮醞釀記〉，頁103。

說明，聞者駭焉。當時主幹人群在密室中集議，久不能決。詢誰願往者，則除復旦外，僅一澄衷中學。于是稍變前議。分約翰、南洋兩校學生往朱葆三私宅，復旦、澄衷兩校往總商會，其餘各校悉赴縣商會（又名南商會在南市毛家弄）。議既定，才于追悼禮畢後，突然發令分三道出發。[267]

朱承洵回憶「赴總商會者由作者領隊，由體育場經老北門、河南路直入，經過法租界時，巡捕不加攔阻，至英租界巡捕房門口，全體包探出動了。我們加速步伐，越過南京路入寧波路口之商業公團暫息，俄頃，即過橋進入總商會」。[268]

學生隊伍進入公共租界，巡捕一度上前詢問，最終未加攔阻，學生因得長驅直入。翌日《新聞報》記：

一部分學生整隊至租界，因步伐極整，巡捕以為整隊返校，未加阻止。後有探捕聞知將往商業公團等處，遂來詢問：如會長等不出見，爾等將暴動否？學生答：決不至此。[269]

學生途經商團公團（位於寧波同鄉會），派代表入會洽談。《申報》記：

由澄衷中學代表馮其書、震旦大學代表曹德三、復旦大學代表朱承洵、及寰球、滬江各校代表共八人，向〔商業公團〕聯合會向幹事陳述學生罷課苦衷，而該幹事答言，大都無切實辦法。[270]

惟工部局《警務日報》卻稱，學生代表和商業公團達成協議：

學生們手執旗子遊行，由西門進城。其中約有三百人組成一

---

267 朱仲華，〈五四運動在上海〉，頁 269-270。
268 朱仲華，〈五四運動在上海〉，頁 270。
269 〈追悼郭烈士大會紀事〉，《新聞報》，1919 年 6 月 1 日，第 3 張版 1。
270 〈追悼郭烈士大會紀〉，《申報》，1919 年 6 月 1 日，版 11。

> 支,向公共租界走去,於下午五時四十分左右,從河南路愛多亞路轉角處進租界。他們到河南路364號商業公團聯合會,與該會會長湯節之、著名董事鄒靜齋晤談。湯、鄒二人同意支持抵貨運動。[271]

湯、鄒二人「恰好」都在會內,顯然為事先約定。探報突出湯節之地位,也可能與湯暗有密約。

6月1日《救國日報》之〈舉國一致禦侮聲〉,更披露朱承洵與湯、鄒二人所談,不止抵制問題,更涉及罷市。該報稱:

> 先由朱承洵君備述來意,略謂今次運動,全國各學校已抱絕大之犧牲,但學生之力量有限,非求商界一致行動,不足以寒賣國政府之胆,而救國家之危亡。鄒、湯二君,謂諸君罷課之初,敝會已有電致北庭云,倘不承認吾人之要求,是政府與民意宣戰。上海商界,惟有全體罷市而已。諸君既如此熱心,敝會當誓死為諸君之後援,一面聯絡商務總會與南市商會,一面招集敝會各〔團〕體,討論最大犧牲最有力量之表示。萬一他們不肯救國,敝會斷不讓諸君專美於前矣。言次頗露慷慨激昂之忱,語畢退去。[272]

把《救國日報》對照工部局《警務日報》,可知工部局探報隱去之重點。[273] 鄒、湯二人願以罷市支持學生,立場竟是非常明確。此前曹慕管及朱少屏已與之溝通,雙方實早有默契。

6月1日《申報》記,學生隊伍出了寧波同鄉會,直奔總商

---

271 工部局另一探報,指學生到下午6時10分始離去。〈上海公共租界工部局警務日報摘譯〉,頁845-846。
272 〈舉國一致禦侮聲〉,《救國日報》,1919年6月1日,版2。
273 據1921年12月21日趙南公日記:「湯節之與〔工部局〕刑事科主任兩人甚相知」,則探報所紀簡略,可能有湯節之打點。廣隸整理,〈趙南公一九二一年日記選(續完)〉,《出版史料》,1993年第1期,頁69。

會行程,所紀簡略:

> 全體學生遂折返總商會。因會中重要職員均不在,雖打電話四面邀請,迄無至者。[274]

朱承洵所記也很簡短,表示「學生隊伍進入總商會後,負責人四散,直至傍晚,始由會董謝蘅昌〔聰〕出來應付允將學生意見轉達會長。」[275] 換言之,未有任何實質進展。

至工部局《警務日報》則說明赴總商會的學生由教師率領,全過程都能謹守秩序:

> 5月31日晚六時許,復旦、同濟〔應為澄衷〕兩校學生約四百人齊集在北河南路總商會大廳,要求會見總商會負責人,借以表達學生對抵貨運動的心情和願望,並吁請總商會對上海及全國抵制日貨採取雷厲風行的措施。事前學生們並未與總商會約定晤談,這時要求總商會負責人接見他們的一部分人。學生們謹守秩序,等候到晚七時三十分,仍舊無人出來,就悄悄地散去。當時探目普林司(Prince)偕華探數人前往探視,學生們由各該校教師帶領,都能遵守秩序。[276]

探報既未記下師生姓名,筆下也有迴護之意。至謂所談話題為抵制日貨,也隱去學生此行的主要目的。

另一支學生隊伍赴朱葆三宅(滬西製造局路十三號),也未見到朱葆三。[277] 6月1日《民國日報》之〈郭烈士追悼大會記〉,紀學生代表再三質問朱葆三代表:

> 後即由朱〔葆三〕君代表發言,大致以朱君業已辭職,誓不

---

274 〈追悼郭烈士大會紀〉,《申報》,1919年6月1日,版11。
275 朱仲華,〈五四運動在上海〉,頁270。
276 〈上海公共租界工部局警務日報摘譯〉,頁845。
277 〈郭烈士追悼大會記〉,《民國日報》,1919年6月1日,版10。

再為馮婦,上海商務,以後永不過問,其餘多數衍之辭。學生代表不甚滿意,反覆詰問,奈無發言負責任之人,終不得要領而出。時各學生群立門首未散,遂整隊而去。[278]
工部局警務探報,稱學生在朱宅等候一小時方始散去。[279] 學生方面則說:朱宅「召龍華軍隊數十人來,欲以恫嚇學生」。[280] 6月7日朱葆三致友人函,感嘆「時局紛糾,珍就此脫離社會事業,省去煩悶,無論如何慰留,決不再做馮婦」,頗見憤懣之情。[281]

惟學生赴朱宅質問之舉,也有人不以為然。6月1日《時事新報》刊出「守黑」時評:

> 中國人有一個壞脾氣,就是勿論甚麼對外問題發生,決不去專心對外,而偏要尋出無聊的事件和本國人為難,……都是瑣屑不堪的捕聲捉影的,這種真足以表示國民的無常識。有人說這種行為不但是表示無常識,並且表示無道德。因為他終不免有「敲竹槓」的嫌疑。記者雖不願附和此說,然而亦以為諸公既是如此熱心,何不向大處落墨,偏要在瑣屑的地方爭執,就難怪人家生疑了。[282]

「守黑」一向同學情學生,故為文規勸之。所謂「敲竹槓」嫌疑,對學生聲望有損。

至於大部分學生赴縣商會之行,則正副會長顧馨一、蘇筠尚皆不在會,會方臨時派人去請。兩會長到後,由何葆仁等代表入

---

[278] 〈郭烈士追悼大會記〉,《民國日報》,1919年6月1日,版10。
[279] 〈上海公共租界工部局警務日報摘譯〉,頁847。
[280] 〈學潮醞釀記〉,頁104。
[281] 應芳舟,〈朱葆三致朱彬繩書札六通考釋〉,《浙江萬里學院學報》,第21卷第4期(2008.7),頁35。
[282] 守黑,〈壞脾氣〉,《時事新報》,1919年6月1日,第3張版1。

會晤談,八、九分鐘辭出。²⁸³ 翌日《申報》記述:

> 前隊抵縣商會時,由學生聯合會會長何葆仁(復旦)、文牘惲蔭棠(南洋)、游行領隊周正煒(寰球)、裴國雄(寰球)、程學愉(復旦),及博文女校之李果、程孝福、鍾道英女士,勤業女校之朱劍霞女士等為代表。……首由何君述來意。正會長顧君答稱:前聞歐洲和會青島問題將失敗,曾通電諸當局迄未得復。次惲君云,商界諸君諒有一定辦法,以表同情。蘇副會長答云:須明日再與諸君商榷。李果女士云:現在祇有用消極辦法,祇有抱犧牲主義。學界犧牲光陰,犧牲生命,商界似亦宜於利益上有所犧牲也。次周君言:今日必祈有明確表示,否則他日危及邦本,未嘗不犧牲及商家也。惲君復進一解謂:諸君皆年長識卓,此來諒早有一定辦法而成竹在胸矣,務祈明示。²⁸⁴

學生代表發言步步進逼,令兩會長難以迴避。學生的具體要求,報上未予明言,而實指罷市。

翌日《新聞報》稱:顧、蘇兩會長聽何葆仁及學生代表八人陳詞後,「允以實力援助學生,務達救國目的。各學生聞之,極為滿足,遂告辭而出。」²⁸⁵ 並紀縣商會門前氣氛沸騰:

> 各校學生均整隊由商會門首過。每過一隊,輒高呼「中華民國萬歲!上海縣商會萬歲!縣商會會長萬歲!」顧、蘇二君,亦親立門首鞠躬致謝焉。²⁸⁶

---

283 《學生救國全史》,頁 131。
284 〈追悼郭烈士大會紀〉,《申報》,1919 年 6 月 1 日,版 11。
285 〈追悼郭烈士大會紀事〉,《新聞報》,1919 年 6 月 1 日,第 3 張版 1。〈郭烈士追悼大會記〉,《民國日報》,1919 年 6 月 1 日,版 10。
286 〈追悼郭烈士大會紀事〉,《新聞報》,1919 年 6 月 1 日,第 3 張版 1。

翌日《時事新報》也說，當天學生代表見面縣商會長時，「兩會長慰勉有加，一一應允」。史氏〈學潮醞釀記〉也說「兩會長頗能以圓滑之詞敷衍」，[287] 可見5月31日學生到縣商會請願之行，初覺頗為順利。

當天具體洽談結果，報紙縱未寫出，但從翌日《申報》所記，學生出門後反應，可間接得悉內情：

> 討論既畢，經蘇副會長及顧會長約明日下午五時半再與諸君晤商。何君出告各游行隊，一語一鼓掌，自近而遠，歡聲雷動。復由各代表力請兩會長出立門外，各隊於細雨中依次前進。及門，輒免冠翔步，三呼萬歲，有對兩會長以鼓掌示欽敬者，……復對商會門前鞠躬致敬，而各隊始盡散。[288]

又此處記兩會長姓名，先蘇而後顧，與一般慣例有異，大抵蘇筠尚態度更為積極。

留日學生救國團《救國日報》之〈舉國一致禦侮聲〉，更特敘「會長某君」慷慨陳詞，為各報所未記：

> 〔學生〕其他一大隊，至南市總〔縣〕商會。至時該會會長不在會，由駐會職員電請該會會長即時到會。移時會長某君欣然而來，謂吾國人心未死，鄙人亦抱無窮之樂觀矣。先由學生聯合會會長何葆仁言，備述來意。其餘第一商業代表阮勤君，留日學生代表黃恢權君，均有陳述。不待代表言畢，該會長即慷慨言曰：北廷不顧民意，一意孤行，欲置吾人於牛馬之域，本會從明日起，通知各商號，停止納稅。並今晚速電北廷，請其答復。如對內不懲辦賣國賊，對外不否認各

---

287 〈郭烈士追悼大會記〉，《時事新報》，1919年6月1日，第3張版1。〈學潮醞釀記〉，頁104。
288 〈追悼郭烈士大會紀〉，《申報》，1919年6月1日，版11。

種條約及直接收回青島，吾人唯有全體罷市，以示最後之決心而已。各校代表以要求之目的既達，遂興辭而出。該會長送至門外，代表報告該會之答復，各校學生聞之，三呼中華民國萬歲，各回原校而散。[289]

初讀此一報導，頗疑其與他報不符，疑屬道聽途說。記者謂「會長某君」及「該會長」云云，似不知正副會長同時出席。繼而思之，可能是學生到達縣商會時，兩會長皆不在會。會方派人去請，而抵達時間不一。[290] 此處所紀會長某君言論及氣慨，以蘇筠尚近之。

1919年底，蘇筠尚病歿，《民國上海縣志》卷十五〈人物上〉，記其對學生運動的批評：

五四運動之後，見學生動輒罷課，頗不謂然。謂青年際此時艱，益宜盡力求學，以備他日用。若違家長之命，以輟學業，非計也。[291]

此傳寫於1919年冬以後，時因學潮屢起，發生學商衝突，蘇筠尚不以為然，但不能據以判定其在6月初即反對學生運動。

(3) 罷市計劃

28日工部局警務處探報，指朱少屏和曹慕管連絡商業公團，欲以促成罷市計劃後，工部局總辦李德爾（L. O. Liddell）即日

---

289 〈舉國一致禦侮聲〉，《救國日報》，1919年6月1日，版2。
290 就兩人商號距離而言，顧馨一近而蘇筠尚稍遠。蘇筠尚經理鼎發行，在南市小東門外洋行街。顧馨一經理大正米行，在南市大碼頭裏街。但顧馨一應酬較多，蘇筠尚可能更早到會。〈立大麵粉公司發息廣告〉，《申報》，1915年4月30日，版1。〈上海證券物品交易所股份有限公司章程（續）〉，《申報》，1919年9月23日，版11。
291 《民國上海縣志》卷十五〈人物上〉，第3冊，頁1002-1003。

向寰球中國學生會發出警告，措辭還相當溫和。最奇特的是，所發警告指向八日前事：

> 我通知你：工部局已經注意到下列事實，即 5 月 20 日下午四時在靜安寺路 51 號貴會辦公室舉行的會議，討論有關租界內抵制日貨運動應採取何種措施的問題。
>
> 我要向你指出，這些會議違反工部局公告第 2453 號。隨附該項公告副本一份，要求你將來務須嚴格遵守。[292]

李德爾不針對 28 日事發出警告，卻去提 20 日會議，似間接向朱少屏暗示，警方對彼等行為有所掌握，務必好自為之。

5 月 31 日晚上救國十人團聯合通訊處，借寰球中國學生會開談話會。此必是針對租界地段商店之計劃，也以策動罷市為目的。6 月 2 日工部局《警務日報》有探報兩則，則指 5 月 31 日夜寰球中國學生會集議，主題已涉及罷市。第一則探報：

> 據第 78 號華探華錦福報告，有華商及員工二百五十人，於 5 月 31 日晚十時在靜安寺路五十一號寰球中國學生會開會。在會上講話的有六人。其中之一主張：如果抵制日貨的辦法失敗，各商店應該罷市。到場的人一致同意，但是並未決定具體措施。[293]

另一則探報：

> 在商界少年救國宣講團的主持下，有商民和學生約二百五十人，於 5 月 31 日晚十時許在寰球中國學生會會所開會。據稱是為教育事宜而召開的，但是會議的實際內容卻是討論商界與學界如何緊密合作，貫徹抵制日貨運動。

292〈上海公共租界工部局警務處檔案選譯〉，《五四運動在上海史料選輯》，頁 880。
293〈上海公共租界工部局警務日報摘譯〉，頁 847。

> 會上有六人致詞。其中之一是商界少年救國宣講團代表。他說：如果現行的抵貨辦法無效，商界應該罷市，聽眾報以掌聲，表示贊助。
>
> 商界少年救國宣講團（會所在寧波路374號）正在發行一種鼓吹抵制日貨的報紙，於6月1日創刊。該報由永安公司某部經理，現任該會會長王英卓（譯音）主編。[294]

仔細比較上面兩則報導，可知在描述同一場會議。兩名探員都未報主事者姓名，似乎刻意為之隱諱。第二份探報，卻提及永安公司某部經理。而工部局未採取任何行動，禁阻這些會議召開。

又前述「商界少年救國宣講團」，不同於八年前組織之「少年宣講團」，[295] 而是新成立的團體，以粵商所辦永安公司為贊助者。6月2日《申報》記：

> 昨晚〔6月1日〕十時，商界少年救國宣講團假靜安寺路寰球中國學生會開成立會，到者六七百人，首由主席劉樵仙報告開會宗旨及組織經過情形畢，並謂吾等除宣講外，倘政府不能覺悟，亦將喚起全國商界與學生取一致行動云。旋即請對日外交後援會代表李齊民演說。李君謂：劉、姚、王、倪諸君召集數百同志，組織一少年救國宣講團，在晚間公餘之暇四出演講，俾激起一般人民之注意。其宗旨之妥善，辦法之週詳，本會極表贊成。此後惟望貴團積極進行，毋讓學界青年專美於前。余聆劉君之擬聯合全國商界與學生聯絡一致主義之語，即可知貴團之堅強能力矣。次請工商研究會議長

---

294 〈上海公共租界工部局警務日報摘譯〉，頁847-848。
295 少年宣講團成立於1912年，總幹事任稼春（江蘇無錫人，醫生），幹事汪龍超。參考《民國上海縣志》卷七〈教育‧教育行政〉，第2冊，頁551-555。〈少年宣講團八年紀念〉，《申報》，1919年5月12日，版10。

沈卓吾演說。……後由集賢女校代表奚萼農演講……復由廣州報界代表吳鐵城演說，謂吾等現在急要想起一種手段，去將此等腐敗官僚黷武軍人賣國奸黨盡行掃除，此即根本救國之方法。……末由永安公司經理劉生初演說商界少年之救國責任等事。時已鳴鐘十二下，遂由主席宣告散會。聞該團尚擬分頭聯絡各外埠商界同志，一律進行云。[296]

少年宣講團成立會在晚上十點鐘召開，顯然是為了配合下班時間。主席劉樵仙所說「一致行動」，即罷市之意。其中發言的吳鐵城，又與南洋煙草公司有關。[297] 永安公司經理劉生初（永安董事），更顯然是一位贊助者。

前引《警務日報》可知，上海學界的罷市策劃，盡在工部局洞鑒之中。五三一集會後學生赴總商會請願，探員有詳細紀錄；朱少屏等策動罷市之謀，也在探員掌握之中。奇異的是，6月4號工部局董事會議紀錄上，卻未有一語及之。即便這日下午全埠情氛已異常緊張，總董披爾斯只談及抵制日貨運動，而未觸及嚴重得多的罷市問題。[298] 再查翌年3月松滬護軍使復內務部電，提及「上年六月二日，奉大總統誥誡學生明令，內有聯合會等項名目，尤應切實查禁等語。」護軍使署「業經商請公共捕房驅逐解散。」[299] 而《警務日報》及《工部局董事會議紀錄》，卻未有一點相關記載。茲見上海罷市翌日《警務日報》的一則批注，似為讀者揭開此一謎底：

---

296 〈各界提倡國貨之一致〉，《申報》，1919年6月2日，版11-12。〈國民對於外交失敗之激昂（二十四）〉，《時事新報》，1919年6月2日，第3張版1。
297 《走過民國初年的新聞史：老報人王新命回憶錄》，頁161。
298 《工部局董事會會議紀錄》，1919年6月4日條下，第20冊，頁757-758。
299 〈內務部與松滬護軍使等查禁學生聯合會總會往來密電〉（1920.3），《五四愛國運動檔案資料》，頁590-591。

我們對於學聯視若無睹，自以為是：這一點我覺得不怎麼滿意。[300]

這則帶有抱怨語氣的批注，為罷市前公共捕房的表現，提供了一個最佳註解。此即從上海學聯坐落公共租界以來，公共捕房雖然清楚掌握學生動向，而總辦也主張嚴格取締，但上級認為學生活動不致妨害英人利益，要求公共捕房暫且按兵不動。

5月31日，上海夜暮低垂之際，學生必定盤點全國情勢。蔣夢麟隨後所撰〈學生運動〉，列舉北京罷課後，各埠學生罷課情形：天津，23日。濟南，24日。上海，26日。南京，27日。保定，28日。安慶，30日。漢口、武昌、開封，31日。[301] 6月初，全國一致之勢，已然成形。

六、商學聯合頓挫

「一致行動！」

~1919年6月3日，學生向縣商會會長請願。[302]

上海五三一遊行以後，學生明白總商會消極無為，已決定把遊說策動對象，以南市縣商會為重心，並有了令人振奮的結果。尤令人矚目的是，5月31日至6月4日，學生都在警局前請願遊行。這對北軍南下後，長期處於戒嚴下的上海華界而言，是令

---

300 〈上海公共租界工部局警務日報摘譯〉，頁852。這個版本較更早一篇譯文正確。更早的譯文，參考〈參高雲致上海英總領事（二）〉（1919.6.7），〈上海公共租界工部局警務處檔案〉，《五四愛國運動資料》，頁723-724。

301 Monlin Chiang（蔣夢麟）, "The Student Movement", *The China Mission Year Book 1919* (Shanghai: Kwang Hsüeh Publishing House, 1920), p. 48.

302 〈昨日縣商會中之激昂情形〉，《申報》，1919年6月4日，版11。

人興奮的場面。全體市民及紳商各界，莫不饒富興味地觀察事態發展。截至6月5日前，警察和學生不但「相忍為國」，抑且「相敬如賓」，令公共捕房也嘖嘖稱奇。

(1) 北京嚴令

然而，五二六以迄五三一的集會遊行，已引起北京政府密切關注。京津官廳很可能接獲探報，偵知南北學生行將大舉。6月1日下午7時，北京總統府下達嚴令，要求京內外取締學生聯合會及其附屬組織：

> 在京著責成教育部，在外責成省長暨教育廳，督飭各校職員約束諸生，即日一律上課，毋得藉端曠廢，致荒本業。其聯合會、義勇隊等項名目，尤應切實查禁，犯者即予革懲。糾眾滋事，擾及治安者，仍依前令辦理。[303]

訓令6月2日到滬，翌日見各報專電欄。[304] 此令下達後，地方官廳對學聯存在及其活動再不能袖手不管。翌年3月，松滬護軍使復內務部密電提及「查學生聯合會總會，初設於公共租界寰球中國學生會內，上年六月二日，奉大總統誥誡學生明令，業經商請公共捕房驅逐解散。」[305] 此事未見報紙記載，公共捕房也未採取行動。然而，6月2日以後，盧永祥對學生聯合會已不能視若無睹，上海學聯已沒有多少活動空間了。

此時江浙兩省軍政長官採取的手段，不但反映了直皖兩系

---

303 〈專電〉，《申報》，1919年6月3日，版3-4。

304 1920年內務部與松滬護軍使往來密電，均稱「上年六月二日奉大總統誥誡學生明令。」〈內務部與松滬護軍使等查禁學生聯合會總會往來密電〉，《五四愛國運動檔案資料》，頁590-591。

305 〈內務部與松滬護軍使等查禁學生聯合會總會往來密電〉，《五四愛國運動檔案資料》，頁590-591。

的分歧，也間接透露江蘇省教育會的主張。就浙江杭州而言，皖系督軍楊善德、省長齊耀珊下令：5月29日各校一律提前放假，聲明「嗣後各校學生不論以何項名義及何項場所，概不准自由集會。……各校有令學生於課餘組織校外講演者，並即暫行停止。」[306] 惟江蘇一省，則直系督軍李純、省長齊耀琳未下嚴令。5月31日，上海學聯在公共體育場集會紀念北京學生郭欽光，到會學校八十四所，學生三萬餘人。6月2日，南京學生聯合會且赴當地公共體育場宣誓罷課，到會二十六校，凡四千人。散會後，還整隊遊行街市。[307] 上海和南京學生運動的繼續推進，盧永祥和李純對學生集會的未加嚴禁，不止反映滬寧兩地長官的通融，也涉及江蘇教育會的影響力。

惟與盧永祥同屬皖系的浙江督軍楊善德（安徽懷寧人）和省長齊耀珊（照巖，吉林伊通人），較盧永祥更早對學界發出取締令。5月31日《申報》之〈地方通信：杭州〉如是報導：

> 楊〔善德〕督軍、齊〔耀珊〕省長昨日〔28日〕訓令警務處長云；近自青島問題發生以來，省垣等處學校學生或以學生聯合會名義，或在教育會等地方紛紛集會，幾無虛日。初雖出於愛國熱誠，情猶可原。繼乃群言龐雜，動越範圍。若不亟行禁止，深恐釀成事故，妨碍治安。嗣後各校學生不論以何項名義及何項場所，概不准在校外自由集會。責成各校校長隨時認真約束查禁，即校內各種會合，亦應由各校按照〈管理規程〉第五條切實遵辦。其平日各校有令學生於課餘組織校外講演者，並即暫行停止。除分令教育廳、各道尹暨

---

306 《學生救國全史》，頁170-171。
307 《學生救國全史》，頁140-141。

中等以上各校,合行令仰該處長轉令所屬一體遵照。倘各校學生仍有在外集會或講演等事,即行嚴切制止。如有違抗,即依法逮懲。[308]

楊善德和齊耀珊頒佈嚴格禁止後,杭州各埠學生即無活動餘地。浙省教育會會長經亨頤的日記所載,清楚證明這種狀況。浙江一省之強硬措施,在徐世昌5月25日禁令下達以後。而盧永祥處理上海的手段,則較為寬容而富有彈性。

不但如此,從《經亨頤日記》可知,浙江一省對學生取強硬政策,是省長齊耀珊決定。據經亨頤探聽所知,原因在北京政情。杭州省長一宣佈取締學生集會,浙江省教育會即作收束之計。5月26日《經亨頤日記》:「探悉省長對於學生事件決取嚴格主義,倘一見解散之命,則不知如何收拾?滬報載北京政府態度,未始無因,其何以善其後也?」5月27日:「先至校,又至會,至廳,至省公署,皆為罷課事奔走。省長之意,如明日萬無他法,惟有以特別訓令提前放假。」5月28日:「省長、督軍有連署特別通告,措辭外和而內厲,因集全體學生,施臨時訓話:愛國與禍國不分,適可而止,留以有待。」5月29日:「學生已表示〔罷課〕,而官廳則認為放假。我校終日沉靜。……西子湖頭學生之愛國熱,暫將閉幕矣!」[309] 事後,主編浙江省教育會刊物《教育潮》的沈仲九(浙江紹興人),認為五四運動證明「代表機關」失敗,主要針對浙江一省,而非指江蘇或上海。[310]

---

308 〈地方通信:杭州〉,《申報》,1919年5月31日,版8。
309 《經亨頤日記》,頁528-529。
310 (沈)仲九,〈五四運動的回顧〉,《民國日報》附刊〈覺悟〉(轉載《建設》第3號),1919年10月5-16日,版8。

(2) 情勢陡變

上海方面，情勢也開始出現變化。徐世昌禁令下達後，護軍使盧永祥面諭滬海道尹沈寶昌，指示「本年各學校暑假應提前兩星期，仰即通知」。[311] 6月2日，《民國日報》得悉軍署向警署下達禁令，判斷〈盧子嘉將壓迫學生矣〉，[312] 刊出邵力子〈國民總要自決〉一文：

> 盧護軍使是山東人，對於山東問題，聽說也很熱心，所以屢次開會，都是無形的保護。他也有救國天職，我們不必說感激的話，卻是很佩服他。但他現在又打著官話，說什麼「範圍」哩。救國是非常的事情，如何可拘著平常的範圍。我因此又多一層覺悟，就是在官在官，他總要說他的話，我們國民總要自決我們的事情才好呢！[313]

可見邵力子意識到，軍署政策即將改弦易轍，警廳必定奉令行事，學生須面對嚴峻的新局面。

然而截止6月1日為止，淞滬警察廳長徐國樑致北京內務部密報，仍含糊地敘述5月31日學生表現，猶未揭出罷市訴求：

> 昨于三十一日據廳屬二區警察署報告：有學生聯合會在公共體育場開會，追悼已故北京大學學生郭欽光等情。當即飭令該管署長會同遊巡二隊隊長多帶長警到場彈壓防範，一面派委督察長張桂榮等前往監視。旋據復稱：查得本日二時，該學生開會，計到男女學校七十餘處，學生共有二萬餘人，首由學生會會長何葆仁報告開會宗旨，繼由京津學生四人演說，均系故生郭欽光之經過情形。行追悼禮後，臨時議決，

---

311 〈論飭各學校提前暑假〉，《申報》，1919年6月2日，版11。
312 〈盧子嘉將壓迫學生矣〉，《民國日報》，1919年6月2日，版10。
313 力子，〈國民總要自決〉，《民國日報》，1919年6月2日，版11。

全體前往上海〔縣〕商會,要求表示一致行動。至三時,即行出發,全隊排列,沿路公舉代表八人,會晤商會正副會長顧履桂、蘇本炎,雙方議妥,學商聯合表示同一態度,然後各散隊歸校。³¹⁴

徐國樑報告稱學生要求商界「表示一致行動」,所謂學商議決「雙方議妥,學商聯合表示同一態度」,意思皆含糊不明。

事實上,五二六總罷課前一天,北京確已發出「五月二十五日大總統令」,針對「近日京師及外省各處,輒有集眾游行、散布傳單等事,……著責成京外該管文武長官剴切曉諭,嚴密稽察,如再有前項情事,務當悉力制止;其不服制止者應即依法逮辦,以遏亂萌。」³¹⁵ 此令 5 月 28 日始見滬報,但軍署警廳應於 26 日收悉,即令當天來不及禁止學生集會,31 日又仍通融學生集會,對學生穿越租界之舉,既未切實上報,還說學生「尚屬各守秩序」。

惟 6 月 2 日工部局《警務日報》說得非常直白,稱五三一遊行中,學生要求商家同盟罷市:

> 學生代表十人由該會正副會長接見。學生代表建議商家全面罷市。會長指出這是一種激烈行為,請求給予精細考慮的時間。³¹⁶

此一探報不是探員直接報告,似是向南商會查詢而得。報告把責任推給學生,說明情勢即將生變。

6 月 1 日護軍使署稽查處報告文,也直指學生要求縣商會

---

314 〈徐國樑報告上海學聯召開郭欽光追悼會并組織游行代電〉(1919.6.1),《五四愛國運動檔案資料》,頁 216-217。
315 〈命令〉,《申報》,1919 年 5 月 28 日,版 4。
316 〈上海公共租界工部局警務日報摘譯〉,頁 847。

「全體罷市」。軍署所設稽查處,專司稽查偵探之職。[317] 探員提及會長顧馨一設詞拖延,學生行動逾越範圍。6月2日《申報》載:

> 松滬護軍使署於昨(1日)訓令淞滬警察廳云:「為訓令事,本年5月31日據本署稽查處報稱:『查得本埠各學校、團體在西門外公共體育場開會追悼郭欽光。場內情形大致各學生共表追悼熱忱。迨散會時列隊齊至南商會求見正副會長,並舉出陳、顧、朱三代表為之接洽。經顧會長接見,詢問該代表等來意,據稱係要求商界援助,雖未明言目的,窺其詞意,頗有全體罷市之概。即由顧會長宣稱本會無實行之權,操縱須候北總商會解決。該代表等唯唯告退。為將調查情形據實報告等情。』查核所報,各校學生集眾開會,并意圖激動商界全體罷市,是其行動已越乎範圍,殊於地方治安有礙。……以後非經官廳許可,不准擅行集會,以杜滋擾而保治安,切切此令。」[318]

顧馨一答覆學生語,自稱「本會無實行之權,操縱須候北總商會解決」,其實是敷衍之詞。[319] 軍署據稽查處探報,稱學生「行動已越乎範圍,殊於地方治安有礙」;對照警廳致中央呈文,卻說學生開會及出行,「尚屬各守秩序」;雙方判斷竟截然不同。

---

317 軍署稽查處本為偵察防堵黨人而設,後因局勢漸定且財務困難縮編,由彭宜庭(原任吳淞砲團營連長)任高等稽查員兼理處務。參考〈稽查處恢復舊觀〉,《時事新報》,1917年4月1日,第3張版2。〈軍署新委稽查員〉,《民國日報》,1918年8月10日,版10。

318 〈不准擅行集會之護軍使令〉,《申報》,1919年6月2日,版11。〈護軍使取締學生集〔會〕令〉,《時事新報》,1919年6月2日,第3張版2。

319 《上海縣續志》稱:上海南商會原名滬南商務分會(後改稱滬南商會分所),設立後重要事件仍由商務總會主持。《上海縣續志》卷二〈建置上〉,第1冊,頁246。

6月1日軍署對警廳下達訓令，說明盧永祥決定介入，要求徐國樑嚴格取締。

本來依軍民分治原則，徐國樑主「警廳屬內務部，民政也」；盧永祥掌軍隊「屬陸軍部，軍政也」。[320] 但護軍使盧永祥對地方有最高主導權，依據〈戒嚴法〉（參見本書附錄三）第五條，護軍使可宣佈戒嚴。[321] 依其第九條規定：

> 在警備地域內，該地方行政及司法事務限於與軍事有關係者，以其管轄權移屬於該地司令官，於前項情形，地方行政官及司法官須受該地司令官之指揮。

第十四條，規定戒嚴地域內司令官有下列之權：

> 停止集會、結社，或新聞、雜誌、圖畫、告白等之認為與時機有妨害者。

6月1日軍署稽查處稱5月31日「各校學生集眾開會，并意圖激動商界全體罷市，其行動已越乎範圍，殊於地方治安有礙。」是不但要求警廳依〈治安警法條例〉執法，更表示上海已進入準戒嚴狀態。

又從軍署稽查處探報來看，其對縣商會情況的瞭解，消息可能來自商會內部。徐國樑致北京內務部警政司長王揚濱（殿卿）密電，報告5月31日-6月1日縣商會情形，先追述5月31日學生請願事，著重為顧馨一開脫責任。[322] 繼述6月1日會談，也說

---

320 張謇，〈致韓國鈞函〉（1923.12.1），《張謇全集》，第3卷，頁1227-1229。
321 1919年初，軍署尚未正式解除戒嚴令。邵力子批評「上海本為商場，無駐重兵之必要。既謀永久和平，則護軍使當裁撤，兵工廠當遷併，軍隊當移駐，戒嚴令尤當立即解除。」力子，〈民國八年上海之希望（一）〉，《民國日報》，1919年1月1日，版11。
322 1919年春，有徐國樑調任山東警察廳長之命，顧馨一以縣商會會長資格聯絡市經董和救火聯合會共同挽留，徐國樑自當感恩圖報。〈徐國樑暫緩調魯之函知〉，《申報》，1919年4月14日，版11。

顧馨一等婉拒罷市。茲錄徐電：

> 竊查本埠各校學生在公共體育場開會追悼郭欽光後，公舉代表赴上海縣商會晤商正副會長，要求聯合表示同一態度。當時人多勢眾，意雜言龐。僅聞雙方議妥，均以達到救國為目的，已於東日〔6月1日〕電陳在案。嗣經派員調查詳情，據聞該代表等求乞商會援助，雖無明言援助目的，窺其詞意，似欲激動商界罷市，為同一之舉動。該商會會長一時難以答覆，請舉代表約於次日〔6月1日〕到會會議。廳長當於次日委派該管一區署長趙維祺蒞場監視。旋據報告：本日〔6月1日〕下午四時，學界代表男生四名，女生一名，齊到商會。聞其所議，以現在學界已一致罷課，仍求商界表示同一行動，當經顧會長並各董事等婉言辭卻，並謂商界一有何等舉動，必致牽動市面，所議實難〔辦〕到。嗣經商榷再三，該代表等則以教育總長既已免職，非達到交通總長免職無再商之餘地。隨由顧會長答以三日邀請商界會議，將此意旨電達北京商務聯合會轉陳政府，該代表始為允諾而去。[323]

這一報告的消息來源，若非顧馨一會長，即其親信之人。據徐國樑呈文，則6月1日，顧馨一等針對罷市之請，終以「牽動市面」為由婉拒，故潘公展編輯《學生救國全史》以「縣商會之畏縮不前」，概括此日請願結果。[324]

綜合來看，從五七到五三一，學生推動抵制日貨風潮，乃至要求商會發起罷市，都給縣商會會長及各董事不少壓力。顧馨一和蘇筠尚子弟，就讀於南市民立中學；蘇筠尚家族，尤多教育界

---

323 〈徐國樑報告上海學生動員總商會罷市電〉（1919.6.4），《五四愛國運動檔案資料》，頁240。編者所訂標題有誤，學生向上海縣商會請願，而非總商會。
324 《學生救國全史》，頁251。

中人。[325] 蘇穎傑（蘇筠尚弟）掌校的民立中學，加入上海學聯後，成立交際、編輯、調查、宣講四部，職員一百八十餘人，表現相當熱心。[326] 故此，兩會長應甚清楚學生要求。與此同時，又不免承受官廳壓力。尤其大總統禁令下達後，官廳對學生活動加緊監視，學生則要求商界一致行動。顧馨一等在雙方壓力下，誠然不易應付。

(3) 兩頭應付（6月1日）

由於5月31日對學生的承諾，6月1日，顧馨一邀集縣各業商董緊急會議。當天《申報》報導，彷彿敦促商董赴會：

> 縣商會會長以學界要求同取一致行動，事關商界全體，準於本日（六月一日）下午五時邀集各議董開緊要會議，並請學界推舉代表到會，共同商議進行方略。[327]

所謂「一致行動」，主要指向「全體罷市」。外界對此會翹首以待，可以想見。

翌日《民國日報》報導6月1日商學會談，教職員與學生代表同行，雙方對結果表示滿意。[328] 翌日《時事新報》復以〈縣商會將有表示〉為題，也頗為樂觀：

> 上海縣商會因本埠各學校男女學生前日排隊到會，由所舉之代表向顧、蘇兩會長要求轉致商界聯絡取同一態度進行，爰特訂期昨日〔6月1日〕午後五時開緊要會議。茲到者有

---

325 蘇筠尚兄妹及妻子，擔任民立中學及民立女子中學校長。《民國上海縣志》卷十五〈人物上〉，第3冊，頁1002-1003。
326 〈民立中學加入學生聯合會後之一致進行〉，《時事新報》，1919年5月31日，第3張版4。
327 〈追悼郭烈士大會紀〉，《申報》，1919年6月1日，版11。
328 〈縣商會緊要會議〉，《民國日報》，1919年6月2日，版10。

學界代表務實中學教務主任、青年勵志會正會長周家仁、同濟學校陳倫會、前南京女子慈善學校校長、現上海勤業〔女子〕師範學校校長朱震寰等五六人,當經該會正副會長顧馨一、蘇筠尚,商董莫子經、張樂君、葛吉卿、朱吟江、李詠裳、干蘭坪、葉鴻英、姚紫若等十餘人,與各該代表接晤,次由各代表將學界罷課之一切痛苦情形報告畢,即要求貴會各董聯絡,與學界一致進行,請為表示意思堅決與否,以定進行辦法。……顧、蘇兩會長答以商界方面同屬國民份子,咸具愛國之心理,但茲事關重大,必須公眾討論,意見相同,方可表示。乃適值夏節,商界例有結束張款之事,故今日到會者尚不足法定人數,擬再訂期三號(翌日)午後開全體大會,以憑當眾決議辦法。一俟議有端倪,當再函復。各該代表極為滿意,當即稱謝而別。當開議時,南市第一區警署趙墨林署長奉徐警察廳長令知,亦赴會場旁聽。商界中熱心志士,俱冒雨前往,旁聽者約計數十人。[329]

6月2日《新聞報》及《申報》與《時事新報》文字相同,大抵由縣商會供稿。[330] 報導中提到6月1日商學會談請願者方面,有青年勵志會的周家仁,是商務印書館職工團體「青年勵志會」(YMCA外圍組織)副會長。[331] 而隱去其名的務實中學教務主任,則是方星垣。又當天出席的商董,當是較為同情學生

---

329 〈國民對於外交失敗之激昂(二十四)〉,《時事新報》,1919年6月2日,第3張版1。

330 〈縣商會開緊要會議〉,《新聞報》,1919年6月2日,第3張版1。〈縣商會緊要會議紀〉,《申報》,1919年6月2日,版11。

331 青年勵志會似為青年會外圍組織。6月3日,務實中學內成立青年勵志會,周家仁為副會長。〈青年勵志會之成立〉,《時報》,1919年6月3日,第3張版5。

者。報章列出十人姓名,卻說出席者十餘人,似隱去某些商董姓名,例如王一亭、穆杼齋或葉惠鈞。

但6月2日《申報》之〈學生聯合會消息〉,卻反映上海學聯對此日之會,感受大相徑庭:

> 昨日(一號)學生聯合會代表何葆仁、惲震等四人赴縣商會之約,討論辦法。商會會長已變其前日之態度,磋商經二小時之久,迄無完滿之答覆,惟允於節後開商界全體大會,發電責問政府,要求免曹、陸之職云。[332]

何葆仁2日後在上海學聯全體會議報告,直言「昨日〔6月1日〕到南商會與會情形,該會僅允發電,要求政府罷斥曹、陸云云。」[333] 可見顧、蘇在5月31日原先承諾的是罷市,但到6月1日已僅同意發電而已。

(4) 端午節休業(6月2日)

6月2日,上海各報本埠新聞,皆刊出6月1日護軍使署訓令淞滬警廳,「各校學生集眾開會,并意圖激動商界全體罷市,是其行動已逾越範圍,殊於地方治安有礙。……以後不經官廳許可,不准擅行集會,以杜滋擾而保治安,切切此令。」上海各報刊登此令,所定標題各有考慮:〈官場對於集會之取締〉(《新聞報》)、〈不准擅行集會之護軍使令〉(《申報》)、〈護軍使取締學生禁令〉(《時事新報》)、〈激動商界罷市之防範〉(《時報》)、〈盧子嘉將壓迫學生矣〉(《民國日報》),已預示後續之難以樂觀。

---

332 〈上海學生罷課之第七日〉,《申報》,1919年6月2日,版11。
333 〈上海學生罷課之第八日〉,《申報》,1919年6月3日,版11。

這天各業休息，戲館均上演《白蛇傳》。夜間新世界的正心社，殿以鄭正秋手編《隱痛》一劇。4日《新世界日報》報導：

> 該戲共分三幕：第一幕，秘密訂約。第二幕，倭人虐待朝鮮，使吾國人見而生畏。第三幕，吾國人民擊殺賣國賊。當擊殺賣國賊時，眾喙爭鳴，掌聲四起，猶同排山倒海一般，於此足徵人民愛國熱誠已達於沸點。[334]

新世界戲台上擊殺賣國賊之舉，不僅呼應五四的曹宅事件，更引出觀眾內心痛感。原本敘述二十一條交涉的「隱痛」，已被縮合到當年五四敘事之中。群眾「排山倒海」的反應，也預示了未來動向。

(5) 群情激昂（6月3日）

6月3日，縣商會再度開議，萬眾矚目。《申報》以〈縣商會今日開緊要會議〉為題，彷彿敦促各商董赴會：

> 本埠各校學生前曾排隊赴南市縣商會向顧、蘇兩會長請願，要求商界取同一態度。該會當於次日〔6月1日〕召集會議，因適值夏節，各會董到者無多，不足法定人數，爰再訂三日（今日）開緊要會議，以便公決。昨日由會通知各會董暨各業領袖文云：「亟啟者：前日上海各校學生來會請願學界、商界取一致行動，當定六月三日下午準新鐘五時邀集全體特開緊要會議，務請大駕準時到會，公同集議，幸弗延卻為荷，專此通告。」[335]

下午5時，眾所矚目的縣商會召開會議。可是，翌日報紙卻未登

---

334 豸，〈正心社隱痛〉，《新世界日報》，1919年6月4日，版3。
335 〈縣商會今日開緊要會議〉，《申報》，1919年6月3日，版11。

載赴會商董名單,可能是因警廳已發出限制集會佈告。[336] 翌日《申報》之〈昨日縣商會中之激昂情形〉,對會議給予正面陳述,報導也頗為詳細,似由記者採訪而得:

> 昨日〔6月3日〕下午五時,該會各會董及各業領袖紛紛到會,時上海學生聯合會會長何葆仁暨京師學生團代表某某等四人先已蒞會,當與顧會長接晤,報告京師各學校經過一切痛苦情形,特在會場演說,言詞頗為沉痛,並謂:上海各學校亦已罷課多日,政府仍無相當之表示,出於不得已,要求貴會通知商界一致行動,並請求貴會發電致京師、全國商會聯合會迅即轉致各省商會,一體聯絡電致政府,力爭青島,懲辦賣國賊曹汝霖等,以平國民心理。如仍無美滿答復者,惟有進第二步停止納稅云云。該會會長與會董等僉以此事關係重大,非由全體會議難以決定。[337]

綜括何葆仁等人所提要求,重點有二:一、手段上,要求縣商會罷市(所謂「一致行動」)、通電,乃至停止納稅。二、要求上,要求政府力爭青島,懲辦曹汝霖等。

同日《申報》發佈之〈學生聯合會消息〉,卻對6月3日縣商會會議另有一番描述:

> 昨日為南商會開會之期,聯合會應該會之約,特派陳倫會、惲震、李果、裴國雄,及京津寧學生代表到會旁聽。開會後,商界入席諸君對於國事非常激昂,人人無不願犧牲私利,以為挽救危亡之計,當即請北京代表許德珩、陳寶鍔登

---

336 此令6月4日在滬報刊出。〈警廳禁止擅自集會之布告〉,《申報》,1919年6月4日,版11。〈警廳限制集會之布告〉,《新聞報》,1919年6月4日,第3張版1。

337 〈昨日縣商會中之激昂情形〉,《申報》,1919年6月4日,版11。

台報告京中情形，聽者無不感憤。隨即議決：發電致南京李
督軍、齊省長，請轉呈大總統立黜賣國賊之職。如不蒙俯
允，定當不與同存云云。[338]

上海學聯消息較為簡約，強調人同此心。惟其所謂「商界入席諸
君」到底指甚麼人，卻未明言。所記縣商會之決議，亦僅稱電請
南京軍民二長代達罷免國賊，而未達成罷市決議。

翌日《新聞報》和《申報》所記，內容相同，當是縣商會
供稿。報導稱會議「秩序頗不整齊」，甚至說「與地方治安有
礙」。茲錄報導：

> 昨日〔6月3日〕會場中秩序頗不整齊。當演說時，鼓掌之
> 聲不絕於耳。旋有僑商代表凌有光登臺演說，並與場中人大
> 聲呼動，一致要求兩會長趕速拍電至京師，俾商學界聯合進
> 行。嗣兩會長見此狀況，以凌君雖具熱心愛國之本意，然商
> 界營業為根本。滬上為通商大埠，若果罷市，恐地方秩序有
> 不安之勢。而況一般苦力經紀之人，將何以謀衣食事。須謀
> 相當者可行，以免與地方治安有礙。若一味迫切，恐無人擔
> 此重任。凌君與大眾仍然要求不已，甚至額首相懇。兩會長
> 至此，已成莫可如何。且時逾八鐘，而各會董見此狀況，以
> 會不能開，已相繼退出。眾等仍在場，將兩會長圍住，勸其
> 允照要求之辦法進行。其時第一區警署趙署長恐發生意外，
> 是以特派盧巡官帶同長警在該會門前四圍照料。未幾兩會長
> 勉允俟明日（4號）下午四時再議進行。惟學界代表則於報

---

[338]〈上海學生罷課之第九日〉，《申報》，1919年6月4日，版11。6月3日
到會的上海學聯代表，教職員及學生各二位。李果，是博文女學校長。裴國
雄，是寰球中國學生會職員。

告畢先已告辭，凌君等一時尚不滿意，竟成無結果而散。」339 據上述報導，凌有光發言之時，學生代表先已辭出，雙方似非一路。兩天後《申報》匯整有關消息，說這天「會議，由學生聯合會代表及京師學生團代表等蒞會報告經過情形，旋有俄崴口僑商代表凌有光等在場演說，要求正副會長允許商界與學界同一態度進行，一時人數過眾，會場秩序不能整齊，以致縣商會之董事會不能開議，並無結果，直至夜深始散。」340 這天對於兩位會長而言，非常煎熬。會議從下午 5 時開始，至 8 時諸董事退出，而顧、蘇則深夜始得脫身。

6 月 3 日會場上主角凌有光是誰？各報僅說他是海參崴（或譯：俄崴口）僑商代表。查 6 月 5 日全埠罷市後，凌有光參加各界大會，發言提醒注意地方秩序。又有報載他以「學生聯合會代表」名義，參加基督教背景的電器工界聯合會活動。341 茲查舊報，知他是上海鄰近南匯人，辛亥時為南市商團公會會員，也是（基督徒）十字團團長。342 1919 年 6 月下旬，全國為爭青島問題而沸騰，他請《民國日報》代轉致上海各團體函，主張作入京請願的山東代表後盾，聲明如政府不允所請，「凡屬國民，惟有停納賦稅，與賣國政府斷絕關係」。343 觀其行徑，似是一熱心愛國者，但無強大後台。1919 年以後，凌有光近於消聲匿

---

339 〈昨日南北兩商會之會議〉，《新聞報》，1919 年 6 月 4 日，第 3 張版 1。〈昨日縣商會中之激昂情形〉，《申報》，1919 年 6 月 4 日，版 11。
340 〈昨日縣商會又開會未成〉，《申報》，1919 年 6 月 5 日，版 11。
341 〈紀卡爾登之各界茶話會〉，《申報》，1919 年 6 月 6 日，版 11-12。〈工界舉動之昨訊〉，《申報》，1919 年 6 月 10 日，版 11。
342 〈青南兩縣請兵〉，《申報》，1911 年 12 月 31 日，版 18。〈請獎恢復南匯之商團會員〉，《時事新報》，1911 年 12 月 15 日，第 2 張版 3。〈南市紀事〉，《民立報》，1911 年 12 月 31 日，版 6。
343 〈凌有光致各愛國團體書〉，《民國日報》，1919 年 6 月 26 日，版 12。

跡。1935年，他在南市創辦民生簡便食堂，向勞工提供廉價食物。翌年有記者訪問他，他自稱年四十五。據此推算，1919年他二十八歲。自稱一生不大得意，處處碰壁，「跑過西伯利亞、海參崴，大概也為了這個緣故吧，不但連他的外表，連脾氣都有一股俄羅斯式的傻勁。他有一副高大的個子，粗黑的皮膚，宏亮的聲音和急忙的動作，令人一看就會覺出他內涵的熱情，和理想主義的精神。」隨後戰爭爆發，上海慈善團體和法租界當局先後委託他替外地湧入的十多萬難民提供飯食，使他忽爾成為滬上名人。有人說：「時勢造英雄」。[344]

6月3日三天後，無錫地方報刊出〈上海商界全體罷市〉來稿，撰者追述「前日南商會開會，商民赴會者絡繹不絕，門為之塞。眾推僑商凌有光君向會長顧君交涉。顧君初不肯擔負責任，凌君及跪地碰頭不止，顧為感動，允為電京力爭。當已決定辦法四條：一，巴黎和會不得簽約。二，中日間不正當之約完全廢除。三，懲辦賣國賊段祺瑞、曹汝霖、陸宗輿、章宗祥、徐樹錚等。四，取消壓制學生會之命令，恢復其約法上之自由。以上條件如不採納，決定不納稅賦稅，與北京政府斷絕關係云云。」[345]

---

[344] 1930年代凌有光因開辦民生食堂聲名大噪，滬人始漸漸知其身世。他創辦民生食堂之初，一度債台高築，有人叫他跳黃浦江去。戰爭爆發後，慈善團體委託他為難民造飯。隨後，法國人更把霞飛路一個廠房租給民生食堂，於是他成為每天向幾萬難民燒飯的大伙頭。戰後，在虹口擴建食堂，外號「大飯桶」。此綽號似粵人所取，語帶雙關。參考〈民生簡便食堂創辦人凌有光先生談話〉，《新聞報》，1936年4月30日，附刊版1-2。伯南，〈民生簡便食堂訪問記〉，《文匯報》，1938年2月1日，版3。余定，〈記民生簡便食堂〉，《申報》，1938年11月18日，版12。一葉，〈一個公共大廚房──記上海民生簡便食堂〉，《大陸月刊》，第1卷第4期（1940.12），頁49-53。局外人，〈民生食堂接警告〉，《飛報》，1947年5月14日，版2。新昌，〈民生食堂大飯桶凌有光〉，《大風報》，1948年8月3日，版2。〈關於民生簡便食堂〉，《益世報》，1949年1月11日，版3。

[345] 〈上海商界全體罷市〉，《錫報》，1919年6月6日，版2。

由此看來，凌有光是商民代表，響應學生之要求，對顧馨一造成很大壓力。

6月4日〈徐國樑報告上海學生動員總〔縣〕商會罷市電〉，引用「訪聞」或許由商會內部人提供，逕稱6月3日在場者為「無業游民」：

> 詎昨日〔6月3日〕訪聞〔縣〕商會以學生要求開會，除少數學生代表在場外，并有一般無業游民，隨聲附和，人多語雜，秩序紊亂，立即派警彈壓，始各分投散去。并聞有於今日〔6月4日〕仍行要求開會之說。廳長據報後，查其舉動情形，顯有一般不逞之徒，淆迹其間，藉端茲擾。現經派撥員警多名，密為防範，遇有到會學生，立予解散。一面即發布告禁止開會。本日下午四時許，有學生二千餘人，前往商會，均經解散。[346]

由此可見，6月3日縣商會的混亂，成為警廳彈壓的轉捩點。那天作為主角的凌有光，在警廳報告中，是「一般無業游民」和「一般不逞之徒」，被視為地方秩序的威脅者。

6月3日的另一場合，上海學聯代表及全國學生聯合會籌備會代表和總商會董事面談，也毫無收穫。4日《申報》記：

> 昨日（三號）學生聯合會因徵求總商會意見，特派幹事舒志俠、朱成信〔誤，朱承洵〕、周正煇偕同京、津、杭學生代表赴該會接洽。由會董沈仲禮、姚紫若出見。晤談之頃，代表首陳來意，沈君等略述欽仰之情；惟對於表示同情及商界一致協同進行諸端，并未作何答覆。僅言現在會長力求辭職，本會方

---

[346] 〈徐國樑報告上海學生動員總商會罷市電〉（1919.6.4），《五四愛國運動檔案資料》，頁240-241。

> 竭誠挽留會長不暇，須待會長問題解決，方能再言進行。至於抵制日貨一事，本會此次亦已聊盡棉薄，滬上有如此成績，其實皆本會提倡之效云。沈君復言鄙人當年亦曾留學英國，於世界大勢略知一二，對於示威運動，似非大國民所宜有云。相談良久，代表等以不得要領，遂興辭而出。[347]

商董沈仲禮（敦和）時任總商會外交股主任，通曉英語，[348] 自命有國際視野，對學生倚老賣老。報載學生代表「以不得要領」而出，可見不歡而散。

事後朱承洵和沈仲聯還在報上展開好幾回合的辯論，雖打擊了總商會威信，卻無助於商學聯合。朱承洵晚年說，當時「總商會對學生，極感頭痛」，應是事實。[349] 6月5日滬報所載〈朱承洵致總商會會員書〉：

> 學界停課一旬，貴會竟毫無表示，是以鄙人日來代表上海學生聯合會，晉謁貴會者先後凡三次。昨日〔6月3日〕經沈仲禮、姚紫若二君接談，所言皆不著邊際。（中略）……諸公同是中華民國之國民，崛起奮鬥，豈讓於赤手空拳之學生？故諸公應以總商會之名義，通電全國商會，以學生之要求為要求，全國一致。[350]

---

347 〈上海學生罷課之第九日〉，《申報》，1919年6月4日，版11。〈學生聯合會消息〉，《時事新報》，上海，1919年6月5日，第3張版1。按《時事新報》文字與《申報》全同，而刊出卻晚一日，大抵轉錄《申報》。上海學聯派出三位代表，朱承洵、舒志俠和周正輝，後二人是教職員。
348 《上海總商會組織史資料匯編》，上冊，頁284。
349 朱仲華，〈五四運動在上海〉，頁270。
350 〈朱承洵致總商會會員書〉，《申報》，1919年6月5日，版11。〈朱承洵致總商會會員書〉，《民國日報》，1919年6月5日，版10。《申報》編輯刪節朱承洵函，把「更可駭者，談話之頃，有工部局包探二人在旁筆記」刪去，用「中略」代之。朱承洵晚年誤憶此事發生於5月31日。朱仲華，〈五四運動在上海〉，頁270。

沈仲禮回函反駁，則稱「商會係合議機關，而會董二人無獨裁之責，以此見罪，實覺慚負。」朱承洵則掀出另一話題：「更可駭者，談話之頃，有工部局包探二人在旁筆記。」沈仲禮則辯稱在場者是某報記者，未有工部局包探在座；朱承洵直斥為欺人之談，對沈絲毫不讓。[351]

(6) 解散縣商會（6月4日下午）

6月4日清晨，讀者可能都注意到滬報刊出淞滬警廳限制集會之佈告，其中引用護軍使署訓令：

> 查警察治安條例，人民集會結社本有先報官廳核准，方能舉行之規定。況現當時局艱危，人心浮動之時，一切行為尤宜出以鎮靜……，自後無論何人，凡有集會結社情事，務須先期報告官廳，非得官廳許可，不准擅自舉行，以保治安而杜紛擾。切切勿違，特此佈告。[352]

這個佈告是針對學生，而非禁阻縣商會集議。可是，一旦學生出席會議，則此會性質馬上轉變。是後報紙稱兩會長對「開會辦法手續甚覺頗為棘手」，[353]即是指此而言。

不但如此，下午兩點縣商會會董再次召開會議前，收到警廳傳達護軍使禁令。翌日《新聞報》敘述詳確：

---

351 〈沈敦和函〉，《民國日報》，1919年6月6日，版11。〈（沈敦和）來函〉，《時事新報》，1919年6月6日，第3張版2。〈朱承洵君覆沈敦和書〉，《民國日報》，1919年6月8日，版11。朱承洵晚年說沈仲聯接見學生時，在場做筆記的是巡捕房西探祈文司。但他把這次會見，誤記於五三一集會前。朱仲華，〈五四運動在上海〉，頁270。

352 此令6月4日在滬報刊出。〈警廳禁止擅自集會之布告〉，《申報》，1919年6月4日，版11。〈警廳限制集會之布告〉，《新聞報》，1919年6月4日，第3張版1。

353 〈縣商會開會未成〉，《新聞報》，1919年6月5日，第3張版1。

上海縣商會前日開第二次緊要會議未有結果,由顧、蘇兩會長宣示四日(昨日)午後四時再行會議等情,已記昨報。至昨日午後兩時,各會董等先時蒞會以便討論。既而會長接准淞滬徐警廳長公函,內開:「奉淞滬盧護軍使訓令,以集會結社須先報告官廳允許方可。查前日貴會開會時,因人眾喧雜,秩序甚亂,今日應即停止會議,並勸令各校學生代表勿得入會要求等因,是以函達貴會,請為查照」云云。未幾各代表等見該會長在門前發有通告,始各見機折回。該會各會董,亦即遵照警廳函示,即行退歸。[354]

翌日《申報》之〈昨日縣商會又開會未成〉,所記情形與《新聞報》略異:

淞滬警察廳長徐國樑昨〔四日〕致南市縣商會公函云:「敬啟者:現奉松滬護軍使訓令,以凡有集會、結社情事,務須先期報告,非得官廳許可,不准擅自舉行,以保治安而杜滋擾等因,業經剴切布告在案。聞日昨貴會以學生要求開會,除少數學生代表在場外,并有一般流氓隨聲附和,意雜言龐,秩序紊亂,殊屬不成事體。查貴會常會當然不在禁止之列,惟聞此次開會涉及政治問題,本廳有保護地方之責,誠恐有不逞之徒混跡其間,藉端滋擾,不得不預為防禁。除布告通知暨派警彈壓外,為此函達貴會查照,即行停止開會,以符功令而杜滋擾。[355]

徐國樑所發公函先引盧永祥訓令,繼則把開會要求歸諸學生,再把擾亂原由推給「一般流氓」,表明並非針對縣商會。

---

354 〈縣商會開會未成〉,《新聞報》,1919 年 6 月 5 日,第 3 張版 1。
355 〈昨日縣商會又開會未成〉,《申報》,1919 年 6 月 5 日,版 11。

由警廳查獲的各種跡象顯示，護軍使署對地方秩序的擔憂，不是毫無依據的庸人自擾。四天後（6月7日），徐國樑致內政部警務司報告書，附上傳單七種，均散佈於開會前，言詞激烈。其中一份署名「無黨派公民」，呼籲商民「停止賦稅，各出捐款，以助南軍」。另一份署名「商民團」，則稱「縣商會（會址在關橋外毛家衖）連開二次緊急會議，今日（夏建初七日）時開第三次緊急會議。為商界全體罷市、停止納稅事，恐不達目的，……請各寶號諸大先生，在今午後四點鐘，快快到縣商會去請願，倘無此熱血，我國亡在目前了。」[356]

　　6月5日《申報》則以「官場干涉」為小標題，詳述6月4號警署大隊出動，內容詳細：

> 淞滬警察廳長徐國樑昨日〔四日〕令知南市第一區警署趙署長略謂：「本日縣商會又開會議，誠恐屆時會場內人眾喧雜，秩序紊亂，著即率屬前往該會，妥為彈壓，并善為解散」等因。趙署長當即會同羅、楊兩巡官，督率全體長警至會，勸令各校代表勿得入會外，并由徐廳長特派本廳總務科長趙殿英、督察長顏玉琛、張桂榮，保安隊隊長馬毓林，游巡第一隊隊長王德鴻，第二隊隊長劉德魁，各帶隊士數排，在會場左右保護。一區一分駐所王署員亦偕楊巡官到場協助。兼護滬海道尹上海縣沈知事特派科長、科員到會，會同警廳所派各科長等切實勸令各學生，勿得集會結社及迫勒舉動。其時各校代表等見此狀況，始知今日之會議已經阻過，祇得相繼散去。[357]

---

356 〈徐國樑查獲愛國反日傳單代電〉（1919.6.7），《五四愛國運動檔案資料》，頁 255-258。
357 〈昨日縣商會又開會未成〉，《申報》，1919年6月5日，版11。

這天到場官廳陣仗甚大,既有警廳地位僅次徐國樑的總務科長趙殿英(甸瑛,直隸任邱人)監督,[358] 又有護海道尹沈寶昌特派科長和科員到場。徐國樑要求第一區警署署長趙維祺(墨林)「妥為彈壓,并妥為解散」,指命其柔性處理,那天縣商會門前警員和學生也無衝突。滬報稱,6月4日下午三時後至傍晚止,在縣商會門口聚集約數千人,本準備步入會場一聆會中情形,為之大失所望。有人注意到凌有光也在人群中,「本擬在會場別具意思,希冀要求必得,不料被官廳所干涉,以致大失所望」。[359]

至於當日徐國樑所派督察長張桂榮(祝蓀,祝笙,京兆宛平人),與受前警察廳長穆杼齋提拔的張桂榮(佐新,江蘇上海人),二人姓名相同但來歷絕異。[360] 1916年以來,督察長張桂榮被委任督察長,負責南市地段。徐國樑經常派他參加重要會議,為其心腹部屬。[361] 1919年底蘇筠尚病歿,徐國樑、張桂榮、趙維祺贈送輓聯。張桂榮所贈輓聯,有「論交媿季札」之語。趙維祺輓詞,有「緬懷知己數良朋」之句。徐國樑輓聯反而

---

358 1919年4月,徐國樑升調山東全省警務,江蘇省長齊耀琳派趙殿英署理淞滬警察廳長,後滬上紳商挽留徐國樑而不果。〈警察廳長請假回籍〉,《民國日報》,1920年4月16日,版11。〈警察廳職員之升遷〉,《民國日報》,1923年3月12日,版11。〈趙殿英將升警廳長〉,《新聞報》,1919年3月29日,第3張版1。〈趙殿英留任淞滬警察廳長〉,《申報》,1919年4月6日,版10。

359 〈縣商會開會之取締〉,《時報》,1919年6月5日,第3張版5。〈昨日縣商會之活劇〉,《時事新報》,1919年6月5日,第3張版1。

360 〈上海巡警各區所隊職員表〉,《警務叢報》,第1年第5期(1912.5.20),頁26。〈淞滬警察各署各分署各隊職員一覽表〉,《警務叢報》,第2年第29期(1913.3.17),頁39-42。

361 〈警廳內部之編制〉,《時事新報》,1916年1月22日,第3張版3。查1916年警廳科長員籍貫,職員64人中,京兆籍3位。收發員1位,也是京兆人,疑由張桂榮引進,得任機要職務。〈警察廳職員一覽〉,《神州日報》,1916年2月7日,版6。

語意平常，似不如張桂榮等與蘇筠尚有交情。[362] 因此，當天警察出動，或有保護商董之意。

又報載當日徐國樑下達趙署長指令，要其赴縣商會「妥為解散」，我起初以為指解散會議，後知情況更為嚴重。中研院近史所檔案館收藏北京政府外交部檔冊，有一束文件題名〈鈔送上海罷市電函并報告書傳單等件由〉原件（七頁）及鈔件（四頁），為6月5日交涉公署總務科長吳曾源致北京楊晟密報，是調查科長郭增復（次珊，直隸臨榆人）匯整撰寫，內容報導上海罷市情形。郭增復原任淞滬警廳譯員（1914年起），很可能有來自警署內部消息，是很可貴的第一手報告。[363] 茲錄原文：

> 為報告事，竊奉派赴華界各處調查罷市情形各節，當即馳往南北兩市調查，茲得大概情形如下：罷市情形，以南市為最烈點。經警區再三勸解開市，各商店均互相推諉。各商店門口大多粘貼白帛〔紙〕，上書「坐守待斃」等字樣，並有「抵制日貨」、「堅持到底」等旗。三五學生成群結隊，往來逡巡，勸令商店關門。西門有萬和醫園，清晨門市即遭學生及流氓拋磚擲石，不得開門。有女學生七八人，手持白旗，上書「同胞愛國」等字，游行街市。南商會暫時全體解散，商會房屋暫時由警區看管。[364]

郭增復的報告重點有二：

一、罷市以南市為最激烈。

---

362 《蘇筠尚先生建碑紀念冊》，頁392、403-404。
363 〈警廳內部之編制〉，《時事新報》，1916年1月22日，第3張版3。〈警察廳職員一覽〉，《神州日報》，1916年2月7日，版6。
364 江蘇交涉員署科長等，〈鈔送上海罷市電函并報告書傳單等件由〉（1919.6.9），中央研究院近代史研究所檔案館藏：03-33-116-01-011。

二、南（縣）商會被警廳「暫時全體解散，商會房屋暫時由警區看管」。

警廳這一嚴重舉措，當是奉護軍使訓令。[365] 被拋磚擲石的萬和醬園，位於西門外方斜路 294 號（萬生橋北）。[366] 參與攻擊店家的學生，可能是鄰近的中國體操學校學生。

惟查 1919 年 6 月徐國樑給北京警政司長呈文，乃至盧永祥上陸軍部呈文，均未提及縣商會「暫時全體解散」及「房屋暫時接管」之事。6 月 6 日《新聞報》之〈滬商罷市救國記〉，敘述 5 日罷市情形：

> 上海縣沈知事、淞滬警廳徐廳長昨見商界一律罷市之後，異常憂懼。下午二時，沈君詣警廳與徐廳長晤商解法。除各派代表分報出外，向大小各商號勸導照常營業外，至三時許，沈、徐兩君同乘汽車至商會謁見會長，擬商□勸之策。乃該會長等不在，是以暫回廳署再行商議。[367]

由是看來，縣商會一度被接管，似乎為時不長。那天沈寶昌和徐國樑親到縣商會，而顧、蘇兩人始終沒有出現，是雙方關係已陷入僵局。顧、蘇二人之不到會，疑有其他方面壓力。

6 月 6 日，徐國樑致警政司呈文，一方面稱他已委請會長顧馨一勸導商民，另一方面黃炎培已介入此事：

> 上海商店全體罷市，……商請商會出為勸導，據顧會長云：已經教育會長黃紉之代表請護軍使代電中央，要求釋放被捕學生，准曹、陸、章辭職，並懇從寬免拘學生。軍使未允，

---

[365] 馮筱才據此報告，稱縣商會「主動解散」，顯非事實。馮筱才，《在商言商：政治變局中的江浙商人》，頁 196-197。

[366] 《上海商業名錄 1920》，頁 372。

[367] 〈滬商罷市救國記〉，《新聞報》，1919 年 6 月 6 日，第 3 張版 1。

遂用商會、教育會名義,自行分電政府要求一切。[368]

顧馨一這時忽然態度強硬,並委託黃炎培代表縣商會,向護軍使及中央提出要求,不能不令人揣想在這關鍵時刻,黃炎培所起的作用。

　　事實上,就在6月4日下午,顧馨一、蘇筠尚雙雙辭職之際,縣商會已重蹈總商會覆轍,即將陷入癱瘓失能的狀態。翌日各報消息幾乎全同,大抵由縣商會發稿:

> 顧、蘇兩會長因此次連日應各校學生代表來會請願,對於開會辦法手續甚覺頗為棘手,因之略有感冒。且對各學校代表無從援助,反受官廳拘束,竟成莫可施力,不無抱愧。是以昨日均提出辭職書。向該會各會董及各會員等聲請辭職,並呈請上海縣知事准予辭職,以讓賢路而重會務。[369]

這時縣商會坐辦干湘春大抵負責主理會務,稽管一切往還公事,文稿發出必經其手。這份文稿寫來語意模糊,恰正反映兩會長的為難。所謂「開會辦法手續」棘手,指兩會長在警廳和學生的雙重壓力下,感到無從措手。細味字裡行間,與其說對學生表示歉意,似更多為脫身尋找說詞。

　　翌日《時事新報》記者引述「傳聞」,指6月4日警察在縣商會門前嚴陣以待,其底蘊「並非官廳主動,實由商會膽小,向官廳求援,乃有此種事實。未知孰是,姑並錄之。」[370] 查中研

---

368 〈徐國標報告上海工人相繼罷工代電〉(1919.6.6),《五四愛國運動檔案資料》,頁254。

369 〈縣商會開會未成〉,《新聞報》,1919年6月5日,第3張版1。並參其他各報標題:〈昨日縣商會又開會未成〉,《申報》,1919年6月5日,版11。〈昨日縣商會之活劇〉,《時事新報》,1919年6月5日,第3張版1。

370 〈國民對於外交失敗之激昂(二十六)〉,《時事新報》,1919年6月5日,第3張版1。

院近史所檔案館收藏〈函送上海交涉使署吳科長來電由〉,有 6 月 5 日交涉使署總務科長吳曾源給楊晟另一份報告,透露 6 月 4 日顧馨一和蘇筠尚賴警察到場代為解圍。報告稱:

> 滬上各校聯合罷課,結隊遊行,到處演講。昨〔指 6 月 4 日〕復集眾數千人逼勒南商會宣布罷市,經警隊保護會長逾垣而避。昨夜即發散南京〔疑是北京〕拘捕多數學生待遇嚴酷傳單。今晨南市、閘北各商鋪先行停歇,繼則公共租界及法界華商各店,亦一律閉門。學生聚眾軟纏,流氓隨聲附和,並不動武。每閉一鋪,途中只聞拍掌之聲。初不料熱心愛國,竟行此自殺之計。其中誠如鈞慮,或有利用機會者為之鼓動。已遵電諭,由陳〔世光〕科長、楊〔念祖〕科員面商領團,妥為維持,設法解散。並告日領諄囑,各日商勿輕於外出。此係暫時風潮戒嚴,官廳開導勸解,不久自能平息。華界經護軍使派隊鎮攝,本署並已派員四出調查。謹特函達,乞核定報告中央。[371]

吳曾源說學生「聚眾軟纏」,生動傳神。至於流氓「隨聲附和,並不動武」,似受學生約束。交涉署科長等向領事的解說,提到「此係暫時風潮戒嚴」,更透露上海已實質上進入戒嚴狀態,由護軍使作為最高指揮官。

惟解散縣商會之舉,觸怒南市居民。5 日《新聞報》報導:4 日傍晚時分,「因縣商會開會未成,有人以印就之傳單,在大碼頭及各要市分發」。[372] 5 日《時事新報》,稱「各校學生因縣

---

371 上海楊交涉員,〈函送上海交涉使署吳科長來電由〉(1919.6.6),中央研究院近代史研究所檔案館藏:03-33-112-01-002。
372〈縣商會開會未成〉,《新聞報》,1919 年 6 月 5 日,第 3 張版 1。〈徐國樑查獲愛國反日傳單代電〉(1919.6.7),《五四愛國運動檔案資料》,頁 255-258。

商會開會未成,特將即就之傳單在大碼頭及各要市分發,高聲呼喊,請商界於今日起一致行動」。[373] 再按傳單內容,似為局內人所書:

> 頃閱縣商會通告,不勝痛感。今日之會,乃眾商之公意,會長之召集。今被勒令停止,試思商民不能於商會開會,於何處開會?抑尚有何日開會?況集會自由,載在〈民國約法〉,何能以武力壓迫停止,民權至此剝削盡矣!嗚呼!北京政府以日本待朝鮮之法待學生,乃上海官廳以政府待學生之法待商民,北京學生全體罷課,上海商民應有若何感想?上海商民泣告![374]

《新聞報》刊載此傳單後,繼以〈講演從今不自由〉為題,報導4日夜南市有中華救國十人團講演,被警員武力干涉,撕破白旗,踏斷旗桿。憤怒之情,已溢於言表。

6月5日吳曾源所撰報告書,透露南商會遭解散,商會房屋被接管後,閘北也有異動:

> 現南商會已解散,總商會會長均辭職不視事,轉圜調解,苦無其人。……三日滬新聞報載一節:閘北紳商擬開會電京反對,是否報紙訛傳,真相如何?曾源已托人往說,暫阻會議。應請速賜明示,以釋群疑。值此多事之秋,並祈從速言旋,以慰民望。[375]

吳曾源委託以「暫阻〔閘北〕會議」之人,或許是閘北工巡捐局局長曹履冰(有成,廣東順德人)。曹履冰為前海軍次長曹嘉祥

---

[373] 〈昨日縣商會之活劇〉,《時事新報》,1919年6月5日,第3張版1。
[374] 〈縣商會開會未成〉,《新聞報》,1919年6月5日,第3張版1。
[375] 江蘇交涉員署科長等,〈鈔送上海罷市電函并報告書傳單等件由〉(1919.6.9),中央研究院近代史研究所檔案館藏:03-33-116-01-011。

堂弟，曾任朱兆莘時期交涉使署科長，[376] 卻仍未能阻止閘北紳商響應。

　　閘北紳商領袖為沈聯芳（鏞，浙江吳興人，經營絲繭兼營地產，上海總商會副會長，閘北慈善團創辦人，閘北商團創辦人，江浙皖絲繭總公所總理，閘北慈善團總董），此時因避開佳電風波，不在上海。[377] 由錢允利（貴三，江蘇上海人，閘北米業領袖、閘北慈善團總董，原閘北自治公所總董、閘北市政廳長、閘北商團團長，現任閘北市經董）、[378] 王彬彥（棟，江蘇武進人，閘北慈善團主任、工巡捐局代表）主持地方事務。錢允利，曾任上海城自治公所議員和市政廳議員，與南市紳商也相熟交好。[379] 王彬彥，與江蘇士紳也有過從。[380] 頗疑閘北之異動，由南市紳商之勸說。另有徐乾麟（懋，浙江餘姚人），也是閘北著名紳商，原為閘北商團發起人之一，曾任閘北地方自治籌備會正會長，組織閘北救火聯合會，擔任閘北慈善團董事。[381] 罷市後，徐乾霖列名「商工學報聯合會」幹事，[382] 代表閘北商界支持抗爭行動。又虞洽卿在閘北有不少房地產，曾任閘北民政局長。[383]

---

376 章伯鋒整理，〈馬鳳池密報〉，頁42。

377 沈聯芳發述史及其與閘北關係，參考沈毓琛等輯，〈吳興沈聯芳先生訃告〉，民國石印暨鉛印本，《上海圖書館藏赴閩集成》，第39冊，頁27-55。

378 王曉籟、尹邨夫，〈我們對上海商團與閘北地方關係的回憶〉，《上海文史資料存稿匯編：政治軍事》，第1冊，頁117-120。

379 馬小泉，《國家與社會：清末地方自治與憲政改革》（開封：河南大學出版社，2001），頁230-231。李鎧光，〈上海地方自治運動中成員的身份與運作衝突〉，頁51。

380 1926年江蘇士紳籌備成立新蘇社，王彬彥被舉為上海六位籌備員之一。〈新蘇公會昨日成立〉，《時事新報》，1926年10月30日，第3張版1。

381 〈徐乾麟先生年譜〉，施流編纂、丁其廉校閱，《徐乾麟先生言行錄》，民國三十年鉛印本（出版地不詳，1941），頁13下-15上。

382 〈商工學報各界聯合開會紀〉，《申報》，1919年6月7日，版9。

383 《辛亥革命寧波史料選輯》，頁244。《政商中國：虞洽卿與他的時代》，頁53-54。

6月9日《時事新報》刊出劉強夫致虞洽卿函,[384] 指責他「甫在暗中鼓吹罷市,不旋踵又公然提議開市,面面圓光,」[385] 可見虞洽卿態度搖擺之餘,初亦配合發動罷市。

由於上海「人士地域之見甚深」,閘北、南市有界域之見。閘北罷市,必須當地紳商出面號召,始克成功。[386] 罷市後,眾商假閘北慈善團發起閘北商業公會,以錢允利,王彬彥為首腦。滬報載:

> 閘北市經董錢允利於罷市之第一日,即拍電北京政府請求懲辦國賊,釋放學生。一面勸導商家謹守範圍,靜候解決。[387]

又報載6月8日閘北商界一百七八十人議決,主旨如下:

> 此次罷市係出商界主動,純為熱心愛國起見,非達到懲辦國賊,救護學生,廢除密約,爭回青島等目的,堅不開市。嗣後遇有緊要事故,隨時召集會議。俟時局解決,眾商一律開市後,另覓相當地點,組織正式機關,公舉正副會長,主持會務。[388]

頗疑6月3日前,南北紳商已有密議。交涉使署及護軍使署接獲線報,決定先發制人。

---

384 劉強夫是浙籍民黨,曾任永嘉知事。《政商中國:虞洽卿與他的時代》,頁120。
385〈來函〉,《時事新報》,1919年6月9日,第3張版2。
386 1923年,上海交涉員許沅推薦徐乾麟或沈聯芳為閘北紳商代表,以便接收及改組閘北水電廠。他認為「本埠人士地域之見甚深」,此一安排「可藉收調和意見之效」。〈許沅致韓國鈞函〉(1923.12.30),《韓國鈞朋僚函札史料選編》,頁225-226。
387 海上閒人編,《上海罷市實錄》,下卷(上海:公義社,1919),頁50。
388〈上海商界罷市之第五日〉,《申報》,1919年6月10日,版11。〈閘北慈善團敬謝〉,《申報》,1919年1月16日,版1廣告。惟閘北商業公會仍待11月12日始正式成立,舉沈聯芳為正會長,錢允利、王彬彥為副會長。〈閘北商業公會開成立會〉,《申報》,1919年11月13日,版10。〈閘北商業公會成立會續紀〉,《申報》,1919年11月14日,版10。

總體來看，6月4日下午，盧永祥作為上海最高長官，指揮軍警控管全體商民活動，引發華界商民強烈不滿。盧永祥祭出嚴厲手段，是知悉南市閘北商董已傾向商學一致，先發制人。盧每日閱讀報紙，以掌握滬上輿情。[389] 惟對商界領袖而言，在上海地方自治取消後，具有法定地位之縣商會，不啻紳商集議之最後陣地。軍署警廳解散接管之舉，已侵踏地方人士底線，引起強烈反響。陳曾燾認為，6月4日本地官廳直接干預商業團體之舉，使上海抗議行動從針對中央轉向地方，雖不完全正確，卻有部分道理。他如此描述商民心理：「縣商會會議之被警方禁止召開，立即被人們認為是對他們自由的直接干涉，以及對人民權益的全面侵害。……一直到這之前，他們都尚未對地方當局採取不友好的態度，一直希望不須要引起雙方的對立，但現在地方當局已公開地侮辱了他們。他們已無選擇的餘地，只有加入學生的陣線，聯合起來對抗地方當局。」[390]

又交涉使署總務科長吳曾源報告抵達北京，大抵在6月6日後，使楊晟可以向總理錢能訓提供第一手情報，這與楊晟隨即被正式任命為交涉員似有關係。這使盧永祥主導的軍警系統，轉處於較為不利地位。翌年上海又起學潮，交涉員和護軍使就軍警是否執法過度？是否逾越〈治安警察條例〉所給權限？是否過度操切以致激起民憤？有過一番激烈辯論。1920年交涉公署和護軍使署的爭執，即使不是上年事件的延續，至少反映雙方手腕的差異。此時盧永祥已升任浙江督軍，由親信何豐林代理松滬護軍

---

389 盧永祥侍者說：「盧遇困難事，輒靜坐一室，以思解決之方法。每日必閱報紙，其閱報也，亦凝神一志以為之，……心不旁騖。」杞柳，〈盧永祥軼事（一）〉、〈盧永祥軼事（二）〉，《晶報》，1933年5月19-20日，版2。鄭逸梅，〈盧子嘉軼事〉，《申報》，1933年5月23日，版13。
390 陳曾燾著、陳勤譯，《五四運動在上海》），頁118、133-134。

使。何豐林致國務院（1920.4.25）電，反駁楊晟指控：

> 查此次滬上學生罷課，借口外交問題，旬日以來，迭次派員設法疏導，原期消患無形。雖該生等每日游行演說，散布傳單，言詞激烈，逾越範圍，官廳隨時相機制止，力持鎮靜，并未稍事操切。詎該生等甘心受人利用，必欲借端尋釁，以達其構亂目的。……楊特派員所稱：因軍士與學生衝突，遂致城內西門、小東門、高昌廟等處商店關閉等語，殊與事實不符。[391]

這一電文顯示，護軍使和交涉使的嚴重齟齬，已惡化到各自狀告中央的地步。[392] 是年 4 月 25 日，盧永祥為處理學潮由杭到滬，此電當由其同意發出。[393] 故此，何、楊之爭，實際上是盧、楊之爭。

回來再說 1919 年 6 月 4 日下午商學聯合破局，上海縣商會會長雙雙辭職，商會房屋也被解散接管之際，6 月 5 日滬報版面，全是大失所望的語調。《民國日報》之〈赴縣商會之大失望〉，在標題上就已說明一切。[394] 眾所期待的「學商一致」，可說完全破局。就在這時候，黃炎培主動出面，邀約顧馨一和蘇

---

391 〈盧永祥關於上海學生發動罷工罷市實行戒嚴密電〉（1920.4.25），《五四愛國運動檔案資料》，頁 556-557。
392 〈軍士干涉學生演講之衝突〉，《申報》，1920 年 4 月 23 日，版 10。〈軍士與學生衝突後之風潮〉，《申報》，1920 年 4 月 24 日，版 10。〈續誌軍士與學生衝突後風潮〉，《申報》，1920 年 4 月 25 日，版 10。〈三誌軍士與學生衝突後風潮〉，《申報》，1920 年 4 月 26 日，版 10。
393 報載盧永祥接何代軍使急電，知上海學潮擴大，特於 1920 年 4 月 25 日晨「由杭專車來滬，於午前十時抵埠，即詣防守司令部召集滬上軍警各長官，詢問近日所發生之學潮狀況，然後詣龍華軍署與何代軍使互商善後方針。」〈三誌軍士與學生衝突後風潮〉，《申報》，1920 年 4 月 26 日，版 10。
394 〈赴縣商會之大失望〉，《民國日報》，1919 年 6 月 5 日，版 10。

筠尚一致行動，把局面完全扭轉過來。[395]

周策縱《五四運動史》所引《上海罷市實錄》報導，原載6月5日《申報》、《時報》、《時事新報》等報，內容完全相同，均描述此一關鍵時刻：

> 顧、蘇兩會長昨日〔6月4日〕因奉官廳函勸阻止會議，正欲另籌向眾對付之法，適接江蘇省教育會會長黃韌之來函，擬於今日（5號）開會，請貴會聯絡商學各界一致進行，以便列名公電北京政府國務院、教育、農商等部，痛陳學界近狀，要求從速將辦法情形切實表示，以順輿情云。兩會長對此頗表同意，當即答復贊許。[396]

顧、蘇二人「聯絡商學各界一致進行」，到底指的是甚麼？是否即指5日全面罷市？對於這一問題的查究，需要瞭解稍早商、教兩會的若干協商。

---

395 《五四運動：現代中國的思想革命》，頁 211-232。
396 〈昨日縣商會又開會未成〉，《申報》，1919年6月5日，版11。

七、峰迴路轉

（6月4日至6月5日晨）

「眾怒如火。」

～1919年6月5日，
上海縣商會、江蘇省教育會等九團體電[397]

在1919年5月，江蘇省教育會對政府表現尚稱克制，尤其避免直接批評徐世昌總統。其所發關於外交通電，措辭也還算溫和。[398] 但5月中下旬以後，北京頻頻傳出不佳消息：先是安福系圖謀攫取中國銀行，擬恢復民國二年中行則例。[399] 其次，日本人欲推翻錢能訓內閣，再舉段祺瑞上台，而徐世昌似無力阻止。更傳出北京治安機關首腦易人，由段祺瑞派段芝貴出掌警備總司令。再傳段祺瑞力主政府簽字巴黎和約，徐世昌總統傾向贊同。[400] 又有林長民請辭外交委員，政府挽留無效之訊。[401] 復有南北議和破裂後，復會阻礙重重，安福派抵制最力之說。[402] 這

---

397 〈彙紀請懲國賊援救學生電〉，《申報》，1919年6月6日，版12。〈上海商民全體罷市之大決心：九團體拍公電派代表〉，《時事新報》，1919年6月6日，第3張版1。

398 2月7日，江蘇省教育會發電北京大總統及國務院，表示「顧、王二使在歐會發言，輿論認為稱職。報載日使干涉，請堅拒。」2月14日：「北京大總統國務院鈞鑒，報載高徐各路將訂正約。現值歐會公開，舊約正在宣布，新約豈宜續訂？請審慎。江蘇省教育會。」均見〈公電〉，《申報》，1919年2月8日，版6。〈省教育會請審慎鐵路借約〉，《申報》，1919年2月14日，版10。

399 〈北京通信〉，《申報》，1919年5月18日，版6。

400 〈時局醞釀變化之外訊〉，《申報》，1919年5月26日，版7。〈北京之治安機關問題〉，《申報》，1919年5月25日，版7。〈山東問題決定簽字續聞〉、〈山東問題將令簽字矣〉，《申報》，1919年5月29、31日，版7。

401 〈各通信社電〉，《申報》，1919年6月1日，版4。

402 〈和會尚無復活朕兆〉，《申報》，1919年6月1日，版7。

些惡訊接連傳來，他們不由得認定段祺瑞派有意攘奪政權，而徐世昌總統已力不能支。美國背景的中美通信社，更大事報導段派在京活動，益令人深感不安。[403] 內外情勢如此，迫使江蘇省教育會不能不對政局作出明確表示。

6月2日正午，以江蘇省教育會為首的上海十一團體，在四川路青年會集議，討論外交問題。公決聯名致電美國總統威爾遜、美國國會、英法首相及英法國會，請在巴黎和會為中國主持正義：

> 巴黎和會議決將德國在山東所享之權利交與日本，致中國全國失望，人心憤激，故抵制日貨風潮甚烈，全國學生亦因之一致罷課。中國已入危險之地位，若非得山東問題滿意解決，中國及亞東和平前途甚為危險。日本宣言交還膠州，不足據為信約，同人請求閣下鼎力對於中國合理的要求力主公道，於相當期內實行有效力之保障。[404]

此電聚焦山東問題，請美、英、法三國代為主持正義。把全國學生罷課原因，歸咎於外交問題，矛頭對準日本。

上海十一公團通電，似亦政府所樂見，可作為外交後盾。由江蘇省教育會領銜之通電，則為學商聯合行動。請觀《申報》刊出各團體暨代表名稱：

黃炎培、沈信卿、蔣夢麐（江蘇省教育會）

朱少屏（寰球中國學生會）

周亮亭、馮釗光、陳維屏（上海基督教聯合會）

曹錫賡、費吳生（中國青年會〔應作上海青年會〕）

---

403 〈中國政局之危象〉，《申報》，1919年5月17日，版7。

404 〈十一大團體電請美英法主持公道〉，《申報》，1919年6月3日，版11。

穆藕初、朱庭祺〔祺〕（留美學生會）

張貢九、朱樹翹、胡敦復（學校聯合會）

李登輝、胡道南（華僑聯合會）

狄　侃、程學愉（上海學生聯合會）

陳其瑗（全國和平聯合會）

朱　章（全國平和期成會）[405]

報紙所列團體及代表名單，有值得注意的幾點：

一、各團體代表未必是正副會長，乃是實際辦事人。

二、教育界勢力獨大，乃至化身其他團體代表，例如：李登輝（復旦校長），代表華僑聯合會。陳其瑗（廣東省教育會會長，亦是廣東平和期成會代表），代表全國和平聯合會。

三、全國兩和平會參與連署，是表示代表全國民意。

四、報載公電為十一團體聯署，並明說包括上海縣商會，而此處僅列舉十團體，[406] 很可能是縣商會代表不願列名，或謹委託教育會代表之。

五、6月1日大總統下令禁止學生聯合會後，教育會卻邀上海學聯一同列名，是表明抗命，作為學生後盾。

六、教育會邀請的團體，都以超黨派為標榜。具民黨背景的團體，均未被邀約連署。

6月3日，即北京發生「六三事件」當天，江蘇省教育會又聯同十一公團體致上海英、法商會等六團體公函，請其分電該國元首，支持中國收回青島及山東一切權利。是函陳述山東問題由

---

[405]〈十一大團體電請美英法主持公道〉，《申報》，1919年6月3日，版11。

[406] 列名通電的十一團體連署依序為「江蘇省教育會、上海南商會、寰球中國學生會、中國青年會、留美學生會、華僑聯合會、學校聯合會、上海學生聯合會、全國和平聯合會、全國平和期成聯合會、上海基督教聯合會。」〈十一大團體電請美英法主持公道〉，《申報》，1919年6月3日，版11。

來，分析內外情勢，痛斥親日官僚及武力集團，不啻向段祺瑞系下宣戰書。6月5-6日各報譯載此電：

> 查巴黎和平會議對於山東問題予日本以勝利，……自此消息問題解決之消息傳到後，中國人民方面感覺大不滿意，非常憤怒，於是抵制日貨之事積極進行，而舉國學生相率罷課，民氣激昂從來所未有，此中外人士所共見共聞者。其在人民方面之景象如此，其在少數強有力親日派之官僚及武人方面，以為巴黎和會對於山東問題之有此解決，足證協約國實無阻制日本之能力，否則明知日本之勝利有礙己國之利益，何以反予此等之解決，故此輩政客益鼓吹其親日政策以為適宜於時局，而攘奪政權之預備亦日甚一日。其在少數親日派官僚方面之景象如此，此皆彰明較著之現景。將來演成何種大禍雖不可知，然當前情勢實甚可慮。職是之故，由本團體等各派代表在中國青年會開會共籌辦法，藉圖挽救。[407]

此電發出於6月3日，表明江蘇省教育會已轉為戰鬥格局，團結上海華洋兩界商學團體，把矛頭從外交轉向國內，親上火線抨擊北京親日集團，指直少數人有意「攘奪政權」。署名團體依次是：「上海南商會、江蘇省教育會、全國和平聯合會、全國平和期成聯合會、上海基督教聯合會、學生聯合會、青年會、華僑聯合會、寰球中國學生會、學校聯合會。」[408] 上述列名公電之十一團體，推上海縣商會（南商會）領銜，江蘇省教育會屈居次席，是一種策略性佈局，刻意把縣商會推向前台。[409] 不但如

---

407 〈十一團體致三國商會函〉，《申報》，1919年6月6日，版12。
408 〈十一團體致三國商會函〉，《申報》，1919年6月6日，版12。
409 1919年6月罷市風潮後，新成立的「上海各公團聯合會議」，共有十三團體，列名最前的四團體是：「江蘇省教育會、上海總商會、上海縣教育會、上海

此，教育會更邀請上海學聯一併連署，不啻挑戰6月1日大總統令，也表明作為學生後盾之決心。

又6月5日英文《大陸報》，有華報所未刊載之信息。該報稱十一公團推舉臨時幹事兩位：李登輝（T. H. Lee）、朱庭祺（T. C. Chu，體仁，江蘇川沙人）。[410] 李、朱都是留美學生，負責對外宣傳。十一公團致外國商會電文，大抵出自兩人手筆。李登輝更是上海學聯發起者，也是學生運動支持者。他於5月30日出席上海學聯會議，提醒上海學聯應聯合歐美留學生。此時，上海學聯得以列名公團通電，很可能由李登輝居間促成。代表上海學聯出席會議者二人，程學愉和狄侃，為上海學聯評議會正副評議長，都是復旦學生暨校友。由上海學聯列名6月2-3日十一公團通電，可知商學一致已經達成。唯其聯合之管道及過程，不在對縣商會之屢次請願，而在教育會主持之密室集議。

至於6月4日縣商會正副會長雙雙辭職之際，黃炎培邀約顧馨一、蘇筠尚連署通電，更展現出「商學一致」行動，支持學生要求，籲請北京政府罷免曹、陸、章。此電表明在教育會主導下，縣商會等團體共同聲援學生，對外展現商學集體要求。茲錄全電：

> 北京大總統、國務院、教育部、農商部鈞鑒：自京校罷課，各省繼起，全國騷然。本日滬地因電傳京警復拘學生四百餘人，群情憤激，一律罷市。其近因在外交之失敗，其遠因在濟順、高徐路約授人口實，為外交失敗之根。政府為曹、陸、章諸人多方解釋，益增國民之惡感者以此。頃各團體共

縣商會」。參見〈各公團會議聲討新國會〉，《申報》，1919年6月26日，版10。

410 "Students Get Word of Peking Arrests", *The China Press*, June 5, 1919. p. 2.

同集議，廣徵各方面意見，僉謂學生之言，實全國人民心理所欲言。特此輩青年，但知是非，不問利害，竟不恤犧牲學業，表示痛苦，求政府之憐憫，喚國民之覺悟。至商界與學生一致行動，勢等燎原，何以收拾！年來政象糾紛，其始誤於專事敷衍，輕是非而重利害。近且倒行逆施，置利害是非於不問。內爭未息，眾怒如火。若不速圖善後，恐併此南北對峙之危局，不能久持。曹、陸、章諸人，是否賣國，自有公論。而路約之誤國，實已顯然。政府寧袒此數人，以失全國人心？抑尚願維繫全國人心，罷此數人，以謝天下。迫切電陳，敬祈裁奪。上海縣商會、江蘇省教育會、上海縣教育會、寰球中國學生會、上海中等以上學校聯合會、遊美學生會、華僑聯合會、中國基督教聯合會、中國基督教青年會。歌。[411]

此電署名之九公團，不含兩和平會，也不含上海學聯。此或因上海學聯不承認徐世昌為總統，而兩和平會則認為不便列名。歌電以「各團體共同集議，廣徵各方意見，僉謂學生之言，實全國人民心理所公言」，表示作為學生後盾。警告政府「若不速圖善後，恐併此南北對峙之危局，不能久持」，指辛亥事可能重演。

　　《五四愛國運動檔案資料》收錄上海交通銀行電報，上海交行經理陶湘（蘭泉）致北京總管理處電，報告 6 月 5 日盧永祥約「學界領袖」到軍署討論善後問題：

　　竊念此次學界風潮醞釀已久，終無切實辦法，以致蔓延日廣。刻學界方面已分電各埠一致罷市，官廳方面則從事解

---

411 〈彙紀請懲國賊援救學生電〉，《申報》，1919 年 6 月 6 日，版 12。〈上海商民全體罷市之大決心：九團體拍公電派代表〉，《時事新報》，1919 年 6 月 6 日，第 3 張版 1。

散，盧護軍使亦已邀學界首領到署磋商善後之法。」[412]
6月6日《新聞報》之〈卡爾登茶話會紀事〉，可知盧永祥所說「學界領袖」即黃炎培等數人：

> 黃韌〔任〕之代表江蘇省教育會報告今早〔6月5日〕與沈信卿、朱少屏、朱子橋三人往見護軍使之情形甚詳，並云當時曾要求嚴飭軍、警莫干涉學生愛國之行動。[413]

6日夕12時陶湘致北京電，指「此次學界主動大有人在」，[414]即以教育會為首的學界代表。

八、津電到滬

「嗚呼！政府竟與學生宣戰矣！」

1919年6月5日，《時事新報》之〈時評一〉[415]

然則6月4日到滬的津電，一般被視為引發全埠騷動的導火線，到底又起了甚麼作用？如前文所說，「津電」是南北學界的預謀。換言之，6月3-5日上海與其說是被動響應津電，不如說是以焦灼心情等候京訊。各方消息透露，津電到滬前，學生已四處聯絡策動停業罷工，本節將對此種行跡予以揭示。

---

412 〈上海交通銀行報告上海罷市罷工金融危急函〉之〈6月5日函〉，《五四愛國運動檔案資料》，頁242。
413 〈卡爾登茶話會紀事〉，《新聞報》，1919年6月6日，第3張版2。
414 〈上海交通銀行報告上海罷市罷工金融危急函〉之〈6月8日函〉附「6日夕十二時至7日夕十二時，共發急電四通」之第一通電文，《五四愛國運動檔案資料》，頁245。
415 記者，〈政府竟與學生戰矣！〉，《時事新報》，1919年6月5日，第1張版1。

(1) 靜候京訊

五三一集會遊行當天，滬報登出本埠學生「通電北京學生聯合會，勸堅持到底」。[416] 此處所說的「堅持到底」，是預備妥當的暗號。五三一遊行後，學生目睹上海氣氛，咸感時機成熟。史氏〈學潮醞釀記〉透露：

> 此次之會，有北京學生聯合會之代表新來者，及將去者，其去者即以是日情形馳歸相告，而京學生漸信上海之足為後勁矣。[417]

史氏所謂五三一之會，有「新來者」與「將去者」。此一來一往，不論密電或面告，必稱時機已熟。甚至可能約定 6 月初某日，即奮起作「第二次戰」。

6 月 11 日，《救國日報》披露五三一以後，返京報告之學生有「楊君」其人，似即五三一北返者之一。據該報披露：6 月 2 日北京學聯集議，已告知「上海有罷市之動機」：

> 北京代表楊君新自京來對記者云：本月二日，北京學生聯合會，在大學第一宿舍，討論是日東安市場因賣國貨被捕學生事，僉以此等舉動，純出於愛國熱誠，既不妨害治安，又不抵觸法律，何得遽加逮捕？且〔政府〕所下二道命令，直等夢囈，於是憤激之下，決議恢復講演。一以警醒政府，一以貫澈主張。且聞上海有罷市之動機，各地亦作洛鐘之響應。於是更加奮勉激揚，而有五日以後第二次之快舉。[418]

報載「新自京來」的「北京代表楊君」，很可能即五三一集會上發言的楊健。他往來京滬傳達信息，是六三事件的要角。前引

---

416 〈上海學生聯合會紀事（四）〉，《時事新報》，1919 年 5 月 31 日，第 3 張版 1。
417 〈學潮醞釀記〉，頁 104。
418 〈北京學生奮鬥續誌〉，《救國日報》，1919 年 6 月 11 日，版 3。

《胡適遺稿及秘藏書信》披露，他也是蔣夢麟和羅家倫及傅斯年的傳信。他把「上海有罷市之動機，各地亦作活鐘之響應」告諸北京學生。因此，北京六三運動，以上海為後盾，實京滬學生之共謀。

此時各埠學生會代表陸續到滬，在公共租界靜安寺路五十一號寰球中國學生會內集議，上海學聯和全國學聯籌備處同址辦事。由此發出的指令，將指揮全國後續行動。6月4日《上海學生聯合會日刊》創刊，也說明學生所定大舉之期，即在數日之內。主編程天放（學愉）〈勗上海學生聯合會同人〉，呼籲上海學生必須承擔政治責任：

> 北京的學生，因為到街上去演講，就把〔被〕軍警拘捕了去，關了在譯學館裏面，想把他們生生餓死。杭州的學生罷了課，官廳就下令叫各學校提前暑假，簡直是勒令解散。學生要開個會，就要擇一個人跡不常到山洞纔能夠開得成功。九江的學生，想在街上遊行，吳金彪就把他們的代表傳了去說，你們如果真要遊行，我就拚了這條老命，也要捉了你們來槍斃。這麼一說，就把遊行的事打消了。這樣看來，內地學生的言論自由，行動自由，集會結社自由，簡直是完全剝奪。還能夠享受一點自由的，就只有上海的學生。上海的學生，因為在租界上，官僚勢力不能夠達到，所以他們看了我們的行動，雖則十二分的討厭，十二分的痛恨，卻是沒得法子來干涉。因為這個緣故，上海學生所負的責任，就比內地學生要大得多。內地學生不敢講的話，上海學生敢講。內地學生不能做的事，上海學生能做。內地學生差不多完全惟上海學生的馬首是瞻。上海學生如果萎靡下去，那就這一次的

學生運動完全是一個失敗,中國前途也就不可問了。[419]程天放之言不啻公開承認,上海租界當局對學生的容忍,是學生愛國運動進行的前提。此正如上海學聯職員葉如音(育才公學學生)所說:全國「以上海為馬首是瞻」,而上海學聯會址位於「外人勢力的租界範圍,政府權力無法達到,所以一切行動表現,自以上海為最積極。」[420]

(2) 北京寂寂

五三一之後,上海學生就靜待北京音訊。《時事新報》主筆張東蓀經常和學生接談,深曉內情。[421] 6月1日,在《時事新報》提醒學生,切不可緊盯北京學生,而忘卻了自身作為:

> 我上回說持久與擴張有必然的關係,愈擴張愈能持久,愈持久愈能擴張,但是按現在的光景看來,好像四圍的擴張進行雖沒有停止,而中心的持久性質已經淡薄了,此事甚是可怕,大家不能不想一個法子。
>
> 記者今天雖沒有具體的法子供獻出來,但也有一個意見,自信可以做為助力。這個是甚麼呢?就是改換眼光。因為各地的學界,自今天以前他的眼光,都著在北京學生身上,完全採模仿行為,可以說是被動不是主動,也可以說是模仿不是自覺。從今以後,應當改為自動自決,……託命於良心而行事,那麼就應該自主自決的去做,看見北京有甚麼變化也毫

---

419 (程)天放,〈勗上海學生聯合會同人〉,《上海學生聯合會日刊》,1919年6月5日,版1。
420 葉如音遺作,〈記「五四」上海學生聯合會〉,《藝文誌》,第68期(1971.5),頁38。
421 《學生救國全史》之〈張〔東蓀〕序〉,頁1。

不動心了。[422]

張東蓀所說的「中心」，指的北京學生。這篇時評透露幾個消息：一，張東蓀確是學生顧問，為他們提供「具體的法子」。二，五三一後，上海學生急切等候北京消息；北京學生反顯寂靜之象，令他們憂心無已，認為必須另謀對策，自動自主行動。

不過到滬的北京學生，也未閒著。6月2日上海學聯召開大會，報章卻未記載地點，似為避免糾葛。會議由何葆仁主席，讓段錫朋和許德珩先後演說。這是段錫朋以北京學生聯合會會長身分，在上海學聯的首次公開演講，報紙刊載其發言要點：

> 北京學生舉動，始則團結殊弱。惟自五四風潮後，頓形堅固。全體所存意見：
>
> （一）以為武人、官僚之主張，決非國民之主張。
>
> （二）學生研究學問是經常之道，今決非安坐而研究學問之日。
>
> （三）犧牲者大則效果始大。
>
> （四）學校罷課乃是第一步的犧牲，此而不能，無他可望。
>
> （五）學生今天不從根本上覺悟，將來恐不免同為賣國行為。
>
> （六）罷課並非一種要求的方法，乃是一種表示。
>
> （七）表示之外，當有一積極辦法，人人須抱一犧牲生命的志願。
>
> （八）學生做事不在事勢，而在決心。須人人決心與此萬惡之社會奮鬥。
>
> （九）不可僅懷感情的作用，而當有誠意的進行。
>
> 至於對外方面，吾人一方面提倡抵制，一方面應竭力為振興

---

422 （張）東蓀，〈持久〉，《時事新報》，1919年6月1日，第2張版1。

工業之進行。蓋經濟之慾望,究不能為道德上的發憤永久消滅,對於商界吾人應負喚醒之責,如商人不能感動則亦係吾輩缺少誠心,吾輩必竭誠勸告商工界,使與吾人主張一致。

今日乃惟一之時機,決不可放過云云。眾大鼓掌。[423]

初疑記者僅為段錫朋發言摘要記述,後見其在國民政府中央訓練團下屬回憶,說他演講「能將說話的段落重輕,劃分配置得十分輕重得宜:不囉嗦,不含混,有系統,沒廢話,就靠這一點,聽眾的精神就給他控制住。」又說他作風「講求實在,看重行動」,「不尚高談玄虛的理論」。[424] 則上海報紙所記,看來接近實錄。

段錫朋演說後,有許德珩報告。許德珩是《五七日刊》編輯、一度被捕。他詳述 5 月 19 日北京學罷課後情形,透露學生有一套秘密計劃:

現在滬上已與北京一致行動,足見熱誠。惟北京學生已預備極大的犧牲,罷課尚是一種表示,吾等須有堅決的、遠大的進行方法,並宜聯絡各界,使有同等的決心。眾亦稱善。[425]

許德珩所謂「北京學生已預備極大的犧牲」,可見彼等已計劃大規模行動,激起舉國同情響應。

段錫朋和許德珩在滬演說翌日,北京發生震動全國的「六三事件」。6 月 4 日《北京日報》之〈本京瑣聞〉,透露北京六三事件前,上海學生有電到京。記者暗示,北京學生出行,由上海來電促成:

昨日有多數學生出外講演散單之事者,實因其學界聯合會自

---

423 〈上海學生罷課之第八日〉,《申報》,1919 年 6 月 3 日,版 11。
424 何瑞瑤,《風雲人物小志》(臺北:文海出版社,1973),頁 119。
425 〈上海學生罷課之第八日〉,《申報》,1919 年 6 月 3 日,版 11。

> 被干涉之後,由京移津。不得開會,又由津移至上海。日昨上海開會之後,忽有要電一道拍至北京各學校,令其照常講演,排斥日貨,散布傳單,游街示眾,故昨日遂又有學生出外講演散單之事。[426]

報導中提及上海的「要電」,或指5月30日上海學聯議決「通電北京學生聯合會勸堅持到底」。也可能是6月3日前,上海又有電至敦促立即行動。

換言之,《北京日報》說6月3日北京各校「照常演講,排斥日貨,散佈傳單,游街示眾」,是應京滬預謀行動,而非獨立決定。查五三一至六三期間,上海各報所載均無記者所說內容,不見電文必是用密訊暗語,斷不會在電文中有違礙字眼。總之,五四事件和六三事件之源起迥異,可以在此斷言。質言之,五四事件之發生,為北京學生的突發行動。火燒趙家樓,尤其並非全體原定計劃。六三事件不然,它是京滬等埠學生的共謀,是早經商定的行動。以北京學生為前鋒,津滬各埠繼起響應。而上海方面,將為全局勝敗所繫。《上海學生聯合會日刊》選定6月4日創刊,也間接證明學生預定大舉之期,在6月3日至5日之間。不料京電一時不能完整送出,北京學生被逮捕訊息,延至4日黃昏始抵達滬上,使上海罷市之期發生在6月5日。

一些研究者已注意到,上海留日學生救國團的曾琦,事後追憶他在六三前以《救國日報》記者身分入京,促成六三大舉。其實,此為不知全局者之論調,不免高估了自身作用。[427] 茲引曾琦在「五四」七週年回憶:

---

426 〈本京瑣聞:學生講演團又發現〉,《北京日報》,1919年6月4日,版3。
427 曾琦,〈悼陳愚生君并勗少年中國學會同志〉(1923),《曾慕韓先生遺著》(臺北:文海出版社,1971),頁146-147。

> 接五月四日北京學生焚曹擊章之訊，……翌日〔此處疑誤〕即束裝北上，沿途見各商店大書「歡迎學生救國」，知民氣已大振。及抵京，但見警廳煌煌告示，禁止講演，學界寂然無聲，予殊大失所望。當往北大詢學生會代表，該會定期請予講演，為京警所阻，乃改至清華學校開會，予以新聞記者資格往報告「五四運動」之影響。略謂現在全國各地反響甚烈，而北京為此運動之發源地，反淡然視之，大背運動之初衷云云。彼時予之友人李大釗，康白情等等，皆不以予之主張為然，勸我勿主再動，以全北大命脈，予大鄙之，並面責以全國之反響若彼，而汝等主動者反安然若此，殊非救國之道，無論如何必須前進。[428]

曾琦說他「演說畢，主席朱一鶚君即提議恢復游街講演案，經眾通過，明日續出演講。」[429]

曾琦撰此文時，已是國家主義派領袖，與共產主義者對立。他說李大釗和康白情態度消極，似有爭功之嫌。不過，這不代表其言絕不可信。1934年，曾琦〈致羅家倫書〉追述往事：

> 五四運動發生之初，弟代表留日救國團北上，援助兄等繼續奮鬥，（當時陳李俱有退縮之意，兄當猶記其事。）[430]

曾琦函中的「陳」、「李」，指陳獨秀和李大釗。頗疑六三事件前，陳獨秀和李大釗均有「退縮之意」。這可能與袁希濤和胡適勸說，以保存北大、維繫大局為詞有關。六三前，上海感到北京

---

[428] 曾琦，〈五四運動與國家主義〉（1926.5.4），《曾慕韓先生遺著》，頁185。曾琦此記似有日記為據。惜檢沈雲龍輯《曾慕韓先生日記選》，未收1919年日記。惟按其1918年《戊午日記》，則記述甚詳，參考沈雲龍輯，《曾慕韓先生日記選》，頁1-38。

[429] 曾琦，〈五四運動與國家主義〉（1926.5.4），頁185。

[430] 曾琦，〈致羅家倫書〉（1934），《曾慕韓先生遺著》，頁239。

忽然沉寂下來，即因一些師生遲疑而傾向不動。

然而各地學生及北京學生在外埠者，強烈主張依原計劃行動。六三事件發生後，在蘇州的顧頡剛6月11日致北大同學潘家洵函，很能反映京外學生心理：

> 各處人民對北京學生感情很好，因為他們敢於發難在最不能自由的地方，同最惡的人宣戰；又對北京極注目，一則是起義之地，二則國都觀瞻所繫。假使北京學生沒有什麼動靜，或者漸漸的灰心起來，拿五分鐘一語再經一回證實，豈不是你們冤枉受了許多的痛苦。所以我希望你們再接再厲，非完全達到目的決不要姑息將就；你們在北京受了痛苦，自然在外省有千倍萬倍的報償。我情願你同我就此永訣，決不願用了明哲保身的話來勸你。[431]

顧頡剛函上所流露的悲憤情緒，可知當京滬學生到處點火後，更大規模的行動已是箭在弦上，不得不發。即使北京師生想要平息學潮，外省學生也必摧逼而使之全面大舉。

此時各埠學生聯合會的敦促支持，自以上海方面態度為最重要。上海學生表現堅定不移的態度，使北京學生決心再接再厲，依照原定劇本行事。六三大舉的議決，由《國民》社員朱一鶚擔負重任。此時段錫朋、許德珩等已經南下，羅家倫和傅斯年則深陷受安福系賄賂醜聞。[432] 朱一鶚〈五四運動之回顧〉（1927年）自述這段情節：「五四運動，我本是發動的一人，亦是自始至終，追隨同志，努力奮鬥的一人。」又說：「至〔五月〕二十九日清華學校童子軍舉行成立典禮──聞系參謀部某司長潛

---

431 顧頡剛，〈致潘家洵〉（1919.6.11），《顧頡剛書信集》，卷1，頁169。
432 趙帥，〈五四運動中的學生、黨派與輿論〉，頁45-88。

往訓練，成績很好——請我去閱操。我遂乘此機會，約同各校代表一起參加。閱操後即在該校開評議會，討論應付政府的方法。是時各校代表對於政府這種威嚇，也不以為意，并都主張奮鬥到底。」於是決議恢復演講活動，「以決最後勝利」。[433] 朱一鶚追述於八年後，細節容或有誤。但段錫朋等南下前，已決定大政方針。清華之會，不過確認先前規劃，決意進行到底而已。

事後報紙對北京學生復出演講遭軍警逮捕，均作了詳細報導，而極具震憾效果。以6月7日《時事新報》刊CS生（似是北大學生）撰〈北京學界之壯烈犧牲〉為例：[434]

〔6月〕2日下午，〔北京學生〕聯合會開臨時緊急會議，各校復開秘密會議，議決：次日〔6月3日〕各校講演隊於十點鐘一律出發。[435]

此一說法最為準確。6月2日下午，北京學生聯合會緊急會議，知會各校分會行動。各校代表返回學校後，各自召開會議，佈置行動方略。3日早上10時，各校一起出動。羅家倫回憶可作補充：「6月3日那一天，於全北京的學生裏面，挑了五百多人，分隊出發演講，那一天被捕的有一百多人。第二天，繼續派人出去演講，大家都帶好了毯子在身上，是預備被捕的。當天被捕的大概有四百多人，第三天被捕的達九百多人之多。監獄關不下去，於是把北大的第三院改為臨時拘留所，外面用密密層層的刺

---

433 朱一鶚，〈五四運動之回顧〉，楊琥編，《歷史記憶與歷史解釋：民國時期名人談五四（1919-1949）》（福州：福建教育出版社，2011），頁134-141。

434 陳獨秀稱，藍公武（《國民公報》負責人）曾托他找學生給上海《時事新報》撰文，他推薦了兩位北大學生。〈京師警察廳司法科科員張錫昌呈後復訊陳獨秀事〉（1919.6.13），《檔案中的北京五四》，頁110。

435 CS生，〈北京學界之壯烈犧牲〉，《時事新報》，1919年6月7日，第2張版1。

刀和機關槍守著，如臨大敵一般。」[436]

(3)「六三」乎？「六五」乎？

首先值得注意的是，北京學生6月3日大舉出動，人稱「六三事件」。上海響應，應稱「六五事件」。然而，不但胡適後來誤憶上海學生在6月3日運動商界罷市三天；[437]不少上海記者及師生對罷市的回憶也多誤作6月3日，這包括張東蓀、朱承洵、葉如音等。[438]張東蓀等文是追憶之作，誤憶本不足為奇；但翌年發表的史氏〈學潮醞釀記〉，卻也說「6月2日，天津電來，述京學生四百人被捕，即印成傳單，遣人分發。次晨，又有南市學生分赴商店演說之舉，一時遂相繼罷市。」[439]史氏之作發表於1920年，竟也誤憶為六三罷市，難道「六三」正是南北默契於心的大舉之期？

茲查五三一以來，在報紙上久無新聞的黃炎培，[440]在日記中有留下若干線索，尤令人感到此中似含玄機。6月以前，黃炎培最後一則記事，為5月23日「各校長代表見護軍使。」不論五二六或五三一，日記皆不著一語。直至6月5日，始記：「上海罷市。」從5月23日至6月5日之間，共十二天，僅一天記

---

436 羅家倫口述、馬偉筆記，〈蔡元培時代的北京大學與五四運動〉，頁64。
437 文滸記，〈五四運動──胡適之在光華大學之演講〉，《民國日報》附刊〈覺悟〉，1928年5月10日，頁1-3。
438 張東蓀，〈中國民族的良心〉，《燕京新聞》，1947年4月28日，版5。朱仲華，〈五四運動在上海〉，頁270-271。葉如音遺作，〈記「五四」上海學生聯合會〉，頁38。
439 〈學潮醞釀記〉，頁104。
440 據論者言，黃炎培可以影響《申報》版面消息。華貞，〈江蘇學閥之過去及將來〉，《中國青年》，第6卷第6-7號合刊（1926.8.31），頁170。事實上，黃炎培影響範圍不止一家報館。

事，日期為 6 月 3 日（星期二），內容僅一句話：「上海學生大遊行。」[441] 惟查當天報紙，6 月 3 日無「學生大遊行」之事，僅學生向商會請願。而當天，教育會率同十一公團（包括上海學聯）通電外國商會，痛斥「親日派及武人」準備「攘奪政權」，宣告各公團將派代表集議共圖挽救。由這些跡象推測，6 月 3 日，可能是南北預定大舉之期，不過上海方面卻略有阻滯，以致行動延後兩日始發。

6 月 3 日公共租界工部局副總巡約翰遜（A. Hilton-Johnson）致虹口和匯山督察長，稱有人策動 6 月 5 日罷工，也說明罷工是早有預謀，不待北京消息而起。據〈約翰遜的通知〉（1919.6.3）：

> 我收到日本領事之通知云，他們接到消息說，他們所僱之碼頭及貨棧苦力將要進行罷工，這將在 6 月 5 日開始。[442]

約翰遜接獲的罷工線報，在六三消息到滬之前。這又說明上海罷工行動，是預先擬好的劇情，並非因北京學生被捕而起。

至於〈吳景濂函電存稿〉收錄旅滬廣州國會議員張瑞萱（益友社，山東協會代表）致吳景濂函，末署（6月）「三號」，提到北京學生被捕事。函稱：

> 今晚學生遍發布告，謂北京又捕學生四百餘人，大獄將興，國脈從此絕矣。[443]

惟查該函提及「陸幹卿〔榮廷〕電到滬後，今日報紙均為之披露」，實為 6 月 4 日事。[444] 由此看來，此函實寫於 4 日之夜，

---

441 《黃炎培日記》，第 2 卷，頁 63。
442 〈上海公共租界工部局警務處檔案〉，《五四愛國運動資料》，頁 717-718。
443 〈吳景濂函電存稿——1919 年南北議和資料〉之〈張瑞萱等致吳景濂箋函〉（1919.6.3，誤，應作 1919.6.4），《近代史資料》，總 42 號（1980.9），頁 127-128。
444 〈公電〉，《申報》，1919 年 6 月 4 日，版 7。

「三號」是手民之誤。

還有一個問題：當時北京消息要傳到上海，究竟需要多長時間？也是不弄清楚的問題。關於京滬通電問題，經查證可確定數事：一，北京急電，一日內可抵上海。二，上海收發京電機關，在電報局外，尚有其他機關部門，例如：中國銀行、交通銀行。惟此等機關，或不便出面證實京訊。換言之，如欲策動罷市，須以公電為憑據。又6月4日傍晚以前，滬上收到的京電，僅提學生恢復出外演講，均未有軍警逮捕之說。

查6月4日，當天《申報》刊出的北京「專電」，也無任何慫動性新聞，不足以撼動人心。來電僅稱：

> 學生團今仍分隊出發露天講演，警察遵令制止，學生隨逐隨講。
> （三日下午三鐘）[445]

6月5日，《申報》北京專電，比前一日更為簡略。電文後，卻有編輯按語：

> 午，學生團出講。（四日下午三鐘） 按：此係三等急電，惟語氣未完，似有脫漏。[446]

編者認為電文「似有脫漏」，顯然另有情報。這是因為印刷前，報館另得天津急電（刊載5日《申報》另一版面），所轉消息較京電詳細。即是這通天津急電，掀起全埠騷動。

6月4日黃昏，上海《時報》終於得到的完整京訊，是經天津學生會急電轉述的。《時事新報》以號外形式廣佈：

> 頃接天津學生會電，稱昨（3日）十時，北京學生大演講，

---

445 〈專電〉，《申報》，1919年6月4日，版4。

446 〈專電〉，《申報》，1919年6月5日，版3。6日《申報》附記：「近來本報北京專電，往往檢查員留難刪割，因多遲延破裂，閱者諒之。」〈專電〉，《申報》，1919年6月6日，版4。

被軍警拘捕,現閉置譯學館四百人,斷絕糧食,四周架武器設帳駐圍。又二人被步軍統領拘去,笞刑鐐銬下獄。未捕者連日仍續演講,以示決心,並電各省縣學生各界火速營救云。[447]

6月4日晚上,上海學生所說的北京四百學生被捕,即以天津學生聯合會電為依據。

此處所說「天津學生會電」,指的是電報,而非電話。周策縱書稱6月3日北京學聯致上海新聞界電話,告以京訊。此說在消息來源上、時間上、方式上,無一不誤。[448]陳曾燾書沿襲周書之誤,對上海接到京訊時間,也呈現自相矛盾。[449]彭明則據上海報紙清楚指出,北京消息是通過天津學聯所發電報傳到,時間是「6月4日」。[450]

又滬報刊出的北京專電,羅家倫事後說是他設法發出,由此引起上海罷市。其追述發電過程,緊張堪比電影情節:

> 六月四日,我們想把恐怖的新聞電打出去,我就帶了四十幾塊錢去打電報,那知道我一出去,偵探便跟著我,於是跑到日本郵局去拿一本丸善株式會社寄來的書。偵探在前面守著,那知道那個日本郵局有一個後門,我就從後門走了,結果居然被我把那個電報拍到上海去。[451]

---

447 〈政府竟與學生宣傳矣〉,《時事新報》,1919年6月5日,第1張版1。〈華界五日(今日)罷市之消息〉,《時事新報》,1919年6月5日,第3張版1。
448 周策縱此說有三個錯誤:一、把津電誤作京電。二、把電報誤作電話。三、誤以為上海6月3日接到此訊。查周書資料來源,為蔡公《學界風潮紀》。該書抄錄新聞紙而來,但內容大致正確。周策縱的錯誤,不能由該書負責。參照蔡盦編,《學界風潮紀》,《五四愛國運動資料》,頁252。《五四運動:現代中國的思想革命》,頁206-207、230。
449 陳曾燾對上海接獲北京學生遭逮捕之訊,分別有6月2日、6月3日、6月4日之異說。參見陳曾燾,《五四運動在上海》,頁116、133。
450 彭明,《五四運動史(修訂本)》,頁261。
451 羅家倫,〈蔡元培時代的北京大學與五四運動〉,頁64。

其實，滬報刊出的 6 月 4 日下午 3 時北京三等急電，內容被截去最重要的後段內容，不具發動罷市的效力。上海所接的完整京訊，是經過天津傳達，與羅家倫無關。

茲查 6 月 4 日天津《益世報》內容，更知天津成為京滬中轉站的情形。當時 6 月 3 日、4 日天津所得京訊，是通過兩個途徑傳到上海：(1) 北京學生專車到津，親向報館及各界說明，並攜帶電稿發送到上海等地。(2) 天津學生也有駐京代表，乘車回報京訊。茲錄 6 月 4 日《益世報》幾則報導：

> 昨晚〔6 月 3 日〕北京學生聯合會某君晚車到津，以電話報告當日京校發生之絕大風潮，特為紀錄如左：
>
> 初三日，北京罷課各學校之學生全體出發，分投〔頭〕講演。步軍統領王懷慶，派兵當場捕獲學生一千餘人，均押送〔北京〕大學法科囚禁，并派兵在法科門前扎列營盤，嚴屬守護。惟其餘未被捕之學生，則開會決議明日仍照常出發，一任該兵之拘捕，雖捕至僅餘一人，亦照常出發講演，其毅力真堪令人驚異云。
>
> 茲再將京校拍致上海之電照紀如下：上海《時報》館，轉各省教育會、商會、農會、工會、各報館、各學校鈞鑒：五四運動未終，救國初衷未遂，罷課宣言之三失望不復，〔原文如此〕學生等決不能安心上課。五月十九日以來，本此行動，未嘗稍為氣餒。二十二日，政府口頭答覆學生等六項要求，認為缺乏誠意，仍本預擬罷課期內之程徑，行動如初。二十三日至二十五日，政府以大隊軍警示威，并停止《五七日刊》之發行，檢查郵電，禁止各報登載學生等之事情，干涉學生等之集會自由，學生等氣志不為稍動。然與各地之交通既絕，遂未免墮於坐困之境矣。嗣以鑒於蕪湖搗毀日店之

事，恐轉貽國家之禍，乃暫停露天講演，而藉販賣國貨之法以行之。及至昨日〔6月2日〕，政府出查禁學生義勇隊及聯合會之令，勒令各校即日上課，並捕去販賣國貨者七人，學生等不勝憤慨，以為救國之效，莫如喚醒國民共起圖策，則是非恢復露天講演不為功。爰於今日開出講演團五十餘組，乃政府橫加迫壓，捕去團員約近千人，並以軍警佔據北京大學法科，扎營不去。學生等益加憤激，決計於明日更以數倍今日之團員出發，再接再厲，誓不反顧。夫國賊不除，則外交無可挽救，學生等以決心罷課。既具有犧牲之決心，明知必被捕，而必出發，既已被捕而必不為之保釋，正以為犧牲精神之表見。總之，學生等一往直前，不畏強禦，苟有一日之生，必不致見難而退。所望各地同志，聞風繼起，共濟時艱，勿以前途之困難自沮；勿以學生等之遭際為念，國家幸甚。北京中等以上學校學生聯合會叩。蕭。

又，天津學生聯合會亦因此事致滬上一電，照錄如下：滬學生聯合會轉各處學生會，滬《時報》館轉各報館鈞鑒：頃京電云，十時學生大演講被軍警拘捕，現閉置大學法科講堂，斷絕糧食，架武器，設帳駐圍。又二人被步軍統領拘去，答刑，鐐銬下獄。未捕者，明日仍續演講，以示決心，乞各省縣學生會各界火速營救。

天津學生聯合會嗣於子夜又接駐京專員報告云，北京各學校學生因出發講演，被當局以武力干涉……。[452]

比對各段文字可見：

---

[452]〈內憂外患之交爭〉，《益世報》，1919年6月4日，版2。天津歷史博物館、南開大學歷史系、《五四運動在天津》編輯組，《五四運動在天津——歷史資料選輯》（天津：天津人民出版社，1979），頁82-84。

一、天津是傳達北京消息的地點。
二、北京學聯和天津學聯之電文，對六三事件描述不太相同。上海學聯對外發佈京訊，主要依據天津學聯電文。
三、天津學聯派有駐京專員，上海學聯可能相同。上海駐京代表也必然發出電文，只是也面對同樣困難。
四、京津之電在上海收信處，是《時報》館及上海學聯。6月11日，日本東方通信社社長宗方小太郎與《時報》館斷絕關係，當與此有關。[453]

(4) 廣發傳單

6月5日，滬報皆刊出天津電文，風暴隨即席捲全埠。請看《時報》之「天津四日申刻專電」：

> 昨日〔3日〕因學生演講，拘捕學生四百人，閉置譯學館，斷絕糧食，惟學生依然演講，並不退卻。[454]

《時報》刊出上海學聯公電，內容轉錄津電，號召各省各界救援：

> 各省報館轉各界公鑒：頃接津電，北京學生大演講，軍警捕去四百人，閉置譯學館，斷絕糧食，設帳圍駐。步軍統領拘去二人，加以笞刑，鋃鐺下獄等語。政府摧殘士子，慘無人道，一至於此。同屬國民，寧忍坐視。務乞主持公理，速起援救。性命呼吸，刻不容緩。迫切陳詞，敬惟公鑒。上海學生

---

[453] 1907年起，《時報》就以宗方小太郎名義在上海日本領事館登記注冊。查宗方小太郎日記1919年6月11日：「是日與《時報》斷絕關係，至領事館注銷登記。」宗方小太郎著、甘慧杰譯，《宗方小太郎日記（未刊稿）》，下卷（上海：上海人民出版社，2016），頁1150。在日本人的調查報告中，《時報》館接近段祺瑞派，可見情報失靈。外務省政務局，〈支那ニ於ケル聞及通信ニ關スル調査〉（大正八年九月印刷，大正七年末調查），頁239。

[454] 〈國內專電〉，《時報》，1919年6月5日，第1張第2版。

聯合會。支。[455]

「支」電，即 6 月 4 日。5 日滬報均刊出此電，內容相同。[456]

又北京政府外交部檔案收錄上海交涉使署〈鈔送上海罷市電函并報告書傳單等件由〉原件（七頁）附傳單一紙（原文無標點），用「南洋公學」名義印發。茲錄傳單：

△北京政府要餓死四百多學生

△我們應該如何設法

今日接到天津急電如下

頃京電十時學生大演講，被軍警拘捕，閉置繹學館，四百人斷絕糧食，四周架武器，設帳駐圍。又二人被步軍統領拘去，笞刑鐐銬下獄。未捕者，是日仍續演講，以示決心。乞各省縣學生各界火速營救。天津學生會。

現在政府的手段一天比一天嚴酷了，簡直不把學生當人待了。

北京的學生不是我們的同胞麼？

同胞！同胞！趕快起來救他們的性命！

六月四日半夜印
南洋公學[457]

倘無南洋公學校方允可，這份傳單恐無由印出散發。[458] 而上海交涉署科員認為所有宣傳文告中，以「此單最動聽，夜發而晨罷市矣。」[459]

---

455 〈求援京師被捕之學生〉，《時報》，1919 年 6 月 5 日，第 3 張版 5。
456 〈營救北京學生辰電〉，《時事新報》，1919 年 6 月 5 日，第 1 張版 2。
457 江蘇交涉員署科長等，〈鈔送上海罷市電函并報告書傳單等件由〉（1919.6.9），中央研究院近代史研究所檔案館藏：03-33-116-01-011。
458 此時唐文治眼疾嚴重，似已返無錫老宅休養。陸陽，《唐文治年譜》（上海：上海三聯書店，2013），頁 235。
459 江蘇交涉員署科長等，〈鈔送上海罷市電函并報告書傳單等件由〉（1919.6.9），

京津電文加上傳單廣發，北京學生慘遭笞刑等語，的確震撼全埠人心。因此，4日夜罷市號召，即以援救學生為訴求。6月6日，內務部次長于寶軒致電上海知縣事沈寶昌並轉密探劉榴，竭力澄清傳言：

> 此間三、四兩日之學潮，軍警方面除送往法科大學，并分駐保護之外，并無笞責毆辱之事。……南中如為各校公電詞所惑，則是非淆亂。[460]

8日，于寶軒覆6日沈寶昌致錢能訓總理電，再度申明無辱打學生事：

> 京校學生遊街演說，此間官廳為維持秩序起見，不得已加以制止，決無辱打情事，乃傳聞異詞，致□誤會。[461]

6月6日于寶軒電文，則解釋教育次長袁希濤離職原因：

> 前晚〔6月4日〕與教育部商定辦法，分別回校，安謐如常。觀瀾於提前暑假，不甚贊同，拂袖而去，當軸惜之。[462]

于寶軒辨明各校公電所紀不實，又解釋袁希濤離職事，前者為平息民憤，後者則為求教育會諒解。

(5) 報館聲援

此時滬報俱同情學生，齊聲聲援。5日《時事新報》之〈時評一：政府竟與學生宣戰矣！〉「記者」摘錄前夕號外所錄津

中央研究院近代史研究所檔案館藏：03-33-116-01-011。

[460] 〈于寶軒介紹北京學潮情形並請注意疏解南方各校致沈韞石電〉（1919.6.6），《北洋軍閥史料・徐世昌卷》，第9冊，頁1129-1130。

[461] 〈于寶軒指示對待學生及工商各界應力主和緩，並請宣達致沈韞石電〉（1919.6.8），《北洋軍閥史料・徐世昌卷》，第9冊，頁1134。

[462] 〈于寶軒介紹北京學潮情形並請注意疏解南方各校致沈韞石電〉（1919.6.6），頁1129。

電,聲調激昂:

> 嗚呼!政府竟與學生宣戰矣!持械之當局竟與空手之學生宣戰矣!袒護曹、陸等三人之政府,竟與全國數十萬學生宣戰矣!……嗚呼!人道被踐躪矣!公理被陵夷矣!各界人士其猶忍坐視乎!其亦欲「抱不平」乎![463]

全滬報紙版面相似,一面報導北京學生慘況,一面鼓吹上海商界聲援,口徑一致。

5日《申報》以〈學生要求商界一致行動〉為標題,而《時事新報》文字略同,大抵學生供稿:

> 昨日〔6月4日〕下午七點餘時,本埠各學校學生手持傳單沿途分發,內開天津急電。頃來電,十時,學生大演講,被軍警拘捕,現閉譯學館,四百人斷絕糧食,四周架武器,設帳圍駐。又二人被步軍統領拘去,笞刑鐐銬下獄。未捕者仍繼續演講,以示決心。祈各省各縣學生會同各界火速營救云云。各學校於接得此電後大為憤激,以京津學生既被拘捕,則我滬地學生同一學子,自當設法營救。爰特分投告知城內南市各商號請為協助,如荷允洽,即請簽名,准定自今日起(五號)一律閉門罷市。各商號聞之類皆贊成〔《時事新報》作「均甚贊成」〕,樂為簽名,允許停止營業。[464]

唯《中華新報》雖肯定學生愛國熱情,謂「社會各界自有為學生助援者」;[465] 但所刊另一評論,卻疑「〔天津〕電文簡略,真相

---

[463] 〈時評一:政府竟與學生宣傳矣!〉,《時事新報》,1919年6月5日,第1張版1。

[464] 〈學生要求商界一致行動〉,《申報》,1919年6月5日,版11。

[465] 詹,〈學生〉,《中華新報》,1919年6月5日,第1張版2。

究竟若何，惜未詳悉。力圖救援，固為最要，惟宜審慎。」[466]

此時學生以直接行動為原則，分隊上街策動商家罷市。5日《時事新報》之〈昨日縣商會之活劇〉，紀學生四處分發之傳單，署名「上海商民」，控訴「武力壓迫」及「停止民權」，是針對軍署、警廳而言之。6月7日徐國樑致內政部警務司報告書并附傳單，其中一紙為4日傍晚學生在大碼頭及各要市廣為分發。滬報稱：

> 昨日旁晚時，各校學生因縣商會開會未成，特將即就之傳單，在大碼頭及各要市分發，高聲呼喊，請商界於今日起一致行動云云。[467]

此時商民和學生同仇敵愾，而立於同一陣線。《英文滬報》稱，華人各商家聲明，非俟護軍使通告不再干涉商學界之愛國行動，絕不開門。[468] 是彼等反抗對象，已指向盧永祥。

又5日《民國日報》之〈北庭四日命令之反響〉，透露4日夜晚商界中人四出聯絡，進行緊急串連。集議地點，在公共租界先施公司屋頂樂園。據報載：

> 昨日〔4日〕各報揭載北京政府四日命令後，各界大譁……。保國會會員因此相約，於昨晚〔6月4日〕在先施樂園之屋頂集議討論，群謂政府既蔑視民意，任意孤行，國民除自救外，別無他法。議決之事，由會員分任進行。並聞昨日本埠

---

[466] 權，〈審慎〉，《中華新報》，1919年6月5日，第3張版3。政學系支持南北和談，不願錢能訓政府動搖。這一評論被排在不起眼的版面角落，以免觸犯眾怒。

[467] 〈昨日縣商會之活劇〉，《時事新報》，1919年6月5日，第3張版1。《新聞報》刊出傳單，只說「有人」分發，而未指明是學生。〈縣商會開會未成〉，《新聞報》，1919年6月5日，第3張版1。〈徐國樑查獲愛國反日傳單代電〉（1919.6.7），頁255-258。

[468] 〈上海商民罷市之外訊〉，《時事新報》，1919年6月6日，第3張版2。

工商各團體，為命令事開會者甚多，結果雖未詳，然北政府促進國民之反抗，則可斷然也。[469]

6月4日夜晚先施公司屋頂樂園的集議，由保國會會員相約「自救」，必與翌日罷市有關。沈卓吾和王漢強為保國會員，後台支持者為先施老闆歐彬。這夜各工商團體開會甚多，透露已進入全面動員狀態。

1919年5月下旬，公共租界地段還有一「保國會」成立。報紙未紀發起者背景，只說是商學兩界負時望者。該會宗旨，要求取消中日密約，收回青島；推動抵制日貨，但聲明戒用暴力。通訊處設於天后宮後樓，由沈卓吾主持，似是工商研究會外圍組織，還可能獲楊晟支持。開會地點，先後借用虹口某校、先施公司樂園、東亞酒樓（先施公司內），又著粵商色彩，似得先施公司歐彬老板贊助。[470] 1919年7月，上海復有一「中華愛國實業團」成立，以推廣國貨為宗旨，董事陳炳謙、劉錫基、張炳榮、黃煥南、黃澤生、卓樂生、王漢強、吳善卿等，也是以粵商為主體，委王漢強主持會務，以沈卓吾從旁襄助，辦公處設於先施樂園。後創立玻璃廠，以歐彬為主要股東。[471] 似此二會，皆以粵商為主，積極推動國貨事業。

上海兩大粵商百貨公司，永安由郭標、郭樂兄弟開辦，先施

---

469 〈北庭四日命令之反響〉，《民國日報》，1919年6月5日，版10。
470 〈各界提倡國貨之進行〉，《申報》，1919年5月23日，版11。〈各界提倡國貨之一致〉，《申報》，1919年6月2日，版11-12。〈關於提倡國貨之消息〉，《申報》，1919年6月14日，版11-12。
471 〈愛國實業團選舉董事〉，《申報》，1919年7月13日，版10。〈愛國實業團開會預誌〉，《申報》，1919年8月2日，版10。〈愛國實業團紀事〉，《申報》，1919年8月3日，版10-11。〈實業團第八次常會紀〉，《申報》，1919年8月11日，版10。〈愛國實業團常會紀事〉，《申報》，1919年9月25日，版10。

由歐彬開辦,兩人原籍廣東香山,可稱「香山幫」。又都是旅滬廣東中華基督教會會友,也是基督教救國會核心成員。[472] 他們在抵制運動發生後,宣布停辦日貨,輿論亦頗加肯定。[473] 5月中起,兩公司於報紙刊登徵求國貨啟事,還大打起廣告戰,或許也是吸睛策略。[474] 是後救國十人團指責兩公司暗中出售日貨,要求嚴格辦理。[475]《五四運動在上海史料選輯》卷首刊出控訴廣告,編者還特別說明:「上海救國十人團對先施、永安兩公司販賣日貨的揭發和警告」,遂使讀者以為兩公司似欺瞞市民。[476] 惟此事不排除勒索成分,內幕更俟後考。[477] 不可不知的是,從抵制運動發生後,勒索商人成為一門新生意。先施和永安公司支

---

472 上海永安公司歷史,參考上海社會科學院經濟所編著,《上海永安公司的產生、發展和改造》(上海:上海人民出版社,1981。)永安老闆郭順家族和先施經理歐彬,與商務印書館英文編輯鄺富灼,都屬「旅滬廣東中華基督教會」會友。該會在1915年成立,歐彬為男執事長,鄺富灼副之。參見崔成達(通約),〈上海中華基督教會〉,《中華基督教會年鑑(1916)》,第3冊(臺北:中國教會研究中心、橄欖文化基金會聯合出版,1983),頁續120-122。《廣東人在上海(1843-1949年)》,頁176-181。1919年10月5日,歐彬和歐人譚惠然,又是「中華基督教救國會上海之部」發起人,司庫歐譚惠然。在歐譚惠然建議下,該會設於北四川路橫浜橋北中華基督教會,籌備期有時也在歐宅開會。〈基督教救國會上海部成立〉,《申報》,1919年10月15日,版10。〈基督教救國會會議紀〉,《申報》,1919年10月30日,版10。〈中華基督教救國會議會紀〉,《申報》,1919年11月12日,版10。

473 〈國民一致對外之態度〉,《時報》,1919年5月15日,第3張版5。〈各界對外表示之昨訊〉,《申報》,1919年5月17日,版10。〈關於提倡國貨之消息〉,《申報》,1919年5月20日,版11。〈關於青島問題之種種〉,《時報》,1919年5月20日,第3張版5。

474 〈廣告〉,《時報》,1919年5月15-27日,第1張版1。從廣告版面來看,先施花費比永安多。5月底起,兩公司改為在滬報聯合刊登不賣日貨廣告。

475 〈敬告先施永安公司〉,《時事新報》,1919年5月19-22日(標題〈敬告先施永安公司〉僅有19日),廣告版面。〈大抵日貨聲中之兩大公司〉,《時事新報》,1919年5月20日,第2張版2。

476 《五四運動在上海史料選輯》,卷首。

477 《黑幕大觀》及《百弊叢書》早已提醒讀者,一些報館記者暗中勒索敲詐商人店家。憤激,〈報館百弊〉,王鈍根編著,《百弊叢書》,卷35(上海:中華圖書集成公司,1919),頁2-4。

持的南洋煙草公司,曾登報聲明不再答覆外界來函,即為杜絕絡繹不絕的勒索。4日夜,在先施樓頂的集議,可能已定翌日一律罷市的共識。

徐國樑6月5日致內務部警政司王揚濱密電,說明4日夜裡華界地段已有具體行動,策動者似不是學生群體:

> 昨據各署報,有學生數十成群,以北京逮捕學生四百餘名,藉口營救,散內傳單,要脅商店罷市,並有流氓混雜其間。當即派撥警隊,協區查禁,隨地解散。詎於深夜間,復有人在各商店門外,粘貼閉市紙條,意在脅迫。經警查獲多張,並捉有張貼之人,解廳訊究。至今晨南市商店,多半虛掩其門,意在觀望。閘北商店亦相繼閉門,明係被人煽動。正在派員挨戶勸導,并出示勸諭間,詎于午前後英、法各界及華界商戶,一律罷市,勸禁無效。[478]

徐國樑報告中提到4日深夜南市及翌晨閘北狀況,使用了許多虛筆,所謂「有人……脅迫」、「張貼之人」、「被人煽動」,則其人雖已「解廳訊究」,卻未明告彼等底細。然則警廳報告,實有意為策動者隱匿。

(6) 學生泣求

朱承洵描述的上海罷市,則純粹從學生角度下筆。他回憶「鑒於上海總商會不肯下通知統一罷市,我們學聯便臨時決定採取組織小分隊分頭動員商店罷市。」[479]

---

478 〈徐國樑關於上海學生動員罷市派警禁阻代電〉(1919.6.5),《五四愛國運動檔案資料》,頁252-253。
479 朱仲華,〈孫中山支持五四運動〉,全國政協文史資料委員會辦公室編,《五四運動親歷記》(北京:中國文史出版社,1999),頁268。

6日《申報》之〈滬上商界空前之舉動〉，綜述4日夜至5日晨，上海各區罷市情形。可見學生分隊策動，商家相約一律停業：

> 前日（四號），學生得悉北京學生被捕後，星夜分隊分向城內外、租界等大小各商號內，跪地泣求商界一律罷市。一面又到處分發傳單、當眾演說，至晚間十一下半，各學生尚未走散，仍在大小東門、中華路一帶當眾演說……，至昨〔6月5日〕晨，城內外各商遂相約與學生一致行動、一律罷市，一時南市、西城、並新老北門、及英法美三租界、閘北等處，全埠一體罷市。

南市一帶：

> 前夜各學生因官廳阻止在縣商會開會，無不發憤。且得京津急電，因該處學生被禁，並遭虐待，情更迫切。立即分投擔任向城內外一帶商舖哀求，迅發救國之心，務請一律簽字於翌日罷市。有不允者，聯絡跪求。其時各商舖見各學生跪求懇切，無不共發決心。十六舖之各水菓行開市最早，各學生先於天未黎明時，紛紛向眾懇求，並在路旁跪求。各商求覩此誠意，始一體贊助，全行罷市。

由華界而租界：

> 滬南、閘北城內各商店罷市後，英、法租界內各商號清晨初各開市。旋至九時後得悉內地罷市風潮，亦一律罷市。

擴及於閘北：

> 寶山路、虹港橋、胡家木橋各工廠、店舖、行號，昨晨首先閉門停止交易。大統路、恆豐路一帶，上午依舊營業，迭經各學校學生分頭哀告，聲淚俱下，一般商民良心發現，遂於十二時相率休業。

達到租界虹口地段：

> 各商號自得北京學生四百人被捕，城內外及英法兩界一律罷市消息後，所有北西藏路、北浙江路、甘肅路、開封路……等處各店舖，除洋商及絲紗等廠照常營業外，其餘無論大小，亦於昨日午前一律罷市。[480]

由此可見，罷市起於南市十六舖，擴及英、法租界，再達滬北。經學生「跪地泣求」、「哀求」、「跪求」、「哀告」、「聲淚俱下」，於是各店一致罷市。

遍讀滬報記載，皆云南市率先罷市。6日《時事新報》說：「昨早七時，南市大小各店舖，首先停止營業。風聲所至，逐漸景從。」6日《中華新報》描述南市情形為：「城廂內外……西門、大東門等處各商家首先應之。」總括來看，6月5日罷市延燒路線，略如《神州日報》所綜述：「罷市一事發生於城內大東門一帶，約在上午八時。而南市、西門相率效法，紛紛閉店，而未幾新北門及法租界亦繼起矣。其中或有一二家不願停市，然迫於多數，亦不覺自然而自然為所感動矣。而閘北火車站一帶，商家亦同時罷市，紛紛將門緊閉。於是十時後，英美兩租界亦一體罷市不可收拾矣。」6日天津《益世報》駐滬訪員，乃綜述為：南市先罷，北市繼之。[481]

傳言當天清晨，號稱三不管地帶的十六舖水果行最先罷市。[482]此處店家以小東門外「大有水菓行」為首，上海馬車夫載客，從

---

480 〈滬上商界空前之舉動〉，《申報》，1919年6月6日，版11。
481 〈上海商民全體罷市之大決心〉，《時事新報》，1919年6月6日，第3張版1。〈國民之大興奮（一）〉，《中華新報》，1919年6月6日，第3張版2。〈上海罷市大風潮〉，《神州日報》，1919年6月6日，版5。〈內憂外患之交爭〉，《益世報》，天津，1919年6月6日，版2-3。
482 陳定山，《黃金世界》，頁9。

市中心最熱鬧的四馬路大新街到十六舖,大都停靠在大有水果行前。這些馬車夫什九是「白相人」(即流氓),如遇相打,一呼百應。罷市起,汽車夫先停業,馬車夫繼之,或有幫會支持。[483] 水果業領袖江榮僑(異,福建閩縣人),是蘇筠尚的子弟兵,從商學補習會體育部第一屆優等畢業(1907 年),[484] 歷任上海商團公會總司令、水果業商團會長、商學補習會體育部長、伶界商團正司令。[485] 水果店家響應學生閉門停業,當有前商團團員支持。

至於史氏〈學潮醞釀記〉說,6 月 5 日「南市學生分赴商店演說之舉,一時遂相繼罷市。」[486] 所謂「南市學生」,主要指南市上海學聯各分會學校,即中國體操學校、城東女學、清心實業學校、清心女學、南洋中學、省立二師、務本女學、民立中學、省立商校,[487] 學生以江浙籍貫為多。惟出動跪求商家罷市者,自以男校為主。罷市後,南市學生被捕最多,依次為大同學院(50 人)、省立商校(22 人)、南洋中學(8 人)。[488] 由此可見,大同學院雖已退出學聯,學生仍參與策動罷市。三校中,

---

483 《拈花微笑錄》,《鄭逸梅選集》,第 3 卷,頁 635-636。《上海罷市實錄》,卷下,頁 184-185。

484 〈商學補習會體育部畢業式紀事〉,《申報》,1907 年 7 月 22 日,版 18-19。

485 〈商團公會選舉職員〉,《申報》,1909 年 6 月 29 日,版 19。〈滬南商會選舉記〉,《民立報》,1911 年 2 月 26 日,版 5。〈水菓業商團開操預報〉,《申報》,1911 年 7 月 15 日,版 19。〈商學補習會開會〉,《申報》,1912 年 6 月 26 日,版 7。〈伶界組織商團〉,《申報》,1912 年 9 月 25 日,版 7。

486 〈學潮醞釀記〉,頁 104。

487 南市各校交際員:朱玢(體操)、関湘琴(城東)、毛顯球(清心實業)、陸月琴及梁超常(清心女學)、李松朋(南洋中學)、張士明(省立二師)、袁皖繭及吳毓英(務本女學)、董克仁(民立中學)、湯成梓(省商)。〈學生聯合會消息〉,《申報》,1919 年 5 月 16 日,版 10。〈上海學生聯合會開會紀聞〉,《申報》,1919 年 5 月 18 日,版 10。

488 〈罷市聲中之學生厄〉,《新聞報》,1919 年 6 月 6 日,第 3 張版 2。

南洋中學距離龍華護軍使署最近，故軍警執法最為嚴厲。大同學院靠近南火車站，警方也高度戒備。至於省立商業學校，因最接近大東門內外商業中心，對策動罷市可能出力最多。罷市後，商校分會會長阮勤被捕，且遭徐國樑親手鞭笞，[489] 可間接證明該校突出表現。

教育會領袖的側面作用，雖鮮見直接報導；仍可從間接陳述，大致得知其輪廓。1919 年 8 月號《學生雜誌》（商務印書館出版），刊出賈豐臻〈再論少年中華〉，談及京滬學生運動：

> 予前以北京大學等學生於五月四日有一種愛國舉動，作文一篇，名曰〈少年中華〉，已載於《教育雜誌》中。不圖未及匝月，而天津、上海、蘇州、南京、杭州、寧波、安徽、江西、山東、山西、福建、陝西等處，始僅學生罷課，浸至商人罷市，工人罷工，轟轟烈烈，逮罷免曹、陸、章三人而後已，不可謂非少年中華之新發軔也。
>
> 予所最難忘情者，其在北京方面，自政府禁止學生沿街演講後，忽於六月三日同時發見無數之學生演講團，……其在上海方面，四日下午各校學生自聞北京逮捕學生後，即分段運動商家罷市。其有不允者，則悌泣長跪以求之，在南北兩商會所未敢從者，竟唾手而得焉。[490]

賈豐臻對京滬學生的表現，乃至上海罷市的發生，溢於言表的表示欣慰振奮。其言如此，則教育會態度可知。

翌年《南通縣教育會匯報》收錄 1920 年 1 月 8 日黃炎培演講，也談及上年學生抵制日貨及策動罷市，也隱約透露出其人涉

---

489 〈罷課中各學校之進行〉，《申報》，1919 年 6 月 8 日，版 12。
490 賈豐臻，〈再論少年中華〉，頁 45-46。

入之深：

> 〔去年〕五六兩月，學生言行，興致極高。其在社會上演成驚天動地之舉動者，比比皆是。……其實抵制日貨，大體是而方法則非。彼商人者，眼光短淺，知力薄弱。只知目前之利，不知將來之害。只圖一己之私，不顧社會國家之公。推厥原因，實未受完全教育之故。假令教育普及，則劣貨何待聲言抵制，更何待學生起而調查禁止與焚燬哉！兄弟以為處此現狀，宜一方抵制，一方開導。緩而弗急，柔以制剛。人非至愚，當亦知感，此法兄弟以為極有把握。蓋自去年五月兄弟從南洋抵滬，適值罷市之前數日。故於罷市情形，知之最諗。初學生正擬運動罷市，兄弟以滬上屢次之經過，若加稅問題、米糧問題等，皆與商人有切身之利害。今則不然，因以難於濟事之說為學生勸，勸之再四。適政府拘捕學生四百餘人電自京傳來，學生良心勃發，一方發布傳單，一方要求罷市。雖商會杜門謝絕，而學生仍各手罷市名籍，泥求商家各自簽字，有不允者，則長跽以請。商人感其誠，明日果罷市，此學生用柔和手段之效也。由是以觀，抵制日貨一端，吾人不欲貫澈主張則已。如欲貫澈，非易強硬為柔和不可。[491]

黃炎培說學生推動抵制日貨，「意是而方法則非」。對於策動罷市，則直言商會「杜門謝絕」，學生「長跽以請」（長時間跪而聳身挺腰相求），終於大奏其效。若謂其置身事外，其誰信之！

親歷五四和五卅運動的曹慕管，1925 年批評學生對商家施以「封，搜，攔，罰，燬」五字訣，認為應易柔為剛，與黃炎培說如出一轍。曹慕管引《易》〈繫辭下〉及〈說卦〉勸諭學生：

---

[491] 宋和卿筆錄，〈黃任之先生講演錄〉，頁 16-17。

蓋聞立地之道,曰柔與剛。剛柔相易,不可為典要。唯變所適,出入以度,而柔為上。青年學生,以眇眇之身,駕四民而上,得勢烜赫,為天下雄,以愚觀測,柔道勝也。五卅之役,學生赤手空拳。飲彈丸而不悔;環請商會,一不得當,至於屈膝而不起;豈非以其柔乎?以柔之故,博得市民之同情,演成空前之壯舉。

今若舍其柔,用其剛,則學生之短立見。五字之訣,劫制之術,其勢足以脅謹愿,而不足以服人心。此所謂血氣之勇者,剛也;而非柔也。縱能收功於一時,斷難維繫於不墜。洎乎時勢一變,物議紛起,外來各界問罪之師,內兆本部分崩之漸,其不為項、吳之續者幾希?[492]

綜合來看,《上海罷市實錄》下卷〈罷市之實狀〉,有一段總述六五上海罷市全局,頗能得其真相。編者引 6 月 6 日《神州日報》文字,認為縣商會被禁止集會,是釀成罷市主因(下列□內文字,在《上海罷市實錄》刪去):

自學界罷課後,各商界即有罷市之擬議,但以茲事體大,均暫取旁觀態度。三日晚間,南商會開會,學界前往演說,已有多數商人贊成為學生後盾,然猶未即發也。不意四日下午,學生聯合會接得天津來電,述北京學生四百人被拘,并用笞刑,上銬。於是學界大憤,即分投報告商界,并以極誠懇之言詞,勸其罷市。聲淚俱下,不從者竟長跪泣求,各商家大為激動,遂紛紛簽名,與學生取一致行動,然此猶非罷市之主因也。四日下午,南商會開會,各商民前往者約千餘人,不意警廳長徐國樑以警干涉,不許集會,且有示威

---

492 〈學生與排貨〉,《智識》,第 1 卷第 3 期(1925.8),頁 1-7。

行動者，於是南市各商家大動公憤，以為官廳如此壓迫，直非罷市不足以為對待。而昨晨又有拘捕學生之舉，眾憤難平。加以學生分頭勸導，於是罷市一舉猝然現矣。[493]

記者描述商民憤怒步步升級，而警民衝突尤為重要原因。最先罷市地點，也從大東門一帶（靠近南商會）起始，擴展到南市和西門一帶，再從大北門入法租界，由南而北地蔓延全埠。罷市首日各界大會上，商民憤然表示：「明日（6日）各商店決計仍舊罷市，非俟護軍使通告不再干涉商學界之愛國行動，決不開門云。」[494] 可見眾所不滿的對象，已是指向上海地方當局。

九、同盟罷市

「五四運動，當時即共有一種堅決之宗旨，
　黃任之君所謂：『不罷國賊不開門』是也。」
　　　　　　　～1923年6月，方椒伯追述五四上海罷市 [495]

歐美學者白吉爾、顧德曼、裴宜理（Elizabeth J. Perry）對五四運動的上海罷市罷工，特別重視同鄉團體——尤其寧波同鄉會——的具體作用。[496] 就租界而言，旅滬寧波人集中法租界和

---

493 〈上海罷市大風潮〉，《神州日報》，1919年6月6日，版5。
494 〈上海商民罷市之外訊〉，《時事新報》，1919年6月6日，第3張版2。
495 《上海總商會議事錄》，第4冊，頁1821。
496 《上海史：走向現代之路》，頁152-153。裴宜理（Elizabeth J. Perry），《上海罷工：中國工人政治研究》（南京：江蘇人民出版社，2001），頁30-33、100。顧德曼，〈新文化，舊習俗：同鄉組織和五四運動〉，頁265-284。

南市北區,廣東人則聚居公共租界虹口區,[497] 故確有必要考察寧、粵等同鄉會的反應,以了解租界地段情形。此外,各業行會分佈華洋地段,則可顯示南北商家反應。

(1) 同鄉團體

罷市翌日,《時事新報》報導認為,「罷市現相極為奇特,聞初起並無人通知。……則此次舉動並非先有協商,實由人民積憤已甚,心理相同,自然之趨勢也。」[498] 但所謂「並非先有協商」,或許代表宣傳入人之深,已達到「人同此心」的地步。遍閱《申報》所記同鄉團體有關罷市公告,內容率皆隱約其詞,未錄主席和與會者姓名,只籠統含混簡要敘述。茲舉最重要的三個團體為例,整理為下表。

表十六:旅滬同鄉會關於罷市電文(1919.6.5-1919.6.7)[499]

日期	團體	報紙消息	電文主旨
6.5	寧波同鄉會	寧波旅滬同鄉會開緊急會,一致議決通告寧波商界,不達到懲辦國賊、釋放學生,決不中止,一致進行,與學界處同一行動。	未見電文
6.5	紹興同鄉會	紹籍各商戶紛往同鄉會討論,莫不眾口一詞,謂對國家各須有所犧牲,今日一致罷市,他日開市亦須同一步趨,無所參差也。	乞速釋放拘留學生
6.5	廣肇公所	緊急通告同鄉:「此次罷市風潮,全係出於商人愛國熱誠。凡我同鄉,千祈嚴守秩序。對於外人,幸勿暴動,切切謹告。」	伏乞速釋學生立罷賣國奸人

---

497 韓起瀾著(Emily Honig)、盧明華譯,《蘇北人在上海,1850-1980》(上海:上海古籍出版社,2004),頁 10。
498〈上海商民全體罷市之大決心〉,《時事新報》,1919 年 6 月 6 日,第 3 張第 1 版。
499〈滬上商界空前之舉動〉,《申報》,1919 年 6 月 6 日,版 11。〈上海商界罷市之第二日〉,《申報》,1919 年 6 月 7 日,版 9。〈上海商界罷市之第三日〉,《申報》,1919 年 6 月 8 日,版 11。〈上海商界罷市之第四日〉,《申報》,1919 年 6 月 9 日,版 11。

誠如觀察者所言，斯時滬上凡有重大事件，「莫不以同鄉會為代議機關」。6月6日，《新聞報》紀上海學聯交際部開會，提到學生代表主動聯絡了寧波同鄉會：

> 博文代表報告至寧波同鄉會聯絡情形，議決派代表四人赴會接洽一切。[500]

此記完全隱去學生姓名，也不記同鄉會負責之人。其時上海學聯尚應派出多隊代表，分頭接洽旅滬同鄉團體，請繼起為學生後盾。

惟《新聞報》卻記，6月5日下午上海各界聯合會上，寧波同鄉會副會長陳良玉發言，披露當天中午寧波同鄉會召開會議，正是討論當前急迫問題：

> 陳良玉代表寧波同鄉會，述該會午刻開會之經過。並有通告與其同鄉一致進行，尤注意嚴守秩序。並述煙、酒兩業同情之意思。慨言國家存亡在此一舉，毋為外人所貽笑。[501]

《申報》及《民國日報》紀陳良玉5日發言尤為詳細：

> 此屆因政府壓抑民氣而罷市，……若今日罷市而明日仍開市，豈非等諸兒戲，而為遠近所竊笑歟？凡事宜有一定目的，務乞諸君注意為盼。[502]

陳良玉曾任上海總工程局、城自治公所附設裁判所副裁判官，裁判違警事件及一切民刑訴訟，與地方自治人士關係殊深。按其發言所流露的憤慨之情，對政府極表不滿，感慨「人心未死，國尚

---

500 〈學生聯合會消息〉，《新聞報》，1919年6月6日，第3張版2。
501 〈卡爾登茶話會紀事〉，《新聞報》，1919年6月6日，第3張版2。
502 〈紀卡爾登之各界茶話會〉，《申報》，1919年6月6日，版11。〈卡爾登之各界茶話會〉，《民國日報》，1919年6月6日，版11。

可為」，⁵⁰³ 對學生要求充分支持。

6日報載6月5日寧波同鄉會發出通告，說明罷市原因，是為恢復人民自由，與陳良玉所說相合：

> 此次罷市，其原因為政府拘押學生，禁止開會，其目的在恢復人民自由，完全國內問題。凡我同鄉，熱心愛國，務祈一致行動，嚴守秩序，靜待解決。對於外人，切勿暴動，是為至要，特此通告。⁵⁰⁴

旅滬甬會強調罷市原因，重點在維護民權。唯在行動上，則強調嚴守秩序，避免對外糾紛。

6月下旬滬報刊出寧波同鄉會坐辦方椒伯投書，讚揚學生救國之心，號召商人負起政治責任，也值得注意：

> 兩月以來，全國學生奔走國事，犧牲光陰。凡所動作，有精神、有秩序。我商人對於學生之觀念，因之益增其愛敬。而救國之念，亦奮然以起。知國家存亡，與商人有密切之關係，不惜犧牲一切以與之爭。從前在商言商之說，知已不適用於今日。內政外交，均為商人所應注意。⁵⁰⁵

方椒伯所謂「從前在商言商之說，知已不適於今日」，是表示個人決心。「不惜犧牲一切」，指罷市以救國，並願堅持到底。

紹興同鄉會方面，不待朱承洵向父執輩求助，議長曹慕管、乃至蔣夢麟及邵力子等人，必也分頭勸說同鄉。6月5日下午，曹慕管在各界聯合大會代表紹商發言，聲明全體共同進退：

---

503 〈南商會為陳良玉訴冤〉，《申報》，1914年6月4日，版10。〈上海地方自治之經過及現況〉，《蘇社特刊》，第2期，頁1。〈烟酒聯合會常會紀〉，《民國日報》，1919年6月16日，版10。

504 〈滬上商界空前之舉動〉，《申報》，1919年6月6日，版11。

505 方椒伯，〈學生愛國儲金興辦實業意見書〉，《申報》，1919年6月28日，版11。

> 商界收賬,以端午節為一大結束,節前不克有所表示,暫且
> 隱忍而已;節後即見一致進行,尤足以見商界所措施,絕
> 非被動者也。今日紹籍各商戶紛往同鄉會討論,莫不眾口一
> 詞,謂對國家各須有所犧牲,今日一致罷市,他日開市亦須
> 同一步趨,無所參差也。[506]

曹慕管強調「眾口一詞」,「一致罷市」,是要卸脫個別董事或議員責任。惟查紹興同鄉會所發通電,只提釋放學生而不及其他。此或因田時霖個人關係,不便直接指名官員下台。[507] 宋漢章方面,據說何葆仁曾親往拜訪,而極蒙其讚許。[508]

廣肇公所方面,《廣肇週報》刊出 6 月 4 日會議紀錄,與當前局勢相關。此會由湯節之主席,由馮少山及黃伯平提出議案及決議,共有兩項:

> (一)學生全體罷學,今日商人又全體罷市,人心皇皇,
> 群情憤激,擬妥籌辦法以挽危亡事。馮少山先生提
> 議,應電請北京政府速釋學生,以順輿情而安商業。
> 黃伯平先生和議,全體贊成。
>
> (二)現因罷市風潮人心浮動,恐生誤會。黃伯平先生提
> 議刊發緊急傳單,通告同鄉,謹守秩序。陳澤民先
> 生和議,全體贊成。[509]

其實馮少山所提第一案,僅為補充手續而已。查會前廣肇公所先已發電政府,要求釋放學生及罷免奸人。該電稱:

---

506 〈紀卡爾登之各界茶話會〉,《申報》,1919 年 6 月 6 日,版 11。
507 1919 年 5-6 月,屢傳田文烈組閣之說。〈北京政潮續聞〉,《申報》,1919 年 5 月 12 日,版 6。〈錢內閣辭職之形勢〉,《申報》,1919 年 5 月 13 日,版 7。〈各通信社電〉,《申報》,1919 年 5 月 31 日,版 4。
508 《匋廬瑣憶》,頁 189。
509 〈廣肇公所特別會議議案〉,《廣肇週報》,第 10 期(1919.6.8),頁 2。

> 北京大總統國務院鈞鑒：學生全體罷學，今日商人又全體罷市，皆出愛國熱誠。我政府諸公當亦有所覺悟，際茲國步瀕危，人心憤激，伏乞速釋學生，立罷賣國奸人，以順輿情，而符庶政公諸輿論之旨。否則變生不測，其責任非公僕所能負也。上海廣肇公所叩。歌。[510]

比較廣肇公所歌電和會議紀錄，可知「立罷賣國奸人」之電文，在紀錄中被「以順輿情」取代。電文以北京為合法政府，擬稿者自稱「公僕」，可見主事者具有官員身分。

又1923年上海有一「同鄉聯合會」組織，以溝通各同鄉會意見，以寧波人佔首要地位。其時中國政局再度陷入紛擾，總商會副會長方椒伯主持召開會議，《上海總商會議事錄》1923年6月24日紀事詳細，首先為會董袁履登發言：

> 外國僑華商會對於本會態度向甚注意，……對內則各團體亦以本會之趨向為趨向。同鄉聯合會開會時，曾有願為本會後盾之議決案。鄙人以是日到會者是否真能代表數十萬之市民尚無把握，請其再行各自開會。嗣後寧波同鄉會開會亦謂：本會〔指總商會〕如果定有何種辦法，彼決意附從。此僅就外間屬望於本會之情形，撮要報告。至於辦法如何，仍請諸公討論。[511]

這則紀錄說明幾件事：

一、寧波同鄉會為上海最重要的同鄉團體，其態度可影響總商會決議。

二、同鄉聯合會及寧波同鄉會中，有領袖地位董事可影響全體意

---

510 〈廣肇公所致北京電〉，《廣肇週報》，第10期，頁2。
511 《上海總商會議事錄》，第4冊，頁1819。

見,而即代表「數十萬市民」,且可通告其一致進行。

1923 年 6 月 24 日《上海總商會議事錄》,尚間接透露 1919 年上海商人的聯合行動,考慮發起「四罷」,恰是為了排除民黨人士的介入。商董馮少山提案:

> 欲辦事非有後盾不可。因現在時局,既非專恃發電所能解決,而所謂實際辦法,如罷市、罷工、罷課、罷稅等,非有人為之後盾,恐號召後仍無人響應。日來各同鄉會等均將開會,能將此兩機關〔指同鄉會和總商會〕打通,方有辦法。……否則,……讓與民黨去做,實到者祇三百人,反引起中外人士之輕視。[512]

馮少山提出的辦法,實以五四經驗為範例,直言民黨實力有限,不能主導大局。而上海總商會的決定,亦須以同鄉會為後盾,始能成事。

1923 年總商會主席方椒伯贊同馮少山意見,認為應付時局,必須先議主張,再定手段,也以五四運動為範例:

> 今日須為有系統之討論,蓋團體既以本會為從違,則本會自應有一簡單明瞭之明標,譬如民七〔民八〕五四運動,當時即共有一種堅決之宗旨,黃任之君所謂:「不罷國賊不開門」是也。今日局勢究竟如何收拾為最妥當,必先議定,然後再議用何種手段以達此主張。如果所主張者理由非常充分,各省自必群起響應。[513]

方椒伯引用五四時期黃炎培(任之)「不罷國賊不開門」之說,竟透露出其作為各方協調者的角色。「不罷國賊不開門」之口

---

512 《上海總商會議事錄》,第 4 冊,頁 1820。
513 《上海總商會議事錄》,第 4 冊,頁 1821。

號,一方面表示堅決態度,一方面預設下台之階。即其協助策動罷市之時,已預告商家以結束之法。

(2) 同業行會及其他團體

罷市後滬報所記,各同業行會議決通告,也略似同鄉團體報導,未紀錄主持人、發言者、與會者、議決過程等核心內容。各團體通告,咸稱「一致進行」。

表十七:上海同業公會停業決議或通告
　　　　(1919年6月5日-6月9日)[514]

日期	團體	主事者	會址	議決通告
6.5	商業聯合義會	未詳	小東門外	商界首先與學界一致行動者,為小東門外商業聯合義會,其宣言提及「**本會如逢商界關係生種種事端,即須集議開會取一致進行。**」
6.5	華商紗廠聯合會	聶雲台	香港路10號	華商紗廠聯合會通告各廠:「本會今日〔6月5日〕下午開特別董事會議公決:國事危急,所有在會各廠本埠之批發所暫停賣買,以歸一致。惟工廠仍宜照舊工作,以維貧民生計,一面并由本會急電政府營救學生,電稿附閱即希查照。」
6.5	麵粉公會	顧馨一	民國路	麵粉公會門前標貼:「茲因學生被捕,本會同業停止買賣營業,至釋放日開市。」
6.6	水果公所	李寶成 陳良玉	小東門內時行堂	「該同業特……開緊急會議,經董事李寶成、陳良玉等磋議,僉以吾業同為國民天職,自應實是求是,犧牲不惜,遂決定停市,河下船貨等一概不提不秤。」
6.5	魚業公所	張柏生	小東門內大生俙得所堂	魚行冰鮮河鮮兩業,雖為食用所必需,前日起已實行罷市。昨日該業等亦在公所,集議之下決定:「將已到之貨提起存放,一面函致各內地暫勿裝來,以免擱損失更巨。」

---

514 〈滬上商界空前之舉動〉,《申報》,1919年6月6日,版11。〈上海商界罷市之第二日〉,《申報》,1919年6月7日,版9。〈上海商界罷市之第三日〉,《申報》,1919年6月8日,版11。〈上海商界罷市之第四日〉,《申報》,1919年6月9日,版11。《上海商業名錄1920》,頁467-480。《上海縣續志》卷三〈建置下〉,第1冊,頁249-279。姚文枬主纂,《民國上海縣志》卷六〈商務下〉,頁487-488。

日期	團體	主事者	會址	議決通告
6.6 起	捲烟同業聯合會	張讓三 余連貫 沈佩蘭	未詳	烟捲同業聯合會緊要通告：「本日起全體停業。惟須出於文明，切弗暴動。幷須待有政府解決方針，方始開市，以示決心而期挽救。」 煙捲同業聯合會第二次緊急通告：「吾商業既經犧牲於前，萬弗輕啟於後，致貽五分鐘熱度之譏，務請吾同業靜待有美滿辦法，彼時本聯合會當再遍發通告，庶可照常營業。」 煙捲同業聯合會第四次通告：「本埠全市停業已屆四天，……惟祈吾同業堅持到底，務達懲辦國賊、開釋學生目的，方可啟市，是為要。」
6.6	江浙皖三省絲繭總公所	沈聯芳 黃晉紳	北山西路578號	午後四時緊急會議後通告：「本公所因國事危急，凡我商界應取一致行動，特於今日午後四時召集緊急會議議決，凡我華商絲廠分設之絲號及發行所，自即日起暫行停止交易，以歸一律。惟工廠係女工，一日不工作，即一日不得食，仍宜照舊開工，兼顧貧民生計。除電政府省釋學生，立懲奸人外，特此通告，即希查照，寶廠台鑒。」
6.6	麩皮公會	趙茂華	南市豆市街86號	上午緊急會議，議決「營業一層，亦與學界商界一致進行，即日起停止交易。」
6.5	錢業公會	朱五樓 秦潤卿	北市總商會三層樓	午後三時開會，當眾討論之下，暫以停市三天為約。一俟三天滿後，再行商決。 各大商業一律罷市，惟錢莊因有到期銀票或收或付，日有數十萬之巨，尚未停業。昨日錢業董事發出通告，開臨時緊急會議，擬於今日起與各業一致進行云。 本埠錢業前昨兩日已全體罷市，前日經該業領袖邀齊同業會議之下，務達懲辦國賊、省釋學生而後已。
6.6	銀行公會	宋漢章	香港路3號	本埠華商全體各銀行已一律實行停止收解匯兌。惟到期本票，均照常收發。
6.7	南北市報關公所	徐菊如	蓬萊路39號通運堂	通告：「國事危迫，學界罷課於前，商界罷市於後。報關同人亦國民一份子，理應取一致行動。本公所已經開會議決，於即日起，無論進出口各貨，一律不代報關。惟舉動必須文明，切勿暴動。務待政府切實宣佈方針，方能開市，以示決心，而救國難，用特通告。」
6.7	南北海味雜貨公會	蘇筠尚 葉鴻英 姚紫若	法界彤雲街29號	小東門外糖北貨海味雜貨公會，「昨日因罷市已第三日，尚無切實復電，是以在公會復開緊急會議，恐同業中不能切實實行，……分別互相監察，至達到目的而後止。」
6.7	油荳餅業	顧馨一 張樂君 葉惠鈞	邑廟萃秀堂豆業公所	南市油荳餅業邀集同業緊急會議，「到會者一致堅持不除國賊決不開門，……如有私自交易，同業察出公議處罰，並分別稽察，不得徇情私隱。」

1920年3月，新任上海總商會坐辦的楊蔭杭（補塘，筆名老圃，江蘇無錫人）描述同鄉團體和同業團體的作用，實可代表社會上的獨立聲音。他指出：

歐西人著書言華事者，皆稱誦華商之「及兒特」（guild），謂中華人自治之精神，皆在此發現。「及兒特」者，華言

「同行公議」也。「及兒特」之可貴,以其潔白純正,不染政治之臭味;獨立不倚,不為個人之傀儡;而又能合群以禦外侮。故目為自治精神之發見,誠非虛語也。今日官僚往往為人所輕侮,而商人或為人所尊重,以「及兒特」之精神猶未盡亡也。[515]

此時,上海各同鄉及同業行會尚未淪為「供商客〔商界之政客〕利用,或為個人服役而發通電,或受政治牽動而入漩渦,或自分黨派而互相紛擾,或借此招搖而交通官府」之團體。[516] 因而彼等對學生之聲援,要求政府懲辦國賊,足可代表上海社會的聲音。

再看上海罷市首日各團體所發公電,指名要求罷免曹、陸、章三人者,多與江蘇省教育會關係密切。茲整理上海各團體致北京政府電文主旨。

表十八:上海各團體致北京政府電文主旨(1919年6月5日)[517]

發電團體	懲辦官員	罷免官員	釋放學生
上海縣商會、江蘇省教育會、上海縣教育會、寰球中國學生會、上海中等以上學校聯合會、遊美學生會、華僑聯合會、中國基督教聯合會、中國基督教青年會等九團體		罷曹陸章	
總商會		罷黜曹陸章	速放被拘學生
縣商會		罷黜曹陸章	釋放被捕學生
機器麵粉公會		罷斥曹章陸	釋放逮捕學生
紗廠聯合會		罷免曹陸章	迅釋逮捕學生
棉業聯合會		罷曹章諸人	釋被捕學生
浙江旅滬學會		速罷曹章等	釋放學生
通崇海花業公所		懇准其辭職	釋放被捕學生

---

515 老圃(楊蔭杭),〈及兒特之良制〉,《申報》,1922年11月18日,版3。
516 老圃(楊蔭杭),〈及兒特之良制〉,《申報》,1922年11月18日,版3。
517 〈彙紀請懲國賊援救學生電〉,《申報》,1919年6月6日,版12。〈各團體致京之要電〉,《時報》,1919年6月6日,第3張版5-6。

發電團體	懲辦官員	罷免官員	釋放學生
平和期成會		罷免二三人	迅釋被捕學生
銀行公會暨錢業公會	嚴懲曹陸章等		先行釋放被拘學生
上海日報公會	懲辦曹陸章		立釋學生
商業公團聯合會	嚴懲賣國諸賊		立即釋放被捕學生
捲煙同業聯合會	懲辦賣國賊		開釋學生
江浙皖三省絲繭總公所	立懲奸人		省釋學生
中華國民對日同志會、愛國振業團、旅滬香山同鄉會	嚴懲賣國奸徒		立釋學生
旅滬商幫協會	嚴懲國賊		速釋學生
出口各業公會	懲辦國賊		釋放愛國學生
留日學生救國團	懲辦賣國權奸		
世界女子協會	懲國賊		
保國會	懲辦國賊		
紗業公會			速賜釋放被捕學生
青年衛國團			迅即釋放被捕學生
書業公所			立盼釋放學生
中國救濟婦孺會、中國濟生會、仁濟善會、聯義善會、中國義賑會、上海慈善救濟會等六團體			敬懇省釋北京學生，並懇俯從商學界所要求。

以上各團體要求中，有兩團體與其他不同。留日學生救國團要求：

一、廢止中日一切密約。

二、收回山東主權。

三、懲辦賣國權奸。

世界女子協會則要求：

一、懲國賊。

二、廢密約。[518]

此二會之要求，與6月1日全國學聯籌備處議決三條相符：

(1) 青島不簽字。

(2) 取消二十一條密約及軍事協定。

518〈彙紀請懲國賊援救學生電〉，《申報》，1919年6月6日，版12。

(3) 懲辦賣國賊。

然而，上海學聯要求懲辦段祺瑞等五人之要求，卻已被罷免曹汝霖等三人所取代。中國社會科學院檔案室藏北京政府《文電備查》（民國八年），記6月6日盧永祥歌電：

> 商店被學界鼓動一律閉門，仍可交易。又學生等要求免曹等……。[519]

可見上海六五罷市時，上海學聯所要求者，為罷免曹汝霖等三人。6月5日上海工商學各界聯合大會上，上海學聯會長何葆仁當眾念誦華商紗廠聯合會電文，擬作為付諸討論的底稿，[520] 也僅要求罷免曹汝霖等。由此可見，江蘇省教育會等九大公團和華商紗廠聯合會對上海學聯的影響力，實超出其他社會團體及政治勢力之上。

又細按6月5日以來滬報報導，多描述學生的四出勸說，導致店舖關門夥友停業。但各團體及個人勸說罷市，也一樣有跡可尋。報載罷市首日，全埠所見景觀都含有集體性質。例如：各商戶於5日晨「相約……一致罷市」，似乎各店存在同盟性，以同業公會及同鄉團體最可能發揮作用。報上所謂「相約一致」，多不落文字，唯口頭相告。各行召集會議公議，僅為凝聚共識，廣為佈達。而罷市由南而北，以南市最早，虹口為最晚。南市，是縣商會所在地，也是江蘇省教育會大本營。南市率先罷市，商教兩會必有助力。南市最早關門者，是小東門外綢緞店。此一行業，正是商戰的受害者。公共租界率先罷市的永安和先施百貨，則老闆與粵籍政要素有連繫。這樣看來，上海罷市不是單一因

---

519 《文電備查》（民國八年）：江蘇（上海等處另附，安徽，江西，浙江，福建），乙H32-2，中國社會科學院近代史研究所檔案室。

520 〈紀卡爾登之各界茶話會〉，《申報》，1919年6月6日，版11-12。

素，商人的複雜政商網絡，乃至在社會上的多種關係，都是不可忽略的因素。對南市最有影響的人物，即原地方自治機構領袖，尤以教育會主動出面，各業響應為其底蘊。商教兩會領銜發出的歌電（5日電），也由黃炎培主導，顧馨一等附議，才算扭轉了局勢，形成商學共同要求。

回顧5月底到6月4日，策動上海罷市者，似乎通過一場又一場會議，以期策動全業響應。各團體的「一致行動」，也似以「一致公議」為基礎。然而，由「公議」到「一致行動」，毋寧說由少數人商量決定，開會公議不過走過場而已。楊蔭杭感嘆國人「長於少數決事，而不長於開會」。直言「中國自風行開會以來，實未嘗成一事。其成者亦皆以獨斷成之，以少數成之，否則在會外成之，初未聞以開會成之也。」[521] 1919年6月4日至5日，各業流傳的「一致進行」之訊，起了凝聚人心作用。但各業集議之前，少數領袖必已達成共識。開會集議，只是佈達消息，確認行動。即便有人心持異議，也不一定敢於提出，更未能見諸報章。「公議」一經達成，全業即須遵守。

十、小結

總括來看，六五上海罷市因素複雜，有長期累積的眾多原由。商學聯合一致，經過多日討論，也非突然發生。[522] 北京學生被捕消息，固然引發普遍同情；上海軍警禁阻集會，更激起商民強烈憤怒。由罷課而罷市，一面是上海學生對北京學生遙遠聲

---

521 老圃（楊蔭杭），〈中國人開會〉，《申報》，1921年8月23日，版17。
522 「上海此次罷市，商學兩界預已聯合討論多次，故能有昨日之效果。」〈上海商界之罷市消息〉，《錫報》，1919年6月6日，版3。

援，一面是教育會號召維護民權。前項固為成立上海學生聯合會之初衷，後項尤為上海地方領袖及商民之隱痛。可以說，罷市不純然是學生積極勸說造成，也不全然為店家一時感動響應；閉業是地方人士對北洋軍警的抗議，是對地方自治不得恢復的憤恨。從五七國民大會起，黃炎培等就引導上海學生的反日運動，共同密議協商及疏通官廳，一步步推進抵制日貨運動，最後以「罷免國賊為唯一職志」，集矢曹、陸、章三人。不意五三一之後，盧永祥強力介入上海局面，把上海推向了準戒嚴狀態，黃炎培不得不走到台前，作為兩會代表呼籲各方團結。

　　5月下旬到6月初，上海學聯及全國學聯代表向南北商會請願，一直未獲得預期效果。主因或不在不諳商人心理，而是兩商會受到官廳約束。商人縱同情於愛國口號，也須應付來自官廳的壓力。更何況學生要求抵制日貨，也有礙一些商人的生意。商會領袖上無能力抵制官府，下不足以答允學生所請。有人感到左右為難，有人或樂於以此制彼。6月3日縣商會集會，激進分子佔據會場發言，場面陷入失控混亂，更給官廳以介入理由。6月4日，兩位會長靠警廳保護始能離場，雙雙辭職或是脫身之計。此時黃炎培主動出面聯絡，提供具體行動方案，挾輔商會領袖共同發電，才算扭轉了局面。其後，黃炎培更作為商教兩會代表，向淞滬護軍使及江蘇軍民兩長代達民意，明確要求「不罷國賊不開市」，成為抗爭運動的中心人物。此時他兼有幾重身分：江蘇省議會議員、江蘇省教育會副會長暨上海縣商會代表，無疑具有代表地方的資格，也是上海學界的發言人。

　　上海總商會及旅滬同鄉團體紀錄也顯示，教育會聯絡通知各會一致行動時，明確告以政治目標：不除國賊不開市。所謂國賊，指「曹、陸、章」三人。上海學聯五二六宣言，本來要求懲

辦段祺瑞等五人。在黃炎培等知道政府斷難做到之後,已將此訴求悄悄擱置一邊。上海九大公團的公電,指名要求「罷曹、陸、章」。上海官廳給北京的幾份報告,咸指罷市風潮以「學界」為主腦,不僅指上海學生聯合會,更指向江蘇省教育會。黃炎培等在其中所起作用,不僅為學生設定目標,提出行動方案,建議柔性勸說;也統合各方意見,協調彼此歧異,預設結束辦法。其中黃炎培作為法團領袖及地方紳商代表,立足於官廳和民眾之間,更成為維繫上下的樞紐人物。省教育會領袖深諳商民厭惡戰亂的心理,引導學生以「文明抵制」為原則,高舉「切勿暴動」為旗幟。學生群體的連日行動,展現愛國熱誠,卻極度井然有序,使上海全體市民深受感動,也為政治抗爭開創嶄新面貌。對市民而言,1919 年夏天的抗爭運動不止是一場政治抗議行動,也是上海商民一次空前絕後的城市生活體驗。

不容否認的是,上海學生在策動罷市過程中,承擔起積極有效的宣傳作用。他們作為團體在師長及記者監督下,審慎地與各方勢力保持接觸,呈現冷靜理性的議事風度,可能是最為成功的一面。罷市之後官紳商學會議上,徐國樑指責「此次事變,含有黨派意味」,沈恩孚駁斥:

> 黨派一語,亦太無根據。恩孚目擊數年來黨派傾軋造成如此之時局,故對於黨派臭味,深惡痛絕。此次學生舉動,純係愛國之忱,毫無黨派關係,此亦不能不代學生辨白者也。[523]

沈恩孚此語既為學生辯白,也不啻自承教育會作用。6 月 12 日田應璜致閻錫山密電中,提及是日謁見徐世昌總統,談及袁希濤

---

523 〈南商會官商學各界會議〉,《申報》,1919 年 6 月 8 日,第 3 張版 1。

動向，徐世昌有「恐其煽動學生如上海之擾亂」之語。[524] 反映北京政府對學潮之整體判斷，視教育會諸人為煽動者。

這年8月，黃炎培在《職業與教育》發表〈我之最近感想〉，對學潮作一總評論：「此次學潮之真原因，乃由國人對於不良政府之感憤，蓄積已深，莫敢發難。青年但問是非，不顧利害。秉其坦白質直之思想，發為快刀斬亂麻之舉動。一夫攘臂，全國響應。乃柄政者或疑為過激黨所煽誘，毋乃可哂！」[525] 9月，賈豐臻為《教育雜誌》所撰〈教育時話〉，也為學生申辯，反駁「有人說起，這回學潮的事，帶有幾分政黨的臭味，某某黨利用學生，攻擊某某系，某某系也利用這個方法，攻擊教育界，……我說不對！……學生受政黨的運動，是失去學生的資格」。[526] 是其不贊同政黨運動之說，也反對學生受政黨利用。

事實上，上海學生聯合會從成立後，處於教育家和留學生夾輔之下。黃炎培勸告學生採取和平有序方式，反映實業家及廣大市民的共同期待。上海報紙對學生的評論，皆充分肯定彼等行事純潔。民黨陣營雖為學生搖旗吶喊，卻也不敢公然結盟，免得「愛之而適足以害之」。[527] 上海學聯作為一個團體，則竭力維持獨立自主姿態，避免與過激團體過度接近，否則不啻在政治上被判死刑。後世論者認為學生受政黨利用，尤強調民黨能左右學生動向；此說與民心向背及學界策略不無落差，更未理解二次革

---

524 林清芬編註，《閻錫山檔案：要電錄存》，第5冊（臺北：國史館，2003），頁63。
525 黃炎培，〈我之最近感想〉，頁3。
526 賈豐臻，〈教育時話〉，頁2。
527 1918年留日學生歸國之際，邵力子就道出民黨之為難，「學生欲避干涉政爭之嫌，而民黨亦雅不願使學生橫受嫌疑，遂有愛莫能助之勢。」〈援助歸國學生〉，《民國日報》，1918年5月25日，版11。

命後商民心理。五四時期中國主流輿論，推崇的是「不黨」精神。在政治上，民意主流為南北和解及國家統一。輿論普遍認為，民國失敗，應歸咎「黨禍」。不少青年以超越黨見自許，不願掉入偉人彀中受其擺佈。回顧上海歷史，從二次革命失敗，南市慘受炮火重創後，民黨長期被貼上「亂黨」標籤，暴力革命在此地缺乏市場。省教育會深諳商民心理，對學生行動審慎引導，形成罷課集會秩序井然的特殊現象，也預為罷市後的危機蔓延設定護欄。

結論

　　逯耀東〈論辛亥前後張謇的轉變〉，探討張謇從立憲派領袖轉為支持共和政體，從漸變走向突變的因由，引張謇代撰清室退位詔書：「予惟全國人民心理，既已趨向共和，大勢所趨於時會，人心如此，天命可知」。又引張謇所撰宣統三年九月十九日南通各界致內閣電文：「新閣雖成，民潮益旺，可知天視天聽之在，勢不可回。」「人心決去，大事可知。」[1] 沈燕謀以斯文達於友人趙叔雍（尊嶽，趙鳳昌子），引出趙叔雍千言解說，為惜陰堂主人所留最後筆墨，被摘抄入《沈燕謀日記節鈔及其他》，見 1965 年 7 月 6 日條下：

> 今晨章叔純以叔雍逝世告，為之傷痛無已。最近得叔雍書兩通，……其二書中論嗇公辛亥秋冬間史實，以逯耀東所述才及一端，引申己說可千言，蓋惟通儒能因事制宜，孟子稱孔子時中之聖，最為知言，其尊時君、貶世臣，同時又為湯武革命，順乎天而應乎人之常道。嗇公談立憲久，必不得已，乃有革命之行動，正是因時制宜，合乎時宜者也。余方擬作論與之研討，而今不可得矣，傷哉！[2]

沈燕謀引趙叔雍函，短短幾行字中，「因事制宜」，「因時制宜」，「合乎時宜」，出現三次。簡言之，凡聖之時者，靡不能「順天應人」，是之謂「通儒」。章開沅感慨「東南精英敏於

1　逯耀東，〈辛亥革命前後張謇的轉變〉，《勒馬長城》（臺北：時報文化，1977），頁 199-215。

2　朱少璋主編，《沈燕謀日記節鈔及其他》，1965 年 7 月 6 日，頁 495。

時勢,順應歷史潮流而又引領歷史潮流」其意相同。[3] 辛亥年如此,己未年亦復相似。

黃炎培親歷辛亥史事,對順天應人之道,自有深切體會。1949年5月,他對五四運動作歷史回顧,以〈人民革命的信炮〉為題,宣告「用突變的方式,發揮人民力量,這是『五四』運動所負荷的使命的本質。而打倒曹(汝霖)陸(宗輿)章(宗祥)乃是當時軍閥送給它的好題目。」[4] 惟黃炎培所謂「人民」,指涉對象含糊,也未明言自身作用。同年,他在〈中華職業教育社奮鬥三十二年發見的新生命〉一文中,敘述「江蘇省教育會－中華職業教育社」在各歷史階段的作用,也有助理解這一集團在五四時期的角色:

一、他們從推翻滿清之役起,經過倒袁運動、五四運動,直到人民革命,每一事變,都能認清是非,向著群眾路線盡力地配合,盡力地援助,發展成功,卻沒有發動,沒有領導。——對日抗戰,它一群人在上海倒是處於發動。而它一群人中間,倒有人處於領導地位的。這是例外。

二、社會在漸變時,他們不失為領導改進的有力分子。——從清末起,在教育上確曾領導全國。——但到突變時,他們不會做主力軍。

三、他們就為了一貫地保持著這種作風,才取得三十多年的自存和自全。否則不被屠殺於袁世凱和北洋軍閥,必被屠殺於蔣介石,哪還有今日!所以,與其說他們靠這些

---

3 章開沅、田彤,〈東南精英與辛亥前後的政局〉,收入郭太風、廖大偉主編,《東南社會與中國近代化》(上海:上海古籍出版社,2005),頁426。

4 黃炎培,〈人民革命的信炮——「五四」運動〉,收入「五四」卅週年紀念專輯編委會,《「五四」卅週年紀念專輯》(上海:新華書店,1949),頁29。

長處壯大起來，還不如說他們就靠這些短處，掩護著他們的生命。⁵

黃炎培總結他們的政治原則和行事風格，揭示此一系人物不站風頭，善於揣摩民情、順勢操作的能力。劉厚生 1950 年代出版的《張謇傳記》，寫至辛亥年間他們的作用，也說「蘇、浙之獨立，乃被動而非主動，目的只在不遭戰爭」，與黃炎培「被動」之說應合。⁶ 然而，趙鳳昌叔雍父子的惜陰堂紀事，可知這一群人在「推翻滿清之役」中，即使是作為側翼力量，卻可發揮關鍵作用。

綜括來看，從五七大會到六五罷市，上海學聯始終受省教育會監督，也接受留美學生會輔佐。從五二六大會和五三一大會，報紙歌頌的是上海學聯及各校學生，使其成為市民心目中的英雄。但教育會和留美學生會的顧問角色，仍不難從華洋公私文件得悉梗概。從甲午到己未，黃炎培等一直活躍於教育園地，視教育為塑造新國民的手段。他們經歷過公車上書，見證過戊戌維新，支持過辛亥革命。烈士殉國的精神，播下清廷覆亡的種籽，哺育了辛亥革命，也醞釀了五四運動。由此說來，五四運動的內在動力，遠者以東漢黨錮明末東林黨人為典型，近者受戊戌辛亥英雄烈士的犧牲情懷所激勵。從外部說，受美國威爾遜理想主義和民族自覺的召喚，復經杜威民治主義教育和學生自治原則的鼓舞。就過程言，五四運動的發動和初期階段，頗以公車上書式請願為原型；及至政府拒絕所請以後，始擴大為學生籲請工商界響應。自始至終，上海始終以非暴力抗爭為原則，展現守法有序的

---

5 〈中華職業教育社奮鬥三十二年發見的新生命〉，頁 414。
6 《張謇傳記》，頁 194。

理性行動。瞿秋白反對梁啟超以五四運動比擬公車上書，認為北京學生火燒趙家樓，宛如「革命的法庭」，實行「革命的獨裁制」。[7] 其說不能代表北京學生全體，尤其不能代表上海學生。

五四以後數十年，學生運動風潮雲湧。1957年李聖策重刊梁啟超《戊戌政變記》，伍憲子序文，解釋戊戌精神，是以士紳（知識分子，民主人士）啟蒙群眾，以紳權孕育民權：

> 近三十年來之講群眾運動者，不是群眾運動，而是運動群眾。運動群眾者，擠群眾於被動之列，一切為發蹤指示者所利用，……戊戌黨人之行為則異是，他們不空言爭民權，先注重開民智，為因民智不開，民權無從運用，而且，容易被野心者竊去利用。他們在民權之中，又特別提出紳權，此即今日之所謂知識分子，亦所謂民主人士，此是民權之核心。但紳權並非立於民權之外，更非高出於民權之上，而是同納入民權之中，故其著力處，尤在開紳智。換言之，必先有民主人士，而後有民主人民。[8]

由戊戌黨人蛻變而來的教育界，以啟迪學生爭取民權為職志。他們避免流血革命，要求社會在穩定中建設。

五四運動一般被稱為「學潮」，引領風騷的是各埠中等以上各校學生。五四運動的先知先覺者，也毫無疑問是學生，尤其是北京學生。上海商工各界，追隨學界腳步，群起為其後盾。但就上海言，對學生進行政治啟蒙者，是以指導者自居的江蘇省教育會。有人稱他們為士中之士，無冕之王，時代天之驕子。學生運動發生且擴大，他們未能也不願置身事外。在教育會主導下，

7　瞿秋白，〈自民族主義至國際主義〉（1924），《瞿秋白文集：政治理論編》，第2卷（北京：人民出版社，2013），頁526。

8　伍憲子，〈重刊《戊戌政變記》序〉，《戊戌政變記（丁酉重刊）》，頁15-16。

上海九大公團作為學生後盾,提出罷免國賊的要求。更在最後關頭,促成學商一致發電政府。陶孟和稱,五四以後,教育家的政治影響力,足以「改政府,造政府」。這正表示民國成立後,北京政府控制力減弱,對士紳蛻變而來的教育家,也不能不忌憚三分。黃炎培等主持的教育會,乘時而起,成為可畏的力量。以江蘇省教育會等上海九大公團為核心,以地方紳商和旅滬同鄉團體為後盾,向全國乃至全世界展現了領導力,公開向北京武人及親日官員抗議。當南北商會無力應付時局,他們代表紳商面對官廳,既是地方社會的代表,也是全國民意的喉舌。他們作為江蘇省教育會職員,本有監督各校學生的法定地位,也有向政府代達民意的社會聲望,成為各公團組織和上海學生會之間的橋樑,也代表地方社會和北洋官廳進行談判。罷市期間上海報章的各種報導,寧滬官廳致北京政府的密電,都顯示江蘇省教育會和上海學生聯合會合作,製定和採取共同行動方案。

上海學生聯合會成立,並與外埠學生結合以後,似乎對江蘇省教育會形成挑戰。1919年9月下旬,美國商務參贊安諾德的報告,提及他在北京見到蔣夢麟,對方興奮地向他陳述夏間情勢:全國五十萬學生積極投入學生運動,上海在他們控制下表現令人激賞。[9] 蔣夢麟所謂五十萬學生之數,指各埠中等以上學生總人數。1919年6月,張謇估計全國中等以上學生也稱約五十萬人。[10] 學生既集結成此龐大勢力,不免躍躍欲試,渴望奮力一搏,以革新國家政治。京津滬及外埠學生聯動後,尤成為獨立於既有體系之外的力量。這一股新銳勢力的主張和策略,又受到其

9　Commercial Attache Julean Arnold, "Weekly Reports for the Weeks from July to October, 1919", p. 3.

10　〈張謇敬告全國學生書〉,《時報》,1919年6月25日,第2張版3。

他政治力量的牽引,使其後續發展產生一種不確定性,與教育會步調也不盡一致。但黃炎培等隨時留意各方勢力之消長分合,致力找出合作基礎及消除分歧,隨時因應時地人事作出回應。這固然是時代給予的嚴峻挑戰,卻也是一展身手的難得機會。教育會處於政府和人民之間,商界和學生之間,教職員和學生之間,本有協調上下,調解紛爭的功能。對官廳及紳商階層而言,江蘇省教育會作為溝通學生意見的機關,益增加其不可或缺的地位。江蘇教育會在應對學生方面,以黃炎培、沈恩孚、蔣夢麟為重心,復有朱少屏和曹慕管等協助疏通各個團體。其中具有民黨背景又深諳學生心理的蔣夢麟,尤善於瞭解及梳導學生的情緒變化,時而鼓勵時而安撫,時而曉之以利害。而其基本方針是,絕不公開與學生立異,而是隨時隨地因勢利導,在融洽關係下共謀前進。細心的觀察者可以發現,上海三罷不僅由學生出面號召,也由教育家從內部審慎掌舵。反對學生激烈行動的教職員,固然有之;同情而積極輔導學生的教職員,也不乏其人。復旦學生章益所謂「師生相為表裡,所生影響猶鉅」,最能道出學潮底蘊。

　　罷市後上海各報版面透露,各團體咸認定黃炎培為學界要角,實因無人具備他的多重身分,可進出各種圈子,與各方展開協商。上海五七國民大會,黃炎培是臨時主席。五二六集會,他是不露面的場外提調。在教育界中,他是富有經驗的協調者。在學生團體中,他是誠懇謙和的顧問。對於總罷課爭議,他苦口婆心勸說暫緩。事後,則與學生一致進行。學生要求集會遊行時,教育會代為疏通協調。官廳要求約束學生,他則砌詞推託。縣商會無以應對局面,兩會長準備一走了之;他在緊要關頭挺身而出,順利達成商學一致。寧滬長官既忌憚其人,復不敢開罪其集團勢力。八年前辛亥革命,他曾代表五縣策動江蘇獨立。此時則

以上海各公團意見為後盾，代表全滬乃至全國學界提出要求，強化了其作為民意總匯的地位。就協商技巧說，黃炎培在消極面上，盡可能避免衝突，化解紛爭，不耗精力於內訌；在積極面上，設法凝聚共識，提供明確目標，團結各方力量，形成統一戰線。他周旋於各勢力團體之間，以中介者表達意見，尋找各方最大公約數。在政治上，他代表一群深具勢力的政治務實主義者，低調集結而共同規劃中國的現代化方案。他們在局勢複雜，實力不足時，願意退讓也可以妥協，盡其所能地保存實力。在理想主義者面前，他們有時顯得投機或過於軟弱。然而，這正是無武力者的自存之道，也是行之有年的運作原則。審時度勢，以靜制動。尤其各方勢力競爭，時局混沌不明之際，立場鮮明將不易轉圜，多樹敵人無異自絕生路。寧可避重就輕，不惜委曲求全。一旦勝券在握，不妨全力出擊。協調者不以冒險犯難見稱，而以溫和穩健名世。其應世秘訣，在隨機應變，順勢而為。倘可因勢利導，或將更上層樓。

附錄一：〈中華民國臨時約法〉節選

（1912年3月11日公布，俗稱：民元約法、舊約法。）[1]

第一章　總綱
第一條　中華民國由中華人民組織之。
第二條　中華民國之主權屬於國民全體。
第三條　中華民國領土為二十二行省、內外蒙古、西藏、青海。
第四條　中華民國以參議院、臨時大總統、國務員、法院行使統治權。

第二章　人民
第五條　中華民國人民一律平等，無種族、階級、宗教之區別。
第六條　人民得享有左列各項之自由權
　　　　一，人民之身體，非依法律不得逮捕、拘禁、審問、處罰。
　　　　二，人民之家宅，非依法律不得侵入或搜索。
　　　　三，人民有保有財產及營業之自由。
　　　　四，人民有言論、著作刊行及集會、結社之自由。
　　　　五，人民有書信秘密之自由。
　　　　六，人民有居住遷徙之自由。
　　　　七，人民有信教之自由。
第七條　人民有請願於議會之權。
第八條　人民有陳訴於行政官署之權。

1　〈大總統宣布參議院議決臨時約法公布〉，《臨時政府公報》，第35號（1912.3.11），頁1-3、8-9。

第九條　　人民有訴訟於法院受其審判之權。

第十條　　人民對於官吏違法損害權利之行為有陳訴於平政院之權。

第十一條　人民有應任官考試之權。

第十二條　人民有選舉及被選舉之權。

第十三條　人民依法律有納稅之義務。

第十四條　人民依法律有服兵之義務。

第十五條　本章所載人民之權利，有認為增進公益、維持治安、或非常緊急必要時，得依法律限制之。

〔中略〕

第七章　附則

第五十三條　本約法施行後，限十個月內，由臨時大總統召集國會，其國會之組織及選舉法，由參議院定之。

第五十四條　中華民國之憲法由國會制定，憲法未施行以前，本約法之效力與憲法等。

〔下略〕

附錄二：〈戒嚴法〉

（1912年12月15日公佈）[1]

第一條　遇有戰爭或其他非常事變，對於全國或一地方須用兵備警戒時，大總統得依本法宣告戒嚴或使宣告之。

第二條　戒嚴之地域分為二種：
一警備地域。
二接戰地域。

第三條　警備地域，為遇戰爭或其他非常事變之際，應警戒之地域。接戰地域，為因敵之攻擊或包圍，應攻守之地域。前兩項之地域，應時機之必要區劃布告之。

第四條　戰爭之際，要塞、海軍港、海軍造船所及其他鎮守地方遽受包圍或攻擊時，該地司令官得臨時宣告戒嚴。
出征司令官因戰略上須臨機處分時亦同。

第五條　遇有非常事變須戒嚴時，由該地司令官呈請大總統行之。若時機切迫且通信斷絕無由呈請時，該地司令得臨時宣告戒嚴。

第六條　依第四條、第五條規定得臨時宣告戒嚴之司令官，以軍長、師長、旅長、要塞司令官、警備隊司令官、分遣隊隊長或艦隊司令長官、艦隊司令官、軍港鎮守長官或特命司令官為限。

第七條　依第四條第五條之規定臨時宣告戒嚴時，須將戒嚴之情狀及事由，迅速呈報大總統及其所隸屬之長官。

第八條　戒嚴宣告之地域應時機之必要得改定之。

1　〈法律第九號：戒嚴法〉，《政府公報》，第229號（1912.12.16），頁275-277。

第四條至第七條之規定，於戒嚴區域之改定準用之。

第九條　在警備地域內，該地方行政及司法事務限於與軍事有關係者，以其管轄權移屬於該地之司令官。

於前項情形，地方行政官及司法官須受該地司令官之指揮。

第十條　在接戰地域內，該地方行政及司法事務之管轄權，移屬於該地之司令官。前條第二項之規定，於接戰地域準用之。

第十一條　於接戰地域內與軍事有關係之民事及刑事案件，由軍政執法處審判之。

第十二條　接戰地域內無法院，或與其管轄法院交通斷絕時，雖與軍事無關係之民事及刑事案件，亦由軍政執法處審判之。

第十三條　對於第十一條之審判，不得控訴及上告。

第十四條　戒嚴地域內，司令官有執行左列各款事件之權，因其執行所生之損害，不得請求賠償：

一停止集會、結社，或新聞、雜誌、圖畫、告白等之認為與時機有妨害者。

二凡民有物品可供軍需之用者，或因時機之必要禁止其輸出。

三檢查私有鎗礮、彈藥、兵器、火具及其他危險物品，因時機之必要得押收或沒收之。

四拆閱郵信電報。

五檢查出入船舶及其他物品，或停止陸海之交通。

六因交戰不得已之時，得破壞燬燒人民之動產、不動產。

　　　　　　七 接戰地域內，不論晝夜，得侵入家宅、建造物、
　　　　　　船舶中檢查之。
　　　　　　八 寄宿於接戰區域內者，因時機之必要得令其退出。
　　　　　對於前項第六款之被害人，得酌量撫卹之。
第十五條　戒嚴之情事終止時，應即為解嚴之宣告。
第十六條　戒嚴於解嚴宣告後失其效力。
第十七條　本法自公布日施行。

附錄三：〈治安警察條例〉

（1914 年 3 月 2 日公佈，俗稱：治安警察法。）[1]

第一條　行政官署因維持公共之安寧秩序，及保障人民之自由幸福，對於左列事項得行使治安警察權：
　　　　一製造、運輸或私藏軍器、爆裂物者。
　　　　二攜帶軍器、爆裂物及其他危險物者。
　　　　三政治結社及其他關於公共事務之結社。
　　　　四政談集會及其他關於公共事務之集會。
　　　　五屋外集合及公眾運動游戲或眾人之群集。
　　　　六通衢大道及其他公眾聚集往來場所黏貼文書圖畫，或散布朗讀，又或為其他言語形容並一切作為者。
　　　　七勞動工人之聚集。
第二條　除依法令得製造或運輸軍器及爆裂物者外，不得製造或運輸軍器及爆裂物。
　　　　警察官吏遇有違犯前項者，應迅將其軍器或爆裂物扣留，其認為有違犯前項之嫌疑者，得向本人或為之隱庇者逕行搜索。
第三條　行政官署因維持安寧秩序認為必要時，得禁止私藏軍器或爆裂物。
　　　　第二條第二項規定，於違犯前項或認為有違犯前項之嫌疑者適用之。
第四條　除海陸軍軍人、警察官吏及其他依法令得攜帶軍器者外，不得攜帶軍器。

1　〈治安警察條例〉，《政府公報》，第 653 號（1914.3.3），頁 57-64。

　　　　　警察官吏遇有違犯前項者，應遲將其軍器扣留，其認
　　　　　為有違犯前項之嫌疑者，得逕行搜索。
第五條　行政官署因維持安寧秩序認為必要時，得禁止攜帶攜
　　　　　帶爆裂物或一切物件有軍器、凶器或爆裂物之裝置設
　　　　　備者。
　　　　　警察官吏遇有違犯前項者，應遲將其物扣留，其認為
　　　　　有違犯前項之嫌疑者，得逕行搜索或檢查。
第六條　政治結社須於該社本部或支部組織之日起三日內，由主
　　　　　任人出名，按照左列事項呈報於本部或支部事務所所在
　　　　　地之該管警察官署，其呈報之事項有變更時亦同：
　　　　　一名稱。
　　　　　二規約。
　　　　　三事務所。
第七條　關於公共事務之結社，雖與政治無涉，行政官署因維持
　　　　　安寧秩序認為必要時，得以命令令其依前條規定呈報。
第八條　左列各人不得加入政治結社：
　　　　　一褫奪公權尚未復權者。
　　　　　二未成年人。
　　　　　三女子。
　　　　　四陸海軍軍人。
　　　　　五警察、官吏。
　　　　　六僧道及其他宗教教師。
　　　　　七小學校教員。
　　　　　八學校學生。
第九條　行政官署對於結社認為有左列情形之一者，命其解散：
　　　　　一結社宗旨有擾亂安寧秩序之虞者。

二　結社宗旨有妨害善良風俗之虞者。

三　其他秘密結社者。

第十條　政談集會須於集會十二小時前，由發起人出名，按照左列事項呈報於會場所在地之該管警察官署：

一　場所。

二　年月日時。

於呈報之日時不開會者，其呈報為無效。

第十一條　關於公共事務之集會，雖與政治無涉，行政官署因維持安寧秩序認為　必要時，得以命令令其依前條規定呈報。

第十二條　左列各人不得加入政談集會：

一　褫奪公權尚未復權者。

二　未成年人。

三　女子。

四　陸海軍軍人。

五　警察、官吏。

六　僧道及其他宗教教師。

七　小學校教員。

八　學校學生。

第十三條　警察官吏對於集會認為有左列情形之一者，得中止其講演或命其解散：

一　集會之講演議論有涉及刑法上之犯罪未經公判以前之案件及禁止旁聽之訴訟案件者。

二　集會之講演議論有煽動或曲庇犯罪人，或贊賞救護犯罪人及刑事被告人，或陷害刑事被告人者。

三　集會之講演議論有擾亂安寧秩序，或妨害善良風

俗之虞者。

第十四條　屋外集合或公眾運動游戲，須於集合二十四小時前由發起人出名，按照左列事項呈報於集合所在地之該管警察官署，但婚喪慶祭、宣講所學生之體操運動及其他慣例所許者，不在此限。

一場所。

二年月日時。

三須經過之路線。

第十五條　警察官吏對於屋外集合及公眾運動游戲或眾人之群集，認為有左列情形之一者，得限制、禁止或解散之：

一有擾亂安寧秩序之虞者。

二有妨害善良風俗之虞者。

第十六條　警察官吏對於結社之主任人、集會及屋外集合公眾運動游戲之發起人有所詢問，應據實答覆。

第十七條　關於政談集會，警察官署得派遣警察官吏著制服監臨，關於其他不涉於政治之集會、屋外集合及公眾運動游戲，警察官署因維持安寧秩序認為必要時亦同。

於前項情形，警察官吏得向發起人要求設監臨席。

第十八條　於集會會場及屋外集合或公眾運動游戲之地，故意喧嘩騷擾、舉動狂暴者，警察官吏得制止之，若不服時，得令其即時退出。

第十九條　依法令組織之議會，議員為預備議事之團結，不適用第六條之規定。

第二十條　依法令組織之議會，議員為預備選舉會合選舉人、被選舉人之集會，在投票前五十日內者，不適用第十條之規定。

第二十一條　警察官吏對於通衢大道及其他公眾聚集往來場所黏貼文書圖畫，或散布朗讀，又或為其他言語形容並一切作為，認為有左列情形之一者，得禁止並扣留其印寫物品：
一有擾亂安寧秩序之虞者。
二有妨害善良風俗之虞者。
第二十二條　警察官吏對於勞動工人之聚集，認為有左列情形之一者，得禁止之：
一同盟解雇之誘惑及煽動。
二同盟罷業之誘惑及煽動。
三強索報酬之誘惑及煽動。
四擾亂安寧秩序之誘惑及煽動。
五妨害善良風俗之誘惑煽動。
第二十三條　違犯第二條第一項及違犯第三條第一項者，依暫行刑律第二百零三條、第二百零四條、第二百零五條、第二百零八條及第二百零九條處斷。
第二十四條　違犯第四條第一項及違犯第五條第一項者，處以二十日以下之拘留，併科二十元以下之罰金。
第二十五條　違犯第六條者，處以三十元以下之罰金，呈報不實者，處以四十元以下之罰金。
第二十六條　違犯第七條者，處以十五元以下之罰金，呈報不實者，處以二十元以下之罰金。
第二十七條　違犯第八條加入政治結社者，處以二十元以下之罰金，使人入社者亦同。
第二十八條　違犯第九條者各款規定結社或加入第九條各款結社者，處以一年以下徒刑。

第二十九條　違犯第十條第一項者,處以二十元以下之罰金。呈報不實者,處以三十元以下之罰金。

第三十條　違犯第十一條者,處以十元以下之罰金,呈報不實者,處以十五元以下之罰金。

第三十一條　違犯第十二條發起政談集會者,處以十五元以下之罰金,加入者,處以十元以下之罰金。

第三十二條　不遵第十三條中止解散之命者,處以五個月以下之徒刑或十元以上五十元以下之罰金。

第三十三條　違犯第十四條者,處以十元以下之罰金。呈報不實者,處以十五元以下之罰金。

第三十四條　不遵第十五條限制、禁止或解散之命者,處以二十日以下之拘留,併科二十元以下之罰金。

第三十五條　不答復第十六條之詢問,或不據實答復,及拒絕第十七條第一項之監臨或第二項監臨席之要求者,處以三十元以下之罰金。

第三十六條　不遵第十八條退出之命者,處以十日以下之拘留或十元以下之罰金。

第三十七條　不遵第二十一條禁止扣留之命者,處以二十日以下之拘留,併科二十元以下之罰金。

第三十八條　不遵第二十二條禁止之命者,處以五個月以下之徒刑或五元以上五十元以下之罰金。

第三十九條　依本條例科拘留及四十元以下罰金之事件,由該管警察官署長官或其代理官吏即決之。

第四十條　關於本條例公訴之時效為六個月。

第四十一條　本條例自公布日施行。

附錄四：上海商業公團聯合會評議員名錄

（1919 年 3 月）[1]

- 上海洋貨商業公會：樂振葆（南京路泰昌木器號）、項如松（虹口百老匯路老順記五金號）、陳文鑑（南京路福和烟公司）、徐春生（交通路豐和顏料號）
- 上海出口各業公會：呂耀庭（五馬路良濟洋行）、陸維鏞（江西路陸維記）、陸慶萊（五馬路四號高林洋行）
- 上海皮商公會：鄒靜齋（乾記弄口新昌源鄒義興號）、劉萬青（五馬路公順里萬順豐號）、鄭良卿（三馬路新聞報館右首和聚棧）、趙聘三（英大馬路東益豐長）、蘇子章（望平街大阪渝鴻發源）
- 上海五金同業公會：項如松（如前）、葉賢剛（百老匯路新順記五金號）、張湛卿（虹口百老匯路瑞昌順五金號）
- 上海呢絨公會：陳文槐（外虹橋篷路口永泰呢絨號）、周子慶（外虹橋塊大有恆呢絨號）、周振聲（外虹橋塊全記呢絨號）
- 上海書業商會：吳秋秤（望平街上海書業商會）
- 上海皮絲烟業公會：蘇錦壽、賴明山
- 上海運輸同業公會：何秉香（四川路二百三十三號清記公司）、王昴甫（界路二百三十四號匯通公司）、浦澄熙（界路二百零三號同益公司）、周貫章（北車站慶祥里內一百四十一號協商轉運公司）

---

[1] 〈上海商業公團聯合會評議員姓名錄〉，《申報》，1919 年 6 月 2、4、9 日，版 12。1919 年 4 月初，油豆業代表葉惠鈞被舉為公團幹事後，該會另選張樂君為代表。這份名單油豆業代表卻仍是葉惠鈞，可見為 4 月初以前資料。〈油豆業添舉商業團代表〉，《申報》，1919 年 4 月 6 日，版 10。

- 上海股票商業公會：何世葆（南直隸路二百五十五號同益股票公司）
- 江蘇陶業公會：凌仲甫（南市竹行弄五十六號）
- 中國棉業聯合會代表：沈潤挹（南市昌石街沈恆泰花行）、薛文泰（廈門路衍慶里益泰花廠）、許松春（新聞路四號永茂花廠）
- 華商紗廠聯合會：薛文泰（見前）
- 中國烟酒聯合會：陳良玉（大東門東姚家弄）、金拜仁（花衣街裡施家弄三十六號）、洪小楚（北泥城橋西新安里三十二號）、俞葆康（新開河德隆彰）、王闓敷（董家渡王恆豫酒店）
- 中國花邊聯合會：徐春榮（海寧路天保里對面隆泉公號）
- 上海粵僑商業聯合會：勞敬修（三馬路泰和洋行）、陳炳謙（二馬路外灘花旗銀行對面祥茂洋行）、許奏雲
- 上海廣肇公所：湯節之（廣肇公所隔壁富華利號）、馮少山（泗涇路文成隆號）、黃伯平（廣肇公所對面同孚永號）、周錫三（寧波路十一號中美商業公司）、盧煒昌（河南路五百四十八號）
- 上海參業公所：葉粿仙（參業公所）、沈詠棠（阜昌參號）、李韻苐（德潤參號）
- 上海藥業公所：葛吉卿（鹹瓜街藥業公所）
- 素絢堂顏料雜貨公所：邵仁傑（南市中毛家弄錦泰顏料雜貨號）
- 上海麵粉公所：夏明珊（舊教場陳市橋夏鴻興麵坊）、湯忠意（小東門外湯永盛麵坊）
- 上海南北報關公所：徐菊如（法界泰和里六號裕和公報關行）
- 上海西菸公所：俞葆康（見前）、穆萼樓（新開河一林豐西菸行）

- 上海灰船公所：金拜仁（見前）、王惠衡（灰船公所）、陳幹卿（灰船公所）
- 上海菸業公所：王頌芬（南市王大生號）、魏慶祥（烟業公所）、陳良玉（見前）、樂淮皋（南市丁德泰號）、裘子厚（城內太平街）
- 寧波旅滬同鄉會：張讓三（寧波同鄉會）、虞洽卿（和嚼銀行）、陸維鏞（見前）、方椒伯（博物院路天生煤礦公司）
- 紹興七邑旅滬同鄉會：田時霖（南市董家渡外灘震升木行）、袁近初（四馬路怡和餘號）、曹慕管（塘山路澄衷學堂）
- 旅滬大埔同鄉會：藍護臣（西門外三多里十一號）
- 湖北旅滬同鄉會：劉萬青（見前）、胡召南（長浜路仁勝里四百四十號福安煤公司）、盧星階（法大馬路康成酒廠）、陶理堂（英大馬路陶正昌瓷器號）、劉□臣（虹口源昌路源昌里二十八號信利□館）
- 江淮旅滬同鄉會：王保相（英界山海關路二百八十八號）、董正藩（法界南陽橋九十三號幼童學校）、鄭緘三（新疆路二百五十七號飛星公司）、劉善夫（閘北長安路五六號半濟堂藥號）、金春林（麥根路南洲里一千號）
- 旅滬肇慶同鄉會：歐鏡堂（四川路金星保險公司）、楊復初（江西路恆安里同泰號）、嚴靄庭（二洋涇橋天泰成）
- 丹陽旅滬同鄉會：孫海旭（天津路集益里恆泰號）、孫瑞康、劉景文、裴仲爕
- 溫州旅滬同鄉會：黃敏之（石路新普慶里五十五號半公興申莊）、林楚雄（後馬路瑞康錢莊）、陳幹夫（石路新普慶里五十二號）、林仲昭、謝俠遜（《時事新報》館內）

- 嘉應五屬同鄉會：溫佐才（五馬路晉太鞋號內）、謝蘊珊（英界天津路乾記弄口新昌源內曾際芳莊）、李杰臣（後馬路開封棧後面元亨金號）
- 四川旅滬同鄉會：朱伯為（嵩山路五十五號四川同鄉會）、吳甘泉、李岷江（麥家圈元記字號）、王石林（五馬路寶善街乾記綢緞雜貨號）、江湘浦（望平街大阪渝內江全泰號）
- 江西旅滬同鄉會：鄒靜齋（見前）、包荃蓀（無錫路一號信昌隆號）、儲湘泉（無錫路一號信昌隆號）
- 江寧六縣同鄉會：朱芭臣（仁記路一號生源油廠）、余桂生、張竟成（三馬路泰和洋行）、易潤之（新北門同茂昌象牙舖）、李悅生（法大馬路興聖街對面永興里恆義公）
- 中華國貨維持會：王介安、汪星一（寧波路中旺弄群益坊一百八十號裕泰豐綢莊）
- 旅滬商幫協會：鄒靜齋（見前）、陳少舟（三馬路太平坊復和棧義康隆疋頭號）、伍詠霞（旅滬商幫協會內）、馬一棠（麥家圈馬裕隆綢緞莊）、章鴻卿（三洋涇橋長耕里章洪源洋貨綢緞莊）
- 潮州糖雜貨聯合會：黃少巖（小東門洋行街潮州會館）、郭若雨
- 洋貨集益會：李珪有（大馬路洋貨集益會）、胡阜泰（仁記路一號瑪達生洋行樂星橋）
- 潮州會館：鄭培之
- 花業吉雲堂：沈潤挹（見前）
- 上海絲業會館：楊信之（江西路福康里泰康祥絲棧）
- 中華工商研究會：沈卓吾（南京路二三八號聯合通信社）、沈佩蘭（西華德路沈怡茂烟號）、郭建侯（英界跑馬廳龍飛

汽車行)、王漢強(英大馬路先施公司屋頂花園帳房)、金子兼(天通庵顧家灣絲廠北首六十五號門牌興華花磚廠)
- 陝西旅滬同鄉會:周愚夫(新民里二十二號)、康寄遙(新民里二十二號)
- 中國蛋廠公會:汪新齋、呂耀庭(見前)、馮省三
- 木商會館:江確生(英界平橋路後溫州路弄內二百十三號)、馬驥良(南市新碼頭聚豐木號)
- 上海華商雜糧公會:葉惠均(南市荳市街大隆米行)、朱斯美(南市信泰碼頭弄內朱斯記)、歐陽星南(虹口廣東街廣益號)
- 上海煤炭商業公會:何元增(南市王家碼頭三和新煤號)、魏鴻文(董家渡協盛和煤號)、嚴仰山(新閘路瑞大煤號)、戚順友(北四川路橫浜橋□太煤號)
- 上海紙業公會:馮少山(見前)、倪獻庭(河南路東棋盤街口協昇紙號)、劉敏齋(法界永安街首福里內裕昇昌紙號)
- 華商協義公會:王厚菴(三馬路廣居內東生厚雜貨號)、鄭克成(麥家圈元記字號)、王漢章(法大馬路呂義泰鋼舖)
- 肇慶同鄉會:梁懷初(五馬路廣濟祥號)、馮熾南(五馬路廣興利號)
- 泉漳會館:曾少坡(法界新開河金利坊四十號鼎源號)
- 上海華商火險公會:羅倬雪(福安保險公司)、穆杼齋(華成保險公司)、梁炳垣(華興保險公司)、郭人銘(永安保險公司)、陳申元(華安保險公司)
- 捲烟同業聯合會:沈佩蘭(見前)、葉增益(愷自邇路新康烟紙號)、孫冠仁(福建路二十三號孫合昇烟紙號)、范松洲(老西門口牲和泰烟紙號)、余連貴(嘉興路義成烟紙號)

- 山東會館：趙聘三（見前）、王紹坡（英界泗涇路恆業里益順盛報關行）、孫福堂（英界泗涇路恆業里恆祥同號）
- 上海肥皂公會：許錦茅（西門斜橋鼎豐肥皂廠）、張梅軒
- 平湖旅滬同鄉會（英大馬路又新街）
- 滬杭甬轉運公會：孫少卿（滬杭火車站公益轉運公司）、高子嘉（滬杭車站匯通轉運公司）、盛鍾善（滬杭車站裕通轉運公司）、陳章粲（滬杭車站三濟轉運公司）、陳宏生（滬杭車站三聯轉運公司）
- 通商各口轉運公所：尤森庭（南無錫路一號信昌隆報關行）、夏玉峰（廣東路六百二十八號廬陽公報關行）、袁近初（四馬路九十一號怡和餘號）、倪文卿（四川路民昌路二百三十三號永和報關行）、謝鶴翔（法界永安街二十七號太古新記報關行）

附錄五：旅滬同鄉學生會成立概況

（1919-1921 年）[1]

名稱	日期	成立地點	發起者	主持者
四川旅蘇學生會	1919.6.29	青年會童子部	上海、南京、南通等埠各校四川學生	正會長：賀芳（復旦）副會長：劉芳（震旦）
川滇黔三省旅蘇學生會	1919.7.13	青年會童子部	南京金陵大學等三省學生發起，連絡上海復旦、南洋、復旦、震旦、滬江等校三省學生及外埠南通紡織專門等校三省學生	
湖南旅滬學生會	1919.11.11	復旦大學	復旦大學	臨時主席：瞿宣穎（復旦）紀　　錄：唐芝軒（復旦）
蕪湖旅滬學生會	1919.11	不詳	錢德賦等，通訊處是中華工業專門學校	不詳
海門旅滬學生會	1919.11	中華職業學校外宿舍	不詳	正會長：樊筱嵩 副會長：耿佐軍
甘肅旅滬學生會	1919.11	不詳	不詳	不詳
旅滬福建學生會	1919.11.29	原定青年會，後改在江蘇省教育會	南洋公學等三十五校閩籍學生	正會長：何葆仁（復旦）副會長：林和成（南洋公學）

1　〈四川旅蘇學生會成立紀〉，《申報》，1919 年 7 月 1 日，版 11。〈川滇黔旅蘇學生會之組織〉、〈川滇黔旅蘇學生之討論會〉，《申報》，1919 年 7 月 5、8 日，版 10。〈旅滬湖南學生會成立〉，《申報》，1919 年 11 月 12 日，版 10。〈蕪湖旅滬學生會之發起〉，《申報》，1919 年 11 月 16 日，版 10。〈海門旅滬學生會成立〉，《申報》，1919 年 11 月 22 日，版 11。〈旅滬福建學生會消息〉，《申報》，1919 年 12 月 6 日，版 10。〈安徽旅滬學生會開會紀〉，《申報》，1919 年 12 月 23 日，版 10。〈安徽旅滬學生會選舉紀〉，《申報》，1919 年 12 月 28 日，版 10。〈交通大學滬校消息〉，《申報》，1921 年 6 月 18 日，版 10。〈廣西留滬學生會選舉紀〉，《申報》，1920 年 3 月 23 日，版 14。〈發起浙江旅滬學生會〉，《申報》，1920 年 4 月 2 日，版 10。〈興化旅滬同學會成立〉，《申報》，1920 年 4 月 6 日，版 11。〈浦東旅滬學生聯合會緣起〉，《民國報》，1920 年 4 月 21 日，版 11。〈寧波旅滬同學會消息〉，《申報》，1921 年 5 月 2 日，版 11。〈寧波旅滬同學聯合會消息〉，《申報》，1921 年 5 月 10 日，版 11。〈寧波旅滬同學會成立預誌〉，《申報》，1921 年 6 月 10 日，版 11。〈寧波旅滬同學會成立會紀略〉，《申報》，1921 年 6 月 12 日，版 11。〈旅滬潮州同學會成立紀事〉，《申報》，1920 年 12 月 2 日，版 11。

名稱	日期	成立地點	發起者	主持者
安徽旅滬學生會	1919.12.21	南洋公學	南洋路鑛學校等	正會長：方定墀（南洋公學） 正議長：何世楨（東吳法科） 書　記：汪英賓（聖約翰） 　　　　魏慶藩（中國公學）
浙江旅滬學生會	1920.4	復旦大學	復旦、滬江、中國公學等六校浙籍學生	不詳
興化旅滬同學會	1920.4	復旦大學	復旦等校	正會長：何本壽（復旦） 副會長：徐彝尊（震旦）
浦東旅滬學生聯合會	1920.4.25	不詳	南市馬家廠浦東公所	不詳
旅滬潮州學生會	1920.11.27	潮惠會館	聖約翰等八校潮州學生	正會長：鄭麐（聖約翰） 副會長：陳國英（復旦）
寧波旅滬同學會	1921.6.11	寧波同鄉會	南洋公學寧波同鄉會方子衛等	正會長：張延祥（交通大學） 副會長：汪名孝（同濟）

附錄六：上海各機關地址及名人住址

公共租界

- 工部局（老巡捕房），福州路。
- 交涉使署，靜安寺路斜橋。
- 寰球中國學生會（上海學聯，全國學聯籌備處在內），靜安寺路 51 號。
- 精武體育會，虹口提籃橋倍開爾路73-75號。
- 中華工商研究會，北河南路天后宮後殿樓上。
- 總商會，北河南路 727 號（鐵大橋北天后宮隔壁）。
- 廣肇公所，寧波路 10 號。
- 寧波同鄉會（商業公團聯合會在內），河南路 364 號。
- 旅滬商幫協會，山東路即麥家圈慶雲里 60 號。
- 紹興七邑同鄉會（中國婦孺救濟會內），民國路 271 號。
- 華商紗廠聯合會，香港路 10 號。
- 上海青年會，四川路 120 號。
- 上海總商會，北河南路 727 號（鐵大橋北天后宮隔壁）。
- 永安公司（大東旅社，大東酒樓，屋頂天韻樓，倚雲閣），南京路浙江路。
- 先施公司（東亞旅館，東亞酒樓，屋頂先施樂園，摩星塔），南京路浙江路天津路廣西路。
- 榮昌祥號，南京東路（新世界對面）
- 新世界遊樂場，靜安寺路（跑馬廳旁）。
- 工部局聶中丞華童公學，楊樹浦培開爾路。
- 工部局華童公學，公共租界克能海路 35 號。
- 市北公學，慶祥里 166 號。

- 兩江公學（滬北各校救國會在內），北浙江路 737 號。
- 澄衷中學，虹口塘山路 5 號。
- 唐紹儀宅，虹口靶子路 128 號。

法租界
- 公董局（老北門捕房），愛多亞路。
- 大世界遊樂場（《大世界報》在內），愛多亞路 427 號。
- 四明公所，民國路。
- 留日學生救國團（《救國日報》編輯兼發行所、國民大會籌備會在內），霞飛路 163 號（仁和里口）。
- 博文女校，義和里。
- 震旦學院，呂班路 143 號。
- 孫洪伊，仁和里南弄口 10 號。

華界（南市）
- 上海縣公署，西門內蓬萊路。
- 淞滬護軍使署，龍華。
- 淞滬警察廳，大東門內舊道署。
- 江蘇省教育會（上海中等以上各校聯合會、童子軍聯合會、中華職業教育社、新教育共進社在內）江蘇省教育會，西門外林蔭路 348 號。
- 公共體育場（上海縣教育會在內），大南門外大吉路。
- 上海縣商會，大東門外毛家衖 1 號。
- 上海救火聯合會，中華路 150 號。
- 邑廟豫園，新北門內。
- 復旦大學，徐家匯路 760 號（李公祠內）。

- 南洋公學（上海交通大學），徐家匯海格路。
- 聖約翰大學，極司非而路中段（即梵王渡）。
- 聖瑪利亞女書院，極司非而路即梵王渡。
- 中西女塾，億定盤路 1 號（愚園路北）。
- 省立第一商業學校，小南門外陸家浜。
- 省立第二師範學校，小西門尚文路。
- 中國體操學校，上海尚文門外林蔭路底。
- 中國女子體操學校，西門外方斜路源壽里。
- 勤業女子師範學校，格洛克路三鑫里北褚家橋後。
- 稗文女中，西門白雲觀隔壁。
- 民立中學，大南門外中華路。
- 務本女學，西門外黃家闕路。
- 大同學院，滬杭車站。
- 南洋中學，龍華路（外日暉橋西）。
- 黃炎培宅，西區黃家闕路 1 號。
- 朱葆三宅，高昌廟路 13 號。

華界（閘北）

- 閘北慈善團，閘北大統路。
- 商務印書館印刷所，閘北寶山路 A26 號。

徵引文獻

一、中文、日文

(一) 檔案
- 《文電備查》(民國八年)：江蘇(上海等處另附，安徽，江西，浙江，福建)，乙 H32-2，北京中國社會科學院近代史研究所檔案室藏。
- 《電稿》(民國八至十年)，乙 H9，北京中國社會科學院近代史研究所檔案室藏。
- 北洋政府外交部檔案，中央研究院近代史研究所檔案館藏。
- 程天放，《我的一生》(手稿)，Cheng Tianfang Papers, Hoover Institution。

(二) 公報、報紙、期刊
- 《上海東亞體育學校校刊》
- 《上海學生聯合會日刊》
- 《北京日報》
- 《江蘇司法彙報》
- 《京報》
- 《南京高等師範日刊》
- 《南通縣教育會匯報》
- 《政府公報分類彙編》
- 《政府公報》
- 《臨時政府公報》
- 《燕京新聞》
- 《人文月刊》
- 《上海青年》
- 《上海畫報》
- 《上海總商會月報》
- 《大風報》
- 《大眾》
- 《大陸月刊》
- 《小日報》
- 《工業雜誌》
- 《中國青年》
- 《中華國貨月報》
- 《中華童子軍》
- 《中華新報》
- 《友聲》
- 《文匯報》
- 《木業界》
- 《市北月刊》
- 《正志》
- 《民立雜誌》
- 《民國日報》
- 《申報》
- 《交大年刊》
- 《先施樂園日報》

- 《同濟》
- 《江蘇省教育會月報》
- 《青年進步》
- 《南洋》
- 《建築月刊》
- 《約翰年刊》（*The Johannean*）
- 《約翰聲》（*The St. John's Echo*）
- 《飛報》
- 《時事新報》
- 《時報》
- 《神州日報》
- 《國貨月報》
- 《國貨調查錄》
- 《救國日報》
- 《教育與文化》
- 《教育雜誌》
- 《紹興旅滬七邑同鄉會季報》
- 《復旦年刊》（*The Fuh-Tan Banner*）
- 《復旦季刊》（*The Fuh Tan Studant's Quarterly*）
- 《復旦雜誌》（*The Fuh Tan Journal*）
- 《晶報》
- 《智識》
- 《童子軍月刊》
- 《華商紗廠聯合會季刊》
- 《新中華》
- 《新世界日報》
- 《新青年》
- 《新教育》
- 《新聞報》
- 《聖教雜誌》
- 《寧波旅滬同鄉會月刊》
- 《滬江年刊》（*The Shanghai*）
- 《廣肇週報》
- 《澄衷》
- 《澄衷學生半季刊》
- 《調查週刊》
- 《學生雜誌》
- 《學術世界》
- 《錢業月報》
- 《職業與教育》
- 《蘇社特刊》
- 《蘇訊》
- 《警務叢報》
- 《體育雜誌》
- 《益世報》
- 《晨報》
- 《新潮》
- 《湘江評論》

- 南京《少年世界》
- 《國訊》
- 《錫報》

（二）史料

- 《「五四運動」資料特輯》，南京：時代出版社，1947。
- 《上海縣教育狀況》，上海：縣知事公署，1915。
- 《上海檔案史料研究》，第 15 輯，上海：三聯書店，2013。
- 《上海總商會同人錄（1918 年 6 月）》，上海：商務印書館，1918。
- 《中國國民黨中央政治會議紀錄上海分會》，臺北：民國歷史文化學社，2019。
- 《中華基督教會年鑑（1929-1930）》，第 3 冊，臺北：中國教會研究中心、橄欖文化基金會聯合出版，1983。
- 《中華職業教育社同社錄》，出版資料不詳，1918-1920。
- 《伍廷芳》，收入：《伍先生（秩庸）公牘》，沈雲龍主編，《近代中國史料叢刊》，第 66 輯，臺北：文海出版社，1971。
- 《全國律師名案匯覽》，上海：世界書局，1924。
- 《江海春秋（下）》，南京：《江蘇文史資料》編輯部，1998。
- 《江蘇省立第二師範學校二十週紀念冊》，上海：江蘇省立第二師範學校，1925。
- 《江蘇省立第二師範學校十週紀念錄》，上海：江蘇省立第二師範學校，1915。
- 《俞抗瀾先生哀思錄》，1925 年自印本。
- 《海上名人傳》編輯部，《海上名人傳》，上海：上海文明書局，1930。
- 《國史館現藏民國人物傳記史料彙編》，第 24、30 輯，新店：國史館，2000-2001。
- 《張謇全集》編纂委員會編，《張謇全集》，第 2、3、5、8 卷，上海：上海辭書出版社，2012。
- 《聖約翰大學五十年史略》，臺北：臺灣聖約翰大學同學會重印，1972。
- 《嘉定私立企雲學校十周紀念錄》，嘉定：嘉定光明印刷社，1926。
- 《寧波旅滬同鄉會紀念冊》，出版資料不詳：1921。
- 《精武十週年紀念》，上海：精武體育會，1919。
- 《寰球中國學生會十五週年紀念冊》，上海：寰球中國學生會，1920。
- 《嚴修日記》編輯委員會編，《嚴修日記》，第 4 冊，天津：南開大學出版社，2001。
- 「五四」卅週年紀念專輯編委會，《「五四」卅週年紀念專輯》，上海：新華書店，1949。
- 丁福保，《老子道德經箋注》，無錫丁氏鉛印本，1926。
- 上海市工商業聯合會、復旦大學歷史系編，《上海總商會組織史資料匯編》，上下冊，上海：上海古籍出版社，2004。
- 上海市工商業聯合會編，《上海總商會議事錄》，第 1-4 冊，上海：上海古籍出版社，2006。
- 上海市文史研究館編，《辛亥革命親歷記》，上海：中西書局，2011。
- 上海市文史館、上海市人民政府參事室文史資料工作委員會編，《上海地方史資料（一）》，上海：上海社會科學出版社，1982。
- 上海市政協文史資料委員會編，《上海文史資料存稿匯編：工業商業》，第 7 冊，上海：上海古籍出版社，2001。
- 上海市政協文史資料委員會編，《上海文史資料存稿匯編：政治軍事》，

- 第1冊，上海：上海古籍出版社，2001。
- 上海市政協文史資料委員會編，《上海文史資料存稿匯編：經濟金融》，第5冊，上海：上海古籍出版社，2001。
- 上海市檔案館編，《工部局董事會會議錄（1917-1919）》，第19、20冊，上海：上海古籍出版社，2001。
- 上海市檔案館譯，《顏惠慶日記》，第1卷，北京：中國檔案出版社，1996。
- 上海社會科學院經濟研究所編，《英美煙公司在華企業資料匯編》，第1、3冊，北京：中華書局，1983。
- 上海社會科學院經濟研究所編，《茂新、福新、申新系統榮家企業史料》，上冊，上海：上海人民出版社，1962。
- 上海社會科學院歷史研究所編，《五四運動在上海史料選輯（增訂本）》，上海：上海人民出版社，1980。
- 上海社會科學院歷史研究所編，《五四運動在上海史料選輯》，上海：上海人民出版社，1960。
- 上海社會科學院歷史研究所編，《辛亥革命在上海史料選輯（增訂版）》，上海：上海人民出版社，2011。
- 上海商務印書館編，《上海商業名錄1920》，上海：商務印書館，1920。
- 上海通社編輯，《上海研究資料》，收入：《民國叢書》，第四編第80冊，上海：上海書店影印，1992。
- 上海通社編輯，《上海研究資料續集》，收入：《民國叢書》，第四編第81冊，上海：上海書店影印，1992。
- 上海博物館圖書資料室編，《上海碑刻資料選輯》，上海：上海人民出版社，1980。
- 上海圖書館編，《上海圖書館藏赴聞集成》，第12、14、23、25、29、33-34、39、43、46、71冊，南京：鳳凰出版社，2018。
- 上海圖書館編，《上海圖書館藏唐紹儀中文檔案》，第25、28冊，上海：上海人民出版社，2020。
- 上海圖書館編，《汪康年師友書札》，第2冊，上海：上海古籍出版社，1986。
- 上海圖書館歷史文獻研究所編，《歷史文獻》，第14輯，上海：上海古籍出版社，2010。
- 中央研究院近代史研究所編，《中日關係史料：巴黎和會與山東問題》，臺北：中央研究院近代史研究所，2000。
- 中央研究院近代史研究所編，《中日關係史料：排日問題》，臺北：中央研究院近代史研究所，1993。
- 中央研究院近代史研究所編，《中日關係史料──排日問題（民國八年至十五年）》，臺北：中央研究院近代史研究所，1993。
- 中央研究院近代史研究所編，《中日關係史料──郵電航漁鹽林交涉》，臺北：中央研究院近代史研究所，1975。
- 中共中央文獻研究室編，《建國以來毛澤東文稿》，第5冊，北京：中央文獻出版社，1991。
- 中國人民銀行上海市分行金融研究所編，《上海商業儲蓄銀行史料》，上海：上海人民出版社，1990。
- 中國人民銀行上海市分行編，《上海錢莊史料》，上海：上海人民出版社，1960。

- 中國民主同盟中央文史資料委員會編,《中國民主同盟歷史文獻（1941-1949）》,北京:文史資料出版社,1983。
- 中國社科院近史所、二檔館編,《五四愛國運動檔案資料》,北京:中國社會科學出版社,1980。
- 中國社科院近史所中華民國研究室、中山大學歷史系孫中山研究室、廣東省社科院歷史研究室合編,《孫中山全集》,第5卷,北京:中華書局,1981。
- 中國社科院近史所編,《白堅武日記》,第1冊,南京:江蘇古籍出版社,1992。
- 中國社會科學院近代史研究所、近代史資料編輯組編,《五四愛國運動》,上下冊,北京:中國社會科學出版社,1979。
- 中國社會科學院近代史研究所《近代史資料》編譯室主編,《徐樹錚電稿》,北京:知識產權出版社,2013。
- 中國社會科學院近代史研究所中華民國史組編,《胡適來往書信選》,上冊,北京:中華書局,1979。
- 中國社會科學院近代史研究所編,《五四運動回憶錄（續）》,北京:中國社會科學出版社,1979。
- 中國社會科學院近代史研究所編,《五四運動回憶錄》,上冊,北京:中國社會科學出版社,1979。
- 中國社會科學院經濟研究所主編,《上海民族機器工業》,上冊,北京:中華書局,1966。
- 中國科學院上海經濟研究所、上海社會科學院經濟研究所編,《南洋兄弟煙草公司史料》,上海:上海人民出版社,1958。
- 中國科學院近代史研究所近代史資料編輯組編輯,《一九一九年南北議和資料》,北京:中華書局,1962。
- 中國科學院歷史研究所第三所近代史資料編輯組編輯,《五四愛國運動資料》,北京:科學出版社,1959。
- 中國第二歷史檔案館、雲南省檔案館合編,《護法運動》,北京:檔案出版社,1993。
- 中國第二歷史檔案館沈家五編,《張謇農商總長任期經濟資料選編》,南京:南京大學出版社,1987。
- 中國第二歷史檔案館編,《中華民國史檔案資料匯編:第三輯·文化》,南京:江蘇古籍出版社,1991。
- 中國第二歷史檔案館編,《五四運動在江蘇》,揚州:江蘇古籍出版社,1992。
- 中國第二歷史檔案館編,《北洋政府檔案·陸軍部》,第111冊,北京:中國檔案出版社,2010。
- 中國第二歷史檔案館編,《北洋軍閥統治時期的黨派》,北京:檔案出版社,1994。
- 中國蔡元培研究會編,《蔡元培全集》,第3卷,杭州:浙江教育出版社,1998。
- 中國歷史博物館編、勞祖德整理,《鄭孝胥日記》,第2-4冊,北京:中華書局,1993。
- 中國體操學校校友會,《體育界匯刊》,上海:中國體操學校校友會,1917。
- 中華全國童子軍協會編,《童子軍規律》,上海:商務印書館,1925。
- 中華國貨維持會編,《中華國貨維持會廿周紀念刊》,上海:中華國貨維持會,1932。

- 中華職業教育社編，《黃炎培教育文選》，上海：上海教育出版社，1985。
- 勺廬（李孤帆），《勺廬瑣憶》，香港：南天書業公司，1973。
- 卞孝萱、唐文權編，《民國人物碑傳集》，北京：團結出版社，1995。
- 卞孝萱、唐文權編，《辛亥人物碑傳集》，南京：鳳凰出版社，2011。
- 天津市檔案館、天津社會科學院歷史研究所、天津市工商業聯合會編，《天津商會檔案匯編（1912-1928）》，第1冊，天津：天津人民出版社，1992。
- 天津歷史博物館、南開大學歷史系、《五四運動在天津》編輯組，《五四運動在天津——歷史資料選輯》，天津：天津人民出版社，1979。
- 王世儒編，《蔡元培日記（上）》，北京：北京大學出版社，2010。
- 王汎森等主編，《傅斯年遺札》，第1卷，臺北：中央研究院歷史語言研究所，2011。
- 王來棣採訪、編輯，《中共創始人訪談錄》，香港：明鏡出版社，2008。
- 王通著、阮逸著、秦躍宇點校，《文中子中說》，南京：鳳凰出版社，2017。
- 王弼注、孔穎達疏，李申、盧光明整理，呂紹綱審定，《周易正義》，北京：北京大學出版社，1999。
- 王鈍根編著，《百弊叢書》，上海：中華圖書集成公司，1919。
- 王新命，《走過民國初年的新聞史：老報人王新命回憶錄》，臺北：獨立作家，2016。
- 王爾敏、吳倫霓霞合編，《盛宣懷實業朋僚函稿（下）》，香港：香港中文大學中國文化研究所，1997。
- 王爾敏主編，《袁氏家藏近代名人手書》，臺北：中央研究院近代史研究所，2001。
- 包天笑著、劉幼生點校，《釧影樓回憶錄》，太原：山西古籍出版社，1999。
- 北京大學歷史系近代史教研室整理，《盛宣懷未刊信稿》，北京：中華書司，1960。
- 北京市檔案館編，《檔案中的北京五四》，北京：新華出版社，2009。
- 北洋軍閥史料編委會編，《天津市歷史博物館館藏北洋軍閥史料：徐世昌卷》，卷9，天津：天津古籍出版社，1996。
- 半粟（徐傅霖），《國恥短劇》，上海：中國書局，1921。
- 民國時期文獻保護中心、中國社科院近史所編，《民國文獻類編》，第53冊，北京：國家圖書館出版社，2015。
- 交通大學校史編寫組編，《交通大學校史資料選編》，第1卷，西安：西安交通大學出版社，1986。
- 伍朝樞輯，《伍秩庸博士哀思錄》，出版地不詳：鉛印本，1923。
- 全國政協文史資料委員會編，《文史資料存稿選編：晚清北洋（下）》，北京：中國文史出版社，2000。
- 朱少璋主編，《沈燕謀日記節鈔及其他》，香港：中華書局，2020。
- 朱謙之，《老子校釋》，北京：中華書局，2000。
- 江五民總輯，《鎮海柏墅方氏恭房支譜》，木活字本，1933。
- 江蘇省社會科學院《惲逸樵文集》編選組，《惲逸樵文集》，南京：江蘇人民出版社，1986。
- 江蘇省檔案局編，《韓國鈞朋僚函札史料選編》，南京：江蘇人民出版社，2012。
- 何平、李露點注，何平修訂，《岑春煊文集》，南寧：廣西人民出版社，1998。

- 何品、宣則編注，《上海商業儲蓄銀行：機構卷》，上海：上海遠東出版社，2015。
- 何瑞瑤，《風雲人物小志》，收入：沈雲龍主編，《近代中國史料叢刊》，第98輯，臺北：文海出版社，1973。
- 吳經熊著，黃美基、梁偉德譯，《超越東西方：天下奇才吳經熊自傳》，臺北：上智文化，2017。
- 吳馨等修、姚文枬總纂，《上海縣續志》，第1冊，臺北：成文出版有限公司，1989。
- 李平書，《李平書七十自敘》，上海：上海古籍出版社，1989。
- 李厚垣、李厚禎纂，《鎮海港口李氏支譜世次表》，1936。
- 李家璘等編輯，《北洋軍閥史料‧吳景濂卷》，第3卷，天津：天津古籍出版社，1996。
- 汪林茂主編，《浙江辛亥革命史料集》，第1-4、6卷，杭州：浙江古籍出版社，2013。
- 汪康年，《汪穰卿筆記》，北京：中華書局，2007。
- 汪熙主編，《義和團運動——盛宣懷檔案資料選輯之七》，上海：上海人民出版社，2001。)
- 沃丘仲子（費行簡），《徐世昌》，上海：崇文書局，1918。
- 沈怡，《沈怡自述》，臺北：傳記外學出版社，1985。
- 沈恩孚著、薛冰整理，《沈信卿先生文集》，南京：鳳凰出版社，2015。
- 沈雲龍，《民國史事與人物》，北京：中國大百科全書出版社，2013。
- 沈雲龍訪問，謝文孫記錄，郭廷以校閱，《傅秉常口述自傳》，北京：中國大百科全書出版社，2009。
- 邢建榕、何品編注，《上海四明公所史料》，北京：中國文史出版社，2011。
- 邢建榕、李培德編注，《陳光甫日記》，上海：上海書店出版社，2002。
- 京都大學人文科學研究所，《日本新聞五四報道資料集成》，京都：京都大學人文科學研究所，昭和58年。
- 周王洵端，《周佩箴先生全集》，收入：沈雲龍主編，《近代中國史料叢刊續編》，第62輯，臺北：文海出版社，1979。
- 周善培，《周易雜卦》，上海：上海書店據文通書局1948年版影印，1999。
- 周德明、吳建偉編，《上海圖書館館藏珍本年譜叢刊續編》，第49、55、69冊，北京：國家圖書館，2019。
- 宗方小太郎著、甘慧杰譯，《宗方小太郎日記（未刊稿）》，下卷，上海：上海人民出版社，2016。
- 房鑫亮編校，《王國維書信日記》，杭州：浙江教育出版社，2015。
- 東吳大學發展處主編，《端木愷校長紀念集：紀念先生一百晉一歲冥誕》，臺北：東大圖書股份有限公司，2004。
- 林明德主編，《中日關係史料：巴黎和會與山東問題（中華民國七年至八年）》，臺北：中研院近史所，2000。
- 林盼等整理，《蔣維喬日記》，第3冊，上海：上海人民出版社，2021。
- 林清芬編注，《閻錫山檔案：要電錄存》，第5冊，臺北：國史館，2003。
- 芮和師等編，《鴛鴦蝴蝶派文學資料》，上冊，福州：福建人民出版社，1984。
- 金賢松修，《鎮海東管沈郎橋葉氏宗譜》，永思堂木活字本，4冊，1930。
- 侯學書編著，《張美翊手札考釋注評》，上下冊，北京：文物出版社，2020。
- 南通市檔案館、張謇研究中心編，《大生集團檔案資料選編：紡織（Ⅲ）》，

北京：方志出版社，2004。
- 姚文柟等纂，《民國上海縣志》，共 4 冊，臺北：成文出版社，1975。
- 姚鵷雛，《姚鵷雛文集：雜著》，上海：上海古籍出版社，2012。
- 政協上海市委員會文史資料工作委員會，《舊上海的金融界》（《舊上海文史資料選輯》第六十輯），上海：上海人民出版社，1988。
- 政協上海市委員會文史資料工作委員會編，《上海文史資料選輯》，第 47 輯，上海：上海人民出版社，1984。
- 政協上海市委員會文史資料工作委員會編，《文史資料選輯》，第 2 輯，上海：上海人民出版社，1980。
- 政協上海市委員會文史資料工作委員會編，《文史資料選輯》，總第 22 輯，上海：上海人民出版社，1979。
- 政協上海市委員會文史資料工作委員會編，《舊上海的外商與買辦》（《上海文史資料選輯》第五十六輯），上海：上海人民出版社，1987。
- 政協上海市委員會文史資料工作委員會編，《舊上海的幫會》，上海：上海人民出版社，1986。
- 政協上海市委員會文史資料委員會編，《舊上海的交易所》（《上海文史資料選輯第七十六輯》），上海：上海人民出版社，1994。
- 政協天津市委員會文史資料委員會編，《卞白眉日記》，第 1 卷，天津：天津古籍出版社，2008。
- 政協天津市委員會文史資料研究委員會編，《天津文史資料選輯》，第 36 輯，天津：天津人民出版社，1986。
- 政協全國委員會文史和學習委員會編，《文史資料選輯（合訂本）》，北京：中國文史出版社，2011。
- 政協全國委員會文史資料委員會編，《五四運動親歷記》，北京：中國文史出版社，1999。
- 政協全國委員會文史資料研究委員會編，《文史資料選輯（合訂本）第 34 輯》，第 11 冊，北京：中國文史出版社，1986。
- 政協全國委員會文史資料研究委員會編，《文史資料選輯》，第 38 輯，北京：文史資料出版社，1980。
- 政協全國委員會文史資料研究委員會編，《辛亥革命回憶錄》，第 1、4、6-8 集，北京：文史資料出版社，1962-1982。
- 政協全國委員會文史資料研究委員會辦公室編，《和平老人邵力子》，北京：文史資料出版社，1985。
- 政協秀山土家族苗族自治縣委員會文史資料委員會編，《秀山文史資料》，第 3 輯，出版地不詳：政協四川省秀山土家族苗族自治縣委員會文史資料委工作委員會，1986。
- 政協浙江省委員會文史資料研究委員會編，《浙江文史資料選輯》，第 32 輯，杭州：浙江人民出版社，1986。
- 政協浙江省委員會文史資料研究委員會編印，《浙江文史資料選輯》，第 10 輯，杭州：政協浙江省委員會文史資料研究委員會，1978。
- 政協浙江省委員會文史資料研究委員會編印，《浙江文史資料選輯》，第 5、7 輯，杭州：政協浙江省委員會文史資料研究委員會，1963。
- 政協浙江省紹興縣委員會文史資料工作委員會編，《紹興文史資料選輯》，第 7 輯，紹興：政協浙江省紹興縣委員會學習文史委員會，1988。
- 政協蘇州市文史資料委員會編，《蘇州文史資料》，第 1-5 合輯，蘇州：政協蘇州市文史資料研究委員會，1990。
- 施流編纂、丁其廉校閱，《徐乾麟先生言行錄》，出版地不詳：鉛印本，1941。

- 柳無忌、殷安如編，《南社人物傳》，北京：社會科學文獻出版社，2002。
- 約翰・杜威、愛麗斯・C・杜威著，伊凡琳・杜威編，劉幸譯，《杜威家書》，北京：北京師範大學出版社，2016。
- 胡濱譯，《英國藍皮書有關辛亥革命資料選譯》，下冊，北京：中華書局，1984。
- 苗懷明主編，《曾樸全集》，第 10 卷，常熟：廣陵書社，2018。
- 郁錫璜等纂修主編，《郁氏家乘》，上海：中華書局，1933。
- 香洲區唐家灣人民政府、珠海市地方志辦公室合編，《唐家灣鎮誌》，廣州：嶺南美術出版社，2006。
- 奚玉書，《金玉全緣》，臺北：尚華工業公司，1981。
- 孫武撰、曹操等注、楊丙安校理，《十一家注孫子校理》，北京：中華書局，1999。
- 孫籌成著，王天松、尤裕森校注，嘉善縣史志辦公室編，《孫籌成文存》，北京，中國文史出版社，2014。
- 徐兆瑋，《徐兆瑋日記》，第 3 冊，合肥：黃山書社，2013。
- 徐寄廎，《上海金融史》，臺北：學海出版社，1970。
- 徐晨陽，《近現代愛國慈善家徐乾麟》，上海：上海社會科學出版社，2014。
- 徐雪筠等譯編、張仲禮校訂，《上海近代社會經濟發展概況（1882-1931）——《海關十年報告》譯編》，上海：上海社會科學院出版社，1985。
- 徐傅霖，《（預科用）師範學校新教科書體操》，上海：商務印書館，1914 年 7 月初版。
- 徐傅霖編，《中華高等小學體操教授書》，上海：中華書局，1913 年初版。
- 柴志光、謝澤為編著，《浦東名人書簡百通》，上海：上海遠東出版社，2011。
- 浙江省政協文史資料委員會編，《浙江文史集粹：政治軍事卷》，上冊，杭州：浙江人民出版社，1996。
- 浙江省政協文史資料委員會編，《浙江文史集粹：經濟卷》，上下冊，杭州：浙江人民出版社，1996。
- 浙江省政協文史資料委員會編，《浙江文史資料選輯》，第 39 輯（《寧波幫企業家的崛起》，杭州：浙江人民出版社，1989。
- 浙江省政協文史資料委員會編，《浙江文史資料選輯》，第 46 輯，杭州：浙江人民出版社，1992。
- 海上閒人編，《上海罷市實錄》，上海：公義社，1919。
- 耿雲志主編，《胡適遺稿及秘藏書信》，第 37、39 冊，合肥：黃山書社，1994。
- 國史館史料處編輯，《辛亥年四川保路運動史料彙編》，下冊，新店：國史館，1981。
- 國家圖書館善本部編，《趙鳳昌藏札》，第 1、10 冊，北京：國家圖書館出版社，2009。
- 國務院僑務辦公室政法司編，《海外華僑與辛亥革命》，北京：世界知識出版社，2012。
- 崔通約，《滄海生平（又名：中華民國開國史之親歷）》，上海：滄海出版社，1935。
- 張一麐，《直皖秘史》，北京：中華書局，2007。
- 張元濟著，張人鳳整理，《張元濟日記》，上下冊，石家莊：河北教

- 育出版社，2001。
- 張季直先生事業史編纂處編，《大生紡織公司年鑒（1895-1947）》，南京：江蘇人民出版社，1998。
- 張美翊纂修，《上虞永豐田氏宗譜》，鳳翊堂木刻活字本，1915。
- 張美翊纂修，《甬上青石張氏家譜》，1-4冊，味芹堂鉛印本，1925。
- 張美翊纂修，《甬上屠氏宗譜》，既勤堂木刻活字本，1919。
- 張美翊纂修，《鎮海柏墅方氏重修宗譜》，六桂堂木刻活字本，1915。
- 張國燾，《我的回憶》，第1冊，香港：明報出版社，19714。
- 張傳保修，陳訓正、馬瀛纂，《鄞縣通志》，第6冊，臺北：成文出版有限公司，影印民國二十四年鉛印本，1974。
- 曹汝霖，《曹汝霖一生之回憶》，北京：中國大百科全書出版社，2009。
- 曹伯言整理，《胡適日記全集》，第3冊，臺北：聯經出版公司，2004。
- 曹聚仁著、曹雷編，《天一閣人物譚》，上海：上海人民出版社，2000。
- 曹聚仁著、曹雷編，《聽濤室人物譚》，上海：上海人民出版社，1998。
- 梁啟超，《戊戌政變記（丁酉重刊）》，收入：沈雲龍主編，《近代中國史料叢刊》，第92輯，臺北：文海出版社，1966。
- 盛炳緯，《養園賸稿》（約園刊本），收入：張壽鏞輯，《四明叢書第六集》，臺北：新文豐，1988。
- 章士釗，《章士釗全集》，第2冊，北京：文匯出版社，2000。
- 紹興市檔案館編，《紹興與辛亥革命》，南京：鳳凰出版社，2011。
- 紹興縣修志委員會輯，《浙江省紹興縣志資料第一輯》，第10冊，臺北：成文出版社有限公司，1983。
- 許芳編著，《黃炎培序跋選》，上海：上海遠東出版社，2020。
- 許金生主編，《近代日本在華報刊通信社調查史料集成（1909-1941）》，第2冊，北京：線裝書局，2014。
- 許恪儒整理，《許寶蘅日記》，第2冊，北京：中華書局，2010。
- 許富宏譯注，《鬼谷子集校集注》，北京：中華書局，2012。
- 陳三井、居蜜合編，《居正先生全集（上）》，臺北：中央研究院近代史研究所，1998。
- 陳公哲，《精武會五十年》，瀋陽：春風文藝出版社，2001。
- 陳旭麓等主編，《輪船招商局（盛宣懷檔案資料選輯之八）》（上海：上海人民出版社，2002。
- 陳旭麓等主編，《輪船招商局——盛宣懷檔案選輯之八》，上海：上海人民出版社，2002。
- 陳定山，《春申舊聞》，臺北：晨光月刊社，1954。
- 陳定山，《黃金世界》，臺北：世界文物出版社，1971。
- 陳定山，《龍爭虎鬥》，臺北：晨光月刊社，1956。
- 陳思和、龔向群主編，《走近復旦》，成都：四川人民出版社，2000。
- 陳鐵生編，《精武本紀》，上海：精武體育會，1919
- 彭澤益主編，《中國工商行會史料集》，上下冊，北京：中華書局，1995。
- 揚州師範學院歷史系編，《辛亥革命江蘇地區史料》，香港：大東圖書公司，1980。
- 湯志鈞編，《陶成章集》，北京：中華書局，1986。
- 程天放，《程天放早年回憶錄》，臺北：傳記文學出版社，1968。
- 程天放原著、蔡登山主編，《程天放早年回憶錄》，臺北：新銳文創，2019。
- 華中師範大學中國近代史研究所、蘇州市檔案館合編，《蘇州商會檔案

叢編》，第 2 輯，武漢：華中師範大學出版社，2009。
- 逯耀東，《抑鬱與超越——司馬遷與漢武帝時代》，臺北：東大圖書公司，2007。
- 馮自由，《革命逸史》，初集、第三集，上海：商務印書館，1945。
- 黃大能，《傲若秋霜兩鬢絲——我的八十年》，北京：中國建材工業出版社，2003。
- 黃炎培，《八十年來》，北京：文史資料出版社，1982。
- 黃炎培，《八十自述》，北京：文史資料出版社，1982。
- 黃炎培，《中國教育史要》，上海：商務印書館，1931。
- 黃炎培，《民主化的機關管理》，上海：商務印書館，1943 年 5 月重慶初版）。
- 黃炎培，《機關管理一得》，上海：商務印書館，1943 年 5 月重慶初版。
- 黃炎培著、中國社科院近史所整理，《黃炎培日記》，第 1-3、9、10、12 卷，北京：華文出版社，2008/2012。
- 楊杏佛，《楊杏佛文存》，臺中：文昕閣圖書，2008。
- 楊琥編，《歷史記憶與歷史解釋：民國時期名人談五四（1919-1949）》，福州：福建教育出版社，2011。
- 楊逸纂，《上海市自治志》，第 1、3 冊，臺北：成文出版社，據民國四年〔1915 年〕刊本影印，1974。
- 楊塵因撰、許麗莉整理，《楊塵因日記》，桂林：廣西師範大學出版社，2015。
- 經亨頤，《經亨頤日記》，收入：張彬等編，《經亨頤集》，杭州：浙江大學出版社，2011。
- 葛恩元編，《上海四明公所大事記》，上海：聚珍仿宋印書局，1920。
- 葛恩元編，《上海四明公所四大建築徵信全錄》，第一卷，上海：四明公所，1925。
- 寧波市政協文史和學習委員會編，《寧波小港李氏家族》，北京：中國文史出版社，2007。
- 寧波市政協文史委員會編，《辛亥革命寧波史料選輯》，寧波：寧波出版社，2011。
- 寧波市政協文史資料委員會編，《商海巨子——活躍在滬埠的寧波商人》，北京：中國文史出版社，1998。
- 寧波市政協文史資料委員會編，《寧波文史資料》，第 15 輯，寧波：寧波市政協文史資料委員會，1994。
- 熊希齡，《熊希齡先生遺稿：電稿四》，第 4 冊，上海：上海書店出版社，1998。
- 臧卓原著、蔡登山主編，《臧卓回憶錄：藏書與讀史》，臺北：獨立作家，2016。
- 趙叔雍原著、蔡登山主編，《人往風微——趙叔雍回憶錄》，臺北：獨立作家，2016。
- 趙尊嶽著，陳水雲、黎曉蓮整理，《趙尊嶽集》，第 3-4 冊，南京：鳳凰出版社，2016。
- 鳳岡及門弟子編，《梁士詒年譜》，上下冊，廣州：廣東人民出版社，2014。
- 劉承幹，《求恕齋日記》，第 6 冊，北京：國家圖書館出版社，2016。
- 劉承幹著、陳誼整理，《嘉業堂藏書日記抄》，上下冊，南京：鳳凰出版社，2016。
- 劉家平、蘇曉君編，《中華歷史人物別傳集》，第 86 冊，北京：線裝書局，

2003。
- 廣東省檔案館編譯，《孫中山與廣東——廣東省檔案館庫藏海關檔案選譯》，佛山：廣東人民出版社，1996。
- 潘公展編輯，《學生救國全史》，上海：民友社，1919。
- 蔣夢麟，《新潮》，北京：中華書局，2016。
- 蔣懷清主修，《餘姚蘭風蔣氏宗譜》，三逕堂木活字印本，6冊，1919。
- 鄭逸梅，《鄭逸梅選集》，第1、3-4、6卷，哈爾濱：黑龍江人民出版社，2001。
- 餘姚市政協文史資料委員會編，《近現代人物》（《餘姚文史資料》第13輯，餘姚：餘姚市政協文史資料委員會，1995。
- 錢仲聯主編，《廣清碑傳集》，蘇州：蘇州大學出版社，1999年。
- 錢鍾書，《管錐編》，第1冊，北京：中華書局，1986。
- 駱惠敏編、劉桂梁等譯，《清末民初政情內幕——《泰晤士報》駐北京記者袁世凱政治顧問喬‧厄‧莫理循書信集》，上下冊，上海：知識出版社，1986。
- 龍公（姚鵷雛），《江左十年目睹記》，北京：文化藝術出版社，1984。
- 璩鑫圭等編，《中國近代教育資料匯編：實業教育、師範教育》，上海：上海教育出版社，1994。
- 聯副記者聯合採訪，《我參加了五四運動》，臺北：聯經出版事業公司，1979。
- 謝彬，《增補訂正民國政黨史》，上海：學術研究會總會，1925。
- 謝觀黻等編纂，《鎮海虹橋朱氏重修宗譜》，徵蔭堂木活字本，1910。
- 瞿兌之著，《銖庵文存》，瀋陽：遼寧教育出版社，2001。
- 瞿秋白，《瞿秋白文集：政治理論編》，第2卷，北京：人民出版社，2013。
- 聶亦峰撰，梁文生、李雅旺校注，《聶亦峰先生為宰公牘》，南昌：江西人民出版社，2012。
- 聶其杰等纂修，《荊林聶氏續修衡山族譜》1-4冊，鉛印本，1916。
- 聶其杰輯，《崇德老人紀念冊》，收入：沈雲龍主編，《近代中國史料叢刊第三輯》，臺北：文海出版社，1966。
- 羅家芳、羅家蓉編輯校註，《羅家倫先生文存補遺》，臺北：中央研究院近代史研究所，2009。
- 嚴修自訂、高凌雯補、嚴仁曾增編、王承禮輯注、張平宇參校，《嚴修年譜》，濟南：齊魯書社，1990。
- 欒曉明編，《黃炎培撰傳選》，上海：上海遠東出版社，2022。

（三）研究論著

- 《交通銀行史》編委會，《交通銀行史》，第1卷，北京：商務印書館，2015。
- 三好章編暨解說，《根岸佶著作集》，第1、3卷，東京：不二出版，2015-2016。
- 上海社會科學院經濟研究所編著，《上海永安公司的產生、發展和改造》，上海：上海人民出版社，1981。
- 小浜正子著、葛濤譯，《近代上海的公共性與國家》，上海：上海古籍出版社，2003。
- 小野信爾著，殷敘彝、張允侯譯，《救國十人團運動研究》，北京：中央編譯出版社，1994。
- 川島真，《中國近代外交的形成》，北京：北京大學出版社，2012。

- 中央大學人文科學研究所編,《五・四運動史の像再檢討》,東京:中央大學出版部,1986。
- 中國社科院近史所,《國外中國近代史研究》編輯部編,《國外中國近代史研究》,第2輯,北京:中國社會科學出版社,1981。
- 中國社科院近史所《國外中國近代史研究》編輯部編,《國外中國近代史研究》,第11輯,北京:中國社會科學出版社,1988。
- 中國社科院近史所《國外中國近代史研究》編輯部編,《國外中國近代史研究》,第14輯,北京:中國社會科學出版社,1989。
- 王中秀編著,《王一亭年譜長編》,上海:上海書畫出版社,2010。
- 司馬遷,《史記》,第7、10冊,北京:中華書局,1982。
- 白吉爾(Marie-Claire Bergère)著,王菊、趙念國譯,《上海史:走向現代之路》,上海:上海社會科學院出版社,2005。
- 白吉爾(Marie-Claire Bergère)著,張富強、許世芬譯,《中國資產階級的黃金時代(1911-1937年)》,上海:上海人民出版社,1994。
- 安克強(Christian Henriot)著、張培德等譯,《1927-1937年的上海,市政權、地方性和現代化》,上海:上海古籍出版社,2004。
- 朱江,《大生檔案》,蘇州:蘇州大學出版社,2022。
- 朱信泉、嚴如平主編,《民國人物傳》,第4卷,北京:中華書局,1984。
- 呂妙芬、康豹主編,《五四運動與中國宗教的調適與發展》,臺北:中央研究院近代史研究所,2020。
- 呂芳上,《民國史論》,中冊,臺北:臺灣商務印書館,2013。
- 呂芳上,《革命之再起》,臺北:中央研究院近代史研究所,1989。
- 呂芳上,《從學生運動到運動學生(民國八年至十八年)》,臺北:中央研究院近代史研究所,1994。
- 呂芳上、張哲郎主編,《五四運動八十週年學術研討會論文集》,臺北:國立政治大學文學院,1999。
- 呂芳上主編,《論民國時期領導精英》,香港:商務印書館,2009。
- 宋珮玉主編,《匯豐銀行與近代中國》,上海:上海遠東出版社,2022。
- 宋鑽友,《廣東人在上海(1843-1949年)》,上海:上海人民出版社,2007。
- 巫仁恕主編,《近代中國城市研究》,臺北:民國歷史文化學社,2019。
- 李達嘉,《商人與共產革命,1919-1927》,臺北:中研院近史所,2015。
- 李達嘉主編,《近代史釋論:多元思考與探索》,臺北:東華書局,2017。
- 汪仁澤、姚偉琴,《海派實業第一人:虞洽卿商旅傳奇》,北京:團結出版社,2011。
- 谷秀青,《清末民初江蘇省教育會研究》,桂林:廣西師範大學出版社,2009。
- 周松青,《上海地方自治研究(1905-1927)》,上海:上海社會科學院出版社,2005。
- 周策縱著、周子平等譯,《五四運動:現代中國的思想革命》,南京:江蘇人民出版社,1996。
- 林原文子,《宋則久と天津の國貨提唱運動》,京都:同朋舍,1983。
- 林輝鋒,《馬敘倫與民國教育界》,北京:北京師範大學出版社,2010。
- 金光耀、王建朗主編,《北洋時期的中國外交》,上海:復旦大學出版社,2006。
- 侯宜杰,《二十世紀初中國政治改革風潮》,北京:中國人民大學出版社,2009。
- 南滿洲鐵道株式會社上海事務所編,山上金男著,陶水木、張屹、劉琛

- 琛譯，《浙江財閥》，北京：國家圖書館出版社，2014。
- 施堅雅主編、葉光庭等譯、陳橋驛校，《中華帝國晚期的城市》，北京：中華書局，2000。
- 洪惟杰編著，《戈公振年譜》，南京：江蘇人民出版社，1990。
- 洪澤主編，《上海：通往世界之橋》，《上海研究論叢》，第3、4輯，上海：上海社會科學院，1989。
- 孫慧敏，《制度移植：民初上海的中國律師（1912-1937）》，臺北：中研院近史所，2012。
- 徐以驊，《教育與宗教：作為傳教媒介的聖約翰大學》，珠海：珠海出版社，1999。朱小怡、章華明主編，《聖約翰大學與華東師範大學》，上海：華東師範大學出版社，2015。
- 徐永初、陳瑾瑜主編，《聖瑪利亞女校：1881-1952》，上海：同濟大學出版社，2014。
- 徐矛主編，《中國十買辦》，上海：上海人民出版社，1996。
- 格雷厄姆·艾利森（Allison Graham T.）、菲利普·澤利科（Philip Zelikow）著，王偉光、王雲萍譯，《決策的本質——還原古巴導彈危機的真相》，北京：商務印書館，2020。
- 格雷厄姆·艾利森（Allison Graham）、包淳亮譯，《注定一戰？中美能否避免修昔底德陷阱》，臺北：八旗文化，2018。
- 郝斌、歐陽哲生主編，《五四運動與二十世紀的中國》，下冊，北京：社會科學文獻出版社，2001。
- 馬小泉，《國家與社會：清末地方自治與憲政改革》，開封：河南大學出版社，2001。
- 馬勇，《趕潮的人：蔣夢麟傳》，北京：東方出版社，2015。
- 高平叔，《蔡元培年譜長編》，中冊，北京：人民教育出版社，1996。
- 高波，《追尋新共和：張東蓀早期思想與活動研究（1886-1932）》，北京：三聯書店，2018。
- 高紅霞，《上海福建人研究（1843-1953）》，上海：上海人民出版社，2008。
- 高家龍（Sherman Cochran）著，樊書華、程麟蓀譯，張仲禮校，《中國的大企業——煙草工業中的中外競爭（1890-1930）》，北京：商務印書館，2001。
- 高家龍（Sherman Cochran）著、程麟蓀譯，《大公司與關係網——中國境內的西方、日本和華商大企業（1888-1937）》，上海：上海社會科學院出版社，2002。
- 張玉法，《民國初年的政黨》，臺北：中央研究院近代史研究所，1985。
- 張仲禮主編，《中國近代城市企業·社會·空間》，上海：上海社會科學出版社，1998。
- 張志偉，《基督化與世俗化的掙扎：上海基督教青年會研究（1900-1922）》，臺北：臺大出版中心，2010。
- 張朋園，《立憲派與辛亥革命》，臺北：中研院近史所，2005。
- 張笑川，《近代上海閘北居民社會生活》，上海：上海辭書出版社，2009。
- 張舜徽，《周秦道論發微》，北京：中華書局，1982。
- 理查德·H·托氏（Richard H. Tawney）著，安佳譯，《中國的土地和勞動》，北京：商務印書館，2017。
- 許漢三編，《黃炎培年譜》，北京：文史資料出版社，1985。
- 陳以愛，《動員的力量：上海學潮的起源》，臺北：民國歷史文化學社，

2021。
- 陸陽，《唐文治年譜》，上海：上海三聯書店，2013。
- 章開沅、田彤，《辛亥革命時期的張謇與近代社會》，武漢：華中師範大學出版社，2011。
- 彭明，《五四運動史（修訂本）》，北京：人民出版社，2019。
- 復旦大學歷史學系、復旦大學中外現代化進程研究中心，《近代中國的閱讀史》，上海：上海古籍出版社，2022。
- 馮筱才，《在商言商：政治變局中的江浙商人》，上海：上海社會科學院出版社，2004。
- 馮筱才，《政商中國：虞洽卿與他的時代》，北京：社會科學文獻出版社，2013。
- 黃振威，《番書與黃龍：香港皇仁書院華人精英與近代中國》，香港：中華書局，2019。
- 虞和平，《商會與中國早期現代化》，臺北：東大圖書公司，1995。
- 詹姆斯‧伯克（James Burke）著、黃后樂譯，《步惠廉傳——一位傳教士在華 56 年的傳奇》，臺北：漢世紀數位文化，2021。
- 熊月之、周武主編，《聖約翰大學史》，上海：上海人民出版社，2006。
- 裴宜理（Elizabeth J. Perry），《上海罷工：中國工人政治研究》，南京：江蘇人民出版社，2001。
- 趙婧，《錢業世家——寧波鎮海柏墅方氏家族史（1772-1950）》，上海：上海財經大學出版社，2020。
- 劉永明，《國民黨人與五四運動》，北京：中國社會科學出版社，1990。
- 劉志強、趙鳳蓮，《徐潤年譜長編》，北京：北京師範大學出版社，2011。
- 劉垣，《張謇傳記》，香港：龍門書店，1965。
- 穆家修、柳和城、穆偉杰編，《穆藕初年譜長編》，上下卷，上海：上海交通大學出版社，2015。
- 穆藕初著，穆家修、柳和城、穆偉杰編，《穆藕初文集增訂本》，上海：上海古籍出版社，2011。
- 應俊豪，《歐戰後美日兩國在華的對抗》，臺北：民國歷史文化學社，2023。
- 謝一彪，《光復會史稿》，北京：人民出版社，2009。
- 韓起瀾著（Emily Honig）、盧明華譯，《蘇北人在上海，1850-1980》，上海：上海古籍出版社，2004。
- 韓策，《科舉改制與最後的進士》，北京：社會科學文獻出版社，2017。
- 齋藤道彥，《五・四運動の虛像と實像》，東京：中央大學出版社，1992。
- 羅威廉（William T. Rowe）著，江溶、魯西奇譯，《漢口：一個中國城市的商業和社會（1796-1889）》，北京：中國人民大學出版社，2005。
- 蘇精，《清季同文館及其師生》，臺北：蘇精，1985。
- 顧德曼（Bryna Goodman）著，宋鑽友譯，《家鄉、城市和國家——上海的地緣網絡與認同，1853－1937》，上海：上海古籍出版社，2004。
- 逯耀東，《勒馬長城》，臺北：時報文化，1977。
- 靳帥，《耆紳政治——蘇社集團與江蘇省治運動》，上海：上海古籍出版社，2024。

（四）期刊文章
- 〈卜舫濟往來函電選（1919-1920）〉，《檔案與史學》，1999 年第 2 期，頁 8-14。
- 〈五四運動期間聖約翰大學學運文件〉，《檔案與史學》，1999 年第 2 期，頁 4-7。

- 〈四明公所檔案選（一）〉，《檔案與史學》，1996年第6期，頁16-20。
- 〈伍朝樞日記〉，《近代史資料》，總69號（1988），頁166-231。
- 〈吳景濂函電存稿——1919年南北議和資料〉，《近代史資料》，總42號（1980.9），頁1-260。
- 方德萬（Hans van de Ven），〈現實政治中的五四運動〉，《二十一世紀雙月刊》，2019年第6月號，頁30-46。
- 王清穆研究會編注，〈王清穆《農隱廬日記》（3）〉，《近代中國研究彙報》，第36號（2013），頁59-90。
- 吉迪整理，〈大樹堂來鴻集〉，《近代史資料》，總第50號（2006:11），頁180-241。
- 朱江，〈張謇欽佩的興學行善者葉澄衷〉，《檔案建設》，2020年第8期，頁82-84。
- 宋鑽友，〈上海潮商的行業分佈——紡織、錢莊、進出口業〉，《史林》，2001年第4期，頁75-85。
- 宋鑽友，〈南北對峙與上海廣東社會內的政見紛擾（1917-1927）〉，《史林》，2007年第5期，頁34-67。
- 李林翰，〈省立廣東省銀行兌換券初探〉，《東方收藏》，2014年第3期，頁99-101。
- 李珽，〈轉化與傳承：四明公所與寧波旅滬同鄉會的比較考察〉，《東岳論叢》，第30卷第11期（2009.11），頁83-86。
- 李達嘉，〈1920件代初期上海商人的民治運動——對軍閥時期商人政治力量的重新評估）〉，《中央研究院近代史研究所集刊》，第32期（1999.12），頁295-347。
- 李達嘉，〈上海的中小商人組織——馬路商界聯合會〉，《新史學》，19卷3期（2008.9），頁41-88。
- 李達嘉，〈上海商人的政治意識和政治參與（1905-1911）〉，《中央研究院近代史研究所集刊》，第22期上（1993.6），頁171-219。
- 李達嘉，〈上海商會領導層更迭問題的再思考〉，《中央研究院近代史研究所集刊》，第49期（2005.9），頁41-91。
- 李達嘉，〈五四前後的上海商界〉，《中央研究院近代史研究所集刊》，第21期（1992.6），頁217-235。
- 李達嘉，〈袁世凱政府與商人（1914-1916）〉，《中央研究院近代史研究所集刊》，第27期（1997.6），頁94-135。
- 李達嘉，〈從「革命」到「反革命」——上海商人的政治關懷和抉擇（1911-1914）〉，《中央研究院近代史研究所集刊》，第23期（1994.6），頁239-282。
- 李達嘉，〈罪與罰——五四抵制日貨運動中的學生對商人的強制行為〉，《新史學》，第14卷第2期（2003.6），頁43-110。
- 李鎧光，〈上海地方自治運動中成員的身份與運作衝突〉，《史林》，2003年第5期，頁40-51。
- 沈渭濱、楊立強，〈上海商團與辛亥革命〉，《歷史研究》，1980年第3期，頁67-88。
- 谷秀青，〈五四運動中的江蘇省教育會〉，《寶雞文理學院學報（社會科學版）》，第33卷第6期（2013.12），頁67-71。
- 季劍青，〈地方精英、學生與新文化的再生產——以「五四」前後的山東為例〉，《現代中國文化與文學》，2009年第2期，頁33-56。
- 林輝鋒，〈「五四」運動中的「留蔡助蔣」再探〉，《學術研究》，2007第11期，頁103-109。

- 林輝鋒、孫思琪，〈錢玄同筆下的1920年北高師校長風潮——兼論五四後至北伐前夕的校長風潮〉，《北京大學教育評論》，第16卷第3期（2018.7），頁152-164。
- 唐維，〈「上德不德」——黃炎培給步惠廉的一份手稿〉，收入：政協松江縣委員會文史資料工作委員會編，《松江文史》，第12輯（松江：政協松江縣委員會文史資料工作委員會，1981），頁78-81。
- 徐佳貴，〈「五四」與「新文化」如何地方化——以民初溫州地方知識人及刊物為視角〉，《近代史研究》，2018年第6期，頁43-58。
- 徐佳貴，〈五四運動時期師長輩的組織行動與師生關係變遷〉，《民國研究》，2020年秋季號，頁249-280。
- 徐佳貴，〈東南與國都之間——蔣夢麟與新文化運動的初興〉，《華東師範大學學報（哲學社會科學版）》，2022年第2期，頁69-78。
- 徐佳貴，〈從「五七」到「五四」——「五四運動」詮釋的發生及其初期演變〉，《史林》，2020年第2期，頁131-145。
- 徐佳貴，〈組織演變與文教革新——晚清與五四之間的江蘇省教育會〉，《史林》，2021年第3期，頁131-146。
- 徐佳貴，〈湖畔風雲——經亨頤與浙江五四新文化運動（上）〉，《杭州師範大學學報（社會科學版）》，2019年第2期，頁33-53。
- 徐佳貴，〈湖畔風雲——經亨頤與浙江五四新文化運動（下）〉，《杭州師範大學學報（社會科學版）》，2019年第3期，頁33-54。
- 章伯鋒整理，〈馬鳳池密報〉，《近代史資料》，1978年第1期，頁41-75。
- 郭輝，〈馬根濟與天津近代醫療衛生事業的起步——從天津博物館藏「新建養病院碑」說起〉，《中國基督教研究》，2017年第9期，頁229-252。
- 陳以愛，〈五四運動初期江蘇省教育會的南北策略〉，《國史館館刊》，第43期（2015），頁1-52。
- 陶水木，〈紹興商人與紹興旅滬同鄉會〉，《紹興文理學院學報（哲學社會科學版）》，第19卷第1期（1999.3），頁31-36。
- 馮筱才，〈「軍閥政治」的個案考察：盧永祥與一九二〇年代的浙江廢督裁兵運動〉，《國立政治大學歷史學報》，第19期（2002.5），頁171-193。
- 馮筱才，〈名實．政治．人事——關於民初上海商人團體史研究的幾點思考〉，《近代史研究》，2006年第4期，頁134-145。
- 馮筱才，〈政爭與「五四」：從外交鬥爭到群眾運動〉，《開放時代》，2011年第4期，頁28-41。
- 葉如音遺作，〈記「五四」上海學生聯合會〉，《藝文誌》，第68期（1971.5），頁38-42。
- 虞和平，〈清末以後城市同鄉組織形態的現代化〉，《中國經濟史研究》，1998年第3期，頁71-84。
- 趙帥，〈五四運動中的學生、黨派與輿論〉，《中央研究院近代史研究所集刊》，第118期（2022.12），頁45-88。
- 廣隸整理，〈趙南公一九二一年日記選（續完）〉，《出版史料》，1993年第1期，頁60-71。
- 黎霞選編，〈袁履登回憶錄〉，《檔案與史學》，1995年第10期，頁28-33、70。
- 應方舟，〈朱葆三致朱彬繩書札六通考釋〉，《浙江萬里學院學報》，2008年第4期，頁33-38。
- 嚴諤聲口述，〈我與商界聯合會〉，《檔案與史學》，2002年第4期，頁39-41。

（五）學位論文

- 王震，〈朝鮮事態與五四運動——以新亞同盟黨為線索〉，北京：北京大學碩士論文，2023。
- 倪毅，〈清末民國上海地方社團研究——以群學會為例（1904-1937）〉，上海：華東師範大學碩士論文，2015。
- 徐敏蕙，〈盧永祥研究〉，臺北：國立政治大學歷史研究所碩士論文，1998。
- 趙帥，〈走向「運動時代」：五四期間北京學生運動與各界聯絡〉，上海：復旦大學博士論文，2024。

（六）網路資料

- 〈上虞田家祠堂：見證辛亥風雲變幻（田時霖揭秘一）〉，華夏田氏網 網址：http://www.tianjiaxiang.cn/wap/Newsview.asp?id=4487（2021.10.7）
- 〈上虞田家祠堂：講不完的辛亥往事（田時霖揭秘二三）〉，華夏田氏網：http://hxtian.cn/wap/NewsView.asp?ID=4488（2021.10.7）
- 〈花旗銀行買辦袁恆之〉，網址：http://www.jsjjw.cn/2020/08/17/99538341.html、http://www.jsjjw.cn/2020/08/24/99538737.html（2021.5.13）
- 〈唐紹儀創辦的金星人壽保險公司——華僑華人歷史文獻檔案館〉，網址：www.zghwx.com/zjxs.asp?whichpage=176（2020.6.23）
- 「十三邀」第4季第10集：許知遠對話金宇澄，網址：https://www.youtube.com/watch?v=LeyoRY-0r2Q（2024.4.12）
- 葛恩元編，《上海四明公所四大建築徵信錄》四卷，網址：https://taiwanebook.ncl.edu.tw/zh-tw/book/NTUL-9900006266/reader（2021.12.4）

二、英文

（一）報紙期刊

- *The China Press*
- *The North-China Daily News*

（二）史料

- Arnold, Julean Herberd, *Commercial Handbook of China*, Vol. 2. Washington: Government Printing Office, 1919-1920.
- *British Documents on Foreign Affairs: Reports and Papers from the Foreign Office Confidential Print, Part II, Series E, Asia*, Vol. 23, China, 1919-1920. Bethesda, MD: University Publications of America, 1990.
- Jarman, Robert L. ed. *Shanghai: Political & Economic Reports, 1842-1943, British Government Records from the International City*. Vol. 13. Slough: Archive Editons Ltd., 2008.
- *The China Mission Year Book 1919*. Shanghai: Kwang Hsüeh Publishing House, 1920.
- *Who's Who in China*. Shanghai: Millard's Review, 1918-1919, 1925.

（三）研究論著

- Chen, Joseph T.（陳曾燾）. *The May Fourth Movement in Shanghai: The Making of a Social Movement in Modern China*. Leiden : E. J. Brill, 1971.

- Chow, Tse-tsung（周策縱）. *The May Fourth Movement: Intellectual Revolution in Modern China*. Cambridge: Harvard University Press, 1960.
- Cohen, Warren I. *The Chinese Connection: Roger S. Greene, Thomas W. Lamont, George E. Sokolsky and American-East Asian Relations*. New York: Columbia University Press, 1978.
- Esherick, Joseph W. and Mary B. Rankin, eds. *Chinese Local Elites and Patterns of Dominance*. Taipei: SMC Books, 1994.
- Fewsmith, Joseph. *Party, State, and Local Eltites in Republican China*. Honolulu: University of Hawaii Press, 1985.
- Gerth, Karl. *China Made: Consumer Culture and the Creation of the Nation*. Cambridge: Harvard University Asia Center, 2003.
- Goodman, Bryna. *Native Place, City, and Nation: Regional networks and identities in Shanghai, 1853-1937*. Berkeley, CA: University of California Press, 1995.
- Goodman, Bryna. *The Suicide of Miss Xi*. Cambridge: Harvard University Press, 2021.
- Elvin, Mark and G. William Skinner (eds.). *The Chinese City Between Two Worlds*. Redwood City: Standford University Press, 1974.
- Rankin, Mary Backus. *Elite Activism and Political Transformation in China, Zhejiang Province, 1864-1911*. Redwood City: Stanford University Press, 1986.

（四）學位論文
- Kathryn Brennan, Meyer. "Splitting Apart: The Shanghai Treaty Port in Transition 1914-1921." Ph.D. Dissertation, Temple University, 1985.

（五）網路資料
- Papers Relating to The Foreign Relations of The United States. 網址：https://history.state.gov/historicaldocuments
- Map of Shanghai, Library of Congress.

索引

丁家立（Charles Daniel Tenney）209
丁象謙（六皆）87-88
丁熙咸（賡堯）78-79, 149-150, 409, 412
人文月刊 9, 18, 42-43, 605
人文社 9, 14, 406
卜舫濟（F. L. Hawks Pott）61, 70, 210-212, 218, 229, 619
上海中等以上各校聯合會（上海中等以上學校聯合會）70, 148, 151-153, 157, 177, 183, 462, 525, 565, 602
上海公學 80, 108-110, 134, 180, 467
上海學生聯合會（上海學聯）8-9, 49-51, 69-72, 88-92, 94, 98-105, 110-112, 119-122, 125-126, 129-133, 135-140, 142-143, 150-151, 153, 159, 161-162, 165-167, 169, 174, 176-179, 181-183, 185-186, 189-194, 197-199, 206, 208, 210-211, 216-217, 222-225, 228-231, 328, 330, 377, 379, 387-388, 420-427, 429, 431, 436, 440-441, 443-454, 456, 458, 462, 466, 470, 473, 476, 487-489, 492, 496, 498, 500-501, 504-505, 522,524-525, 527-530, 532, 536-537, 542, 552, 558, 567, 569-571, 575, 577, 601, 605, 621
上海學生聯合會日刊 377, 379, 441, 446, 528-529, 532, 605
上海縣教育會 10, 21, 70, 78-79, 84, 142, 523, 525, 565, 602
上海縣童子軍聯合會（上海童子軍）63, 70, 78-79, 81, 602
于寶軒（子昂）105-106, 144, 147, 544
大同學院 80, 129-130, 149-150, 180, 217, 469, 552-553, 603
女青年會（YWCA）122 ,134, 137, 180, 217, 430, 443, 469
工部局（Shanghai Municipal Council）22, 83, 110, 183, 185-186, 190, 198-201, 209, 223, 253, 263, 266-267, 270-271, 366-370, 406-407, 426, 448, 456, 477-480, 483-487, 492, 505-506, 537, 601, 608
工部局章程 198
工部局華童公學、工部局聶中丞華童公學 89, 185-187, 468, 601
中西女塾（McTyeire School）122, 134, 181, 187, 189-190, 217, 422, 469, 603
中美商業公司（China American Trading Corporation）268-269, 351-352, 594
中國女子體操學校 80, 82-83, 430, 468, 603
中國基督教聯合會 521-523, 525, 565
中國體操學校 80, 82-83, 180, 468, 511, 552, 603, 609
中華工商保守國際和平研究會（國際和平會）331-338, 340
中華工商研究會（工商研究會）239, 312, 314, 326-332, 334-337, 342, 346, 353, 355, 366, 424, 485, 547, 596, 601
中華國貨維持會 85, 248, 293, 312, 314, 320-326, 328, 330-335, 337, 341-342, 355, 366, 596, 609
中華童子軍協會（中華全國童子軍協會）70, 81, 609
中華愛國實業團 547
中華職業教育社（中華職業學校）5-6, 10, 14, 19, 22-23, 30-32, 70, 135, 224-225, 264, 308, 328-329, 405-406, 423-424, 431, 574-575, 599, 602, 607, 610
公共體育場 76-79, 84, 110, 175, 177, 180, 185, 188, 191, 193, 201, 380, 422, 466, 489, 491, 493, 495, 602
公董局（Conseil d'administration municipale de la concession française à Shanghai）411-412, 602
六三 53, 102, 153, 437, 522, 527-528, 531-534, 536-537, 542
六五 102, 225, 386, 536, 555, 567-568, 575

天津（中等以上各校）學生聯合會（天津學生會）107, 119-121, 538-539, 541, 543
戈公振 6, 55, 114, 162, 205-206, 618
文乃史（Walter Buckner Nance）211
方式如（積鈺）248, 276-277, 280
方椒伯（積蕃）237, 243-277, 279-282, 284-285, 290-292, 299, 310, 334-335, 339, 341, 344-346, 349, 357, 372-373, 410, 429, 556, 559, 561-562, 595
方豪（俶新）71, 99, 107-108, 138, 181-182, 198
方樵苓（舜年）236, 275-277, 280-282, 284-285, 290-292, 309
日本居留民團（Japanese Residents' Association）200
王一亭（震）135, 248, 357, 392-398, 401-403, 405, 498, 617
王介安（兆昌）321, 323-324, 331, 333, 336, 596
王文典 321, 323-325, 330-332
王正廷（儒堂）6, 9, 87, 235, 262, 282, 284, 292, 336, 405, 442
王兆榮（宏實）71, 77, 112, 471
王汝圻（甸伯）144
王彬彥（棟）515-516
王清穆（丹揆）10, 61, 194-195, 620
王揖唐（一堂）223, 260
王揚濱（駿卿）191, 494, 549
王植善（培孫、培蓀）149-151, 153-154, 248
王漢強 239, 324-326, 328-331, 355, 547, 597
王鞠如（欽圭）274, 298, 300
王寵惠（亮疇）253-254, 260, 433-436
北京（中等以上各校）學生聯合會（北京學生會）96, 99, 101, 107, 115, 119, 132, 434, 438, 473, 527, 530, 532, 535, 540-541
史量才（家修）4-6, 43, 60, 154, 259, 405, 410
四明公所 244, 248, 270-283, 285, 287-289, 291-292, 602, 611, 615, 620, 622
市北公學 87, 89, 122, 134, 179, 206, 423, 430, 454, 469, 601
民生女學 87, 89, 134-135, 179-180, 468
民立女子中學 422, 496
民立中學 150, 180-181, 375, 419, 467, 495-496, 552, 603
永安公司（永安百貨）54, 262, 485-486, 547-548, 567, 601, 616
田文烈（煥亭）144, 297, 315, 560
田祈原（冰）296, 298, 300
田時霖（澍霖・世澤）238, 287-288, 296-298, 300-301, 306-310, 344-345, 347-348, 372-373, 392, 405, 560, 595, 622
田應璜（子琮）116, 144, 148, 570
甲子社 9
交涉使署 323, 327, 335, 340, 347, 361, 369-370, 373-374, 382-383, 416, 513, 515-517, 543, 601
任矜蘋 87, 89, 133, 135
伊吹山德司 200
伍廷芳（秩庸）219, 233, 253-259, 261-263, 275, 312, 315-316, 320, 323-324, 326, 341, 373, 607, 610
伍朝樞（梯雲）256, 262, 316, 610, 620
先施公司（先施百貨）54, 471, 546-549, 567, 597, 601
光約翰（Jean-Baptiste Budes de Guébriant）215
光復會 113, 284, 287, 302-303, 619

全國學生聯合會（全國學聯、中華民國學生聯合會）50-51, 69, 71, 207, 225, 330, 387, 437-441, 444, 448, 471, 473, 504, 528, 566, 569, 601
同盟會 25, 113, 135, 154, 269, 284-285, 302-303, 360, 474
同德醫專（同德醫藥專門學校）80, 150, 180, 183, 468, 471
同濟醫工專門學校 19, 80, 120-122, 134, 150, 153-154, 158, 176, 183, 211, 467, 471, 479, 497, 600
安諾德（Julean Herbert Arnold）251, 256, 279, 357, 358, 465, 577, 622
有吉明 209, 370
朱一鶚 437, 533-535
朱五樓 392, 394, 564
朱少屏（葆康，P. K. Chu）70, 82, 149-150, 153-154, 201-203, 214, 219, 230, 409, 421-422, 426, 456, 474, 478, 483-484, 486, 521, 526, 578
朱文鑫（貢三）149-150
朱兆莘（鼎青）253, 256, 261-262, 515
朱成章 223
朱伯為 77, 246, 344-345, 596
朱吟江（得傳）9, 392-393, 397-398, 405-406, 497
朱志堯（開甲）248, 316-317, 412
朱叔源 149-150, 155, 329, 410
朱承洵（仲華）102, 127-129, 137-139, 210, 302, 308-309, 323, 377, 429, 456, 466, 476-479, 504-506, 536, 549, 559
朱庭祺（體仁，T. C. Chu）223, 524
朱啟鈐（桂莘、桂辛）260, 341, 451
朱敏章 442
朱章 522
朱葆三（佩珍）153, 235, 280, 282-285, 289-290, 294, 310, 347, 392, 394-395, 402, 406, 410, 476-477, 479-480, 603, 621
朱福詵（桂卿）301
朱慶瀾（子橋）234, 264, 267-268, 297-298, 307-309, 409, 526
朱震寰 135, 497
朱樹翹 87, 150, 522
江逢治（磐安）149, 150, 183, 471
江義修（覺齋）283, 371
江蘇省立第二師範（省立二師）23, 25, 43, 59, 63, 83, 120, 152, 177, 180, 464, 552, 607
江蘇省教育會 1-2, 4, 6-10, 21-22, 24, 26-28, 30, 32, 40-41, 49-51, 59, 70-79, 82, 84, 89-92, 94, 102, 104-105, 107, 109-110, 112, 118-119, 123, 127, 129-131, 140-146, 149, 152-153, 155, 156-162, 166, 174, 177-178, 183, 191, 194, 202, 205, 215, 226-229, 231, 243, 330, 388-389, 409, 420, 423-424, 431-432, 444, 489, 519-523, 525-526, 565-567, 569-570, 574, 576-578, 599, 602, 606, 617, 620-621
艾賚沃（Léopold Gain）215
何葆仁（子元）70, 73, 99, 102, 128, 140-141, 182, 191-192, 339, 377, 428, 432, 441, 447, 456, 472, 476, 480-482, 491, 498, 500, 530, 560, 567, 599
何豐林（茂如）24, 350, 399, 517-518
余日章 55, 304, 409
吳景濂（瀼伯，蓮伯）336, 358, 537, 611, 620
吳曾源（少華）370, 382-383, 510, 513-514, 517
吳經熊（德生）439, 448-449, 611
吳馨（畹九，懷疚）70, 77-79, 117, 248, 261, 389, 398, 408-409, 411-412, 611
吳鐵城 264-265, 486

宋岳 150
宋漢章 295-300, 306-308, 348, 373, 392-393, 560, 564, 597
岑春煊（雲階）113, 255, 259-262, 265, 294, 309, 311, 610
李大釗（守常）533
李平書（鍾珏）107, 181, 255, 259, 375, 393-398, 401-402, 408-410, 611
李果 89, 111, 135, 441-443, 471, 481, 500, 501
李浩然（壽熙）179, 406
李純（秀山）113, 173, 260-261, 350, 489
李登輝（騰飛，T. H. Lee）70, 149-150, 154-155, 166-167, 210, 219, 222-225, 229-230, 247-248, 326, 374, 430, 436, 522, 524
李詠裳（厚垣）393-394, 396, 397, 398, 497, 611
李雲書（厚祐）284, 285
李鼎年（玉階）69
李徵五（厚禧）235, 282, 284-285, 290, 292-293
李德爾（L. O. Liddell）199-200, 368, 483-484
李薇莊（厚礽）284-285
李鴻儒（碩林）70, 87, 136-137
杜亞泉（煒孫）295-296, 298, 302
杜威（John Dewey）60, 91-92, 104-105, 109, 129, 145, 169, 206-208, 575, 613
汪伯奇 205, 406
汪星一 323-325, 331, 355, 596
汪嘉驥 103, 127-128, 160-161, 179-180, 182
汪漢溪（龍標）205, 406-407
沈仲九 490
沈仲禮（敦和）272, 279-280, 282-283, 392, 395, 504-506
沈卓吾 239, 246, 248, 326-329, 331, 335-336, 344, 346, 355-356, 365-366, 486, 547, 596
沈叔逵（心工）151, 153
沈周 411-413
沈恩孚（信卿，若嬰，無成人）4-5, 8-13, 15-18, 20-27, 31, 42-44, 59, 62-63, 70, 76, 78-79, 82, 93, 104-107, 113, 117, 145-146, 153, 155, 164, 177, 259, 309, 389, 405-406, 408-411, 521, 526, 570, 578, 611
沈彭年（商耆）10, 86, 107-108, 153, 406
沈維杰（蓮舫）194
沈潤挹（維燿）357, 393, 397, 399-400, 594, 596
沈燕謀 1, 10, 573, 610
沈聯芳（鏞）248, 392, 402, 515-516, 564
沈寶昌（韞石）24, 226, 228, 399, 491, 509, 511, 544
狄侃（狄山）70, 90, 377, 444, 522, 524
狄膺（君武）12, 464-465
那敦（J. R. Norton）61, 210
阮尚介（介藩）8, 149-150, 154-155
京津學生代表團（京津學生代表、京津學生聯合會代表團、京津學生團）71-72, 92-98, 103-105, 107-108, 111, 118-119, 181-182, 231, 431, 438
兩江公學 87, 89, 122, 125, 134, 136-137, 180, 469, 602
卓健伯（景乾）327, 334-335, 370
周志禹 137
周晉鑣（金箴）280-281, 284, 321, 392, 395
周善培（孝懷）42, 264, 307-309, 611
周錫三 256, 258, 265, 267-269, 594

宗方小太郎 542, 611
披爾斯（E. C. Pearce）199-200, 209, 366-370, 486
易次乾 258, 261
東吳法科（東吳大學）134-135, 181, 211, 311, 377, 447-453, 600, 611
東吳第二中學 87-89, 150, 180, 468
松滬護軍使（護軍使）77, 105, 140, 149-150, 154-155, 193, 198, 227, 246, 339-340, 350, 373, 390, 399, 412-413, 486, 488, 491-494, 498, 506-508, 511-513, 516-518, 526, 536, 546, 553, 556, 569, 602
林森（子超）358
河海工程專門學校（河海工程學校）19, 167, 170, 172
治安警察條例（治安警察法）51, 178, 188, 195, 197, 227, 517, 587, 589, 591
法政學校 111, 167, 170, 275
邵力子（仲輝）87-88, 113, 153, 202, 230, 264, 295-296, 298, 305-306, 324, 431, 444, 453, 456-457, 491, 494, 559, 571, 612
金星公司（金星保險、金星人壽）154, 224-225, 261, 336, 595, 622
金陵大學 94, 167, 169, 172-173, 218, 599
青年會（YMCA）12, 45-46, 81, 87-88, 94, 105, 150, 154, 178, 180, 210, 222-223, 237, 263, 268-269, 306, 424, 468, 497, 521-523, 525, 565, 599, 601, 618
青年會中學 87-88, 150, 180
青年勵志會 497
保國會 546-547, 566
俞希稷（行修）165, 175, 181-182, 224, 230
俞頌華（澹廬）6, 161-162, 164-166, 182, 185, 205-207, 304, 329, 458
南京高等師範學校（南高）4, 10, 167-168, 605
南京學生聯合會 170, 173, 489
南京學界聯合會 167-172
南洋中學 22, 134, 150, 153-154, 180, 468, 552-553, 603
南洋公學 186, 215, 224, 286, 311-312, 322, 330, 352-353, 424, 429, 524, 599-600, 603
南洋商業專門學校 80, 125, 134, 150, 180, 182, 224, 328-330, 430, 468
南洋煙草公司（南洋兄弟煙草公司）154, 263, 312, 322, 443, 486, 549, 609
南洋路礦學校 80, 150, 180, 467, 600
厚生紗廠 259
城東女學 87, 180, 468, 474, 552
姚文枏（子讓，農盦）5, 13, 78-79, 84, 248, 330, 398, 402, 405, 408-412, 563, 611-612
姚紫若（增綬）392-393, 397-398, 401, 403, 406-407, 497, 504-505, 564
姚福同（慕蓮）367, 394-395, 403
姚鵷雛（龍公）124, 162-163, 612-613, 616
姚繼唐（R. P. Y. Henery）213
威爾遜（Thomas Woodrow Wilson）333-334, 360, 521, 575
恆豐紗廠 224, 267, 269, 300, 550
柳詒徵（翼謀）7
段祺瑞（芝泉）77, 98, 112, 175, 197, 228, 315, 324, 387, 458-459, 503, 520-521, 523, 542, 567, 570
段錫朋（書詒）71, 432-438, 465, 471, 473, 530-531, 534-535
泉漳會館 320-321, 393, 400, 415, 597
省立第一商業學校（省商、省立校）150, 180, 183, 224, 424-425, 430, 482, 552, 603
研究系 75, 94, 147, 161, 230, 247, 303, 455-457
約翰遜（A. Hilton-Johnson）537
約翰聲 450, 451, 606

胡家祺（玉蓀）157, 174, 226
胡敦復 8, 129-130, 149-151, 153, 217, 522
胡穉薌 248, 298, 392
胡適（適之）10, 60, 62, 74, 115, 129-130, 145-146, 150, 164, 203, 229, 432, 436, 438, 528, 533, 536, 609, 613-614
英美煙草公司（British-American Tobacco Co. Ltd.）219, 263, 608
韋伯（Herbert Webb）220
倪祝華（光耀）23-25
凌有光 501-504, 509
唐文治（蔚芝）18, 20, 61, 70, 109-110, 149-151, 153-155, 157-158, 315, 543, 619
唐伯耆（乃康）87,206,423,430,431,454
唐紹儀（少川）10, 95-98, 153-154, 200, 223, 225, 233, 247, 251, 253-263, 315, 336, 341, 351, 366-367, 373-374, 429, 444, 446, 602, 608, 622
唐榴 429
唐露園（元湛）70,153,251-252,254,256,263,392
奚玉書（毓麟）185-187,613
孫中山（文）28-29, 82, 94, 96, 113, 247, 253, 255, 260, 262-266, 302-303, 309, 446, 456, 549, 609, 616
孫洪伊（伯蘭）50, 52, 77, 94-96, 112, 202, 446, 471, 602
孫梅堂（鵬）280-282, 290-293
孫聞遠 150
孫羅以（Miss S. L. Dodson）212
孫鏡亞 166, 227-228, 441-442, 444
孫寶琦（慕韓）219, 223, 315, 317, 338
孫籌成（福基）12, 21, 23, 276, 289, 294-296, 299, 416, 613
徐一冰（益彬）83
徐世昌（菊人）105-107, 117, 131, 144, 147-148, 194-195, 224, 226, 257, 264, 275, 316, 363, 387, 434, 445-447, 451-453, 490-491, 520-521, 525, 544, 570-571, 610-611
徐春榮 239, 246, 293, 306, 308, 323-325, 328-331, 336, 344, 346, 355, 365-366, 594
徐乾麟（懋）295, 297-299, 307, 515-516, 612-613
徐國樑（輔洲）18-19, 24, 181, 183, 191-194, 197-198, 259, 369, 399, 414, 491-492, 494-495, 504, 507-513, 546, 549, 553, 555, 570
徐傅霖（築巖，卓呆，半梅，李阿毛）83, 610, 613
徐菊如 321, 350, 564, 594
徐樹錚（又錚）98, 175, 260, 315, 458-459, 503, 609
徐靜仁（國安）6, 9
旅滬商幫協會 246, 318-321, 334-335, 340, 350, 363-364, 556, 596, 601
旅滬廣東中華基督教會 548
根岸佶 243-244, 272-273, 275, 277-278, 349, 616
桂勗剛 102, 128, 198, 423
浙江省教育會 139, 301, 490
浙紹公所（浙紹會館）294-295
浦東中學 80, 150, 180, 214, 329, 469-470
留日學生救國團（留日學生代表團）52, 70-71, 75-77, 81, 85-86, 94-95, 101, 111-112, 178, 182, 225, 438-440, 442-443, 471, 482, 532-533, 566, 602
秦潤卿 288, 392, 564
紗廠聯合會 348, 356, 400, 563, 565, 567, 594, 601, 606
索克斯（G.E. Sokolsky）221-222, 623
翁國勛 87, 89, 134

索引

袁世凱（慰庭）3, 18-19, 26-27, 30-32, 75, 195, 197, 246, 253, 284, 299, 313-314, 317, 321, 349, 351, 373, 391, 396, 408, 574, 616, 620
袁希洛（叔畲）2, 11, 389, 406
袁希濤（觀瀾）5, 8-13, 22-23, 25-26, 59, 107, 115, 117, 144, 146, 148, 153, 158, 174, 226, 389, 405, 432, 435, 533, 544, 570
袁近初（遠）297-297, 300, 308, 347-348, 595, 598
袁履登（禮敦）284, 290, 292-294, 325, 373, 561, 621
馬敘倫（夷初）28, 74, 76, 617
馬湘伯（相伯）214, 218, 303, 405
馬鳳池（芹甫）113, 264, 297, 315, 329, 370, 409, 515, 621
務本女中 22, 87, 89, 135, 150, 467, 552, 603
商界少年救國宣講團 484-485
商業公團 178, 236-238, 243-247, 249-250, 256, 261-262, 264-265, 306, 312, 332-333, 336-356, 358-363, 368-370, 372, 421, 423, 425-426, 475-478, 483, 566, 593, 595, 597, 601
國貨調查錄 239, 325, 606
基督教救國會 548
密采里旅館（Hotel et Resturant des Colonies）112-113
崔通約（成達）256-258, 548, 613
康白情 533
張一麐（仲仁）10-11, 19, 317, 613
張元濟（菊生）105, 110, 118, 259-261, 268, 353, 613
張公權（嘉璈）5-6, 9-10, 43, 196, 275, 357, 406, 588-589
張玉麟 170-171, 218, 458
張君勱（嘉森）6, 8
張叔良 151
張東蓀 6, 8-9, 114, 133, 161, 163-166, 175, 230, 303-304, 431, 454, 456-458, 529-530, 536, 618
張桂榮（祝蓀，祝笙）191, 491, 508-510
張貢九 151, 522
張國燾 453-454, 614
張維楨（貞）89, 135, 189, 424
張樂君（嘉年）320-321, 323-324, 392-394, 396-397, 415-416, 497, 564, 593
張謇（季直）4, 7, 10, 13, 18, 31, 78, 105, 129, 135, 255, 259-260, 283, 287, 292, 294, 299-300, 309, 311, 316, 336, 356-358, 391, 399, 406, 414, 417, 431, 443, 494, 573,575, 577, 607, 609, 611, 614, 619-620
張繼（溥泉）87-88
張讓三（美翊）61, 236, 270-276, 282-294, 297, 300-302, 309-311, 341, 344-346, 348-349, 352-353, 371-373, 564, 595, 611, 614
捲烟同業聯合會 564, 566, 597
救國十人團 134, 326, 415, 484, 514, 548, 616
曹汝霖（潤田）50, 97, 115-117, 129, 154, 175, 202, 357-358, 400, 458-459, 500, 503, 567, 574, 614
曹雪（錫）賡（庚）（S. K. Tsao）223, 521
曹雲祥（慶五）70, 222-224
曹履冰（有成）261, 514
曹德三 213-214, 477
曹慕管（微吾）87, 127-129, 149-154, 230, 238, 248, 296-298, 302-308, 347-348, 372-373, 421, 425-426, 430, 476, 478, 483, 554, 559-560, 578, 595
梁士詒（燕孫）31, 223, 262-263, 351, 615
梁啟超（任公）1, 10, 31, 202, 259, 275, 303, 309, 336, 402, 576, 614

淞滬警廳（淞滬警察廳）178, 181, 191-192, 194, 196-198, 227, 368-369, 373, 399, 402, 414, 491, 493, 498, 506-511, 602
盛宣懷（杏蓀，杏生）219, 263, 286, 315, 353, 363, 610-611, 614
盛朗西 22-25
章宗祥（仲和）91, 115-116, 175, 201-202, 434, 464-465, 503, 574
章炳麟（太炎）8, 135, 302-303
紹興旅滬七邑同鄉會（紹興同鄉會、旅滬紹興七邑同鄉會、紹興七邑同鄉會）238, 248, 275, 287-288, 294-298, 302, 306-310, 342, 345, 347-348, 353, 372, 421, 429-430, 557, 559-560, 595, 601, 606, 621
莊蘊寬（田織）315
莫錫綸（子經）393-394, 397, 402, 409-410, 412, 497
許奏雲 256-257, 263, 321, 325, 334-335, 594
許肇南 167, 170
許德珩（楚蓀）45, 71, 247, 432-437, 471-472, 500, 530-531, 534
郭秉文（鴻聲）4, 6, 9, 75
郭建侯 324, 328-331, 335, 596
郭若雨 224, 320, 322, 596
郭欽光 380, 422, 464-466, 470, 472, 474, 489, 491-493, 495
郭傳治（虞裳）150, 153, 329-330
郭增復（次珊）510
郭標 262, 547
陳公哲 256-258, 265-266, 614
陳世光（震東）327, 513
陳光甫（輝祖）5-6, 9-10, 299-300, 410, 611
陳良玉（仁琅）236, 246, 280-282, 284, 290-294, 325, 334-335, 344-345, 373, 558-559, 563, 594-595
陳其美（英士）255, 266, 302, 310, 329, 396
陳其瑗 522
陳炳謙 248, 252, 256-258, 264, 344-347, 373, 547, 594
陳德徵 305
陳獨秀（仲甫）533, 535
陳寶鍔（劍修）432-437, 471-472, 500
陳鐵生 79, 234, 256, 267, 269, 614
陶成章（煥卿）284, 302-303, 614
陶孟和（履恭）1-3, 577
陶知行 4, 10, 60, 160, 166-172
陸文麓（崧侯）393, 396-398, 408-409, 411-412
陸伯鴻（熙順）316, 392-394, 396-398, 411-412
陸宗輿（潤生）97, 115-116, 175, 358, 503, 574
陸規亮 15
陸維鏞 290, 344-345, 348, 593, 595
麥高雲（K. J. McEuen）199, 448, 487
傅斯年（孟真）432-437, 464, 528, 534, 610
傅筱庵（宗耀）294, 296, 392
傅增湘（沅叔）11, 90, 106-107
勞敬修（念祖）252, 256, 344, 346-347, 392, 513, 594
博文（博文女校、博文女學）89, 111, 134-135, 180, 188, 422, 442-443, 467, 481, 501, 558, 602
復旦（公學、大學）9, 52-53, 80, 87, 101-103, 127-128, 130, 134-135, 138, 140, 149-150, 154, 158, 165, 176-177, 179-180, 187-188, 191, 210, 222-225, 230, 247, 252, 302, 308, 326,

330, 377, 423, 427-430, 437, 447, 460, 466, 476-477, 479, 481, 522, 578, 599,600, 602, 606-607, 617, 619, 622
惲逸群 5, 124, 272, 305, 309, 316, 349
惲震（蔭棠，秋星）481, 498, 500
曾孟樸（樸）106, 349, 613
曾琦（慕韓）77, 219, 315, 532-533
曾鈞（公冶）87, 89, 149-150, 153, 409
曾鑄（少卿）153, 181, 375, 394, 400-401, 598
湖南會館 429
湯節之（富禮、F. C. Tong）234, 246, 256, 258-259, 264-267, 341, 344-348, 351-352, 358, 361, 373, 425, 478, 560, 594
湯壽潛（蟄先，蟄仙）281, 284, 286-287, 292, 300-302, 311
程孝福 89, 135, 481
程學愉（天放）102, 128, 130-131, 133-134, 153, 377, 432, 441-447, 453-454, 471, 481, 522, 524, 528-529, 605, 614
舒蕙楨〔貞〕（惠珍，志俠）87, 89, 135, 323-325 328, 333-334, 504-505
華東基督教大學聯合會 70
華商旅滬維持會（旅滬商幫維持會、華商維持會）312, 320-321, 324, 331
華商雜糧公會 345, 393, 415-416, 597
華僑聯合會 80, 326, 430, 522-523, 525, 565
費公俠 89, 111, 135, 193-194, 420
費吳生（George Ashmore Fitch）521
費紹冠（冕卿）288-289
鈕惕生（永建）16, 129, 154, 443
閔憲章（天行）188-189, 224
項松茂（世澄）248, 290-291, 293, 326, 328
馮少山（培熹）234, 237, 246 ,256-259, 261-262, 264-266, 296, 304, 341, 344, 346, 373, 560, 562, 594, 597
馮明權 87, 136-137
馮國璋（華甫）255, 260, 315, 349, 410-411
黃少巖（岩）256, 264, 320-322, 415, 596
黃日葵 432-437, 471
黃申錫 411-412
黃伯平 233, 246, 256, 258, 265, 268-269, 344-348, 560, 594
黃炎培（韌之，任之，抱一）2, 4-6, 8-11, 14, 16-18, 20, 22-23, 26-40, 32-33, 37-38, 42, 46-47, 54-56, 59, 62, 70, 73-79, 82-83, 89-90, 95-96, 102-109, 113-115, 118, 120, 123-131, 133, 140, 142-145, 147, 149-151, 153-154, 158-159, 163-164, 166-167, 169, 174, 202-203, 205, 208, 214-215, 218, 228, 230, 259, 264, 270, 291, 302-304, 309,329-330, 388-389, 405-406, 410-411, 417, 431, 436, 444, 456, 474, 511-512, 518-519, 521, 524, 526, 536-537, 553-554, 556, 562, 568-571, 574-575, 577-579, 603, 610, 614-616, 618, 621
黃首民 223
黃酒穆（揆百）149-150
黃興（克強）284
勤業女子師範學校（勤業女學、勤業女校）89, 134-135, 181, 188-189, 424, 430, 468, 481, 497, 603
愛國女學 122, 137, 150, 180, 189, 467, 474
楊白民（士照）87, 409, 474
楊杏佛（銓）15, 70, 615

楊晟（小川．少川）200, 225, 233, 239, 246, 253, 256, 261-262, 264, 292, 312-324, 326-339, 343, 345, 347, 349-351, 360-363, 365-368, 370, 373, 411-412, 416, 510, 513, 517-518, 547
楊健 438, 472-473, 527
楊善德 489-490
楊逸（東山）395, 398, 402-404, 408-409, 615
楊聘漁（嘉椿）78
楊德鈞（仲馨）108, 110, 419
楊賢江 304
楊興夏 111, 138, 198
溫世珍（佩珊）315
溫宗堯（欽甫）219, 222, 233, 252-269, 309, 315, 341, 352, 373
經亨頤（子淵）74, 77, 91, 229, 287, 301-302, 304, 388-389, 490, 615, 621
聖約翰（中學、大學）61, 81, 125, 134, 180, 209-213, 217-218, 229, 263, 424, 427-428, 450-451, 469, 600, 603, 607, 618-619
聖瑪利亞女校（St. Mary's Hall）187, 211-212, 468, 470, 603, 618
葉惠鈞（增銘）344-345, 393, 395-397, 401, 415-417, 498, 564, 593
葉楚傖（湘君）87-88, 162-163, 202, 305, 431, 457
葉澄衷（成忠）285, 310-311, 620
葉鴻英（逵）181, 248, 375, 392-393, 397-400, 405-406, 417-418, 497, 564
葛恩元（虞臣）273-274, 276, 278, 280, 615, 622
虞洽卿（和德）153, 235, 246, 267, 272-273, 279-280, 282-285, 288-290, 292-293, 305, 309-310, 316-317, 319, 341, 344-350, 354, 356-358, 361-362, 372-373, 392, 399, 410, 425, 515-516, 595, 617, 619
賈豐芸（叔香）409, 411
賈豐臻（季英）5, 10-11, 15, 20-24, 27, 59, 70, 78-79, 92, 149-150, 152-153, 155, 177-178, 406, 408-409, 413-414, 553, 571
遊美學生會 525, 565
鄒靜齋（維良）246, 318-321, 333-336, 338, 343-345, 347-351, 358, 361, 364-366, 425, 478, 593, 596
鄔挺生（卓然）219
閘北慈善團 515-516, 603
壽孝天 296-298, 307-308
寧波旅滬同鄉會（寧波同鄉會）88, 235-236, 238, 245, 248, 256, 270-273, 275-277, 280, 282-284, 286, 288-292, 310, 325, 332-333, 335, 339-349, 352-353, 371-372, 429, 477-478, 556-559, 561, 595, 600-601, 606-607, 620
廖方新 71, 111-112
暨南大學 10, 163, 167, 170
滬北公學 87, 89, 122, 125, 134, 136-137, 139, 468
滬北各校共同救國會（滬北各校聯合會）70, 136-138, 426, 602
滬江大學（Shanghai College）8, 176, 180, 187, 218, 428, 468, 477, 599-600
熊希齡（秉三）10, 311, 359-360, 615
精武體育會 79, 233-234, 257, 259, 266-270, 467, 601, 607, 614
聞蘭亭（漢章）350, 357, 392-393, 397-400
裴國雄 89, 135, 481, 500-501
褚輔成（慧僧）358
趙文煥（炳章）274, 298 ,300
趙正平（厚生）6, 10, 75, 113, 154, 170, 304
趙叔雍（尊嶽）書前頁, 10, 573, 575, 615

趙鳳昌（惜陰堂主人）10, 14-15, 70, 255, 259, 286, 292, 311, 349, 573, 575, 613
齊耀珊（照巖）489-490
齊耀琳（震巖）158, 173, 412-413, 489, 509
劉厚生（垣）31, 154, 311, 356-357, 575, 619
劉柏森（柏生）6, 311, 356-357, 373, 563
劉樹屏（葆良）61, 311
廣方言館 11-12
廣東善後協會 264-265
廣肇公所 88, 233-234, 252-259, 261-266, 269, 271, 304, 320-322, 325, 340-342, 345-347, 352-353, 557, 560-561, 594, 601
德大紗廠 269, 399
樊時勳（棻）294, 310-311
樓恂如（舜儒）270, 284, 291
歐彬 429, 471, 547-548
潘公展（有猷）87, 89-90, 131, 133-135, 139, 159-161, 413, 432, 441, 451, 458-459, 461-466, 471, 495, 616
潘明訓 263, 367-368
潮州會館（潮惠會館）255, 257, 264, 320, 322, 596, 600
潮州糖雜貨聯合會 257, 264, 314, 320, 322, 415, 596
澄衷中學（學堂）80, 87, 134, 137, 150-152, 180, 238, 285-296, 303-305, 310-312, 425-426, 430, 470, 476-477, 479, 595, 602, 606
蔡元培（孑民）10, 12, 15-16, 25, 27-29, 34, 74-75, 90, 93, 97, 99-100, 102, 104, 107-108, 112-114, 117-120, 123-124, 138-139, 145-146, 148, 169, 229-230, 247, 295, 301-303, 311, 432, 437, 465, 473, 536, 539, 609-610, 618
蔡元康（谷清）118-119, 121, 123, 138, 304
蔣維喬（竹莊，因是子）8-11, 15, 20, 25-26, 82-83, 158, 405, 611
蔣觀雲（智由）301, 303
談善吾（老談）444
鄧中夏 4
鄭正秋（藥風）401, 499
鄭汝成（子敬）317, 404
震旦 80, 122, 125, 134, 180, 187, 209, 213-218, 467, 477, 599-600, 602
學閥 6-9, 14, 17, 21-22, 25, 27-28, 143, 536
寰球中國學生會 51, 69, 70, 88-89, 99, 101-102, 120-122, 134-135, 141, 150, 165, 174, 179-180, 194, 198, 200-202, 225, 263, 339, 420, 426, 430, 438-441, 443, 448, 467, 477, 481, 484-485, 488, 501, 521-523, 525, 528, 565, 601, 607
盧永祥（子嘉）24, 77, 105, 135, 150-151, 154-157, 191-193, 198, 226-228, 246, 298, 309, 339, 350, 360, 395, 412-414, 488-491, 494, 498, 507, 511, 517-518, 525-526, 546, 567, 569, 598, 621-622
盧信（信公、信原）248, 256, 258, 261
盧煒昌 256-258, 265, 594
穆抒齋（恕再・湘瑤）6, 151, 389, 393, 400, 409, 413
穆藕初（湘玥）4-6, 9, 36, 56-57, 164, 356-357, 399-400, 402, 405, 409, 522, 619
縣商會（南商會）181, 250, 281, 316, 324, 369, 375-376, 388-400, 402-407, 409, 412-414, 420, 475-477, 480-483, 487, 492-504, 506-514, 517-520, 522-525, 546, 550, 552, 555-556, 559, 565, 567, 569-570, 578, 602
蕭柏年 87-88
錢允利（貴三）515-516
錢能訓（幹臣）106, 117, 144-146, 362, 435, 517, 520, 544, 546

錢新之（永銘）6, 9, 70, 154, 405, 410-411
錢達三（廷爵）235, 282, 284, 344-347, 392
霍守華 233, 256-258, 264-265, 267-269, 296, 304, 373
龍門書院 11, 13, 18, 20-23, 25-26, 31-32, 42-44, 107, 619
應季審（啟藩）282, 290, 293, 325
應尚德 167, 169-170, 172
總商會（北商會）12, 54, 95, 243, 248, 252, 263-264, 266, 269, 282-283, 288-290, 294-296, 299-300, 304, 312, 316, 320-321, 324, 328, 338-339, 341, 345-349, 351-354, 356-358, 360-363, 387, 390-393, 395-397, 400, 402, 405, 413-414, 418, 421, 423, 434, 470, 475-477, 479, 486-487, 493, 495, 504-505, 512, 514-515, 523, 549, 556, 561-562, 564-565, 569, 577, 601, 605, 607
聯合通信社 347, 417, 596
臨時約法（民元約法，舊約法）25, 116, 192, 195, 197, 445, 450-453, 503, 514, 581-582
薛文泰（煥章）290, 356-357, 594
謝復初 326-327, 331, 429, 595
謝碧田 264, 326, 328-329, 331, 429
謝蘅聰〔慇〕（天錫）9, 290, 293-294, 310, 329, 331, 373, 392, 479
鍾文耀 253-254, 430
鍾震（震吾）198
鴻英圖書館 9, 14, 19-20, 63
瞿宣治（希馬）214
瞿宣穎（銳之・兌之）102, 128, 177, 429, 441-442, 599, 616
簡照南 154, 248, 258, 262, 311-312, 322, 374, 429-431
聶仲芳（緝槼）279-280, 303
聶光琺 185
聶其昌（雋威）185
聶雲台（其傑・其杰）4-6, 55, 185, 219, 224, 234, 263, 266-269, 279-280, 300, 303, 352, 356, 371, 373, 392, 405, 429, 563, 616
薩門司（Thomas N. Sammons）208
鄺富灼 223, 548
魏清濤 296-299, 307, 310
羅家倫（志希）429, 431-435, 437-438, 453, 464-465, 528, 533-536, 539-540, 616
譚人鳳（石屏）401
譚海秋（兆鰲）234, 252, 258, 262, 265, 267
勸學所 77-78, 83-84, 142
嚴信厚（筱舫）285, 288, 294, 309
嚴修（範孫）105, 107, 118, 607, 616
嚴獨鶴（楨）12, 259
蘇本銚（穎傑）150, 153-154, 181, 375, 409, 496
蘇社 7, 224, 515, 559, 606, 619
蘇筠尚（本炎）153-154, 181, 248, 324, 375, 392-393, 396-405, 408-411, 413, 417-419, 480, 482-483, 492, 495-497, 509-510, 512-513, 519, 524, 552, 564
麵粉公會 322, 563, 565
蘭金（Charles W. Rankin）448
顧肯夫 89
顧頡剛 433, 534
顧懷琳（Miss Gwendolyn Loet, Cooper）212
顧馨一（履桂）317, 376, 392-403, 406, 408-411, 417, 419-420, 480, 483, 492-497, 504, 511-513, 524, 563-564, 568

民國論叢 19

行動的策略：
上海三罷始末（前篇）
Strategy in Action: The Shanghai Strike (Part I)

作　　者	陳以愛
總 編 輯	陳新林、呂芳上
執行編輯	林育薇
封面設計	溫心忻
排　　版	溫心忻
助理編輯	詹鈞誌

出　　版　　開源書局 出版有限公司
　　　香港金鐘夏慤道 18 號海富中心
　　　1 座 26 樓 06 室
　　　TEL：+852-35860995

民國歷史文化學社 有限公司
　　10646 台北市大安區羅斯福路三段
　　　　37 號 7 樓之 1
　　TEL：+886-2-2369-6912
　　FAX：+886-2-2369-6990

初版一刷　2025 年 6 月 20 日
定　　價　新台幣 900 元
　　　　　港　幣 300 元
　　　　　美　金　45 元

I S B N　978-626-7543-76-4（精裝）
印　　刷　長達印刷有限公司
　　　　　台北市西園路二段 50 巷 4 弄 21 號
　　　　　TEL：+886-2-2304-0488

http://www.rchcs.com.tw

版權所有・翻印必究
如有缺頁或裝訂錯誤
請寄回民國歷史文化學社有限公司更換

國家圖書館出版品預行編目 (CIP) 資料

行動的策略：上海三罷始末. 前篇 = Strategy in action : the Shanghai strike. part I / 陳以愛著. -- 初版. -- 臺北市：民國歷史文化學社有限公司, 2025.06

　面；　公分. -- (民國論叢；19)

ISBN 978-626-7543-76-4　（精裝）

1.CST: 五四運動

628.263　　　　　　　　　　　114007268